图文珍藏版

马松源 主编

周易

线装书局

图文珍藏版

第二编

易传

马松源 主编

线装书局

一、《易传》概述

先秦关于《周易》的解说

　　《易经》大约形成于殷周之际,《易传》十篇大都形成于战国时期,二者的时间差距长达七八百年,反映了不同的文化背景,体现了不同的思想内容。但是,《易传》作为一部解经之作,对《易经》的卦爻符号与卦爻辞做了全面的解释,所以二者之间存在着一种复杂微妙的关系,既有联系,又有差别。其差别表现为前者是巫术文化的产物,后者是人文文化的产物。其联系则表现在《易传》站在人文文化的立场对《易经》所反映的巫术文化进行了创造性的转化,以传解经,牵经合传,使经传共同体现一种以"一阴一阳之谓道"为核心观念的阴阳哲学。

　　在中国文化史上,先秦是一个极为重要的发展阶段,中国文化的根本精神及其中坚思想就是在这个时期形成的。《周易》的经传合一的成书史以浓缩的形式反映了这个形成过程,因而易学研究既不能把经传等量齐观,也不能把二者彼此割裂,而应该立足于文化史的整体意义,去着重探索从《易经》到《易传》的历史,弄清《易传》对《易经》进行创造性转化的过程,弄清体现中国文化根本精神及其中坚思想的《易》道得以形成的过程。

　　《易经》作为一部卜筮之书,由卦爻符号与卦爻辞所组成。它的卦爻符号由蓍草排列所形成的数与形的变化定型规范而来,本身蕴含着一种象数关系。它的卦爻辞以筮占记录为素材加工改造而成,其中蕴含着一

秦　斗兽纹镜

定的义理。但是,《易经》的象数仅仅具有筮法的意义,它既没有用阴阳学说对九六奇偶之数做出哲学的解释,也没有从各种杂取之象中提炼出八卦的基本卦象。至于其义理的方面,虽然比原始巫术的神人交感观念前进了一步,把世界看作是一个井然有序的统一整体,但仍然处在当时占绝对统治地位的天命神学观念的支配下,把世界看作是天神支配下的而不是在阴阳规律支配下的统一体。《易传》和《易经》相比,最显著的不同就是它对《易经》的象数与义理两个方面都

进行了创造性的转化，使二者在阴阳哲学的基础上形成了新的结合。照《易传》看来，天道有阴阳，地道有柔刚，人道有仁义，天地人三者各有两种相互对立的势力，合起来说就是"一阴一阳之谓道"。它把阴阳相应，协同配合的和谐境界叫作中和。中和的极致名曰太和。认为太和既是宇宙秩序的本然，也是人类追求的最高理想。可以看出，《易传》的这种义理内容是《易经》所不具有的。此外，在象数方面，《易传》把卦爻符号改造成为一种表现阴阳哲学的必不可少的形式。照《易传》看来，数有奇偶，卦分阴阳，爻主刚柔，这些都是圣人观察了天地万物的阴阳变化后特意画出来进行仿效的。一卦六爻，上两爻象征天道，下两爻象征地道，中间两爻象征人道，六爻之间所结成的承、乘、比、应、时、位、中的各种关系，则表现了阴阳两种相互对立势力的交错联结、斗争消长的复杂情况。卦爻符号的这些意义，也是《易经》所不具有的。因此，《易经》和《易传》在象数与义理方面的区别，关键在于前者只有天命神学观念以及数卜、象占的巫术思维，后者则建构了一个阴阳哲学的体系。

但是，由于《易传》作为一部解经之作，不能脱离《易经》而单独存在，必须按照以传解经、牵经合传的原则，把自己所建构的阴阳哲学说成是《易经》所固有的，并且力图在《易经》本文的卦爻符号与卦爻辞之间建立一种逻辑上的联系。《易传》的这种做法不仅从根本上改变了《易经》的象数与义理原有的文化意义，而且长期以来使人们误认为《周易》是一部经传合一的完整著作，其中蕴含着一种以阴阳哲学为基础的高深奥妙的《易》道。实际上，所谓《易》道是《易传》于战国末年总结了诸子百家共同的文化创造才形成的，并不是《易经》所固有的。从《易经》的天命神学到《易传》的阴阳哲学，走过了一段漫长曲折的道路，它的各个发展阶段和基本线索从总的方面来说应该与先秦文化史的发展阶段和基本线索相符合，而不能与之相背离。如果说《易传》为了提高《易》道的神圣性和权威性，把阴阳哲学说成是伏羲氏仰观俯察而来，有其历史的合理性，那么我们今天脱离先秦文化史的背景，仍然想从原始的卦画中来寻找阴阳哲学的起源，就不大恰当了。

从《易经》到《易传》的这一段历史，相当于一部先秦文化发展史，可以大体上划分为西周、春秋、战国三个不同的发展阶段，从人类意识觉醒的角度来看，可以说其中贯穿着一条人文主义文化由萌芽、兴起到高涨的基本线索。易学的演变与阴阳哲学的形成是和这个总的发展趋势相适应的。

殷周之际，中国文化经历了一次宗教思想的变革，周人根据当时社会变革的需要，把殷人的置鬼神于首位而贬抑人事的宗教思想改造为强调尽人事的宗教思想。因此，周人对卜筮巫术的看法与殷人相比，也就有了很大的改变。殷人事无大小都要求神问卜，盲目地把鬼神看作是以必然性统治人们的神秘威力，放弃人事的自主活动。周人则往往根据一定的理性原则来处理神人关系，而不必像殷人那样完全依赖卜问、盲目地迷信鬼神。《尚书·洪范》有一条材料，记述周人为了做出最佳决策，除了征求龟卜和筮占的赞同以外，还要加上君主本人赞同、卿士赞同、庶人赞同，认为只有这样才能称之为"大同"。至于对卜筮的解释，"三人占，则从二人之言"，在不同的解释中取其多数。可以看出，周人对卜筮的看法是和他们的那种强调尽人事的宗教思想完全一致的，这就为巫术文化向人文文化转化开辟了一条通路。

　　但是,在整个西周时期,以德配天的天命神学仍然占据着绝对的统治地位,它是当时唯一的意识形态。在它的统治下,思想领域停滞沉闷,平静得像一潭死水。受这个时期总的形势影响,易学处于停滞沉闷状态,没能提出一种哲学世界观来取代或者动摇天命神学世界观。

　　易学的进展与阴阳哲学的孕育是在春秋时期开始起步的。春秋时期的三百年间,各个方面都呈现出新旧交替的特点。春秋介于西周和战国之间,和西周相比,它打破了那个沉闷停滞的局面,使人们的思想开始动荡起来,但是却完全不像战国时期喧闹沸腾,变化剧烈。这种历史特点的主要表现是:既要求摆脱传统文化的束缚而独立思考,又没有和传统文化完全决裂,虽然提出了一些零星片段的崭新观点,却没有形成与天命神学相对立的完整的体系;传统与创新、理性与信仰的斗争错综交织。春秋时期在文化史上的意义,在于它为战国时期的百家争鸣准备了思想条件,是中国古代的一次伟大的思想解放运动的前奏曲。在这个时期,易学虽然取得了一定的进展,但尚未实现从巫术文化到人文文化的转化,阴阳哲学虽然开始孕育,但只是量的积累,尚未建构成一个新型的世界观,特别值得注意的是,易学和阴阳哲学属于两个不同的发展系列,双峰对峙,两水分流,并没有汇集合流为一个统一的《易》道。

　　就易学方面而言,首先在人们对卜筮的看法上,人文的理性的因素有了显著的增长。比如《左传》桓公十一年记载,楚国的斗廉说:"卜以决疑,不疑何卜?"《左传》僖公十五年记载,晋惠公被秦国俘虏,后悔说,如果先君晋献公听从史苏的占卜,不把伯姬嫁给秦国,就不至于到这个地步。韩简却认为:"先君之败德,及可数乎? 史苏是占,勿从何益!"《左传》昭公十二年记载,鲁国的南蒯打算叛变,占得《坤卦》六五爻辞,"黄裳元吉",以为大吉大利。但是子服惠伯却做出了完全相反的解释,认为"《易》不可以占险",只有具备善良品德的人用来占问忠信之事才会有灵验,否则,即令筮得吉兆,也一定会失败。《左传》襄公九年记载,鲁国的穆姜被迫迁于东宫,占得《随卦》。太史劝其出走,但是穆姜本人却认为,《随卦》卦辞"元亨利贞无咎",意思是只有具备元亨利贞四种品德才能无咎,而我作为女人参与动乱,自取邪恶,并不合于《随卦》卦辞,岂能无咎? 可能看出,虽然春秋时期人们仍用卜筮来解决重大疑问,但并不盲目依赖《易》占的筮兆,而着重于以清醒的理性来探索行为主体与客体之间的内在联系。这种态度上的改变对于推动巫术文化向人文文化转化起了极大的作用。这是一个具有重大意义的进展,说明当时一些人已开始摆脱宗教巫术的束缚,从理性的角度对《易经》这部卜筮之书进行批判和改造了。

　　其次,人们对《易经》的义理也提出了一系列立足于人文主义的新解。比如《左传》宣公十二年记载,晋国的彘子违反中军统帅桓子的部署擅自出兵,知庄子不通过占卜而直接引用《师卦》初六爻辞进行分析。这条爻辞说:"师出以律,否臧,凶。"意思是,军队行动必须有纪律,否则就会失败。因此,知庄子得出结论说,"此师殆哉!"《左传》襄公二十八年记载,郑国派大夫游吉到楚国聘问,被楚王拒绝,要郑国国君亲自来。游吉也没有占卜,而是直接引用《复卦》上六爻辞"迷复凶"来分析楚王本身的行为。他认为,政德是国君应该抓住的根本,作为一个国君而竟然抛弃了根本,还要恃强凌弱以满足自己的权势欲,就好比一个人迷失了道路

而想回来，却不知道回到何处，这就必然导致不吉的后果，所以楚王活不长久了。这些解释可以说是开了后世义理派易学的先河。《左传》襄公九年穆姜对"元亨利贞"所提出的新解是具有典型意义的。这四个字的本义，据李镜池、高亨先生的研究：元，大也；亨，即亨祀之亨；利，即利益之利；贞，即贞卜之贞。合起来说，犹言大亨利占。但是穆姜却对它们进行了创造性的转化，解释为四种最崇高的品德。她说："元，体之长也；亨，嘉之会也；利，义之和也；贞，事之干也。体仁足以长人，嘉德足以合礼，利物足以和义，贞固足以干事。"穆姜的新解后来为《易传》的《文言》完全袭用，就这一点而言，说明巫术文化业已转化而为人文文化了。表面上看来，穆姜的新解似乎是对本义的一种歪曲，但是，这种新解符合中国文字本来具有的多义性的特点，而且适应当时人们推进文化向前发展的普遍的需要，所以能为人们所认同。

第三，春秋时期人们对象数关系的解释也有了很大的进展。西周时期，对卦画的意义作了某种说明的，现存只有《尚书·洪范》中的一条材料。这条材料说："稽疑。择建立卜筮人，乃命卜筮。曰雨，曰霁，曰蒙，曰驿，曰克，曰贞，曰悔，凡七。卜五，占用二，衍忒。"这是说，龟兆有五种，筮兆仅有贞、悔二种。贞是内卦，悔是外卦，占问吉凶以卦画所呈现的内卦和外卦的交错关系为据。春秋时期留下的文字材料证明，这个时期出现了卦象说，把卦画解释成具有象征性的意义。据李镜池先生的研究，综合《左传》《国语》的记载，八卦的卦象有下列几种：

《乾》——天、光、玉、君、天子、父。

《坤》——土、马、帛、母、众、顺、温、安、正、厚。

《坎》——水、川、众、夫、劳、强、和。

《离》——火、日、鸟、牛、公、侯、姑。

《震》——雷、车、辖、足、兄、长、男、侄、行、杀。

《巽》——风、女。

《艮》——山、男、庭、言。

《兑》——泽、旗、心。

它的范围，包括自然之象与社会之象，有象征具体事物的，也有象征抽象观念的。根据或本于卦爻辞，或本于卦画。方法则用类推对比。关于象数关系的解释，朱伯崑先生概括为三说，即"变卦说""取象说""取义说"。所谓取象即取其具体事物之象，取义即取其抽象观念之义，前者后世称之为"卦象"，后者称之为"卦德"。所谓变卦是一种新的占法，强调应根据"本卦"和"之卦"的变化来决断吉凶，与原来局限于重卦中贞悔内外关系的占法不同。所有这些新的解释虽然目的都是为了用于卜筮，大多是牵强附会，胡乱类比，但是其中贯穿着一种推天道以明人事的思想，混杂有根据现实的生活经验进行推论的成分，曲折地反映了当时人们思维水平的提高和理性的觉醒。

在春秋时期，已有人用卦象来表示对天道的新看法。《左传》昭公三十二年记载，赵简子问史墨说，季氏赶走他的国君，而百姓顺服，诸侯亲附他，这是为什么？史墨回答说："鲁君世从其失，季氏世修其勤，民忘君矣。虽死于外，其谁矜之？社稷无常奉，君臣无常位，自古以然。故《诗》曰：'高岸为谷，深谷为陵'。三后之姓，于今为庶，主所知也。在《易》卦，雷乘《乾》曰《大壮》䷡，天之道也。"史墨认为，

《大壮》的卦象是雷在天之上,雷本来在天之下,现在转化为天之上,这种对立面的相互转化是自然和社会的普遍规律,是"天之道也"。从社会现象来看,"社稷无常奉,君臣无常位",君和臣的地位并不是永恒不变的。从自然现象来看,高岸可以变成深谷,深谷也可以变成山陵。因此,《大壮》的卦象就是对这些自然和社会现象变化规律的反映,蕴含着对立面相互转化的哲学道理。史墨的这种解释完全立足于人文主义的理性而毫无宗教巫术的色彩,带有鲜明的时代特征。可以把这种解释看作是一次重大的突破,因为它表明,在当时理性觉醒和思想解放的时代潮流的推动下,人们已经开始把用于卜筮的卦象改造为表现哲学观点的工具了。

春秋时期对易学的象数与义理的解释虽然取得了很大的进展,但只是停留于提出一些零星断片的创新的观点,而没有形成一个与传统的天命神学相对立的思想体系。这种情形除了受外部历史条件的制约以外,还有一个内部的思想上的原因,即没有引进阴阳的学说,无法使象数与义理在阴阳学说的基础上形成新的结合。因为如果不引进阴阳学说而只是解释八卦的卦象,就不能把八卦构成一个完整的如同《易传》那样的八卦哲学的系统,使之具有乾坤六子的意义,同时,由"—""" "这两个基本符号推演而成的那一套卦爻结构也不能得到全面的解释,使之构成如同《易传》那样的承、乘、比、应的交错联结关系。在春秋时期,阴阳学说属于另一个发展系列,和易学一样,也经历了一个量的积累过程,尚未形成完整的思想体系。如果易学不与阴阳学说相结合,二者仍然是双峰对峙,两水分流,是根本不可能有一个统一的《易》道的。

阴阳两字的原始意义,主要是指日光的有无或日光能否照射的地区,由此引申,常用以指阴寒与温暖的气候。如《尚书·禹贡》:"南至于华阴","至于岳阳",阴指山之北,阳指山之南。《诗经·大雅·公刘》:"既景乃岗,相其阴阳。"直到西周末年,伯阳父才把阴阳作为天地之气,并用以解释地震的成因,他说:"夫天地之气,不失其序。若过其序,民乱之也。阴伏而不能出,阴迫而不能蒸,于是有地震"(《国语·周语上》)。伯阳父一方面把阴阳二气的对立斗争看作是发生地震的原因,认识到自然界存在着两种互相对抗的力量,但是另一方面又把阴阳失序看作是人事干扰的结果,由此引起的地震是天神要灭亡一个国家的征兆。可以看出,伯阳父虽然推进了阴阳观念的发展,使之具有一定的哲学意义,却没有割断天神与人事之间的幻想联系,冲破西周传统的天命神学思想的束缚。

春秋时期,随着人文的理性思潮逐渐兴起,阴阳观念也相应地发生了很大的变化。比如周内史叔兴对陨石和六鹢退飞的自然反常现象解释说:"是阴阳之事,非吉凶所生也,吉凶由人"(《左传》僖公十六年)。叔兴的这种阴阳观念与伯阳父相比,有了明显的进展,就其思想倾向而言,是与传统的天命神学相对立的。《左传》昭公二十四年记载,梓慎与昭子围绕着对日食的解释产生了一场争论。梓慎认为日食是阴胜阳,将要引起水灾。昭子不同意这种看法,认为只会引起旱灾。因为过了春分阳还不能胜阴,将要积聚起来,恶性膨胀,这就不是引起水灾,而是旱灾了。梓慎和昭子的说法都缺乏科学的根据,日食和水旱灾害并无必然的联系。但是他们两人都摆脱了天神观念的束缚,纯粹从理性的角度运用阴阳这对范畴进行推论,这就有可能根据实际的结果来检验推论的正确与否,使阴阳学说逐渐完善精密,发展成为自然哲学的理论基础。

春秋　兽纹牺尊

春秋末年,范蠡把阴阳范畴提到天道的高度来论述,使之具有更为普遍的哲学意义,代表了当时阴阳学说所达到的最高水平。他说:"天道皇皇,日月以为常,明者以为法,微者则是行。阳至而阴,阴至而阳。日困而还,月盈而匡"(《国语·越语下》)。范蠡认为,天道是非常明显的,它就是日月更迭和四时代谢所表现的规律。日走到尽头,第二天又周而复始,月到盈满之时,就开始一点点亏缺,四时也是这样循环交替,发展到顶点,就要向它的反面转化。究其内在的根本原因,就是阴阳两种对立势力的变化,因为阳发展到极点就变成阴(阳至而阴),阴发展到极点就变成阳(阴至而阳)。这种阴阳变化的规律叫作"阴阳之恒"。恒即恒常之意,也就是变中之不变。范蠡的这个思想和《易传》所说的"一阴一阳之谓道"是完全相通的。

但是,范蠡的阴阳学说和当时的易学并不相干,而且也无意于把它发展成为一种与天命神学相对立的思想体系。这种情形和春秋时期新旧交替的总的历史特点相适应的。当时"学在官府"的局面没有打破,掌握一定的文化知识、具有精神生产能力的只有两类人,一类是祝宗卜史,另一类是卿大夫。这两类人和战国时期的思想家不同,本身并没有制造思想体系的需要。他们只是就事论事,对一些个别的具体问题发表议论,提出看法。但是由于他们身居高位,许多现实的问题和新出现的情况纷至沓来,逼得他们去思索,去处理,也最容易感受到时代的气息,所以也往往在他们身上表现出某些创新的思想。这种创新虽然客观上是曲折地反映了人文理性因素的成长,不同程度地动摇了传统的天命神学的统治地位,但是就提出创新观点的本人来说,主观上却没有自觉意识到这一点。因此,这个时期没有出现与传

统的天命神学相对立的思想体系，而只有一些零星断片的创新的观点。

对《易》的革新、阴阳学说的孕育成熟以及统一的《易》道的形成，都是通过战国时期思想家长期艰苦的努力才得以实现的。战国时期的思想家具有另一种特殊的性格，和春秋时期的那种身居高位而与传统习惯势力有着千丝万缕联系的祝宗卜史、卿大夫完全不同，他们属于士阶层，即普通的知识分子。在那个天下无道、礼坏乐崩的动乱时代，脱离依附状态而游离于传统的意识形态与权力结构之外，因而获得了祝宗卜史、卿大夫所无法想象的思想上的自由与人格上的独立。他们都是一些伟大的思想主义者，以整体性的存在作为自己思考的对象。他们力图凭借自己的理性来为人类寻找一个新的统一性的原理，使当时分崩离析的社会重新凝聚起来，建立在更加合理的理论基础之上。为了达到这个目的，他们就不能像春秋时期的祝宗卜史、卿大夫那样，局限于头痛医头、脚痛医脚，就某些个别的现实的问题发表自己的看法，而必须制造一个完整的思想体系。

所谓思想体系，有两个明显的特征：第一是在外延上包容自然与社会的各种现象，是一种囊括天人的整体之学；第二是在内涵上有一个核心观念，有一个可以解释各种现象的一以贯之的总的思想原则。就这两个特征而言，宗教与哲学都是同样具有的，都可以称之为思想体系，只是从内涵的理论基础来看，一个是立足于神学的信仰，一个是立足于人文的理性。由于西周的天命神学是中国文化史上最早成型的唯一的思想体系，战国时期的思想家不能不把它作为自己唯一可以依据的思想来源，所以他们为了制造自己的思想体系，大多同时从两个方面着手，即一方面继承了它的那种囊括天人的整体之学，另一方面则极力把它的核心观念从神学的信仰转化为人文的理性。这个转化的过程是进行得相当艰苦的，因为它实际上就是哲学与宗教、理性与信仰的斗争过程，我们从先秦的每一个重要的哲学流派身上都可以看出这种斗争的痕迹。儒家的创始人孔子当然没有完成转化的任务，墨家的创始人墨子也没有完成。所谓孔墨显学，不过是介乎哲学与宗教之间的思想体系。直到道家的创始人老子第一次把道凌驾于天之上，这场斗争才算取得了初步的胜利。

正是通过道家的努力，阴阳才从具有哲学意义的概念发展成为重要的哲学范畴，在他们的思想体系中起着支撑点的作用。比如《老子》四十二章说："万物负阴而抱阳，冲气以为和。"《庄子·田子方》说："至阴肃肃，至阳赫赫。肃肃出乎天，赫赫发乎地，两者交通成和，而物生焉。"道家的最高哲学范畴是道而不是阴阳，但是他们援引阴阳这对范畴描绘了自在的和谐，提示了自然的规律，从而建立了一个与传统的天命神学相对立的思想体系。这种做法对其他的一些哲学流派产生了极为深远的影响。比如齐国稷下的管仲学派就是接受了道家的影响，用阴阳范畴来表示天道运行的规律。《管子·乘马》说："春秋冬夏，阴阳之推移也；时之短长，阴阳之利用也；日月之易，阴阳之化也。"儒家的早期代表人物孔子、孟子不谈阴阳，但是儒家的后继者荀子却接受了道家的影响，用阴阳范畴彻底剔除了天的人格神的含义，恢复了天的自然界的本来面貌。《荀子·礼论》说："天地合而万物生，阴阳接而变化起。"

战国中期以后，以老庄为代表的道家学派在天道观方面掀起了一股自然主义的思潮，阴阳成为一对重要的哲学范畴，被各家普遍采用。易学与阴阳学说相结合

就是受到这股思潮的强大影响才得以实现的。《庄子·天下篇》说："《易》以道阴阳。"这是说，《周易》思想的核心是阴阳学说。《系辞上》说："一阴一阳之谓道。"这是说，《易》道的思想精髓是一阴一阳。我们从前面的分析可以看出，这个阴阳学说并不是原始的卦画所固有的，也不是《周易》的经部提出来的，春秋时期虽然出现了关于八卦的卦象说，却没有人用阴阳来解释《周易》。因此，为了准确地理解《周易》的这个思想的核心或精髓，必须联系战国中后期思想领域总的发展趋势，充分估计道家的自然主义思想对各家产生的影响，而不能独立地就《周易》本身来论《周易》。

《易传》的作者接受了当时流行的阴阳学说，不仅用阴阳范畴来表示天道，而且也用它来表述地道和人道，也就是说，它并不停留于用阴阳范畴来建立一个自然哲学，而是进一步把阴阳范畴发展成为一个核心观念、一个总的思想原则，用来建立一个统贯天地人三才之道的整体之学。《说卦》指出："昔者圣人之作《易》也，将以顺性命之理，是以立天之道曰阴与阳，立地之道曰柔与刚，立人之道曰仁与义。"这是对《易传》思想体系的最完整的表述。其中所运用的一些范畴不见于《易经》，而是广泛地从战国时期诸子百家的思想成果中采撷而来的。拿天道、地道、人道三个范畴来说，第一次把它们连起来使用的，是管仲学派。《管子·霸言》："立政出令用人道，施爵禄用地道，举大事用天道。"仁义是儒家政治伦理学说的最高范畴，孔子只是分虽论述，孟子才第一次连起来使用。《孟子·梁惠王上》："王何必曰利，亦有仁义而已矣。"刚柔始见于《尚书·洪范》："三德：一曰正直，二曰刚克，三曰柔克"，指的是为人的两种品德。到了老子，才第一次用来表述普遍性的哲学原理："柔弱胜刚强"（《老子》三十六章）。由此可见，《易传》的思想体系是总结了多方面的认识成果，反映了战国时期人类所达到的先进的思维发展水平。也只有根据这种较高的思想发展水平，《易传》才有可能对《易经》的象数与义理进行创造性的转化，从根本上改变它的宗教巫术的性质。

《易传》的形成和篇目

《易传》的篇目共七种十篇，即《彖》上下，《象》上下，《文言》，《系数》上下，《说卦》，《序卦》，《杂卦》。此十篇，《易纬·乾凿度》和东汉经师称之为"十翼"，"翼"是辅助羽翼之意，表示用来解释《易经》。汉代学者称解释儒家经典的著作为传。十翼一类的著作亦称为《易传》。

关于《易传》的作者及著作年代，是一个悬而未决的问题。司马迁于《史记·孔子世家》中，认为《易传》乃孔子所作。此说影响很深。直到欧阳修方怀疑《系辞》为孔子所作。其后，清人崔述进而怀疑《彖》《象》为孔子所作。近人对这个问题做了大量的研究，大多认为十翼非孔子所作，各篇非出于一时一人之手，乃战国以来陆续形成的解易作品。但对各篇形成的年代，仍存在不同的意见。大的分歧有二，一是战国前期说，一是战国后期说。此外，关于作者的学派属性问题，有的认为主要是儒家学者，有的认为主要是道家学者。这些问题都需要做出进一步细致的研究。

《左传》昭公二年记载:"晋侯使韩宣子来聘。……观书于大史氏,见《易象》与《鲁春秋》,曰:周礼尽在鲁矣,吾乃知周公之德与周之所以王也。"春秋时期,王室衰微,已经无力保存传统的周文化,许多掌握文化典籍的祝宗卜史人员纷纷散流到各国去谋生,其中就有一位周史携带着《周易》去见陈侯(《左传》庄公二十二年)。鲁是周公的后代。在当时人的心目中,鲁文化就是周文化的象征。

儒家创始人孔子的思想是在鲁文化的熏陶下形成的。他自称"述而不作",实际上,他是利用整理和解释传统文化典籍的形式来发挥他的思想。这些传统文化典籍包括《诗》《书》《礼》《易》《春秋》等。尽管《易传》并非孔子所作,但是,孔子《周易》有着很深的关系。《论语》有两条记载:"子曰:加我数年,五十以学《易》,可以无大过矣"(《述而》)。"子曰:南人有言曰:人而无恒,不可以作巫医。善夫!不恒其德,或承之羞。子曰:不占而已矣"(《子路》)。"不恒其德,或承之羞",是《恒卦》九三爻辞。孔子引用了《恒卦》的这条爻辞,并着重指出,只有不把《周易》用于占卜,才能体会出其中具有普遍性意义的道理。不把《周易》用于占卜而着重于从义理上引申发挥,是孔子的读《易》法。这种读《易》法并不是孔子的发明,早在春秋时期就有许多人这样做了。孔子只是更加自觉地运用这个方法。后来儒家都是用孔子的这个方面来读《易》,荀子就说过:"善为《易》者不占"(《荀子·大略》)。由于这个方法被儒家自觉地运用,《周易》这部占卜之书才逐渐地摆脱宗教巫术的性质,被改造成为发挥儒家义理的书。传说孔子读《易》,"韦编三绝",花了很大的功夫。在从《易经》到《易传》的发展过程中,孔子是一个承先启后的人物,占了极端重要的地位。

汉代的历史学家叙述易学的传播世系,都追溯到孔子。司马迁说:"商瞿,鲁人,字子木,少孔子二十九岁。孔子传《易》于瞿,瞿传楚人馯臂子弘,弘传江东人矫子庸疵,疵传燕人周子家竖,竖传谆于人光子乘羽,羽传齐人田子庄何,何传东武人王子中同,同传菑川人杨何。何元朔中以治《易》为汉中大夫"(《史记·仲尼弟子

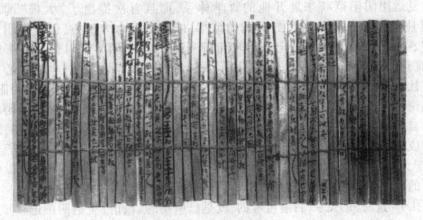

东汉 居延旧简

列传》)。班固说:"自鲁商瞿子木受《易》孔子,以授鲁桥庇子庸,子庸授江东馯臂子弓,子弓授燕周丑子家,子家授东武孙虞子乘,子乘授齐田何子装。乃秦禁学,

《易》为筮卜之书，独不禁，故传受者不绝也。汉兴，田何以齐田徙杜陵，号杜田生，授东武王同子中。……同授淄川杨何，字叔元，元光中征为太中太夫"（《汉书·儒林传》）。司马迁和班固的说法大体上是可信的。撇开秦以后不说，在先秦时期，易学的传授从孔子开始，由鲁而楚，再由楚回到鲁，辗转传到燕齐。特别值得注意的是楚人馯臂子弓是从《周易》到《易传》的一个重要环节。忽视这个环节，就很难解释《周易》所受到的楚文化的影响和它所具有的那种复杂的外貌。

战国时期，由于各国政治经济发展的不平衡，文化上表现出浓厚的地区性色彩。可以粗略地区分为南方文化和北方文化，也可以细致地区分为荆楚文化、邹鲁文化、燕齐文化、三晋文化。这些不同地区的文化各具特色，自成系统，同时又在彼此影响，相互融合。当时的一些重要学派，比如道家、儒家、管仲学派、法家、阴阳家，一方面以某一特定地区的文化为背景孕育形成，另一方面又吸收其他地区文化的营养来丰富自己。《易传》哲学思想体系的形成就是一个明显的例证。它是以邹鲁文化为背景的，同时也接受了多方面的影响。当它由鲁而楚，传授到楚人馯臂子弓时，接受了道家思想的影响；再辗转传到燕齐，又接受了管仲学派以及燕齐文化，其中包括阴阳家的影响。此外，还可以找到它受法家影响的痕迹。其中，以道家和阴阳家思想的影响最为重要。如果不吸收道家天道观和阴阳家的思想来丰富自己，《易传》至多只能看得出类似孔子的那种政治伦理教训，而不能形成包括天道、地道和人道在内的完整的哲学体系。

各地区文化相互融合的趋势，发展到战国末年，达到了高潮。就南方的荆楚文化而言，一向是对自然哲学的问题比较关心。《庄子·天下篇》记载："南方有倚人焉，曰黄缭，问天地所以不坠不陷、风雨雷霆之故。"由于这种关心，所以南方的荆楚文化对于阴阳学说的孕育、成熟起了极大的促进作用。比如越国的范蠡最早运用阴阳范畴来解释天道运行的规律。老子运用阴阳范畴建立了一个具有普遍性意义的哲学命题："万物负阴而抱阳，冲气以为和。"庄子不仅反复运用阴阳范畴来展开他的哲学体系，而且首次提出了"太极"的概念（见《庄子·大宗师》）。又如齐国的邹衍，以阴阳观念为核心，创立了阴阳学派，"深观阴阳消息"（《史记·孟轲荀卿列传》）。阴阳学说对儒家的影响较晚，直到战国末年才在荀子的思想中呈现出来。孔子罕言天道，他所关心的主要是社会政治伦理问题，根本不谈阴阳。战国中期的孟子也根本不谈阴阳，虽然他论及天道，但却把天道的本质归结为诚，而不是像道家那样看作是阴阳大化的自然运行过程。到了战国末年，通过各地区文化长时期的相游相荡，才逐渐汇成了一股学术大融合的高潮。荀子一方面站在儒家的立场批判了道家"蔽于天而不知人"的缺点，另一方面又把由道家所发展起来的阴阳学说纳入自己的哲学体系之中，建立了一个不同于孔孟的自然主义的天道观。

孔子与《易》的关系，目前可考的，就是已引用的《论语》上的两条记载。孟子多次论及《诗》《书》《春秋》，但对《周易》一无评论，由此可以推想，《易传》各篇的形成与孟子大概没有十分直接的关系。《荀子》书中关系《周易》的言论共有四条："《易》曰：'括囊，无咎无誉。'腐儒之谓也"（《非相》）；"《易》曰：'复自道，何其咎'？《春秋》贤穆公，以为能变也"（《大略》）；"善为《易》者不占"（同上）；"《易》之《咸》见夫妇。夫妇之道不可不正也，君臣父子之本也。《咸》，感也。以高下下，

以男下女,柔上而刚下。聘士之义,亲迎之道,重始也"(同上)。其中第一、二、三条完全是沿袭了孔子的读《易》法,第四条对《咸》卦的解释,运用了卦义说、爻位说、刚柔说,则是创造性的发展,与《易传》有许多相通之处。有些研究者根据这种相通之处,断定《易传》属于儒家中的荀子一派,或者直接作于荀子的门徒。其实,《易传》的思想自有特色,应该独立成派,把它归属于荀派是不符合实际的。最显明的例子就是荀子主张性恶论,而《易传》主张性善论,二者在人性论上是对立的。比如《系辞上》说:"一阴一阳之谓道,继之者善也,成之者性也。"《易传》的性善论虽然和孟子是相一致的,但是从哲学基础上来看,又是根本对立的。孟子把性善说成是人们的内心所固有的,《易传》却从天道阴阳变化的规律上找根据。从这一点来看,把它归属于孟派也不恰当。

在战国末年学术融合业已蔚然成风的历史条件下,各家各派都在从事综合总结的工作。《易传》对综合总结所持的总的态度就是《系辞下》所说的,"天下同归而殊途,一致而百虑"。这是一种超越的态度,宽容的态度,与荀子在《非十二子》《解蔽》中所持的那种带有顽固学派成见的批判态度有着很大的不同。正因为如此,所以《易传》的学派属性也就变得模糊不清,很难贸然断定。虽然它明显地接受了由道家及阴阳家发展起来的阴阳之说,建立了一套不同于孔孟的自然主义的天道观,但不能据此而断定它是属于道家或阴阳学派的作品。另一方面,虽然它以邹鲁文化为背景,与儒家有着很深的关系,也不能据此而断定它是属于儒家学派的作品。仅只因为秦汉文献所记,传授《周易》的主要是儒家学者,汉人才奉《周易》为儒家经典之一。就《易传》的思想整体而言,它是道家的自然主义与儒家的人文主义的一种有机的结合,既不像纯粹的道家那样侧重于天道,蔽于天而不知人,也不像纯粹的儒家那样侧重于人道,蔽于人而不知天。除此以外,它当然还综合总结了其他各家的文化创造。总之,《易传》各篇的作者及其著作年代,如今已不可详考,我们只能联系先秦思想文化总的发展趋势,作一粗略的比较分析。

《易传》的象数体例

《周易》这部书包括《易经》和《易传》两部分。《易经》是一部占筮书,《易传》则是一部哲学书,但是《易传》的哲学思想是利用了《易经》占筮的特殊结构和筮法建立起来的,因而这两部分在内容上有差别而在形式上又有联系,形成了一种哲学思想和宗教巫术的奇妙的结合。这种结合并不是完美无缺、天衣无缝的,它的内容和形式、哲学思想和宗教巫术常常发生尖锐的矛盾。如果使内容屈从于形式,那么它的哲学思想便会沦落为宗教巫术的奴婢;反之,如果使形式服从于内容,那么它的卦爻结构和编纂体例就成为表现哲学思想的一种工具。《周易》的形式就是象数,它的内容就是义理。由于形式与内容不可分,象数与义理乃是紧密结合在一起的。讲象数,目的在于阐发某种义理;谈义理,也不能脱离象数这种表现工具。《周易》这部书是中外思想史上的一个极为特殊的现象,它的形式与内容两个方面都应该引起足够的重视。义理派的特征不在于扫落象数,象数派的特征也不在于排斥义理,这两派的分野,关键在于如何处理内容与形式的关系,也就是说,究竟是使内

容屈从于形式还是使形式服从于内容。

　　象指的是八卦的卦象，数指的是爻的奇偶。从占筮的角度来说，象数就是占筮道具（即蓍草）所显示出来的形与数的朕兆，体现了鬼神的意旨，具有一种神秘的性质，人们可以根据这种形与数的朕兆来预测吉凶祸福。这是象数的原始的含义。《易传》的作者对这种象数作了全新的解释，不把它们看作是一般筮法，而认为其中蕴含着阴阳学说的哲理，于是基本上剔除了其中的宗教巫术的成分，把它们改造成表现哲学思想的一种工具。因此说，《易传》的易学具有义理派的特征，它所从事的工作就是使形式服从内容。但是另一方面，《易传》也没有完全否定占筮，在一定程度上保留了宗教巫术的杂质。比如《说卦》把八卦的卦象看作是沟通神人关系的手段，而《系辞》则说："极其数遂定天下之象。"又说："阳卦多阴，阴卦多阳，其故何也？阳卦奇，阴卦偶。"照这些说法，象数又恢复了它的原始的含义而凌驾于哲学思想的内容之上，《易传》的易学又具有象数派的特征了。这两种相互对立的思想倾向并存于《易传》之中，所以后来的象数派和义理派都可以在《易传》中找到自己的根据。

　　就《易传》的主导倾向而言，应该承认，它是属于义理派的易学。《易传》之所以能够成功地把《易经》这部占筮之书改造成为一部哲学书，根本原因在于它发挥了解释学的优势。《易传》并没有扫落象数，只是在处理象数与义理的关系时，把义理摆在首位，使象数服从于表现义理的需要。为了达到这个目的，《易传》对象数的体例、结构和功能作了一系列不同于筮法的新的规定，诸如承、乘、比、应、时、位、中等等。这些规定也是《易传》解释《易经》并且阐发自己的哲学思想所依据的基本原则。《易传》所说的"形而上者谓之道，形而下者谓之器，"就是立足于哲学的高度，来说明象数与义理之间的关系。象数有形可见，是为形而下，义理隐藏于象数之中，看不见，摸不着，是为形而上。但是形而上的义理必须借助形而下的象数才能表现出来。《系数上》说："子曰：'书不尽言，言不尽意。'然则圣人之意，其不可见乎？子曰：'圣人立象以尽意，设卦以尽情伪，系辞焉以尽其言，变而通之以尽利，鼓之舞之以尽神。'"《系辞》的这个说法就是义理派易学的理论依据。它首先肯定有一个"圣人之意"，这就是义理，也就是哲学思想。这种哲学思想是文字语言所不能完全表达的，所以圣人借助于《周易》的卦象、爻象以及卦辞、爻辞来表达。在言《卦爻辞》、象（卦爻象）、意（义理）三者的关系中，意是居于首位的。

　　《易传》根据自己的阴阳哲学对八卦的起源以及卦爻符号所蕴含的义理做出了完全创新的解释。它说："古者包牺氏之王天下也，仰则观象于天，俯则观法于地，观鸟兽之文与地之宜，近取诸身，远取诸物，于是始作八卦，以通神明之德，以类万物之情"（《系辞下》）。"圣人有以见天下之颐，而拟诸其表容，象其物宜，是故谓之象。圣人有以见天下之动，而观其会通，以行其典礼，系辞焉以断其吉凶，是故谓之爻"（《系辞上》）。"观变于阴阳而立卦，发挥于刚柔而生爻"（《说卦》）。按照这种解释，八卦是伏羲观察了天地、鸟兽、人物等自然和社会现象创造出来的，它是对客观外界的一种模拟、象征和反映。由于天地万物的变化运动都可以归结为阴阳两种对立势力的变化运动，所以圣人特意画出"--""—"这两个符号来进行仿效，并且由这两个基本符号排列组合而成八卦，再重叠为六十四卦。《易传》的这种解释被后世奉为经典，在两千余年的易学传统中，人们习焉不察，普遍地接受这种解释，

认为"伏羲氏始画卦,而天人之理尽在其中矣"。实际上,传说中的伏羲时期相当于原始社会的中期,当时尚未发明文字,人们的思维水平极为低下,所掌握的知识也很贫乏,不仅不可能从哲学的高度去理解世界,连至上神的观念也没有产生,而普遍奉行着一种原始的巫教。龟卜、筮占以及其他一些古老的占卜形式,都是这个时期的产物。因此,关于八卦的起源以及卦爻符号的原始含义只有联系到这种巫术文化的背景才能得到合理的说明,绝不是像《易传》所解释的那样,是为了"以通神明之德,以类万物之情",去揭示宇宙的普遍规律。但是,《易传》通过这种解释,把巫术文化转化成人文文化,把卜筮改造成哲学,也自有其历史的合理性。如果没有这种完全创新的解释,那套源于卜筮巫术的卦爻符号就只能具有筮法的意义,而不可能成为表现哲学思想的工具了。只是我们今天研究《易传》的象数体例时,应该有一个清醒的头脑、历史的眼光:一方面要严格遵循以经观经、以传观传的原则,区分卜筮巫术与哲学理性的界限,不能把二者混为一谈,另一方面也要随顺着《易传》的那种依传说经、牵经就传的思路,准确地把握它的那种使形式服从于内容的义理派易学的精神实质。

《易传》的象数体例并不是《易经》所固有的,更不是伏羲画卦时所固有的,而是为了阐明象辞相应的理以及表现阴阳哲学的需要煞费苦心地创设出来的。在《周易》中,某卦爻象下,系之以某卦爻辞,表示吉凶之义,有无规则可遵循?《易传》的作者认为是肯定的,并提出许多体例,如取象、取义、爻位等,进而以阴阳哲学解释各种体例。以下着重介绍一下其中的爻位说及其体例。

阴阳哲学把天地人三才看成是一个整体,把支配这个整体的规律看成是阴阳两大对立势力的和谐的统一。为了表现这种阴阳哲学,《易传》找到了它与卦爻符号形式上的相似之处,创设了"卦位"的体例。《系辞下》说:"《易》之为书也,广大悉备,有天道焉,有人道焉,有地道焉,兼三才而两之,故六。六者非它也,三才之道也。"一卦六爻,六爻所居之位叫作"六位"。初、二为地之位,三、四为人之位,五、上为天之位。又因天地人三才之道是由一阴一阳构成的,于是又确定初为地之阳,二为地之阴,三为人之阳,四为人之阴,五为天之阳,上为天之阴,两两构成阴阳的对立统一。按照这种体例,一卦六爻的象数形式正好与阴阳哲学的义理内容符合一致,六十四卦的每一卦都是一个天地人的整体,其中贯穿着"一阴一阳之谓道"的和谐统一的规律。

在六十四卦中,唯有《既济卦》的六爻的配置完全符合这种规定。《既济卦》由离下坎上所组成,六爻的配置,刚爻居阳位,柔爻居阴位,刚柔正而位当,是一种最理想的秩序,故称之为既济。既济就是所有的事情都已获得成功。但是其他的六十三卦,包括乾坤两卦,都存在着刚柔不正、阴阳错位的情况,或刚爻居阴位,或柔爻居阳位,并不完全符合上述的规定。这是因为,爻是仿效具体事物的变动,这种变动受主客观因素的影响,不可能完全按照六位的阴阳去各就各位,所以经常发生与理想的秩序相背离的情况。《系辞》解释说:"爻也者,效天下之动者也。""道有变动,故曰爻。""《易》之为书也,不可远,为道也屡迁。变动不居,周流六虚,上下无常,刚柔相易,不可为典要,唯变所适。"如果说具体事物的变动是一种现实,六爻的应有的配置是一种理想,那么只有符合理想的现实才能称为正当,否则就是不正当。为了确立这种评价的标准,《易传》创设了"当位与不当位"的体例。"当位"

又称"得位"，即刚爻按照规定居于阳位，柔爻按照规定居于阴位。"不当位"又称"失位"，即刚柔两爻背离了理想的秩序而阴阳错位。

由于具体的事物经常在流动变化，没有一成不变的格式，所以反映这种流动变化的刚柔两爻也在相互推移，在六个爻位上转流不息，上下易位，变动无常，不固定在不动的位置上，而经常处于流动变化的过程之中。因此，刚柔两爻的关系错综复杂。为了表述这种错综复杂的关系，《易传》创设了承、乘、比、应的体例。王弼在《周易略例》中指出："承乘者，逆顺之象也。"这是说，以下对上曰承，以上对下曰乘，柔承刚为顺，刚承柔为逆，柔乘刚为逆，刚乘柔为顺，阴阳柔刚的领导与被领导的地位不能颠倒。相邻曰比。从卦位上说，初与二相比，二与三相比。三与四处于内卦与外卦之隔处则不能比。四与五相比，五与上相比。凡成比，必须是相比之位上形成一刚一柔。如果相比之位上的两爻是刚对刚，或柔对柔，则不成比。因而所谓相比，实际上就是一种承乘关系，其顺逆视具体情况而定。应有相应与敌应之分。所谓相应，即刚柔两爻彼此配合，相互感应，有五柔应一则、五刚应一柔及三双同位刚柔相应之例。所谓三双同位刚柔相应，即初与四、二与五、三与上皆为一刚一柔，隔体相应。王弼在《周易略例》中指出："夫应者，同志之象也。"这是说，阴与阳的关系是相互依存，不可分割的，缺少一方，另一方也不能存在，因而必须互相追求，阴求阳，阳求阴。如果这种追求得以实现，就叫作相应，相应则志同道合。反之，如果初与四、二与五、三与上或俱为刚爻，或俱为柔爻，彼此不能配合，形成一种互相排斥的局面，刚称为敌应。因而凡相应必吉，凡敌应必凶。

从《易传》所创设的这几种象数体例来看，其中明显地表现了一种天地人三才整体和谐的哲学义理。这种理学义理一方面强调刚柔之分，另一方面又强调阴阳之合，天地人三才的整体和谐就是在这种分与合的辩证关系中实现的。就刚柔之分而言，刚应居于阳位，柔应居于阴位，阳位为尊，阴位为卑，这种阳尊阴卑的等级位分不能错置；阳为领导，阴为从属，阳应据阴以发挥领导的作用，阴应承阳辅助配合，这种领导与被领导的地位也不能颠倒。但是，由于阴阳两大对立势力是相互依存的，不能有阴而无阳，也不能有阳而无阴，阳需要得到阴的辅助，阴也需要争取阳的领导，所以必然刚柔相济，阴阳相合，阴顺阳，阳顺阴，协调融洽，结为一体，才能达到整体的和谐。《易传》正是根据这种整体和谐的思想来创设上述的几种象数体例的，如果不了解它的义理内涵，就不可能了解它的象数体例的用心所在。

卦以六爻为成，一卦六爻，按照承、乘、比、应种种复杂的关系，结成一个整体，有一个中心主旨，这就是卦义。《易传》认为，卦辞是裁决论断一卦的卦义的，只要看了每一卦的卦辞，就能了解这一卦的大体上的意义。《系辞》说："彖者，言乎象者也。""极天下之赜者存乎卦。""彖者，材也。""知者观其彖辞，则思过半矣。"卦义也叫时义、时用，简称为时。这是《易传》中的一个极为重要的象数体例，因为它总揽全局、从整体上把握一卦的中心主旨。所谓时，不是一个单纯的时间概念，而是指的时态、时运、时机，一种由时间、地点、条件所制约的具体的情景或客观的形势。《易传》认为，六十四卦的每一卦都是由阴阳两爻的错综交织与流转变化而形成，代表阴阳两大势力不同的排列组合所形成的具体的形势，象征自然和社会不同的状况以及势力的消长。这是一个动态的过程，其中有时大通，有时否塞，有时正面的势力上升，君子道长，小人道消，有时反面的势力上升，小人道长，君子道消。因

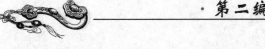
而所谓时是统一卦之大义，表示此动态过程的一个特定的发展阶段，或者冲突，或者和谐，具有相对的稳定性，从整体上对卦中之六爻起支配作用。除非此卦变为他卦，这种支配作用是不会消失的。

按照这种体例，《周易》六十四卦代表六十四种不同的时，实际上就是以象数形式构造而成的六十四种关于自然和社会秩序的模型，其中有的和谐，有的冲突，而且和谐与冲突还表现为不同的程度之差。孔颖达在《周易正义》中对六十四卦之时作了大致的分类。他说："然时运虽多，大体不出四种者：一者治进，颐养之世是也；二者乱时，大过之世是也；三者离散之时，解缓之世是也；四者改易之时，革变之世是也。故举此四卦之时为叹，余皆可知"（《豫卦正义》）。所谓治时，是指阴阳协调，刚柔相济，天人整体处于和谐的状态，以颐卦之时为代表。所谓乱时，是指阴阳两大势力斗争的一面占了上风，出现了阳刚过头或者阴柔太甚的情况，破坏了整体的和谐而转化为某种程度的危机，以大过卦之明为代表。所谓离散之时，是指阴阳两大势力否结不通的局面暂时缓解，有可能克服艰难险阻，形势开始朝着有利的方面转化，以解卦之时为代表。所谓改易之时，是指阴阳两大势力矛盾激化，难以调和，革命的形势已经到来，以革卦之时为代表。

王弼在《周易略例》中指出："卦以存时，爻以示变。"卦与爻各有不同的哲学功能，卦是表示时义即卦义的，这是一卦的中心主旨，爻则是表示变化的。为了确定爻适时之变的功能，《易传》创设了位的体例。所谓位，也叫时位，就是在特定卦时的条件下六爻分别所处的地位。照《易传》看来，客观事物都有一个由始至终的发展过程，每一卦的六爻所居之位就象征着这个过程。初爻是始，上爻是终，中间四爻是事物发展的中间阶段。在事物的发展中，开始难以预料后来的结果，有了结果，才容易了解事物的全局，决定事物的吉凶祸福在于中间阶段。所以每一卦的六爻，初爻拟议其始，上爻决定其终，中间四爻详尽辨别其是非，而卦辞则总论一卦吉凶。因此，由时与位组合而成的时位体例，实际上是一个认识的模式，包括分析与综合两个方面。一卦六爻，其分别处在初、二、三、四、五、上六位，在事物发展的全过程中，占有不同的地位，起着不同作用，应该具体分析。有了这种具体分析，综合起来，对于总揽全局的一卦之时就能得到一个切实的了解。

为了表现阴阳两大势力的最佳结合，《易传》创设了中的体例。中既是一种时位，也是一种行为的美德，在一卦六爻中起着关键的支配的作用。具体说来，在一卦六爻中，二为下体之中，五为上体之中，所以二、五称中位。凡阳爻居中位，象征刚中之德；阴爻居中位，象征柔中之德。二为臣位，五为君位，二、五居中，若刚中与柔中相应，则称为中和，表示君臣和衷共济，配合默契，阴阳两大势力和谐统一，事物处于最佳状态。若阴爻处二位，阴爻处五位，则是既中且正，称为中正。就行为准则而言，只有既中且正才是尽善尽美的。以中与正相比较，中比正更为重要，因此一卦六爻中的刚柔相应，关键在于二、五两爻之刚中与柔中的互相应和。尽管由于客观形势的变化，臣居阳位，君居阴位，产生了九二与六五这种中而不正的配置情形，但是二者互相应和，彼此信赖，六五以柔中之君专任九二刚中之大臣，君臣上下按照中的行为准则结为一体，仍然可以保持事物的和谐统一。比如泰卦䷊，九二之刚中与六五之柔中相应，象征"上下交而其志同"，整个形势是大为亨通的。由此可见，中的体例表现了《易传》的核心思想。中和的最高境界叫作太和。既济卦䷾的象数模式就表现了这样

一种太和境界,其中六爻皆正而位当,阴阳刚柔彼此相应,特别是六二、九五既中且正,这是一种最理想最和谐的秩序,所以万事皆济,无事不能。

　　以上所述的这些体例,诸如承、乘、比、应、时、位、中等等,都是《易传》为了表现自己的义理内涵而创设出来的,是一种使形式服从于内容的义理派易学的倾向。除此以外,《易传》还保留了一些卜筮巫术的杂质,存在着一种使内容屈从于形式的象数派易学的倾向。这突出地表现在两个方面,一是对数的神秘崇拜,二是对象的神秘崇拜。

　　关于对数的神秘崇拜,来源于古代的筮法。早在传说中的伏羲画卦时期,人们对蓍草的奇偶变化就有一种神秘崇拜,否则人们是不会把蓍草奉为神灵,用它来作占卜工具的。《易传》承袭了这种原始的巫术文化心理,企图把筮法中的奇偶变化和天地万物的阴阳变化结合在一起。《系辞上》说:"天一,地二,天三,地四,天五,地六,天七,地八,天九,地十。天数五,地数五,五位相得而各有合。天数二十有五,地数三十,

八角星纹彩陶豆

凡天地之数五十有五。此所以成变化而行鬼神也。"这是说,一、三、五、七、九,这五个天数加起来等于二十有五,二、四、六、八、十,这五个地数加起来等于三十,天数和地数相加等于五十有五。这都是一些神秘的数字,它们的错综变化是一切具体事物变化的根本原因。其所以如此,是因为天地之数是从筮法中的奇偶变化而来的。《系辞上》接着解释说:"大衍之数五十(有五),其用四十有九,分而为二以象两,挂一以象三,揲之以四以象四时,归奇于扐以象闰,五岁再闰,故再扐而后挂。乾之策二百一十有六,坤之策百四十有四,凡三百有六十,当期之日。二篇之策万有一千五百二十,当万物之数也。是故四营而成易,十有八变而成卦。八卦而小成,引而伸之,触类而长之,天下之能事毕矣。"这是说,天地之数即大衍之数。根据筮法,用五十(五)根蓍草作四次经营,得出一变,三变决定一爻,每卦六爻,所以一共十八变成为一卦。如果三变的结果,剩下三十六根蓍草,就是阳(老阳)爻,剩下二十四根蓍草,就是阴(老阴)爻。乾卦的六爻都是阳爻,$6×36＝216$,所以说"乾之策二百一十有六"。坤卦的六爻都是阴爻,$6×24＝144$,所以说"坤之策百四十有四"。六十四卦三百八十四爻,阴阳两爻各为一百九十二,$192×36＋192×24＝11520$,所以说"二篇之策万有一千五百二十"。《易传》用这些数字进行主观附会,认为乾坤之策($216＋144＝366$),相当于一年三百六十日的日数,二篇之策相当于万物的总数,根据八卦来推演,可以把天下所有的道理都包括进去。

　　《易传》的这个说法,虽然是和它的阴阳学说相矛盾的。阴阳学说认为,事物本身所具有的阴阳属性是事物变化的根本原因或推动力量。但是把奇偶、天地之数与阴阳学说硬要牵合在一处,强行解释,却完全是主观任意的规定,带有宗教巫术的神秘性质。

　　《易传》作者还继承了春秋时期解《易》的传统,即取象说和取义说。如《彖》以刚健解释乾卦卦象和其卦爻辞,以柔顺解释坤卦卦象及其卦爻辞。《说卦》对

八卦所取之象和所取之又做了归类，企图说明象辞之间存在着相应的理，并进而说明一卦和一爻的吉凶之义。就取象来说，《大象》仅以天地风雷水火山泽八种自然现象解释八卦所象征的物，而至《说卦》，所取之物象可以说是漫无边际地胡乱类比。如乾的主要卦象是天，但也象征圜、君、父、玉、金、寒、冰、大赤、良马、老马、瘠马、驳马、木果等等。坤的主要卦象是地，但也象征母、布、釜、吝啬、均、子母牛、大舆、文、众、柄、黑等等。巽的主要卦象为风，但是"其于人也，为寡发，为广颡，为多白眼"，用于经商，则"为近利市三倍"。坎的主要卦象为水，但是"其于人也，为加忧，为心病，为耳痛"。这些说法是为了回答象辞相应的理，说明其吉凶之义，结果成为宗教巫术中的胡言乱语。其原因在于《易传》没有完全否定占卜。

象数虽然对《易传》建立哲学思想体系起到了一定的组织作用，但其中所包含的宗教巫术的杂质也严重地损害了它的哲学思想内容。我们今天作为一个现代人来研究易学，应该对象数有一个全面的实事求是的看法。

《易传》的义理内涵

《易传》的思想体系，就其外延方面而言，是一种囊括天地人三者的十分宏阔的整体之学，就其内涵方面而言，则贯穿着一个核心观念或思想精髓，一个可以解释各种现象的一以贯之的总的思想原则。古人对此业已做了许多精辟的论述，比如称它的外延为"《易》道广大，无所不包"，把它的内涵概括为"《易》以道阴阳"。这个思想体系是继承了西周以来天人之学的思想传统，总结了诸子百家共同的文化创造，经历了长时期的历史发展而后形成的，我们只有把它放在历史的长河中进行宏观的考察而不是就《易传》来论《易论》，才能较为全面地理解它在中国思想史上的地位，领会其中所蕴含的文化意义。

所谓天人之学，是一种以天人整体为对象、以天人合一为思维模式的高层次的学问。这种天人之学把世界的统一性看作是一个自明之理，着重于探索天与人、主与客、自然与社会之间的关系，以便从整体上把握其中的规律，用来指导人事，特别是政治。在中国思想史上，西周时期以德配天的天命神学，把世界统一于天神，建立了一个统贯天人的完整的体系，最早为这种天人之学奠定了基本的格局。到了春秋战国时期，随着人文理性思潮的逐渐高涨，天命神学解体了，诸子蜂起，百家争鸣，学术由原始的统一而走向分裂，正如《庄子·天下篇》所描述的："天下大乱，贤圣不明，道德不一，天下多得一察焉以自好。"但是，尽管诸子百家力图以自己的体系来取代天命神学的体系，站在人文理性的角度来否定或者改造天神的观念，却毫无例外地普遍继承了由天命神学所开创的天人之学的传统。以儒道墨三家为例，他们的体系都是围绕着天人关系这根主轴而展开的，言天必下及于人，言人必上溯于天，视天人为一体，把整体性的存在作为自己思考的对象。比如墨子的"天志"与"兼爱""尚同"的关系就是一种天人关系，由此而展开的体系就是一种典型的天人之学。孔子和孟子一方面按照人道的主观理想来塑造天道，保留了天的有意志的属性而使之伦理化，另一方面又援引这个被塑造了的天道来为人道的理想做论

证,他们所建立的体系也同样属于天人之学的范畴。至于以老子和庄子为代表的道家,虽然对天道表现了浓厚的兴趣,但是从来没有脱离人道去孤立地研究天道,而是反复强调天道是人道所应当效法的榜样,人道必须奉行如同天道那样的自然无为的原则,因而他们的体系也是以天人关系为主轴的。如果说中国思想在先秦时期走过了一段由合到分又由分到合的曲折的道路,那么形成于战国末年的《易传》的体系就是对这种传统的天人之学的综合总结。它不仅继承了传统,而且发扬了传统,把天人之学推进到一个新的发展阶段,使之更加完备,更能充分体现中国文化的根本精神。

《老子骑牛图》 张路

《易传》对自己的思想体系有一系列经典式的表述。它指出:"易与天地准,故能弥纶天地之道。""一阴一阳之谓道。继之者善也,成之者性也。仁者见之谓之仁,知者见之谓之知,百姓日用而不知,故君子之道鲜矣。显诸仁,藏诸用,鼓万物而不与圣人同忧。盛德大业至矣哉,富有之谓大业,日新之谓盛德。生生之谓易"(《系辞上》)。"乾坤其易之门邪!乾,阳物也。坤,阴物也。阴阳合德而刚柔有体,以体天地之撰,以通神明之德。""《易》之为书也,广大悉备,有天道焉,有人道焉,有地道焉,兼三才而两之,故六。六者非它也,三才之道也"(《系辞下》)。"昔者圣人之作《易》也,将以顺性命之理,是以立天之道曰阴与阳,立地之道曰柔与刚,立人之道曰仁与义。兼三才面两之,故《易》六画而成卦。分阴分阳,迭用柔刚,故《易》六位而成章"(《说卦》)。《易传》把天人整体看作是一个生生不已、变化日新的过程,把支配这个过程的内在规律归结为一阴一阳,即阴阳两大势力的推移激荡、相反相成的作用。在先秦思想史上,这种整体观是超越了前人,而且独树一帜的。这是一种自然主义与人文主义相结合的整体观,是综合了各家之所长,特别是综合了儒道两家之所长而去其所短的整体观。如果单就天道观而言,《易传》的"立天之道曰阴与阳"的命题显然是继承了道家的思想而来的。老子曾说;"万物负阴而抱阳,冲气以为和"(《老子》四十二章)。庄子曾说:"至阴肃肃,至阳赫赫。肃肃出乎天,赫赫发乎地,两者交通成和,而物生焉"(《庄子·田子方》)。《易传》接受了道家的这种思想,提出了一种与儒家孔孟不相同的自然主义的天道观,认为天道是一个受阴阳规律支配的自然运行的过程,无思虑,无作为,无好恶,"鼓万物而不与圣人同忧。"但是,《易传》的天道观又与道家有着很大的差别。道家纯任自然,认为"天地不仁,以万物为刍狗",其本身并不蕴含与人的价值理想相关的伦理意义,而《易传》却坚持从人文主义的角度来看天道,认为天道的自然运行与人的生存环境息相关,其生生不已可谓之"盛德",其化育万物可谓之"大业","显诸仁,藏诸用","天地之大德曰生",因而这种天道是与人的价值理想完全相

通的，蕴含着丰富的伦理意义。如果单就人道观而言，《易传》的"立人之道曰仁与义"的命题显然是继承了儒家的思想而来的。儒家把仁义奉为处理人际关系的最高准则，看作是人性的本质。为了给这种思想做论证，儒家按照人的价值理想来塑造天道。孟子曾说："诚者，天之道也。思诚者，人之道也"（《孟子·离娄上》）。实际上，这个天道并不是指称客观外在的自然运行的过程，而仅仅是人性本质的外化，一种主观的投影。道家激烈抨击儒家的这种思想，认为这是强加在人的自然本性上的桎梏，并且提出了"绝仁弃义"的思想与儒家相对立。因此，先秦时期，道家的自然主义与儒家的人文主义常常发生抵触。对于一个完备而无片面性的天人之学的体系来说，自然主义与人文主义本来是不应该相互对立而必须彼此融合的，因为合之则两美，离之则两伤。所以《易传》致力于二者的内在联结，使天与人做到真正的合一。它说："一阴一阳之谓道，继之者善也，成之者性也。"这就是说，人性的本质是承继接续自然的天道而来的，仁与阳相配，义与阴相配，因而人道的仁义实际上就是一阴一阳，是与宇宙的普遍规律完全相符的。由此可以看出，《易传》的这种整体观一方面用道家的自然主义对儒家的人文主义进行了理论的升华，使之渗透着更为深沉的宇宙意识，另一方面又用儒家的人文主义对道家的自然主义进行某种抑制，削减了过于冷静客观的色彩而更贴近人生的理想。如果我们脱离先秦思想的总的发展线索，是难以准确地把握《易传》的义理内涵的。

《易传》的义理内涵，后世习惯于称之为《易》道。这个《易》道分开来说，有天道、地道、人道，合起来说就是"一阴一阳之谓道"，因而所谓《易》道可以简略地概括为阴阳哲学。先秦时期，阴阳范畴曾为各家广泛使用，如老子、庄子、管仲学派、阴阳学派、荀子等等，但是在他们那里，都没有把这对范畴放在总的原则的地位。唯有《易传》才第一次把阴阳提升成为最高的哲学范畴，用来建立一个完整的思想体系，说明自然界和人类社会的各种各样的问题。《易传》认为，世界的一切现象都具有阴阳的性质，不仅自然现象上的气有阴阳，天、地、雷、风、水、火、山、泽有阴阳，社会现象上的君臣、父子、夫妇有阴阳，而且数学上的奇偶、品性上的柔刚、道德上的仁义，以及行为上的屈伸进退、地位上的尊卑贵贱等等也都有阴阳，因此，天地万物的变化运动都可以归结为阴阳两种对立势力的变化运动，并为这两种对立势力的交错联结、斗争消长所决定。这就是"一阴一阳之谓道"所蕴含的哲学含义。

阴阳究竟由何而来呢？《易传》认为来于天地之象和天地之德行。如《系辞下》说："乾，阳物也，坤，阴物也。阴阳合德而刚柔有体。以体天地之撰，以通神明之德。"按照这个说法，天地是最大的实体，具有阴阳二性，万物由天地而产生，万物皆具有阴阳的属性。所以《序卦》说："有天地，然后万物生焉，盈天地之间者唯万物。"为了把握天地万物的生成变化，必须着眼于阴阳的分化，把握"一阴一阳之谓道"的普遍规律。

由此，关于八卦的生成，《说卦》提出乾坤父母说，"乾，天也，故称乎父。坤，地也，故称乎母。震一索而得男，故谓之长男。巽一索而得女，故谓之长女。坎再索而得男，故谓之中男。离再索而得女，故谓之中女。艮三索而得男，故谓之少男。兑三索而得女，故谓之少女。"这是说，乾坤两卦所代表的天地是父母，其他六卦是乾坤生出的子女。震、坎、艮三卦所代表的雷、水、山，是长男、中男、少男。因为震

的第一爻为阳爻,坎☵的第二爻为阳爻,艮☶的第三爻为阳爻。巽、离、兑三卦所代表的风、火、泽,是长女、中女、少女。因为巽☴的第一爻为阴爻,离☲的第二爻为阴爻,兑☱的第三爻为阴爻。照这个说法,天地和雷、风、水、火、山、泽的关系并不是同等并列的关系,而是父母和子女的关系。因此,它们在生成万物中所起的作用也不相同,天地起着主导的作用,雷、风、水、火、山、泽则起辅助的作用。

由于天地是最大的实体,所以天地就成了自然界的统称。这种自然界是被当作一个整体从总的方面来观察的。《易传》直接以天地为对象,探讨天地生成万物的规律。它说:"天地交而万物通也"(《泰卦·象传》)。"天地不交而万物不通也"(《否卦·象传》)。"天地感而万物化生"(《咸卦·象传》)。"天地解而雷雨作,雷雨作而百果草木皆甲坼"(《解卦·象传》)。"天施地生,其益无方"(《益卦·象传》)。"天地相遇,品物咸章也"(《姤卦·象传》)。"天地革而四时成"(《革卦·象传》)。"天地节而四时成"(《节卦·象传》)。"天地睽而其事同也,男女睽而其志通也,万物睽而其事类也"(《睽卦·象传》)。"日中则昃,月盈则食,天地盈虚,与时消息"(《丰卦·象传》)。"天地之道,恒久而不已也。利有攸往,终则有始也。日月得天而能久照,四时变化而能久成"(《恒卦·象传》)。"天地絪缊,万物代醇;男女构精,万物化生"(《系辞》下)。由此可以看出,《易传》关于天地生成万物的规律大致表述了三个基本观念:第一是交感的观念;第二是对应的观念;第三是变化的观念。万物的生成是由于天地中的阴阳二气交互感应的结果。天气下施,地气上腾,二气相交相感而成和,于是万物化生。万物之所以必须由天地阴阳的交感而后化生,是因为独阴不生,独阳不生,两个睽乖对立的事物只有交互感应才能生出第三者。如果不交互感应,就会形成郁结,天气在上而不下施,地气在下而不上腾,自然的生机就否塞不通了。因此,为了使得郁结缓解,阴要向阳做不懈的追求,阳也要向阴做不懈的追求,各自在睽乖中找到等同,在对立中找到统一。这就是对应。有了对应,才有变化。事物的变化是一个永恒的动态的过程,终而复始,永无穷竭;虽然盈虚消息,日新月异,却是有"革"有"节",如同日月的运行、四时的代谢,井然有序,存在着可以为人们所认识掌握的客观规律。

乾为天,天是最大的阳;坤为地,地是最大的阴。所以天地之道也就是阴阳之道,乾坤之道。《系辞上》说:"乾坤,其《易》之缊邪!乾坤成列,而《易》立乎其中矣。乾坤毁,则无以见《易》。《易》不可见,则乾坤或几乎息矣。"这就是说,如果没有天地,也就没有变化。反过来说,如果没有变化,天地也几乎要熄灭了。《易传》由此进一步论述天地在生成万物中所起的不同的作用。它说:"乾知大始,坤作成物。""夫乾,其静也专,其动也直,是以大生焉。夫坤,其静也翕,其动也辟,是以广生焉。""是故阖户谓之坤,辟户谓之乾,一阖一辟谓之变"(《系辞上》)。"夫乾,天下之至健也。……夫坤,天下之至顺也"(《系辞下》)。这是从动物的牝牡、人的男女两性的交合产生新的一代这种极原始、极朴素的万物生成观,概括抽象为哲学观念的。虽然经过了抽象概括,但仍然可以看出它的原始的、古拙的痕迹。具体说来,天的属性是阳,阳是刚健,所以在生成万物的过程中起着创始、施予、主动和领导的作用,相当于男性在生殖过程中的作用。地的属性是阴,阴是柔顺,所以起着完成、接受、被动和服从的作用,相当于女性在生殖过程中的作用。

　　由于乾坤在生成万物的过程中都是彼此协同配合发挥作用，缺少任何一方，生成的过程都会停止，所以《易传》称乾为乾元、坤为坤元，对乾坤二元极尽赞美之能事。它说："大哉乾元，万物资始，乃统天。云行雨施，品物流形"（《乾卦·彖传》）。"至哉坤元，万物资生，乃顺承天。坤厚载物，德合无疆。含弘光大，品物咸亨"（《坤卦·彖传》）。万物依赖乾元而创始，依赖坤元而生成，因而乾坤二元也是互相依赖，不可或缺的。照《易传》看来，宇宙的原初状态是天地阴阳的和谐统一，分化以后，阴阳形成了对立，有乾元，也有坤元，但是这种对立必须交通成和，形成新的统一，才能化生万物，创造出一个富有蓬勃生机的大千世界。如果用简单的图式来表述《易传》的这个思路，就是合→分→合。《易传》反复申说这种分与合的辩证关系，它一方面强调"分阴分阳，迭用柔刚"，另一方面又强调"阴阳合德而刚柔有体"。如果说阴阳的分化是形成大千世界的必要前提，那么阴阳的和谐统一就是这个世界的本然秩序和发展归宿。从这个角度来看，掌握这种分与合的辩证关系是理解《易传》的义理内涵的关键。

　　人类社会是继自然界的天地万物以后逐渐生成的。《序卦》说："有天地然后有万物，有万物然后有男女，有男女然后有夫妇，有夫妇然后有父子，有父子然后有君臣，有君臣然后有上下，有上下然后礼义有所错。"因此，适用于自然界的原则同样也适用于人类社会。如果说天地是按照交感、对应、变化的原则生成万物，那么由男女、夫妇、父子、君臣所组成的人类社会也是遵循着同样的原则。比如咸卦☶，艮下兑上，艮为少男，兑为少女，艮为止，兑为悦，这是男女怀着欣悦的心情交互感应而结为稳定的夫妇关系。与此相反，睽卦☲兑下离上，兑为少女，离为中女，"二女同居，其志不同行"，使得交感无法进行。君臣上下的关系亦复如是。比如否卦☷，坤下乾上，乾本在上而不下交，坤本在下而不上交，就自然现象而言，这是象征"天地不交而万物不通"，就社会现象而言，这是象征"上下不交而天下无邦"。泰卦☷坤上乾下，与否卦相反，坤本在下而升在上，乾本在上而降在下，这就使得交感的作用得以顺利进行，象征着"天地交而万物通"，"上下交而其志同"。照《易传》看来，社会中的各种人际关系都可以归结为阴阳关系，既然是一种关系，对立的双方就必然相互依存，不可分割，缺少一方，另一方也不能存在，因而必须刚柔相济，阴阳协调，结为一体。尽管阳为尊，阴为卑，阴阳有尊卑地位之不同，阳之德为刚健，阴之德为柔顺，但是二者不能各行其是，如果阳刚强亢而不与阴柔相应，阴柔顺悦而不以刚为主，那么社会群体就缺乏一种内在的凝聚力，情不同而气不合，势必由聚集而走向解体。因此，在社会的各种人际关系中，阴阳双方必须互相对应。阴柔应以阳刚为主，阳刚应与阴柔相应，二者根据自己各自所处的地位和内在的本性向着对方做不懈的追求，并且自觉地克服自身或顺悦或强亢的弱点。只有这样，才能情同而气和，形成一种共同的精神纽带，组成为一个真正稳定的群体。

　　照《易传》看来，乾卦象征天道、夫道、君道。在社会人际关系中，虽然阳刚的势力居于主导地位，起着创始、施予、主动和领导的作用，但是如果刚愎自用，骄傲强亢，不去争取阴柔势力的辅助配合，必然是动而有悔，落得个失败的下场。《乾卦·文言》说："上九曰亢龙有悔，何谓也。子曰：贵而无位，高而无民，贤人在下位而无辅，是以动而有悔也。""亢之为言也，知进而不知退，知存而不知亡，知得而不知丧。其唯圣人乎，知进退存亡而不失其正者，其唯圣人乎!"阴柔的势力在社会人际关系中居于辅助地位,起着完成、接受、被动和服从的作用。为了取得事业的成功,或者促进社会整体的和谐,这种作用是必不可少的。《易传》指出:"阴虽有美,含之以从王事,弗敢成也。地道也,妻道也,臣道也。地道无成而代有终也"(《坤卦·文言》)。"柔皆顺乎刚,是以小亨,利有攸往,利见大人"(《巽卦·彖传》)。"柔得位得中,而应乎乾,曰同人"(《同人卦·彖传》)。但是,阴柔如果不安于自己的地位而比拟于阳刚,或者凌驾于阳刚之上,就会破坏协调,引起斗争,导致不吉利的后果,使阴阳双方都受到伤害。《易传》指出:"阴疑于阳必战"(《坤卦·文言》)。"无攸利,柔乘刚也"(《归妹卦·彖传》)。"六二之难,乘刚也"(《屯卦·象传》)。"噬肤灭鼻,乘刚也"(《噬嗑卦·象传》)。因此,在社会人际关系中,阴阳两种对立的势力既有斗争的一面,也有统一的一面。如果阴阳双方协同配合,阳能得到阴的辅助,有效地发挥自己的领导作用,阴也顺从阳的领导,有效地发挥自己的辅助作用,统一的一面占了上风,那么社会群体就会和乐豫悦,做什么事情都能成功。豫卦的卦象就象征着这么一种状态。《易传》提出:"豫,刚应而志行,顺以动,豫。豫顺以动,故天地如之,而况建侯行师乎!天地以顺动,故日月不过,而四时不忒。圣人以顺动,则刑罚清而民服。豫之时义大矣哉"(《豫卦·象传》)。豫卦☷坤下震上,坤为阴,为柔,为顺,震为阳,为刚,为动。卦中六爻,九四为阳爻,上下五阴爻应之。豫卦的卦象,刚上而柔下,五柔应一刚,是刚柔相应之象。既然刚为柔应,对立着的两个方面协调一致,则刚之行动必然得到柔的顺从和拥护,做任何事情都能如意,动作顺应自然,上下都悦乐。悦乐的根本条件就是"以顺动",刚能顺柔,柔能顺刚,刚柔的动作在各自所应处的地位上协同配合。天地以顺动,所以日月运行、四时变化不发生错乱。圣人以顺动,所以刑罚清明,人民悦服。

反之,如果斗争的一面占了上风,对立的双方互相伤害,在这种情况下,应该主动地进行变革,如果变革得当,"其悔乃亡"。比如革卦。革卦的卦象☲下离上兑,离为火,兑为水,离为中女,兑为少女。《易传》解释说:"水火相息,二女同居,其志不相得,曰革。……革而当,其悔乃亡。天地革而四时成,汤武革命,顺乎天而应乎人,革之时大矣哉"(《革卦·象传》)。从革卦的卦象看,水居于火之上而企图使火熄灭,火居于水之下而企图把水烧干,此外,"二女同居,其志不相得",象征着矛盾激化,难以调和,革命的形势已经到来。《易传》满怀激情地把变革赞扬为宇宙的普遍规律,认为由于天地之间的变革,所以形成四时,促进万物生生不已,商汤王和周武王所发动的革命,顺乎天而应乎人,也促进了人类社会的发展。

至于变革的目的,《易传》认为,并不是为了使一方消灭另一方,而是要达到一种刚柔在各自所应处的地位上协同配合的局面,这样就合乎恒久之道。恒久之道有赖于变通以维持。《系辞下》说:"易,穷则变,变则通,通则久。"在事物矛盾着的两个方面发生斗争的情况下,旧的平衡和谐的局面被打破了,只有进行适当的变革才能通,必须通才能恒久。《易传》认为,恒久之道也就是宇宙的永恒规律,自然界的日月运行、四时的变化是如此,社会人事上的变通随时、化成天下也是如此。

由此可以看出,人类社会的各种人际关系和自然现象一样,也是一阴一阳,一柔一刚,包含着既对立又统一的两个方面。这样,阴阳范畴就成了一个

贯穿天道、地道和人道的总规律。《易传》认为，一切事物的复杂性（"天下之至赜"），一切事物的变动性（"天下之至动"），都受这个统一规律的制约。它说："天下之动，贞夫一者也"（《系辞下》）。哲学研究的任务就在于"探赜索隐，钩深致远"，把这个统一的规律探索出来。如果掌握了这个统一的规律，那就能以简驭繁，抓住事物变化的要领。它说："乾以易知，坤以简能。易则易知，简则易从。……易简而天下之理得矣"（《系辞上》）。"夫乾确然示人易矣，夫坤聭然示人简矣"（《系辞下》）。这是说，天地阴阳的变化就是这个统一的规律，这个规律平常而又简单，易于认识，也易于遵从。所谓易有三义：简易、变易、不易。简易之义就是从简单和复杂的角度来论述规律和现象的关系。尽管现象是复杂的，规律却是简单的，只要掌握了规律，就不会被复杂纷纭的现象所迷惑，"言天下之至赜而不可恶也，言天下之至动而不可乱也"（《系辞上》），而可以抓住"易知"和"易从"的"天下之理"。

这个"天下之理"也就是"一阴一阳之谓道"，简称为《易》道、《易》理。因此，《易传》的义理内涵贯穿着一个核心观念，一个思想精髓。照《易传》看来，自然和社会是一个统一的整体，一阴一阳是这个整体的统一的规律。所谓一阴一阳，是说阴阳两大对立的势力由合而分，由分而合，通过交感、对应的作用，推移激荡，相反相成，推动这个天人整体生生不已、变化日新，朝着井然有序的状态发展。如果阴阳两大对立的势力达到了一种最佳的结合状态，既有刚柔之分，又有阴阳之合，协调一致，就叫作"太和"。"太和"就是最高的和谐。《易传》说："乾道变化，各正性命，保合大和，乃利贞。首出庶物，万国咸宁"（《乾卦·彖传》）。这是说，由于乾道的变化，万物各得其性命之正，刚柔协调一致、相互配合，保持了最高的和谐，所以万物生成，天下太平。这个"太和"境界，如果单从天道的角度来看，可以说是自然界的本然的秩序和发展的归宿。如果联系到人道来看，则是蕴含了浓郁的人文主义的价值理想，人类的各种社会政治伦理的实践活动都应以"保合太和"作为自己所追求的最高的目标。因此，贯穿于《易传》义理内涵之中的核心观念或思想精髓是和人文主义的价值理想紧密结合，联为一体的，它的由天、地、人所构成的三才之道，实际上可以归结为一种天与人、自然与社会的整体和谐的思想。

在先秦时期，道家对自然的和谐做了大量的研究，仰慕钦羡，极尽赞美之能事。比如老子曾说："万物负阴而抱阳，冲气以为和"（《老子》四十二章）。庄子曾说："天地有大美而不言，四时有明法而不议，万物有成理而不说"（《庄子·知北游》）。"调理四时，太和万物"（《庄子·天运》）。儒家则侧重于追求社会人际关系的和谐。比如《论语·学而》："礼之用，和为贵，先王之道斯为美。"又说："君子和而不同"（《论语·子路》）。实际上，先秦各家普遍地把天人和谐作为自己的价值取向，他们一方面援引天道来论证人道，把天道的自然规律看作是人类社会的合理性的根据，另一方面又按照人道来塑造天道，把人们对合理的社会存在的主观理想投射到客观的自然规律之上，只是各家对这种整体和谐的论述，有的比较侧重于天道，有的比较侧重于人道。《易传》的太和思想综合总结了各家的文化创造，特别是把道家的自然主义与儒家的人文主义有机地结合在一起，这是先秦各家中对整体和谐的最完美的论述，集中

体现了中国文化的最高的价值理想。

　　就《易传》的义理内涵所蕴含的根本精神而言，既吸收了儒道两家，又超越了儒道两家。孔子思想的根本精神属于阳刚类型，表现为对理想的执着，积极进取，奋发有为，"知其不可而为之"。与此相反，老子思想的根本精神则属于阴柔类型，表现为对客观规律的顺从，贵柔守雌，自然无为。在《易传》的太和思想中，儒道两家的根本精神不再彼此排斥，而形成了一种刚柔相济、阴阳协调的互补关系，阳刚与阴柔紧密联结，表现为中和之美。它说："天行健，君子以自强不息"（《乾卦·象传》）。"地势坤，君子以厚德载物"（《坤卦·象传》）。"夫《易》，圣人所以崇德而广业也。知崇礼卑，崇效天，卑法地，天地设位，而《易》行乎其中矣。成性存存，道义之门"（《系辞上》）。"夫乾，天下之至健也，德行恒易以知险。夫坤，天下之至顺也，德行恒简以知阻"（《系辞下》）。《易传》的这种焕发着中和之美的根本精神，在两千余年的易学传统中，薪火相传，久而弥新，并且影响深远，广泛地渗透

老子画像

到各个文化领域，由源头活水发展为一道生命洋溢、奔腾向前的洪流。从这个角度来看，《易传》的这种根本精神实际上也就代表着中国文化的根本精神。

二、《易传》注译详解

系　辞

《系辞传》初名为《大传》或《系》，是通论、总论的意思（《吕览·勿躬》注"大，通也"，段玉裁《说文解字注》"系"字下说"引申有总持之义"）。这篇《周易》的通论涉及如下内容：

首先是关于《周易》卦画、卦爻辞的作者以及创作时代的推测。关于《易》卦的创作，作者推测历经伏羲、神农、黄帝尧舜三个时期；关于卦爻辞的创作，作者又推测也历经衰世、中古、周之盛德三个时期。这对我们研究有关单卦、重卦及三《易》等问题可能会有帮助。

其次是介绍揲蓍成卦的具体操作方法、观物取象的创作过程、占辞义例、爻位的承乘比应及变动规则，阐明《周易》易简、生生的性质及观象制器、通变应事、建立盛德大业的作用，并通过对一些卦爻辞的选释来引导人们正确的理解和掌握《周易》。

第三，在介绍《易》的创生过程和卦爻的变动规则时，也寓托了作者的宇宙观和辩证法，这即是朱熹所说的"或言《易》以及造化，或言造化以及《易》"，《系辞》的全部精华也都在此。

《系辞传》上、下篇结构相呼应，因此尽管帛本《系传》没有上下篇的标记，亦不可匆忙遽定原本《系传》不分上下篇。

《系辞传》后半部分问题较多，这表现在：一个是很多内容不见于帛本《系传》甚至也不见于《二三子问》《易之义》和《要》；另一个是内容重复、舛误之处甚多；最后一个便是在释说卦爻辞上与前半部分的体例迥异。这似乎表明通行本《系辞传》经历了一个陆续纂辑的过程，而汉初"正《易传》"的工作也许主要是就《系辞传》而说的。帛本《系传》也有讹舛之处，如《系上》十一章"天一地二"等二十字的突然插入；既有此讹舛，而这二十字的位置次序又与通行本完全一致，则其是否也有抄漏的部分也是值得考虑的。

《系下》"三陈九德"章，其九个卦的先后次序与今本《易经》序次相同；《系上》"大衍之数"章论揲蓍成卦法，今本《易经》各卦序次的排定亦当为揲蓍所成。这两章文字均不见于帛本《系传》，则其所据的《易经》本子非今本可知。

《文言》《说卦》《序卦》皆出于《系辞》之后。《系上》一章"天尊地卑，乾坤定矣"，此为乾、坤《文言》所本。《系下》一章"八卦成列，象在其中矣"，此为陈说

八卦序列及卦象的《说卦传》所本。至于"是故君子居而安者,《易》之序也"及"杂物撰德""杂而不越"可能也是《序卦》《杂卦》所本。所以说《系辞》为《象传》《象传》与《文言》《说卦》《序卦》《杂卦》相联系的枢机,在《易传》中地位特别重要。

系辞传·上

第一章

【传文】

天尊地卑,乾坤定矣;卑高以陈,贵贱位矣;动静有常,刚柔断矣①;方以类聚,物以群分,吉凶生矣;

在天成象,在地成形,变化见矣②。是故刚柔相摩,八卦相荡③。鼓之以雷霆,润之以风雨。日月运行,一寒一暑④。乾道成男,坤道成女;

乾知大始,坤作成物⑤。乾以易知,坤以简能⑥;易则易知,简则易从⑦。易知则有亲,易从则有功;有亲则可久,有功则可大;可久则贤人之德,可大则贤人之业。易简而天下之理得矣,天下之理得,而成位乎其中矣⑧。

【注释】

①天尊地卑,乾坤定矣;卑高以陈,贵贱位矣;动静有常,刚柔断矣:"尊",高。"卑",低。自然之象,天地为大;天地与人,又作一体观。因此天地高尊低卑,那么包罗天、地、人的乾道坤道的尊卑秩序也就因之而确定,这即是《黄帝四经·十大经·果童》"观天于上,视地于下,而稽之男女"的天人一体观的思维。以下皆围绕着这个中心展开议论。"卑高"即低(卑)高(尊)的互文足义的写法,犹《老子》"知其白(荣),守其黑(辱)"的笔法。"以"同"已"(或可如字训为因为、由于)。"陈",设定。"位"同"立"(帛书作"立"),确定。"卑高"说自然等差,"贵贱"说人类级别。"动静",天动地静。"刚柔",阳刚阴柔。"断",分、分明。

②方以类聚,物以群分,吉凶生矣;在天成象,在地成形,变化见矣:"方""物"即《未济·象》"辨物居方"的"方""物"。"方",方向、事物的走向。"物",阴阳爻画。事物走向及阴阳爻画按其类别性质分合,皆有其规律。其走向聚合正确、爻画分布恰当则吉;反之则凶,如《未济》水火走向不对、爻画分布不当等即是。"在天成象",如日月星辰。"在地成形",如山泽动植。"见"同"现",指阴阳变化的道理因此显现出来。又阴阳爻交错变化而成《乾》天、《坤》地、《坎》水、《离》火、《艮》山、《兑》泽等。《系辞》使用两套语言,一说天人,一说爻卦。

③是故刚柔相摩,八卦相荡:"刚柔",指阴阳爻。"摩",交错。"八卦",即乾、坤、震、巽、坎、离、艮、兑八经卦。"荡",激荡推衍。这是说阴阳爻相互交错而生出八经卦,八经卦相互推移而衍生出六十四别卦。又指阴阳流通而生出世间万象。

④鼓之以雷霆，润之以风雨，日月运行，一寒一暑：此指在阴阳作用下自然万象之生成变化，亦指八卦之形成。《震》为雷、《离》为霆、《巽》为风、《坎》为雨、《离》为日、《坎》为月、《艮》为寒、《兑》为暑。

⑤乾道成男，坤道成女；乾知大始，坤作成物：就物质世界而言，"男"为阳性物质，"女"为阴性物质；就八卦而言，"男"谓乾、震、坎、艮，"女"为坤、巽、离、兑。"知"，王念孙训为"为"，与"作"同义，作为、作用。按："知"在此做名词，与"知政"训为"为政"之动词不同。"知"与"能"同（《列子·黄帝》《释文》"能，一本作智"，《庄子·盗跖》"知维天地，能辨诸物"，知、能对举，下文"乾以易知，坤以简能"亦是知、能对举），即"智"字，训为功能、性能（《韩非子·显学》"智，性也"）。"大始"即"太始"，谓创始万物。"作"，作用。"成"，蓄养、成就。这是说乾道的功能是创始万物，坤道的作用是养成万物。

⑥乾以易知，坤以简能："易"，平易。"知"同"智"，作动词，指发挥功能。"简"，简约。"能"亦作动词，产生作用。按："智"同"能"，其区别是在内为智，外化为能，智为体，能为用（《汉书·公孙弘传》"智者，术之原也"即此）。乾犹道，故智为体；坤犹德，故能为用。

⑦易则易知，简则易从：上"易"为平易，下"易"为容易。"知"，了解。"从"，遵从、按……去行事。老子所谓"吾言甚易知，甚易行"。

⑧天下之理得，而成位乎其中矣："成位"即"成立"，指成就。言把握了天下所有的道理就可以成就天地之中万物万事了。

【译文】

天高地低，因此代表阳性的乾道尊贵，而代表阴性的坤道卑微的道理也就因此确定；这种自然尊卑理序一经设定，社会贵贱等差也就因此确立；天动地静的自然规律永久不变，阳刚阴柔的人事规律也就因此分明；事物走向按其性质聚合，阴阳爻画按其规律分布，这样或吉或凶便因此产生；在天而成为日月星辰，在地而形成山泽动植，阴阳变化的道理也就因此显现出来。所以阴阳刚柔相互交错而生出八卦，八卦相互推衍而生出六十四卦。雷霆鼓动于天，风雨润泽于地，日月往来运行，寒暑交相更替。乾道构成阳性物质，坤道构成阴性物质，乾阳的功能是创始万物，坤阴的作用是成就万物。乾阳以平易的方式发挥功能，坤阴以简约的方式产生作用；由于平易所以容易被人认知，由于简约所以容易被人遵从；容易了解所以有众人亲近它，容易遵从所以能建立事功；有众人亲附所以乾道长久，能建立事功所以坤道广大；能够长久便体现出贤人美德，能够广大便体现出贤人的事业。了解了《易》道的平易简约便把握了天下所有的道理，便可以成就天地之中万物万事了。

【解读】

《系辞传》开篇一句"天尊地卑，乾坤定矣。"首卦是《乾》，卦象和爻辞如下：

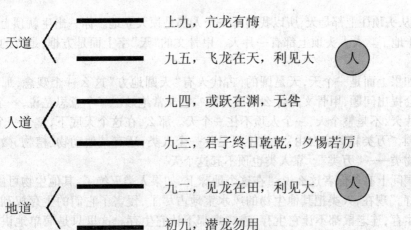

在"乾卦"的爻辞中,唯有九二和九五爻中有"利见大人"。可是"人"不在人道的九三、九四两爻上,而落在地道的九二爻和天道的九五爻。

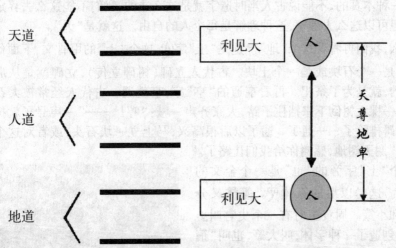

那么天道、地道、人道是《易经》经文中本有的,还是《系辞传》中独撰的?(《系辞传》后面有"有天道焉,有人道焉,有地道焉"),不妨再看上面图中的爻辞:

"九二,见龙在田。"田者,地之表也;

"九三,君子终日乾乾。"君子者,人道也;

"九五,飞龙在天。"天者,天道也。

原来经文中已经说得明明白白。孔子系辞作传,是为解读《易经》而作。但他并不是逐字逐句地解,不是以文字解文字,而是从卦象上解,从卦数、卦理上解,真可谓"大哉乾元""乃统天"!

"天",甲骨文的"天"字 ,上面是一个方框,下面是一个大人的"大"字。什么叫甲骨文?刻写在龟甲和牛骨上的文字叫甲骨文。金文是青铜器上刻写的文字,金文是这么一个形式 页。这个"天"字是什么意思呢?天在人头顶上。《说文解字》上说:"天,颠也。""颠"字左边是一个真假的"真"字,右边这个"页"是指头脑,古代的头脑为"页"。"颠也",这脑袋上面就是天。

我们可能有一个误区。天在上面,离我们很远,离我们很高。其实,头顶上面就是天,从头顶往上都是天,所以我们每一个人都是顶天立地。你一出生就顶上天了,就立于地了。人人头顶上都有一片天。甲骨文的"天"字上面是方框,是方的,不是圆的。

如果上面是一个天,天是圆的,古代人有"天圆地方"这么一个观念,那么,有人就会提出问题,甲骨文为什么写成方的? 它非常绝妙。一个意思是说,一个人只有一片天,不是整个天,一个人顶不住一个天。那么,在这个天底下,整个一个地球大家园,"万类霜天竞自由"。它不只是你一个人类,还有其他动物、植物、微生物,很多物类——"万类"。靠人类也顶不起这个天。

国际上有环保者这么说:"在这个地球上,如果人类灭绝了,其他生物可能生活得更好。"现在,人类把其他生物的风水宝地占尽了,侵害了它们的生存权利,不让它们生存,连老鼠都不让它生存,连蟑螂都不让它生存。这里只是简单地讲一下。假如其他物类全都灭绝了,人类也生存不下去了。是不是这两句话? 人类再伟大,再聪明,再科学,也顶不住一个天,还是一个四四方方的一片天。这个理解我们不能说是一种本真的,不能说古人当时造字就是这么造的,我们不能这么去界定这个东西。但可以这么去理解,这种理解是每个人的自由。这就是"天"。

那么,我们再看看这个"地"。这是"土"字，这个"土"的甲骨文,下面代表大地,上面是一个石块或是一个土块。古代人立碑(树碑立传),立碑就是从那个时候开始的,就是为了祭祀。再看亨通的"亨"字,亨就通。古代人经常被大石头挡住路,或一棵大树倒下来挡住了路,大家齐声一喊:"哼！——"一声号子就把它搬走了,障碍排除了——通了。通了以后很高兴,马上立一块石头,或者对这个石头拜一拜:"谢天谢地,感谢你给我们让路了。"

这个"土"字旁的"也"是一个金文的"也"。这是以后的篆体。篆体又分为大篆和小篆。周宣王时有一个史官叫史籀,史籀创造了一种字体,叫大篆,也叫"籀文",也叫"古文"。实际上三者都是一个。因为它出自史籀的手。杨振宁先生讲,中国古代只有归纳,没有演绎。

什么叫演绎? 中国古代把演绎叫"外籀"。"外籀"为演绎,"内籀"为归纳。然后是小篆,小篆后面是隶书。小篆是李斯(秦始皇时代的丞相)写的,他把这个小篆写得非常漂亮。

甲骨文的"也"是。这个"也"字像什么呢? 像蛇。这是蛇头，蛇头的鼻子。所以古代"也"字与"他"和"蛇"是相通的。"地"字用一个"土"字是对的,为什么还要一个"蛇"字呢? 古代人最怕的两种动物,一个是小虫,一个是大虫。大虫是老虎，武松打虎是叫打虫。《水浒》里面为什么叫老虎为大虫呢？这个大虫的来历，有一个比较，有一个对待。就像哲学里面老是讲"对待"，大和小是对待。因为最可怕的还不是老虎，最可怕的是蛇，蛇是小虫。它是虫类的，所以"蛇"字是"虫"字旁。蛇是最可怕的，一个数量多，再一个是防不胜防。在当时，草地多，湿地多，当然蛇也多，最可怕的就是这个。

另外还有一层意思。大地就是山和水。一讲到国家，一讲到祖国，都用山河、山水——"国破山河在""江山如此多娇"。都是江山，都是山和水，都以山和水作大地上的代表物。实际上，山水都是像蛇一样蜿蜒起伏，山是这样，水也是这样，风水家形容山水地貌，像虬龙一般地盘旋。讲到水，有首民歌叫《浏阳河》。浏阳河流过了几道湾？流过了九十九道湾。少一道湾不行，多一道湾也不行。所以有这样的诗句："山舞银蛇""五岭逶迤"等。

我们理解要生动，要活泼，要把它展开、联想、想象。会想象，就会办事，也就会说话，比如有两位年轻人，同时都讲一句话："我们两人都是同一年考上大学的，我说：'你们两个人是同一张考卷考出来的。'我想象到这一句，这一句话就很有意思，他们两人是第一次见面，一东一西，但是他们是同一张考卷考出来的，这就是一种想象。他们俩怎么会是同一张考卷考出来的？他们是同一年的考生，同科的，古代是叫同科，所以他们自己也会意地笑了。"

一定要有想象力，做什么事都要有想象力。搞自然科学研究也要靠想象力。居里夫人发现镭，开始她根本没有看到镭，她是想象到的。哥德巴赫猜想，他就是想象。当然，他的想象与哲学家、文学家、诗人的想象不一样，他的想象是建立在逻辑和实验的基础上的，所以我们理解这些东西必须要有想象。

再讲"尊"和"卑"。"尊"是一种酒器，也就是我们讲的酒壶。那么"卑"就是酒杯。"尊"字的甲骨文，古代的那个"尊"是"木"字旁，"杯"也是"木"字旁。因为在青铜器还没有出现以前，酒器是用木雕刻的，把木镂空作为酒器。他不用陶器而用木器。壶为尊，酒杯为卑。

那么，"尊"和"卑"是怎么分工的呢？能不能讲有贵贱、高下之分？喝酒时人们往往端起杯子忘记了壶，谁尊谁卑？碰杯（卑）不碰壶，只是功能不同。真正说，没有尊卑、贵贱之分。

神兽纹玉樽

"卑"字的金文是，上面像个"田"字，下面还是一只手。这就是说，上面有一个杯子被托着，而且好像有一个盘子在下面。天尊地卑？我们看到，它是分工，位置不同，没有尊卑、贵贱之分。

再看"乾坤定矣"。天地是先天的，自然形成的，乾坤是后天的，人为命名、象征天地。乾代表天，坤代表地。

"乾坤定矣"，甲骨文的"定"字写作，金文的"定"字写作。"宀"是房子，这房子下面是。这个"定"字对每一个人都很关键。如果想办事业、办公司，这个"定"字就很重要，实际上对每一个人都很重要。"定"是定位。《屯

卦》初九爻："利居贞，利建侯"，为什么"利居贞，利建侯"呢？一个"建"字非常关键，"利建侯"，许多书上解释，"建侯"就是封侯。中国古代是有"封侯"这一说，但实际上，它并不局限在封一个侯、一个封地，是一个定位问题。

毛泽东领导秋收起义，仅仅是农民军，农民起义的。农民军一会儿打这个县城，一会儿打那个县城，打不下来，吃了不少的败仗，最后他明白了，我要"利建侯"，我要去"定"，就是要建革命根据地，根据地就是"侯"，就是"定"。没有位置定不下来不行，你在东躲西藏，没有"定"。于是上井冈山！他明白了。井冈山是三省交界，谁都管不了，那个地方地形也好。

再看南昌起义，几乎是在同时，谁在那里策划和指挥？周恩来是留学的，还有拿枪杆子的将军出身的朱德、贺龙、陈毅，都是行伍出身的，真正手里有枪杆子。南昌起义以后，一下子打到了广东海陆丰那里去了。到处被赶着跑，回头还是上到井冈山会师。真的叫"会师"吗？实际上真正还有一个意义，是一种投奔。以后千里迢迢，二万五千里长征，爬雪山，过草地，到延安，继续革命，又是建立根据地。这就是"定"。以后到北平，先不进北京，先在西北坡——"定"，这是过渡。这个过渡很关键。到了北京城，不进紫禁城，也不进中南海，而是住香山。所以在香山的山顶上还建了那么多炮台，也叫炮兵阵地，都是为了"定"。

每一个时期有每一个时期的"定"，这个"定"字不仅仅是空间的，也是时间的，不抓住时机不行。有些东西不是一步到位的，有些事想一步到位很难，必须有个过渡，过渡阶段也是"定"。这一步我定在哪个地方？我走到这一步，这是我的定位。定多长时间？到什么时候再迈第二步？一步一步地迈，这个很关键。这个"定"，定在哪个地方？以乾坤为定的目标，离不开规律。讲空了不行，还是回到现实。

根据事物发展的规律，事物发展到哪一步，就在哪一步定，一步一步去定。事物发展的规律以天地为依据。小道理归大道理管，小规律在大规律里面。真正的大规律是天地规律。也就是地球围绕太阳转，月球又围绕地球转，就是这么一个规律。国家大事也离不开这个规律。人类的活动都是在白天，而不是在黑夜，都不能违背这个生物总作息时间表：日出而作，日没而息。还有一个季节，古代人治国离不开二十四节气，现代人也离不开。如研究物理的，研究物理也有一个规律。无论是哪一种物类，都有一个理，理就是规律。这个规律在天地之间，都要遵循太阳、地球、月亮运行的规律，离开了这个规律就不行。讲到天，讲到人头顶，每一个人头顶上都有螺旋。天上的星云图，银河系的星云，也是螺旋的，树的年轮，水里面的漩涡，台风的中心，哪一样都有漩涡。

由此可见，这也是从自然中来的。无论是人也好，是动物也好，还是一粒种子也好，它在发育、生长过程中，像人一样，只有出生以后才是动态的。当然，这个动和静是相对的，相对而言人在母胎里面是静态的，因为它分分秒秒都随着地球转。

《随》卦里面有一句象辞，"君子以向晦入晏息。"向是方向。"晦"就是暗。"向晦"，就是太阳已经下山了。"晏息"就是休息。就是说，天黑了大家都要休息，万物都要休息，不仅仅人要休息，万物都在休息。人类、万物都是这样，必须遵循规律。晚上我在休息，我就是君子。因为我遵循规律了。在十字路口上，绿灯亮了，就行，红灯亮了，就停，遵循这个规则就是君子。人家一看，这个人很不错。如果看到红灯还去窜、还去抢，就会受到人家的指责。

　　开车的人都有这种体验,看到有人瞎开有违交通规则的时候,都笑话他一句,这是不遵守规则、不遵守规律的人,他就成"小人"了。睡觉如此,吃饭如此,何况于做大事呢?一个比喻,就是说君子的区别就是这个地方。并不是谁当官、有钱就是君子,不是这个意思,遵守规律才是君子,所以要定在规律上,依照乾坤特有的规律。

　　"贵贱位矣。""位"字很重要。这个"贵""贱",不能从狭义上去理解,狭义理解"贵"和"贱"是不对的,不能把"贵"当作是好的一面,"贱"是坏的一面,不是。真正在具体事物中,在我们生活中,不能这样绝对地去分出这个东西,要以一个超然的眼光去看待"贵""贱"。特别是想做预测的,想做物理研究的,或者是想办一些事业的,要把这个"贵""贱"像小孩子看电视剧似的,那是个坏蛋,这是个好人,就这么去分的话,那就显得太浅薄了,那就会使我们的研究,使我们的事业,使我们在人际关系的处理上出现很多误区、误差。万事万物原本无贵贱,就像月亮那样。

　　对幸福、享福,我们要有新的理解。如果你真正想在《易经》上有突破,你的观点、你的认知一定要超脱世俗。超脱世俗,你就是高人。你超出有多高,你得道就有多高。

　　我们讲全球化:经济全球化、科技全球化、军事全球化……似乎都在全球化。谁立标准?美国立标准。进入"世贸"最后谈判,美国谈下来了,就全谈妥了。进入"世贸"后,还要人家承认你是市场经济,特别是南方,更能深深感受到,说你还没有进入市场,还不承认你是市场经济,认为你还是计划经济,在这种情况下,老是打官司,老是说你搞产品倾销。因为他不承认你是市场经济,你在很多方面又矮人一截。所以这个"贵贱"是人为的"贵贱",人本无贵贱,这个贵贱是人为分的。

　　人经常戴着有色眼镜看人看事,这个人有人认为他非常伟大,有人认为这个人不行,这就分出了贵贱,这完全是人为的。收破烂的人,一看,他身上很脏,有点瞧他不起,实际上他做着一件伟大的事。到处收废品、破烂,成了环境保洁员。真正讲,没有这些人,有这么舒舒服服的生活环境吗?我们要想到这一点,如何看待贵贱的问题呢?

　　凡是在单位待过的人,特别是在市场经济的单位待过的人,都有这种不公平、不平衡的感觉,为这种不公平、不平衡老是在那里互相斗争,互相钩心斗角,有的人甚至于在神经上折磨得睡不着觉:"我今天怎么回事呀""我怎么老是受批评呀?""我老是得不到领导的重视呀?"老是这个东西在纠缠着他。他的心思不在工作上,而是在这个不平衡上,原因就是找不到自己的定位。前面一个"定",后面一个

"位"。是"定位"吗？我们今天要把它总结，把这两个词竟然联起来了——定位。不但产品、公司要找到市场的定位，还要找到个人的定位。有的人在单位上、在外面老是受气，回家就发脾气。在外面不顺心，回家就当家长，这又是不对的。在外面有外面的定位，家里有家里的定位，都要适当，都要得体。一不得体，就失去平衡了。

夫妻之间也是这样。夫妻之间，无论是相亲相爱、相恋期间，还是结婚以后，时时刻刻都是在那里摆平衡，总是在摆来摆去，总是不平衡。不要摆对方，要摆自己。如果你老是问："你怎么回事啊？你怎么这样对我啊？你怎么这样做事啊？你怎么这样为人啊？"老是在责备对方。结果呢？你在责备对方的时候，对方也在责备你；你在计较对方的时候，对方也在计较你；你在评价对方的时候，对方也在这样评价你。你这个平衡哪去找？始终找不到平衡点，你只能觉得很难过，很难受。怎么办？问自己，怎么定位？做丈夫的，做妻子的，这个位置，应该定在什么位置上？有一方准了，对方也就准了，这就是对应的东西。有一方准了，也就相安无事了，这就好了。当然这个平衡有时候它是暂时的，需要不断地去找平衡。

以上讲的是前面十六个字："天尊地卑，乾坤定矣，卑高以陈，贵贱位矣。"主要讲了"定"和"位"。下面接着讲"动静有常，刚柔断矣。""动静有常"，"常"字还有一点文章在里面。因为"常"字的本意，它的源头是衣裳的"裳"，它是从衣裳的"裳"字脱颖出来的，它是先有衣裳的"裳"，然后再有这个经常的"常"。因为《坤卦》六五爻的爻辞是"黄裳元吉。""黄"是指颜色，但为什么是指黄呢？国际奥运会上有一个射箭项目，中央二套"幸运52"节目中有一道题目：奥运会上射击的靶心是什么颜色？有几种选择：红色、黄色、白色、蓝色。

结果答题人选择错了。为什么？说明任何东西都是有来历的。"黄"，它本义是土，东方人是黄色皮肤，黄色是本色。"五行"中土为中，土为黄色。这看起来是一种常识，但这个里面上升为一种学问了，在某种场合能讲出一个所以然，为什么靶心是黄色的，讲出了这个所以然，这就是学问了。

裳与衣又有区别。古代人分得很清楚，上身为衣，下身为裳。这个裳是指裙子。古代没有裤子，原始人没有衣服，开始仅仅是用树叶编的围片，称为裳。所以上为衣，下为裳，合起来叫衣裳。现在连衣裳都不叫，叫衣服、服装，如坎肩、围巾，

都包括在里面了。所以这有一个演变过程，上为衣，下为裳。那么，裳又为什么演变为经常的"常""一般""普通"这个意思呢？古代人穿一条裙子，是很平常的、很普通的。要出门就必须围着一条裙子，这是很正常的一件事，是很普通的，所以演变为这个"常"。现代的"常"字还保留了一个"巾"字，下面是一个"巾"，毛巾的"巾"，所以它还是保留它的本意了。

另外呢，裳，古代还作为长度单位。四尺为一"仞"。壁立千仞，指的是山高，悬崖很高。倍"仞"为"寻"，就是两仞为一寻。像《观世音菩萨普门品》里有"刀剑寻寻断"，它就是长度单位。又将它倍一倍，倍"寻"为"常"。现在已经不用这个单位了，现在是公里、米这些长度单位。为什么古书难懂？实际上不是古书难懂，而是这些东西它已经演变了，是"常"的演变。

"动静有常"，这个"动"字里面还有一个大动为静。坐火车，那个动大不大？但是你坐在里面认为它没有动。地球是大动吧？但是谁都没有感觉到动，认为地球是静止的，只感觉到是太阳在行走，月亮在行走，而地球是没动的。这是"大动为静"的例子，这是人的感觉。爱因斯坦就是通过这种感觉，坐在火车上发现有这么一个物理现象——光转弯的现象，他是这么感受出来的。

"动静有常"，这就是说，凡是事物，有动必有静，有静必有动，动中有静，静中有动。这是一种正常现象，它并不是一种很稀奇的现象。这个告诉我们，平时分析事物、看问题，把一些从来没有出现过的问题看得惊呆了，这是怎么回事？感到莫名其妙，很诧异，甚至于不能接受，特别是那些突发性事件。对突发性事件怎么看？实际上它也是动静哪，也是"动静有常"，它只是在时间上给一个突然。第二个，它出现的频率很少，所以感觉到很突然、突发。实际上它仍然是一种"常"，是正常的，合乎常理的，它并不是反常的。有一年国庆节期间北京下雪了，而且有五厘米厚，这似乎也有点反常，但实际上它还是正常的天气现象。只是平时见得少，与正常比较，好像是反常，实际上它还是正常。这叫动静有常。

对任何事物，特别是突发性事件，都要以平常心去看待它。有人经常讲"平常心"。平常心怎么来？这个很关键。怎么样做到平常心？能做到平常心，做事的成功率就很高。那么这个平常心从哪里来呢？你把这个"动静有常"参透了，你就有平常心了。天大的事，即使天掉下来，你都眼不眨。为什么眼不眨？因为早就有这个思想准备，早就明白这个道理，所以就有平常心了。

这句话归结到这个地方，就是说，要落实到用处。把这个道理讲清楚以后，不落实到我们生活中去，这似乎就是空道理。"道可道，非常道。"道如果是讲一讲，挂在口头上，那就不是常道了。真正的常道不是挂在口头上的，是要为道。为道才是常道，才是人之常情，人之常道。这个"常"，是我们到生活中间去参究来的，若参究了这个"常"字，就得到了平常心；得到了平常心，就有一种新的境界。在这种境界中办事，你的气质，你的人缘，你的人气，你事业的兴旺势头，是你事先都预料不到的，会给你一种惊喜。

它的作用在哪个地方呢？就是说，你办一件事，仅仅是下力气，去花钱，去奔走，它的效果往往并不是那么理想，有的甚至于还适得其反。努力越多，结果反作用还越大。因为这种努力违背了常理。就是说，办事必须遵循常理，这样办事才有效果，才有成功率。

接着是"刚柔断矣"。"刚"和"柔"是相对的,是对立的。在《老子》里面这种对立的东西能够列出几十种,那生活中间我们就不一一列举,但是在这一段文辞里面,已经列了天与地、乾与坤、动与静、尊与卑、贵与贱、刚与柔、吉与凶,这些都是一种对立的。刚与柔都是形容词,形容人的一种行为、一种性质,也形容事物的一种状态。在我们生活中间大家都有一种体会。评价一个人的性格,讲那个人比较刚强,这个人比较柔弱,或者讲他比较温柔、柔顺,这都是形容人的性格的。

一个很重要的字,是"断"字。"断"字在甲骨文里面,它是一个纺锤(),下面是一个"丝"(),表示三条丝线。这就是说,纺锤把布纺得差不多了,然后切断。它的原意是——切断。这个里面用的是它的引申意——判断。在判断里面又有一种意思——选择。判断就是为了选择。有人讲判断,是为了选择。判断作为选择的前提。事物出现了动态,或者出现了静态,在这种情况下,在这个状态中间,你是处之以刚还是处之以柔?你就要对这个"动"或"静"做出一个判断,然后再去选择,是使用"刚",还是使用"柔"?这就是"方法论"了。

西方哲学讲的是"方法论",实际上前面就有一个"认识论"。什么是"认识论"?这是哲学上的名词,我们就借用一下。"动静有常"就是认识论。你怎么认识外部事物?用一个"常"字来认识。无论它是怎么样千变万化,以不变应万变。什么不变?"常"字。事物变来变去,都是正常的,就是一动一静嘛。这就是你的认识论,这就是你认识社会、认识事物的一把钥匙。你不要这么复杂。你今天看到这个变化,哎呀!我怎么认识呢?失去标准了。明天的变化又用什么标准来判断呢?来认识它呢?无论它千变万化,你只用一个"常"字。只要能把握住一个"常"字,你就好办了,所以这是"认识论"。

西方的哲学是很复杂的。中国的古代哲学一直延续下来,如果要是进哲学系学习的话,教科书有一大堆。如果不把握一个标准,把握一把钥匙的话,可能也就晕乎了。但是你只要把握一个东西,你参究了一个"常"字,那么里面的东西无论是多少概念、多少定义,都没问题,一解百解,一通百通,讲一千道一万,它离不开这个"常"字。离开了这个"常"字,它就不叫哲学了。冯友兰先生就讲到:参究的背后,哲学就产生了。你经常想的、经常用的、经常说、经常看的这个事,这就是"常",在人之常情中间经常发生的事你去参究,哲学就产生了。哲学是总结出来的,离不开一个"常"字。

那么,方法论呢?就是"断"字。"断"就是判断,判断是为了选择,这就是方法论。这是哲学里面的认识论和方法论。如果哲学要到大学课堂里面去学内容,可以想象到,不是几个课时能学完的,甚至"认识论"就是一本教材,"方法论"又是一本教材了。所以有的老师就专门研究"方法论",还不是专门的一个认识论,而是认识论里面一个非常小的一个课题,够他一辈子吃这一碗饭了。就凭这么一点东西,他就能从讲师慢慢再升到教授。实际上我们讲《易经》伟大,伟大在什么地方?它非常简约,言简意赅,一下子点到位。你要一本教科书,我只要一个字 一个"常"字就讲到了"认识论",一个"断"字就讲到了"方法论"。无论你用什么方法,事先都要去判断,通过判断才能选择,通过选择才能得到方法。还是离不开这个东西。所以说,《易经》太伟大了。

"方以类聚,物以群分,吉凶生矣。"这句辞里面有个"方"字,"方"是"方国",

不仅仅是指方向，当然也有方向的意思，但在古代部落与部落之间，它是指"方国"。因为《易经》里面有"高宗伐鬼方"，这个"方"是指方位。特别是北京的东直门、西直门、东便门、西便门，它都是根据方位命名的。例如"前店后坊"，在一个家庭里面，叫"前厅后院"，是吧？这种命名哪，它都是以方位来命名的。

"方国"是指部落。夏代有记载，在中原地区有"万国"——一万个国家。当然这是一个概词，并不是说真有一万，而是说那时候国家很小，也很多，以后到夏代才统一。那时候的国很多，每个国都必须有个名字，开始时可能不是叫国，而是叫"方"，以"方"称为国，以"方"代表一个部落，代表一个氏族，代表一个区域。

"方以类聚"。繁体字的"类"是由三个字组成的，左边上面是"米"字，下面是"犬"字，右边是繁体的"页"字（頁）。这就是分类了，"米"代表了植物类，"犬"代表了动物类，"页"是指人的头脑，是指人类。正好这个世界上万类全部代表了。植物、动物、人类，它全部包括了。它把人从动物里面分出来了，而且突出了人，这就是类。

"方以类聚"，一个部落就是一类，这个"类"从血统（氏族）、政统（地域、部落）、道统（文化）来划分，所以这是指一个类聚合在一起。在我们今天这个社会上，这个"类聚"，比以前更生动。为什么呢？国际事务中常以东方、西方划分，还有南方、北方之分。亚洲有东南亚、西亚之分；欧洲有东欧、西欧之分；美洲有南美洲和北美洲之分。表面上是地域之分，其实包涵有利益之分。

"物以群分"，刚才是横向地来说各个部落、各个方国、各个地区，现在呢？是回到某一个部落，某一个方国内部，这就有"物以群分"了。在一个部落里面，在一个方国里面，所有的猎物、收获物、食物、衣物这些东西，大家都来分配。这就讲到分配的问题了。"物以群分"，这个里面是什么分配方式？马克思在《资本论》里面主要讲分配，随着社会进步，它的分配方式是不一样的。现在的分配方式是按劳分配，到共产主义社会是按需分配。在原始社会，它既不是按劳分配，也不是按需分配，它是按物分配。在共产主义社会，它是按需分配，物质丰富了，需要什么，就能得到什么。但是在那个原始社会，或者叫原始共产主义，它那个分配方式不可能做到按需分配，当然也不是按劳分配，它只能按物分配。只有这么多东西，就这么分一分吧。所以说"物以群分"。群，就是群体。

"吉凶生矣"，"吉"字的上面是个"士"，下面这个"口"是一种容器，是供奉用的，不是随便喝水、吃饭用的这个容器，是祭天、祭祖、祭神等祭祀用的，是装供品用的这么一个器皿。那个"士"是什么呢？是象征性的，是用泥做的，甚至于是用其他东西雕琢成的男子的生殖器，所以叫男士。现在也叫女士，以前不是这样叫。"士"是这个。古人把这个作为供奉来祷求吉祥，祷求福报，所以是"吉"。

再来看"凶"字。"凶"在甲骨文里面像一个非常恐怖的猩猩掉到一个陷阱里面去了，所以这个下面是一个陷阱。这个给我们的启示是：人人都希望天上掉馅饼，但实际上天上没有馅饼，而地上却几乎处处都有陷阱。一旦不慎掉入陷阱，就凶多吉少了，那当然是很恐怖的，很可怕的。馅饼与陷阱，实际上这两个也形象地表示了吉凶、祸福这两种相反的转换关系。"方"字的解释正好能看出来。方国与方国之间会有争斗，争夺地盘，古代经常是这样。为什么开头是万国，后来变成了

统一了呢？当时的统一就是通过战争得来的，当然也是历史形成的。有战争当然就有吉凶了，另外在分配物的时候，由于物是有限的，有时多有时少，多的时候也有分配不均匀，少数人想多侵占；少的时候满足不了需要，在这个分配里面就生出了吉凶。吉凶就是这两种原因。

现在回头来看，这个吉凶也还是在这两种情境中产生的。在国际大形势里面，这个已经不言而喻，非常明显。天天电视新闻、《参考消息》报道的这些东西，就是"方以类聚，物以群分，吉凶生矣"。在一个单位里面，奖金、工资、评职称等等这些东西，不也是"物以群分"吗？不也是会生出吉凶吗？特别是为了评职称的一个名额，争得不得了，简直是不流血的战争。这个吉凶实际上很明显。所以说，从古代到现代有很多相通的东西，变来变去它变不了多少。

我们策划一些事，办一些事，不要在玄妙上去做文章，多在一些平常中间去做学问，找机会。机会往往非常普遍，你看到了，大家也都看到了，但是你看得比其他人深一层。你是看到表面，我是看它的里层，然后就会给人一个惊奇：这个问题他看见了，怎么我没看见？这就会引起一种社会反响。所以现在有些人发现的东西，是不错啊，惊天动地。假设千古以来，只有唯一的这么一个发现，你发现了，但不会引起人家多大的重视，为什么呢？大多数人认为，这与我没关系。十三亿人口只有一个人能发现，能轮得到我？按人口比例来说，是十三亿分之一，如果按全球来说，是六十亿分之一，那谁会把这个作为自己的追求呢？没有人会去做这个傻事，把十三亿分之一作为自己追求的目标，没有人会做这种傻事的。

在每个人都熟视无睹、充耳不闻、视而不见的情境下，你突然发现了一件普通事物的奇妙，发现了有用的东西，有价值的东西，给人一种震惊，不得了。为什么？引发了你的高度兴趣。你天天看见了，我也天天看见了，为什么你能发现，我却没有发现？就是这个东西。我们要在常情、常道、日常中间去发现机会，捕捉机会。财源滚滚来，财源在哪里？财源在日常中间，不需要去异想天开。我们必须把握一个"常"字，在"常"中去发掘。

"天垂象"，"垂象"是天象、表象、现象，日、月、星、辰都挂在天上。大家都关心一个东西，中央电视台十频道不是经常有一个勺子在那里转吗？很多人问我这么一个问题："那个勺子是什么意思？"这个勺子实际上是北斗七星，是天上的象，它与北极星不一样。这个北斗七星是天枢星、天璇星、天玑星、天权星、玉衡星、开阳星、摇光星。

这个星是以北纬36°这条线上向北望，从地平线上划一个36°圈，这就是一个可视天空。就是说，望到的天空好像是一个弧型，这一个圈里面有二十八宿。二十八宿就是一个大的恒星圈，东边的有角、亢、氐、房、心、尾、箕，这是东边的七个星座，东边是青龙，也叫苍龙；北边的是玄武（龟蛇），是斗、牛、女、虚、危、室、壁；西方是白虎，"左青龙，右白虎"嘛，对应的就是奎、娄、胃、昴、毕、觜、参；南边的是朱雀（神鸟），对应的是井、鬼、柳、星、张、翼、轸。这是一个恒星圈，能看出来。中间是北斗七星，与北极星在位置上有一定角度，这个不多讲，天文上的东西也讲不好。这就是二十八宿（xiù），这个宿不读宿（sù），读成二十八宿（sù）就错了。外面的叫"四相"，这个与西方的星相有点相似。中国的四相是，东方为青龙，西方为白虎，南方为朱雀，北方为玄武，都是用四种动物来表示方位。这是"在天成象"。古代人"仰则观象于天",是观察出来的。再加上北极星,称为天垣,四周环绕着二十八宿(见图)。

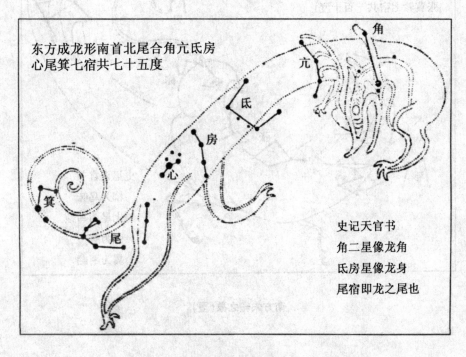

东方成龙形南首北尾合角亢氐房
心尾箕七宿共七十五度

史记天官书
角二星像龙角
氐房星像龙身
尾宿即龙之尾也

东方苍龙之象(春)

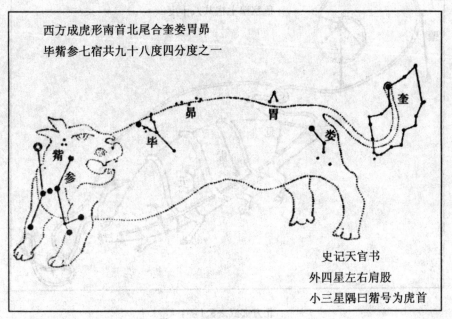

西方成虎形南首北尾合奎娄胃昴
毕觜参七宿共九十八度四分度之一

史记天官书
外四星左右肩股
小三星隅曰觜号为虎首

西方白虎之象(秋)

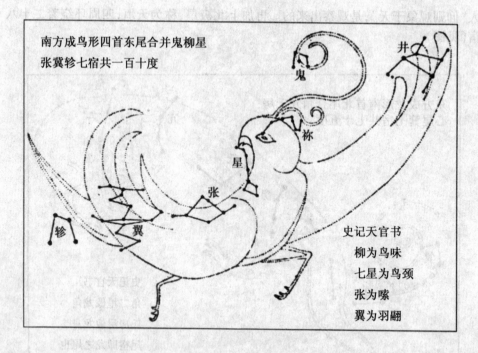

南方成鸟形四首东尾合并鬼柳星
张翼轸七宿共一百十度

史记天官书
柳为鸟味
七星为鸟颈
张为嗉
翼为羽翮

南方朱雀之象（夏）

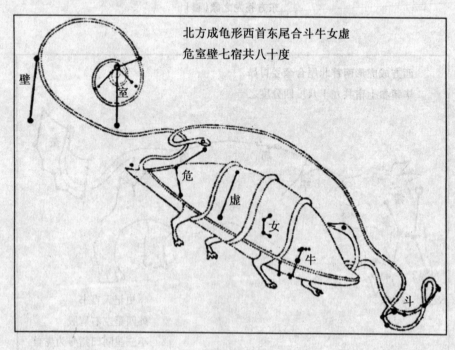

北方成龟形西首东尾合斗牛女虚
危室壁七宿共八十度

北方玄武之象（冬）

再讲"在地成形"。可能有人认为,天就是天象,天上的天象与地上的地形没关系。这里我必须强调,地形与天象是有关系的。人身上的形貌与地形、天象也是有关系的,它们是互为一体的,它们是你中有我,我中有你的。有人讲,每一个人都是一个小宇宙,每一粒种子也都是一个小乾坤,一滴水里面能见太阳。我们不能说,天象就是天象,地形就是地形,把它们截然分开来。我们不能这样去理解。它们是一个整体,是互为因果的。当然,先有天成象,再有地成形,然后再有人。

那么"变化见矣"呢?"见"应该是"现"字,音 xiàn,古代"现"和"见"是通用的。"变化见矣",就是"变化"表现出来了,展示出来了,反映出来了。怎么就现出变化来了呢?天上的日、月、星、辰实际上是在变化,它不是不变的。天象在变,地形也在变。地形的变化,有人为的变化,也有自然的变化。修高速公路,修铁路,那就是人为的变化。自然的变化呢?地貌、地形、地理、地脉,实际上它都在变化。

"是故刚柔相摩,八卦相荡。鼓之以雷霆,润之以风雨,日月运行,一寒一暑。"这段辞里面有一个伟人的名字在里面:"润之"——毛润之,是毛泽东的名字。

"是故",现在叫"所以""因此",这就说明这一段与上一段有因果关系,有承接关系。"是故",是这个原因,因为这个原因。

"刚柔相摩,八卦相荡"。"刚柔相摩",这个"刚柔"是怎么"相摩"的?这个里面有什么东西?"八卦相荡",它是怎么"相荡"、摇荡的?南怀瑾先生解释"八卦相荡",是八个卦在那里打秋千,解释得比较形象。

"刚柔相摩"这个"摩"是摩擦。这个摩擦不是一般的摩擦,它是一种运动形式,是动与静的变化。那么刚和柔呢?例如——一个石头,因为一个石头它表现的不仅仅是土,还象征着大地,同时它与天象又是对应的。你看这块石头,这一面是埋在沙子里面的,这一面老在外面露着,晒着太阳,那么这里面就产生了刚和柔。因为这一面是受热面,有太阳的照射;再一个有风吹它,在风化它。这使得它不是静止的,里面的基本粒子在运动,在变化,在摩擦。受热强的一面它的基本粒子活跃,而受热低的一面它就变得柔,这中间就发生变化,就是刚与柔在摩擦。正因为这一种摩擦,这块石头就会出现纹理,甚至于出现图案。

这个图案非常地奇特,奇特到什么程度?你只要到兰州"黄河奇石馆",花五块钱门票走进去就会知道。你简直会想:掏五十块钱都值!进去的时候掏五块钱很不愿意,但是一进去,几千块石头呀!在每块石头下面都做了一个木托,用木托托着,就像盆景那样。最关键是给每块石头起了名字,这个名字起得绝了!人物类、花草类、动物类,千奇百怪,样样都有,几千个啊,那是惟妙惟肖。我就讲那块"毛主席视察黄河":毛主席戴着帽子,穿着长大衣,迎风伫立——简直是一模一样,一看那就是毛主席视察黄河那张照片。可都是石头上自然形成的纹理图案。

这个里面是怎么形成的?它说明石头里面肯定有运动,里面的运动还是很激烈的,而且有声音,这个声音还是美妙的音乐,所以就出现了美妙的图案。

这个"摩擦"再引申到人类、人际关系。一个企业、一个单位、一个家庭,它就像一个石头一样,也有刚柔啊,夫妻之间就是刚柔关系呀。

再讲到"八卦相荡"。这个八卦它表现的是八种自然现象,第一个是天,第二个是地,其次是雷、风、水、火、山、泽;按先天八卦的卦序来说,那就是天、泽、火、雷、风、水、山、地。乾卦☰ ⚌表示天,是三个阳爻。下面这个表示低空,中间的表示

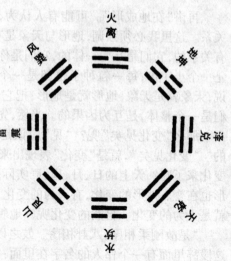

高空,上面的表示太空。我们不能说古人是这种观念,这是不对的,而是我们可以这么去理解,这样讲便于记忆。第二个是坤卦☷,是三个断线,⑻⑻。实际上,"地"字以前是"川"字。再看震卦☳,⑽。震卦表示雷,上面两个是断的,底下一横,表示雷。巽卦☴,⑼。巽卦是表示风,阴爻在下面,风遇到障碍物,吹得不是那么连续了,不是那么畅快了,这是风吹的现象。坎卦☵。有人把这两边看作是岸,中间是长流水。这是最通俗、最常见的一种。这是离卦☲,像火⑹。必须有附着物,是灯芯,外面温度高,中间温度是低的。火苗的中间是空的,而且是低温,这也是常识性的。艮卦☶,⑺,一个阳爻在上面,这是一个小山,一个层次。整个就是一个三重案了、三重景了,艮卦是代表山。这是兑卦☱兑卦它就是湖泊,就是一个池塘,江河,海洋。这就是大地,这就是水。这就是八种自然现象。

"刚柔相摩",从自然科学角度讲,它是微观的。"八卦相荡",它是外部的,是宏观的。我们可以这样理解:一个是微观的,一个是宏观的。"刚柔相摩",它是内部在摩擦。在事物内部,原子中的中子和质子是活动的,这是最基本的粒子,它都在活跃,刚柔在摩擦。这是在一个物体的内部,或者是一个单位、一个群体、一个国家的内部。那么,"八卦相荡"就是外部了。"荡"也是摩擦,实际上也是指变化。我们不仅仅是看到它是晃荡啊,摇摆啊,打秋千啊,这个"荡"指变化,摩擦也是变化。这个外面的"荡"与摩擦运动的形式、变化的形式不一样。

对于"刚柔相摩,八卦相荡",它是一内一外,一个微观一个宏观。实际上它是上面讲的那个"动"与"静""刚"与"柔",里面有吉凶,有变化,还是讲这个东西。有变化,所以里面生出吉凶。

"鼓之以雷霆,润之以风雨。"这个很有气魄,很有诗意。有人讲:"我为革命鼓与呼"——"鼓呼",后面要讲到"鼓之舞之"——"鼓舞",所以鼓舞这个词是这样来的。"鼓"是一个动词。在大地湾文化遗址有一个陶鼓,它的说明上写的是"华夏第一鼓"。因为它是最古的,是新石器早期的,以后出土的。这就说明,在中国出现鼓的时间大概是在八千年左右。这个时间能说明一些问题,因为它是考古测定的时间,应该是比较准确的,它是用碳14测出来的。这又说明了一个问题,当时的社会已经是用鼓了。

那么,鼓是用于做什么呢? 根据考古学家推测,它是模仿雷霆来的。考古学家苏秉乾先生推测认为,第一是为了祭祀,在祭祀的时候要击鼓。击鼓是为了造成一种声势。

为什么有崇拜? 为什么要祭祀? 古人为什么要崇拜? 这个崇拜是不是坏事? 古代要做一件事:祭天,祭祖。以烧制彩陶为例。不是每个人都很齐心,不是每个

人都很虔诚,不是每个人都很认真去做,那怎么办?怎么把大家的情绪、次序管理起来?把大家的行为、纪律这些东西都规范起来?古人想了一个非常绝妙的办法,那就是用崇拜这种形式,当然当时不叫崇拜。就是说,烧窑前你先要拜窑神,一拜窑神你就不能嘻嘻哈哈了,然后就进入工作状态。第二个就是用于军事作战。《曹刿论战》里要击三通鼓,所谓"一鼓作气,再而衰,三而竭",所以这个是有道理的。还有一种说法就是吓野兽,当时野兽多嘛。野兽也怕打雷,那就用击鼓的声音,这样"轰隆隆"的去吓吓它。这说明当时先民是非常现实的,这个鼓是一种模仿,所以"鼓之以雷霆"。

"润之以风雨","润"是滋润。雷霆与鼓有关系,那么润呢?是动词,是滋润、滋养,是风雨在滋润。这两句将自然现象与人类活动联起来了。现在有些人写散文、写诗歌,仅仅是在描绘日月星辰那个自然现象,在那里赞美、描述,赞叹了半天,但与人类活动、人类情感没有联系起来,那就不是叫写散文,也不是写诗了。真正好的散文、好的诗歌,在赞美自然的同时,马上联系到人类的活动,联系到人的情感,全部联系起来了。你不联系起来,就不成其为文学作品,人家不会认可。

有一个飞行员讲,在连云港空军基地,当时邓小平的骨灰在天上撒的时候,刚刚撒完,天上出现彩虹了。他讲,以前从来没有出现过这种天气现象——突然出现彩虹了。现在你再来描绘这个彩虹,与这个社会现象联系起来,大家就会很惊讶,它就具有一种特殊的意义了。假如他仅仅讲:"那天我看到彩虹了。"把这个彩虹描绘得再怎么美,恐怕也没什么意义,人家会认为没什么意义。彩虹与撒邓小平骨灰这件事一联系起来,就有意义了,就能说明一些问题了。所以,"鼓之以雷霆,润之以风雨",我们应该从这些方面去理解。

我们再回过头看一看"动静有常"的"常"字。联系到雷霆和风雨这种自然现象,有人一听到打雷,霹雳一声震天响,就认为是个反常现象,或者是一个惊天动地的现象。实际上,你只要理解了,这就是正常现象,是变化的规律。所以"震卦"的爻辞很有意思:"震来虩虩,后笑言哑哑,吉。"雷声突然来时,大家都显出惊恐的样子(虩虩),但后又言笑自如,惊恐顿消,归于常态了。那么,你再联系到人际关系、社会现象,这个里面教我们怎么看问题。从人生推及社会现象,推及自然现象,互相参照。有些东西是互相参照的。我们看问题,分析问题,如何去看?实际上这教给我们智慧,这个智慧是个大的智慧。智慧就是,如何在自然现象和人类社会、人自身的健康状况的各个方面悟得了一个"常"。如你的情绪、性格、运气等等方面,你都可以去推,反着推,顺着推,你在这个里面去找你所需要的东西。

有的人讲:"我的运气怎么这么不好啊?我这几年怎么这么倒霉啊?"不要去瞎猜,你就在这个里面去寻找一下。你的这种情况可能是受社会影响,受小环境或受大环境的影响,也可能与天象和自然现象有关,你去琢磨一下。这里面有它的道理,是有规律可循的。经常去琢磨,经常去找,找到了它的可循规律,就得到了大智慧,就是高人,就是圣人,就超凡脱俗了。所以讲,要超凡脱俗你必须有一个路径。路径在哪个地方?实际上这个必须联系到我们自身,联系到我们自身的健康、情绪、性格、成功率、办事的能力、说话的口才、思维的方式、认识问题的观念、世界观等等这些东西,都是从大自然中去找规律,从社会现象中去找规律。找到后进行横向比较,比比这,比比那;比比今人,比比古代人;比比东方人,比比西方人。这么去比较,你就是一个大

聪明人了，就得到大智慧了，你就不会在那里稀里糊涂了，不会在那里怨天尤人了，就有驾驭已知和未知的能力了。

有的人为什么怨天尤人？有的人为什么人云亦云？有人讲这个国家不好，他也跟着人家讲这个国家不好。好与不好在哪个地方？讲不出所以然。他是人云亦云，他没有主见，在什么问题上他都没有一个独立的人格。联系到前面这一段的"是故"，这个"是故"很重要。联系到前面讲"天尊地卑，乾坤定矣"，你定没定？只有定到乾坤，你才有一个独立的人格，才有独立的思考、独立的思路、独立的认识观、方法论。否则，你处处不能独立，没有一个完整的人格，而是变相地残疾了。

有人讲："我没有一米七，我是一个残疾人。"这是一个外在的东西，真正内在的东西，就是你的主见、你的思维方式、你的观念、你的思想，这是很关键的。我们认为，《易经》最关键的就是给我们一个独立的人格。独立的人格不是天上掉下的馅饼，而是慢慢修行得来的。参易，参道，参天，参地，参人生，你经常去参究，这个你不需要单独花时间。你走路在观察，吃饭也在思考，就是要思考，在思考中得出你自己的东西。这个东西不是人家的，不需要你去背书，你也不会忘掉。基本做人的准则、办事的准则，它不会变，你也不会忘，因为自己已经熟悉了。

有些人搞学术研究经常会有这种现象，发现一个东西，我是天下第一，历史上我是第一个发现。人家还不知道那是什么东西，他就先夸自己"天下第一"了，自己把自己给封王了。"王"是封了，结果手下呢？一个兵都没有，一个百姓都没有，谁都不认可他。这种"王"什么都不是。为什么呢？他的定位不准确。经常会有这种现象，在商界可能也有这种现象。有人只是夜郎自大，说"我"这个产品是什么第一，做广告时说"我"的产品怎样怎样；在家里夸"我"的公司怎么怎么样，讲了一大堆。实际上这个东西呀，要客观地去看问题，要客观地去表态。

再讲人本。国以人为本，那么人以什么为本？人以心为本。你的心是怎么想的？老是想做天下第一，这是不行的。你的东西再伟大，我不听你的，我听不进去了，为什么呢？你给自己"封王"了，这个时候别人是不会去听你的。为什么？因为你的人格在那里摆着，你做不出那种东西，你得不到那种东西。该你得的你才能得，不该你得的你得不到。为什么得不到？你没有人格你得不到，你没有到那个高度嘛。你想摘取这个皇冠，你摘取不了，你还在低层面。如果你人格很高，就能摘取，因为你有这个高度了。

爱因斯坦说过："观察到的世界不是世界。"这是什么意思呢？我们来观察这个杯子。看到的这个杯子是杯子的全部吗？是杯子的本体吗？不是。能看到杯子的这一面，却看不到那一面；能看到外面，里面却看不到。里面的组织结构、它的来历都不知道，这不是它的世界。观察到的只是它的一面、一个局部，就是这个意思。

"日月运行，一寒一暑"。前面讲到"动静有常"，"刚柔相摩"，讲到变化，变化的规律，这些变化是从哪里来的？实际上都离不开日月运行。当然，从宇宙来说，在银河系、大的星系里面，都有万有引力，都有大的规律、大的规则。我们先不讲大的，我们就讲日月。古人所观察的就是日月，我们这个地球上所观察的只是日月星辰，万事万物的规律离不开这个日月运行。日月星辰的运行中间都有规律，它的轨道规律就直接影响到万物的生存，万物的生长、发展、变化，这些都离不开规律，都是由它支配的。

　　"日月运行,一寒一暑",寒暑往来,昼夜交替,这些都是根据日月运行。怎么有昼夜交替呢? 没有昼夜,我们或者完全生活在一个白天里,或者完全生活在一个黑夜里,这叫生活吗? 人和植物、动物都能生存吗? 都不行。或者都是一样的气候,那么,这么多南方的植物生态群和北方的植物生态群,就都一样了。所以这些呢,都是自然规律。表面的文字都好理解,深一层的东西也不要复杂,要简单,要抓住一个规律。规律是哪里来的?

　　"乾道成男,坤道成女","成"就是影响。乾道就是天道,坤道就是地道。"道"与儒家、道家讲的那个道有区别,这个道是运行规律。日月按照一定的规律来运行就会有一定的轨道,一定的规律就会形成一定的规则。那么,这就是回到人生了,我们人为什么会分为男和女呢? 这个性别之分也是自然形成的,也是常道,这就是常,也是按日月运行规律来的。所以古人把太阳比作阳,把月亮比作阴,这就是阴阳,这就是一阴一阳,男和女也是一阴一阳。这个"成"就是一种影响、一种因果,也就是说,同在一种规律里面。

　　"乾知大始,坤作成物。""大"字应读成 tài。"知"字好像把这个"乾"人格化了,人性化了。这个乾好像它能知道宇宙的开始是怎么回事。我们现在推断地球形成是在四十六亿年以前,三十五亿年前地球上出现了第一个单细胞,是不是这样? "乾"知道呀,你去问问"乾"吧。"乾"在这里好像人性化了,它知道最初的,"大始"嘛。你看,太极这个"太":"气未见也"是为无极,你看不到气,什么东西都没有,那是为无极;"气之初也"为太初;"形之始也"为太始;"质之成也"为太素;"变化现矣"则为太极了。这些都是"太",还有太易等,都有"太"字。在《淮南子》里面,在《荀子》里面都有各种说法,我这里是取其中之一说。要是研究儒家,这里面有好多东西,特别是《荀子》里面、《淮南子》里面、《吕氏春秋》里面都有。"乾知大始",它怎么不知道? 它是从太极过来的,这些事都是它做过的,它是过来人,它是亲身体验的。

　　成中英教授是哈佛大学的哲学博士,夏威夷大学的教授。他在为德国的数学家、哲学家——莱布尼兹《中国近事》一书出版三十周年纪念活动写的一篇论文里,他讲:"乾是创造、生成万物,坤是滋养、珍爱万物。""方以类聚,物以群分",这是社会现象。再联系"吉凶生",实际上这个"吉凶"就联系到人了,只有人才看重这个吉凶,是不是呀? 再联系到"成男""成女",这就是真正的人生了。所以说,这就是自然、社会、人生、人身。因此说,古代圣人没有讲空洞道理,他是联系到这三方面来讲的,对我们今天应该说有指导作用。

　　"乾以易知",这个开头又讲到乾。前面讲过:"乾道成男,坤道成女,乾知大始,坤作成物。"这里又是讲乾和坤。这个乾,在卦里面,在自然现象上象征的是天,同时在人伦关系上象征的是父亲的父。乾是指"乾乾",即勤劳的"勤"。"天行健,君子以自强不息。"因为它代表的是天,象征着天。天不是一个空洞无物的东西,天上的代表是日月星辰。日月星辰它是运行不息的,就是前面的"日月运行,一寒一暑。"它在运行,这是乾。乾道也是这个意思,乾也是这个意思。因为《易》就是讲变化的,无论是何等变化,它的源头都是由日月运行带来的。正是因为日月运行,所以有寒暑往来,有昼夜交替。日月不运行,白天和黑夜就分不开,就不存在这个东西。所有变化都是由于这个来的,

因为有四季分明,有寒暑往来,所以有些动物到冬天要冬眠,有些植物到秋天就要落叶,到春天它就要萌芽,这些变化都是根据日月运行来的。

这里面有个"乾乾",有个"勤勤"。这个"乾乾"是指日月星辰,是指天在乾乾。那么到人呢?天地人三才,天地人三道,是连在一起的,是人在勤勤了。所以《易经》讲《乾》卦,象征天,但不叫天卦。如下经的三十一卦《咸》卦那一卦,本来是讲"感",讲感应的,但是它不用感应的"感",而是把下面的"心"字去掉,它用"咸",这有意义。因为感应不仅仅指人心在感应,大自然都在感应。就是说,你没有用"心"去感应,它还是在感应。太阳照射,发送了许多信息过来了,你没有在意它,但还是有许多信息发送过来了。你没有接受是你的事,它还是有许多信息发送过来了。所以这个感应它就用咸,把这个"心"字去掉。它是自然的感应,而不是人为的感应。

《易经》怎么去理解?应该在一个很大的层面去理解,不要拘泥在文字上。这个"乾乾",应该理解为:在天为"乾",在人为"勤"。正因为勤勤,所以才有变化,就有易。易就是变化,易就是不易、变易、简易。为什么不易呢?规律不易。自古以来就是寒暑往来,月亮围绕地球转,地球围绕太阳转,太阳自己又公转,这些规律是不变的,这是不易;另外还有一个变易,这个变易是由于这些规律产生出来很多很多的变化,这些变化有自然的变化,有社会的变化,有人为的变化;当然还有一个简易,这个简易如何变呢?就是说,无论你变来变去,都离不开阴阳,都是对立的——刚柔、动静。事物在变化中间,不是动就是静,动起来以后,它表现的不是刚就是柔,结果不是失就是得,不是吉就是凶,不是福就是祸,它都是对立的,所以它是简易的。

这个"知"字,不仅仅是指知道、知识、认识,比较准确一点来说,是感知。我们都是读过书的人,无论是在学校里学,还是在社会上学,你真正去读的时候,你感受最深的是感知。你在听某一堂课,你在读某一本书时,你往往会对其中的某一句话、某一个段落突然会感到一种震撼,或者是同喜同悲,感同身受,这就是感知。至于其他的,你可能就一带而过,可能视而不见、充耳不闻,你没有感知到。在听的时候,我对这一句话有感知,你对那一句话有感知。

"坤以简能"。有学者认为,"能"与"熊"字可能是搞错了,这是一种推测。能的本意,它的甲骨文是一个像熊一样的野兽的形状。但是"能"字下面的"灬"是个火字,就是说,把这个熊放到火上去烤,意思是产生了一种能、能力,所以一直延续到今天还有这么一个对立。讲这个人很能干,就讲这个人能;讲这个人不能干,就是"熊",就讲他是狗熊、孬熊,在演变中间,还是留着它的一点影子。当然我们不能把它作为一种定论,但是我们可以这样去理解。

"简能"的"简"字,以前是书简,书简是一块竹片,很窄,上面只能刻写一行字,非常简单。以后的简单、简易、简略这些词,都源于这个竹简。

"坤以简能",这个"坤"代表母,也代表地。地是顺从于太阳的,顺从于天的,它是围绕太阳转的。就是说,它是顺从于"乾",那么母也是顺从于"父",这是人伦次序。以前的"三纲五常"也是根据这个来的。那么坤为什么"以简能"呢?坤卦里面卦辞有"先迷后得主","不习无不利",就是说你不能复杂,你要做得很简单,你就是顺从。你的速度、你的轨道超越了天,你不服从天,那就会迷,那你就会乱了。你的轨

道离开了天道,那就是自乱了阵脚,乱了方寸。所以你要做得很简单,就是围绕日月星辰运行的这么一个大的规律。这个规律是非常简明的,不是复杂的,不是说今天向东明天向西,今天是顺转明天是逆转,没有这些事,它有它的轨道。这个告诉我们,人做事也是这样。我们能够把握一件事,特别是干大事。毛泽东想建立新中国,从康有为、孙中山开始到五四运动,有多少代人前赴后继,想建立一个新中国,最终由毛泽东等一代开国元勋创立了新中国。他开头抓的是什么?抓了一个简能。你看《毛泽东选集》第一卷开篇第一句话:"谁是我们的敌人,谁是我们的朋友?这个问题是革命的首要问题。"非常简单,也正因为简单,所以才容易办到。

"易则易知,简则易从。"这个是讲变化。既有不易又有变易,既有以不变应万变,又有以万变应不变。这个变来变去,你只需掌握一个"简",掌握一个"从"。但是如何"简"?如何"从"?这个"知"是什么意思?就是说,你掌握它的规律了,那就好办了。所以后面讲"易知则有亲,易从则有功"。这个"亲",实际上有亲近、亲附、亲和的意思,但是,这个亲还有一个适应的问题。父子之间、母子之间、母女之间,亲不亲?非常亲啊。假如这个父亲的脾气做儿子的适应不了,那就不亲了。他适应不了父亲的脾气,他还是无法亲近,到了这个公司,无法适应这个公司的环境,想亲近这个公司,产生一些亲和力,这很难。这个里面有一个适应的问题。

"易知则有亲,易从则有功。"这个"功",这里面不仅仅是功效、成果,最主要还是要做功。自己必须要主动做功,就像发动机那样,是不是讲做功?就是指这一类。那么,在社会上如何做功呢?这个里面有一个义务和责任的问题。你能为这个社会做一点有意义的事吗?你能肩负多大的责任呢?能尽多大的义务呢?这也是功呀。没有这个功,就谈不上功。仅仅是在公司做了事,今天上班几个小时完成了任务,拿了多少工资,这就是功,相比较而言,这比较渺小。应该讲功在社会,功在大众。大街上有红灯、绿灯,大家都遵守交通规则,这也是一种责任,也是一种义务。如果大家都有这个意识的话,这个社会就祥和了。社会一祥和,大家都得益,就没有这种恐怖、那种战争、这种摩擦、那种纠纷,就没有那些东西了。我们应该如何去做功?这个做功要做有效功,效报社会大众。

"有亲则可久,有功则可大。""有亲",你有吸引力当然能持久,你有这个功当然能做大。雷锋做了许许多多平凡的小事,现在很多英雄人物、劳动模范也都做了很多平凡的小事,这些平凡的小事它有很大的震撼力。河南的任长霞,她在听取群众的上诉时默默地擦泪,还有她很自然地给百姓端水,给他们递茶。这不得了——当官的能为老百姓的事情所感动。现在有多少局长能够为老百姓流泪?所以,这个很使人感动。这是很小的一件事,但是它有功,所以它显得大。

"可久则贤人之德,可大则贤人之业。""可久"是能持久。"久"字不是陈列馆里的东西,也不是纪念碑上的东西,真正它的丰碑在人们的心目中间,这才叫久。有一些人他并没有树碑立传,但是他依然留在我们心目中间,一直还是在这里。我在很小的时候,有很多人(不是某一个人),他那一点点小事都印在我的脑海里,印在我的心中,成为我的榜样——为人的榜样,我相信每个人心中都有这样的楷模。"可大则贤人之业",这一份事业,不仅仅是我这一个公司、我这一份学业,关键是这一份事业是与社会、与人类的大事业联起来的。

"易简而天下之理得矣,天下之理得,而成位乎其中矣。"一讲"理"字,好像是空的,一讲理就是大道理。实际上,"理"它不是看不见、摸不着的,有人认为这个理是空的、看不见的,是语言表达不出来的东西,其实不是。它的源头在哪里?我们看见,这个乌龟壳上就有纹理,这个石头上也有纹理,天上的云彩也有纹理,水面的波纹也有纹理,人身上处处有纹理……它实际上是存在的。现在讲的"道理、道理",实际上就是从那个源头上来的。开始是它的纹理,以后到了纹彩,然后再到道理。这个"理"是慢慢地一步一步地演变的,它有一个过程,而不是无缘无故地来的。

顺便讲一下这个"文"。现在有"文明""文化"这两个词,为了"文明""文化"这两个词,学术界争论不休,一直争论了几百年。关于"文明"这个词,世界上已经有一百四十六种解释、定义,关于"文化"有一百六十多种解释。但是,谁的解释是正确的?说不清楚。谁也不认可谁,走到一起只能是打架,结果打了一百多年,还是定不下来。什么叫文明?什么叫文化?讲不清楚。实际上呢?不需要打架呀,到自然中去,到生活中去。

在生活中间,在自然现象中间,每个物体它都有纹理,从这个纹,然后到了纹彩、彩陶,用线条描绘出它的纹彩。开始的陶器,是原始先民天天跟泥打交道,发现这个泥竟然能盛水,结果就慢慢做成碗、盆这种形式,以后慢慢竟然能够在上面描绘纹彩。有了彩陶,也就进入了新石器时期。在新石器时期的时候,它的社会就变化了,不像以前。以前在旧石器时期,石器是打制的,到了新石器时期就出现了彩陶,而不是以前的仅仅是一个盆、一个碗,这个时候在它上面画出纹彩,有鸟,有花,还有人的图形。这个东西变成了什么样的东西?在祭天、祭地、祭祖的时候用它盛供品,用一种很虔诚的心态去对待它。另外还可作殉葬品。还有其他作用,变成了彩陶文化,变成文化了。

是文明在先,还是文化在先?这就看得出来,是文化在先。文化是什么?有彩陶文化。茶有茶文化,喝茶的时候我们是随便拿来就喝;日本人有茶道,上次我们看日本人表演茶道,这就是茶文化。边远地区的农民,他们用竹子筒(竹子不打开,钻个洞)装上水,带到山上去干活,中午不回家,就在山上大口大口地喝,止渴就行了,这能叫文化吗?它就不叫文化。但是茶道和茶馆里面的大碗茶,这就是文化。

各种文化汇聚起来就是大文化,所以北京的胡同就是小文化,故宫就是大文化。那么,这个影响慢慢延伸以后呢?不仅仅是彩陶、陶器上有花纹,以后青铜器出现了,也要刻写一定的文字和花纹,以后又演变为文字,演变为图形、图案、图画。这么一改变,使整个部落,使这一个地区,使这一个国家慢慢扩大,使大家渐渐地从蒙昧、从野蛮走向了文明——文明产生了。文明是文化集合。

再下面是"天下之理得,而成位乎其中矣。""位"字已经讲了,这个"位"很重要,从头到尾都有一个"位"字,这里就不多讲。这里讲一个"中"字,虽然是讲"其中",但没有单独讲"中"字。这个"中"字很重要,因为"中"是中国文化的核心。《易经》里面讲到中正、中行,《老子》里面讲"中和",儒家讲"中庸",墨家讲"中(zhòng)用",射箭射中了——是一个实用的东西。都有一个"中"字。"中"的目的是为了"和",所以中国有"和"文化。

对于这个"和",我们可能又有一种误解:既然我们和好了,我们就平均了。可是"和好"不等于平均,它的比例不是五十对五十。不是均等叫和,它要讲比例的,

没有比例达不成和。所以,这个和里面要讲真善美。什么叫真善美呢?参差才为真。什么东西它都是参差不齐的,一旦是整齐划一的东西,在片段中间很难找到。在自然中间没有整齐划一的,整齐划一是人为去给它整齐划一。从古到今,很难找到完全相同的两个人,所以参差是事物的真。再一个,互补是事物的善,人与人之间为人的善。还有一个交错(互相交错),参差不齐,但是仅仅是参差还不行。就像故宫后面的两个角楼,就是钩心斗角——交错为美。只有这样才叫和,只有真善美才能达到和,达到了和也就是真善美。这是有比例关系的,这个比例必须要合理才行,这样双方才能接受,但是这绝不是一一刀切,不是两个平均分摊。平均分绝对达不到和,它是有它的比例的,就像古希腊那个著名的"黄金分割"(又名"中外比")。

第二章

【传文】

圣人设卦①,观象系辞焉而明吉凶,刚柔相推而生变化②。是故吉凶者,失得之象也;悔吝者,忧虞之象也;变化者,进退之象也;刚柔者,昼夜之象也③。六爻之动,三极之道也④。

是故君子所居而安者,《易》之序也;所乐而玩者,爻之辞也⑤。是故君子居则观其象而玩其辞,动则观其变而玩其占⑥。是以自天祐之,吉无不利⑦。

【注释】

①圣人设卦:"设卦",创制八卦、六十四卦。或断句为"圣人设卦观象",并理解为圣人观察宇宙万象而创设了六十四卦。按:本章只讲"圣人作易,君子学易之事"(朱熹语),而未及《易》之创制过程,后文才是讲观物取象作卦之事;此处"观象"之"象"似是指卦爻之象而非客观物象,故当属下读;并且如是观察物象而设卦,则原文就该作"圣人观象设卦"而非"设卦观象"。《本义》"圣人作易,观卦爻之象而系以辞也"的读法是正确的。

②观象系辞焉而明吉凶,刚柔相推而生变化:"观象系辞"是说通过观察卦爻之象而撰写系属文辞于卦爻之下。《释文》说:"虞本更有悔吝二字",似虞本作"而明吉凶悔吝"。按:从下文的承接次序看,虞本可能本作"而明悔吝吉凶"。此处是悔吝吉凶、刚柔变化的次序,下文则是吉凶悔吝、变化刚柔的次序;下文先言"变化"再举"刚柔"、先言"吉凶"再举"悔吝",亦可见"悔吝"当在"吉凶"之上。"刚柔"指阴阳爻,似亦包括阴卦阳卦(单卦)、刚位柔位。阴阳爻在刚柔位上的移动和单卦的阴阳卦的位置转换而导致了六十四卦的生成变化,所以说"刚柔相推而生变化"。按:帛本亦无"悔吝"二字。

③是故吉凶者,失得之象也;悔吝者,忧虞之象也;变化者,进退之象也;刚柔者,昼夜之象也:朱熹说:"悔,自凶而趋吉;吝,自吉而向凶"。高亨说:"悔,小不幸也;吝,难也"。按:从《系辞》的理解来看,"吉凶"是就外而言,迹之已明者;"悔吝"是就内而言,迹之未著者。"虞",愁虑。内心忧虑将有不好的事情发生便称为"悔""吝"。爻之往来(上下)象征人的进退,它决定卦体的变化和事物的转换,所

以说"变化者，进退之象也"。"刚柔"，刚位柔位，也包括阳爻阴爻、阳卦阴卦。"昼夜"，动静（"日出而作，日入而息"），也包括所有的阴阳现象。上文说"进退"，此处说"动静"（昼夜），相互应照；但进退也包括客观事物的转换，则动静也包括阴阳世界的推移。

④六爻之动，三极之道也："三极"及《系辞下》十章的"三才"都是指天、地、人。"极"，高大、至大。天、地、人的三个至大即老子的"天大，地大，人亦大"。六爻的往来变动，体现着自然界和人类社会的运动规律；六爻变动有序、居位得当，则天人泰和；反之，则天人乖否。就单卦（三画卦）而言，在下者为地道，在中者为人道，在上者为天道；就重卦（六画卦）而言，初、二爻为地道，三、四爻为人道，五、上爻为天道。疑"三极之道"（或"三才之道"）初是就单卦而言，而《系辞》"六爻""三极"连言，则是混重卦与单卦而说。

⑤是故君子所居而安者，《易》之序也；所乐而玩者，爻之辞也："居"，平居、闲居。"安"，高亨读为"案"（即"按"），可从。指按察、考察。"《易》之序"，是指《周易》卦序承接转化的内在哲理。"序"，《释文》引虞本作"象"，《集解》本同。按：作"象"亦通。王弼注："序，《易》象之次序"，似是折中两说。"乐"，指闲暇逸乐之时，"玩"，玩味、揣摩。"辞"，帛书作"始"，"辞""始"形音相近古通。不过帛书"辞"字屡见，无一作"始"者。所以其作"始"，一方面与后文"观始"相照，同时可能也与道家重始重初的思想相联系。"乐"，虞本作"变"，此与东汉以降卦变互体之说泛滥有关。

⑥是故君子居则观其象而玩其辞，动则观其变而玩其占："居"与"动"相对，指静、娴静。"象"，卦爻之象。"辞"，卦爻之辞。"变"，卦爻象的变化。"占"，卦爻吉凶悔吝之占辞，通过观变玩占以指导裁决其行止。

⑦是以自天佑之，吉无不利：此为《大有》上九爻辞。本章结尾之所以引用《大有》上九爻辞，一是可能从功利角度讲，谓君子研《易》，可致"大有"；二是谓君子研《易》，即当顺听天命，因为《大有·彖》说"应乎天而时行"，《大有·象》说"君子以顺天休命"。

【译文】

圣人创制了六十四卦，观察卦爻之象而撰写系属文辞于卦爻之下以表明悔吝吉凶，通过阴阳刚柔诸爻的相互推移而生出无穷变化。所以吉凶是表示外在行为的得失，悔吝是表示内在的忧虑，变化是表示进退取向，刚爻柔爻是表示昼夜等阴阳现象。六爻的变动，体现了天、地、人的运动规律。所以君子平居时而考察《周易》卦序承接转化的内在哲理，闲暇逸乐时而揣摩爻辞的潜在内涵。所以说君子闲静时则观察卦爻之象而揣摩卦爻之辞，决定行动时则观察卦爻象的变化而玩味卦爻辞的占筮，这样的话就能得到上天的佑助，从而吉利无比。

【解读】

"圣人设卦观象"，圣人设卦是为了观象。古代人，八千年前的老祖先，他们在陶器上用线条画图案。以后仓颉造字也好，还是其他什么人造字也好，也是用这个线条，他离不开线条。我们今天的人，无论是搞美术的，还是搞书法的，还是平时绘图，也还是离不开线条。所以，这就是今人与古人零距离接触，它没有时间差，都是"观象"的。

"系辞焉而明吉凶","辞"就是系辞。三古三圣三易,三古是指上古、中古和近古。上古大约指新石器时期,尧舜以前,应该从华胥氏到伏羲氏、炎、黄、尧、舜、颛顼、帝喾等。到了夏、商、周三代称为中古,从春秋、战国一直到现在称为近古,当然也不是严格划分的。三古有三圣,上古圣人伏羲,以他为代表;中古圣人就是周文王,他演绎了周易;近古圣人就是孔子了,这个《系辞传》是他与他的学生写出来的。

伏羲

孔子一生没有著书,他整理了《诗经》《乐经》《礼经》这些典籍。他整理的时候,有删有改,但是唯独对《易经》一个字不敢动,唯独只有赞《易经》。你看《系辞传》里的词:"天尊地卑,乾坤定矣。"都是赞呀。他碰到《易经》一个字都改不动,唯有满腔热情去颂赞它。这可见《易经》在圣人的心目中间分量也这么重。

三易,就是《连山易》《归藏易》《周易》。《连山易》完全失传了,《归藏易》还剩下一个残本,现在真正比较完整的是《周易》。《连山易》呢? 据说是从伏羲开始,将八卦两卦一重就成了六十四卦。六十四卦也是伏羲开始演的,以后到炎帝把它完成。《连山易》是以艮卦为首的,艮卦代表山。到黄帝的时候又演绎为《归藏易》,以坤卦为首卦,因为坤为藏嘛,大地收藏万物、承载万物嘛。《周易》是周文王写的卦辞。根据一些学者的判断、推测,周文王写卦辞,他不是《易经》的原作者。他像孔子一样,是在前人的基础上,把前人流传下来的无文字易加以整理,当然也有他创新的东西,但是他离不开前人的东西。当然,这也是一种推测。爻辞是周公写的。这里讲到卦,讲到系辞,然后就讲到"刚柔相推而生变化"。有人讲,《易经》里面没有推演。这里面就讲到了推演。刚柔相推才产生了变化,这个变化哪来的? 是推演出来的,是演变出来的,是演绎出来的。

"是故吉凶者,失得之象也。"这里面都是讲象。这个"吉凶"是失得之象。这里面可能会有误解,一讲可能马上就明白。"得"就是"吉"吗? "失"就是"凶"吗? 在现实生活中间,吉凶和得失往往不是成正比的,它不是绝对的,它是交叉的,有时候会给人开一些玩笑,有的得并不是福,有的失并不是亏,"吃亏是福","舍得为善"。这个大家都能理解,不能误解了。正因为现实生活这样错综复杂,所以是参差的,不是整齐划一的,没有绝对的东西。我们老祖宗留下的文化内涵丰富,所以她源远流长,原因就在这个地方。

"悔吝者,忧虞之象也。"这个"悔"字呢? 是后悔。"吝"是指小过,"悔"是指大过,"咎",是指伤害。"凶"就是大的伤害了。还有"厉",它也是伤害。吝是小过,悔是大过,过太多了一点。

《乾》卦初爻是:"潜龙勿用"。"潜龙"是这个时候还不成熟,先培植一下内力,暂时不要用,暂时不用是为了大用,暂时不为是为了大有作为。

那么九二呢? "见龙在田,利见大人。"这个时候条件成熟了,机会来了,他可以初露锋芒,展示自己的才能。这个时候"利见大人"。把"大人"可以理解为众人。众人都认可他、拥护他,觉得这个人还不错。

到了九三:"君子终日乾乾,夕惕若厉,无咎。"这个时候呢,初露锋芒了,有些就得意了,但是真的就成了飞龙了吗?没有。还要去磨炼,还要"终日乾乾",还要兢兢业业、踏踏实实。而且到了晚上,还要警惕自己,"吾日三省吾身",还要去反思自己,才能做到无咎。

到了九四呢?"或跃在渊,无咎。"就有困惑了。这个"或"是困惑的惑。这个时候已经到了"飞龙"边上了,也就是说,已经是上升到总裁身边的人物了,或者是一个助理,或是一个副经理,进则"飞龙在天",就能坐到第一把交椅;退呢?怎么办?要上,就干脆上升到第一把交椅。坐不上第一把交椅,就干脆退回来。退到哪里?退到群众中间。不能得罪群众。领导不能赏识"我",不能重用"我","我"还有群众。领导不重用,又得罪了群众,就失去了人心,就什么都不是了,所以"或跃在渊"。"渊"是什么?潜龙,大众!上面一个"大人"是保护自己的,真正的大人还是在众人中间,有了众人就等于得到了大人。

到了九五:"飞龙在天,利见大人。"这个时候你就是真正施展才能的时候了,也就是:一个国君,他已经登基了;一个军官,也已经做了少将、中将了,已经真正掌握军权了;一个公司里当上了总经理,当上了总裁了。这样就是"飞龙在天"了,就可以施展自己的雄才大志。这个"利见大人"就不是以前的那个小区域了,是个大区域了。

最后一个是上九,上九是最后一个爻,也就是上面一个阳爻,是盛极必衰的那一爻:"亢龙有悔。"什么叫"亢龙"?飞得太高了,得意的太过了。这个在生活中间有很多例子。林彪已经是党章决定了的毛泽东的接班人,结果一下子就完了。这不就是亢龙吗?但是他还不仅仅是亢龙,他飞得太过了,连悔的机会都没有给自己留下。

"亢龙有悔",为什么有悔?这个"悔"是什么悔?仅仅是检查一下"我"错了吗?我下回改就行了。这不仅仅是改的问题,这个"改"要改成"悟",悟了。在现实生活中间,很多人知道自己错了,但他就是改不了,错了一次还要错一次,错了第二次还要错第三次……许多人受了一次教训还不行,原因就是他还没有悟,是被动的悔,不是积极的悔。因为他这个悔里面没有预料的东西,没有戒备的意识,没有时时戒备自己,从来不去预料再做下去会出现什么,他从来没有这个预料。"易则易知",没有这个"知",所以就改不了。为什么有人只错一次?原因是其有"悟"。通过这一悔以后明白了,得智慧了。所以《乾》卦除了六爻全部讲完,还加了一个爻辞:"用九,见群龙无首,吉。""见群龙无首",知道再也不打头了,一打头就容易过。这个是哪来的?悔过来的。只有真正"悟"了才能改。这个"悔"字里面有很多内容,所以是叫"忧虞之象"。

"变化者,进退之象也。"这个"进退"呀,就是说,拳头打出去要缩回来,再打出去才有力。把拳头老是伸在前面,还舍不得缩回来,这个比较愚蠢呀。在我们的生活中、工作中、创业中、处事中,很多需要我们如何把握这个进退的问题,如何才能知进知退。但是这个退是为了进,我退一小步是为了再进一大步。

乾卦中六爻就是"进退之象",初九是潜藏不进;九二是进;九三是稳步前行;九四是可进可退;九五是一龙飞天;上九"亢龙有悔",悔而后退。在其他各卦中同样表现了这种"进退之象",而且警示后世,这样才能进退自如。

中国的外交政策历来奉行的也是这种进退自如的政策,任何时候,握紧的拳头屈而不伸,握紧是为了自卫,屈而不伸则是"不战而屈人之兵"。

"刚柔者,昼夜之象也。"似乎是讲白天是阳,黑夜是阴;白天大家都在劳作,黑夜都在休息,是这么一种刚柔吗? 还不是,还有更深一层的。怎么去理解"刚柔"与"昼夜"呢? 这个里面又有更深一层的意思,这个深层意思就是前面《乾》卦里面讲的那个九三。昼夜是什么?"君子终日乾乾。""日"是白天。"乾乾",那

就是刚。乾乾就是勤劳,认真地拼搏,就是中国台湾人讲的"打拼"。整天"打拼","终日乾乾",白天十二个小时都是在那里拼命地工作,这就是刚。但是到了晚上呢?"夕惕"。"夕"就是晚上。"惕"就是警惕。这个警惕就是反思、回顾。《论语》中说:"吾日三省吾身。"就是反省自己呀。今天哪些事做错了? 哪些话说错了? 反省反省自己,这就是柔了,使自己变柔一点。哪些事做过了? 这就是柔。"刚柔者,昼夜之象也",不联系这个,似乎就觉得有点莫名其妙。

爻是表示动态的,卦是表示静态的,一动一静,动静有常。卦是表示一个总体的状况、情景,在一个时空里面也是这样的。例如,有的人从事这一种职业,有人从事那一种职业。如果把这种职业比作一种卦,那么你在职业中间就像在卦里,天天要去工作就像在爻里,那就是动态了,这是爻。八卦里每一卦只有三爻,是由三爻

组成的。到六十四卦呢? 它是由两个八卦组成的,两卦相重为一卦,那就是六个爻了。这六个爻又是怎么区别呢? 从下往上数,而不是从上往下数,因为现在出土的甲骨文有一万七千多片,它的文字都是从下往上读的。最下一爻是叫"初",最上面的一爻是叫"上",中间四爻为"二、三、四、五",区别只是在"初"和"上"。古人是模仿植物生长来分始

天极 ⟨ ▬▬▬▬▬▬

人极 ⟨ ▬▬▬ ▬▬▬

地极 ⟨ ▬▬▬▬▬▬

(下)和终(上)的。

"三极"是指天、地、人,又称三才,又称三道。最下面两爻为地道,也叫地才;

中间两爻叫人道,也叫人才;上面两爻叫天道,又叫天才,就是这么个意思。

"是故"就是所以。这个"居"呢,在第三卦《屯》卦的初九爻解说:"磐桓,利居贞,利建侯。"这里"居"实际上是指"定位",也可以叫定居。这里表示了一种静态,是居所。白天外出工作,外出劳作,晚上回来居住,居住为静。所以中国的家庭还有一个传统,特别在农村,是男主外女主内。这里有了内外区别,也有个动静区别。在《金刚经》里面有"应无所住,而生其心",六祖慧能大师就是闻说此句而言下大悟的。这个"住"与居是一样的意思。住在何处呢?《金刚经》上"应无所住",就是说"无所住心"。心住在哪个地方? 不要住在事事物物上,而是要住在一个"常"上。"常"就是本来。

"所居而安者",难道有居就能安吗? 所以这里面提出了一个问题:难道有居就能安吗? 不是,有居不一定就能安。什么样的"居所"才能安呢? 这里有三句话提供给大家参考:居于平常心,处事而安;居于平等心,为人而安;居于清静心,处世而安。这里面强调的是一个居心的问题。有一套最畅销的书,叫《红顶商人胡雪岩》。作者评价胡雪岩有一句话:居心仁厚。因为他居心仁厚,所以他财源滚滚。他经商的谋略有没有? 有,而且有很多的谋略,但是他这个谋略有一个出发点,就是居心仁厚。他定位定得非常好,定在"居心仁厚"上。

他这个居心仁厚到什么程度? 他破产了,朝廷马上要来查封他的财产了。他家有很多字画,那都是价值连城的 。这时候他有几个朋友晚上偷偷到他家,对他说:"把你的字画转移到我们家,我给你保留着。"不是要抄家嘛,我们给你留一点,以后过生活不很好吗? 留一件就不一样呀。但胡雪岩坚持不这样做,他说:"破产也要光明磊落。"为什么呢? 因为我本来无财可破,无产可破,我当初一个月的俸禄只有四两银子,现在我还回到原来的本分中去。他这种光明磊落的心态,当时我很感动,就想把胡雪岩的东西好好整理,做一些宣传。有些人总是炒作他的一些绯闻,什么十二房姨太太之类。炒作这些东西对社会没有积极意义啊,对年轻人没有积极意义。因为,学都是学人家好的东西。每一个人都有缺点,每一个人都有忌讳的地方,连伟人都是如此,为什么只说人家的缺点呢? 胡雪岩能成为江南第一大财神,必定有他的福德因缘,这才是我们要学习的东西。所以最主要的一点,就是他的居心仁厚。这里顺便讲三个"心":平常心、平等心、清静心,作为为人处事的一个准则,也作为"居"字的注释。

"所居而安者",这个"安"字呢,还是"自在"两个字。我们时时都要观照自己自在不自在,就是"真我"在不在? "真我"在你就自在,就能达到一个"无为而无不为"的境界。这才能得到安,得到真正的安。这个安还有一个价值评判标准。有的人他确确实实是衣食无忧,而且家庭非常的富裕豪华,但你能说他安吗?

有的人"所居"是居在什么地方? 仅仅是居在金钱上,不是居在人之常情、人之常道上,不是居在人之道义上,不是居心仁厚。除了金钱,他就不能生存了,精神就崩溃了。但是有的人呢? 没有金钱也一样快乐。

"所变而玩者,爻之辞也。"这里讲这个"玩"字,这一段有三个"玩"字,连"辞"也能玩,连"占"也能玩,"占卜"仅仅是玩玩而已。这些都能玩,说话何妨不可以啰唆一点? 这是完全可以的。"所变而玩者,爻之辞也。"这个"爻辞"实际上是生活中的变化,这些变化怎么去看它? 就是前面我讲过的"常"。看起来有时候一个变化非常奇妙，非常特殊，好像千古没有见过的这种变化，像居里夫人发现了"镭"，但这些实际上还是"常"。如果把它看成"常"，何尝没有一个玩的心态呢？可见，居里夫人当年的科学实验也有一种玩的心态。我们现在办事业，也就是玩一把；实际上，人生、事业都是玩。把它看得太执着，就太枯燥了，那不行，应该以一种玩的心态。

但是，玩就要讲玩的游戏规则，没有规则那这个玩就不叫玩，就不是"玩"事业，而是玩自己了。所以，这里还要有规则。"爻之辞也"，"爻"是有规则的，从初爻、二爻、三爻、四爻、五爻到上爻，它是有规则的，它还分出了地道、人道、天道，这个规则大得很。这就是说，要会玩。玩有小玩，有大玩。没有玩的心态是不行的。当然，做事还是要严肃的。

"君子居"，这是静态，居在静态中。一份事业还没有启动以前，刚刚学校毕业还没有找到合适的工作，或者创业也还没有开始，或是这个事还没做之前，或者在一个过程中间，还比较平稳的时候，这个时候"观其象而玩其辞。"怎么理解这个？就是说，这个时候还是充充电吧，还是多看看、多学习一些东西吧。这是从大的层面上来说的。仅就这个词面上来说，当然是指这个卦辞、爻辞了。"观其象"，是什么象？卦象、爻象。但实际上还是自然中间、生活中间的象。

"动则观其变而玩其占。"在运行中、运作中，根据它的变化来"玩其占"。关于这个"占"，我要举一个例子。什么叫占？这个占是从"卜"开始的。在古代，人们没有时间的概念，不知道方向，当然也没有方位的概念，也没有季节的概念，这些概念都没有。在这种情况下，又实在不能没有，需要时间概念的时候，需要方位概念的时候，怎么办呢？比如出外打猎，出外捕捞，走了很远，什么时候回去，怎样才能在天黑之前赶得到住地呢？必须有一个时间，没有这个时间概念是不行的。根据考古和社会学家的推测、研究，认为那时候开始依靠日影来指导，开始以人身测量日影。现在叫"丈夫"，就是从那个时候来的。以后呢，从这一个人身到立一个杆，竹杆或者木杆，这个杆必须有八尺长（一丈长，那个时候八尺为一丈），所以现在的"丈夫"就是这个意思。那时候的人基本上是八尺高，现在以一米七为标准，那个时候可能就是以八尺为标准，不到八尺可能就不叫"丈夫"了。这是一种推测了。那个时候杆子八尺长是有记载的——"人身八尺"，《周礼》里面有记载，《尚书》里面也有记载。

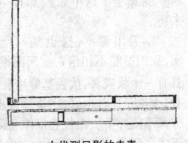

古代测日影的圭表

然后以这个为影子，这个影子正好是个"卜"字。有人非要守住《说文解字》里的一句话：灼烧龟甲发出"卜"的声音。我不否定它，但是我不认可这种说法。因为这个字形在这里，而且原始人的生活是这么一个生活形态，它有来历。我们应该找前面的源头。仓颉造字，因为仓颉是黄帝时代的人，他造字的时候已经有这个字。但是甲骨文，它还是在商代，从公元前一千七百年再往前，如果夏代初就已经有甲骨文的话，那也才是公元前两千零七十年（按照"断代工程"的界定，以前的界定不是这样，现在往前推了几百年，还没推到一千年）。如果按《史记》里面记载的公元前八百四十一年向前推，当然已经推了一千多年。所以这是从"卜"开始的，以后测量影子是用"圭"。

这个"圭"是五寸长的泥尺子，按现在来说是一种尺，它上面刻有记号，所以是两个"土"。夏至那一天是日影最短的一天，一尺五寸长，这都是有记载的。那么，"圭"字加一个"卜"字，不正好一个"卦"字吗？圭和卜合起来就成卦，这是有道理的，是比较合理的。我不讲这是唯一正确的，但是有一定的道理，我相信它。大家可以相信，也可以不相信。古代祭祀、祭天时，还在这个杆上加上一个横杆，横杆上挂上巾幡，有时候甚至还系上铃铛，这个《周礼》上都有记载。它显得庄严、隆重啊，这也是测日影。测日影干什么？祭祀天神的时候，要多长时间，影子到了哪个位置为止。祭祀祖宗（元祖、高祖、太祖……）需要多长时间？都用日影来计算。这是社会学家所推测出来的东西，有文字记载。天安门前有华表，这个华表的来历，据历史学家所推测，就是从那个标杆来的。而且在史学家、在人文学专家中，华表的来历是没有异议的，没有谁反对这个说法。

另外还有一个叫"晷"，晷是一个测日影的仪器，下面有一个盘，上面也有一个标杆，盘子上面还有刻度。以后慢慢发展到商代，是用龟甲和牛骨来烧，烧了以后把文字刻到上面。"龟卜"，按照推测，我们认为事物都在演变。演变到这个时候，当时的人想：现在不用这个泥土的圭了，用不上了，突发奇想，想到要垄断这个东西，就用灵龟。"圭"和"龟"是谐音。这个东西都有一个来历。

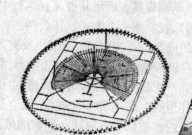

古代测日影的晷

以后用蓍草，这也是一个事实，我们不能不相信它。河南淮阴县有一个伏羲墓，伏羲墓旁边有半亩田长蓍草，长得非常好。但是这个蓍草无法移栽，无论是播种也好，还是移栽也好，出了这半亩田，离开了就不行，在其他任何地方都不能存活。而且它很像韭菜，割了以后马上又长起来了。后面讲到"大衍之数五十"，就是用蓍草来占卜。为什么要用这个蓍草？因为这个蓍草可能有一种灵验，这是植物的一种特殊性。它的源头是在《泰》卦的初九里面，初九里面有一句"拔茅茹……。"

《泰》卦在十二消息卦里。十二"消息"是根据二十四节气来的，是代表节气的。在十二消息卦里面，《泰》卦是正月卦，是代表立春的。它的初爻的爻辞就是："拔茅茹，以其汇，征吉。"有人解释为："拔除这根茅草带动那根茅草。"

季节变化就是这样，到了十月份以后，阳气就慢慢往下，阴气慢慢向上。秋天以后呢？草木的地上部分就慢慢衰竭了，地下部分在长什么呢？长根。冬天是长根的时候，大家都知道这个。大自然慢慢把阳气输送到地下，这时候外面是冰天雪地嘛。在这个时候阳气下来是保养根的，是保养万物、保养微生物，保养它们。保养到一定程度，这个根开始萌发了，开始萌动，阳气开始上升了。随着阳气的上升，就开始发芽、抽枝，万物开始生长了。他们就是凭这个来占卜。茅草，在字典上也叫丝茅，丝茅——蓍草，还是从这个谐音上来的。

"是以自天祐之,吉无不利。""吉",没有不利的,因为找到自然规律了,像太阳的规律就是人的规律,循着这个,就能得到吉祥,就没有不利的。为什么?"自天祐之",这个"祐",并不是保佑我发财,不是这个"佑",而是它指导人们知道了,它告诉了人们知识,给人们启发,使人们悟到了自然的奥秘。原来是这种"祐之",当人们从悟中得到知识,得到智慧时,就自然"吉无不利"了。

第三章

【传文】

象者,言乎象者也①,爻者,言乎变者也②。吉凶者,言乎其失得也,悔吝者,言乎其小疵也③。无咎者,善补过也④。

是故列贵贱者存乎位⑤。齐小大者存乎卦⑥。辨吉凶者存乎辞⑦。忧悔吝者存乎介。震无咎者存乎悔⑧。

是故卦有小大,辞有险易⑨。辞也者,各指其所之⑩。

【注释】

①象者,言乎象者也:"象"指卦辞,非"象传"之"象"。"象"音义同"断",指判断一卦吉凶的卦辞。"象",卦象。卦辞吉凶来源于卦象,用以传达卦象之意。

②爻者,言乎变者也:"爻"指爻辞。"变"指变爻、变爻之辞。爻由阳变阴、由阴变阳,称为变爻。《周易》占变爻之辞,六爻爻辞皆由变而来,所以说"爻者言乎变者也"。

③悔吝者,言乎其小疵也:"疵",毛病。悔吝为迹之未著者,所以说"小疵"。

④无咎者,善补过也:善于补救过失所以能够无咎。下文之戒惧省悟即此"善补过"。按:这些都是后人所创之义例,不一定都与《易》相吻合。《易》中"无咎"之占甚多,都是指没有祸害、没有什么不好,似乎看不出有"善补过"等意思。

⑤是故列贵贱者存乎位:"位",爻位。《系辞》作者认为《易》通过不同的爻位来排列人之贵贱差等,如初无爵位,二为臣位,四为重臣之位,五为君位等。这种说法似与《象传》相合。

⑥齐小大者存乎卦:"齐",或训"定"或训"列",两通。"小"谓阴卑,"大"谓阳尊。六十四别卦每一卦体皆由两个单卦重叠而来,乾、震、坎、艮为阳、为尊、为大;坤、巽、离、兑为阴、为卑、为小;就阳卦本身而论,则乾大艮小;就阴卦本身而论,则坤尊兑卑。卦之小大尊卑亦体现出社会之级差。

⑦辩吉凶者存乎辞:"辩"同"辨",辨别。"辞",卦爻辞。

⑧忧悔吝者存乎介,震无咎者存乎悔:"介",纤介、微小。能够对悔吝之事有所忧惧戒备,在于对微小迹象的察觉。"震"与"忧"换文同义,指忧惧戒备。"悔",悔悟。能忧惧戒备而无咎害者,在于及时悔悟。

⑨辞有险易:"辞",卦爻之吉凶占辞。"险",凶险,如占辞中之"凶""厉"等。"易",平易、平安,如占辞中之"吉""安贞无咎"等。

⑩辞也者,各指其所之:"辞"即"辞有险易"之"辞",指带有凶险平安等的占辞。"指",指示。"之",去、往。"所之",谓所趋避的方向。

【译文】

卦辞,是表达卦象的含义。爻辞,是表达各爻的变化。吉凶,是表示行为

得失。悔吝，是表示小有毛病。无咎，是说明善于补救过失。所以通过爻位来排列尊卑贵贱次序，通过卦体来确定阴阳小大等差，通过卦爻辞来辨别吉凶。能够忧虑悔吝在于察几知微，能够戒惧而无咎在于及时省悟。所以说卦有阴阳大小之别，卦爻辞也有凶险平安之异。这里所谓的带有凶险平安差异的卦爻辞，都分别指示着人们所趋避的方向。

【解读】

"象者，言乎象者也。""象"是象辞。《易经》卦辞里面有象辞，它是解释卦辞的，同时又有象辞，是描述卦"象"的。这个"象"有两个方面，一个是指象辞，另一个是指自然现象、社会现象、人生现象，是现象的象。象辞是描述现象的，象辞是阐述这个现象的原理的，它其中有一些哲理。象辞讲得深一些，难懂一些。而象辞呢？它讲得很形象。

在《乾》卦里面有两个"无咎"，在九三、九四这两爻中，而这两爻正好是人道，或许作《易》者在告诉我们：只有人才会有"咎"，"无咎"，天道和地道则无"咎"可言。这两句"无咎"的设计，是人为，还是自然的本来？实在耐人寻味。

怎样才能达到无咎呢？咎是一种伤害，怎么样才能不受伤害呢？后面解释得很清楚——"善补过也"。"善补过"，"补过"是什么话？现代人讲"改过自新"，是"改过"，为什么这里是补过呢？这里面有名堂。古人用字非常讲究，不是随便用的，这里不是讲平仄的问题。前面讲到了"无咎"，人有过错，改了还不行，还要补。一个孩子，他最喜欢去玩游戏机，老师、家长都有一些担心，所以教育他。通过教育，好不容易把他拉回来了，他再也不去游戏机房了，改了。但是这个改行不行呢？改了他的这个行为，改不了他的心，他上课时还老迷着那些游戏。这个时候就要补，补上什么？即用正面的、健康的东西去取代他心理上的东西，把这个空白要补上去。还要善补，强补、硬行的补还不行。如何做到善补呢？用唐太宗李世民跟他的丞相魏征的一段谈话来说明，在《贞观之治》里面有。唐太宗经常有一些不理解的东西，他就请教于丞相魏征。魏征丞相讲过这么一句话："善者因之，其次利导之，其次教诲之，其次整齐之，最下与之争。"

"善者因之"，最善的是"因之"。其次呢？"其次利导之"，是"利导"，是因势利导。再其次是"教诲"。这个教诲无论是轻言细语还是训斥，都可能教诲得不是那么得法，因为人是按自己的思维方式去教诲的，其次是"整齐之"。现在小学生上课的时候，都一致整齐地把手放到背后，这是一种方式。那么，最下就是"与之争"，跟他去拼争、争夺，强制性是最次的方式。

"善者因之"，这个"因"字很重要，最善的是"因"，那么这个"因"字对我们做任何事都有作用，都有帮助。有人要参透了这个"因"，最善者。魏征丞相在大家心中都有一定分量，他是这么一个大臣。他跟唐太宗讲"善者因之"，利导和教诲都不是好方法，最好是一个"因"字。如果我们参透并得了这一个"因"字，我认为那应该是非常难得的。也许这个"善补"的"善"就在魏征丞相讲的那个"因"字里。

"是故列贵贱者存乎位。"这个位在六爻里面非常关键，是很重要的。六十四卦里每一卦都有六个爻，从最下面往上数，分别是初爻、二爻、三爻、四爻、五爻、上爻，这六个爻都有位置的区别，是很讲究的。

实际上这个位置呢，不仅仅是下面两爻表示地道，中间两爻表示人道，上面两

不应
应
应

上六
九五
六四
六三
六二
初九

屯 ↕ 蒙

应
应
不应

上九
六五
六四
六三
九二
初六

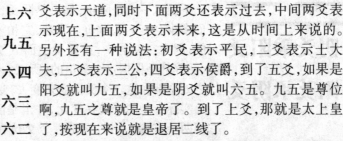

爻表示天道,同时下面两爻还表示过去,中间两爻表示现在,上面两爻表示未来,这是从时间上来说的。另外还有一种说法:初爻表示平民,二爻表示士大夫,三爻表示三公,四爻表示侯爵,到了五爻,如果是阳爻就叫九五,如果是阴爻就叫六五。九五是尊位啊,九五之尊就是皇帝了。到了上爻,那就是太上皇了,按现在来说就是退居二线了。

《易经》有一个很大的特点,它不是空口说辞,它始终根据爻、根据卦画来说的。这一爻是什么位,就必须说这一爻位置上的话。特别是第三爻,它是下经卦的最上面一爻,它马上要跃到上一经卦了,它是这么一个特殊的位置。所以,占卜占到三爻的时候,往往要差一点,当然不是绝对的,有的也很好。占卜占到二爻、五爻,因为它是中啊,二爻是下一卦里的中间一爻,五爻是上一卦里的中间一爻,两边有护卫的,它们都是"中"呀。那么,什么叫"中正"呢?因为二爻它是偶数,偶数就必须是阴,所以应该是阴爻的位置,如果二爻正好是阴爻,那就是"正"了。因为本身是二爻,肯定是"中"啦,又带一个"正",那就叫"中正"。五爻是奇数,奇数就应该是阳爻的位置,得的是阳爻,那就是九五,那就是中正。如果五爻是阴爻的话,那就是中而不正。凡是逢奇数就是阳爻的位置,逢偶数就是阴爻的位置,如果阳爻在阴爻的位

置,就叫不正,阴爻登上阳爻的位置也是叫不正。这个里面有名堂,一般人占卜,要是占卜到五爻,即使是阴爻问题都还不大,大多数都很好。因为虽然不正,但它毕竟在中,位置相当好,二爻也是这样。

另外还有一个"应"的问题。看这个上三爻和下三爻,这个"初"与"四"是相应的,"二"与"五"是相应的,"三"与"上"是相应的。相应,就是说,我是下一卦的初爻,你是上一卦的初爻,两卦合起来你是第四爻。假如你是阴爻,我是阳爻,我们两个正好相应。如果二者都是阳爻或者都是阴爻,就不叫"相应",而是叫"敌应"。有个同性相斥、异性相吸的道理在那里面。以初爻为例,如果初爻是阳爻,它得了一个"正",上面四爻正好又是个阴爻,又得了一个"应",就是说能得到帮忙,能得到支援,所以这一爻相对来说就比较好。这是从卦的爻位上看,爻辞都跟着这个走。

另外还有一个"承"与"乘"的问题。这个"承"与"乘"又很特殊,就是说,下一爻对上一爻是"承",继承上一爻;那么上一爻对下一爻是"乘",是乘坐的乘。这个承与乘之间也有一些关系。在某些情况下,阳爻乘在阴爻上,阳爻在上,这个阴爻过于柔,这个阳爻在这一卦中显得过于强,那么这个往往就差一些。假如是在三爻,三爻是奇数,奇数是阳位,它又是阳爻,那就太刚了。它显得很高,位置也是阳爻,很张扬、很显赫的一个位置。如果一个人居在这个位置,他的性格就显得更刚

阴爻乘阳爻

阳爻承阴爻

阳爻乘阴爻

阴爻承阳爻

了。下面这一爻是阴位，如果是阴爻，那么它乘在这上面，对下面多少会有一些欺负。当然，它怕不怕欺负？这也不是绝对的，因为二爻居中，还要看上面五爻对它帮忙的情况。卦辞、爻辞都是根据这个象走的，所以《易经》六十四卦，它的奥妙之处全部在这六个爻里变来变去，变出三百八十四爻。

实际上是两个爻在变化，一个是阴爻，一个是阳爻，只有它们两个在变。同时又是六个爻位在变，六个爻位中有中、正、应、承、乘各种变化。就像电子计算机里面的"0"和"1"老是在变，在计算机上二十四小时始终在那里敲键盘，敲的是"位"，但它始终是"0"和"1"在那里变，只有一个阴爻、一个阳爻在那里变。

围棋也是。围棋虽然是千变万化，但是围棋只有黑子、白子在变化。多少高手为之奋斗终生，还不知道黑子、白子到底是怎么回事，还把握不住它。吴清源是围棋泰斗，他穷其一生，最后他还要来研究《易经》，他把握不住一粒黑子、一粒白子，他降不住它。从古到今几千人，能在易学史上留下名字的有几千位。这些大家对一个阴爻、一个阳爻还是降不住，还是把握不住。一直到现在，多少人、多少哲学家，连德国莱布尼兹这样大的哲学家、数学家，他也是为之倾倒，为之赞叹不已。他赞叹来赞叹去，感到神秘的唯有两个东西——一个阳爻、一个阴爻，老是在那里变，变化出那么多东西，无穷无尽。所以，中国传统文化的神秘之处就在这个地方——简易。就是前面讲的，它的神秘不是在复杂里面，而是在简易里面。它这么简易，竟然还这么深奥，所以神秘。

"齐小大者，存乎卦。"这个"齐"是规范、归类、整齐划一。要整齐，当然要有一个规范。没有规矩，按什么来整齐、来要求呢？"小大"，这个卦里面有大小，这与现实生活中间有些不是太相应的。"大"为君子之道，"小"为小人之道。例如《复》卦，现在讲复兴、恢复，这个复是大，是君子之卦；《剥》卦，就是小人之卦，它老是在剥。在六爻中，总是有小人在那里剥。开始把床脚剥掉了，再就是剥掉了床垫，剥了床垫再剥身子，最后剥到五爻的时候呢，不总是在剥吗？好，把请到皇宫里养起来。小人总是在剥，总是在给人闹乱子。不是要争名争利吗？好，把你养起来，你有名有利了。但是养到最后，他不行啊，他享受不了这个福报，他在外面散漫惯了，用一种软的形式把他养着，他不习惯，也还是要剥，还是要张扬。到最后，他剥掉了楼宇。剥了谁的楼宇呢？他剥了他自己的楼宇，连他自己的老巢都剥掉了。国家的屋宇是剥不掉的，剥到最后他还是自己翻了跟头。这就是《剥》卦，是小人之卦。

"辩吉凶者存乎辞。"卦辞里面有判词，判词当然是判断吉、凶、悔、吝的，当然还有无咎、小吝这些辞。吉里面有小吉、大吉、元吉、庆，这些都是判断它的吉凶的。

"忧悔吝者存乎介。"在《豫》卦里面有个"介于石，不终日，贞吉。"蒋介石的名字："蒋介石""蒋中正"都是从《易经》里面来的。毛泽东的名字"润之"也是《易传》里来的："鼓之以雷霆，润之以风雨"。许多老店名，名字都在这个上面，如"同仁堂"，"同仁"取于《同人》卦，还有咸亨、汇通（会通）、德元（德圆）、德方等，好多店名都这样。

这里有一个"介"字，这个"介"字与"介于石"有些不同。"介于石"的"介"是

指刻画,刻画到石碑上。把什么东西刻画到石碑上?把教训刻画到石碑上,用现在话讲是把座右铭、告示、历史存照等这些东西刻到石碑上,用于警戒后人。而这里有一个"存乎介",这个"介"是"介末"。现在有一种菜叫芥末,真正的介呢?非常微妙之间就叫"介"。悔和吝虽算不上是吉,但是也算不上凶。这个介是在吉和凶之间,在微妙之间。就是说,处理得好,悔或吝能变成吉;处理得不好,小错也能铸成大错。它是这个意思,在微妙之间,看人善不善于处理问题。实际上下围棋,是很微妙的,胜负就在微妙之间。经常出现胜负为四分之一子,何为四分之一子?就是一粒棋子的四分之一,双方围地,最后胜负的空间竟在一子的四分之一之间,多么微妙,介就是这个意思。所以我们在工作中,往往就要掌握这个"介"字。员工之间、夫妻之间、同事之间的关系,有时候就在一句话上,这就是微妙之间。所以恩与仇,也就是在微妙之间发生的。

"震无咎者存乎悔。"震是指动。在运行中间,在运作之间,在震动。震表示雷,也就表示在运动之间、操作中间,人要想做到无咎的话,要时时去反省,时时去检讨、检查。"悔"就是指检查、检讨。就是说你在工作中间,在运作之间,不能说我事先想好了。事先想好了,有计划,有步骤,还必须有检查。不仅检查步骤,还要检查自己,在各个方面、每一个动作、每一个小环节都不能疏忽。

"是故卦有小大,辞有险易。"所以说,卦有小大之分,辞有险易之别。这个险易的"易",实际上还可以理解成"夷"——化险为夷。险与夷是对立的,险与易不是对立的。夷为平,高峻为险,表示一个相对而已。

"辞也者,各指其所之。"这句话是告诫我们,研究和学习《易经》,用《易经》去占卜、去预测,不要拘泥在文辞上,仅仅是看表面。这个"各指其所之",我们又不能停留在辞面上。如果是给自己预测,要想想自己。纪晓岚,他在去赶考之前,有人给他占了一卦,是《困》卦。从《困》卦上来说,他根本就考不上,那是很明显的,从卦上一看就是考不上的。但是他聪明,他一看,哎,我能考得上,而且能考第几名,他都看得清清楚楚。哪一位同科在我之下,姓石的在我后面,我在姓石的人前面,这就是"各指其所之",有针对性了。

辞是一个普通的东西,还要有所指。殷纣王有一个妃子,很年轻,纣被灭后她想改嫁。能不能改嫁呢?一占卜,能改嫁,很不错。她又一想,我还是不能改嫁,我这个时候改嫁肯定是凶,肯定不好。她把时间安排到三年以后才改嫁,就没事了。它是有针对性的。所以这个"各有其所之",我的理解是,一定不能理解在文字上。文字是死的,人是活的,文字是静态的,人是活动的,是动态的。是不是啊?

宋代的邵雍和他儿子,他们两个都是占卜大师,邵雍占卜是百分之百的准确。有一天晚上,两个人坐在家里,有人敲门,邵雍就考验儿子:"你卜一下,他是来干吗?""借东西。""借什么?""借锄头。"老子说:"你错了,是借斧子。"儿子讲借锄头完全不错,但邵雍又想,他晚上来借锄头做什么?肯定是要斧子。结果那人进门真的是借斧子。邵雍的准确就是在这个地方,他有一个"各指其所之",他知道晚上借锄头没用,肯定是斧子。有很多东西呢,还是靠变化,灵活的变化。《易经》上的东西仅仅是给你引一下路。

第四章

【传文】

《易》与天地准，故能弥纶天地之道①；仰以观于天文，俯以察于地理，是故知幽明之故②；原始反终，故知死生之说③；精气为物，游魂为变，是故知鬼神之情状④；与天地相似，故不违⑤；知周乎万物而道济天下，故不过⑥；旁行而不流⑦，乐天知命，故不忧；安土敦乎仁，故能爱⑧；范围天地之化而不过，曲成万物而不遗⑨，通乎昼夜之道而知⑩，故神无方而《易》无体⑪。

【注释】

①《易》与天地准，故能弥纶天地之道："与"，以。"准"，拟，效法、取法。此言《易》的创制是以天地为取法的对象。下文"仰以观于天文，俯以察于地理"即是对"《易》与天地准"的补充说明。"故能弥纶天地之道"的主语是省略了的"圣人"而非《易》，《黄帝四经·称》作"圣人麋论天地之纪"可以为证。本章所论都是前言《易》而后言掌握了《易》道的圣人的议论形式，而注家皆以此句主语为《易》，大谬。帛书《系传》作"弥纶天下之道"、《黄帝四经》作"麋论天地之纪"。按：作"弥论"是。"弥"，尽、遍。"论"，知晓、了解（《吕览·直谏》注："论，知也"，《淮南子·说山训》注："论，知也"），下文"知幽明""知死生""知鬼神"等即是对此"弥论"的展开。此言圣人掌握了《易》道，所以能普遍了解天地间的道理。旧训"弥纶"为合络、包裹，似不确。

②仰以观于天文，俯以察于地理，是故知幽明之故：《黄帝四经·称》作"知天之始，察地之理，圣人麋论天地之纪"与此次序小异。"天文"，天象，如日月星辰。"地理"，地貌，如山泽动植。一章"在天成象，在地成形"即此天文地理。仰观俯察即上句的"《易》与天地准"，是说《易》是通过仰观天象以取法天道和俯察地貌以取法地道而创制的。"幽"，幽微隐秘。"明"，显明。此似是偏义词，偏重在"幽"（或说"幽"谓地，"明"谓天）。"故"，事。《易》既天地万象万物无所不包，因此掌握了《易》，也就能够知晓天地间所有隐微神秘的事情了。

③原始反终，故知死生之说：帛书作"观始反终"，亦通。犹《黄帝四经·称》"观前知反"、《列子·说符》"观往知来"。推原事物的本始叫"原始"，反求事物的终局叫"反终"。此为《易》之重要功能。如一卦之始爻承于前卦之终爻，而一卦之终爻又启下卦之始爻，此道家所谓"始卒若环""微终反始"（王弼注《未济》卦也说"未济之始，始于既济之上六也"）。"说"，论、理论。"生死"犹始终，《易》能原始反终，掌握了《易》，也就可以懂得死生的道理。《系辞下》"《易》之为书也，原始要终以为质也"同此。又"反终"盖当作"及终"，"原始及终"谓溯原其始而推及于终（《史记·乐书》集解引郑玄"反当为及"）。

④精气为物，游魂为变，是故知鬼神之情状："精气"，阴阳之气，创生宇宙万物的本原。"游"，散。"魂"，气（《论衡·纪妖》："魂者，精气也"）。"物"是就有生命、有形质而言，"变"则是"物"之转化。"精气为物，游魂为变"与《庄子》"气之聚则为生，散则为死"相近。"鬼神"是指精气作用于天地之间所产生的各种奇异现

象,《管子·内业》论精气"流于天地之间谓之鬼神"的"鬼神"与此相同。"情",实、真实。《易》既揭示"精气为物,游魂为变"之理,掌握了《易》的圣人就能生出智慧以察知天地间之所有奇异现象,这即是《管子·内业》论精气时所说的"藏于胸中谓之圣人"。

⑤与天地相似,故不违:"相似"即相类、相合。"与"上省"易"字。"《易》与天地相似"即一章"《易》与天地准"。《易》既与天地相合,掌握了《易》道的圣人就能"德合天地"而不会违背天地规律。帛书"似"作"枝"(张政烺释文),《史记·鲁仲连传》索隐"枝犹拟也","似"与"枝"音义相近。陈松长隶定为"校"。"校"与"交""效"古通。

⑥知周乎万物而道济天下,故不过:"周",遍及。"济",成就。此言《易》所蕴含的知识可遍及成就天下万物万事,故掌握了它就不会有过失。

⑦旁行而不流:帛书作"方行不遗"。"流"或本作"留"(见《释文》)。"方行""旁行"即溥行、广行,言《易》之德泽广被,即下文"推而举(行)之天下之民"。"不遗"即无所遗留、无所遗漏,下文"曲成万物而不遗"即照应此句。或本作"留","留"为"遗"字之训(《史记·孝文帝纪》索隐:"遗犹留也");"流"则为"留"之音讹。《黄帝四经·十大经·本伐》"道之行也,由不得已,则无穷……是以方行不留",此"不留"与"无穷"(无有穷困)相对,则"方行不留"是说掌握了出于不得已而使用的兵道,就可以横行天下而无所滞碍("不留"即"无有留滞"之义)。《淮南子·主术训》"常一而不邪,方行而不流",此"不流"与"不邪"相对,谓不流于世俗、不流于邪僻,与直正之行("方行")相反,即屈原《橘颂》"横而不流"之意。所以《系辞》之"方(旁)行不遗(留、流)"与《黄帝四经》之"方行不留"及《淮南子》之"方行而不流"字同而义殊。

⑧乐天知命,故不忧;安土敦乎仁,故能爱:"安土敦乎仁",帛书作"安地厚乎仁"。上句说《易》道广被,此四句则说掌握了《易》道就能乐天安地。乐知天命故不忧,是乐守天道之意。安地厚仁故能爱,是安守地道之意。此乐天安地大概就是《黄帝四经·十大经·观》的"守天""守地"的意思。

⑨范围天地之化而不过,曲成万物而不遗:此下四句专论《易》。"范围",包罗。"曲成",通过各种方式成就万物,即所谓"殊途同归",也即韩注、孔疏所说的"乘变以应物,不系一方者也""随变而应,屈曲委细,成就万物"(或训"曲"为俱、皆,亦通)。《黄帝四经·经法·六分》"唯王者能兼覆载天下,物曲成焉",主语为"王者",与《系辞》不同。

⑩通乎昼夜之道而知:"昼夜"即阴阳。先秦早期之天气、地气或昼气、夜气,即后来的阳气、阴气(如《黄帝四经》),盖早期习以"昼夜"代称阴阳。

⑪故神无方而《易》无体:"神"即上文之"鬼神"指天地间的奇妙作用或状态。"无方",变化不定。"无体",无固定形态,即所谓"不可为典要,唯变所适"。

【译文】
《易》的创制是取法天地的,所以掌握了《易》道的圣人就能普遍了解天下的道理了。《易》是通过仰观天象以取法天道和俯察地貌以取法地道而创造的,所以掌握了《易》,也就能够知晓所有隐微神秘的事情了;《易》可以推原事物的本始而反求事物的结局,所以掌握了《易》,也就懂得了关于死生的理论;《周易》揭示了精气

凝聚则形成生物而飘散之后则形成变化的道理,所以掌握了《易》,也就同时了解了关于鬼神的真实情况;《易》与天地相配合,所以掌握了《易》,就不会违背天地规律;《易》的知识广及宇宙万物而《易》的道理能够成就天下万事,所以掌握了《易》,就不会有所过失;《易》的泽惠广被万物而无所遗落,懂得了《易》,也就能够坦然正视天命而无所忧愁,安守地道而诚笃于仁爱。《周易》可以包罗天地的化育之功而无所过差,能够通过各种方式成就万物而无所遗漏,能够洞悉,阴阳之道而无所不知,所以说宇宙的神妙变化不定,而《周易》也同样是无固定形态。

【解读】

"易与天地准"讲的是"天人合一",中国的传统是天人合一的。国学大师钱穆先生在他的一篇文章《中国文化对人类未来应有的贡献》中,用新的视点重论"天人合一"的话题。钱穆先生只有小学学历,但他自学成才,成了当代一代国学大师,他的学生好多都是博士生,投奔到他的门下拜他为师。当时中国台湾很多人,包括南怀瑾先生,都是很崇拜他的。他在去世之前悟到了"天人合一",他讲中国传统文化思想的核心是"天人合一"。怎么来理解"天人合一"? 实际上,"天人合一"也就是从这个"易与天地准"里来的,就是孔子讲的"易与天地准"。

人在运动中间,是感受不到地球在运动的。如果你真的能静下来,你一定能感受到地球是在运转。你坐在火车上是怎样的感觉? 关键是你能不能感觉到的问题。是不是说,地球不是天,是地呀? 实际上有人说过这句话。如果你在外星球上,地球也成为他的天,是不是呀? 这里有个概念问题,是很科学的。而且,地球是整个天体中间的一员,它是在整个天体运行的规律之中。所以,人与天地准这个概念,这么样去理解是科学的,只是当时没有用现在这种科学的语言。

什么叫科学?《辞海》里面有一种解释:从广义上解释,凡是有组织、有系统的知识就可以称之为科学;从狭义上来说,只有自然学科才能称为科学。西方的标准就是狭义地来评判,我们东方是从广义上来评判。所以在西方,中医都不能称为科学,中医是不被承认的。我们国人中有好多都不承认中医,甚至有人认为它是伪科学,这是从狭义上理解的。实际上,中医是很科学的,天文、地理都有。其实,《汉书》中记载,中医的"中"是符合医理的意思。所以无论你是爱因斯坦也好,你是牛顿也好,或者是霍金也好,实际上从"与天地准"讲起来,是一样的道理。

"故能弥纶天地之道。"这个"弥"本来是指"满",甲骨文里是指把弓拉得很满,拉满以后就要放开。以后,"弥"又指水满了,所以"弥"是指满的意思。这个"满"里面又有一种"圆"的意思,这个弓一拉满,它就圆了。开始时弓弦是一条直线,你拉满了它就是圆的,所以它又有圆的意思。南怀瑾先生把这个"弥"比喻成一个球。这个"纶"是指经线、纬线,就是这个球表面,用绳子把它绕起来。他举了个例子,他小时候没有球玩,就把那个布裹成一个球,外面用带子把它缠上。里面有一个球,外面用绳子、用布条把它绕上就是纶。他就这么做了一个比喻,还是比较形象。"弥纶天地之道",这个天地的道是什么道? 就是运行的轨道。古人称太阳运行的轨道为黄道,称地平线为赤道,称月球运行的轨道为白道,并且用三个坐标系演示,这里不多展开,展开了太多,《黄帝内经》里就有详细的描述。

"仰以观于天文",这是指当年伏羲画八卦"仰则观象于天,俯则观法于地",是

根据这句话的意思来的。

古人把地理比喻成四象,是非常准确的。你真正走到这个自然中间,处处都能看到很多稀奇的东西。自然美是亘古长在、源远流长的。

"是故知幽明之故。"幽当然是暗。幽和明又是一对,这里有很多对立的概念。人有特异功能,但是不能讲它是特异的,"特异"这个概念只能从某种意义上讲是特异。实际上人身上的功能每个人都有,田亮跳水的功能我们每个人身上都有,只是你没有去开发它。运动员所具备的、伟人所具备的这些功能,我们每个人都具备,这个差异都不大,关键是没有开发。在某时候,某个功能突然地冒出来了,表现出来了,显得很异常,就认为这是特异功能,很神奇。实际上,我们不能把它看得很神奇,还要看得很正常,还是一个"常"。现在用的手机、电脑,都有很多的功能。

有这么一个故事,在一个少数民族村子里,两位男女恋爱,爱得相当深,但是他们的族规不允许他们这种恋爱形式存在,最后要把这个男的处死。女的为了要救这个男的,就去求族长。族长说:可以,我们给你唯一的机会,就是走炭火,炭烧得红红的,你能从上面打着赤脚走过去,脚上一点烫伤的痕迹都没有,我们就成全你。结果呢?她走过去了,没有烫伤。大家都认为她有特异功能,都不相信,这肯定是有什么神魔。以后再让她走,无论怎么样她都不敢踩上去,踩上就是起泡,踩上就是伤。为什么呢?她当时的意念啊,为了一种神圣的爱,爱情至上,一下子超越了她的生命,这种特异功能就体现出来了。

古代人就是这样,他观察的时候,没有杂念去影响他,没有这个概念、那个概念,也没有这个政治因素、那个政治因素,没有这些东西;也不用考虑这样可能得罪这个人,那样又可能得罪那个人,这些东西他都没有。所以呢,那时候人的功能没有这些遮障。佛教里有一个词"遮障",没有这些东西障碍你,很多功能就都能显现出来。因为没有外在的东西,这个仪器,那个工具,什么都没有啊,他就靠着一双眼睛、两只手,所以他的功能肯定比我们现代人的要实在。我们现代人很多功能都被仪器,如望远镜、显微镜、手机、电脑、车子……被这些东西所代替了,随之就退化了,所以现代人的功能就隐退了。

"知幽明之故",这个"故"就是其中的原因。

在明暗之间,在快慢之间,在效率的高低之间,如何去找我们的商机,去找我们成功的机会?我们现在要竞争啊,我们不能坐在这个地方,只是听一听,这个没作

用呀,关键是听了课以后,我们要用哪。一旦走出这个门以后,走上工作单位,则面临的是竞争,一个人办事的能力,为人的技巧,要凭着这个去吃饭。若仅仅是满腹经纶,这不行。有博士的文凭,头上的光环一大堆,这也不行啊。一旦具体到一件事,具体到一个单位,具体到一个环境,还是要靠真本事,靠办事的能力,靠办事的效率,靠为人的方式……仅仅会办事还不行,还要会为人,有时候会办事不会为人也还不行,仅仅会为人不会办事也不行。这二者还要巧妙地结合,这个就是在幽明之间,前面那个"介"也是在幽明之间。

"原始反终",是讲"郊祭"——郊之祭。郊祭是什么呢?现在我们有城区、郊区,郊祭就是到野外去祭,不是在庙堂里面祭祖。郊祭的时间是在秋天,而不是春天。春天是在庙堂里面祭,祈求当年一年五谷丰登。秋天已经五谷丰登了,已经丰收了,再到野外去祭什么呢?凡是对我这一年收成有帮助的,我都要报答——"报本"。一年的收成,一年的果实,是从哪里来?是你们帮我的忙,这个本我不能忘,我不能忘本,我要报答。"反始"是什么意思呢?一种是用新谷脱粒的大米酿成的酒,还有是用新摘的水果供奉,现在还流传这个。然后,第一杯酒都要洒下地祭天地,我不能喝,我这是报答的。凡是帮过我的,连蛇虫蚂蚁我都要报答,都来品尝这个丰收的果实。走的时候,把这些供果都要洒在野外。这是历史记载的,记载得清清楚楚,大家可以去翻阅。

所以这个里面"郊之祭也,大报本反始也",而且反复说这个"报本反始"。在现在的少数民族地区,还有些边疆地区,还流传着什么呢?山上有果树也好,家里有果树也好,人们将那个果子全部摇下来,摇下来之后人们只捡一大半或一部分搬回去,另一半他们绝对不要,他们就是这么一个本性,他们不贪,放在那里,留给山上的野兽吃。刚刚收藏粮食做成的第一碗新米饭、第一个热馒头,也要先敬天地,这就是"报本"啊,这就是"返始"呀,返回到自然里面去。我们现在就没有这个概念了。假如有农民要这样祭祀的话,就会说:你这是迷信。实际上,这是很朴实的。我们祖先相当朴实。有一分给予,我就有一分回报。现代人有这个概念吗?只有取,没有予,而且取得越多越好,至于予呢?那是你的事,是他的事,不是我的事。我是取的,我是来收获的,我是来享受的,所以我们祖先的概念与西方人是不一样的。在古希腊的哲学里面,也有我们祖先的这些东西,但是现在的西方人很多东西也丢了。他们丢了不少,我们也丢了不少。所以现在什么恐怖事件、战争一大堆,都来了。我认为这也是对人类的一种惩罚吧。疾病也多,SARS(非典型肺炎),艾滋病,什么都有。我认为这些东西也是一种报复,一种"反始"吧。

"故知死生之说",什么叫"死"?什么叫"生"?所以孔子的学生问死的时候,他讲:"未知生,焉知死?"生都还没有搞清楚,怎么能知道死呢?所以这里面死和生还要去参究。人的生总是可喜可庆的,人的死也是可喜可庆的。哭和笑要对立起来,要平衡起来,对立要统一,这样才是一个完整的人生。

"精气为物",精、气有了,那么神呢?游魂就是神。这里重点讲一个"精",这个对年轻人还是有作用。所谓三焦,是指下丹田、中丹田、上丹田,这三个丹田就是指精、气、神。下焦藏精,肾水为精。这个精,按照《黄帝内经》的说法,精先于身——在人身开始先生成精,没有精就无法生成人身。这个精啊,我们不能狭义地理解为只有男人才有精,其实男女都有精。女子的月经的"经"也就是这个精,只

是名字不一样,但实际上这也同样是
人身的精华,它能化生万物,是生育
的根本。女子的生育与月经有关系,
男子的生育也与精子有关系,这个精
就是人生的开始,《乾卦》卦辞中的
"元"就含有"精、气"之义。

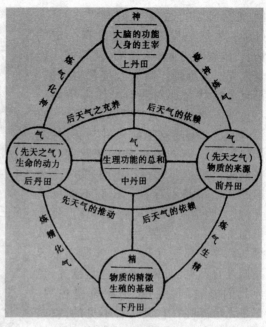

精、气、神健身图

这里要讲一个阴阳相合的问题。
人的精气要讲元精。元就是开始的,
也是先天的。人生成以后,无论男
女,这个元精是很宝贵的,不能过早
地泄,不能过早地伤害,不能过早
……。为什么《乾》卦的初爻就讲
"潜龙勿用"? 就是讲你的元精不要
过早地用。为什么有的人身体未老
先衰? 为什么有的人到后面的智力
越来越衰竭? 因为元精不但是人身
体的根本,也是智慧的根本,这个很
关键。所以现在很多人讲究养身、健
身,作为年轻人更要讲究。老年人重在保养,年轻人重在珍视、自守和自制。

人讲究气质。到人才市场去,招聘也好,应聘也好,一个人的气质很重要。去
应聘的时候,应聘者看老板的气质,老板看应聘人的气质,这个气质给人第一印象。
当然气质里面有道德修养,有文化知识的修养,但关键的是,文化修养再好,自身的
气提不起来,就没有力,因为没有物质载体呀。物质载体就是自身的精血、元精,然
后才能产生气质。这个气质是从哪里来的? 是从元精里面来的。质量啊,物质啊,
这个不是虚的东西,装是装不出来的,振奋不起来的呀。自己没有这个底气,没有
这个实力,那是不行的。所以元精相当关键,男女都是一样,特别是年轻人,千万要
珍惜啊!

现在这个社会,特别是西方的影响过来以后,男女的元精很多破坏得很早。要
固守元精,这很关键。固守不住元精,到后面就没有后劲,没有后发力。精、气、神
以什么为本? 以精为本。没有精,怎么产生气? 举个例子,道家炼丹是怎么炼? 用
水来炼,所以"肾"为水。你烧一壶水,上面产生生气,气里面产生神。如果水不多,
你怎么产生气呢? 如果水枯竭了,这个气又从哪里来呢? 没有气就谈不上神了。
这是道家炼丹最基本的东西。所以"精气为物",物质就是从这里来的。那么,植
物的精是什么呢? 胚芽。一粒种子,把它的胚芽损坏了,这粒种子就不是种子
——不能发芽了,就没有生命了。一粒种子有生命,它的生命存在于胚芽里面;而
人的生命存在于精里面,在精血里面,这是很关键的。人的身体是物质的,一棵植
物,树也好,草也好,花也好,果也好,它都是物,都是由精来的。

"游魂为变",为什么是游魂呢? 魂是游荡的。魂是看不见的,神是看不见的,
但它是变化的,它就由这个来变化。

"是故知鬼神之情状。"鬼神是没有情状的,谁能看得出鬼神的情状呢? 有人

问:如果画画的话,是鬼好画呢,还是人好画?当然是鬼好画。鬼没有一定的情状,画得越丑陋、越恐怖,就越像。但是人呢?很难画。因为人是看得见的,都有个情状在那对照着。你眼睛画得不行就不对,那个鬼神就随你画——它没有情状。但是这里面又讲"知鬼神之情状",怎么能知道鬼神的情状呢?就在前面"为物"和"为变"里面,实际上无形的东西不是不存在。我们不能反对无神论,但是我们也不能绝对化。佛教里面讲"三界":欲界、色界、无色界。欲界与色界它都是有形体的,实际上欲界我们是看不见的,鬼、地狱它是欲界;色界我们能看到,颜色、形状都是色界。但是无色界呢?它又是看不见的,就是神界。神和鬼实际上是两分的,不能放到一起,形状上是不一样的,神是在无色界里面,鬼是在欲界里面,人是在色界里面。古人说,跳出三界外,不在五行中,这个三界是这样。

张果老

六道轮回,六道只能看到两道,地狱、恶鬼这两道看不到,人与畜道能看到,人能看到,鸟兽也能看到,但是阿修罗道和天道都看不到。阿修罗是妖魔这一道,天道就是神和仙,这一道也看不到。有人问:神和仙有区别吗?神和仙是有区别的。神是有职务的,如雷神、河神、水神、门神……什么时候打雷?这是由雷神执掌的。门神必须守门,是有职务的。神是带"长"字的,是有职务的。仙是没有职务的,像现在的专家、学者,像以前李白这些人,他就是仙。他没有职务,也没有权,但是他有富贵。李白是很富贵的,他周游天下,一分钱不带,到处有酒喝。得到他一首诗,那还得了?神和仙的区别就在这个地方。

男女交媾的时候,最讲究的是什么呢?讲究感情。在感情真正融合、和谐的时候,它才互相采阴、采阳。精血要阴阳相补、阴阳平衡,男子要采阴,女子要采阳。在采阴、采阳的时候,互相得到一种互补,才得到一种和谐,在这种和谐的情况下,双方都有增益。在一种节制的情况下,它是有增益的,对身体是有好处的。但是有的人在外面乱淫,凡是乱淫的,他采不到阴也采不到阳,因为凡是乱淫的人,真阳也没有,真阴也没有。因为他没有真精,他的元精已经破散了。

不仅仅指在交媾的时候泄精,最关键的是在平时生活中间。例如,你在那里发怒,那就是泄精。一个人情绪老是不好,闹情绪,非常烦闷,就是在泄精。烦闷到一定程度,如林黛玉为什么命都丢了?就是因为她的忧闷伤到元精了。她这个伤害是怎么伤的呢?她的郁闷使她的元精在整个生存工作运作程序中被破坏了。实际上,精离不开,神也离不开,气也离不开。就像汽车里面,电路也好,气路也好,油路也好,这三个少一样都是不行,是互通的东西。

一个家庭要和谐,尽可能少一些烦闷的东西,少一些忧闷的东西。脾气不是不发,要会发,不是乱发脾气。你烦了就想发脾气,克制也不行,想压住结果也会出问题。压住脾气不行,脾气发不出来也会伤害元精,那有什么办法呢?大家想办法修行,在修行中间把事物看得很淡,不要什么事都放在心里,然后在家庭、单位、夫妻之间都保持一个和谐,慢慢营造这么一个和谐的气氛。在和谐中间,元精、真精在增长,才得到了保护,得到了滋养和真爱,双方都是增益的。不但自身在增益,其他人也在增益,这影响了其他人。什么叫善?这就是大善。

现代人喜欢一个"爱"字,电视上经常出现这样的台词:"我爱你"。其实,何为真爱?可能忽略了一个东西,就是先要爱自己,爱惜自己的元精,为了你真有的对方,好好善蓄和珍爱自己的元精,加上这一份内容,也许才是"爱"的全部。

《黄帝内经》里面的《素问》《灵经》,讲了好多,特别是男女交媾。在电闪雷鸣的时候一定不能交媾,如果那时候怀孕的话,孩子绝对是残疾,绝对是痴呆。为什么?天人合一呀。恶劣天气的时候,天空都在发怒,你还在欢乐?合一呀。它在震怒,所以元就会得到损伤。无论是脑力劳动还是体力劳动,极度疲劳后交媾的,那是大伤元气。还有,交媾以后浸冷水,那是非生病不可的,甚至可能是致命的。这些东西在中医书上都讲得很清楚,而且是应验的。还有如男子小便,早上不能朝东,中午不能朝南,傍晚不能朝西,四时不能朝北等。老祖宗留下来的东西不是胡说八道,它是经验。它是对天的一种尊重,对日月的一种敬畏,你不恭敬日月是不行的。

"与天地相似,故不违。"

这与前面的"与天地准"是一样的意思。"故不违",这个"违"是违背的意思。在《易经·乾卦》里面有一句话:"先天而天弗违,后天而奉天时,天且不违,而况于人乎?而况于鬼神乎?"就是说,"先天"是不能去违背的,这个先天就是这个天的本来规律、天体的运行规律,这是不能违背的;后天是指人为的。先天的东西我们只能去信奉它、顺从它。"天"为什么不能违背"天"呢?就是说,在整个天体中间,在太阳系里的日月星辰,不能违背银河系的规律,那么地球也不能违背太阳系的规律,这都是天。相互之间,在每个环节里面,每一个星体都不能违背,而况于人乎?而况于鬼神乎?都不能违背。现在这个社会发展趋势是,分久必合,合久必分。现

在海外人都在讲"分久必合"：德国的柏林墙推倒了，中国香港回归了，中国澳门回归了，中国台湾统一也是大势所趋，是历史的规律，这是不能违背的。

"知周乎万物，而道济天下，故不过。"

"知"应该理解为智慧。"周"是周遍。就是说，如果仅仅是靠学一点知识，就能通晓万事万物吗？有这种智慧吗？学化学的相对于学物理的那就是外行，学物理的相对于学化学多少也是外行，学文科的和学理科的相互之间也是外行——隔行如隔山哪，是不是呀？人的智慧，人的知识，如果周遍万物，都能知道，都懂的话，那就要靠智慧了。为什么要靠智慧？有的人是学化学的，然后他又进入物理领域，他是举一反三，这个领域也通了。然后他又研究历史，哎，他也行。所以有的人能跨学科。亚里士多德他是很多学科的创始人，他懂生物学、物理学，甚至修辞学也是他创造的。有些东西他是举一反三、触类旁通，这就是智慧。"而道济天下"，这是济世之道，孔子的儒家学说就是济世之道。

"故不过"，就是不偏颇。如果是凭知识来说，一个人是搞自然科学的，若来对社会人文科学指三道四的话，就肯定是偏颇的。因为他是用知识来说的，而不是用智慧来说的，而任何一个人的知识面永远都是有限的。他没有"周乎万物"，他的智慧还没有达到这个程度，在历史系里面，研究清史的如果来探讨汉史的话，他就是外行，很多东西他就不敢讲，一讲就"过"，过就是偏差。研究中国史的去讲世界历史，也是这样。这就是不能"周乎万物"的原因。不是用智慧，这个智慧还没到这个程度，到了这个程度，他就不会过，没有偏差。

"旁行而不流。""旁行"是指普遍流行。不但中间能流通，旁边也能流通，就是普通流行了。这里的"旁"既指普遍，又讲边缘特殊。"不流"就是不流于庸俗。能够普遍流行，能够普遍推行，但是不会流于淫乱，所以这是"旁行而不流"。

"乐天知命，故不忧。"

"天"是天然，"命"是命数。汪忠长先生，是黄埔军校十三期的学员。到中国台湾以后，他就放下枪杆子开始学易了，经常跟陈立夫、蒋纬国、南怀瑾他们学易。他的第一位老师是周鼎珩先生，他现在所传承的就是周老师的衣钵。二十多年前他到美国洛杉矶定居，在那里开班讲授《易经》，在马来西亚他也开过班，现在已经是桃李满天下，是《易经》老教授了。他是一位爱国的老人，是美国南加州中国和平统一促进联盟主席。这位八十九岁的老人身体状况如何？他现在还到处讲课，讲易经，一点疲惫之色也没有，精神饱满。他每天早上起来就练功，他练功有一个原理，我这里读一段给你们听听：

"人当受气之初，先得父之肾气，而生先天无形之肾。"他是以卦气来说的。"夫人之寿夭长短，皆有数焉。"人的寿命的长短有数，所以"乐天知命"呀，他就讲"知命"。"有拘于寿者，常人也。"这是常人的寿命。"秉先天之精血，或因后天之损益，多少除除。"损益是怎么去扣除的呢？"难出八卦消长之理也。"是八卦的消长。"母腹先天之卦爻前已发明，而出胎后之卦爻犹不可知也。""夫人出胎之时，神气属阳，周身温暖，乾之象也。"这是《乾》卦。人出胎的时候，神气属阳，周身是温暖的。"形骸属阴，骨软而绵，坤之象也。"这是《坤》卦，《乾》《坤》都有了，这就是一个孩子了。从一岁到二岁零八个月，共九百六十天，"长一阳于五阴之下，变坤为复(《复》卦)，生精二两二钱；牙齿生，膝盖长矣。"从《复》卦开始，这时候就开始生精,这九百六十天长精二两二钱;到五岁零四个月,"长二阳于四阴之下,变复为《临》,生精五两,而发黑眉青。"这时候精血有五两了,发也黑了,眉也青了;到八岁整的时候,"长三阳于三阴之下,变临为泰卦,生精七两五钱。"这时候筋强骨健;到十岁零八个月的时候,"变泰为大壮,生精十两,血旺液充矣。"……到十六岁的时候,"生精十五两"。这个十五两再加上先天元精一两,正好一斤(十六两)。旧制秤一斤为十六两,所以古人有"半斤八两"之说。

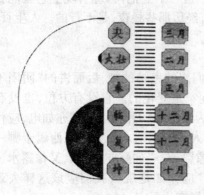

十二消息卦

"精满髓足,上德之士也。若能从此修身,立登圣域;以后若不修身,欲念日起,三宝日亏,阳消阴长,渐衰之途也。"这里所说的"三宝"就是精、气、神。以后呢?每八岁一变,到二十四岁的时候,"长一阴于五阳之下,变乾为姤,斯时耗元气六十四铢",这里要耗费元气六十四铢。再往后推,每八岁耗费多少,一直到三十六岁,又一个轮回、一个周期。命之数是离不开载体的,这就是"知命",有一个命数在这个地方。所以"不忧",不会忧愁,因为我心里知道,我现在已经到了什么状态,我身上的元气还有几两几钱在这里。

"安土敦乎仁,故能爱。"

安土是指环境,安于环境,所以敦厚、仁厚。有的人不适应,这种环境不适应,那种环境也不适应,他谈得上什么仁厚呢? 有的人能够随遇而安,这种随遇而安就是一种仁厚,也是一种修养。没有修养的人想做到随遇而安,很难。"故能爱",这种爱就是前面讲的。能随遇而安,处处都有一种爱心,再艰苦都能适应。

"范围天地之化而不过。"

"范"是规范,"围"是围绕。你围绕天地运行之道,怎么样去运行、去变化,也不会出现偏差,因为这是遵循规则

的,没有违背规律。

"曲成万物而不遗。"

"曲"是弯曲。这个弯曲实际上也是一种间接。有些物是物生物,由这一物连带那一物,是衍生的。有些东西不是直接生成的,但是它也不会有什么遗漏。

"通乎昼夜之道而知。"

"昼夜之道"上次讲过,这个很关键,人首先要知道"昼夜之道"。早上栽树晚上乘荫,这是不符合规律的,这个不是昼夜之道。早上把树栽上,晚上它就能长成一棵参天大树吗? 就能乘荫吗? 因为它没有经历那些昼夜,是不行的。人生百年,每一个昼夜你都省略不了,树也是一样。

"故神无方而易无体。"

这一句话值得参究。这个"神"不是我们想的鬼神的神,后面讲的"阴阳不测之谓神"——未知的东西就是一种神。易呢? 是变化的。它没有方位,也没有形体。用佛教《金刚经》一句偈语讲:"一切有为法,如梦幻泡影,如露亦如电,应作如是观。"就是说,所有的事物,"有为法"就是人为的东西。人为的东西属于哪一种呢? "如梦幻泡影",像梦、像幻想、像水泡、像影子。"如露亦如电",又像露水又像闪电,这都是假的东西,都是变化的东西。"应作如是观",我们应该这样去观察它,这样去认识自然。"神无方而易无体"是指变化无穷。

第五章

【传文】

一阴一阳之谓道①。继之者善也,成之者性也②。仁者见之谓之仁,知者见之谓之知,百姓日用而不知,故君子之道鲜矣③。

显诸仁,藏诸用,鼓万物而不与圣人同忧,盛德大业至矣哉④。富有之谓大业,日新之谓盛德⑤。生生之谓《易》。成象之谓乾,效法之谓坤⑥。极数知来之谓占,通变之谓事,阴阳不测之谓神⑦。

【注释】

①一阴一阳之谓道:任何事物的内部都包含着阴与阳这样相对待的两方面,它们相互对立,又彼此依存,并在一定条件下相互转化。这便构成了所谓的《易》道,也即宇宙的根本规律。

②继之者善也,成之者性也:"继"是衍生孕育之义(《黄帝四经·十大经·观》"夫民之生也,规规生食与继。不会不继,无与守地"。"会"即男女交合。"继"即衍生后代。又说"夜气闭地孕者,所以继之也")。"善",美德(又"善"有"大"义,即大本、根本)。"成",成就、畜养。"性",本性。两"之"字均指代万物。"继之""成之"犹《彖传》"资始""资生"及《系辞》一章的"大始""成物"。不同的是,前二者阴、阳分论,此则"一阴一阳"合论,"继"与"成"乃阴阳相会之功。帛书"继"作"系",《一切经音义》卷一《系下》说"古文系、继二形,同"。

③仁者见之谓之仁,知者见之谓之知,百姓日用而不知,故君子之道鲜矣:"见",观察。"之"指代《易》道。"知"同"智"。"谓之仁""谓之智",意为这只

是从仁的角度、这只是从智的角度。言其各有偏执。譬如仁者观察《易》道仅从坤阴成物的角度，而智者观察《易》道仅从乾阳继物的角度，如此机械分割则阴阳合会之功，其对立依存及转化关系便被忽略。"百姓"也作"百生"，指民众、众人，即上文"仁者""智者"之类；因为下文的"君子之道"即"圣人之道"，《系辞》例以圣人与民众这两个层面相对举（旧注谓仁者智者为一个层面、百姓为一个层面、君子为一个层面，亦通）。"君子之道"即圣人之道。"鲜"承上"不知"而说，谓少、少有人知。从阴阳对立依存和相互转化的角度观察《易》道才是全面的，才是圣人君子所理解的《易》道。

④显诸仁，藏诸用，鼓万物而不与圣人同忧，盛德大业至矣哉：这里的主语是《易》道，但是，此是承上文"君子"（圣人）而说，所以主语似乎应该是"圣人"；下文"圣人……鼓之舞之以尽其神"，则"鼓万物"的主语也应是"圣人"；至于"日新盛德"无疑是指"圣人"。帛书作"圣者仁勇，鼓万物而不与众人同忧"。此"圣者"和"众人"相对与上文"君子"（圣人）与"百姓"相对是一样的。"仁"即"安地厚乎仁故能爱"的"仁"，圣人鼓动化育万物以泽惠天下是其能"仁"；"勇"谓无忧无惧，圣人深解《易》道而乐天知命，故能勇而无忧惧，此照应前文"乐天知命故不忧"；众人日用《易》道而不知其理，故不能乐天知命，因而有所忧惧。《论语·宪问》"仁者必有勇""仁者不忧，勇者不惧"，是"仁勇"之辞例。"盛德大业"即是承"圣者仁勇"而说。

⑤富有之谓大业，日新之谓盛德："富有"是就物质财富而言，《系辞下》也说"何以聚人曰财"；"日新"是就精神面貌而言，它包含更新民众的精神面貌（《礼记》"新民"）和更新圣人自身的精神面貌（《大畜·象》"日新其德"）这样的双重含义。上文说"盛德大业"，此处先说"大业"而后说"盛德"，《系辞》的这种启承法值得注意。

⑥生生之谓易，成象之谓乾，效法之谓坤："生生"与"成象""效法"都是动宾结构，即动词加宾语的结构。上"生"字为创生化育之义（即"资始"和"资生"或曰"大始"和"成物"），下"生"字指新的生命。"生生之谓易"是说变易化生便是《周易》之"易"的含义。一章"在天成象，在地成形，变化见矣"与此三句相类。"效"，呈现（《本义》）。"法"即"象"（《吕览·情欲》注："法，象也"，后文"法象莫大于天地"）。乾、坤为易之两极，为六十四卦之祖宗，天地万象万法均合成、呈现于其中，为人们认识天地之道提供了现实可能性。"生生之谓易"强调《易》道的变易流动，但恐人们因此导向不可知论，所以又说"成象之谓乾，效法之谓坤"，此则强调《易》道的相对稳定的一面，揭示《易》道的简易、不易的可知性。

⑦极数知来之谓占，通变之谓事，阴阳不测之谓神："极"，推究。"数"，蓍策之数。"占"，占筮、占卦。"通变"，谓通晓变化而趋时取福以利天下。"事"，事功、事业。虞翻注说"事，谓变通趋时以尽利天下之民，谓之事业也"。十二章说"化而裁之谓之变，推而行之谓之通，举而错之天下之民谓之事业"。"阴阳不测"，阴阳妙化万物之功不可测量。"神"，《易》道的神妙作用。此三句讲《易》的现实功利性。

国学经典文库

【译文】

阴与阳的对立依存和相互转化便是宇宙的根本规律。衍生万物是《易》道的美德，成就万物是《易》道的本性。仁者从仁的角度去观察《易》道，而智者则从智

者的角度去观察《易》道,致使大家虽然每天都在应用《易》道却并未真正了解它,所以圣人君子所谓的《易》道很少有人懂得。圣人仁慈无畏,他能鼓动化育万物而不像众人那样患得患失,他的盛德大业无与伦比。使物质财富不断充裕便是伟大功业,使精神面貌不断更新便是伟大功德。不断变易新生便是所谓"易"的内蕴,合成天空万象便是"乾"的内蕴,呈现大地法象便是"坤"的内蕴。推究蓍数以预知未来便是《易》的占筮意义,通晓变化以趋时取福便是《易》的事功所在,阴阳化育之功不可测量便是《易》的神妙作用。

【解读】

老子说:"道可道,非常道"。没有阴阳的道是没有的,只要有道,它就分开了阴阳。这就是道。道路两旁,分阴分阳。

还有,山之南为阳,水之北为阳。衡阳,是在衡水的北边,是为衡阳;贵阳,是在贵山的南边,是为贵阳;汉阳,是在汉水的北边,是为汉阳。它都有规矩的,就在我们的生活中间呐。

那么,什么是禅?你在这个道上走,而且边走边把这个阴阳变化参透了:有不易的一面,有变易的一面,有简易的一面。而且把这东西融汇在生活中间了,大路上有突发事件都不会干扰他的这个认知,他始终守住了这个认知,就得到禅了,这就是禅。他不会乱,一个人的思路不会乱,情绪不会乱。在道的中间,始终保持一个专一的东西在那里,这就是禅,就得到禅了。道、易、禅,全在这一句话里面。

"继之者善也",继续下去以后,你就能得到其中的善了。这里引用苏东坡的话来说——磨墨。现代人拿起笔就写字,古代人需要事先磨墨。苏轼在磨墨时,边磨边想:墨呀,墨呀,哪是人在磨你呀,实在是你在磨人呀!他得到禅意了。所以有人讲,苏东坡是有凡心的和尚,又是有禅意的凡人。为什么他的文章写得那么好?正是因为他在磨墨中得到禅意,在生活中都能得到禅意,这就是一"善"了。

同时,也是"继"。继者,在生活中绵绵密密,打成一片呀。年年相继,月月相继,日日相继,分分秒秒相继,是不是?一句话,就是在生活中相继。

"成之者性也。"

"成"有养成的意思。就是说,经常去参究,继续参究下去才能养成呀。没有继续,没有时间的积累,怎么能够养成呢?是逐渐培养,逐渐养成的。养成了什么?养成为自己的性格了,也就是自己的人格了。有人讲,这个人很有修养。这个修养是哪来的?品格、品德、高风亮节,是哪来的?它都是养成的,是修养成功的,是时光相继才达到"善"、见到"性"的。

"仁者见之谓之仁,知者见之谓之知。"

简称一下就是"仁者见仁,智者见智",再省略就是"见仁见智"。中国语言太

丰富了,想省一点,一点,也行。想啰唆也行,都是美。有句话叫:智者乐水,仁者乐山。就是说,智者喜欢水,仁者喜欢山。智者年轻的时候喜欢在水边上居住,仁者喜欢在深山老林里居住。还有句话叫:智者乐,仁者寿——智者能得到快乐,仁者能得到高寿。

"百姓日用而不知。"

这就是百姓日用,在我们的日常生活中间。正如冯友兰先生说的:在日常生活中间,把这些司空见惯的、屡见不鲜的、天天看到的这些事事物物,去追问,追问,再追问,哲学就产生了。为什么"百姓日用而不知"呢?每天都在道上走,为什么还要去问道是什么,什么是道?还要开研讨会,研讨一百年还是没有结果呢?原因是没有去追问。

"故君子之道鲜矣!"

"君子之道"也是常人之道,也是百姓之道啊。"君子之道鲜矣",为什么?因为君子之道是束之高阁的。现在大学里面有许多老教授、学术专家,他们是学富五车、满腹经纶呀,一讲起来头头是道,他们是大师,是泰斗呀。但是他们的学问是"鲜矣"。知道他们学问的人多吗?一本《水煮三国》读的人比读他们的多得多,是几十倍了,是不是呀?关键是它束之高阁,它没有通俗到生活中间,仅仅是书本上的理论。这个不错,需要这些人,没有这些人来指导是不行的,专家就是做这个事的。

什么是道?什么是易?什么是禅?掌握了"一阴一阳之谓道",在我们日常生活中间,一迈步,一扬目,"道"就在足下,阴阳就在身边。

"显诸仁",仁不显时是何物?孔子说:"人而不仁,如礼何?人而不仁,如乐何?"意思是说:一个不讲仁德的人,礼仪对他有何意义呢?一个没有仁德的人,音乐对他有何意义呢?可见,仁不显时,连礼仪、音乐都失去了意义。

"藏诸用",用又如何能藏?孔子对颜渊说:"用之则行,舍之则藏,唯我与尔有是史!"意思是说:能用我的时候,就要让道行天下;不用我的话,也要将道珍藏起来,以待能用。这只有我与你才能做到的呀。孔子认为"道"是可以用,可以藏的。人也是可以做官,可以退隐的。

"用"就是应用,应用的功能。《易经》的应用功能,似乎最多的是用于占卜,用于预测了;再推广一点,用于风水,用于姓名学上。其实,这种应用太狭隘了。当然,《易经》实际上应用很广,《奇门遁甲》在汉代出现的,根据易象推演过来的。真正大层面上的应用是用易理,即《系辞传》将《易经》升华到了哲学的层面上。就是根据易的哲理来判断、支配自己的人生。

以《困》卦为例。如果谁要是占上这一卦,心理上可能就有点不高兴,认为被困住了。但实际上,《困》卦它不是那么回事。《困》卦的卦辞是"亨。大人吉,无咎。有言不信。"这个"亨"是亨通。这个亨通与"困",从字面上看是一对矛盾,困住了以后怎么能亨通呢?这似乎有点说不清楚,很不好理解。后面还来一句"大人吉",又加了个"无咎",这又给人一种不好理解的东西。"无咎"就是

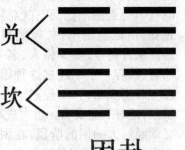

困卦

没有伤害。"吉",讲了"吉"就不需要讲"无咎"了,讲吉利又加上无咎,是不是多余的一句话呢? 这里面有它非常微妙的东西,《易经》的微妙之处就在这个地方。它讲吉,又讲无咎,就是针对《困》卦来说的。

现在讲讲这个《困》卦的卦象。《困》卦的上卦(也叫外卦)是兑卦,兑卦是表示喜悦的,象征泽,江河湖海的润泽。因为润泽就带来喜悦,所以喜悦是它的卦德。卦德是从卦象上来的。同时它又表示口,也就是表示语言。喜悦又是表示吉祥,所以它用羊表示喜庆。现在看下卦(也就是内卦),是坎卦。坎卦象征水,它的卦德是陷。由这个本意引申为险,因为往下陷,当然有一种危险了。

《困》卦为什么能讲"大人吉"? 为什么能讲"亨通"? "大人吉",就是说,大人困不住。什么样的人为"大人"? 我们来看这样几种情况。一种情况是,这种人办事,他的内心没有风险意识,看不到事物的危险性,掌握不住这件事过程中的规律,也就是有点稀里糊涂(不懂得《坎》卦的陷),外表喜悦,这种喜悦(错看了《兑》卦中的悦)是盲目乐观,他认为这个事我能办,这种人当然是"小人"了,当然被困住了。

那么第二种人呢? 他内心有风险意识,知道这些事情有哪些难度,有哪些风险(陷),结果会怎么样,他心里很清楚,但是他被这个风险吓住了,被这个困难吓住了,外表喜悦不起来了(无悦),他乐观不起来——他被困难吓住了嘛。这种人当然也会被困住。

当然还有一种人,他是很乐观,但是盲目乐观。有人提醒他,做这件事有哪些风险,有哪些不利因素。他认为没事,别人提醒他,他还听不进劝告,因为他心里不知道风险在哪个地方,盲目地乐观。这种人也会被困住。卦辞讲的"有言不信",就是指这一种人的。以上三种人都是叫"小人"。

那么,"大人"是指哪一种人呢? 就是内心里明白事的艰难和风险(坎之陷),但是他不怕,他有这个勇气,所以外表非常乐观,他这种乐观是一种积极的乐观(兑之悦),那么这种人就是"大人"。这种人既有《坎》卦的陷德,又有《兑》卦的悦德,所以就困不住,就能得到亨通。从古到今,多少伟人、名人、成功者,没有一个不经过这种困的阶段。若想成功,想不经过这个困的阶段,绝对不能成功。想大成功,就必须经过大的困的阶段,在困境中去磨炼自己。所以这地方有一个"贞"字,这个贞是指正,这个正讲堂堂正正是不

准确的,应该是正规正矩。指按着规则办事,把握着方向,把握着办事规律。哪怕是一个小小的游戏,都能把握得很得体。

"仁、义、礼、智、信"中的"义"字,我们把它架空了,常理解为义气等。我举一个简单例子,所谓义,就是几位朋友,或者大家都是志同道合的合作者,都团聚在一起了。今天在这里吃饭,该由谁买单呢?这都有规则,是心照不宣的事。这顿饭该某个人来买单,结果这个人小气,这个人舍不得,支支吾吾的,当然就有其他人买了这个单呀。这次他没有按照游戏规则去办,也没有人处罚他,但实际上他在朋友中就一下子失去了威信,失去了朋友的义气。人家出门一句话:这个人不义气。只是讲一句话:不义气,也没有一个东西像法律那样强制性地来命令自己,强制性地要自己执行。这就叫游戏规则,这就是"义"。它没有明文规定,是约定俗成的。它不完全是道德规范,是在办事中总结出来、摸索出来的,是逐渐形成的。

每个人都有体会,一个圈子有一个圈子的规则。要明白,这件事应该怎么做,话应该怎么说,它都有一定的规矩的。例如,和老专家在一起,不要讲得太俗气了,话讲得太客套了也不好。但是有的场合可能就不一样,这里面都有一个很微妙的规则,这就是义。为什么要把这个义强调来讲呢?因为前面讲了一个"显诸仁",意思显在用上。办事,用——就是要有规则,没有规则去乱用是不行的。

那么,这个规则是哪来的呢?即使是法律制定者,他同样有他的理论。无论是什么法律,没有理论(法理)去指导它,那么,这个法律是无从去制定的。这个法理是从社会公益、公德这个方面讲的,这就是"仁"。这就是说,《易经》有这两个功能,它既显出了事事物物、方方面面的理——法理、道理,同时它不是停留在这个表面上。有些人无论是讲课也好,还是理解什么东西也好,把理讲过以后就没东西了。《易经》不是,它讲了事理后,还有操作层面的东西。《易经》所以能够流传到今天,如果没有"藏诸用"这个"用"字,可能流传不下来,不知道大家认同不认同?仅仅因为这本书读起来朗朗上口、含义深刻,这是没有吸引力的,关键是"藏诸用"。

"鼓万物,而不与圣人同忧。""鼓"是鼓动、鼓励。徐芹庭先生的解释是:"能鼓舞、鼓动万物的生机,开创成万事万物,而不与得天子位的圣人同忧。"他是用这一句来解释的。谁在鼓舞、鼓动?黄帝在涿鹿与蚩尤一战就有记载,虽然是传说,但起码也是有文字记载的。这种鼓皮,不像现在用牛皮,那个时候是用一种鳄鱼皮做的,当时那种鳄鱼叫"夔"。为了战胜蚩尤,黄帝命人同时击八百面鼓,声音传到了五百里以外,蚩尤的军队一听到这个鼓声,全军的战斗力都没有了,斗志全部消失了,所以黄帝战胜了蚩尤。

但是这里当作鼓舞、鼓动讲不是那么准确,不是那么形象。应该这么看,"鼓万物"必须有个主语。是谁在鼓万物?是"仁"在鼓万物,还是"义"在鼓万物?这个里面都是在讲义,同时也在讲仁。按照前面"显"和"藏",这个鼓还是一种表现,它这个表现是指它显现出来,万物都显现出它的"仁",显现出它的"用",但又不是它的最终目的,最终目的还是开拓和利用,不断去开拓它,利用它。离不开这个"用",因为鼓舞也好,鼓动也好,都是为了用。

"不与圣人同忧",虽然是圣人,但他还是有他人为的东西,有有为的东西,即有为法和无为法。易是无为法,所以它无体,没有忧愁,没有忧思。为什么没有忧思?举个例子,如太阳,你诅咒它,它同样给你光明,同样给你温暖;你赞美它,它给

你的光明和温暖一样，不会多，它没有这些人为的东西，没有这些有为的东西，它就是无为。但是圣人就不一样啊，虽然圣人的胸怀很宽广，很博大，但是人与人之间的恩怨他不能无动于衷。这句话的意思还是有为与不为，在有为与无为之间，这就讲到了人世间的无为法。禅是出世间的无为法，那么，易是人世间的无为法。当然，这个无为也是为了有为。

"盛德大业至矣哉"，盛和大都是形容词，就是盛大。德和业是名词，是指德业，实际上就是盛大的德业，但是要分开。德是盛，业是指大。《老子》有一句话："天下大事必做于细。"天下再大的事都要从小事做起。德为什么要盛？这里要分清楚。德的甲骨文是，上面一个标杆，中间一只眼睛，下面一只手，旁边是行路的"行"，是这个字样。什么叫德？如果按照这样来推测的话，那就是用手指着标杆，眼睛看着一个标杆，这就是指引路的方向。那与道有什么关系呢？实际上德和道是有联系的，道是它的本体，是静态的。仅仅只有道的话，就像有一个杯子，但是这个杯子一直没有应用，这就是道。就是说，道它必须要用，用就是德。用这个杯子装水，用它喝水，还可以作其他用，这就是德，德为用。这个盛德是无为的盛德，有为就谈不上盛。这个盛是指很大的意思，不是一般大。

"富有之谓大业，日新之谓盛德。"

"富有"我们不能狭义地去理解，这个富有是哪一种？真正的富有是从"无"中来的。例如，世界上那些大亨、大款、大豪富、五百强企业，他们真正的财富都是从无中来的。就讲一个比尔·盖茨，他是从什么东西发家的？"微软"开始有吗？没有。正是从无中生的这个"有"，他才真正做到富有了。现在你再来做，你还能成为第二个比尔·盖茨吗？这太明白不过了。富有是从无中来，如果不是从无中来，你绝对谈不上富有，这里强调的是《易经》中的创新意识。再讲一个海尔，尽管它的产品与人家有些是相同的，但是它的精神、它的那一种管理方式，开始没有呀，从海尔的起步可以看得出来呀！他是不断地去创新，这个里面有一个创新的东西，

所以后面讲"日新之谓盛德"。"日新"讲的是什么？就是讲创业没有创新，却讲大业，讲富有，那是空话。例如搞培训，要有一个大的空间、大的思维，人家没有做过的我们来做。所以，"日新"不要拘泥在"苟日新，又日新，日日新"这一句话字面上。它真正的意思是什么？就是创新。没有创新意识，干什么都不行。

"生生之谓易"，生生是什么？又是讲创新。因为只有创新，才能生生不息。原来没有的东西，现在又生出一个。像现在邮电部门的员工，原来是什么员工？很单一的：背个邮包，传递一下信件；现在的邮电员工生生不已，很多的功能都衍生出来了。你走进邮局，有那么多窗口，而且每个员工都在发挥作用，生生不已。

"成象之谓乾"，这个"乾"是抽象的，又是具体的。实际上这个乾还有勤勤的意思。为什么"成象之谓乾"呢？按照现在通俗的一句话，一个人要去努力，去拼搏。每一件事都能显现出机会，显现出这么一个商机，商机就是成象啊。没有显现出来，打算往哪个方面去努力啊？所以必须显现出商机。

"效法之谓坤"，"坤"就是顺从，"效法"就是仿效。抓住了商机，就要去发挥，就要去拓展，就要会"效法"。效法就是说，人家的东西你虽然要去创新，但还是要借鉴。这个"效法"主要是效法事物的规则。我们在社会中要效法社会的规则。现在你要是介绍有名的经商人，那种书好卖，原因就是这里有一个如何效法的问

题啊。

"极数知来之谓占","知来",就是知道未来,预知到未来。"极数",就是说,能穷尽其中的命数、其中的规律,把这个规律变成了数,用数字来解读其中的规律,当然你就知道未来了。美国选总统,不断地进行民意测验,看百分比,这个百分比不就是一个数字吗? 通过这个去预测这个极数,就是说你把这个规律用数字能表达出来,这就很了不起,这就是占卜。

"通变之谓事",事情是通变的,"通"就是贯通。"变"是变故。物起变化才生事。开始是没有事的,开始在静态中只有物,然后物物相变才生出事。

"阴阳不测之谓神"。《易经》里面讲到神,但是它与我们讲的那个鬼神是不一样的,它这个神实际上是一种神秘、神奇、奥妙,就是说,你看不见摸不着,在微妙之间。这就是"阴阳不测"。白天在大路上走一走,能够看得出这边是阴那边是阳,如果是黑夜去走你就分不出来了。假如生活在孤岛上,什么手表、历书都没有,那个时候可能就有阳阳不测的感觉,就感觉到一种神秘了,这是用体验的方式去理解它。

第六章

【传文】

夫《易》,广矣大矣,以言乎远则不御,以言乎迩则静而正[①],以言乎天地之间则备矣。

夫乾,其静也专,其动也直,是以大生焉;夫坤,其静也翕,其动也辟,是以广生焉[②]。广大配天地,变通配四时,阴阳之义配日月,易简之善配至德[③]。

【注释】

①以言乎远则不御,以言乎近则静而正:此二句帛书作"以言乎远则不过,以言乎近则精而正"。按:帛书是。此"不过"即四章"知周乎万物故不过"的"不过",言无过差。"精正"即精审正确。"远"谓来,"近"谓今。"言乎远"谓预知来事,"言乎近"谓论知今事。盖"过"形近"遇"而初讹为"遇"(《易·解》《释文》"遇,一本作过",《列子·说符》《释文》"遇,一本作过"),"遇"音近"御"又讹为"御"("遇"在侯部,"御"在鱼部,侯、鱼邻韵)。"不过"与"精正"正相对文。旧注据今本训"不御"为不尽、不止,与"静正"("静"亦训"审")义不相属。

②夫乾,其静也专,其动也直,是以大生焉;夫坤,其静也翕,其动也辟,是以广生焉:"专"即老子"抟气"之"抟",抟聚、收聚。"直",伸直、直挺、伸张(《老子·四十五章》"大直若屈"之"直"与此近)。"翕",敛闭、闭阖。"辟",打开、开张。乾坤代指牝牡、雌雄、女男等阴阳事物。此以抟聚、伸直象征男性生殖器静动时之状态,以闭阖、张开象征女性生殖器静动时之状态;而此二者是取喻阴阳交通依存之理。其一,以阳之伸缩与阴之开闭说阴阳授受交通之理。其二,以阳有动亦有静、阴有静亦有动说阳中有阴、阴中有阳的阴阳依存之理。阴阳交通依存故能"生生",能生生故能"广大"。乾、坤静之抟翕,阴阳未通也;动时之直辟,阴阳相合也。老子"牝牡之合而朘作"即此。

③广大配天地,变通配四时,阴阳之义配日月,易简之善至德:此承"夫乾""夫坤"而进一步申说。天阳为乾,地阴为坤,春夏为乾阳,秋冬为坤阴,日为乾阳,月为坤阴。天施(授)地养(受),春夏生长(授)而秋冬收藏(受),日授其明而月受其光。

【译文】

《易》道是无比广大的,用它预言来事则无有过差,用它论知今事则精当正确,用它表述天地间万事万物都能无所不包。乾阳静时抟聚,动时伸张,所以《易》道宏大;坤阴静时敛闭,动时开张,所以《易》道宽广。其宏大宽广与天地化物相配,其通变应化与四季更迭相合,其阴阳流转与日月运行相当,其平易简约与至上之德相等。

【解读】

"夫",它是语气助词,就是讲"易"。是讲易广大。这里从三方面来说它的广、它的大。讲它远,它还无有止境。这个"御"解释为止。讲它静,"静而正"。实际上这个静中有大。静和动,一般人有一个错误理解,觉得只有动是为大,而实际上许多东西是静为大。

举一个非常简单的例子。两个群体之间发生争执,在争执的时候,就想,显得"静"的是哪一个? 肯定是某一方中说话算数的人,是大人物。他不会多说话,他保持一个冷静。越是一般人物,越是在那里蠢蠢欲动,说得最响,跳得最高。当然这个例子表明了一个方面。那么另一个方面呢? 因为静者能大。前面讲静者为大,这里讲静者能大。静者怎么能大呢? 在我们生活中间,在人际处理上,我有很深的体会。在一个关键的时刻,若能保持一个

冷静,那么当时就会使人觉得很了不起;若这个人偏激,遇到事情控制不住自己,看起来是显示出一种强悍,显示出一种有理,得理不让人,但事后你的人格没有了,威信没有了。

再一个,在实相上还有一个东西,像参禅。什么叫禅? 静中。人的思维中所有的杂念、欲念静滤了,起码是少了,慢慢地排除了。它就是一个正念,其他的没有。它显示出一种静,这种静不是说他没有动,正念也是一种思维,在正念中间它显出一种静,这个静就是大。这个大又是什么意思呢? 如果从健身的方面上来说,作用大了。实际上应该说,是悟性大,得到的信息大,得到的智慧大。因为在静中,就只有一个正念:静而正。在这种情况下,自然界的好多信息,在一般的情况下是得不到的信息,这个时候就得到了,自然就会有悟性,就会得到大的智慧。当某人被一件事纠缠的时候,这件事非得他来解决不可,在这种情况下,他往往很冷静地去思考,往往有难事的时候就静下来了。一旦

他真正静下来时，办法就出来就是用理性去思维，用正念去思维才能得到静，真正的静，在静中才能显示出大，而且也能大。

"以言乎天地之间则备矣。"讲到天地之间，如何形容这个"天地之间"，易在天地之间表现是什么样呢？"备矣"。"备"就是非常周到、细腻，都具备了。"显诸仁，藏诸用"，这个"诸"就是备，事物的方方面面它都具备了。这是讲易的广和大。

"夫乾，其静也专，其动也直，是以大生焉。"这里讲到《乾》卦。这个"专"是专一，实际上就是上面讲的：正念就是专一。杂念一来，那是叫专一吗？那就不叫专了。不讲正念，就无法讲"静而正"；上面没有讲正，这里就没法讲这个"专"，前后都是连起来的。"其静也专"，一静就能起正念，就是正念在做主，就是用正念思维，所以"其动也直"，所以用这个做决策，以这个采取行动，它就是直的。这个"直"就是效果。这个效果一个是直接，当然表面上是一个直接了，但实际上它又是一种效果，立即就见效；同时这个效果显示出可行。因为是直的，所以都得到大家的认可。因为是可行，行得通，所以能成功，是亨通的。"是以大生焉"，"大"是怎么生出来的？它是从静里生出来的，从"专"里面生出来的，是从正念里面生出来的。这可见人为什么要讲究修身养性。

"夫坤，其静也翕，其动也辟，是以广生焉。"这还是讲大和广。这不仅仅是讲《坤》卦，讲《坤》卦的抽象的含义，如果讲它的卦德的话，是顺从。"其静也翕"，这个"翕"是合，合起来，这个合就是关闭，即胡思乱想的思维关闭了。"其动也辟"，"辟"是分开，辟与翕是对立的。坤的行动，它能开辟，用现在的话是叫开拓，同时它又是关合的。合起来还能开辟？它后面讲"是以广生焉"，翕里面能生出一个广，这个"翕"不正是把杂念、邪念关闭了吗？合是合力、凝聚，有了合力，所以辟开它显得广大。开始是一点点东西，没有合力，去辟开、分开，它分来分去也还只有那么大呀。一个核原子，正因为是翕，所以爆炸时它就一下子显得威力广大。

"广大配天地，变通配四时，阴阳之义配日月，易简之善配至德。"这里用了四个"配"。唐太宗的重臣魏征说："以石投水，千载一合；以水投石，无时不有。"这是什么意思呢？还是举个例子：石头往水里一丢，它什么时候能适应水？一千年当然是一个概数，就是说要很久很久才能使它慢慢侵蚀掉，要很长时间。石头不轻易去迎合水，这里面有一个"配"的问题。那么，以水投石呢？"无时不有"。这里是流水，用石头把这里一挡，石头从这边挡住了，水从那边流；石头从那边挡住了，水从这边流。真正流不动了，没问题，暂时停下来，等待机会，总有一天能流过去。这是以水投石，它无时不有，时时都在那里迎合、适应。但是以石投水呢，它是"千载一合"，这是相反的两个东西。

在我们日常生活中，要把这两句话记住：在什么时候要去以石投水，处理什么事要以水投石。

"广大配天地，变通配四时，阴阳之义配日月。"其实，这三句话实际上是一个意思。《随》卦里面的一句象辞："君子以向晦人宴息"。就是君子明白这个道理。君子明白什么道理？"向晦"是指天黑了，天黑了就要休息，"人宴息"就是休息。如果现在再来看这句辞，就应该是君子"配""向晦人宴息"。用刚才那个《困》卦来讲，就是大人配"享"和"吉"。只有他才配，只有他才能得到吉。就是说，只有君子才知道日月运行，才知道昼夜交替，才知道寒暑往来，才知道阴阳之易是因为日月

运行形成的。他明白这个道理。

"易简之善配至德"，这就是对前面的总结了。大也好，广也好；专也好，直也好；翕也好，辟也好，讲来讲去都是对立的，又是统一的，这就是"易简"。这个"善"不是善和恶的那个概念。

大家都会讲"可怜天下父母心"，是讲父母为了孩子，是讲人的父母心。但是，动物的父母心、植物的父母心、水的父母心同样有。人的父母心不仅仅局限于亲生。四川有一位乘务员，在列车上捡到一个他人丢弃的女婴（没人收养）。他当时还没结婚，他看见没人收养，就把她带回家，和他母亲一起抚养她。后来他的女朋友发现他这一件事，就一定要嫁给他，共同来挑起这个担子。结婚以后，他们又生了一个男孩，他们对这个女孩和自己的男孩看得一样的亲，以后又供他们上学。她的母亲后来生病了，生了什么病？癌症——不治之症。他们夫妇两个在女儿高考以前，每个星期都去接她。后来母亲病重了，瘦得很厉害，住院了，不能去接她了，母亲还特地打个电话，撒个谎：我到上海出差，要多长多长时间才能回来。每个星期给女儿打一次电话，为了不影响女儿高考。

女儿考试回来了，看到她母亲病在床上，她抱住母亲大哭。以后她考取了清华大学，这时她父亲下岗了，她母亲去世了。在这种情况下，她父亲把她送到清华大学，把学费缴完之后，便把来龙去脉给她讲清楚，告诉她：你现在应该去找你的亲生父母了，我们的责任已经尽到了。当他往回走的时候，他女儿从后面追上来，抱住他痛哭，说："你就是我的父亲。"父母心，不得了。这是真善，是"人之初"时的本善。

另外，还有动物的父母心。陕西有个周至县，解放初的原始森林里有很多金丝猴。它的毛很漂亮，而且很厚。当地人以为，用它的皮毛做衣服肯定很好，肯定暖和。几个村子的人去合围，去砍树，把这些金丝猴团团围住，人猴就在那里拼搏，在残杀，因为人有刀有枪啊。这时候有一只母猴冲出重围，它冲出重围时，不仅仅抱了自己的一个孩子，还背了另外一个孩子，这时两个民兵带着枪追了过去。猴子越往外跑，树越少，只有一棵枯树杈，没地方跑，它就爬到那棵枯树上。两个民兵举起

枪,瞄准了。正准备开枪时,母猴从容地做了一个手势,意思是说:我要给孩子喂奶。这两个民兵心想:你喂奶吧,我们等得及。母猴就给两个小猴喂奶。小猴受了惊吓,当然吃不下,吃了几口就不吃了。母猴竟然捡起枯树叶,把奶水挤到树叶上,用树叶包起来,示意小猴,奶放在那里了。然后再回过头来,面对民兵的枪口,然后双手把眼睛捂上,意思是说:你们开枪吧,我的任务完成了,我的义务和责任都尽到了。面对此情此景,两个民兵手中的枪再也举不起来了,因为他们面对的是一位母亲——一位本善的母亲。这是一位著名的女作家讲述的真实故事。

再讲到水。它也有父母心,氧原子、氢原子就是它的父母。大家想想,这就是"以石投水,千载一合"啊。并不是说,氧原子和氢原子随便一碰就成了水,没那回事吧?在学校里都做过这个实验,若有这个体会。在自然界中间,氧原子和氢原子不是随便一碰就变成水,这也是"千载一合"的事,也要经历"十月怀胎",甚至是"十年怀胎,一朝分娩"。在自然界中氧原子和氢原子非常多,但是真正形成水的又是有限的。水也有父母心,随便去浪费它,随便去污染它,那是恶啊,而且这个恶积累起来就是大恶。节约一滴水,也就是积善。

北京有一个八岁的小学生做试验,水龙头关到一秒钟只能滴一滴这个速度,用桶接上。一分钟多少滴,一小时多少滴,以此推算,一年滴下来就是多少吨。这个数字是可怕的。所以说,我们节约一滴水,不是为了节省水费,而是要想到它的父母心,真正想到在大自然里面,这个水的形成是"千载一合",是"百年怀胎"。所以"易简之善配至德",那就是真正的大德了。积德、积德,能节约一滴水这都是积德,因为这关系到大自然。水不仅仅人要享用,动物、植物都少不了,水是众多生物共享的福报啊。《易经》在日常生活中间,在我们的生活中间,更深一层的理解"易简之善配至德"。《易经》是讲"易简之善"的,在我们的生活中就要以至德相配。何为"至德"?环境保护、社会公德、敬业奉献、和谐家庭,等等,都从小事做起,从我做起,这就是以德配善。德,是社会大众的公德;善,是"人之初"的易简之善。

第七章

【传文】

子曰①:"《易》其至矣乎!"夫《易》,圣人所以崇德而广业也。知崇礼卑,崇效天,卑法地②。天地设位,而《易》行乎其中矣③。成性存存,道义之门④。

【注释】

①子曰:《系辞》中之"子曰"有二十余条,皆为《易》学经师之语而依托孔子以立言。另外,"子曰:《易》其至矣乎"当连上入六章之末尾,是对"广矣大矣"的评述,其例与九章、十章相同。

②知崇礼卑,崇效天,卑法地:"礼"字帛书作"豐"。按:帛书"礼""履"二字均作"豐",此"礼卑"疑读为"履卑"。"履",行也。《管子》《文子》中"戴圆履方""履地德"及《大戴记》"地道以履"等即此"履卑"。"知崇履卑"犹老子之"知雄守雌"。此言圣人既认识到崇高的一面而又能履行卑顺的一面,因为崇高是效法天道的,卑顺是效法地道的。所谓"德合天地"即此之谓。陈梦雷《周易浅述》说"圣人以《易》

践履,则礼之卑如地而业广矣。所见高于上,所行实于下",是兼履、礼二义而释之。

③天地设位,而《易》行乎其中矣:天崇地卑之位既已设定,则全部《易》理皆可运行包罗于其中了。《履·象》说"上天下泽,履。君子以辩上下,定民志",《文子·上德》说"高莫高于天也,下莫下于泽也,天高泽下,圣人法之,尊卑有叙,天下定矣",并可与此相发挥。此二句也兼指《乾》《坤》卦定,则六十四卦皆行于其中。十二章"乾坤成列,而《易》立乎其中矣"即此。

④成性存存,道义之门:"成性"义犹《乾·象》的"各正性命"之"正性"(《周礼·小司徒》注"成犹定也"、《周礼·宰夫》注"正犹定也"),言正定万物各自的本然之性,即遵循其生存法则而使之各得其所。"存存"义犹《乾·象》的"保合大和"。上"存"字谓保护、维护,下"存"字谓生存之权。此言维护万物合理的生存之权。做到这两点,便是通往"道义"之门径。孔颖达疏说:"性谓禀其始也,存谓保其终也",又说"道谓开通也,义谓得其宜也"。何楷《古易订诂》说"理之当然曰道,事之合宜曰义"。按:遵其本然曰道,"成性"是也;循其合宜曰义,"存存"是也。虞注"乾为道门,坤为义门"。

【译文】

孔子说:《易》道真是美妙至极。圣人通过《易》来光大美德而增广事业。圣人既认识到崇高的一面而又能履行卑顺的一面,因为崇高是效法天道的,卑顺是取法地道的。《乾》《坤》两卦一经确定,那么全部的《易》理就运行于其中了。正定万物的本然之性而维护其合理的生存,这便是通往道义的门径。

【解读】

子曰:"易其至矣乎。""子曰"就是孔子说的。"易其至矣乎","其""矣""乎"这三个字都是文言副词。实词呢?就是一个"易"、一个"至",这两个是实词。实际上就是讲《易》至大、至广,这里是一种赞叹。

"夫《易》圣人所以崇德而广业也。""崇德"是指崇尚德。因为是讲《易经》,所以要讲卦——《井》卦。这个《井》卦有井德,第一德是,无论下什么样的暴雨,池塘里的水、江河里的水都容易横溢,唯独大海里的水不会溢,井里的水不会溢。因为井水与地下水位是相通的。当然还有一个客观的因素,井口比较小,井台比较高。

第二德是,无论什么人来提水,它都一视同仁,它完全服务于民众。所以有一个《鼎》卦,《鼎》卦与《井》卦有相吻合的一面。古代的鼎是大锅,原来鼎是三只脚。一个部落、一个氏族,有祭祀活动或是军事行动时,大家一起在朝堂之内做美味佳肴,大家都在一起品尝,一起分享,就是用这个鼎。有一句话是说,鼎食养贤于朝堂之上,井水养民于村野之间。一为养贤,一为养民,这两个卦很有意思。

六十四卦在卦与卦之间有很多联系,两个卦之间就有分工,所以《井》有井德,《鼎》也有鼎德,每一卦都有卦德,最大的德是《乾》卦与《坤》卦的德,《乾》德与《坤》德是大德。这个"广"是指发展,发展了才能达到广。所以要崇尚德性,要发展事业。这里讲的是果,那么是因什么呢?因就是前面讲过的易。为什么去崇尚呢?因为这个"德"是至德,这个"业"是大业。但是这个至德和大业是哪里来的?是从"易"中来的。

"知崇礼卑",古代"知"和"智"是相通的,所以是"智崇礼卑"。"知"是智慧;"礼"是礼仪、礼节。这两个东西怎么把它们对立起来了呢?"崇"实际上就是尊,

前面讲了个"天尊地卑"，这里来了个"知崇礼卑"，还要来一个"崇效天，卑法地"，还是天地，还是"天尊地卑"这个意思。为什么把这个知和礼、天和地摆在一起呢？而且它们有尊卑之别呢？这就看得出来：知（智）是体，礼是用。

比如：今天我请你吃饭，表面上很礼貌，但是我并没有诚心，这个诚心和礼是谁重谁轻呢？这是很明显的。有人对人非常谦恭，有一个同事，是读古书的，他的礼貌简直让人受不了。每次与他一起走路，无论是两个人还是三个人，他就是不走前面。甚至要让到道路旁边的沟坎里，让、让、让，就是不走前面。你们想，他年龄比我大，学问比我高，我们俩一起走路，还要我走前面，我也不自在啊。我让他是凭心而论，按道理确确实实也应该这样，尊老爱幼嘛。他还要退，退得人实在受不了。他这礼让得多少有点过了。所以我认为这个"知"有点像古人讲的"知书识礼"，但如果是只知其词而不解其义，"知"仅仅是一点点知识而已，谈不上智慧了。有智慧才懂理，才识礼。礼是有规则的，是源于智慧的。

所以有一个"崇效天，卑法地"，崇尚什么？崇尚天的规则。那么"卑法地"，这个"卑"并不是卑贱的卑、卑鄙的卑。你该要低、要下的时候，你是效法地的，因为地承载万物、滋润万物。例如水，水有一个特性："上善若水"。水是永远向下的，水要不是永远向下，那水就不能一泻千里，就没有"上善"的德行了。

"天地设位，而易行乎其中矣。"天地怎么设位的呢？我们还是用前面讲的"广大配天地""阴阳之义配日月"，讲了这个，是很大的。这个设位是无为，而不是有为的。

"成性存存，道义之门"，这个性就成了人的本性、性格、特性。"成"，养成，你要慢慢养成这么一个思维的特性。这里面既有认识论，又有方法论。你对事物的认识，对事物的观察，对事物处理的方法，这三者都有你的特性。"存存"，两个"存"字就是一贯性了，也就是禅宗讲的绵绵密密。它为什么存存呢？存在于你的正念之中。

吴清源老先生是围棋高手，他加入了日本籍。他有两个故事，一个故事是在日本下围棋。他有一个特点，不好女色。他朋友想：你这个人真的不好女色吗？好！他朋友把他带到舞厅里去。那么多舞女都来陪他，他的眼睛却盯着另一个人到中年的舞女，已经是人老珠黄而不是青春正艳的舞女。其他的舞女来邀请他，他怎么都不理，他就是心不在焉。有一个舞女很生气："她已人老珠黄，你盯着她有什么意思呀？"原来她的衣服是大格子，像棋盘，吴老正想着一步棋，想着棋的变化。这就是"存存"，他的思维"存"在棋上，始终打不破它，它有联贯性。

还有一件事，日本人看赛马也很疯，他朋友拉他去看赛马。其他人已经看疯了，非常狂热地呼叫。唯有吴老眼睛望着天，很木然。朋友说："别人看赛马眼睛盯着还来不及，你却盯着个天，好像没事一样，你在看什么？"他说："我看天上的星星像一盘棋。"他把天上的星星当作棋子了，这就是一种"存存"，这就是"道义之门"。这个门在哪个地方？什么是道义之门？什么是入道的门径？入道的门径还是前面讲过的"专""直""翕""辟"，特别是这个"静而正"，在静中而正。他不胡思乱想，他就想一个棋。许多高手讲棋，不都是讲讲招数吗？都从技术层面上讲一讲。一千个孩子学棋，都是学这么一些招数。现代人功利性很强，而吴老是把围棋当作一种文化，而且到了一种境界。什么境界？就是聚精会神，一心一意，并没有其他神

异、玄虚可言,这都是生活中的东西,人人都可以做到。

【经典实例】

朱熹崇德广业

朱熹字元晦,一字仲晦,晚年自号晦庵、晦翁、云谷老人、沧州病叟,是南宋时期著名的思想家、哲学家、教育家。朱熹不仅注重自身品德的修养,而且还授徒讲学,传播中国传统文化。与此相应,朱熹还出仕为官,在职期间,宣传自己的政治主张,为百姓做了许多好事。

朱熹小的时候,父亲朱松就利用闲暇的时间督促朱熹熟读经典。在他十四岁的时候,父亲去世,他便和母亲一起投奔当时的右朝议大夫刘子羽。在那里,他依然没有忘记学习,先后受教于胡宪、刘勉之、刘子翚三人。后来,他向理学大师李侗求教,受益匪浅,对他后来思想的形成影响很大。

朱熹二十四岁便中了进士,到泉州同安县任主簿,任期刚满,还没等接任的人到任,朱熹就打点行装回到崇安,在武夷山研究学问、讲学。

南宋绍兴三十二年(1162年),宋孝宗即位,起用将领张俊做出兵抗金的准备,并下诏朝廷内外陈述政见。朱熹趁此机会,提出自己的政治主张。他在《壬午应诏封事》中指出:"今日之计不过乎修政事攘夷狄而已矣。"接着,他又提出要熟读"圣学",学习《大学》中的格物致知、正心诚意之学,用儒家思想来管理国家。其中,他认为儒家的修身养性的道德学说尤为重要,也就是说应提倡德治的思想。但他的这一主张当时没有被接受。朱熹很受打击,对为官失去了兴趣,一心著书讲学。后来,朝廷多次任命他官职,他总是一再推辞,不肯赴任。朱熹是位孝子,父亲死后,他和母亲相依为命,母亲为了他付出太多。母亲年纪大了以后,朱熹便把母亲接到身边细心侍候,以尽孝道。朱熹知道,若是为官,有诸多事情要做,对母亲的照料必然不够,所以自己能推掉的官职就尽量推掉。

朱熹一心致力于聚徒讲学、著书立说的活动,名气越来越大。朝廷爱惜他是个人才,决定采用,但又怕他在京为官对朝政多加干涉,就任命他担任地方官。朱熹仍然是一再推辞,无奈朝廷下旨不许辞免,加上友人吕祖谦、张敬夫等人的劝说,就赴任了。

朱熹一上任,发现当地的老百姓日子过得很苦,就决心为百姓办点实事。淳熙六年(1179年)六月,他上奏朝廷减少星子县(今属江西庐山市)的赋税。第二年,他再次上奏朝廷免除星子县的赋税。四月,他又申报减轻属县木炭钱。这一年七月,南康郡大旱,朱熹又大修荒政,降低米价来帮助穷苦百姓。淳熙八年(1181年),朱熹即将离任时,又发生了一件事情。有一富家子弟在市场上策马狂奔,一个孩子躲避不及被马踩伤。朱熹知道了以后,很是生气。他下令把肇事者抓了起来,第二天,当众打了那人几十板子。有个熟人知道后,告诉朱熹:"这人家里很有势力,你何苦对他如此羞辱呢?"朱熹正色说道:"这是人命关天的大事,怎能姑息迁就?如果这样的事情不能及时处理,恐怕以后还会发生更加严重的事情。况且作为朝廷命官本来应该保护善良的人免遭侵害,对蛮横无理的人应该挫杀他们的霸气,这是职责所在。假如一心纵容,那怎么行呢?"

朱熹做事就是这样认真、负责。为官时他力争做个好官,讲学时他坚持传道、授业、解惑,而且他平生四十余年都是在讲学和研究学问。讲学的过程中,他修建了白鹿洞书院和岳麓书院,并创建了全国著名的考亭书院,还建立了武夷书院、紫阳书院、晦庵书院、建安书院。他总共教了几千学生,而且自己在学术上有很高的成就。他对经学、数学、史学、文学、乐律、佛学、自然科学以及传统文化的多个方面都做出了很大贡献,是宋明理学的集大成者。朱熹的思想深深影响了后世的学术研究,为我们留下了一笔珍贵的财富。

第八章

【传文】

圣人有以见天下之赜,而拟诸其形容,象其物宜,是故谓之象;圣人有以见天下之动,而观其会通,以行其典礼,系辞焉以断其吉凶,是故谓之爻①。

言天下之至赜而不可恶也,言天下之至动而不可乱也②。拟之而后言,议之而后动,拟议以成其变化③。

"鸣鹤在阴,其子和之,我有好爵,吾与尔靡之④。"子曰:"君子居其室,出其言善,则千里之外应之,况其迩者乎?居其室,出其言不善,则千里之外违之,况其迩者乎?言出乎身,加乎民,行发乎迩,见乎远;言行,君子之枢机,枢机之发,荣辱之主也。言行,君子之所以动天地也,可不慎乎⑤?"

"同人先号咷而后笑⑥。"子曰:"君子之道,或出或处,或默或语。二人同心,其利断金。同心之言,其臭如兰⑦。"

"初六,藉用白茅,无咎⑧。"子曰:"苟错诸地而可矣,藉之用茅,何咎之有?慎之至也。夫茅之为物薄,而用可重也。慎斯术也以往,其无所失矣⑨。"

"劳谦,君子有终,吉⑩。"子曰:"劳而不伐,有功而不德,厚之至也。语以其功下人者也。德言盛,礼言恭。谦也者,致恭以存其位者也⑪。"

"亢龙有悔⑫。"子曰:"贵而无位,高而无民,贤人在下位而无辅,是以动而有悔也⑬。"

"不出户庭,无咎⑭。"子曰:"乱之所生也,则言语以为阶;君不密则失臣,臣不密则失身,几事不密则害成,是以君子慎密而不出也⑮。"

子曰:"作《易》者其知盗乎?《易》曰:'负且乘,致寇至。'负也者,小人之事也。乘也者,君子之器也。小人而乘君子之器,盗思夺之矣。上慢下暴,盗思伐之矣。慢藏诲盗,冶容诲淫。《易》曰:'负且乘,致寇至。'盗之招也⑯。"

【注释】

①圣人有以见天之赜,而拟诸其形容,象其物宜,是故谓之象;圣人有以见天下之动,而观其会通,以行其典礼,系辞焉以断其吉凶,是故谓之爻:"赜"字或如字训为"幽深",或又作"啧"训为"杂乱",即繁杂之事。帛书作"业",训为"事"(《国语·鲁语》注:"业,事也"),亦通。"物宜"也作"物义",适宜于该事物的含义。"象",卦象。"会通",天下事物运动中所包含的融会变通的现象和道理。"典礼",旧训典法礼仪。但《释文》说京本作"等礼",帛书作"挨礼",张政烺亦读为"等礼"。按:作"等礼"是。所谓"爻有等""贵贱之等"即此"等礼"。"系辞焉以断其

吉凶"当为衍文,因为此处强调的是"爻等"而非"爻辞"。删掉这一句,则此处八句正相俪偶。"爻"与"象"相对,"象"谓卦象,"爻"谓卦爻。"爻"承"等礼"而说,三章"列贵贱者存乎位(爻位)"、《系下》九章"三多凶,五多功,贵贱之等也"、十章"爻有等,故曰物",并是以卦"爻"说"等礼"之例。

②言天下之至赜而不可恶也,言天下之至动而不可乱也:此承上文之"赜""动"而进一步申说。"动"字或本亦讹作"喷",而帛书也同样讹为"业",可见这两个本子有内在联系。"不可恶"谓不可妄为(《说文》"恶,过也",《穀梁传·隐公四年》注"恶,谓不正"),"不可乱"谓不可乱行。下文又说"拟之而后言,议之而后动",则前后文所论"言""事""动"正可与《黄帝四经》"动有事,事有害……事必有言,言有害"(《经法·道法》)之论述次序相印证。

③拟之而后言,议之而后动,拟议以成其变化:"拟",比量、揣量。"议",思考、考虑。"拟议以成其变化",谓人之一言一行都经过审慎的揣量思考就可以在纷纭变化中成就其功业。"拟"字帛书作"知",《庄子·外物》说"心彻为知"。"知之而后言"谓心里想明白了,再发表见解(帛书《系辞》释文作"知之而后言,议之而后动矣,议以成其变化"。按:"矣"字当为"知"字之讹。应属下读,作"知议以成其变化")。

④鸣鹤在阴,其子和之,我有好爵,吾与尔靡之:此为《中孚》卦九二爻辞,见该卦注。按:以下连续阐释七个卦的爻辞内蕴,为《易》学师生问答体而依托于孔子,所以在每条爻辞下皆当有"何谓也"三字,而在《系辞》的流传中被省略掉了(即如同《乾·文言》"上九曰:亢龙有悔,何谓也? 子曰:贵而无位,高而无民,贤人在下位而无辅,是以动而有悔也"这种议论形式)。

⑤子曰:"君子居其室,出其言善,则千里之外应之,况其迩者乎? 居其室,出其言不善,则千里之外违之,况其迩者乎? 言出乎身,加乎民,行发乎迩,见乎远;言行,君子之枢机,枢机之发,荣辱之主也。言行,君子之所以动天地也,可不慎乎":此承上之"言""动"而说,论述审慎言行的重要性。"枢机",启动门户的关键(启动门户的转轴为"枢",枢之所处为"机"。或训"机"为弩牙,弓箭发动的机关;又或释"枢机"为弩机,所以发动弓箭者。总之,皆喻事物的关键)。"主",掌握、决定。

⑥同人先号啕而后笑:此为《同人》卦九五爻辞,见该卦注。

⑦子曰:"君子之道,或出或处,或默或语。二人同心,其利断金。同心之言,其臭如兰。":此论言行慎则可正,正则可有好结果。"利"谓锐不可当,"断金"谓无坚不摧。

⑧初六,藉用白茅,无咎:此为《大过》卦初六爻辞,详该卦注。

⑨子曰:"苟错诸地而可矣,藉之用茅,何咎之有? 慎之至也。夫茅之为物薄,而用可重也。慎斯术也以往,其无所失矣。":"错",置。"而","亦"也,又同"既""已"(见徐仁甫《广释词》)。"慎",或本作"顺"。此以"失"释"咎",与"无咎者善补过也"一致。此论敬慎从事,不可苟且妄为,似是就"言天下之至赜(业)而不可恶也"而说。

⑩劳谦,君子有终,吉:此为《谦》卦九三爻辞,详该卦注。

⑪子曰:"劳而不伐,有功而不德,厚之至也。语以其功下人者也。德言盛,礼言恭。谦也者,致恭以存其位者也。":"伐",夸耀功劳。"劳而不伐"源于老子的

"不自伐,故有功""自伐者无功"。"不德",不以有功德自居。"言",讲究、讲求。"存",保有。谨慎于言、行、事,关键在于"谦"。

⑫亢龙有悔:此为《乾》卦上九爻辞,详该卦注。

⑬子曰:"贵而无位,高而无民,贤人在下位而无辅,是以动而有悔也。":上九虽居尊贵之位而无居尊之德,高高在上而无民众拥戴,不知敬贤故无贤人之助。骄亢不谦,则言、行、事必妄乱。

⑭不出户庭,无咎:此引《节》卦初九爻辞,详该卦注。

⑮子曰:"乱之所生也,则言语以为阶;君不密则失臣,臣不密则失身,几事不密则害成;是以君子慎密而不出也。":"阶",作动词则释为引导、引发,作名词则释为根苗。《诗·瞻卬》"妇有长舌,维厉之阶"与此同。"密",保守机密。"几事",机要之事。"害成",形成祸害、造成危害(帛书作"害盈","盈"与"形""呈"同,形成、出现)。此处以"害"训"咎"。"不出",不妄出言语。此专论慎言。

⑯子曰:"作《易》者其知盗乎?《易》曰:'负且乘,致寇至。'负也者,小人之事也。乘也者,君子之器也。小人而乘君子之器,盗思夺之矣。上慢下暴,盗思伐之矣。慢藏诲盗,冶容诲淫。《易》曰:'负且乘,致寇至'。盗之招也。":准前文及《系下》文例,此当作"《易》曰负且乘,致寇至。子曰:作《易》者其知盗乎;负也者……"。"负且乘,致寇至"为《解》卦六三爻辞,详见彼注。"其",大概。"乘",供人乘坐的车子。"慢藏",轻慢于藏物,不谨慎收藏。"诲",诱导、招引。"冶容",妖冶其容,不端正仪容。"盗之招",自我招来强盗,即《解·象》所说的"自我致戎"。此论不慎行事之危害。

【译文】

圣人洞见天下繁杂之事,根据《易》理来比拟其形态,象征其内蕴,所以有卦象之称;圣人洞见天下之运动现象,根据《易》理来观照其融会变通,推行等级礼数,所以有卦爻之称。谈到天下至为繁杂之事那是不可妄为的,谈到天下众多之运动现象那是不可乱行的。必须比量以后再发表见解,思考之后再采取行动,通过比量思考而在变化中成就功业。《中孚》卦九二爻辞说,鹤鸟在树荫下低唱,小鹤在应和着它,我有好酒,与你共享。这是什么意思呢?孔子解释说:这意思是说君子虽然不出家门,但如果言论美善,那么千里之外的人都会响应他,更何况近处的人呢?尽管他不出家门,但如果言论丑恶,那么千里之外的人也会离弃他,更何况近处的人呢?自身有所言说,它会影响到民众,身边有所举动,远处有人也会见到;言语行为,这是君子处事的关键,关键启动的情况,直接掌握着君子的荣辱成败;君子是通过言语行动来感动天地万物的,怎么可以不慎重呢?《同人》卦九五爻辞说,聚合民众的君子先悲伤而后欣喜。这是什么意思呢?孔子解释说:这意思是说君子处事之道,无论是行动还是静处,是沉默还是议论,只要与人同心同德,便无坚不摧,锐不可当;沟通心灵的言语,像花一样的芬芳。《大过》卦初六爻辞说,礼神的祭品用白茅衬垫,没有咎害。这是什么意思?孔子解释说:这意思是说如果把祭品直接放在地上也是可以的,现在又用洁白的茅草来衬垫,对祭祀如此之慎重,那还能有什么咎害呢?茅草虽为微薄之物却能产生重大作用,遵循这种慎重的准则去行事,那就不会有过失了。《谦》卦九三爻辞说,君子有功劳而仍能谦虚谨慎,这样就会有好结果从而获得吉祥。这是什么意思?孔子解释说:这意思是说有功劳而不自我夸耀,有业绩而不以德能自居,这是敦厚至极的,这说明有功劳更要待人谦下。

功德要讲求盛大，而礼节要讲求谦恭。所谓谦道，是说以谦恭来保有其立身的地位。《乾》卦上九爻辞说，龙飞过高而有悔恨之事。这是什么意思？孔子解释说：这意思是说身居尊位却没有居于尊位的美德，高高在上却得不到人民的拥戴，贤人居于下位而得不到他们的辅佐，所以他的行动必然带来悔恨之事。《节》卦初九爻辞说，居家不出，没有咎害。这是什么意思？孔子解释说：祸乱的产生，往往是由言语不慎所引发；君主不守机密就会损失臣子，臣子不守机密就会丧失性命，机要之事不能保密就会造成危害；所以君子慎守机密而不妄出言语。《解》卦六三爻辞说，乘坐大车而肩背货物，所以导致了强盗寇抢。这是什么意思？孔子解释说：创作《周易》的人大概是很了解强盗一词的内涵罢。肩背货物，这是小人的本分，供人乘坐的车子，这是君子享用的器具；小人却要乘用君子的车具，这就意味着小人将像强盗一样图谋夺取了；身居高位的人懈惰怠慢而居于下位的人便强暴不安分，这样的话他们就会像强盗一样图谋攻取了；不谨慎藏物就意味着引人来寇抢，不端庄仪容就意味着引人来淫亵；《周易》所说的"负且乘，致寇至"，正是在揭示自我招来强盗的道理。

【解读】

"圣人有以见天下之赜"，这个"赜"，根据尚秉和的解释，"赜"与"啧"通用，啧啧不休啊，是一种烦乱。讲得通俗一点来说，"天下之赜"就是指事。麻烦事。天下怎么这么多麻烦事？就是这个意思。圣人看到天下这么多麻烦事，有这么多纷纷扰扰的事。"而拟诸其形容"，"拟"是模拟，模拟其"形容"，形容天下这些麻烦事。

"象其物宜，是故谓之象"，这是解释象的。这个象是怎么来的？这里有一个过程，它先有一个"见"，见就是观察；然后又模拟它的形容；第三是象。这个象是个动词，与后面的象不一样，后面的是名词。"象其物宜"，这个"宜"是指合适、适宜。与地相适宜，就是说，因地制宜，因物制宜，因人制宜。因此，可以推测到这个动词的"象"是表示什么。这个与前面的模拟就不一样了，模拟它是从一种抽象上来说的，因为抽象，不要求那么严谨，但是这个"象其物宜"必须严谨一些，这个"象"就应该是考证、探讨，这个就要讲究科学性了，这样才有了它的"象"。

这个象在八卦里面很明显：《乾》卦象征天，《坤》卦象征地，《震》卦象征雷，《巽》卦象征风，《坎》卦象征水，《离》卦象征火，《艮》卦象征山，《兑》卦象征泽。这八卦就有八种自然之象，还有人伦之象、动物之象。这些象必须要达到一个"宜"，这就是"象其象"。生活中无处不是"象"，时时去"象其象"，就是生活。

"圣人有以见天下之动，而观其会通，以行其典礼，系辞焉以断其吉凶，是故谓之爻。"第一步是见，见了以后还是观，观了还要行，行了之后要系辞，还有一个关键字——断。我们理解这几句话就要根据这几个动词来理解。圣人看到了天下的各种运动、变化、发展。首先是见到了，但是见到了的人很多，是不是每个人都能系出辞呢？是不是每个人都能"行其典礼"呢？是不是每个人都能"观其会通"呢？不是，能做到这一点的是极少数。想学到一些实在的东西，我们不能对日常生活中经常出现的人或事视而不见，对天天看到、听到的无动于衷，觉得那些都与我没关系，这样就不是"见"了。

人要成其伟大，就必须做到会观察、会动脑子。你要思考，要"观其会通"。每

个人有每个人的思维空间，这个世界才众彩纷纭，才多姿多彩，我们不能强求统一。这个里面有一个类比，通过这个类比，才能做到一个通。

"观其会通"，观察这个"会通"，那就是说，把事事物物都要分类、归纳，才能做到它的通。这个通不仅仅是事物本身通了，还有第二层意思，就是你这个观察的人通过在"会"中类比、归纳以后，你通晓了这个事物的变化规律。"见天下之动"，这个"动"的因素是什么？动的内因和动的外因是什么？动的外力和动源、动的过程、动的结果是什么？你都能看得很清楚，这就是你看通了，看透了。既然你对这个问题看透了，你对这个问题有认识了，这样就行了。

关于"会通"。牛顿是根据苹果掉下来，然后以这个类推：苹果挂在上面，日月星辰也是挂在天上，就是《系辞传》后面讲的"天垂象"，垂也好像是挂着。那么，苹果能往下掉，日月星辰为什么掉不下来呢？这么一类推，他一下子就悟了，悟通了——哦！是万有引力。他这个万有引力是通过这个类比来的。当然他还有一个推算，没有推算的公式，他的论文也就无法发表，人家也很难去认可。但是通过预测、类推、推算，他这个成果就成立了，他的牛顿定律就成立了，这就是"观其会通"。

"行其典礼"，这个"典"是指准则，人行动必须有准则。这个"礼"是规范。你是按照一种准则来行事，你行事就显得很规范了。但是这个规范我们不能把它理解为一种重复，重复不是规范。真正意义上的规范是什么？单位有章程，还有规章制度，国家有法律。以什么为标准呢？你这个规则出来之后，不影响人的创造力，而且有利于单位的员工，整个集体的创造性，我认为这样的章程、这样的规则才是好规则。但有的规则制定出来以后，显示出不能与时俱进，很快就要重新修订。像有些规则老是试行，试行了一年两年就试行不下去了，因为它会束缚人的创造力。所以这里讲规范，必须有一个准则。

真正的准则是什么？必须"与天地准"，就是说，与大自然的规律、与事物发展的规律是相准的，是相应的。这样的规则当然能激发人的创造性，而不是束缚人的创造性。我认为这是很关键的，像牛顿定律就有它的一个准则。所以，"行其典礼"我们要结合科学来理解，因为《易经》本身就有原始、朴实的科学精神在里面。

"系辞焉以断其吉凶"，这个"系辞"当然不是指这个《系辞传》，而是指前面的

卦辞和爻辞。为什么叫系呢？就是说，这个卦辞是系在卦的符号、图形上的，文字是解释符号、图形的，而爻辞是系在每一爻上的。那么有了这些辞有什么作用呢？是为了"断"——"断其吉凶"，是为了判断吉凶的。"是故谓之爻"，这就解释了"爻"是什么意思。前面有个"象"，这个象是指卦象。这里没有象字，实际上应该加个象字。前面是指卦象，这里是指爻象，都是指象的，都是解释象的。

"言天下之至赜而不可恶也"，"恶"在古书上与"亚"相通。在《史记》里有"亚谷侯"，但是在《汉书》里是"恶谷侯"。中学课文里面有一篇文章叫《周亚夫军细柳》，这个周亚夫在《语林》里面就是周恶夫。所以在古代这两个字可能是通用的，这就为我们在这里理解这个"恶"字多了一个参考。"天下之至赜"，"至赜"就是这么样纷纷扰扰，麻烦不断，就像现在，天下事是错综复杂。"不可恶也"，不仅仅是有厌烦的感觉，还有一层意思是，你也没法去把它排出次第，因为亚就是次——冠军为主，亚军为次。你很难去排出一个次第来。谁是主？谁是次？这个很难排。

"言天下之至动而不可乱也。"这个"言"都是《易经》里面的卦辞、爻辞，来描述这些"天下之至赜""天下之至动"，各种人类的活动、事物的变动等纷纷扰扰，所以说"不可乱"。就是说，还是有一定次序的。

这里引用《礼记·礼运》中一句话："事君（国）者，可贵可贱，可富可贫，可生可死，但不可使为乱。"上次有位上访者来求我占卜，我把这句话写在纸上送给他，让他自己去占卜吉凶，自己去"拟议"行为准则。

"拟之而后言，议之而后动，拟议以成其变化。""拟之"，前面讲过模拟，这个模拟不是简单的模拟，在你观察之后，你要分析，你要冷静地思考，通过观察、分析、思考以后，你才能言，才能说。这里有个"后"字，它与繁体的"後"在古书上是分开用的。"后"在古书上用于皇后、皇天后土等，不是先后的后。古文中先后的后是"後"。

"议之而后动。""议"，当然是大家一起议论、讨论，然后才能有所动作。一个人有一个主意，有一个策划的思路，有一个行动方案，有了你不要马上动，也不要马上说，通过分析、评估，大家坐下来讨论，讨论以后再去行动，再去操作。

"拟议以成其变化"，有人把这个"议"当作"宜"字来看的。就是说，你不仅要议，还要围绕一个"宜"来议，你这个动还要围绕一个"宜"来动。动的时候，还必须检查，检查的标准也是这个"宜"——适宜不适宜。只有适宜了，你才能成功，才能"成其变化"，这就是说，你才能把握变化，才能驾驭变化，才能在变化中求得成功。

"鸣鹤在阴"这句话在《中孚》卦里。我们看看《中孚》卦的卦画▤，它正中间两爻是阴爻，最上面两爻是阳爻，最下面两爻也是阳爻，叫"中孚"，好像是中间"浮"起来了。《中孚》卦是指诚信。为什么叫"鸣鹤"？单用一个鹤不就行了吗？一般称鹤为仙鹤、白鹤、云鹤，这里为什么叫"鸣鹤"呢？"鸣鹤"就是说，这只鹤正在啼鸣。但是这个卦象上有啼鸣的意思吗？你看，下面那个卦——兑卦▥，兑卦是指言的，是口。再一个，为什么是"其子和之"呢？这个"和"是唱和、附和的意思。我们看上面一卦，把它覆过来，不也是兑卦吗？你们看，下卦

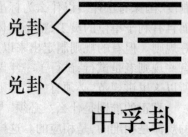

兑卦

兑卦

中孚卦

从这边看,上卦从那边看,不正好是口对口,这不正好是唱和吗?

六十四卦的卦名都是根据卦象走的。这个"阴"当然是在一个隐蔽的地方,不是那么显露的地方,它在那里鸣叫。这个"子",并不一定是指它的孩子,应该是指它的丈夫,或者是其他的雄鹤、同伴。就是说,听着它的鸣叫,虽然没有看见它,同样一起唱和。它们之间语言是相通的。这里能够看得出,它是根据卦象来的。我们从上面看是兑卦,从下面看也是兑卦。两个兑卦遥相呼应,这就是"其子和之"。

"我有好爵,吾与尔靡之。""爵"本来指酒杯、酒具,而且是比较高贵的,不常用的。所以在封爵位的时候,要赐臣子御酒。这里的"爵"还是指美酒。我有美酒,我与你靡之。这个"靡"本来是指消费的意思,实际上就是干杯。喝干了,不就是消费了吗?"吾与尔靡之",这个"尔"就是指你了。鹤鸣之,和之,原来是为了说人"靡之。"

"子曰",我们回忆一下《论语》。《论语》里面有许多"子曰",因为《论语》不是孔子写的一本书,《论语》是孔子与学生(他的弟子)平时的问答,把这个问答都整理出来就成了《论语》。就是说,《论语》是孔子讲人伦的一本语录。那么,这里的"子曰"也是一种语录了。在讲到"鸣鹤在阴"的时候,讲到《中孚》卦的时候,孔子说了一句话。从这里我们能够看出来,孔子与他的弟子在平常谈话的时候,也在经常参究《易经》,也在谈论《易经》,也在评论《易经》。从这里能够看得出他们平时的教学情况。

子曰:"君子居其室,出其言善。"这肯定是他的学生问"鸣鹤在阴,其子和之"是什么意思啊? 孔子就讲了这个意思:君子坐在家里,他的言论是善的。"出其言善",这个"善"不是小善,是大善。孔子讲过这么一句话:有人捡到东西之后,给他一些奖励。有人就认为,拾到东西归还失主是应该的,为什么还要奖励他呢? 不应该奖励。但是孔子说:应该奖励。如果你不奖励,那以后还有谁来做这种事呢? 他是从大局、从大众这个层面上去看问题的,所以他所言的是大善。

"千里之外应之,况其迩者乎?""迩"是指近。孔子离我们现在有两千多年,我们现在还在学他的言论和思想。"况其迩者乎"? 何况他身边的那些弟子呢?"居其室,出其言不善,则千里之外违之,况其迩者乎?"这当然与上面是相反的。相反的例子。古代凡是那些不善的言论留下来了吗? 所有留下来的全部是善的言论。

"言出乎身,加乎民。""身"是指口。这个"民"我们应该引申到社会。这些言出自你的口,对其他人、对大众、对社会是有影响的,特别是有影响的人说的话。杨振宁教授在人民大会堂作报告——《易经对于中国传统文化的影响》。关于这个

报告,在网上展开了热烈的讨论,报纸上也在讨论,还有各个学术团体也在讨论。解放五十多年以来,什么时候我们全社会都来关心《易经》,把《易经》当热点?这是第一次。无论他讲的是什么,对于易学研究都有贡献,对于中华传统文化的传承,对我们今天的现代化建设,对我们传统文化的复兴,是有益而无害的。

"行发乎迩,见乎远",这是指行动。行动当然是指近。舜的家里有一位后母,而且后母生的弟弟(名"象")也很愚顽,象和后母对他非常恶劣。而舜呢? 全然不计较后母和弟弟对他的不友好,他竟然把这个家庭治理得非常的和谐。这就是"行",因为这个"行",在社会上纷纷传扬,传得很远。有一天,尧召集群臣商议举

禹　　　　　尧　　　　　舜

贤,要选拔继承王位的贤人。这个时候大臣们一致举荐了舜。尧说,他也听说过这个人。尧竟然把自己的两个女儿嫁给了舜,最后也选拔了舜来接位,把自己的位置禅让给了舜。从这个例子能够看得出来,他是坐在家里做的这一件事,然而这件事传得很远,连朝堂之上都震惊了,连尧也听说了。

"言行,君子之枢机。""枢机"不需要解释,就是机关那种意思。"枢机之发,荣辱之主也。"什么叫荣辱? 荣与辱是相反的。我们举一个例子,清代的和珅是怎样成为重臣的? 就是因为当初乾隆问了一句话,没有人回答,他答出来了。"枢机",这是一个机会呀,正是因为这个机会,他以后一荣百荣。当然,也有人就因为一句话而招来杀身之祸。如"清风不识字,何必乱翻书?"就是因为这句话而招来杀身之祸,当然这是因为文字狱了。这就说明"言行,君子之所以动天地也,可不慎乎?"所以要谨慎,要"拟之而后言",不能随便说,不能随便行动。这里要注意"君子"两个字。"君子之所以动天地",所以皇帝的话是金口玉言,他的言和行惊天动地,影响太大了,所以要谨慎。

"同人,先号啕而后笑。""同人"是指《同人》卦。现在"同仁堂"的店号就是把这个"人"改成了"仁",这个名字起得非常好,所以它成了百年老店。好多老店的

名字都在《易经》里,如"咸亨酒店",这个牌子也非常好。"号咷"当然是指哭。在抗日战争时期,在东北,有一天八路军打了胜仗,把缴获的日本鬼子的军装全部穿在身上。这时苏联红军也来了。他们听说苏联红军来了,就列队吹着号在那里迎接。苏联红军老远一望,啊,全是日本军装,紧张起来了,架起机枪,严阵以待。这边没有俄文翻译,那边没有中文翻译,怎么也说不通。这边指着袖章讲"八路、八路",还是不行,因为你是日本服装呀。最后这个八路军的司令急中生智唱歌——唱《国际歌》。《国际歌》一唱,双方都拥抱起来了,在一起欢呼,在一起跳跃。这就是"先号咷而后笑"。只要是爱好和平的,全世界人民一首《国际歌》就是"同人"。

孔子的弟子问这一句的爻辞,孔子就解释:"君子之道,或出或处。"这个"出"是指动,"处"是指静。回到前面讲的"君子居"和"君子动",这个"出"就是动,这个"处"就是居。"或默或语","默"当然是沉默不语,"语"就是语言表达。君子之道,行动也好,或者是居处不动,冷静思考,或者保持沉默,或者发表言论,都有他的章程,有他的准则的。

"二人同心,其利断金",只要两个人齐心,就能把金子断开。这是指一种力量。"同心之言,其臭(xiù)如兰"。两个志同道合的人的语言,听起来就像兰花那样的芳香。"臭"是一种气味。"臭"字上面是一个"自",自是指鼻子。古代,自己的"自"和鼻子的"鼻"是不分的,以后才分开的。到现在还留存着这个习惯:讲"我"的时候,指着自己的鼻子,而不是指着嘴巴,也不是指着眼睛,这就是"我"。骂人的时候也是指着对方的鼻子大骂,不是指着嘴巴,也不是指着眼睛。骂的是什么?骂的就是你,骂的是你自己,鼻子就代表自己了。下面是一个"犬"字,这就说明是犬用鼻子来闻气味。中国的汉字是很奇妙的。这一段,就是孔子解释《同人》卦的。

"初六,藉用白茅,无咎。"这是《大过》卦里面初爻的爻辞。"藉"是凭借。"白茅"是一种茅草。在这个卦里是指什么呢?古代祭祀的时候要摆上供品,先把地上打扫干净,但是还不放心,还要铺上这种干净的白茅草,再在上面摆上非常洁净的器皿装上供品。爻辞讲的就是这一件事。又讲无咎,什么无咎呢?意思是说,你做得这么慎重,你把地打扫得很干净了,装供品的器皿也是这么洁净,做得已经不错了,但是你还认为不够,然后又铺上白茅草(这个白不仅仅指颜色,主要还是指它干净),你这样做何错之有?还有什么过错呢?还有什么伤害呢?还有什么损失呢?"慎之至也",你这个谨慎实在是太过了。

"夫茅之为物薄,而用可重也。"白茅草这种物类是很轻薄的,正如《史记》里面讲的"轻如鸿毛",这是非常廉价的一种东西,到处都有。"而用可重也",但是你把它用于这种圣洁的事上,这就显得很贵重了。

"慎斯术也以往,其无所失矣。""慎斯术",指这种谨慎的方法。"术"就是指方法、措施。"以往",长期做下去——继往开来。这么谨慎的措施长期做下去,历来都是这样做,成为一种传统了,当然就无所过失。这一卦本来是讲《大过》的,"大过"就是过失,但是它是教人如何无过失。《易经》的科学性、应用性就在这个地方。讲《讼》卦的时候,它讲的是如何息弭讼事,息弭争斗。讲《大过》的时候,它是讲如何避免过失。这对我们都是有好处的。这是孔子对《大过》卦的解释,解释得妙极了。

"劳谦君子有终,吉"。这是《谦》卦的第三爻的爻辞,这一爻是九三——阳爻。

坤 ‹ ䷎

艮 ‹

谦卦

这里是"劳谦",《谦》卦的初爻是"谦谦",内谦——有山的静止和幽深,外谦——有地的柔顺与谦和。你这个人外表很谦虚,内心没有一定的修行功夫,这个谦虚是假的。"鸣谦"这个"鸣"本来是张扬,鸣叫,宣扬自己,这与谦有点相反?谦虚怎么还张扬自己?张扬自己怎么是叫谦虚呢?这不是在表自己的功劳吗?这怎么叫谦虚呢?相应来说应该是沉默一点、内涵一点。张扬是什么谦呢?就是透明的智慧,必须要有透明度。"鸣谦"即是有透明度的谦虚,就是说,如果没有值得你骄傲、值得你自豪的东西,你绝对谈不上是真谦虚。

第三爻是"劳谦",第四爻是"挥谦"。只要讲谦虚,就认为你这个人什么事都不能发挥。你一发挥,就认为你不谦虚。"还谦虚呢?出人头地的事他都要干。"现在一讲到某人谦虚,就说,这个人不还是要赚钱嘛?好像什么事都不能干,这是一种误解。"挥谦",你这个谦虚要发挥,不能浪费这个资源,人家认为你是谦虚,你要发挥这个谦虚,甚至使它"产业化""商品化",得到这个社会的认可。

到了第五爻,虽然它没有讲谦,但是为"维谦",就是维护自己的谦虚。为什么要"维谦"?因为你一讲谦虚的时候,有人就会攻击你,认为你不能反击他,因为你一反击他,他就会认为你怕伤害自己的名誉。"我"不怕,"我"可以伤害你,你不能伤害"我"。所以我认为必须要维护自己的自尊和自身的利益,这个必须要维护,就是要维护自己的谦德,当然要注意维护的方式。

所以讲第三爻"劳谦"的时候我又讲,"劳"是什么意思呢?第一:就是它的敬业思想、自强不息。如果没有这种兢兢业业,没有这种自强不息,就谈不上谦虚。这个社会上,凡是兢兢业业地做学问、做事业的人,他们不张扬。往往是那些游手好闲的人他们很张扬,为什么?他不张扬不行啊,他没有内在的东西,只有靠张扬的东西了。你们在社会上可以比较出来。这个"劳谦",没有一种敬业精神,没有一种自强不息,你谈不上谦虚。第二:谦虚要有功劳,这个功劳是很明显的了。第三:谦虚要有资本。你讲谦虚,没有资本是不行的,没有资本谈不上真谦虚。这个资本是什么?有人认为功劳是资本,其实不仅仅功劳是资本,修养的功夫、德性和你养成的这种兢兢业业的习惯,这些都是资本。"劳谦,君子有终",这个地方应该解释为"有始有终,吉。"这里强调了一个"有终",但是我们不能忽略了一个"有始",实际上没有始怎么有终呢?真正有终,还是要有好的开头,好的开头是成功的一半。为什么劳谦能够有终?能够得吉?

孔子的学生以这个向孔子请教,孔子就做了解释。"劳而不伐",这个"伐"字,表面的意思是争伐、讨伐,甚至有砍伐的意思,其实这里是不争、与人无争,是靠自己的辛勤劳动而不是靠其他手段去争夺。"有功而不德"这个"德"应该是"得",这两个字是相通的。这个"德"是说,他有功但不居功,不把这个功居为己有,这样就"厚之至也",这就是厚道了,这是真正的德。

"语以其功下人者也",这个"下"不是上下的下,这个"下"是动词,不是方位词。他能把自己的功劳归功于自己的部属,归功于很多人。那些拿了金牌的运动员会说:我这个金牌、我这个荣誉、我这个自豪,应该归功于我的教练啊,以及很多

帮助过我的人,归功于他(她)的团队。许多人也都这样,事实也应该是这样。一个人想成为英雄是不行的,英雄、伟人都是成长于众人之中的。没有众人,是谈不上英雄和伟人的。

有的人、有的书上把"大人"解释成"贵人",说你能见到贵人。如果到大街上去占卜,你占到这一爻的时候——嗯!不错,你能见到贵人。你很高兴,一高兴就天天坐在家里等贵人,等贵人接见你。但是等了三五年你也没见到贵人,就说这卦不灵。不是卦不灵,是你误解了,你白等了。如果给你讲清楚,这个不是一般的贵人,只有大众、众人才是贵人,用自己的成果、用自己的工作来证明自己,得到众人认可了。你要和谐众人,慢慢地你就会利见众人。在这种情况下,你就会知道这个过程怎么做。

关于占卜,我们不能说这个占卜是个坏东西,这个占卜本来是件好事,结果大家现在都谈"卜"生畏,是不是?原因就是被误解了。我们老祖宗这么好的东西居然被人误解了,这么一把好好的菜刀,被人当作杀人之刀,人家都不敢用了。《易经》注重过程,而不是注重结果。

假如你要办一个事业,条件也具备,但是还很不放心,就去大街上占卜一卦。你一占卜——"潜龙勿用"。你别做了——"勿用"啊。"用"为行。"勿用"就是不能行,不能动。那么你回去一想:我不甘心哪。因为什么都准备好了。这就误人不浅哪!真正的占卜是什么?"潜龙勿用",不是不用,而是暂时不用;不是不为,而是为了大有作为。

"德言盛,礼言泰","德"和"礼",一个是体,一个是用——德是体,礼是用。体是静态的,它是不动的。这里所说的德是人们通过修养已经具备的德行。这个礼表现在你的行为之中。我们顺便讲一下佛教里面"三身、四智、五眼、六通"里面的"三身"。三身是指法身、报身、应身(也叫化身)。法身就是指你自身的本性。从现在科学的角度来说,就是遗传基因,是你本身就有的,是与生俱来的,一出生父母给了你。第二个是"应身",也叫"化身",这个时时都看得见。你评判一个人:这个人怎么样?这个人我愿不愿意与他交往?你就是凭借对他的应身的判断,从他的言行来评判他,初见面就是看他的应身。这就是言行,也就是上面说的"礼"。这个"恭"字是广义的,它不仅仅是指恭敬,这个恭敬实际上就是谦。不仅仅是言行的谦,还有礼。

还有一个"报身"。报身实际上既是看得见的,又是看不见的。为什么说是看不见的?因为报身是一个人修养、奉献等各方面的积累。什么积累?这个人的修养的积累,也就是他的功绩(功劳和成绩)的积累。你评判一个人:哎呀,这个人真伟大!伟大在哪个地方?这个伟大就是他的报身。因为他是从一个凡人到一个伟

人,不是开始是伟人,世间上没有这种事。他是凡人在前,伟人在后。就是说,伟人是在凡人的基础上慢慢地积累,首先是功劳和成绩累积到一个高峰,第二个是道德修养也累积到了一个高峰,这就是伟人。

从反面来看,从另一个角度来看,希特勒也有"功绩",但是他能称为伟人吗?因为道德修养这个东西他没有,他没有这个高峰。另外,他的功绩对人民有害无益。这个报身要让人民来评判,让时代来评判,让社会来评判。

"德言盛",这个盛大就是他的高峰,这个德就是这个人的报身,礼就是应身。孟子讲:"人之初,性本善。"荀子讲:"人之初,性本恶。"无论是善也好恶也好,它都是本性,而人之初的本性是无善无恶的。这个本性的东西就是法身。这是孔子给自己的学生解释《谦》卦说的这一番道理,这一番道理也是很平常而又精辟的。

"亢龙有悔"是《乾》卦里面的上九爻的爻辞。孔子的学生问孔子:"这是什么意思?"所以孔子就解释了。"亢龙有悔","亢"就是高。"贵而无位",就是身份很贵,但是没有位置。"高而无民",就是地位也很高,但是手下没有部属;虽然你是将军,但是你没有兵,是光杆司令。"贤人在下位而无辅",也有贤人,有些贤人甚至是你在位时培养的,但是他在下位,对你没有辅助,辅助不了你。"是以动而有悔也",所以这时一行动就有悔。这个"悔"不是一般的悔,不仅仅是后悔,同时还有悟。

对于一个家庭来说,这个家里的孩子们都大了,如果你还在那里专权,还在那里指手画脚,还在那里给孩子们包办代替。虽然孩子们也都尊重你,都孝敬你,但是你这个时候还什么事都来管。这个时候要做到无为。孩子们有他们的自由,他们比我们这一代还强,我们应该放心。这些都是无为。你越是这样放开,越是这样无为,孩子们才越加孝敬你。这就是长江后浪推前浪,这就是一种历史前进的规律。这是孔子解释《乾》卦上爻的一句话。

"不出户庭,无咎。"如果占卜到这一卦——不出户庭,无咎——你在家里不能出去,因为你不出去就无咎,你今天不能出门了。第二爻——不出门庭,凶——你今天要出门,你坐在家里就有凶。孔子对学生们说过这样一句话:"谁能出不由户?"意思是,谁能够走出屋外不经过门户呢?孔子的比喻都是以平常事喻平常理,这样的比喻才有意思。

这是《节》卦里的。《节》卦☵上卦是《坎》卦,是水;下卦是《兑》卦,是泽。水流到泽里面,好像是一种节制。你们想一想:"不出户庭,无咎""不出门庭,凶",它的初爻是阳爻,在下边;二爻也是阳爻,虽不正,但它的位中,比中正更重要。这个水在下,这是该它去的地方,泽就是你的家,所以"不出户庭,无咎"。到了二爻,往上去了,这时"不出门庭,凶"。就是说,真正大江大河满的时候你不去排泄、疏通,那就有凶了。实际上这就可以看出,卦辞全部在象上。

坎〈
兑〈

节卦

孔子讲:"乱之所生也,则言语以为阶。"我认为这个"阶"应该是"介"。"乱之所生",祸啊,乱啊,是由言语引起来的,言语就是其中的媒介。介就是在微妙之间。实际上很多大错都是在微妙之间引起的,甚至很多东西是言出有祸、祸从口出。也

可以这样解释:阶是阶梯,线索,是由这个引起来的。

"君不密则失臣,臣不密则失身,几事不密则害成。"这个"几"应该是"机"。连续剧《大染坊》里,陈寿亭讲过一句话。大家知道,陈寿亭小时候是个要饭的,一天书都没有读过,只是从小在评书场里听评书长大的。有一位老者给他讲过一句话,他一直就记住了,讲的就是"君不密则失臣,臣不密则失身,几事不密则害成",就讲了这句话,他记住了,而且他受用终身。这句话是很好理解的,但是这里面很有内涵。当然,作君子的,你说话不仅仅是要保密,实际上是指说话要谨慎。有人说话,张口就来,口无遮拦,这谈不上"密"。这个"密"是指说话谨慎。"不密",就是口无遮拦。说话口无遮拦,那么有志之士来投奔他吗?

"臣不密则失身",《三国演义》里,杨修不就是说话不谨慎吗?一下子被杀头了。他有时候想说就说了。曹操修了个门,觉得宽了一点,就在上面写了个"活"字。他就知道这个门是"阔"了,他一语道破了。有一次曹操写了一句"一盒饼干",他又道破了曹操的语迷:意思是一人一口。所以最后他失身了,而且是丧命。

"几事不密则害成",这很明显,凡是事关重大的事,不谨慎、不保密,当然是有害无益了。"是以君子慎密而不出也",所以君子说话是非常谨慎的,不随便出言乱语。这一句话很好理解,没有什么难懂的东西,但是要做到,这也要一种修行的功夫。

子曰:"作《易》者,其知盗乎?"这里面先引用了孔子的一句话。孔子提出了问题,他问:"难道作《易》者知道盗贼是怎么引起的吗?"他想问《易经》的作者知道盗贼是怎么引起的。他提出这个问题的依据,就是《易经》上的一句话:"负且乘,致寇至。"这是解卦里面的爻辞。"负"就是背负、负重。"乘"呢?既指车子,又指坐车。"负也者小人之事也",背负是一种劳作,是劳力者做的事。"乘也者君子之器也",能够坐车子,那是君子的事,一般是有身份的人才坐车子。而这里"小人而乘君子之器",强盗一看,这几个人坐着车子还背着东西,一看,他就起盗心了。为什么呢?你上车就应该把东西放在车上,你还背在背上,你习惯了。他不知道车子是可以放东西的。盗贼一看,这几个是小人,所以他就想去抢夺了。《易经》举的这么一个例子是非常形象的:身上背着东西,还要乘着君子的车,盗贼一看就明白了。所以"小人而乘君子之器,盗思夺之矣",难道完全是盗贼有过错吗?"上慢下暴,盗思伐之矣","上慢"就是上层统治者非常傲慢。上层管理者无德,下层当然就会施暴,就会施乱啊。所以,"盗思伐之矣"。"伐"是抢夺。盗贼的思想是怎么产生的?这不能完全怪他自己,实际上这里讲了一个政治现象。一些高层领导,甚至是省部级的干部,他坐在那个位置上,但是他做了他不该做的事(那些小人做的事),这就是"上梁不正,下梁歪"了,那下面人当然就乱了。这里讲了一个社会问题。

"慢藏诲盗,冶容诲淫",这里两个"诲"字,有人认为是后悔的悔,但我认为应该是教诲的诲。因为,"慢藏诲盗"这个"慢",不仅仅是傲慢,还隐藏着"诲盗",这个诲是教唆。实际上这种行为成了一个教唆犯,成了反面诱饵。"诲淫",一个女人遭到强暴了,当然那个强暴者不对,要遭到惩治。可是回头一看,这个女人打扮得非常的妖艳,穿那么露,所以就有人产生了淫的邪念。因此,被强暴者也有责任这还是一种社会现象。

"《易》曰:'负且乘,致寇至',盗之招也。"实际上这句话是说,这个盗贼是谁招

来的？是那人自己招来的。如果从社会现象来说，不管是哪一个地方，凡是歪风邪气屡禁不止，就说明那个地方肯定有腐败。如果不是有腐败，怎么会有屡禁不止的现象呢？之所以屡禁不止，正是因为有腐败分子在那里做保护伞。所以开头孔子就讲："作易者，其知盗乎？"他难道知道盗贼是怎么发生、怎么引起的吗？他知道是这引起的，这就讲了一个很大的社会现象。所以说，这个《易经》与我们的社会生活是息息相关的。从这里可以看出，学《易》可以无大错。

大家都对古典有三个误解：第一个误解是，认为古典讲的是空道理，是束之高阁的，是"道可道，非常道"，是"玄之又玄"的；第二个误解是，认为古典大多是迷信，是糟粕；第三个误解是，认为古典中的东西与今天现实离得太远，与现实不相应，讲这个没作用。当然，如果按照现代来讲，还有第四个，即我们的科技为什么没有西方发达？可能还是这个传统文化影响了、阻碍了我们？特别是今天，大家读了《易经》，就应该是没有误解的，误解应该消除了。当然，从《易经》表面的字义

上去读，当然读不出这些东西。但是只要与现实社会生活一联系，就知道我们的古典讲的不是空道理，而是人之常道。第二，它不是迷信，尽管它里面也有糟粕，但是这个东西还在于人用，在于理解的问题。第三，古典离我们现实生活不是远，而是在我们的现实生活中间。第四，真正说它没有阻碍我们的科技发展，如果好好地去弘扬，应该说它能推动科技的发展，推动社会的进步。

《易经》在很早以前就有它的思维，特别是用符号标记。现在带着符号的经典，世界上这是独一无二的。这是它的源头活水。

第二：《易经》是以人为本的。《易经》既讲"与天地准"，讲自然，但同时是围绕人类的活动来讲的。讲人，不仅仅是一个人，是讲人类活动、社会活动，是围绕人类活动，围绕社会活动来讲的。这是以人为本。

第三：《易经》至简至易。讲得很清楚，孔子举的几个例子，都不复杂，都很简单。上面讲的社会现象，让现代人来描述的话，很难做到如此的简明。他用"负且乘，致寇至"这么六个字就把它描述出来了，至简至易——非常简易，当然，至简至易还可以从爻象上来说。一个阴爻、一个阳爻，两个符号就把万事万物的变化、这么多自然之象、社会之象，还有人生之象全部表现出来了。

第四：《易经》的海纳百川。在美国，有一位学者写了一本《世界文明史》，他承认中国的中原文化是主体文化。中国的中原文化是以伏羲文化为主线的。伏羲文化沿着北纬36°线从西向东，无论是天水、洛阳、安阳，还是山东的曲阜，这沿线一带都是在北纬36°的上下左右。在这一线它是主体文化。这个主体文化的传承，它是海纳百川。历史上有三次大融汇，第一次大融汇是在从炎黄到尧、舜、禹这一段时间，距今四五千年，它有一个大汇流。东夷、西戎、北狄、南蛮，当时这些都属于中原周边地区，这些区域文化、部落文化都融汇到了中原，同时也把中原文化（以伏羲文化为主体的文化）传播出去了，这是一次大融汇。第二次大融汇就是佛教的传入，

佛教传入之后，与儒家、道家并列成为中原文化的三大支柱，这是历史上是已经公认的东西。

那么，第三次大融汇就是在"五四"时期以后。"五四"时期有人认为，我们的传统文化传承到现在，已经没落了，腐朽了，不行了，我们应该引进西方的东西。国外的那些坚船利炮都很厉害，西方人好像比我们聪明，认为我们守在这个科举制度里面是不行的。但实际上这是一种误解。当时胡适提出"打孔家店"，然而一上大街，就变成了"打倒孔家店"，就有一批人到西方引进了很多东西。严复先生不是翻译了很多西方书籍吗？他把亚里士多德的《后物理学》翻译成《形而上学》，这也是根据《易经》来的，后面要讲到。"金字塔"是康有为翻译的。但是在引进时也有些盲目的东西，直到马克思主义引入中国后，一下子给了中国一种新的生机，一种新的希望，中国文化一下子又有活力了。毛泽东把马克思主义与中国革命的具体实践结合起来了，应该说，是马克思主义的文化与中国的传统文化相结合了。现在中国老百姓无论你接受不接受马克思主义，但是在人们的说话、思维中，都有马克思主义的东西了，讲辩证法，讲对立、统一，讲内因、外因，讲生产力，讲生产关系，讲政治经济学等，这些东西都是受了马克思的影响，就是说，它已经形成文化，因为大家都接受它了。所以第四个先进性就是它的海纳百川。

第五：《易经》是与时俱进。"与时俱进"这个词就来自《易经》，在《易经》的《乾》卦里面讲到了"与时偕行"，在《损》卦与《益》卦这两卦里面也讲到了"与时偕行"。"偕行"就是肩并肩地行走。《易经》的"与时俱进"，我们随便举几个例子。一个是十七世纪德国的数学家和哲学家莱布尼兹，他一看到《伏羲六十四卦方位图》，他当时看的不是《易经》，只是这一张图，他一下子震惊了。因为他在两年以前就已经把二进制的论文写好了，放在家里不敢往外公布。皇家学会催他：你把这个公开吧。他不敢发，没有底气。他一看到"六十四卦图"以后，发现阴爻和阳爻它能不断地演变，演变出三百八十四爻，这不就是二进制吗？他马上改论文，在论文题目上还把"伏羲大帝"这个名字写进去。他的论文里面专门有一段称呼"伏羲大帝"。他的二进制到后来就被应用到计算机里面去，阴文、阳爻变成了"0"和"1"。这就是"与时俱进"的一个典型的证明。

从今天来看，我们读《易经》，读《系辞传》，这里讲的是其中几卦，是孔子讲的。我们可以这样说，这不是孔子在两千年以前讲的两千年以前的事，而是讲我们今天的事，他讲的东西就像我们身边发生的事。我可以说，再过两千五百年，人类社会可能还是这么一个状态，也变不到哪里去。人之常情不变，人之常道就变不了，他讲的是人之常道。人之常道是根据人之常情来的，所以人之常情，它的影响力是很大的。

【经典实例】

杨修卖弄聪明招杀身之祸

杨修是太尉杨彪之子，博学能文，机智过人。他担任曹操丞相府仓曹主簿，但由于他时常卖弄自己的聪明，话语又不谨慎，最终惹怒了曹操，招来杀身之祸。

一次，曹操下令修造一所花园。完工之后，曹操前去视察，视察完毕，就在门上

写了一个"活"字。工匠们都不知道是什么意思。杨修说:"门里添了活字,就是阔。丞相是嫌花园门太宽了。"于是工匠们马上动工把门改窄了一些。大家请曹操再次视察,曹操见了很高兴,问:"是谁猜出了我的意思?"众人都说是杨修,曹操嘴里大加赞赏,心里却很不是滋味。

又一次,塞北送了一盒酥来,曹操在盒上写了"一合酥"三个字,放在案头,随后就出门办事情去了。杨修有事来找曹操,见到了案头的那盒酥,又见到了盒子上的字。他微微一笑,便随手拿走了那盒酥,径自分给士兵们吃了。后来曹操问起这件事,杨修说:"盒子上明明写着'一人一口酥'嘛,大家只好从命了。"原来,古代人写字是竖着写,不是我们今天的横着写字的方式,"一合酥",竖着念就是这个意思。曹操听了,哈哈大笑,但心里对杨修的话很不满。曹操很嫉妒有才华的人,就怕别人的才能超过自己,他不喜欢别人在他面前显示自己的聪明才智。

当时天下不太平,曹操怕遭暗杀,常常吩咐左右:"我经常在梦中杀人。我睡着时,你们不要靠近我。"有一次,他午睡时,被子落在地上,一个侍从忙起身为他盖上。曹操便起身一剑杀了那个侍从,然后又重新躺到床上去睡起觉来。一会儿,起床之后,看到周围的一切,假惺惺地问:"谁杀了我的侍从?"众人如实禀报。曹操大哭,把那个人厚葬了。经过了这件事,大家都相信了曹操真的是在梦中杀人。只有杨修却在下葬时指着那个冤死的人叹息说:"丞相并没有做梦,你才在梦里头呢!"曹操听见,觉得杨修实在太聪明,更加怨妒他,总想找个理由惩罚他一下。但他又怜惜杨修是个人才,只好作罢。

曹操与蜀军在褒斜道(古道路名)作战,因蜀军大将马超坚守,久攻不下,曹军只好在斜谷界口安营扎寨。他很想退兵,却又不甘心,一时犹豫不决。正在沉思时,厨子送来鸡汤。他正喝着,部将夏侯惇来问夜间巡逻的口令。曹操看着碗里的鸡骨头,随口说:"鸡肋!鸡肋!"

杨修知道后,回去让随行军士收拾行装,准备回去。夏侯惇不明白其中缘故,杨修解释说:"鸡肋这东西,食之无味,弃之可惜。现在我军前进不能取胜,后退又怕人耻笑,在这儿呆着,还不如早点儿回去。我想明天丞相一定班师,所以早做准备,免得临时慌乱。"

不巧的是曹操心中烦闷,就走出营帐,到各营巡查,发现士兵都在准备行装,便问夏侯惇是怎样一回事,夏侯惇如实汇报了情况。

曹操大怒,忍无可忍,以扰乱军心的罪名把年仅三十四岁的杨修斩首了,总算解了心头之恨。

第九章

【传文】

大衍之数五十,其用四十有(又)九①。分而为二以象两,挂一以象三,揲之以四以象四时②,归奇于扐以象闰,五岁再闰,故再扐而后挂③。天一地二,天三地四,天五地六,天七地八,天九地十。天数五,地数五,五位相得而各有合。天数二十有五,地数三十。凡天地之数五十有五④,此所以成变化而行鬼神也⑤。《乾》之策,二百一十有六;《坤》之策,百四十有四。凡三百有六十,当期之日⑥。二篇之策,万有

一千五百二十,当万物之数也⑦。是故四营而成《易》,十有八变而成卦⑧。八卦而小成,引而申之,触类而长之,天下之能事毕矣⑨。显道神德行,是故可以酬酢,可与祐神矣⑩。子曰:知变化之道者,其知神之所为乎⑪。

【注释】

①大衍之数五十,其用四十有九:"衍"即推演,演算。"五十"为满数,为大数,故称"大";《周易》"广大悉备",以大满之数推衍广大悉备的《周易》为演算之中最大者,故又称"大衍"。古籍中有孔子"五十而知天命""五十而学《易》""蘧伯玉行年五十而知四十九年非"等,可以推知五十之数为大满之数、天命之数。五十根蓍草而用四十九根,所不用的一根就是"《易》有太极"的"易"或曰"易道";而下文"挂一"的"一"即"《易》有太极"的"太极"。

②分而为二以象两,挂一以象三,揲之以四以象四时:演卦时,将四十九根蓍草随意分为上下两份,用以象征阴、阳两仪;然后从任意一份中抽出一根悬挂于中央用以象征太极、阴、阳;再将上堆蓍草四根为一组地数用以取法四季("揲",数)。下文说"易有太极,是生两仪,两仪生四象",这与我们的注释是相合的。《庄子·应帝王》说"南海之帝为倏,北海之帝为忽,中央之帝为浑沌",此方位次序亦与我们对"挂一以象三"的解释相一致。旧注谓"象两"为象征天地,"象三"为象征天、地、人三才,恐未必。王弼说"其一不用也……斯《易》之太极也"。按:五十之中不用之"一"为《易》道,"挂一"之"一"乃为"太极"。

③归奇于扐以象闰,五岁再闰,故再扐而后挂:"奇"谓四根一组数剩之余,其或为一根,或为二根,或为三根,或为四根。"于扐"之"扐"用为名词,所以高亨说:"扐疑借为肋。肋者胸之两旁,此指所挂蓍草之两旁"。今从高说。扐、勒、肋古字相通。《穆天子传》注"扐音勒",《释名·释形体》"肋,勒也",《文选·景福殿赋》"勒分翼张",注:"勒与肋古字通";《诗·斯干》《释文》引《韩诗》说"勒,翅也",《说文》"肋,胁骨也"。训翅为胁,皆为身体之旁;在此指把剩余的蓍草归并在一旁。闰月为年数之余,所以说此剩余之草象征闰月。每五年大致有两次闰月,所以说"五岁而再闰"。因为象征"再闰",所以要再把下堆蓍草四根一组地数("揲之以四"),并且同样地再把剩余之草归并在一旁("归奇于扐"),所以说"再"。如此数三次便可得出一爻,然后再挂一、分二、揲四、归奇重复操作五遍,就可最终求出一卦,所以说"后挂"。要注意的是,这里的"再扐"是"揲之以四,归奇于扐"的省文;"后挂"则是"分二、挂一、揲四、归奇"的省文。

④天数五,地数五,五位相得而各有合,天数二十有五,地数三十,凡天地之数五十有五:《系辞》经历了一个陆续纂辑的过程,疑"天数五,地数五"至"当万物之数也"这一段文字是传《易》者对演卦过程的解说而后来被收入正文,如果删去这段文字,便是"……五岁再闰,故再扐而后挂,是故四营而成《易》,十有八变而成卦",成爻成卦之法叙述完备。第十一章开头又有"天一地二天三地四天五地六天七地八天九地十"这二十字,程颐、朱熹、高亨等认为当移至"天数五,地数五"之上。按:这二十个字可能又是后来的传《易》者对衍出的"天数五,地数五"的解释而被抄入正文并错出在第十一章,可谓衍中有衍。天数有五个,地数也有五个,传《易》者用小字注释说天一、天三、天五、天七、天九是"天数五",地二、地四、地六、地八、地十是"地数五"。若无"天数"这两个字,那么"天一"就不知道是指什么,显

然"天一地二"等等是对"天数""地数"的解释。因此,这一段文字若按其原貌排版,则是"天数五,地数五"至"当万物之数也"以双行小字排列于"故再扐而后挂"和"是故四营而成《易》"之间;而"天一地二"等二十个字则以再小一号的字或以括号括起排列于"天数五,地数五"之下。"相得"犹相加,"合"犹和,即和数(高亨说)。五位奇数和五位偶数相加都各自有和数,作为天数的奇数相加之和为二十五,作为地数的偶数相加之和为三十,天地之数总和便是五十五。

⑤此所以成变化而行鬼神也:"此"指代上面的"天数五,地数五"。"成变化",决定爻性的变化,如天数三十六策为老阳,二十八策为少阳,地数三十二策为少阴,二十四策为老阴。"行鬼神",成卦以后可与鬼神沟通、感通神灵("行",通)。

⑥《乾》之策,二百一十有六;《坤》之策,百四十有四。凡三百有六十,当期之日:《乾》卦六爻皆为老阳九,而九数是由三十六蓍草("策"指蓍草)得来,六个三十六策便是二百一十六策。《坤》卦六爻皆为老阴六,而六数是由二十四蓍策得来,六个二十四策便是一百四十四策。"期"也写作"朞"(音基),一周年。"当期之日",谓《乾》《坤》蓍策共三百六十,大致相当一年之天数。天地之间寒暑更迭、万物荣枯,一年一循环,正与《乾》《坤》之策相当。此四句文字与"以象四时""以象闰"相联系。

⑦二篇之策,万有一千五百二十,当万物之数也:"二篇"指今本《周易》的上、下经。上、下经共六十四卦,每卦六爻,共三百八十四爻;阳爻与阴爻各一百九十二爻;阳爻为九数三十六策,阴爻为六数二十四策;一百九十二阳爻乘以三十六策为六千九百一十二策,一百九十二阴爻乘以二十四策为四千六百零八策;因此上、下经六十四卦合计一万一千五百二十策,此与万物之数大致相当。

⑧是故四营而成《易》,十有八变而成卦:此当是紧承"再扐而后挂"而说,此前为一变,"四营"则是就三变而言。也即分二、揲四、归奇操作三次,则归奇之和数有十二、十六、二十、二十四这样四种可能;用四十八分别减去这四个数就会有三十六、三十二、二十八、二十四这四个结果,这便是爻策之数;为了"以象四时",则这四个数分别被四除,就会有九(老阳)、八(少阴)、七(少阳)、六(老阴)这四个结果,这便是爻性之数;这即是三变;三变后的爻策之数通过被四除而求出老阳(九)、少阴(八)、少阳(七)、老阴(六)这四个爻性之数,这便是"四营"("营",求);经过三变四营而求出《周易》的一爻,便是"四营而成《易》"。应该注意的是:"四营"与"十八变"互文足义,"成《易》"与"成卦"互文足义。也就是说"四营"是指三变四营,"十八变"指十八变四营;"成《易》"是指成《易》爻,"成卦"是指成《易》卦。按:关于揲蓍求卦的具体方法,可参看高亨《周易古经今注·周易筮法新考》。

⑨八卦而小成,引而申之,触类而长之,天下之能事毕矣:"八卦"是指三画卦的《乾》《坤》《震》《巽》《坎》《离》《艮》《兑》八经卦。"小成"谓成就事物的基础(小少为大多的基础,《后汉书·陈忠传》注"小者,大之源")。八经卦相重,则其本身所象之有限事物可以触类旁通,得到无限的引申和增长,凡天下所能够取象的事物可以全部包罗其中。按:"十有八变而成卦"是属于揲蓍法的六画卦系统,而"八卦而小成"则是属于重卦法的三画卦系统,今本《系辞》糅合了两种成卦系统。

⑩显道神德行,是故可与酬酢,可与佑神矣:"显道",是说《易》能够彰显天道。

"神",神化。"德"与"行"都是指用、作用(《系下》"德行恒易"之"德行"与此同),"神德行"是说《易》可以使形上之道神奇地发挥形下之用。两"与"字同"以"。"酬酢",应对,"可与酬酢",是说掌握《易》道可以应付人事;"可与佑神",是说掌握《易》道可以辅助天功。

⑪子曰:知变化之道者,其知神之所为乎:"其",大概。"神",天地间的神妙作用。

【译文】

《易》的演算著数共五十根,在操作的时候只用四十九根。将著草任意分作上下两堆以象征阴阳两仪,从任意一堆中抽取一根悬挂于中央以象征太极和阴、阳,将上堆著草每四根为一组地揲数以象征四季,把剩余的著草(或一根,或二根,或三根,或四根)归并在一旁以象征闰月,为了象征每五年有两次闰月,所以要再将下堆著草每四根为一组地揲数并同样把剩余的著草(或一根,或二根,或三根,或四根)归并在一旁,这样数三次便得出一爻,然后再挂一、分二、揲四、归奇重复操作五遍,便能最终得出一卦。天数有五个,即一、三、五、七、九,地数也有五个,即二、四、六、八、十;天数及地数的五个数字相加都各自有和数,天数相加之和数为二十五,地数相加之和数为三十,天地之数总共是五十五,这些数字便是用以决定各爻爻性的变化和感通神灵的。《乾》卦六爻所包含的著草根数有二百一十六,《坤》卦六爻所包含的著草根数有一百四十四,总共是三百六十根,相当于一年的日数。《周易》上下篇六十四卦总共包含的著草根数共一万一千五百二十,相当于宇宙万物的数目。所以总的说经过运算求得老阳、少阳、老阴、少阴四个数而得出《周易》的一爻,每三次运算变化得出一爻,而十八次变化便可得出《周易》的一卦。所得出的乾、坤、震、巽、坎、离、艮、兑八卦是成就事物的基础,再将其意象引申扩展,触类旁通,则凡天下所能取象之事都包罗其中了。《易》可以彰显天道并使天道的作用出神入化,因此掌握了《易》,不但可以应付人事,还可以辅助神灵的化育之功,这正如孔子所说的懂得了《周易》的变化道理,大概也就懂得了天地间的神妙作用是怎么回事了。

【解读】

"大衍之数五十",《易》里面有易数、易象、易理,这个数很重要,中医里面离不开这个数,经商里面也离不开这个数,真正要搞预测这个数就更重要了。"衍"有推演的意思,另外有广的意思,还有延展的意思。大衍之数就是天地之数。这里的大衍之数是五十五。

我们知道,天为阳,为奇数;地为阴,为偶数。"天一,地二,天三,地四,天五,地六,天七,地八,天九,地十",那么天数是多少? 地数是多少?

天数 = 1 + 3 + 5 + 7 + 9 = 25

地数 = 2 + 4 + 6 + 8 + 10 = 30

大衍之数 = 天数 + 地数 = 25 + 30 = 55

大衍之数是这么来的。只有这样,天地之数才相和,为什么印度的佛教与中国的传统文化能够融汇? 因为我们的文化与他们的文化有很多相通之处。佛教里面行礼时有个"合十",这个"合十"大家用得多。现在不信佛教的人也喜欢用这个"合十"行个礼,但是这个"合十"有一个讲究。第一,掌心之间不要太空;第二,掌心之间也不要太实,中间要留一个随缘空间,这是一个小宇宙。这就是阴阳,这就是天地。这个"合十"实际上是个问讯。中国人见面就问:"吃饭了吗?"印度人一

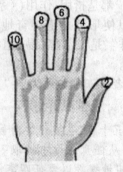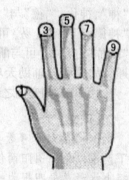

见面就说："合适吗?"意思是:都还好吧? 这里是合十。左手为阳,右手为阴,一与二阴阳相合,三与四相合……只有奇与偶相合、阴与阳相合才行。就是说,男与女能相合,只有这样才相合,这一只手全部是奇数1、3、5、7、9了,这一只手全部是偶数2、4、6、8、10。五个奇数与五个偶数,按照天一地二,天三地四,天五地六,天七地八,天九地十,这么一合,刚好相合,这就是合十,也就合适了,这一个乾坤就定下来了。合十与合适,它有这么一个文化内涵在里面。

"大衍之数五十",这个地方为什么不用五十五而用五十? 中国台湾学者的解释是,所减去的五代表五行。

"其用四十有九",这个"有"实际上是个"又"字。我们来演示一下。古代占卜的来历,前面就讲过,是用一根竹竿测日影:这一根竹竿就是一竖"丨",影子就是一点"、",合起来就是"卜"。用圭来测量影子的长短,夏至的正中午(午时)日影最短,是一尺五寸长。"圭"加一个"卜"就是一个"卦"字,所以占卜是从自然、日常生活中来的,它不是为了迷信,而是为了生存,为了把握时间,为了测量方位,以后就用筹、码、册。

筹和码都是一个东西,都是计算用的小棒棒。以前小学生刚上学的时候,要准备一串高粱秸拿到学校,用它数数,这就是筹码。筹和码都是单个的,册就不一样。你看,"筹"字是"竹"头下一个"寿"字,凡是做筹码的,都必须是老竹子,有一定寿命的竹子,只有这样的竹子才结实一些。因为它的节数多而且密。古代人做事是非常科学的,不像现代有些人讲的,讲古代人不科学,不聪明。实际上这也是一种主观唯心,事实上古代人都是很严谨的。古代人用字,做事,都有他的来历。从这个"码"字能看得出,到后来不仅仅是用竹片,还用石头子。册与筹是连起来的。筹是一根一根的,许多根连起来就叫册。甲骨文的册字就是,这个册以后又引申为"策"。为什么以后引申为策略、方略、政策呢? 因为人的智慧好像是从书本上来的,最关键的是要会计数,懂得大衍之数,这样才有策略,就是这么来的。以后就用蓍草来测。

"大衍之数五十,其用四十有九",蓍草每次用五十根,这五十根必须要先拿出一根放在旁边不用,表示这个是太极,是不动的。因为太极它是不动的,它是"气之初也,形之始也,质之成也。"是从质形成之后才开始起变化,才是动态的,在开始时它相对为静态的,所以留一根不用。

"分而为二以象两",这个"分"是随意性分开。刚才是太极。现在分成两仪了——太极生二仪。阴阳二仪就出来了。这里又要随意从哪一边随便取一根——"挂一以象三",这个"挂一"是随便取出一根夹到左手手指之间。这个"三"是什么? 即"象两"与"挂一",分别代表天、地、人三才,又叫天道、地道、人道,都少不了,它都有来历。太极生二仪,二仪生四象,二仪生三才。现在就开始数了。怎么数呢? 先用右手,每四根一数,一直数到不能再分为止。这里刚好剩下四根,放在

这个地方。然后"揲之以四以象四时"。为什么以四作为除数呢？二仪生三才,二仪又生四象,四象也是四时。你看,这一边剩下的4,只要不超过4,超过4你都要继续分下去。这个里面不是剩下1就是剩下2,或者剩下3,或者剩下4。左边刚好剩下4。然后再数右边,同样是每4根一数……结果还是4。如果左边是4,右边肯定也是4。如果左是2,右边肯定也是2。如果左是1,右边肯定是3。如果左边是3,右边肯定是1。把两边的数相加,它的和不是4就是8(指每次数完的余数):

1＋3＝4

2+2＝4

3＋1＝4

4+4＝8

如果把开始夹在左手小拇指和无名指中间的那根加上去的话,它的和不是5就是9——九五之尊啊,所以它有道理。中国的数学,古老的时候它就有这么一种规律,同时运用这种规律。

以这种方式,我们要连变三次……现在根据这个余数,我们来做一道数学题吧。根据这个道理所演示出来的东西呢,它不是48根(除去左手夹的那一根)吗?演示出来以后,根据它的可能性、它的概率,假如第一次的情况是两边都是4,4＋4,第二次的情况还是4＋4,第三次的情况还是4＋4。最后三次演示都做完了,这里剩下的是多少? 那么,剩下的是:

48−(4＋4)−(4＋4)−(4＋4)＝24(根)

再根据2＋2来一次:

48−(2＋2)−(2＋2)−(2＋2)＝36(根)

再根据(1＋3)或(3＋1)演示一次:

48−(3＋1)−(3＋1)−(3＋1)＝36(根)

四种情况计算的得数只有两种:24、36。

24÷4＝6,36÷4＝9。

6是偶数,9是奇数。奇数为九,阳为九;偶数为六,阴为六。

现在在学《易经》的人,你不问别的,就问他这个东西,为什么阳爻用九来命名,阴爻用六来命名? 让他讲清楚这个东西。很少有人能把它讲清楚。因为他们没有去琢磨这个问题,但这是个基础性的东西,必须把它搞清楚。

当然还有一种简易算法,即:3爻乘以最小的偶数2(3×2＝6);3爻乘以最小的奇数3(1不算)(3×3＝9)。

还可以从河图中找答案,看图外围,下方为6,左为8,两个偶数中,6最小,阴以六名之;上为7,右为9,两个奇数中,9最大,阳以九名之,因为阳为大,故取大数,阴为小,故取小数。

"揲之以四以象四时",上面是这样做了,要做多少遍啊? 如果演算结果是6,就是阴爻出来了;如果是9,就是阳爻出来了,放在这个地方。第一次你就放在最下面,第二次往上推,以此类推。每一次要做三遍,一爻要通过三遍才能演算出来。六爻一共要做六次,一共要做3×6＝18遍。"揲",数数也,也就是占卜的意思。根据这个卦去推你所问的事,从静态中去推测事物的本质、本性。从卦辞上去推。因为卦是指静态的,就是说,它本来是属于一种什么性质。

　　再去看爻辞,占卜到哪一爻,要看变爻。它的变爻是哪一爻,就去看这一爻的爻辞。如果这一爻的爻辞里面有凶,那么说明在做事的过程中要警惕,该注意的注意到了,那你就没有问题。因为这个事物的本质,在卦上是吉嘛。首先要看卦,卦上是吉,这就好。卦上是凶,如果过程中间这一爻是吉,就是说,你在过程中间要把握住你的心态。虽然卦上是带凶,但起决定作用的还是过程,是过程中的心态。我的心是正念,保持一个常态,有错就改了,以前在某些方面可能有些动机不纯,或者是其他杂念,只要改过来,最后还是得吉。

　　把握住"大衍之数"就是要保持一个"平常心"。

　　什么是"平常心"? 孩子上学,特别是送孩子进高考考场的时候,要有平常心。假如孩子要进奥运大赛,要保持平常心。老师、家长、教练都是这么讲,但是他(她)本人怎么去把握平常心呢? 平常心又看不见,可操作性在哪个地方呢? 这个很难,"常"字不是谁都能操作得好。走上比赛现场,谁不紧张? 国际大赛的比赛,你在家里想象的与你亲临赛场不一样,那完全是两回事。一旦突然面对,你的平常心怎么把握? 这个里面实际上要把握个度,就是"大衍之数",这个度在"大衍之数"的哪个地方? 有一位老科学家就讲过:中国人讲度,而西方人是无度,所以西方人是想打仗就打仗。中国讲度,讲节制,这就是东西文化的差异。

　　我们中国人不是每个人都懂《易经》,但是每个人都在运用《易经》,是自己不知不觉地在运用。这就是中国的文化,这是一个大的文化背景。但是对于我们的后代来说,这些背景又有多厚呢? 关键问题主要是这个地方。我们的后代一讲到过生日、吃麦当劳,他津津乐道;一讲到日本的漫画、卡通、游戏,他津津乐道,非常入迷,无师自通;一讲到我们中国文化,那没用,就头痛。

　　"归奇于扐(lè)以象闰","归奇于扐",就是把那个余数夹在手指间,这就是"以象闰"。"闰"是闰月、闰年。中国的阳历一年是 $365\frac{1}{4}$ 天,农历是 354 天,五年合起来就差两个多月时间吧,必须要有闰月、闰年来平衡,要不然二十四节气就乱了。所以中国这个历法很巧妙。"五岁再闰",三年一闰不行,还要五年再闰一次。故"再扐而后挂",所以要用三次。"再扐"即得出两个余数。"再闰"就是将两只手剩余的蓍草合并。

　　"天数五,地数五,五位相得而各有合。"左手为阳(一、三、五、七、九),右手为阴(二、四、六、八、十),阳为天,阴为地,"天数五,地数五"就是这个意思。"有合"就是"合十"呀。"天数二十有五,地数三十。"这个刚才都讲了。"凡天地之数五十有五",刚才演算过合起来就是五十五。

　　"此所以成变化而行鬼神也",这个"鬼神"与我们平时讲的鬼神的概念不一样,指的是神奇、神秘。"成变化",就是说,当把这个大衍之数(也是天地之数)的变化把握住了(这个"变化"是从变化规律中间总结出来的),那么连鬼神的情状、鬼神的行踪这些神秘的东西,都能把握住了。"阴阳不测之谓神"。"阴阳不测"即为未知的世界、未知的事物,由于未知而感到神秘。现在我们有很多未知的东西,如暗物质、外星人、遗传基因等等。如果用另外一个说法,可以把它命之为鬼神,但是科学家把它命之为暗物质,是这么叫法、起名字,给它的一个概念不同而已,实际上这里面讲的东西还是科学的,讲来讲去还就是一个规律性的东西,讲自然规律、

天地规律。我们如何去把握规律,去依循这个规律,这是很关键的。

"乾之策,二百一十有六。坤之策,百四十有四",这又是两道数学题。乾和坤,实际上就是讲阴和阳。乾和坤合起来是三百八十四爻,实际上阳爻一百九十二,阴爻一百九十二,这肯定是平均的、对立的。乾为阳嘛,那么,乾:9(阳为九)×4(四时)×6(六位)= 216(乾之策)。坤是阴:6×4×6 = 144。(坤之策)这就得出来了,来龙去脉非常清楚。"凡三百有六十",把这两个数相加,就正好是三百六十。216 十 144 = 360。所以"当期之日","期"是时间。一年是三百六十天。

"二篇之策","二篇"是指《易经》的上经和下经,上经是三十卦,下经是三十四卦,三十卦加三十四卦,合起来就是三百八十四爻:阳爻一百九十二,阴爻一百九十二:

192×36+192×24 = 11520。

算式中为什么乘以 36、24? 太阳为 9×4 = 36,太阴为 6×4 = 24

"万有一千五百二十"就是这么出来的,这就是"万物之数",前面是"天地之数"。上经是三十卦,下经是三十四卦,六十四卦三百八十四爻,合起来讲的事事物物,都是讲这些东西,但是它其中有数。为什么? 有规律,没有规律谈不上大衍之数。

"是故四营而成《易》"。"营"字的表面意思是经营,实际上是指操作。前面"四营",通过了几次。第一是"挂一",第二个是"分二",第三是分三,第四是"揲四",这是四个操作过程,这就是"四营"。"四营而成《易》",通过这个过程就慢慢演成了六种变化(六爻)。"十有八变而成卦",就是经过十八次才能成卦。"而成《易》",这个"易"实际上是指爻的。"八卦而小成",八卦是小成,六十四卦才是大成。因为八卦只能代表八种现象,而六十四卦能代表万事万物。这就是大成与小成的区别。

"引而申之,触类而长之","申"就是引申。从太极生二仪,二仪生四象,四象生八卦,八卦演变成六十四卦,就是这么引申过来的。"触类而长之",就是六十四卦里面,每一卦有六爻,整个就是三百八十四爻。"天下之能事毕矣",天下万事万物,所有物象、事象都表现出来了。只要做到了,都能在里面找到它对应的解释。因此说,在生活中解读《易经》,《易经》它本身是解读生活的。

"显道神德行"。"道""神""德""行",实际上是四个东西,"道"是指本体,也就是我上次讲的"一阴一阳之谓道""道路两旁分阴分阳"——道本来就是指道路,道路两边一边是阴一边是阳。实际上,我们天天都在道上走,我们所走的道,一边是阴一边是阳,这就是道。

什么是神呢? 这个神就是说,上午阴在这边,阳在那边,下午阳在这边,阴在那边,阴、阳颠倒过来了,这似乎有点"神",但是这个神是自然现象、自然规律,是司空见惯的,只不过就像现在的太空秘密、宇宙秘密,我们还没有去破译,就讲这个意思。我们原始先民就不知道月球绕着地球转,地球绕着太阳转,只有圣人知道,百姓还不知道,他们不就认为是"神"吗?

再一个是德。遵循一个寒暑往来,遵循一个昼夜交替,遵循这个规律办事就是德,也就能获得。就是说,不要是秋天播种春天去收获,这就是颠倒了;要是白天睡觉,晚上去活动,那就是老鼠了。这里面有一个规律。"行"是指行为。"德"实际

上是指如何去把握规律的行为,"行"是指
所有行为都带有这个德性了。比如农民,
他就知道不误农时,已经形成他的行为规
律了。一个小孩子,他几点睡觉,几点他就
醒了,他这个行为已经有他的一个规律
性了。

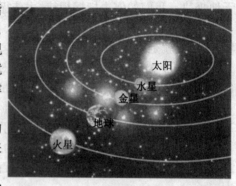

太阳系

"是故可以酬酢","酬酢"是古代人的
一种礼节。古代人在酒席上,主人首先来
敬宾客为"献";然后这个宾要回敬主人,
则为"酢"。这个主人再回敬来宾,这就为
"酬"了。这三个东西的区别就在这个地
方,这是古代的一个礼节。"可以祐神矣","祐"是指助。就是说,不但神能帮助
你,你也能帮助神了,而且人神之间都在互助,在互补,在互通信息。这就是老子主
张的"天人合一",即在大衍之数中合一。

第十章

【传文】

《易》有圣人之道四焉,以言者尚其辞,以动者尚其变,以制器者尚其象,以卜
筮者尚其占①。

是以君子将有为也,将有行也,问焉而以言。其受命也如响,无有远近幽深,遂
知来物②。非天下之至精,其孰能与于此③?参伍以变,错综其数④。通其变,遂成
天地之文;极其数,遂定天下之象⑤。非天下之至变⑥,其孰能与此?《易》无思也,
无为也,寂然不动,感而遂通天下之故⑦。非天下之至神,其孰能与此?

夫《易》,圣人之所以极深而研几⑧也。唯深也,故能通天下之志;唯几也,故能
成天下之务⑨;唯神也,故不疾而速,不行而至⑩。子曰:《易》有圣人之道四焉者,此
之谓也⑪。

【注释】

①《易》有圣人之道四焉,以言者尚其辞,以动者尚其变,以制器者尚其象,以
卜筮者尚其占:"辞""变""象""占"即为"四道"。"以言"即"以之言",谓用《易》
来指导言论。下文"以动"等等词法相同。"尚",尊尚、遵从。"辞",卦爻辞。"艮
其辅,言有序"(《艮》六五)即"以言"之类。"变",卦爻变化。根据卦爻变化以决
定行动之进退,如"潜龙勿用""亢龙有悔"之类。前文"拟之而后言,议之而后动",
所拟议者,亦是以《易》为参照。"象",卦爻之象、上下卦之取象。制作《易》卦的原
则是"近取诸身,远取诸物";而《易》卦制成之后,又可以反过来指导器物的制作
(如《系下》"刳木为舟,剡木为楫,盖取诸《涣》"之类)。卦象来源于客观器物,又
可反过来指导客观器物之制作;此犹理论源于实践又反过来指导实践。"占"与
"辞"意义相含;析而言之,"辞"谓象、事之辞,如"飞龙在天""括囊"之类;"占"为
占断之辞,如吉凶悔吝等。

②是以君子将有为也,将有行也,问焉而以言。其受命也如响,无有远近幽深,

遂知来物："问焉"即"问之"，谓问蓍求卦。"而"字疑衍（"而"与"以"音义相通而误重）。"言"，问蓍之语、问蓍者心中所想之事。"受命"，接受问蓍者的请求。"如响"，如回响应声，迅速而准确。"无有"，无论。"幽"谓几微未明。"深"谓深广难测。"物"，事。

③非天下之至精，其孰能与于此："至精"，无与伦比的精灵。《易》可洞知一切，故为至上精灵。稷下道家称"气""道"为"精"，此则称《易》为"精"。"孰"，如何、怎么。"与"，及、达到。

④参伍以变，错综其数："参伍"与"错综"换文同义（《荀子·成相》杨倞注："参伍，犹错杂也"），指从不同角度颠倒反复地变化组合、观察玩味。"变"指卦变，不同的单卦反复变化其组合而形成不同的卦性。"数"指爻数，决定一卦性质的不同。这两句包含双重意思，即一个是指卦之未成时的重卦揲蓍过程，则"参伍错综"谓颠倒反复地变化其单卦和奇偶数的组合排列；一个是指卦之已成后的观察揣摩过程，则"参伍错综"谓从不同角度观玩其卦变和爻数，也即二章所谓的"观象玩辞，观变玩占"。译文只译其一而实兼有二义。

⑤通其变，遂成天地之文；极其数，遂定天下之象："成"，帛书作"定"。"天地"，或本作"天下"。这四句与上两句同样是包含了双重意思。第一层意思也是指卦之未成时的重卦揲蓍过程；"通其变""极其数"两句互文足义，是说精通探究单卦和阴阳奇偶数的组合变化；"遂成天地之文"是说可确定六十四卦各爻的性质（按：六十四卦中的三百八十四爻，一万一千五百二十策正相当于天文、人文、鸟兽之文等天地间万物之数，所以"天地之文"也即指六十四卦之爻，《系下》所谓"爻有等，故曰物，物相杂，故曰文"即是说"爻""物""文"的关系）；"遂定天下之象"是说可确定六十四卦各卦之象。第二层意思则是指卦之已成后的观摩玩味的意义；"通其变，遂定天地之文"是说精通卦变，便可判定天地万物之理（"文"指物理）；"极其数，遂定天下之象"是说探究爻数，便可判定天地万物之象。

⑥至变：绝顶奇妙（《文选·西京赋》注："变，奇也。"）。"至精""至变""至神"意思相近，《管子》说"一气能变曰精"，《黄帝四经》说"精则神"。

⑦《易》无思也，无为也，寂然不动，感而遂通天下之故：此所谓《易》道无思无为即老庄之道的"无思无虑始知道""道常无为"。《易》静之时，抟聚翕敛，浑然无觉，沌然无为，若浑沌之状；然一旦揲动蓍卦使阴阳相感则其立可伸展开张而广知天下之事（"感"字兼揲动和相感二义）。此当与前文"夫乾，其静也专（抟聚），其动也直；夫坤，其静也翕，其动也辟"合看。乾静之时，无阴相感，故抟聚而无思为；动之时，阴来相感，则直而遂通。同理，坤静之时，无阳相感，故翕敛而无思为；动之时，阳来相感，则开而遂通。"蓍之德圆而神，卦之德方以智"，当其静时，无人揲动而使其阴阳相感，则无思无为，神智藏于内；然当其动时，揲动蓍卦而使阴阳相感，则神智发于外而遂通天下之事。"故"，事。

⑧极深而研几："极"即"极其数"之"极"，探究。"研"，研讨。"深"和"几"即上文的"深"和"幽"。"深"谓深广难测，"几""幽"谓几微、幽微未明。"研"字帛书作"达"，"达"即"通"（"通"字帛书均作"达"）。则"极深通几"似是承"极数通变"而说。

⑨唯深也，故能通天下之志；唯几也，故能成天下之务："通"，洞察。"志"，情、

情理（《楚辞·惜诵》注："情，志也。"）。此言《易》道深广，故能洞察天地万物之情理。《乾·文言》"旁通情也"、《咸·彖》"天地万物之情可见"、《系下》"以通神明之德，以类万物之情"即此。"务"，事务。此言《易》道幽微，故能成就天下大小事务。《易》道既深广，又幽微，即《管子》论精气之"其大无外，其小无内"。帛书"志"作"诚"。"诚"，情也（《淮南子·缪称训》注）。

⑩唯神也，故不疾而速，不行而至："不疾"谓安静不躁，"速"谓百事速成，"不行"谓安静无为（"行"，为），"至"，达到、达到物自正、事自定之天下大治。老子所谓"静胜躁，我好静而民自正"，庄子之浑沌即安而不躁，静而无为；若倏之与忽，则是躁疾有为者也。

⑪子曰：《易》有圣人之道四焉者，此之谓也：此为《易》学经师对本章起首"圣人之道四焉"的评述而假托孔子之言。在章段末尾缀以"子曰"者有第六章"子曰《易》其至矣乎"、第九章"子曰知变化之道者，其知神之所为乎"以及本章，是《系上》特有此例，因此或以为本章起首的"《易》有圣人之道四焉"至"以卜筮者尚其占"为错简，似不可信。

【译文】

《周易》所包含的圣人之道有四个方面，用《易》来指导言论的人尊尚它的卦爻辞，用《易》来指导行动的人尊尚它的卦爻变化，用《易》来指导制作器物的人尊尚它的卦爻取象，用《易》来问卜决疑的人尊尚它的卦爻占断。所以君子将要有所作为、有所行动之前，都要把心中所想告之灵著以问其可否，而灵著必会如响应声地及时准确地接受请求并告人以吉凶，所问之事无论是眼前的还是将来的、是幽微不清还是深广难测，它都能推断出将会出现的事态。若不是天地间的至上精灵，又如何能达到这个地步。从不同角度观察卦变，颠倒反复地玩味爻数。精通卦变，探究爻数，便可以判定天地万物之象。若不是天地间的绝顶奇妙，又如何能达到如此程度。《周易》本身无所思虑和作为，寂静不动，而一旦撰动著卦使阴阳相感，它便可以精通天下之事。若不是天地间的至为神异，又如何能达到这样的境界。《周易》是圣人用来探究深广和研讨几微的书。《易》道深广，所以能洞察天地万物之情理；《易》道幽微，所以能成就天下大小之事物；《易》道神异，所以能和缓不躁而使万事速成，安静无为而达到天下大治。孔子说：《易》包含有四个方面的圣人道理，指的就是这些。

【解读】

"易有圣人之道四焉"，圣人之道有四种——"以言者尚其辞，以动者尚其变，以制器者尚其象，以卜筮者尚其占。"这里面讲到了"言""动""制器"和"卜筮"。"言"就是发表言论，发表演说。圣人在发表演说、发表言论的时候，他是崇尚卦辞和爻辞的。从这一句看，先秦时期的圣人，包括老子、孔子、墨子这些人，他们开始接受的思想、接受的文化应该是《易经》。老子的思想里面很多东西都是来自《易经》。西周到春秋战国，一个是周文王，一个是老子，还有孔子，这三个人物以后形成的三种思想体系。周文王就是《易经》的思想体系，老子就是"无为无不为"的思想体系，孔子就是以"中庸"为主体的儒家思想体系。实际上，从总体来说，他们思想体系的源头应该还是《易经》。讲到《易经》，原作者不是周文王和周公，真正的原作者是从伏羲时代以后，一代一代地口头流传和符号

记载(甲骨文记载)不断地、慢慢地形成的。周文王和周公只是做了大量的整理、编辑和撰写的工作。

周公像

"以动者尚其变。""动"就是行动,包括创业,包括治国,包括管理,包括经营,包括农耕等。这些人类活动是崇尚《易经》里面所揭示的变化规律。孔子认为,《易经》里面用符号和文字已经揭示出了自然变化的规律。他认为这个规律告诉我们:在万事万物的变化中有规律可循。

"以制器者尚其象。""制器",看起来好像是制陶器、制瓷器、制青铜器、制铁器、冶炼烧陶、彩描,当然还包括网罟、制造石器等人类活动中很多发明创造、技术方面的活动。这些都崇尚象,"象"实际上还是指大自然的原始模型。今天我们很多戏剧、很多发明创造,都是从大自然里面模仿来的。当初的燧人氏发明如何用火,别看这个火不是人为之器,但它是一种自然。我们在大地湾看到,每一处原始"家庭"中都有一个火膛,这个火膛比较深一些,周围有墙,墙里面有一个洞,洞里面有一个陶罐,这个陶罐是留火种的,叫作火种罐。因为那个时候,为了防潮湿、防野兽,要取暖,还要煮食物,这样火不能断,不像现在有火柴,有打火机,那个时候没有,必须留火种。所以那个火种罐也很特殊,这就是器。再例如那个人头瓶(彩陶瓶)。如今,秦安县生产了一种酒,名"大地湾酒",用"人头瓶"作酒壶,喝完酒留着酒壶作纪念。那个"人头瓶",是一个女人,还有头发的纹彩,这个女人长得还不错,像是怀孕的,是个葫芦肚,正好能装酒,所以这个也是模仿人的形象的。

"以卜筮者尚其占",夏商周三代都有卜师,又叫太卜,专门占卜国家大事。他们占卜崇尚的"大衍之数",就是根据"大衍之数"用蓍草或者烧龟甲这种方式去占卜。

"是以君子将有为也,将有行也,问焉而以言。""是以"就是所以,是接上面一段来的。金景芳先生说:"似乎这一段一开头就与上面好像是脱节的,虽然'是以'是承上而来,但还是有一种承接关系。首先承接了什么呢? 承接了前面一句话:"知变化之道者,其知神之所为乎?"应该是承接这一句话的,因为他讲:"君子将有为也,将有行也。""为"是一种作为;"行"是一种行动、人类的活动;"将"是说,在做一件事以前。"问焉而以言","问"就是问卜。这就是说,君子将要行动的时候就问卜。看得出来,不能把这个"君子"拘泥在人的地位、官职上面,应该是说,比较明智、理性的人,这种人办事前不是盲目地去行动,而是按照《易经》所揭示的规律,去分析,去预测。这种预测不是迷信,而是有所计划,有所准备。所以这个君子与上面的圣人还是有很大区别的,圣人是极少数人,那么这个君子应该是说普遍而言了。我们不能把这个君子拘泥、局限在某个阶层,不能误认为只有读书的、为官的是君子。应该说唯有办事遵循规则的才是君子。在大街上红灯一亮,有人还要去抢道,这就不是君子了,违背了交通规则,所以我们看问题,不要停留在辞面上。

"其受命也如响,无有远近幽深,遂知来物。""受命",是受谁的命呢? 这个里面还有一个响应,就是说,"其"是指《易》的,不是指"君子"。这个《易经》里面所揭示的规律,它给人的启发,似乎就像是给人一个命令。现在我们讲命令,发号施

令这就是命令。像现在电脑上给人一个指令，但这一个命令或指令，实际上是给人一个启发。因为你得到启发了，你得到主张了，你就能下决心了。"响"，就是说，你得到的这个启发本来是在冥冥之中的，但这个似乎又是看得见、摸得着、听得见的。另外呢？就是响应。这个响应又是怎么去理解呢？就是感应。它给了你启发，你得到了感应，一感应就豁然开朗了，明了了。这一种受命是不分远近幽深的。假如现在要预测一下家里人在千里之外会怎么样？无论他（她）有多远，这个远近是不分的。幽深也好，广大也好，都能无所不为。"遂知来物"，"遂"，于是。"来物"，就是未来的事物，一般是指事物的结果。

"非天下之至精，其孰能于此？"这是一句赞辞。如果不是天下最精妙的，它怎么能做到这样呢？实在是天下最精妙的了。"参伍以变"，"参伍"，在古书上是综合，把各种因素拿来参照。"参"是参照、参考；"伍"是行伍、队伍。意思是说，参照很多很多的因素，把各种变化都拿来参照，拿来类比，拿来推演。"错综其数"，"错"是交错。"综"是综合，能够综合起来，说明它是有条理的。"数"还是指规律，由各种规律总结起来，才能得到其中的数。

"通其变，遂成天地之文；极其数，遂定天下之象。""通其变"与"极其数"，它是讲一个意思，都是相通的。能通晓变化，也就能成天下之文。这个"文"我上次讲过，实际上就是指纹理。在自然界中间有纹理，这个纹理到处都能看到：石有纹理，水有纹理，云彩有纹理，树有纹理……物都有纹理。通晓了它的变化，就知道它这个纹理是怎么来的。"极其数"，这个"极"，好像是极致，实际上还是一个"通"字，不通怎么能达到一个极呢？"极其数"就是"通其数"。前面讲过的用蓍草占卜，用蓍草必须从"挂一"开始到最后"四营"一步一步全部做完，做满十八次以后，六个爻全部出来了，这就"极其数"了，从中看出事事物物的变化之象。这个象就包括了过程和结果。在六爻里面，它到底变化在哪一爻？如果只看一个爻也行，或者看整个的，从初爻到上爻一爻一爻地看，都能看出它的象。是什么象？事象——事态变化发展的过程和结果。

"非天下之至变，其孰能与此？"这又是一句赞叹。如果不是懂了事事物物的变化，能做到这一点吗？"易无思也，无为也"，金景芳先生举了一个例子，他以电脑为例：电脑它也是脑，也是有思维的，不动的时候，它就没有思维。它为什么不用人脑呢？因为人不是易。这个电脑是人为的，他认为用蓍草去占卜，这实际上还是人为的。但是这个里面呢，是人为的东西，它又有无为的一面。所以，这个里面要抓住一个人为和无为。它有两层意思：一是说，《易》本身是无为的，是自然的。它变化嘛，变化是自然的，但是我们人要运用它，运用它的变化规律。我们现在所学的易呢，往往就是这个易。《易经》不是自然的易了，它已经写成了一本书了，而且也画出那么多卦形了，它是人为的东西。但是这个人为的东西又是从无为中来的。为什么呢？它所揭示的规律是无为的。什么叫有为，什么叫无为？

"有所为有所不为"，大家都知道这一句话，但怎么去理解呢？又有一句话有所不为是为了有所为，又怎么去解释呢？把拳头缩回来是为了打出去更有力量。这个缩回来就是无为，就是有所不为了；那么，打出去就是有所为。缩回来就是为了打出去，有所不为就是为了有所为。这里讲到的无为还是两层意思，一个是自然界里的变化规律，它是无为的，这个无为是指不是人为的。

马克思说过："实践中的人才是观察事物的主体。"就是说，人是观察事物的主体，人与事物之间人是主体。判断我这里的这个茶杯存在不存在？存在。那么，我这个人也存在。是不是什么时候我都是它的主体，它都是客体呢？马克思认为不是这样，就是说，我们俩之间发生作用了，我在观察它了，当然我就是主体。现在我用它了，当然我是主体，不是它用我。当我没有观察它的时候，我们两个没有这个关系了，已经解除协议了，主体与客体的关系也随之解除了。所以逛商场的时候，琳琅满目的那些商品，你走过去以后再走回来，这个商品刚才我怎么没看见呀？原因就是你刚才没有对它关注。所以这个无为呢，你观察它也好，不观察它也好，它都存在；你需要它也好，不需要它也好，它都在运行，它都在那里变化，它不是以人的意志为转移的。这也是一种无为，是自然中间的无为。

河道就应该弯弯。以前学大寨，就有很多教训，河道取直，要劈山，把山嘴劈掉，把河道一取直，水灾就来了。为什么？洪水一泄而下，毫无控制，两边的河坝再怎么坚固都经不住它的冲击。弯道起什么作用？它能缓冲水的冲击力。它这是自然的，是无为的；把它取直，就是人为的了。所以这种人为和自然的无为是有区别的。

还有人的人为和人的无为。现在的家长对教育孩子特别头疼，经常互相咨询。家长碰到一起，都要谈孩子的事，谈对孩子教育的事。但是如何教育孩子呢？应该还是无为。为什么呢？对孩子强迫：能吃什么，不能吃什么；能做什么，不能做什么；只能这样说，不能那样说……这个孩子可能就会有病态了，可能就会无所适从。这种教育方式往往是失败的。应该怎样呢？应该无为。当然，用"无为"去教育孩子不是放纵，这有区别。很多家长往往在无为和放纵之间找不到一个平衡点，找不到一个可操作性的东西。实际上这个里面有一个孩子的天性。应该顺其自然，任其发展，只要他没那么大的越轨。孩子越轨的东西不是那么太多，他不像大人，毕竟他活动的范围比较小。这是讲到人的无为。

但是，有一点特别重要，我们大人往往忽略了，也可以说是忘记了。忘记了什么呢？忘记了小时思维的活动量特别大，好奇心特别强。如果大人给孩子限制太多，表面上是限制其行为，实质是限制了其思维，限制了孩子思维的发育。

"寂然不动"，当然是指自然的无为。"感而遂通天下之故"，"感"当然是感应了。一讲到禅宗参禅，往往马上就想到打坐，打上双盘，在那里默然无语。当然这个是能得到感应的，一个人真正参禅，不仅仅是要坐在那里不动，最关键的是心中妄念不动。这个参禅的心不动又有一说：心完全不动也不行，完全不动那就是死灰禅。又要做到什么呢？动里面没有杂念，动不是习惯的动。我习惯中记起了这事、那事……再不，一会儿想睡觉，一会儿又肚子饿了，名、利、食、色、睡这五种欲念，它就是像五种魔一样干扰你。那能不能把它排除？这五种干扰来了，能不能止住它们？是止住它们还是止住自己？当然是止住自己的妄心不动。

当年释迦牟尼佛在菩提树下悟道的时候，有魔来跟他斗，来干扰他。真的是外

魔吗？不是，是心魔。他战胜了。战胜了魔吗？不是，战胜了自己。所以，只有这样才能得到感应，得到大的感应。这个感应是什么？我认为还是净慧法师一句话："只有过来人才知道！"我认为这句话有意思——只有过来人才知道！什么叫感应？怎么样感应？这感应来了，你怎么去接收？怎么去利用？怎么去感受它？当读到这句话时，我感受到：这位大法师真是开悟人。只有过来人才能感同身受，没有感受怎么去感受它呢？所以，只有得到感应才能"通天下之故"。"故"是指事物的缘故、原因。这些因果相续的事物的种种规律，怎么去掌握这些规律？还是要从感应中得来，你不去感受它还是不行。

"非天下之至神，其孰能与如此？"如果把"神"解释为境界，"至神"就不是一般的境界，而是大的境界。没有这么大的境界，能做到这一点吗？能得到这个感应吗？

圣人"所以极深而研几也"。"几"，实际上是指奥秘——非常深的奥秘。"极深"就是通晓，所以能通晓这些极深的奥秘。《心经》开篇说："观自在菩萨，行深般若波罗蜜多时。"这里的"行深"是指时间的久远和功夫的深厚。"唯深也"，只有做到真正的深，才能"通天下之志"。什么是天下之志？事事物物的变化有一个趋向。水有志向，水的志向是向下流；火的志向是上炎；山的志向就是止，静止的，事事物物都有志向。"唯几也"，你要把这个奥秘搞清楚，真正把握了这个奥秘，当然就"能成天下之务"。这个"务"，就是说你能根据事事物物的规律而成其变化，根据变化而成其事业。举个例子，现在这个塑料杯子要是拿出去，它就会污染。那怎么办！废物利用，就是根据变化成其变化。这样看的话，处处都有商机，处处都有成功的机会。

"唯神也，故不疾而速，不行而至。""不疾而速"，就是不需要这么样地去追求速度。就像有些企业，表面上为了加快节奏，要员工加班加点，结果他的效率并不好。这样的例子可能屡见不鲜。这个工作效率与快节奏、制度管理要符合规律，如果不符合规律，它会是相反的。所以说，一旦掌握了它的规律了，往往会很轻松，胸有成竹，能以一种大将风度去指挥整个运作，看起来不慌不忙，虽然不像有的企业加班加点，但是这个企业的效率持续、稳定，轻松地就做到了，这个里面有很深的奥妙。

为什么有些企业持续发展，有些企业断续发展？人家成功是人家走出的路子，而你跟着他走，你始终是赔家。赢家始终只有一个，赔家始终是多数——做什么事都是这样。意思是说，什么路都要靠自己走。同样是办一个企业，有些东西我要借鉴人家的成功经验，但是在借鉴人家成功经验时，我有自己的东西，借鉴可以，但同中有异。

这里面有很深的含义，所以结论就是："子曰'易有圣人之道四焉'者，此之谓也。"

国学经典文库

第十一章

【传文】

子曰："夫《易》何为者也?"夫《易》开物成务,冒天下之道①,如斯而已者也。是故圣人以通天下之志,以定天下之业,以断天下之疑。

是故蓍之德圆而神,卦之德方以知②,六爻之义易以贡③。圣人以此洗心,退藏于密,吉凶与民同患④。神以知来,知以藏往⑤。其孰能与于此哉? 古之聪明睿智神武而不杀者夫⑥!

是以明于天之道,而察于民之故,是兴神物,以前民用⑦。圣人以此斋戒,以神明其德夫⑧。

是故阖户谓之坤,辟户谓之乾,一阖一辟谓之变,往来不穷谓之通⑨。见乃谓之象,形乃谓之器,制而用之谓之法,利用出入,民咸用之谓之神⑩。

是故《易》有太极,是生两仪。两仪生四象,四象生八卦⑪。八卦定吉凶,吉凶生大业⑫。

是故法象莫大乎天地,变通莫大乎四时。悬象著明莫大乎日月⑬。崇高莫大乎富贵。备物致用,立成器以为天下利,莫大乎圣人⑭。探赜索隐,钩深致远,以定天下之吉凶,成天下之亹亹者,莫大乎蓍龟⑮。

是故天生神物,圣人则之⑯。天地变化,圣人效之;天垂象,见吉凶,圣人象之⑰。河出图,洛出书,圣人则之⑱。《易》有四象,所以示也⑲。系辞焉,所以告也。定之以吉凶,所以断也。

【注释】

①开物成务,冒天下之道:"开",通(《国语·晋语》注:"开,通也")。"开物",沟通物情,即上章及下文的"通天下之志"(《鹖冠子·能天》:"道者开物者也⋯⋯道者通物者也。")。"务",业,功业。"冒",包罗。帛书此二句作"古物定命,乐天下之道"。"古物"费解,有人疑为"占物"之讹。按:"古"似读为"苦",《广雅·释诂》三"苦,开也"。又疑抄写次序有误,当作"命物定古"。"命"同"名",命名。"古"同"故",事。命名万物,正定万事,而乐随天下之道。此与黄老道家的"物自命(名)也,事自定也"的无为之道相合。

②蓍之德圆而神,卦之德方以知:"蓍"指蓍数,"卦"指由蓍数所得之卦体。二"德"字谓性质、特性。"圆"是指蓍数在排列组合中犹如圆形滚动变化,"方"是指筮成之卦犹如方形安宁静定。"知"同"智"。《管子》《黄帝四经》《庄子》中都有"天圆地方""天动地静"之说。因为日月运动于天成圆周状,故有天圆、天动之说;日月运动于天而在大地上形成春夏秋冬四季,四个分、至点(春分、秋分、夏至、冬至)的联线所组成的正方形不能滚动,所以有了地方、地静之说。而蓍数运动变化的始卒若环而形成了卦体的道理正与天圆动、地方静相合,所以这里说"蓍圆卦方"。按:下面的"神以知来,知(智)以藏往"疑本当在此二句之下。蓍数运动变化,所以能预知将来莫测之事情;卦体安宁静定,所以能储存以往既成之经验。"神以知来,知以藏往"二句虞翻注说"乾神知来,坤知藏往",李道平《周易集解纂疏》

说"乾神知来，谓蓍之德圆而神也；坤知藏往，谓卦之德方以知也"。《管子·形势》"不知来者视之往"，则卦方之藏往亦非被动者。

③六爻之义易以贡："义"犹上文之"德"，指性质、特性。旧训"易"为变易，"贡"为告。按："易"当训为简易。"贡"，或本作"功"，帛本作"工"，"工"当为本字，"贡""功"为借字。"工"，工巧、巧能（《广雅·释诂》"工，巧也"，《大戴礼记·文王官人》注"工，能也"）。此言六爻的特点简易而工巧。卦仅六爻，是其简易；然变易多端，是其工巧。变异多端为巧，简单平易是拙，正老子所谓"大巧若拙"，《管子·形势》所谓"巧者有余"。"贡"当作"工"而训为"巧"，正与"神""智"并举（《庄子》"巧者劳而智者忧"亦巧、智并举，古籍多有此例）。

④圣人以此洗心，退藏于密，吉凶与民同患："洗心"，帛本作"佚心"。"佚心"可以讲通，并且《系下》帛本有"能悦之心"之语。但"佚心"似与下文之"斋戒"不合。"洗心"谓洗净其心，"退藏于密"谓敛伏其体。此"洗心退藏"与《列子》之"斋心伏形"相近。《列子·黄帝》"（黄帝）退而间居大庭之馆，斋心服刑"（《国语·楚语》注："斋，洁也。""服"同"伏"，敛伏），唐卢重玄注说："斋肃其心，退伏其体。"《礼记·月令》也有"阴阳争，君子斋戒，处必掩身"之语。圣人之洗心退藏，言恭敬于蓍卦之神智也。"吉凶与民同患"与前文"乐天知命故不忧""圣者仁勇，鼓万物而不与众人同忧"相矛盾，考之帛本"与"字作"能"。按：疑本作"以"，"以"与"能""与"古通作（《老子·十四章》"能知古始"，帛本"能"作"以"，《诗·桑柔》笺"以犹与也"），所以帛本作"能"而今本作"与"。"以"，使也（《国策·秦策》注"以犹使也"）。"患"，虑、忧虑。吉凶之事使民同等忧虑对待，是因为凶固可虑，但吉而不戒则亦可转为凶，所谓祸福倚伏、吉凶轮转，六十四卦爻辞不乏其例。老子"宠辱若惊"（《老子·十三章》）亦此"吉凶同患"之类。

⑤神以知来，知以藏往：前面已说过，如果是错简，这两句就应紧接在"卦之德方以知"下，是补充说明蓍卦之神智的；而且《系下》也说"夫《易》彰往而察来"，同样是说《易》之蓍卦的。如果不是错简，那么就是针对圣人而说，是说圣人通过蓍数的神奇而预知将来之事态，通过卦体的智慧而积累历史的经验。陈梦雷说"蓍未有定数，故曰知来；卦已有定体，故能藏往；圣心之神智亦然也"（《周易浅述》）。

⑥其孰能与于此哉？古之聪明睿知神武而不杀者夫："与"，及，达到。帛本"与"作"为"，做到。作"与"作"为"义同。"武"，勇（《广雅·释诂》）。神勇即前文"圣者仁勇"之"勇"，指"鼓万物"。化育万物为神，乐天知命为勇。"不杀"二字费解，考之帛本，"杀"字作"𢐽"（张政烺隶定），或"恙"（陈松长隶定）。疑"𢐽"或"恙"当为"德"（《说文》或体作"悳"）字之讹，《系下》"天下之大德曰生"，"德"字帛本讹为"思"，与此处"德"之讹为"𢐽"或"恙"相同。"不德"，谓不伐其德、不夸耀功劳。此言圣人聪明智慧有鼓化万物的神勇之功，却不自我夸伐以骄傲于人，此即八章所说的"劳而不伐，有功而不德"及帛书《缪和》"圣君之道，尊严睿知，而弗以骄人"。盖"不德"或本作"不伐"，传《易》者误解"伐"为"杀伐"之"伐"，故又讹为"杀"，致使龃龉难通。五章说仁勇鼓物之盛德大业，此说神勇不德，正相呼应。又解："不杀"之"杀"用为《秋声赋》"物过盛而当杀"之"杀"，释为衰减。

⑦是以明于天之道，而察于民之故，是兴神物，以前民用："兴"可释为发、起、作，义犹首创；亦可释为推行（《论语·子路》皇疏："兴，行也。"）。"神物"指蓍占。

"前",旧训前导、引导。按:"前"盖读为"赞"("前"声"赞"声二字相通,如《汉书·严助传》注"赞,与襄同",《文选·魏都赋》注"赞,张揖以为古襄字"),助。"以赞民用"谓以助民用。"兴"字帛本作"阖",亦通。"阖"同"合"。天道、民事、神物并提屡见于黄老道家著述中,如《黄帝四经》"圣人举事也,阖于天地,顺于民,祥于鬼神"("祥",合顺),《淮南子·泛论训》"故圣人当于世事,得于人理,顺于天地,祥于鬼神"。

⑧圣人以此斋戒,以神明其德夫:"斋戒"与"洗心"同,喻对《易》虔诚恭敬。"神明其德",神化《易》的作用("德",作用、功能)。

⑨是故阖户谓之坤,辟户谓之乾,一阖一辟谓之变,往来不穷谓之通:此兼二重含义:其一是就爻卦揲数而言。坤阴犹闭户之锁,乾阳犹开户之钥(《系下》"乾坤其易之门邪。乾,阳物也;坤,阴物也"。阴牝为锁,阳牡为钥)。"一阖一辟"即一阴一阳。"往来不穷"与"一阖一辟"互文足义,谓阴阳爻交互排列组合。"变""通",谓于是可以产生六十四卦之变化,并能会通天下万物之情。其二是就天地之道而说。是说坤地闭藏孕育万物,乾天开发吐生万物(《黄帝四经》"夜气闭地孕,昼气开民功",《淮南子》"静则与阴俱闭,动则与阳俱开"),孕育吐生往来配合,才有了天地万物的化变亨通。

⑩见乃谓之象,形乃谓之器,制而用之谓之法,利用出入,民咸用之谓之神:此承乾天坤地而说。"见"同"现"。显现于天可以感知的称为象,如日月雷电;成形于地可以触摸的称为器,如山泽动植;根据这些象器而制成日用器物供人使用便称为法式(制物有法,依法类推以至于无穷)。这即是"见乃谓之象"等三句的含义。"出入",指变化、应付变化(《庄子·知北游》注:"出入者,变化之谓也")。"利用出入"是指利用这些法式可以应付自然社会之无穷变化。"咸",尽。百姓可以尽情享用它的恩惠并且用之不竭,这便称为神奇。变化无已,用之不竭,谓之"神"。

⑪是故《易》有太极,是生两仪。两仪生四象,四象生八卦:此当与"大衍之数"章合看。它包含双重含义:一方面是讲《周易》八卦的揲数过程,另一方面是讲八卦所象征的宇宙万物的创生过程。"《易》"指《易》道,犹如老子"道生一"的"道";"大衍之数五十"而"其用四十有九",所不用的"一"即此"《易》有太极"的《易》道。"有",蕴含(《诗·苤苜》毛传:"有,藏之也")。又疑"有"当本作"育",训为"生"(《庄子·人间世》《释文》:"有,崔本作育"。《易·渐》虞注:"育,生也")。"太极"即浑沌未分的一气,犹如老子"道生一"的"一";四十九根著草所"挂"之"一"即此"太极";老子的"惚恍",《黄帝四经》的"困",庄子的"浑沌"等并与此同;《乾凿度》"太易始著太极成""夫有形生于无形"(郑注:"太易,无也;太极,有也。"),陆九渊"太极之上有无极",皆此"《易》有太极"之谓,都源于老子的"道生一"。"是",复指代词,复指"太极"。"两仪"即阴阳,犹如老子"一生二"的"二";"大衍之数"章"分而为二以象两"即此;老子的惚和恍,庄子的倏和忽,《黄帝四经》"判而为两,分为阴阳"等即此。"四象"指揲数后所得的少阳、老阳、少阴、老阴四个爻象,又象征春、夏、秋、冬四季,犹如老子"二生三"的"三"("三"为和气,可生万物;四象可生象征万物的八卦);"大衍之数"章"揲之以四以象四时"即此;《黄帝四经·观》"……为一困……今始判为两,分为阴阳,离为四时"与此序列同。"四象生八卦"犹老子的"三生万物"(八卦取象于

国学经典文库

万物,又象征万物),"大衍之数"章"十有八变而成卦"即此。帛本"太极"作"大恒",指"阴阳未定,天地未分"(《黄帝四经·观》)之前的恒常一气,与"太极"略同。二者皆指宇宙未开时的浑沌一气,"太极"强调一气的大远无限,"大恒"强调一气的久远恒常。

⑫八卦定吉凶,吉凶生大业:"大业",就圣人而言,谓富有天下;就百姓而言,谓创造物质财富。所谓"富有之谓大业"即兼此二者而言。八卦可以指导人判定吉凶并懂得如何趋吉避凶,如此便能避免失败而走向成功。

⑬法象莫大乎天地,变通莫大乎四时。悬象著明莫大乎日月:"法象",可以取法的对象,天大地大,取法天地之象,则万物之象已在其中。天地谓《乾》《坤》。三时生长,一时煞刑(《鹖冠子》),四季变更有序,所以说"变通莫大乎四时"。四时谓《震》《兑》《巽》《艮》。"著明",显明。悬象于天以显明运动规律,没有比太阳出入、月亮盈亏更清晰的了。所以说"悬象著明莫大乎日月"(《鹖冠子·泰鸿》:"日信出信人,南北有极,度之稽也。月信生信死,进退有常,数之稽也。")。日月谓《离》《坎》。就卦序而言,此三句当与"天尊地卑,乾坤定矣……鼓之以雷霆,润之以风雨,日月运行,一寒一暑""日往则月来,月往则日来,日月相推而明生焉;寒往则暑来,暑往则寒来,寒暑相推而岁成焉"(李光地《周易折中》注:"艮山在西北严凝之方为寒,兑泽在东南温热之方为暑。")合看,其制成卦图正是伏羲先天卦图(见图一),而帛书《易经》的卦图与此相近,只是向右错了一位(见图二)。

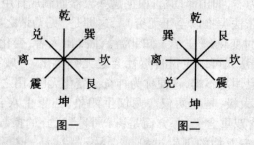

图一　　　　　　　图二

⑭崇高莫大乎富贵。备物致用,立成器以为天下利,莫大乎圣人:前三句说天道,此三句说人道,后四句则说神道。"富贵",指富有天下、贵为天子。"备",尽、皆。"备物致用"谓使物尽得其用。"立成器",《汉书》引作"立功成器"。按:疑当作"立象成器"。"立"同"莅",视(《周礼·地官·小司徒》注:"故书莅作立"。《尔雅·释诂》:"莅,视也。")。"莅象成器"即观象制器,言圣人观察物象以制成器用。此正呼应"见乃谓之象,形乃谓之器,制而用之谓之法,民咸用之谓之神"。又解:"立象成器"谓创立卦象并以之制器,即前文"以制器者尚其象"。

⑮探赜索隐,钩深致远,以定天下之吉凶,成天下之亹亹者,莫大乎蓍龟:"赜",杂。"钩",钩沉、研讨。"致",帛书作"至",极、究极。"远",未来、将来。此言《易》可以探讨复杂而考索幽隐,钩沉深邃而究极未来。"成",帛书作"定","亹亹",帛书作"勿勿",或本作"娓娓",旧训为勉勉,《文选·广绝交论》注引《易》王弼注"亹亹,微妙之义也",《一切经音义》注引刘瓛《易注》"亹亹犹微微也"。按:以音求之,疑"亹亹"犹老子"夫物芸芸"之"芸芸"(或读为"纷纷""芬芬"),言

《易》可成就天下众物(或正定天下芸芸众物)。"蓍龟"谓占卜。蓍曰占,龟曰卜。此为偏义词,指蓍占。

⑯天生神物,圣人则之:"神物"是就蓍龟而说。"则之",谓取法它而创制蓍占龟卜。此是复申神道。

⑰天地变化,圣人效之;天垂象,见吉凶,圣人象之:"天地变化"五句是承"是故法象莫大乎天地"三句而说。言天地呈现动静辟阖等变化,圣人效法之而创造了《乾》《坤》祖宗卦;天垂万象,显现吉凶,圣人取法之而创制了八卦。此是复申天道。

⑱河出图,洛出书,圣人则之:据说伏羲之时,有龙马出于黄河,伏羲取法其背上之图象制成《周易》之八卦;夏禹之时,有神龟出于洛水,禹即取法其背上之纹象撰成《洪范》九畴之书。按:此三句疑为衍文,秦汉间窜入。"天生神物,圣人则之"已经重申了"蓍龟"之神道,此不当赘出。"圣人则之"两见,亦觉重复。"河出图,洛出书"盖本为经师对"天生神物"的注解,秦汉间被窜入正文,又衍出"圣人则之"一句。帛书亦有此三句。

⑲《易》有四象,所以示也:"四象"指少阳、老阳、少阴、老阴四种爻象。四象交互相合,可显示卦变;亦象春夏秋冬四时递嬗,可显示岁更。

【译文】

孔子说:《周易》有什么作用呢?《周易》能够沟通物情而成就事功,并包罗天下所有的道理,如此而已。因此圣人利用《易》来了解天下之物情,成就天下之事业,决断天下之疑难。蓍数的性质运动变化而神奇,卦体的性质安宁静定而多智,六爻的特性简易而工巧。圣人因此洁净心神,敛伏形体,吉凶之事使百姓同等地忧虑对待;通过蓍数的神奇而预知将来之事态,通过卦体的多智而积累以往的经验。谁能做到这些呢?大概只有古代聪明智慧、神勇而不自夸的圣人了吧。圣人能明了天地之规律,体察百姓之事理,推行蓍占并帮助引导百姓去运用它。圣人因此虔诚恭敬,用以神化《易》的作用。坤阴犹如闭户孕育万物,乾阳犹如开户吐生万物,一闭一开才有变化,往来不止才有亨通。显现于天可以感知的称为象,成形于地能够触摸的称为器,根据这些制成器物供人使用便称为法式,利用这些法式以应付变化,百姓可以尽情享用便称为神奇。《易》道孕育了太极一气,太极又生出了天地阴阳两仪,两仪又生出了少阳、老阳、少阴、老阴四象,四象生出了八卦,八卦可以指导人们判定吉凶,懂得趋吉避凶就可以创建大业。可以取法的对象没有比天地更巨大的了,能够表现变通之理的没有比四季更清楚,高悬在天以显示运动规律的没有比日月更明显的了;崇高尊尚没有比富有天下、贵为天子更显赫的了,尽物之用,观象制器以利天下,没有比圣人更伟大的了;探讨复杂而考索幽隐,钩沉深邃而究极未来,以此判定天下吉凶之事,并成就天下芸芸众物,没有比蓍龟更灵验的了。所以大自然生出了蓍龟这样的神灵之物,圣人便取法它创制了筮卜。天地呈现出动静掉阖的变化,圣人效法它制造了《乾》《坤》。天垂万象,显示吉凶,圣人效法它而创造了八卦。黄河出现龙图,洛水出现龟书,圣人取法它而撰作了《易》卦和九畴。《周易》有少阳、老阳、少阴、老阴四种爻象,它是用来显示变化的。系属于卦爻之下的卦辞爻辞,是用来告诉人们具体的处境和事态的。判定祸福吉凶的占辞,是用来决断人们的行动取向的。

【解读】

“易何为者也”，还是讲易。“冒天下之道”的“冒”，是把握，如何去把握的问题。在实践中，规律也好，规则也好，还是在于把握。所谓把握，就是在我们这一双万能的劳作之手上。“如斯而已者也”，这些东西就像在股掌之间一样。这是孔子说的话，后面是他弟子说的。

“以定天下之业”，不能说任何人都能定天下之业，又可以说我们每一个人所做的都是天下之业，因为每个人所做的都是天下之业的一部分，天下之业是所有人所做的事业的总和。这是一个集合的概念。一个单位，一个行业，一个地区，一个国家，乃至现在的世贸组织，也是一种集合的运作形式。“天下之业”是整个一个集合的行为。即使是个别的行为，单个的行为，单独的行为，它也是集合的行为，例如市场经济、全球化，所以叫天下之业。

天下之业以规律来定。现在国际上，无论是商贸也好，还是其他政治、军事方面，它都有一个规则。那么，在某一个行业内部，同样有它的规则。讲小一点，每一个领域、每一个行业，也都是一个天下之业，是一个共同的东西。但是具体到你这一个人，我们应该给自己定位。

这个“业”字在金文里面是，上面是一个板，板上面有许多钉和钩。在上面挂鼓、挂钟。根据学者推测，当时在一些祭祀场合，或是在一些军事的场合，还有喜庆的场合，有一些鼓乐活动。这就看得出来，这个“业”的本来含义，就是指一个集体的行为。到了现在，我们一个人也称为事业，那么你个人的事业还是离不开大家的事业。若真想一个人单干，赤手空拳，独往独来能称为事业的话，这是说不通的，而且是行不通的。这个里面有个定位的问题。

小集体也好，大集体也好；小环境也好，大环境也好，我们怎么样给自己定位呢？很多人，特别是刚走出学校门求职的同学们，往往因为定位不明确而受挫。有一个学政法的大学生，来北京求职累累碰壁，到哪一个单位都待不了多长时间，又要换一个单位。最后从北方跑到南方，又从南方回到北方，几年都不能定位，原因是什么呢？一个最大的问题是，领导跟他交代任务，话还没有讲完，他就连连点头：“我明白，我明白。”他这个“明白”比你讲得还多，但是做起来呢？他一点都不明白，完全是依照自己的

理解去做,结果没有哪一样能符合要求。这就是一个定位的问题。不能把自己摆到工作中间去,摆到一个集体里面去,真正摆到这个事业里面去。不是以自己来适应这一份工作,而是要这个工作来适应自己。

"是故蓍之德圆而神,卦之德方以知,六爻之义易以贡。"这里面还是围绕着用蓍草占卜。"德圆"是指圆通,也就是说变化,这里应该是指以万变应不变。那么"德方"是以不变应万变。德方是讲原则的,德圆是讲变通的。"蓍之德圆"是指爻象,后面"德方"是指卦象。

"六爻之义易以贡","贡"运用这个蓍草来占卜,占卜以后并不是结果,吉、凶马上就到了,马上就显现出来了,还要自己去实践,去争取。在实践、争取的过程中,既要坚持原则,还要有变通。"无爻之义易以贡",就是说,六爻之义都显示出来了。这个"贡"还是显现。把供品放在供桌上,实际上这是一种展现,把六爻之象全部摆到面前,好像供奉在面前一样。

"圣人以此洗心,退藏于密,吉凶与民同患。"汉代有人认为,这个"洗"字应该是"先"字,就是孟子的"先知先觉"的意思。就是说,圣人因为读了《易》,明白了《易》,所以他就显示出先知先觉,甚至是未卜先知,就觉得这个人很幽深,高深莫测。但是,还是"洗心"好,我们不能还是停留在表面上 洗心革面。它不仅仅是洗心革面的问题,关键还是一个换位的问题,一个境界的问题。通过学《易》以后,他不仅仅是知识充电了,而且是知识更新了。第二个问题是,他的境界一下子转换了,他认识问题的思维方式已经不一样了,价值观、世界观都改变了,把以前的都洗掉了。就是说,首先从内心、从方法上他有一个彻底的改变。

做人要做"彻底"。如果做人不彻底,就会吃苦头,自己受到了很多曲折,结果还以为很委屈,还要去怨天尤人。实际上,回过头来想,是自己做人、做事不彻底。这个"洗"就是要彻底。做到了彻底,那么,人生境界的升华、事业的成功,可能让你大喜过望:我怎么会这样?搞得自己都有点不太相信了。

有人始终在那里埋怨自己,我怎么不如人?我运气怎么这么差?我做事怎么这么多磨难?人家能做到的事,为什么我做不到?我想做的事为什么老是力不从心?种种这些现象,在年轻人、中年人中可能是非常普遍的,我也是过来人,也是深有体会的。有很多东西,明明是自己的缺点,但只看得见他人的缺点;明明是自己的不对,看作是人家的不对;明明这件事从眼前看这样做是对的,但是从长远看这样做又错了,这些东西都舍不得放弃,不敢去面对这个现实,不愿彻底地改变自己——舍不得。所以,一个人如果不能成功,老是失败,他致命的东西往往不是能摆上桌面的:这个人有一个什么样的大缺点,或者犯了一个什么样的错误——讲不出来。摆上桌面看,这个人很不错,从表面上去评价这个人,处处都是优点。即使要从鸡蛋里面挑出一点点骨头,勉勉强强挑出一点点东西,往往还是最不起眼的东西成了致命的,是细微之处的缺点、习气造成了人生的失败。所以,做人、做事要彻底。

"退藏于密",特别是年轻人,要做到"退藏于密"。南怀瑾先生曾经也讲过这个问题,好像学《易》以后呀,就显得很老道、很世故。因为这太世故了,对年轻人的发展、创新似乎不利,年轻人应该有一种闯劲,年轻人应该大胆去把握。

"退藏于密",这个"退",不仅仅是老年人要退,年轻人也要学会这个退,没有这个退还是不行。但是,现在这个退有一种形式上的东西。如我到这个单位不满意我就退出来,跳槽到另一个单位,到那个单位不行我又退出来,这种退不是好事。因为我既然进去了,进入这个单位,进入这个行业,如果无所得绝对不退,总要有所得、有所进步的时候我才退。进来以后一无所得,仅仅是拿了几个钱就走路,最后走了一百家,还在原地踏步,什么都没有学到,什么都没有体验到,除了体验到失败以外,成功的过程都不知道。所以,进入一个单位以后,不管怎么样,应该体验全过程。

国外有一个求职者。这人很精明,他的求职要求是:我愿意干别人不愿意干的事,我愿意拿最低的报酬。就这两句话,老总在众多求职者中毫不犹豫录用了他,因为他感到很新奇,那就试试看吧。以后他干得相当出色,但无论给他加薪也好,加奖金也好,他就是不要:"我要信守诺言。"他是这么说的,一定要这么去做。以后,他不断地变换工种,不断地升迁,最后升迁到他期盼的岗位,升迁到了很高的岗位上了,应该享受很高的待遇了,这时候要给他加薪,他还是不同意加薪:"我还要信守原来的承诺。"他把所有岗位都尝试过以后,最后一个岗位要他接班时,他跳槽了。他跳到哪去?自己干。他把这个行业全部都经历了,全部掌握了——自己干。实际上,他这就是"退藏于密",这就是"退"呀,这就是把自己隐藏起来了。"密"是什么意思?人家搞不清楚他想干什么,只觉得这个人很奇怪。他始终是这样:"我信守我的承诺。"他只讲这个东西,他的动机、他的目的始终隐藏着,关键的时候他跳槽,自己创业。一创业,他就超过了原来那家企业,这个就很厉害了。

有一位年轻人,他大学毕业到深圳去求职,开始总是认为自己是大学生,认为自己能做很多的事,认为自己很能干,以这种姿态去求职,结果不成功。他第一次求职不能成功,钱花光了,回家去了。因为他家里有钱,他父亲办了一个企业。他母亲跟他父亲讲,家里有这么好的企业,也需要人,为什么不让他留在家里呢?他父亲不听,还是要他自己去闯。

第二次他又去深圳,他父亲只给了他六百块钱。这六百块钱除了路费,也只能够几天的生活,就是不多给他钱。关键的时候还找不到工作,最后他没有办法,只好去扫大街,要吃饭,要生活哪,他就扫了两个月的大街。这两个月扫下来,他认识了人生。他再去求职,人家问他有什么工作经验,他说:"我扫过大街。"这个老总一听——扫大街?就问是怎么回事。他就把自己的经历一说。结果录用了。他以扫大街的心态去找工作,结果成功了!他的这个成功一直飙升上去了。他在深圳获得成功以后,他认为,我必须要在高科技领域里闯一把,所以他又来北京中关村创业。中关村的 CEO 中,学历都很高,只有他是本科学历,但是论业绩,他还比较突出,他是其中的优秀者。

这个故事里面,大学生扫大街也是一种"退藏于密"啊。以前到处去闯,认为自己很能干,处处都锋芒毕露,最后不得不"退藏于密",把自己这个大学生的光环隐藏起来了。扫了两个月的大街,他就做到了洗心,彻底改变了自己的人生观,抛弃了以前不适宜的东西。

"吉凶与民同患",这个"民"实际上是大众。就是说,在我们这个大的社会中,到处都是一样,是吉凶也好,是祸福也好,理是相通的。能不能成功?有经验的人一看,看得很清楚,原因是什么?它基本上都是差不多的,这个规律在这个地方。

为什么经验管用？如果没有规律，就谈不上什么经验，经验就不值钱了。正因为有规律，而且这个规律有它的常规性，有不变的东西。正因为不变，你一百年的经验留传下来还有作用。

"神以知来，知以藏往。""神"是上面讲过的一种境界，有了这种境界你就能知道未来发展的趋势，还会发生哪些事，还有哪些不确定的因素？"知以藏往"，这个"知"是智慧。智慧是积累起来的，是知识、经验积累起来的。一个人的智慧当然藏着以往的知识和经验。"其孰能与此哉？"那么，谁能参究到这个程度呢？谁能体悟到这些东西，体会到这一步呢？这实际上是在赞叹，不仅仅是一个反问，而是一个设问。

"古之聪明睿知"——古代有聪明睿知的人。"神武而不杀者夫"，这个"杀"就是说，他有神武，但他不轻易用自己的神武去干一些不该干的事。这一句话如果用兵家的话说，就是"不战而屈人之兵"。应该说，这是一种境界。我能战，我战之也能赢，我用其他的方法都能赢，但是我还要争取用上上策。这就是一种境界，这种境界也就是真正的一种聪明睿智。相比当今社会，用武力制服武力，用战争反对恐怖，结果呢？是大恐怖去打小恐怖，现在是越搞越恐怖。这个里面，不管他是不是神武，什么东西他唯有一个"杀"字。他不是用智慧去治天下，而是用武力去治天下。

"是以明于天之道，而察于民之故"——所以说，能够明了天地万物之规律，也能明察社会的情状、变化的规律。这个"民"应该是指社会变化规律。有民才能成为社会，假如只有两三个人，没有民众的话，这个"社会"就不是叫社会了。"是兴神物以前民用"，这个"神物"，不是确指某一件事。无论是用灵龟占卜，还是用蓍草占卜，把这些东西当神物来总结以前的经验，或者来应用，但实际上他只是一种比喻，不是确指这一件事。人还要去扩大思维，如果不去扩大、放大一点思维，时代一变迁，时过境迁，你就有点摸不着边际。

"圣人以此斋戒，以神明其德夫！"据书上记载（规定），它必须具备一个条件才是叫吃斋，就是说——过午不食，过了中午就不吃饭，你要吃饭必须在午时以前吃午饭，一过了午时就不能吃，一直到第二天早上才能吃饭。过午不食才是真正的叫吃斋。

"斋戒"，为什么不能吃荤呢？因为动物也是生命，当然植物也是生命，但是动物的生命与人的生命是同一类的。人是以心为主的，在中医里面，治病不是叫治病，是叫治心。在医学界经常有这样的现象，一个人在他的精神状态好的情况下，他的病也就好了，甚至于不治而愈；但一个人的病没有到那个程度，一旦他的精神状态、他的情绪一下子坏下去以后，他的病马上就恶化，甚至于治不好。所以治病要先治心，所有身体上、心理上的病，都是由于心起的。所以说为什么要斋戒。"以此斋戒"，这里当然不是讲吃荤、吃素的问题了，是指按照规律来办事。"以神明其德夫"，就是以那个境界来明白德行，明白体用。戒除什么？戒除那些妄想，那些不良的习气。

"是故阖户谓之坤，辟户谓之乾，一阖一辟谓之变。""是故"就是所以。"阖"就是合起来，关闭了。关闭为"坤"，开了就是"乾"。因为坤为阴，乾为阳，一暗一明。从植物上可以看出来。凡是植物，太阳出来以后，它的花呀、叶呀都张开了，到了晚上它就闭合，荷花就比较明显。

在《弥陀经》里面有一句话："彼国常有种种奇妙杂色之鸟，白鹤、孔雀、鹦鹉、舍利、迦陵频伽，共命之鸟。是诸众鸟，昼夜六时，出和雅音，其音演畅，五根，五力，七菩提分，八圣道分……是诸众鸟，皆是阿弥陀佛欲令法音宣流变化所作。"如果看这个经文，这是迷信！鸟怎么能说法呢？这不是迷信吗？真正来说，这不是迷信，是以这个做比喻。就是说，生活中处处都有我们的老师。人只要看到这些东西，哎呀！生活中处处都是道，处处都是易，处处都是禅，处处都是知识。现在科学家不就是仿生吗？这仿生能说是迷信吗？大自然就是一本百科全书，就是一本大教材。如果能读懂自然这个教材的话，就是真正的得道高人，就是大科学家，但是现在还是停留在书本上的东西多。所以这里讲"神明其德"，这个"德"是德用，必须在生活中用，到大自然中去用。

"一阖一辟谓之变"，怎么样变通？怎么样"往来不穷谓之通"？变则通，通则久，是吧？如何开阖？"奇门遁甲"里就有开门、阖门、休门……纵横家鬼谷子他就讲开阖：一个是展开，一个是合起来；一个是横向的，一个是纵向的。社会规律和自然规律都有相通的地方。

"见乃谓之象"，它展现出来的就是象，就是形象。"形乃谓之器"，成了形就是器。所以古人对太极的描述是："气之初"叫太初，"形之始"叫太始，"质之成"叫太素，合起来称为太极。气升起来以后才慢慢成形，有形以后才有质，这么一个形成过程。"制而用之谓之法"，这里面有个"法"，这个法有佛法，道家里面也有法，现在有方法、方法论，实际上这个法就是规则。无论制造一个什么器具，还是制定一个什么方案，都必须有一个规则。佛法就是佛教给你一个提升自己的境界、提升自己的人格的这么一种方法。因为佛也是人，是觉悟的人，是大彻大悟的人。佛不是神，这个要搞清楚。

"利用出入"，这个"出入"实际上是一种得和失。"民咸用之谓之神"，"咸"就是都，大家都来用（某个区域，或是全社会）。"民咸用之"怎么谓之神呢？这还是用前面讲的"百姓日用而不知"，就是说，这个神在哪个地方？我认为要具备三个条件：第一个条件，这件事实际上是在我们生活中间；第二个，虽然在我们生活中间，但是大家都视而不见。就像一块宝石在大路旁边，谁看到它都踢一脚，谁都不去重视它，都不知道它是一颗宝石。另外，还有第三个，就是宝石！总之，如果要找商机，找成功的机会，实际上在我们的生活中处处都是，关键是看有没有这个眼力，有没有这个智慧。

"天垂象，圣人则之"，能把握住各种商机、机会，就是圣人。毛泽东主席在上个世纪五十年代就以诗言天下之志，云："春风杨柳万千条，六亿神州尽舜尧。"当时中国是六亿人口，六亿中国人都是舜、尧。这可是人人皆圣，天下大同啊！

"是故易有太极"，"是故"是承接上文的。"易有太极"这个"易"，它是从太极到两仪，到四象，到八卦，到六十四卦这么一个演变过程。太极在中国古代又叫混沌——混沌初开，又叫盘古开天地。传说盘古用一柄大斧把混沌这个大球一劈两半，所以轻清之气上扬，混浊之物下沉，天地就分开了。太极的前面叫无极，现在科学家、天文学家讲，宇宙有没有开头？它的开始在什么时候？这都是争论不休的。宇宙是随着一声大爆炸来的，那么，大爆炸以前是什么？这是一个谜。有古代先贤参究围棋：天地未开之前是哪步棋？天地初开之后又是哪步棋？

讲太极以前是无极,根据古书上的记载,无极是"未见气也"。然后气生了,形体也出现了,然后形体里面的质量也产生了,这就是太极。在这么一个混沌的状态中间,发展到一定程度,慢慢地阴阳就出现了,两仪就是阴 —— 阳 —— 两种符号。两仪又生四象,四象是哪四象呢?一个叫太阴 ☷ ,一个叫太阳 ☰ ,一个叫少阴 ☳ ,一个叫少阳 ☵ 。太阴就是两个阴爻,夜间就是太阴了,白天那是太阳了。早上东方出现曙光,那是气之初呀,就是少阴。到傍晚是少阳出现了,这样四种形象。特别是起早的人,往西走的时候,前面依然是夜色。回头看东方,就看见曙光了,这就是阴阳各半。到

盘古

夕阳西下的时候,它也有那么稍许的一段时间,也出现了阴阳各半的情景。这就是四象。

太阳　　太阴

少阳　　少阴

四　象

四象生八卦,古书早有记载,但是近代有学者持怀疑态度,认为八卦不会产生得很早。但是根据考古,不仅仅是近几年的考古,从五十年代到现在,安徽的太和,湖北的孝感,还有长沙的马王堆出土的帛书里,都证明了八卦的图案,以及数字八卦。特别是陕西的岐山,出土了一万多片甲骨,可以看得出来,有六个数字形象组成了这个符号。而图案,开始考古学家把它解释成部落的族徽,但是现在又有考古学家证明了,它是由一种数字演化出来的。

八卦是乾 ☰ 、坤 ☷ 、震 ☳ 、巽 ☴ 、坎 ☵ 、离 ☲ 、艮 ☶ 、兑 ☱ ,分别象征天、地、雷、风、水、火、山、泽。这里讲"八卦定吉凶",我们应该想到,这个"吉凶"是人为的,八卦是定不了吉凶的。如果这个吉凶是自然的,那么八卦怎么去定它的吉凶是因为八卦是人为的,人为的怎么去定自然的吉凶呢?这就看出,八卦是人为的,吉凶也是人为的。八卦是模仿自然的,吉凶是在人为的社会活动、人际活动中产生的观念。这个"定"与我们今天讲的确定、制定、决定还是有区别的。"八卦定吉凶",就是说,在八卦里面能够预测、演绎出其中的吉凶。

"吉凶生大业",可以看出,《易经》里面讲的"吉凶",并不是平时我们观念上那

种吉凶了。这个吉和凶，首先它不是固常不变的，它是会互相转化的。因为是人为的，所以它的转化也有很多人为的因素。为什么能生大业？"大业"就是人们的事业。吉凶怎么能生事业呢？只能说事业里面有吉凶。这就看出事物的本质，这就是一个源头、过程和结果，我们不能把它搞颠倒了。人类首先对大自然感知的就是易，意识到有吉凶。这个吉凶不是自然的，在自然现象中没有吉凶之分。吉凶是人的感知，对人有利的为吉，对人不利的为凶。

正因为人类对自然感知到有这两种现象，所以人类在努力地追求吉而回避凶，努力地去创造有利的，克服和控制不利的，那么事业就产生了。现在我们所做的事业，它的意义不就在这个上面吗？所以，这个不是颠倒，而是一种事物发展的顺序。现在往往有许多事是颠倒的。现在是科技腾飞的时代，高度发达的时代，人类高度文明的时代，这是人类自我陶醉的一种说法。实际上很多东西只知其末而不知其本，它的本来不是大业生吉凶，而是吉凶生大业。因为事物是周而复始的，所以出现了吉凶生大业，大业又生吉凶。这就是事物的周而复始。一件事的结果就有吉凶之分，这就是大业生吉凶。但是，它的本是"吉凶生大业"。

这就是说，我们办事业，我们努力去追求一个事业，我们的处世为人，千万别忘了我们最终的目的，就是积极去创造那些有利的（吉）；主动去回避、抑制、控制不利的（凶），这是根本的目的，赚钱不是根本的目的，根本目的达到了，赚钱的目的也就达到了。赚钱只是有利（吉）的一个方面，而不是其中的全部。四川沱江上游有一个化工厂，严重排污，排污的程度超过标准几十倍，甚至上百倍，结果造成的损失是几个亿。但是他的总裁认为，我这个设备是从日本进口的，我停着一天不使用，我的损失就不得了。上级要求他把治污设备全部安装好，全部进入治污程序后才能生产，但是他认为他的损失太大，不能停。所以说，赚钱不是吉的全部。结果，他个人的"吉"、一个厂的"吉"，变成了沱江中下游的凶——整个江里的鱼全部死掉了，沿江的居民全部要开辟第二水源，还要把水库的水放开，用人工降雨的雨水来冲洗江面。现在，专家有一种谨慎的说法是，要五年时间才能恢复这条江原有的生态。但是也有专家认为要二十年，但是还要一个基本前提——再也不排污。如果再排污的话，两百年、两千年都不行。这个损失有多大？有谁为它负责？是谁在生吉凶？

有些人判断吉凶，只从个人利益、局部利益去判断吉凶。科学发展观就要有环保意识。无论做什么事，污染、破坏了环境就是凶多吉少。努力去维护自然，时时都有环保意识，做事就能趋吉避凶，趋向有利的一面而避开不利的一面。

仿效自然的法则没有比天地更大的了；穷尽事物的变化、流通，没有比四时的更递、寒暑往来更大的了；高悬在天上而放射光明的，没有比日月更伟大的了；崇高的理想追求，没有比物质的富有、学问德行的尊贵更大的了；置备器物供人来使用，制造器具以利行天下，没有比圣人的功绩更大的了（这里指那些搞发明创造的能工巧匠）；探索复杂的物象，研究幽隐、未知的事理，以此来决定万事万物吉凶，经过前面的努力而成就大业的，没有比蓍占和龟卜的神秘更大的了。

这里的"法"是效法，指效法自然。最大的变化，就是四时的变化、昼夜的更替、寒暑往来，其他的变化千头万绪，都是围绕这个大的变化来的。这个"崇高"，一讲到崇高，就会有一种理想和追求。这个"富贵"是两种，富是对财物的追求，贵

是对精神的追求,能得这两个字是很不容易的。在生活中,在现实里有很多这样的例子。有的人他确实是很富有,但是并不能被人所尊重。有的人即使权轻财薄,但是由于他有学问,有道德修养,能得到人的尊重。所以,能做到又富又贵是有缘分的。按着佛教的说法是这样,很富有的人,是他的前世以金钱、物质做了很多的布施,但是他的修行不够,没有修到慧;有学问的人他不富有,就是说他前世修行很不错,修到了智慧,但是他布施得不够。

这不是迷信,佛是以这个举例。他知道,世俗人都讲一点现实的东西,讲大道理的话他很难去接受,干脆讲一点现实的,讲现实的东西大家都能接受。追求学问,追求道德修养,追求盈利,这也是正常的。同时,追求盈利,追求财富的积累,也别忘了对社会做一些公益,别忘了社会公德,别忘了社会大众。以发财,其中有许多人做出了牺牲,做出了付出。因为你在赚,就有很多人在赔。没有那些人在赔,你的赚也是难得到的,所以是互相的一个缘分。

"探赜索隐,钩深致远",这几个词现在用得不太多,但一看也能明白,在这个上面我们就不去大做文章。"定天下之吉凶"与前面那个"定吉凶"联起来看。前面讲"八卦定吉凶",但并没有讲怎么定,这里讲了一个怎么定的来源。"探赜索隐","赜"是在一些方面很幽深的东西,"探赜"就是去探究幽深的、隐藏的。"钩深",这个"深"应怎么样去钩?这是一种形象的描述。"致远",千里之行始于足下,千里之行也是远,怎样致远呢?始于足下。就是说,通过探索、研究、归纳,演绎出八卦,掌握它的规律,然后根据这些规律去确定、把握、预测天下万事万物的吉凶。

"成天下之亹亹者,莫大乎蓍龟。""亹亹"表示勤勉的意思。这里又讲到了蓍龟,蓍龟只是一种形式上的东西,用铜钱也行。各有各的方法,都有一定的规则,如奇门遁甲,这都是形式而已,但这些形式都没有离开八卦,都没有离开"探赜索隐,钩深致远"。更没有离开"君子终日乾乾",说一千,道一万,即使占卜大师送给了自己一个"吉""大喜",现实中还是要靠自己的"勤勤"过自己的日子。"成天下之亹亹"啊,人人都不能违背这一规律。

"是故天生神物",这个"是故"又是根据上文来的。这个"神物",有的学者的解释是灵龟和蓍草。灵龟的龟甲一烤,会显示出一种甲纹,根据这个甲纹能够判断出吉凶。还有一种是蓍草,这种蓍草竟然还那么有灵气。"圣人则之","则"是仿效。"天地变化,圣人效之",天地最大的变化是四时的变化。"圣人效之",神农氏,也就是炎帝,他是中华农耕文化的创始人,这里所指的"圣人"当然是以神农氏、轩辕氏(黄帝)为主了。"效之",农耕离不开二十四节气,这二十四节气就是效仿天文来的。

"天垂象,见吉凶,圣人象之",天上布满乌云了,就知道暴风雨要来了。今天早上起来的时候朝霞满天,天上有火烧云,预计要下雨;太阳下山的时候,西北边的天空很明朗,就知道明天肯定是个晴天;晚上看到星星很稀少,特别是夏天,明天肯定太阳特别厉害。这些都是"天垂象"。"见吉凶",晚上一看天,天气要起变化,明天要下大雨,对稻子收割是不是有不利的因素?如果我明天要收割稻子,一看天气很好,这时吉的现象又出现了。

无论是哪一行、哪一业办事都与天气有联系,像出版界它也与天气有关系。记得1998年发大洪水，出版社把书发到各地火车站，天下大雨，火车站里面进水了，书也跟着进水了，这个损失谁负责？若说："我不是务农的，这个天气与我没关系。"同样有关系。如果到处遭灾，损失太大，人家在那里逃难，没有房子住，精力都放在重建家园上，哪有钱去买书呀？哪有心思去看书呀？所以出版社也受到影响。我们中国是以农立国，传统文化就是农耕文化，讲来讲去是围绕农耕来说的。

"河出图，洛出书，圣人则之"，这是讲河图、洛书了。在洛阳的黄河边上有上卦村、下卦村，在天水市三阳川那个地方有个卦台山，在卦台山的西北角上，一眼就能看到山边有一个龙马洞，就在渭河边上。传说龙马一下子就从那个洞里飞出来，伏羲看到马身上的图案，于是灵感来了，便以这个图演绎了八卦。这个仅是传说而已，但是从这个传说我们可以去推测一

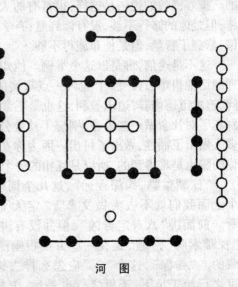

河　图

下，首先是伏羲画八卦在前，看到那个马在后，为什么呢？他可能正在演绎八卦，可能还没那么成熟，正在探索中，突然看到那种马身上的花纹、图案，一下子得到启发了。当时可能有这种马，这种马可能已经退化了，是一种特有的马，现在看不到了。马背上的花纹不一定是八卦图案，只是他得到了一种启发、触通旁通而已。

我们做事不也有这种现象吗？你正在对某个事不得其解时，看到某一个东西，本来二者之间风马牛不相及，但是对你突然是一种感悟、一种启发。我的推测是这样，提供大家参考。因为那个时代离现在也有七、八千年了，这七、八千年里很多物种都起变化了，即使是人也起变化了。现在很多动物都退化了，退化的原因是什么？因为人为的东西多了，气候、地理都变化了。

另据报道，几只老虎关在一只笼子里，两个十九岁的女孩，穿着老虎花纹的衣服给老虎喂食。突然一只老虎衔住一个女孩子的手将她拉下去，一口咬住了她的脖子。好在有人及时赶来，才不至于造成惨剧，不然的话，六只老虎肯定要把她撕碎的。有一位学者目睹了事情全过程，他认为，是谁之过？是老虎的过错吗？人就没有责任吗？老虎是野生的，

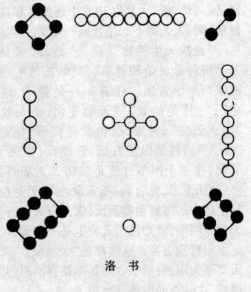

洛　书

你为什么把它关在笼子里？这个问题需要我们去思考。为了人类的观赏，也为了

经济利益，竟然把这些野生的老虎关在笼子里，它难受不难受？现在到处有那么多旅游的，人来人往到处都是。人在家里都坐不住，居然将老虎关着，人还跑出来观赏它，它去观赏谁呢？我们也要思考一下，作为万物之灵长，不要一点责任都没有。

洛书，传说在洛水那个地方有一种龟，大禹治水时坐在石头上休息，看到这种神龟从水里爬出来，看到龟背上有幅图案，这就是洛书。"圣人则之"，这个圣人指伏羲还是大禹？这只是一个传说，不是信史。

"易有四象，所以示也。""四象"是刚才讲的那个四象，同时也有四时之象，所以表现出来了。"系辞焉，所以告也"，依此四象写出卦辞、爻辞告之世人。"定之以吉凶，所以断也。""断"是断定吉凶。

第十二章

【传文】

《易》曰："自天祐之，吉无不利①"。子曰："祐者，助也；天之所助者顺也，人之所助者信也；履信思乎顺，又以尚贤也，是以自天祐之，吉无不利也"②。

子曰："书不尽言，言不尽意③。然则圣人之意其不可见乎④？"子曰："圣人立象以尽意，设卦以尽情伪，系辞焉以尽其言，变而通之以尽利，鼓之舞之以尽神⑤"。乾坤，其《易》之缊邪⑥？乾坤成列，而《易》立乎其中矣；乾坤毁则无以见《易》，《易》不可见，则乾坤或几乎息矣⑦。是故形而上者谓之道，形而下者谓之器，化而裁之谓之变，推而行之谓之通，举而错之天下之民谓之事业⑧。是故夫象，圣人有以见天下之赜，而拟诸其形容，象其物宜，是故谓之象；圣人有以见天下之动，而观其会通，以行其典礼，系辞焉以断其吉凶，是故谓之爻⑨。极天下之赜者存乎卦，鼓天下之动者存乎辞。化而裁之存乎变，推而行之存乎通，神而明之存乎其人，默而成之，不言而信，存乎德行⑩。

【注释】

①《易》曰："自天祐之，吉无不利"：此引《大有》卦上九爻辞。下省"何谓也"。

②子曰："祐者，助也；天之所助者顺也，人之所助者信也；履信思乎顺，又以尚贤也，是以自天祐之，吉无不利也"："履信思乎顺"承"顺""信"而说，本章与"尚贤"无关，疑"又以尚贤也"为衍文（"又"即"有"。"有以尚贤也"盖本为"人之所助者信也"之注，后误入正文）。《大有》卦《大象》的"顺天休命"和六五《小象》的"信以发志"即《系辞》的"顺""信"。圣人则天神物以立象系辞，是"顺天休命"；以象与辞尽其言意，有不言而信之德，是"信以发志"。朱熹疑此数句为错简，似有可商。

③子曰："书不尽言，言不尽意"："书"，文字。"意"，思想。朱熹疑此"子曰"和下面的"子曰"二者必衍其一。按：疑此"子曰"可能为"传曰"之类，即古书说、古语说、古人说。此当为老庄道家之语，犹结尾"不言而信"之引（《黄帝四经·经法·名理》）。

④然则圣人之意其不可见乎：帛书作"然则圣人之意，其义可见已乎"。准帛书下文"以尽意""以尽其"（"其"为"言"字之讹）之讹误例，此当作"然则圣人之意言可见已乎"，"其"为"言"讹，"义"字或为衍字，或为"不"字之讹。下文"圣人立

象以尽意,系辞焉以尽言"即是对此设问的回答("意言"倒承上文之"言""意",犹上文"信""顺"倒承"顺""信"。《系辞》多此倒承之例)。

⑤圣人立象以尽意,设卦以尽情伪,系辞焉以尽其言,变而通之以尽利,鼓之舞之以尽神:"立象"与"设卦"互文,"立象"谓设立爻象,即少阳、老阳、少阴、老阴四象;"设卦"谓设立卦象,即乾天、坤地、震雷、巽风、坎水、离火、艮山、兑泽八卦之象。"情伪",真伪(按:"情伪"一词屡见于《黄帝四经》及帛书《易》说《缪和》等中)。八卦取象于阴阳、动静、真伪等诸多范畴,如《说卦》"坎为盗""兑为巫"之类,此亦犹《黄帝四经·十大经·果童》所谓"地有山有泽,有黑有白,有美有恶"。"系辞",撰写文辞系属于卦爻之下。"变"谓错综爻象、组合卦象。"通"即"以通天下之志"之"通",谓沟通物情。"以尽利"即《系下》"服牛乘马,引重致远,以利天下,盖取诸《随》"之类。"鼓舞"谓摆弄著占(《庄子·骈拇》《释文》"鼓",动也。《汉书·汲黯传》注"舞犹弄也"。弄动即摆弄),《易略例》注"鼓舞犹变化也",陈梦雷《周易浅述》说"鼓舞,占也",得之;亦兼指鼓舞振作万物。

⑥乾坤,其《易》之缊邪:"乾坤",指《乾》卦、《坤》卦。七章"天地设位,而《易》行乎其中矣。成性存存,道义之门"(虞注"乾为道门,坤为义门")、《系下》六章"乾坤,其《易》之门邪",两处均作"门","门"谓门径、关键(《淮南子·原道训》"万物有所生而独知守其门",注:"门,禁要也")。此"缊"字当为"经"字之讹,帛本即作"经"。《广雅·释言》"经,径也",《左传·僖公二十五年》《释文》"径读为经",《吕览·当染》"得其经也",注:"经,道",谓得门径、得其关键。《乾》《坤》,其《易》之经邪",谓《乾》《坤》两卦象,是把握《易》理的门径。"邪"同"耶"。

⑦乾坤成列,而《易》立乎其中矣;乾坤毁则无以见《易》,《易》不可见,则乾坤或几乎息矣:"成列"犹言确立。《乾》《坤》为六十四卦之祖宗卦,因此《乾》《坤》两卦象一旦确立,则全部《易》理便都存在于其中了。即前文"立象以尽意,设卦以尽情伪"。《乾》《坤》两卦象为《易》理之载体,《易》理为道,《乾》《坤》为器;《乾》《坤》之器不存,则《易》理之道焉附? 反之,若流于表象而不知把握《易》理,则《乾》《坤》之器也就近于名存实亡("息",亡)。《老子·十一章》"凿户牖以为室,当其无,有室之用"。《乾》《坤》犹墙室,《易》理犹其中空之"无"。

⑧形而上者谓之道,形而下者谓之器,化而裁之谓之变,推而行之谓之通,举而错之天下之民谓之事业:"形而上",有形之上,无形象可见者,此指《易》理。"形而下",有形之下,有形象可见者,此指《乾》《坤》天地间之万象万物(所谓"在天成象,在地成形""见乃谓之象,形乃谓之器")。"裁"本当作"制"。帛本作"施"。"裁"为"制"字之训(《广雅·释言》:"裁,制也。"),"施"为"制"之音讹("施"在歌部,"制"为歌部入声字)。"制",创制。"化",转化。"化"与"制"均包含双重意义。"道"向下落实,用《易》理规律来指导创制器物的实践活动,这便是"道"向"器"转化;"器"向上提升,在创制器物的实践活动中不断总结《易》理规律,这便是"器"向"道"转化。同样,就前一个转化而言,"制"谓创制生产器物;就后一个转化而言,"制"谓创制总结规律。如果能把这个道器互相转化之理推行于万物万事,就能触类旁通,这即是"推而行之谓之通"的含义。"举"承"推行"而说,"举"亦"行"也(《周礼·师氏》注:"举犹行也。")。"错"同"措",放置,"举而错之"义犹应用于。

如果能将这种道器互相转化之理应用于天下百姓的日常生活之中,就能建立伟大功业,这即是"举而错之天下之民谓之事业"的含义。

⑨是故夫象,圣人有以见天下之赜,而拟诸其形容,象其物宜,是故谓之象;圣人有以见天下之动,而观其会通,以行其典礼,系辞焉以断其吉凶,是故谓之爻:"夫象"高亨疑为"爻象"之讹。按:"象"谓卦象、爻象,上承"立象(爻象)设卦(卦象)"而下启"谓之象(卦象)""谓之爻(爻象)"。"赜",繁杂之事。"谓之象",称为卦象。此承"设卦以尽情伪"说。"典礼",帛书作"挨礼",读为"等礼",等级礼数。"系辞焉以断其吉凶"疑为衍文。"谓之爻",称为爻象,此承"立象以尽意"说。这一段文字与八章相重。

⑩极天下之赜者存乎卦,鼓天下之动者存乎辞,化而裁之存乎变,推而行之存乎通,神而明之存乎其人,默而成之,不言而信,存乎德行:"赜",虚实真伪等繁杂之事。"卦",卦爻之象。"鼓",簸动,弄动蓍草以占卦。"辞",卦爻辞。此即"系辞焉以断其吉凶"。"裁"当作"制",帛书即作"制"。"变",卦爻象的变化。"通",指阴阳爻的融会交通。"神而明之",神化彰显《易》理。"默而成之,不言而信"谓无为而治,与十章"不疾而速,不行而至"同。"默而成之"是"顺天","不言而信"是"应人"。

【译文】

《周易》的《大有》卦上九爻辞说:获得上天的佑助,吉祥无比,无所不利。这是什么意思? 孔子说:佑是帮助的意思;顺应天道的人就会得到上天的帮助,履行信义的人就会得到众人的帮助;能履行信义而又顺应天道,所以能获得天助,吉祥无比,无所不利。古语说文字不能完全表达人的语言,而语言又不能完全表达人的思想。那么圣人的思想和语言能够完全传达体现出来吗? 孔子说:圣人是通过设立爻象来表达思想,设立卦象来反映真伪,撰系卦爻辞来传达语言,变异卦爻来施利于天下,摆弄蓍占来体现《易》的神奇作用。《乾》《坤》两卦象,它是把握《易》理的门径。《乾》《坤》两卦象确立之后,全部的《易》理也就存在于其中了;《乾》《坤》两卦象一旦毁坏,则全部的《易》理就不能察见;反之,如果不能察见《易》理,那么《乾》《坤》两卦象也就几乎等于名存实亡。无形象可见者称为道,有形象可见者称为器,根据道与器的转化之理而总结规律并指导实践就称为变化,将此道理推行于万物万事就称为通达,将其应用于天下众人的日常生活就称为事业。至于爻象和卦象,是指圣人洞见天下繁杂之事,根据《易》理来比拟其形态,象征其内蕴,这便称为卦象;圣人洞见天下的运动现象,根据《易》理来观照其融会变通,推行等级礼数,这便称为爻象。究极天下繁杂之事都表现在卦爻象之中,占断天下各种运动现象都体现在卦爻辞之中,根据道器转化而总结规律、指导实践的道理都呈现在卦爻象的变化里,把这个道理扩展到万物万事都反映在阴阳爻的融通之内,神化彰显《易》理依赖于圣人,安静无为而成就万物万事、无所言语而取信于人依赖于德行。

【解读】

《易经》里讲"自天祐之,吉无不利"。"祐"是指助。最大的保佑是天祐。生命这个物质载体是父母给的,但是精神还是来自天的。这个天就是大自然,所以"自天祐之",当然是吉了,那还有什么不利呢? 这就是天人合一的道理。孔子又进一步解释这个问题。子曰:"祐者,助也。'什么叫保佑? 是帮助你,仅仅是帮助你而

已。观世音菩萨讲度人，是有缘则度。你没有缘，怎么度你？这个缘，就是说应该你是主动的，你时时都要主动，只要你发这个愿，我就要尽量保佑你。比如你想攀上一个山崖，上边有人拉你，但是你手不伸出去，甚至不情愿他来拉你，这总是不行的。你要把手伸出去，还要加一把努力，他在上面才能使得上劲。助援助援，只能帮助你，真正的祐者还是你自己。

"天之所助者，顺也！"你不是要得到天的保佑吗？天能保佑你，你顺从天吗？你违背天的规律，那怎么能得到保佑呢？就像现在有的人异想天开，要去征服自然，去改造自然，结果到处给生态环境动"手术"，把整个生态彻底打乱了。黄山上有一棵树叫"梦笔生花"，据说那棵树现在已经枯萎了。是什么原因？山里造了一个水库，由于这个水库破坏了自然的水系，水压上不去了，树就枯萎了。

所以说，要"顺"啊！要顺其自然，破坏自然总是不行。现在有一些号称是科学家、专家的，根本没有读过古书，违背了圣人的教诲。圣人的这些智慧，都是从自然中来的，教我们"则之""象之""效之"，而不是违之。

"先天而天弗违，后天而奉天时，天且不违，而况于人乎？而况于鬼神乎？"天都不去违背，你人能违背吗？

"人之所助者，信也。"这里讲到诚信。人相互之间要不要帮忙？要互相帮助。但是你要得到别人的帮助的话，必须树立一种诚信，没有诚信，人家想帮你都很难。"履信思乎顺，又以尚贤也。""履"是履行。履行这个诚信，你再遵循那个"顺"。"尚贤"是墨子的思想。这里可以看得出来，墨子"尚贤"的思想是从《易经》里面来的。当然有人会讲，这句话是孔子说的，甚至于是孔子以后他的弟子说的。他们是同时期人，这本书的成书时间是在战国时期，但在孔子时代就已经成书了。为什么？因为后面有一些"子曰"，是他的学生补进去的。但是它的真正的思维还应该是《易经》的，因为它是解释《易经》的嘛。"是以自天祐之，吉无不利也。"这是孔子说的话。我们要好好体会这个"祐"字，要抓住两个字，一个是"顺"，一个是"信"。"顺"要顺乎天则，"信"就是诚信。

"书不尽言"，就是书面的文字很难表达人的思维。释迦牟尼佛成道以后，在菩提树下四十八个小时才起座。四十八个小时他讲《华严经》。给声闻、缘觉和菩萨他们讲，人是听不懂的。他的语言很简单，翻译出来就是《华严经》。我们读到的《华严经》仅仅是整部《华严经》的三分之一。《老子》(八十一章)五千多字，《易经》五千多字，至今仍在不断演绎，演绎了多少倍啊？成千上万倍，还是搞不懂。这个道理是一样的。有人说，那个不可信。那有什么不可信的？因为那是很难用语言表达的。所以释迦牟尼佛在灵山大法会上一上座，有人给他送了一束金菠萝花，他就拈花不语，什么话都不说。平时他一上座就开始讲经，但是那一天他什么都不讲,就是拈花,满座的人都不得其解,唯有迦叶尊者破颜一笑——这是心照不宣啊。佛就讲:"我这是微妙法门。"所以他就把衣钵传给迦叶尊者。禅就是从那里开始的。

佛说出来的是经,但是这个经又未尽意,又没有表达出他的本意。有一天,释迦牟尼佛与弟子从一片树林旁边过,他捡起一片树叶,说:"你们看这个树林里的树叶多不多呀?"弟子们说:"多呀。"他说:"我给你们讲的只是这一片树叶,但是我没有讲的,有树林里树叶那么多。"那个比例是什么比例? 佛还是有慈悲心:即使我讲出来,你们也听不懂,那怎么办呢? 好吧,我就拈花微笑,一代代你们自己去悟吧。有人问:"什么是禅?"佛心想说,又无法用语言表达的,要你自己去悟的,这就是禅。

"然则圣人之意,其不可见乎?"圣人的意思难道真的就不能理解、领悟吗? 真正的领悟还要靠你自己。有人讲,《易经》也好,《老子》也好,孔子也好,无论讲什么,还是要互相融通来讲。唐代李通玄讲《华严经》,是用《易》来讲佛经,讲得非常好。所以知识一定要展开,如果不去展开,知识就会停留在寻章摘句上,就得不到启发。

孔子说,圣人创立象数,以象数为规范尽可能地来表达他的思维。古代人有他的思维,从直立行走那个时候开始。想一想,当野兽向他们扑过来,他突然捡起石头阻吓野兽的时候,他有没有思维? 可以想象,这是一种原始的思维。从这个思维推及至以后,人类的思维是逐渐逐渐地发展的。人的思维是很难用语言表达的,我们的先民用非常朴实的方式,用象数来表达,然后设立六十四卦,有三百八十四爻来反应万事万物的真实。现在的事事物物,如果按照《金刚经》上说的:"一切有为法,如梦幻泡影,如露又如电,应作如是观。"

例如,有一个弟子参禅去问师父:"什么是禅?"师父正端着一个杯子喝水,他随手指着杯子,问:"这是什么?"弟子自然而然地说:"这是一个杯子。"师父给了他当头一棒:"错了,回去重参。"参了几天以后回来又问:"什么是禅?"师父又指着杯子问:"这是什么?"他想,第一次我讲是杯子,结果错了,挨了一棒子,于是就说:"不是杯子。"又是当头一棒,又让回去重参。第三次又来问,他想,既然我讲是杯子挨了一棒子,讲不是杯子也挨了一棒子,那就讲:"既不是杯子也是杯子。"结果还是挨棒子。这是个游戏的说法,不行,还要重参。到第四次他又来,他想:肯定的、否定的、肯定又否定的都说了,这次什么都不能说了——没说的了,那就不说吧。

不说也不对,它总还是有一个东西在这里。为什么呢? 你讲是杯子,错在哪个地方? 有位中医说,停在那里的汽车不是汽车,是一堆铁,只有跑起来的才叫车。这是名家的说法 白马非马嘛。白马是马吗? 白马就是白马,它不是马,"马"是很多种类马的集合名。所以这个杯子,以前不叫杯子,以后它也不会永远存在,因为它是很多物质合成的。再一个,起个名字叫杯子,到英国它就不叫杯子了。像镜

子,在日本就叫"你像我"。

第二次讲不是杯子——又错了,为什么? 你说不是杯子,但方便说法它还是个杯子呀。所以第四次他就没话可说了。这个时候,师父把棒子举得高高的,大喝一声。弟子心想:挨打吧。可是棒子没落下来,就在那一刹那间,他悟了。你讲他悟了什么? 说不出来。禅宗有很多公案,它最后不说,说不出来,一说就错。为什么一说就错呢? 如人饮水,冷暖自知。你把这一口水喝下去,这个冷暖只有自己知道,人各有异。你想把你自己感受的东西都表达出来,表达不出来。你用什么语言表达? 我把水喝下去有什么感觉? 没有这个词来形容。即使形容还不是我感觉的东西,还不是真实的东西,只是一个想象、差不多而已。所以禅宗不立文字,一说就错,就落两边。不是落在那一边就是落在这一边,落在两个极端。

"设卦以尽情伪",就是说,万事万物只要是人为的,都是假的,但是你又不能否认它的存在。"系辞焉以尽其言",正是因为很难表达,但是又不能不表达,所以佛教讲不立文字,但是又不离文字,还是要用文字这种工具,交流中多少还是一个依据。

"变而通之以尽利",在变通中来流通,在流通中互利。

"鼓之舞之以尽神",这个"鼓"字,《庄子》里面的解释,就是把蓍草四根一分,在那里演绎,就是那个意思,那就是鼓动。这个"鼓舞"的目的就是为了激扬,毛泽东当年有"激扬文字,粪土当年万户侯"的诗句。激扬就是激发、张扬,因为事物有一个表象的东西,就像水停在那里,是静态的,你看是这样的,我看是那样的。假如现在有两位科学家,一位科学家是搞环保的,一位科学家是搞地质的。搞地质地看到水,他能看到水里面有矿物质;环保工作者看的是——这个水污染没污染? 这就是说,人们在分析这个水,那么这就是"鼓之舞之",他就是在鼓动它。现在我们都在用各种手段、各种方法在事事物物上做文章。那里本来是一个自然景点,那个山长得很妙,那个石头长得很妙,那里的水很妙,就有人开发旅游,这就是鼓之舞之。鼓动得好,当然他人也就随舞动起来了。

"以尽神",就是尽量发挥它。有些矿物质,例如计算机上使用的硅(硅片),没有利用它的时候,它就是自然的一种矿物质,现在运用上了,运用它的时候就是"鼓之舞之",为什么说"以尽神"呢? 这个"神"就是说,硅有这么一种功能、一种性质,以前你为什么没有应用它? 因为你没有掌握它的规律,没有掌握它的性质,现在你掌握了它的性质,它还有这么一个功能。这就是神哪。你把它未知的功能掌握了,变成已知了,就是"尽神"了。电脑买回家,往那一放,对它一窍不通,一点都不懂。现在把它的各种功能——打字、上网等很多很多的功能都发挥了,你认为太简单了。但是在那些不了解、不会用的人看来,这就很神秘了,太神了,现在回想一下,

在接触键盘之前,看到人家用键盘打字,是不是有神秘、神奇的感觉? 在你动键盘之前,你是不是很神往的? 如今你自己变成神了——通神了。这就"尽神"了——你尽量发挥它的作用了。

"乾坤其易之缊邪?"这个"缊"本来是指新旧丝棉混合在一起,这里应该是蕴。那么,乾坤里面蕴藏着易吗? 提出一个设问。后面回答:"乾坤成列,而易立乎其中矣。"《乾》《坤》是开门卦,当然是并列的。《乾》卦是纯阳爻,《坤》卦是纯阴爻,阴阳向背,正好成列。"易立乎其中矣",这个变化就是在阴阳之间。你看,你在道路中间走,两边是阴阳,阴阳是根据日影移动的,所以"易立乎其中矣。"

"乾坤毁,则无以见易。"如果把这个《易》仅仅当成一本书、当成六十四卦的话,那么"乾坤毁"了,把《乾》《坤》这两卦拿掉,我只要六十二卦,那么这个《易》就不存在了。没有天地,怎么有乾坤呢? 没有乾坤,那天下的万事万物是哪来的? 后面都是讲天下的万事万物。所以在《序卦传》中有一段:天地初开就有父母,有父母就有儿女,有儿女就有夫妻,就有君臣……它就是这么来的,就是这么一个过程。

"易不可见,则乾坤或几乎息矣。"但是"易不可见",如果见不到事物不变的规律和万变的变化,那这个乾坤也就死了。看来看去它还只是文字,这文字读来读去还是文字。乾坤里面有易,但是见不到它的易,不能把握它的易,就等于没有把握乾坤。"天尊地卑,乾坤定矣",总之,要见易才能定乾坤。

这里有个"形而上"和"形而下",什么是"形而上者"? 诸如道德、理论方面的,是抽象的、看不见的、无形的。何谓"形而下者"? 就是看得见摸得着的、具体的,能够用感官去感知的、认知的。但是,我们不能拘泥在上下,应该有内外,有此有彼。拘泥在上下是不对的,因为在整个宇宙中间,上下它是特定方位的,以某物为主。另外还有些东西它有内外之分。例如一个石头,这个里面哪是形而上? 哪是形而下? 所以这个东西我们要把它展开一点,放开看。

亚里士多德有一本书叫《后物理学》,这个翻译很不好懂,所以严复先生把它翻译成《形而上学》,就是说,它讲的是一种很抽象的理论,是讲无形的,而不是讲具体的。如果给你一本书,书上教你做器具,或者其他工艺品,技术流程都讲得很清楚,那就是形而下的,是具体的东西,是看得见、摸得着的东西。《后物理学》是讲理论的,所以严复翻译成《形而上学》。简言之,形而上者是精神形态方面的,形而下者是物质形态方面的。

"化而裁之谓之变",这个"化"呢,它也是一个过程。《黄帝内经》中说:"物生谓之化,物极谓之变。"所以,中医学中有五化,即生、长、化、收、藏。

日常生活中的"化"。一个地道的农民,他挑起这个担子,像电视上少数民族姑娘挑一担水,挑得非常优美。有的农民挑一担稻谷或是一担柴禾,挑在肩上很美,他这个美就有一种"化"的过程在里面。他把挑担子的要领、步调和技巧,都"化"在行为中间了,一化就显得美了。我们不能去给它下定义了,一下定义就不懂,只能这么举例子。农村还有一种独轮车。陈毅元帅说,淮海战役的胜利是老百姓用独轮车推出来的。这个独轮车不好推,推独轮车要靠腰会扭,你不会扭、不会摆的话,这个独轮车就要倒,这就是把握平衡啊。我去推这个独轮车肯定不行。所以这里面需要有一个化的过程。

"化而裁之",这个"裁"啊,实际上是比较、类比,通过类比、判断,然后取舍。

这个取舍是通过类比来的，这也是一个过程啊。这样才是叫变化。凡是自然变化来的东西，都很美。有些变化来的东西都有它的自然美，有它的奇妙之处，所以这个变化要"化而裁之"。我们要尽可能地把我们的思维引导、展开到事物中，不要停留在字面上，也许我这里讲得不准确，大家可能体验到的比我还准确、还好。万事万物在化，人的观察、判断就是裁。

"推而行之谓之通"，"推"就是类推。通过类推去选择，选择之后再行动，这样才能使之通畅、流通。这个类推，在《泰》卦里面就有："拔茅茹，以其汇。"这个"汇"就是类。"拔茅茹"，就是把茅草拔起来看它的根，冬天的草根可能水分少，没有活力。现在一看它有活力了，在开始萌动了，你就分析，哦！阳气开始上升了，它开始发芽了，你就以这个来类推其他的物类。春天来了，它在萌芽，其他的植物也在萌动。这么一类推你就知道，可以开始播种了。这时候播种就能发芽，就能得到好的收获，这就是变则通，通则久。

"举而措之天下之民谓之事业"，现在讲"举措"，是指行动，一种大的行动，一种大的措施。"民"指百姓。这个措施的影响面比较广，它应该有利于百姓，有利于社会，这样就叫事业。古人所以称之为"事业"，它有一个前提，有一个中心内涵——有利于百姓，有利大众，当然也有利于自己。佛教里面讲"自利""利他"，你自己得到利益，也能利他，这个"他"是指众人，指社会。这样才能称为事业，否则是不能称为事业的。

"是故夫象"，这个象是什么象呢？这里又重复了以前的一段："圣人有以见天下之赜，而拟诸其形容，象其物宜，是故谓之象。""赜"是指很复杂的事、麻烦事，纷纷乱乱的，天下这么多复杂的事事物物。"拟诸其形容"，模拟它的形容，又把它与物相宜的那些形象描述出来，用符号把它表示出来，这就是象。有个卦象，上面是风，下面是水，风吹着水，这是《涣》卦。涣是涣散，就是水面被风吹起小波浪了，水面涣散了，这就是卦象。

"圣人有以见天下之动，而观其会通，以行其典礼"，所以万事万物的变动、流通，还有人类的活动，这个"会通"——它们之间的汇与通，怎么样汇？怎么样通？例如：我们都坐在一起，是汇在一起，但是如果志向不同，目的不一样，就不通。"会"是打了一个照面，然后就走了，因为不通的原因。就是说，办事的目的不一样，任务不一样。"以行其典礼"，这就是说，事物变化出来它都有一美，那么人的行为也要有一美，这个美就是典礼，这个礼不仅仅是礼貌。

"系辞焉以断其吉凶"，然后又用这个辞来判断吉、凶、悔、吝，甚至还有小吉、大吉、元吉的区别。"是故谓之爻"，这些判辞在每一个卦里面都有。

"极天下之赜者存乎卦"，所有天下这么多纷纷扰扰的事，都存在于这个卦里面，都能用卦来表现。六十四卦就是六十四大类事物的情态、情状，六十四卦能够隐喻很多的事情。

"鼓天下之动者存乎辞"，"动"字与"变"字有区别。动就会有变化，当然是动中才是变化，动中有变，变中有动。但是动与变又有区别，这里的动是指人为的动，而变是指自然的变。"化而裁之存乎变"，通过人类社会活动，在实践中不断实践，就有变化。"推而行之存乎通"，在推行中间就能流通，就能变通。变则通，通则久。"神而明之存乎其人"，如果狭义地来说，这个人是指占卜的人，运用易的人。

广义地来说，是指所有的人。在所有人中也还是有区别。"神而明之"，明白神，明白未知的东西，一下子把未知的、不明白的弄明白了，这个明白的主体是人。

"默而成之，不言而信，存乎德行。"这个"默"字很重要，实际上就是讲无为。有很多人，不仅仅是那些搞占卜的人，即使不懂《易经》、也不相信《易经》的人，甚至于反对《易经》的人，即使他对占卜的事根本不相信……这些人同样生活在《易经》里讲的那种情状中。每个人都有人生追求，无论是学业的追求、事业的追求，乃至爱情的追求、财富的追求……种种追求都是有的。在追求的开始都是盲目的，在过程中间更有许多盲目的地方，因为未知的、不确定的因素很多。但是面对这么多不确定因素，面对这么多未知，人往往都有一个本能上的通例，很想走捷径，有一种侥幸的心理。什么时候我能无师自通呢？什么时候我能早上栽树晚上乘荫呢？每个人都有体会，都经历过，只是程度不一样。

这种情状与"默"是相对的。"默"就是无为。试想早上栽树晚上就乘荫？是办不到的。它有它的规律，它要一天一天、慢慢地按照这个规律去长才能长大，才能乘到它的荫，才能得它的利。那我们就耐心地等待吧，这种耐心就是一种"默"。

《庄子》里面有一个故事：有一个人的背驼得很厉害，外貌长得很丑，是一个罗锅，几乎是个废人，但是他会植树。很多富户人家的后花园里都要植树，都请他去，结果他由一个废人变成了一个有用的人。他植树的成活率非常高。人家问他的诀窍是什么，他说没有诀窍，栽上树后不要动它。但是有钱的人栽树呢？天天都去摸一摸、摇一摇，这样它的树根就动了，就长不大，成活率就不高。因为他没有其他的招，他就一招：不去理它就行了，它长它的。就这么简单，这不就是默吗？这就是一种无为啊！

"不言而信"，这个信是自然中的诚信。要慢慢长，要根据寒暑往来自然成长。很多伟人都是冬天出生的，因为他在娘胎里就经过了一个寒暑往来。这里有一个诚信，你服从了我，你顺从了我，我自然要成全你，就是这么一种承诺，天与人、天与物的承诺。

"存乎德行"，我顺从了你的规律，你成就我，这就是德行。"德"是天德，"行"是人的行为。根据这个天德，然后你的行为、行动根据这个规则、遵循这个规则就足够了。这就是互相的一个承诺。

【经典实例】

关羽固守朋友信义

关羽，字云长，三国蜀汉大将，是河东解县（今山西临猗西南）人。东汉远支贵族刘备在乡里聚众起义，关羽和结拜兄弟张飞一同追随，驰骋疆场。刘备任平原（今山东平原西南）相时，任命关羽、张飞分别担任别部司马，率领大军作战。刘备和关羽、张飞刚结为兄弟那会儿，三个人关系特别好。他们晚上在一张床上睡觉，像亲兄弟一样亲。而关羽甘心为刘备转战沙场，赴汤蹈火，在所不辞。建安五年（200年）正月，汉献帝的丈人、车骑将军董承联络将军王子服、长水校尉种辑等人，准备联合刘备内外夹攻曹操的计划被泄露，曹操把董承等人杀了后，准备征讨刘备。他认为刘备野心很大，现在不消灭他，后患无穷，于是曹操开始东征。

刘备得知消息，惊慌不已。他知道以他自己的力量是抵抗不了曹操的。他立即派北海（今山东昌乐西）人孙乾去向当时势力很强的袁绍求救。袁绍的谋士田丰劝袁绍进攻许都，消灭曹操。袁绍却有别的打算，他以为时机不到，所以没有采取行动。

刘备驻守的小沛城很快就被曹操攻破了。刘备和张飞经过拼死搏杀，终于杀出一条血路，冲出重围。刘备和张飞走散了，他只好向北去青州投奔袁绍的儿子——青州刺史袁谭。

曹操攻陷了小沛，又进攻关羽驻守的下邳城，刘备的家眷都在这里。曹操下令一定要把城攻破。关羽几次出城作战，无奈寡不敌众，都吃了败仗。关羽犯愁了。这时，曹操派大将张辽来说服关羽投降。关羽考虑到刘备家眷的安全，答应了。但他提出要保证刘备家眷的生命安全。他还告诉张辽，若是自己有朝一日打听到刘备的下落，他还是要回到刘备的身边。曹操爱惜关羽是个难得的将才，答应了他的请求。

在回许都的路上，关羽细心地照顾刘备的家人。晚上，就在昏暗的烛光下读《春秋》。曹操知道后，更加敬重关羽了。回到许都，曹操便拜关羽为偏将军，待他很好。曹操还把大将吕布留下的那匹赤兔马送给了关羽。

虽然这样，关羽依然没有忘记他与刘备之间的兄弟信义。他对张辽说："曹公这样厚待我，我感激不尽。但是，刘将军以前对我很好，我们盟誓同生死，共患难，我不能违背自己的誓言。我不会在曹营久留，但我一定会立功以报答曹公对我的厚爱才离开。"

张辽禀告了曹操，曹操叹了口气说："关羽真是讲信义的人。我更敬佩他了。"

在青州，刘备受到了袁谭的热情招待。袁谭写信告知父亲袁绍有关刘备的情况。袁绍很高兴，亲自去迎接刘备，并告诉他，自己要征讨曹操。这次，袁绍不顾田丰的劝阻，决定立即发兵攻打曹操。

袁绍率领十多万人马进攻黎阳（今河南浚县东）。他派大将颜良进攻白马城（今河南滑县）。曹操得知消息，立即发兵支援。关羽为了报答曹操的恩德，自告奋勇，披挂上阵，杀了颜良。

　　曹操打了个胜仗,他知道关羽最终会离开,便给了他许多赏赐。这时,刘备派人悄悄送信告知关羽自己的情况。关羽高兴地把这一消息告诉了刘备的家人,准备到袁绍兵营里见刘备。他把自己屡次得到的赏赐封存好,恭敬地写信向曹操辞行。

　　曹操派人好言相劝,加以挽留,可关羽去意已定。一天,他骑着马,拿着大刀,带着十几名随身士兵,保护着刘备的家人,向袁绍军营走去。

　　关羽费了好大一番周折,才找到刘备。从此以后,他仍一心一意地为刘备打江山。他固守朋友间的信义,直至败走麦城后被杀害。

系辞传·下

第一章

【传文】

八卦成列,象在其中矣①;因而重之,爻在其中矣②;刚柔相推,变在其中矣③;系辞焉而命之,动在其中矣④。吉凶悔吝者,生乎动者也⑤;刚柔者,立本者也⑥;变通者,趣时者也⑦。吉凶者,贞胜者也;天地之道,贞观者也;日月之道,贞明者也;天下之动,贞夫一者也⑧。

夫乾,确然示人易矣;夫坤,隤然示人简矣⑨。

爻也者,效此者也;象也者,像此者也⑩。爻象动乎内,吉凶见乎外,功业见乎变,圣人之情见乎辞⑪。天地之大德,曰生;圣人之大宝,曰位;何以守位,曰仁;何以聚人,曰财;理财正辞、禁民为非,曰义⑫。

【注释】

①八卦成列,象在其中矣:"成列",确立。"象",六十四卦卦象。《说卦》论八卦之象,而六十四卦之象已在其中。

②因而重之,爻在其中矣:八经卦重组为六十四卦,则三百八十四爻尽在其中。

③刚柔相推,变在其中矣:"刚柔",阴阳爻。"相推",错综排列。"变",指卦象和爻象的变化。

④系辞焉而命之,动在其中矣:"命",告(《尔雅·释诂》)。"系辞焉而命之"即《系上》十一章"系辞焉所以告也"。"动",卦爻的变动。

⑤吉凶悔吝者,生乎动者也:按:此当为经师举例以释"系辞焉而命之,动在其中矣",后误入正文。前后文的语句排列,可以证明此为衍文。这两句是说:比如吉凶悔吝等占辞就是源于卦爻的变动。

⑥刚柔者,立本者也:"刚柔"即"刚柔相推"的"刚柔",阴阳爻。"立本",确立《易》卦的根本。

⑦变通者,趣时者也:"变通"即"刚柔相推"的"相推",指阴阳爻的错综变化、往来流通。"趣时",顺合时宜。

⑧吉凶者,贞胜者也;天地之道,贞观者也;日月之道,贞明者也;天下之动,贞夫一者也:四个"贞"字朱熹训为"正""常"。按:帛书作"上"。"上"即"尚",帛书之"尚"字均作"上"(如"尚其辞""尚其占"等)。疑本作"尚",帛书以"上"字为之,而今本初讹为"占",又易为"贞"。"尚",贵、重。

"胜",指阴阳制克(《素问·金匮真言论》注:"胜,谓制克之也")。或吉或凶,重在阴阳制约是否得宜(又按《释文》说姚信本"胜"作"称","称"指阴阳相配得宜,亦通)。"尚观",重在对时宜变化的观照。《观·象》"观天之神道而四时不忒",《贲·

象》"观乎天文,以察时变",都是这个意思。"尚明",重在对消息盈虚之理的体悟("明",晓悟、体悟)。"日信出信入""月信生信死"(《鹖冠子》),观日月之道,"君子尚消息盈虚"(《剥·象》)。"动",兼动静而言。"夫"犹"于","一"犹"常"。了解天下各种运动现象,重在把握动静之常道。《系上》一章所谓"动静有常,刚柔断矣"。

⑨夫乾,确然示人易矣;夫坤,隤然示人简矣:"确然",刚健貌。"隤然",柔顺貌。《系下》末章"至健""至顺"即此。"易""简"即《系上》一章"乾以易知,坤以简能"。

⑩爻也者,效此者也;象也者,像此者也:"此"指乾坤易简之道。卦爻卦象即是对乾坤易简之道的效法取象。

⑪爻象动乎内,吉凶见乎外;功业见乎变,圣人之情见乎辞:卦爻卦象变动于卦内,而吉凶则呈现于卦外,掌握其变动规律则吉,反之为凶。"情",思想意志。"变"与"辞"似皆含有二义:"变"谓卦爻之变动,亦兼指客观环境之变动。建功立业表现在适应反映客观环境变化的卦爻变动上。"辞"谓卦爻辞,亦兼指制度号令。

⑫天地之大德,曰生;圣人之大宝,曰位;何以守位,曰仁;何以聚人,曰财;理财正辞、禁民为非,曰义:"生",化生万物。"位",天子之位。"仁",当从帛书作"人"。"辞"犹老子、《管子》中之"言",指制度教令。"禁民为非"帛书作"爱民安行"。《黄帝四经》"优未(惠)爱民"、《同人》九三《小象》"三岁不兴,安行也",是此"爱民安行"之辞例。"安行"即安舒行止。《系上》"安地厚乎仁,故能爱"与此相近。"义",合宜。《淮南子·齐俗训》"义者,循理而行宜也",《韩诗外传四》"节爱理宜谓之义",与此"义"同。《节·象》"节以制度,不伤财,不害民"即此"理财正辞,爱民安行"。

【译文】

八卦的卦象确立以后,全部的卦象也就都包括在其中了。八经卦重叠为六十四别卦,全部的爻象也就都包含在其中了。阴阳爻的错综排列,卦象和爻象的变化也就表现在其中了。撰系卦爻辞而告人以吉凶,卦爻的变动也就反映在其中了(比如吉凶悔吝等占断之辞,就是产生于卦爻的变动)。阴爻和阳爻是确立《易》卦的根本,阴阳爻的变化流通,反映顺合时宜的道理。了解吉凶的道理,贵在于懂得阴阳制克的是否得宜;了解天地规律,贵在于观照时宜变化;了解日月运行规律,贵在于体悟消息盈虚;了解天下各种运动现象,贵在于把握动静之常道。乾道刚健而平和,坤道柔顺而简约。卦爻便是对乾坤之道的仿效,卦象便是对乾坤之道的取象。卦爻卦象变动于卦内,吉凶则呈现于卦外;建功立业表现在顺应卦爻的变动上,圣人的思想体现在卦爻辞之中。天地最大的德泽就是化生万物,圣人最可宝贵的是守住天子之位,通过聚拢人心来守位,通过创造财富来聚人,善理财物而正定制度、仁爱于民而安静行止,这就是处事得宜。

【解读】

伏羲六十四卦顺序图有两个,一个是圆图,一个是方图,圆图在外,方图在内。那么,"八卦成列"这个"成列"我们要搞清楚,它是两种列。古代作战有长蛇阵、龙门阵、八卦阵,这个"列"就是一种阵。实际上它不仅仅是方阵,八八六十四卦排成

国学经典文库

方阵是一种,圆阵也是一种,都是"成列"。如果把六十四卦、三百八十四爻全部拉长,它不是线段,它是螺旋体。

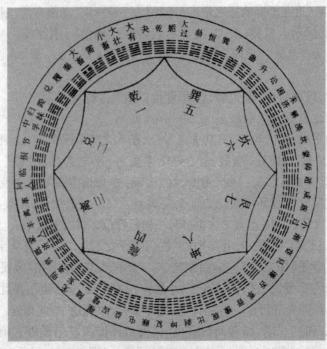

六十四卦圆图

六十四卦方位

坤	剥	比	观	豫	晋	萃	否
谦	艮	蹇	渐	小过	旅	咸	遁
师	蒙	坎	涣	解	未济	困	讼
升	蛊	井	巽	恒	鼎	大过	姤
复	颐	屯	益	震	噬嗑	随	无妄
明夷	贲	既济	家人	丰	离	革	同人
临	损	节	中孚	归妹	睽	兑	履
泰	大畜	需	小畜	大壮	大有	夬	乾

《易经》的首卦是乾卦，乾卦的初爻是初九，爻辞是"潜龙勿用"。六十四卦，三百八十四爻，从乾卦的初九爻开始，一直到最后一卦未济卦，未济卦的最后一爻是上九，它也是阳爻。那么，这个上九爻就是三百八十四爻最终一爻。未济卦的初六爻是"濡其尾"。这个"濡"是指沾湿了，就是说，这个小狐渡河的时候，尾子沾湿了。狐的尾子是很粗的，为了过河，把尾子竖起来，但是它一下河就把尾子沾湿了，这是初爻的情况。到了上九爻的时候，它"濡其首"，首就是头。这个小狐尾子沾湿了，浸到水里了，现在头也沾湿了，说明是沉到水里面去了。按照常规来说，沉到水里去了，那不就有凶险吗？实际上在爻辞里是"濡其首，有孚失是"，只是说它失去了本来面目。

因为它是陆地上的动物，不是水里面的动物。陆地上的动物是用肺呼吸的，现在它的尾子和首全都沉到水里去了，那它现在就不是陆地上的动物了，成水里的动物了。爻辞中没有讲吉，也没有讲凶，甚至连小吝都没有，可想而之——没事，不是坏事，而是一种转换——狐变成了鱼（太极图中有阴阳鱼）。

从方阵变成了圆阵，它又回到了乾卦的初九爻上来了。乾卦的初九爻是"潜龙勿用"，狐又变成了龙。相传，狐是最懂得修行的，千年的修行，狐就能变成仙。这里呢？它不是修成仙，而是修成了龙。这里我们要搞清楚为什么是螺旋体，因为未济卦的上九爻与乾卦的初九爻，不是简单的重复，不是一种简单的重迭。因为从乾卦到未济卦，实际上是一个轮回，是一个周期。现在回来又要进行第二个周期了。那么这第二个过程不是简单地重复，它又上升了，是螺旋上升型，就像从小学一年级到初中一年级，又从初中一年级到大学一年级，同样是读书，不错，都是一年级，但这是螺旋上升，它不是重复。所以，这个"八卦成列"是一种螺旋体。

真正《易经》这本书，它的原刻本当然有文字，但是源头上出现的不是文字，而是符号、卦象、卦形。《乾》卦就是六个阳爻，《坤》卦就是六个阴爻。图书、图书，就是——有图又有文，图文并茂。

所以讲，在人类历史上，像这样带着原始符号和原始思维的书绝无仅有，这是唯一的。无论是在西方找哪一本书，像这样带着原始的符号，特别是带着原始的图形，这是唯一。不是文字为主体，而是符号图形为主体。这个文字是为符号图形服务的，是解释符号和图形的。六爻合起来是一个图形，单独看，它是阴爻、阳爻，它是符号，它是由两个符号组合成的一个图形，图形里面又是以符号为主体。离开了这个符号就没有图形，离开了符号这个文字就没有根。

这个符号是观察事物——"仰则观象于天，俯则观法于地，观鸟兽之文，与地之宜，近取诸身，远取诸物"，是几代人共同创作的。它是这样得来的，这些东西就是象。

这个象首先是一个现象——自然本体的现象，自然里面的景象，然后用两种符号把这些现象、这些景象表达出来就成了图形，就是这么来的。"象在其中矣"，这个里面有三个东西，把象换成一个词——情境，这就是象。那么，第二就是符号图形。第三就是文字，就是这三个东西。如果是不善易者，那你就完完全全在文字窠臼里面出不来。

所谓"善易者"能突破文字去推测这个符号和图形，去推测、想象这个真实的情境，那就是善易了，他能回到了本来。就像你能玩一种机子，你能把这个机子

拆开，拆开以后又把它装上，就是说能还原。所以说，仅仅是文字上能够滚瓜烂熟、倒背如流，讲得头头是道，这不是善易者，这只是文字易而已。也就是说，讲《金刚经》的时候，那是叫文字般若，但那不是实相般若。什么叫实相般若？那就是事物的本来的情境、本来的现象。这个易跟禅是一样的，跟《金刚经》上讲的般若是一样的意思。

"刚柔相推，变在其中矣。系辞焉而命之，动在其中矣。"这个里面有两个字：一个是"变"，一个是"动"。似乎变也是动，动也是变——变中有动，动中有变，怎么要把它分开呢？它是有道理的。这个"刚柔相推"，也就是前面讲的"刚柔相摩"——互相摩擦。相互之间要进行合作，同一个物质里面，有刚的物质体，有柔的物质体。有的基本粒子显得刚，有的基本粒子显得柔。在人群里面，有的人显得刚，有的人显得柔。刚与柔之间会发生一些关系，正因为这个关系，在互动中生出了一些变化。

"系辞焉而命之"，"系辞"当然是指写辞的人，是指文字。为什么讲"动在其中矣"，不讲"变在其中矣"呢？你用文字来表达"刚柔相推"，表达"刚柔相摩"，表达相互之间的这种互动的情境，真正来说是描述一种变化呀，为什么说是"动在其中矣"？这个是有区别的。因为动是讲行为的，而变一般是讲规律的。

"吉凶悔吝"，吉、凶、悔、吝是讲结果的。它是从哪里生出来的？是从动中生出来的。就是说，这个结果是从过程中生出来的。如果把"动"讲成是结果的话，两个结果就重起来了。所以这个里面有区别，吉、凶、悔、吝是指结果。吉、凶、悔、吝是一个判断词——判断一件事的结果，是吉还是凶？是有悔还是有吝？是有咎还是无咎？这都是指结果，是从过程中来的。过程就是动，所以前文讲的动就是过程中的情状。

例如某件事，开始时呈现的是"吝"，显示出一种艰难，但经过努力的过程，结果又呈现为"吉"，由"吝"到"吉"就是变，努力的过程就是动。

"刚柔者立本者也"，这个"本"就是根，是指客观的东西。也正是《系辞传·上》中讲的那个"动静有常，刚柔断矣"。天地初开以后，当然就生出了变化，变化就生出了动静。"动静有常"，动静是普遍的，然后以刚柔来判断。所以刚柔是立本的，因为它是客观的东西，你离不开。在我们生活中，事事物物不是显示刚就是显示柔。这种显示是在无意识中，都是潜意识的，而不是有意识的。而这个刚和柔，都是人本性上的东西。当然有的时候用一些什么策略，那是一种人为的东西，是有为的，实际上它真正的刚与柔是在无为中显示的，它是一种本来的。这个有为与无为要区别一下。实际上人的刚柔，有的人的性格确实是非常固执，显得很刚，你叫他改，他一生都改不过来。有的人非常柔，你想叫他刚一点，他也很难改变过来。所以说刚与柔都是本来的东西，它是本。

"变通者趣时者也"，"趣"是一种趋向、倾向。这里重点讲一个"时"字。变则通，每个变都能通吗？变通、变通，也有变不通的时候。即使是变通也有区别，有的变通是通畅了，有的变通不是那么通畅。也是有区别的，有差异的。那么，这个差异在什么地方？这个区别在哪个地方？"趣时"——变得及时不及时？此时是不是变的良机？是不是真正抓住了变的时机？该变的时候你就要变，该变的时候你没有变，不该变的时候你变了，这就有区别了，这就有差异了。再比如，你抓住时机

的火候准不准，这也有差异。有时候——在谈判关键时候的发言，这就要看火候了，看时机了。这个时机抓得不好，不该说的说了，该说的没说，实际上这就是火候的问题。

这个"时"，在《易经》里面，看一下前面六十四卦的经文，一再强调了一个时、一个位。位是指空间，时是指时间。时空这两个东西都要抓准，抓到位，抓住一个机，《易经》经文中为"几"，几者，机也。

"吉凶者，贞胜者也。"这个"贞"，按照前面的解释，就是正。但是这个贞它又按"常"来解释，所以说"正常"。吉凶当然是相悖的，按正常来说，它是用"胜"字来判断的。所以说，越是不怕凶险、不怕失败的人，他胜的概率越高。"贞"字是正常的，这才是正常的规律，所以，要从常情中去想，这才是常道。

"天地之道，贞观者也。""观"是观察，这好懂。但是，天地之道为什么在于一个"观"字呢？天地之道摆在我们每一个人的面前，显得普普通通、平平常常，对每一个人都是一样的公平待遇。天地之道对你显出三分之一，对他显出一半，对我全部显示出来？没有那么回事，对每一个人都是一样的显示。问题是，你能得到这个天地之道吗？关键在于你的观察。你善不善于观察？你善于观察，你就得得多。你深入观察，观察之后还去思考，你就能看到事物的本来面目。人家没有观察到的，你观察到了，这就是看你的观察能力。那么，这就是讲《易经》了。

《易经》六十四卦、三百八十四爻，都在讲自然现象，都是天地之道。这是我们古代圣人一代一代观察得来的，一代一代积累下来的东西。到了我们这里，仅仅从文字上解释解释，就成了文字易了，就不是天地之道。你也要去观察，你不去观察还是不行。所以我们今天也少不了自己去"仰则观象于天，俯则观法于地"，同样少不了。你想省一点，是不行的。真省了，那么讲课、演讲，离开了那个笔记本电脑，离开了稿子，就讲得不通畅。他没有自己去观察，自己没有体验，那不是自己的东西，全是书上的东西，全是人家的东西。《易经》讲了天地之道，也讲了人生之道，你怎么去读？你不要仅仅读文字。你还要到天地之间，到野外去读，到生活中去读。

"日月之道，贞明者也。"我们古代人观察天地，主要就是观察日月，他是从观察日和月着手的。通过观察日，他得出了一天的昼夜交替，得出了东方和西方这个方位，得出了时间 早、中、晚。观察月亮呢？月有月圆月缺，这一个月的时间就有了。这个《易经》不仅仅是文字解读，它是一代一代人积累来的。

"天下之动，贞夫一者也。"从古到今，从夏、商、周一直到清末，一直到现在，朝代兴衰更替，但是我们的传统文化源远流长。这可以用杜甫的那一首诗："国破山河在。"国破了山河还在，还是这个山，还是这个河。就是说，你朝代变来变去，但是我们的文化，我们中国的传统文化不会变，国破传统在。政统变了，道统不变，这就

是天下的概念。

我们把这个思维放大，就能体验到中华传统文化它特有的一种内涵。这种内涵使西方文化相形见绌，显得单薄。西方文化有很多精华、经典。但是像我们中国这样的东西，一层一层揭示出来，它有很多内蕴、宝藏。它是成系统的。四书五经也好，诸子百家经典也好，道家的思想体系、儒家的思想体系、墨家的思想体系、法家的思想体系、名家的思想体系、农家的思想体系、杂家的思想体系、兵家的思想体系、纵横家的思想体系，这么多的思想体系，都是万本不离宗，都是互相借鉴，都是"天下"的观念。

另外它有一个根，有一根红线在那里串着。你这个思想体系里面有"天下"的思维，我这个思想体系里面也有"天下"的思维，他的思想体系里面也有"天下"的思维。《庄子》里面讲到天下，儒家的《大学》里面也有天下，《墨子》里面也有天下，这就是道统啊。别看它分家——你这一家，他那一家，但是很多东西它是不分的。这就是为什么说是中国——中央之国。中者，立本者也。

现在欧盟统一，是用经济统一。用文化没法统一。像法国人，"我"坚持用法语，"我"就是不用英文，"我"坚持我的文化。法国人就是固执，坚守着民族文化阵地。它有三套文字研究体系，一套是为总统服务的，一套是为总理服务的，还有一套是为整个国家机关服务的。货币可以统一，但是我的语言绝对不跟你统一。如果我的语言跟你统一，我的民族就完了，法兰西就和英吉利一样了。所以这是一个值得深思的东西。

我们国家五十六个民族能统一，是因为有一个文化思想体系在这里。《老子》里面有"上善若水""以柔克刚"，兵家里就有一个"不战而屈人之兵"，《易经》里有"中正""中行"。儒家讲中庸，道家讲中和，墨家讲中用，都有一个中，都离不开一个中。这就是我们中国文化大一统。"天下之动，贞夫一者也"就是这个"一"。看起来是分了道家的、儒家的、墨家的，但是它没有分开，还是"一"。一讲到天下，你讲天下，我也讲天下，他也讲天下，都有天下的思维，还是一统。

这就是《易经》作为群经之首的功劳，因为《易经》有这个思维。

《乾》卦给人显出刚健的样子，显示出一种易，显示出一种变化。无论是变也好，不变也好，它始终是一副刚健的样子、坚硬的样子。确实——石头和角都是实实在在的。

"隤"与"确"是对立的，隤是柔顺的样子。它以柔顺的样子给人显示出一种简。易和简有什么区别呢？易是指一种规律，简是指一种规则。《乾》卦讲自强不息，是以龙为象征。即使是潜龙，它还是龙；即使是亢龙，它还是龙。但是《坤》卦是以牝马为象征。牝马是柔顺的。本来《坤》卦的象是牛，牛很柔顺啦，是顺从人的，但是为什么卦辞里是牝马，而不是牡马呢？也就是说，不是用雄马而是用雌马呢？因为牛的顺与牝马的顺有差别。牝马有一个什么特性？在一个马群里面只有一匹公马，这一匹公马是挑选出来的，是护卫这一群母马。这一群母马只认这一匹公马，对它表示忠贞，对其他马是排斥的，有一种忠贞。而牛不一样，牛没有这个特性，它只是一般的顺。所以用牝马，它有方向性，有趋向性。

"爻也者，效此者也。"爻是"效此"，爻是仿效爻的，就是仿效用九和用六，阳爻就是用九，阴爻就是用六。效是用。在六十四卦里面，"用九"和"用六"只有《乾》

卦和《坤》卦里面有,其他卦都没有,无论是哪一卦,《屯》卦也好,《蒙》卦也好,《既济》卦也好,《未济》卦也好,逢阳爻就是效法"用九",逢阴爻就是效法"用六",就是这个意思。你不要认为后面没有"用",后面都有,只是省略了。因为《乾》卦都是阳爻,《坤》卦都是阴爻,一句话就能讲"用九""用六",但是到了其他卦是阴、阳相迭,没有纯的。

"用九"和"用六"只有《乾》卦和《坤》卦有,都讲这个。他认为后面没有"用",这错了。每一爻都有用,每一爻都在用。讲道理给你听,就是要教你学会用。你学会用,你才能自己去挣饭吃,而不是靠他人给你饭吃。就是这个道理。

"象也者,像此者也。"对这个"象"和"像",新闻出版局对文字有一个规范,特别是对"象"和"像"做了一个规范。这个"象"和"像"用起来有时候打架,经常出错,所以新闻出版局对有争议的字做了一个统一。前面的"象"是一个名词,是指现象,也可以讲是图象,指事物的本体是现象,你把它标画出来就是图象;后面这个"像"是动词。"像此者也",这个像是指什么呢?还是指后面的,除了《乾》卦和《坤》卦以外,其他六十二卦里面,阳爻象也好,阴爻象也好,卦象也好,都是像这个一样,也是模仿《乾》卦和《坤》卦来的。你把《乾》卦和《坤》卦理解透了,那么后面就好理解了。因为乾坤是象征天地的。万事万物是离不开天地的。这个道理是很清楚、很明白的。

"爻象动乎内,吉凶见乎外。"这个"内"是指事物的本质,内部的规律性。卦与爻的区别在哪个地方呢?卦是指静态的,爻是指动态的,我曾经讲过这个。这个爻就是用,所以它离不开"用九"和"用六"。用就是动,一用就动起来了。毛主席在《矛盾论》《实践论》里面讲事物的变化时,讲内因是变化的根据,外因是变化的条件。这就是内与外的区别,这就是辩证法。讲事物内部的变化,就像这一粒枣子它烂了,它是从里面烂起的,这就是变化。这就是说,爻象它不是表示表象的,而是表示过程中的规律性的东西。

举个例子吧,如坤卦的初六爻——"履霜,坚冰至"。坤卦是六个阴爻,初爻就开始下霜了。由薄霜到浓薄,又到雪,又到薄冰,再到坚冰。"履霜",你踏上霜就知道坚冰就要到来,这是一个表象的东西,但实际上它反映的是自然变化的规律。你踏上霜的时候,你不会想到马上就要赤日炎炎,它反映的是一个自然变化的规律,这就是"内"。

吉与凶,祸与福,这是个表象。这个里面告诉我们许多东西。有人做梦,这个梦不好,我做了一个噩梦,一大早起来就问这问那,忧心忡忡,这个梦预示怎么样?有时候碰到一顺利的事也有担忧,想预测一下吉凶。实际上,凡是显示出吉凶的,它是一种外向的东西。善易者,真正懂得了《易经》,就超脱了。你懂得"易"了,又懂得"用"了,怕什么?你就不怕了。它是外在的东西。然后再通过爻,看清了其中的过程,明白了"用"了,吉里面有凶,凶里面有吉。你看看这个凶,再看看它的本质。你明白这个道理,你就能避开——没事。

这就是说，"善易者不占"。要占什么？有什么担忧？

圣人安贫乐道，乐天知命，非常达观。在他的理念中，无凶无吉，无福无祸，无善无恶，是不是这么个道理？他能从这个表面现象，看到事物的本质、规律。这个事物向哪个方向发展，他看得清清楚楚，他就不怕。他看到这个事物向凶的方向发展，他能主动回避它，改变它，他就主动了，所以我们要真正懂《易经》，做一个善易者，就能达观、乐天知命。

"功业见乎变"，这个里面的"变"，按现在的说法是创新。孔子当时的意思，也有一种创造性的东西吧？为什么说"功业见乎变"呢？这就是"变则通，通则久"嘛。你不会变，就不能通。不能通怎么叫功业呢？当然不能叫功业了。显现出功业，你还要会变通，会变通实际上就是创新。没有一种创造性那是不行的。没有创造性怎么叫变通呢？《易经》里面的爻辞非常有意思，一面讲"直方大"，一面又讲"不习无不利"，"不习"还"无不利"？一面讲"含章可贞"，一面又讲"或从王事，无成有终"，"无成"还"有终"？这就是变通了。你不"成"怎么还有"终"呢？没有成功怎么还有一个结果呢？有始有终，这本来就是成了，无成怎么还终？这里面就有无为与有为的区别，很微妙。仔细研究《易经》，把《易经》琢磨透了，你处理问题、看待问题就很达观了，你始终是在变通、创新，而且显得很平常，看不出一种轰轰烈烈，也不需要轰轰烈烈。

"圣人之情见乎辞。"这个"情"有几种意思，一种是指情境，一种是指胸怀，圣人有他的胸怀。中国传统文化里面讲胸怀四个字——天下为公。天下为公，这个情不是一般的情了，它以大众之情为情，情系于大众，情系于天下，以天下为公。这个"天下为公"不是孙中山先生提出来的，是《礼记》篇中的名句，孙中山先生是效仿圣人的。《大学》里也讲得很清楚——治国、平天下。格物、致知、到诚意、正心、修身，再到齐家、治国，还不够，还要平天下。平天下——以天下为公。

"圣人之情见乎辞"，谁作的辞充分表达出了"圣人之情"？如果具体一点，就是讲周文王了。实际上，这个《易经》的经文不是周文王一个人的，而是他前面多少代人口口相传传下来的。我们的老祖先都是圣人。以前毛泽东讲"六亿神州尽舜尧"，那时候只有六亿人口，六亿中国人都是尧和舜。就是说，卦辞也好，爻辞也好，它所显示出来的东西，都是老祖宗的胸怀。现在讲占卜，你给我占卜一下我家发财的事，我家孩子上大学的事——只是一人一己一家，有一国吗？有天下吗？没有。这种占卜属于《易经》吗？它不属于《易经》，不是《易经》。

有人说，他也懂《易经》。他是真懂《易经》吗？到《系辞传》中看一看，到这一句中来看一看。用《易经》给你起一个名字，用《易经》给你占一卦，占的是你的事，占的是你一家的事，这个不是《易经》，这不是为易者了，这不是《易经》里面的东西。《易经》里面的东西是以天下为公的。

"天地之大德曰生"，"德"乃天地之德。天地之德是德合无疆。"生"是生生之为易，生生不息。这个"生"字就大了。没有天地，哪来万物？这个德与道有区别，道为体，德为用。道是本体，它是不动的，是不变的；德是变化的。

"圣人之大宝曰位"，你看这个"大宝"，"宝"是什么？仅仅是指宝贝吗？是宝藏——圣人的宝藏。圣人的宝藏是智慧它是积累来的。佛教里面讲"三身"法身、应身和报身。"尽此一报身，同生极乐国"，这个"报身"就是积累的。这个'位'是

指空间。有人讲，这个位是指地位、官位，从科级到处级，再到厅级，再往上晋升……不是这个"位"。这个位是指一种空间，这是指社会地位、社会空间。

我们可以想一下，老子做了多大官？一个史官，仅仅是管理文书的一个管理员，他谈不上是一级的官。孔子又做了多大官？孟子又做了多大官？庄子没有做官，陶渊明也不过只做了一个县令，之后不为五斗米折腰——他竟然不愿意做了，但是他的社会地位高。李白做官了吗？杜甫做官了吗？他们都没有做官，都没有官位，但是他们的社会地位高。所以这个"位"是指尊严（古人的尊严）一种自尊。有多少人尊重他？现在讲孔子是至圣先师、万人敬仰、万代师表，这个位还得了？万代师表、万代都敬仰他，这个位就崇高了。哪一个皇帝有他的地位高？有人总结我们近代的落后挨打的原因，是中国人太尊师重教了，其实，是古圣先师们的智慧宝藏源远流长，太令后世起敬了。

李　白

那么，"何以守位？"你得到这个位要守得住。有多少有官位的人能够守得住呢？他守不住。圣人这个位用什么来守？用仁来守。这个"仁"是什么意思？和天地相应，这叫和合众。也就是说，是不是仁？你能不能得到和合众？你能不能和合众人？你能不能与众人融合在一起？这个是很关键的。这个并不是说人多了，人多就为仁，不是这个意思，仁者才能合和。一和二才能合起来，阴和阳、奇数和偶数才能合起来，一阴一阳、一奇一偶才能和合，只有这个二者才能和合，多一个就不行了——"三人行必损一人"哪。

"何以聚人？曰财。"何以把这么多人都和合在一起？"聚"就是和合。这个"聚"不是把乌合之众全部都召集起来，而是和合。何以聚人呀？"曰财。"这个"财"是什么意思？当然是财产、财物、财富，当然是这个意思。用什么来凝聚呢？当然只有财富。这个里面怎么去理解呢？《易经》六十四卦，讲完《乾》《坤》两卦以后，就讲《屯》卦。《屯》卦是指事物刚刚发生，万物伊始。然后再讲到《蒙》卦。事物刚刚发生以后，在蒙的阶段要去启蒙。《蒙》卦后面又讲到《需》卦，有需求了。《需》卦讲完以后，又讲《讼》卦，有需求就有争讼。《讼》卦以后再讲到《师》卦。有争讼，所以就要平息争端。《师》卦后面是《比》卦，争讼平息后大家都互相比附、亲附。谁平息了这个争端，谁就为王，大家都去亲附他。然后《小畜》，小畜就是财富的小畜——积蓄起来了。

除了《小畜》，后面还有《大畜》，这都是指财富的积蓄。"大畜"后面是《颐》卦。颐就是颐养，你没有财富怎么颐养？它都是有道理的。你积累这么多财富就是为了颐养。《颐》卦后面是《大过》，颐养是有益健康的好事，但颐养过度又会损害健康。这是自然规律，也就是前面讲的"贞"者，就是正常，这是很平常的事。

为什么说"方以类聚，物以群分"？"物"就是财富。这里有个"仁"字在里面——和合众。聚在一起不是为了分这个财，而是为了共同来创造财富。

这个创造财富是以天下为公，不是为一己一家。天地生万物不是为一人之生，不是为一家之生，而是为天下之生——天地之大德。水也是财富，有人就靠"水"发财，但那是一种服务。它是一连串的，是一条线贯通的，这是天下为公的东西，不

能孤立地来看这个问题。

"理财正辞,禁民为非,曰义。"义是一种规则,而且是一种游戏规则,不是法律明文规定的,不是国家制定的,是一种游戏规则。国家出了一个告示,国家已经明文规定应该怎么做,不应该怎么做,这个不叫义,这叫法。但是在朋友与朋友之间,行业与行业之间,有许多不成文的规矩,那些不成文的规矩就是游戏规则,这就是义。

"理财正辞",讲如何合理地分配。"正辞"就是要名正言顺,要公开、公平、公正。

第二章

【传文】

古者包牺氏之王天下也,仰则观象于天,俯则观法于地,观鸟兽之文,与地之宜,近取诸身,远取诸物,于是始作八卦,以通神明之德,以类万物之情。①作结绳而为网罟,以佃以渔,盖取诸《离》②。

包牺氏没,神农氏作,斫木为耜,揉木为耒,耒耨之利,以教天下,盖取诸《益》③。日中为市,致天下之民,聚天下之货,交易而退,各得其所,盖取诸《噬嗑》④。

神农氏没,黄帝、尧、舜氏作,通其变,使民不倦;神而化之,使民宜之。《易》穷则变,变则通,通则久。是以自天佑之,吉无不利⑤。

黄帝、尧、舜垂衣裳而天下治,盖取诸《乾》《坤》⑥。

刳木为舟,剡木为楫;舟楫之利,以济不通,致远,以利天下,盖取诸《涣》⑦。

服牛乘马,引重致远,以利天下,盖取诸《随》⑧。

重门击柝,以待暴客,盖取诸《豫》⑨。

断木为杵,掘地为臼,臼杵之利,万民以济,盖取诸《小过》⑩。

弦木为弧,剡木为矢,弧矢之利,以威天下,盖取诸《睽》⑪。

上古穴居而野处,后世圣人易之以宫室,上栋下宇,以待风雨,盖取诸《大壮》⑫。

古之葬者,厚衣之以薪,葬之中野,不封不树,丧期无数,后世圣人易之以棺椁,盖取诸《大过》⑬。

上古结绳而治,后世圣人易之以书契,百官以治,万民以察,盖取诸《夬》⑭。

【注释】

①古者包牺氏之王天下也,仰则观象于天,俯则观法于地,观鸟兽之文,与地之宜,近取诸身,远取诸物,于是始作八卦,以通神明之德,以类万物之情:"古"即后文所说的"上古"。"包牺"也作"伏牺""伏羲",传说中的人物。从"伏牺"二字看,可能暗示着原始狩猎时代。"法"亦"象"。"与地之宜"或本作"与天地之宜"。"宜"字帛书作"义"。按:当作"与天地之义"。"天地"承上文天地法象而说。《系上》两见之"象其物宜"及此处之"宜"帛书均作"义",而下文"使民宜之",帛书同。可见"义"与"宜"有别。"与天地之义",即观察天地万象之内蕴。"身"指人的形体器官。"物"指自然物。"八卦"指八经卦,即三画的单卦。"通"谓会通,归纳。

"神明之德"谓阴阳造化之性。"类"谓类别分析。

②作结绳而为网罟，以佃以渔，盖取诸《离》："网"，田猎（"佃"）取兽之网。"罟"，捕捞水产之网。"离"，帛书经文及《系传》均作"罗"，罗网。《说卦》"离为鳖、为蟹、为蠃、为蚌、为龟"，亦可证当作"罗"。此与"伏牺氏"（伏取动物）之传说亦相吻合。又按：此"《离》"（《罗》）当是指八经卦即单画卦而说。罗网编制是四周为绳框，中空为网眼，与《离》卦（☲）外实中虚之卦画亦相合。可参读《离》卦经文注释。

③包牺氏没，神农氏作，斫木为耜，揉木为耒，耒耨之利，以教天下，盖取诸《益》："神农氏"，传说中的人物。从"神农尝百草"及发明耒耜的传说看，当为原始采集或原始种植时代中之人物。"斫"，砍削。"耜"，木制掘土农具。"揉"，经过加工使木弯曲。"耒"与"犁"声近，耜端所装之曲木，用以犁地，犹后世之犁头。"耨"当为"耜"字之讹（《系辞》多为倒承法，即前文说耜、耒，此则说耒耜；犹下文"断木为杵，掘地为臼，臼杵之利"等），《汉书·食货志》即引作"耒耜"。《益》卦上《巽》为木、为人，下震为动，属东方木，木动而入土，故曰"盖取诸《益》"。按《益》卦为单卦的《巽》与《震》相重，因此《系辞》认为重卦工作始于神农而完成于尧舜。

④日中为市，致天下之民，聚天下之货，交易而退，各得其所，盖取诸《噬嗑》：《噬嗑》卦上《离》为日为罗，下《震》为动。象日中时分设置集市以网罗天下民人、货物，"交易"即流动、变动。

⑤神农氏没，黄帝、尧、舜氏作，通其变，使民不倦；神而化之，使民宜之。《易》穷则变，变则通，通则久。是以自天佑之，吉无不利："黄帝、尧、舜"，传说中的五帝，当父系氏族之铜石并用时代。"通变"，变通改造。"倦"，穷（《广雅·释诂》："倦，止也，极也。"）。按："通其变"等等是讲伏牺所创之八经卦已不敷民用，故当改进之而重为六十四卦；然上文已明言重卦工作始于神农而非黄帝尧舜。因此，疑"通其变"至"吉无不利"一段文字当在"包牺氏没，神农氏作"之下。

⑥黄帝、尧、舜垂衣裳而天下治，盖取诸《乾》《坤》："垂"疑"揣"之借字，度量、裁定（《说文》："揣，量也。一曰捶之。"）。此言黄帝裁定衣服制度而天下治理，这是取象于上乾天、下坤地的象征（上衣下裳象征上乾下坤）。衣裳乾坤，尊卑有等，民不逾等，则各守其分而天下自然治理。《黄帝四经·经法·君正》"衣服不相逾，贵贱等矣"就是这个意思。《黄帝四经·十大经》即有黄帝定君臣名分之说，则黄老道家很早就有关于黄帝建立等级名分的传说。又按：此接前文"神农氏没，黄帝、尧、舜氏作，垂衣裳而天下治"，"黄帝、尧、舜"四字衍。又按：此《乾》《坤》为重卦后的六画卦。

⑦刳木为舟，剡木为楫；舟楫之利，以济不通，致远，以利天下，盖取诸《涣》："刳"，挖空、掏空。"剡"，刮削、削尖。"楫"，船桨。"致远以利天下"朱熹疑为衍字。"以济不通"，涉渡不通车马的水路。《涣》卦上《巽》为木、为舟，下《坎》为水，舟行水上，所以说"盖取诸《涣》"。《涣·象》"利涉大川，乘木有功也"。

⑧服牛乘马，引重致远，以利天下，盖取诸《随》："服""乘"指驾御牛车马车。"引重"，拉运重物。《随》卦上《兑》为悦，下《震》为动、为雷、为车、为龙、为马（《国语·晋语》："震，车也。"《黄帝四经·称》："雷以为车，隆以为马。""隆"即"龙"。《说卦》："震为雷，为龙。"）。下面车马行动而上面物乐随之，所以说"盖取诸

《随》，《随·彖》"动而悦，随"即此。又按：《归藏》之《随》卦作《马徒》。"徒"同
"途"，车马行于途，与《系辞》相合（又《诗·车攻》毛传："徒，辇也"，"马徒"即以牛
马驾车）。

⑨重门击柝，以待暴客，盖取诸《豫》："重门"，层层城门。"击柝"，敲梆巡夜。
"待"，防备。"暴客"，强盗。《豫》卦上《震》为雷，下《坤》为地、为众，敲梆巡夜如
雷动于地以警众也。又《坤》有夜深阖户之象，故曰"重门"（李光地《周易折中》）。

⑩断木为杵，掘地为臼，臼杵之利，万民以济，盖取诸《小过》："万民以济"即
"以济万民"，"济"，助。《小过》卦上《震》为动，下《艮》为止，象杵动于上而臼止于
下。又《震》属东方木，《艮》为手，有持杵捣臼之象。

⑪弦木为弧，剡木为矢，弧矢之利，以威天下，盖取诸《睽》："弦木"，弯木使曲
而两端设绳。"弧"，弓弩。"威"，威慑。《睽》卦上《离》下《兑》，与弧矢无关（高亨
说《离》为绳并引虞翻说《兑》为小木或小竹，似不可靠）。疑此取于《睽》卦上九爻
辞"先张之弧，后脱之弧"（"后脱之弧"疑当作"后脱之矢"，"张弧"与"脱矢"互文
足义）。

⑫上古穴居而野处，后世圣人易之以宫室，上栋下宇，以待风雨，盖取诸《大
壮》："上古"指伏牺时代。"后世圣人"指黄帝尧舜时代，传说黄帝时已伐木构材建
筑宫室（见《春秋内事》）。"宇"，四周墙宇。"待"，防备。《大壮》卦上《震》为雷、
为动，下《乾》为屋顶（《说卦》"乾为圜"，象屋顶）、为健。雷雨兴动于上，屋宇壮固
不拔于下（此参酌高亨说）。

⑬古之葬者，厚衣之以薪，葬之中野，不封不树，丧期无数，后世圣人易之以棺
椁，盖取诸《大过》："古"即上古。"衣之以薪"，裹以柴草。"中野"，野中。既穴居
野处，故亦葬之于野。"封"谓堆土为坟。堆坟植树，皆以为标记。"无数"，守丧之
期无确定之限。"椁"，棺外之套棺。《大过》卦上《兑》指低洼之地，下《巽》指
棺木。

⑭上古结绳而治，后世圣人易之以书契，百官以治，万民以察，盖取诸《夬》："结
绳"，用打系绳结的办法来记事记物。"书契"，文字契刻。《夬》卦上《兑》下《乾》，于
象无所取（高亨说《兑》为竹木，《乾》为金刀，所以刻画之，似未可信）。疑此仅取义于
卦名之《夬》。"夬"同"决"，决断、谋断。书契所以决断谋划。又《归藏》卦名作
"规"。"规"字正有谋断、刻画之义。如《淮南子·主术训》注："规，谋也。"又《国
语·周语》"其母梦神规其臂而以墨注之"，注："规，画也"，此与《系辞》相合。帛书作
"盖取诸《大有》"。此异文盖由五、上爻画讹倒所致。按：上古伏牺之时无书契，故仅
创卦画；而迄至尧舜之时已有书契，故疑此处暗示作辞工作自此始。

【译文】

上古伏牺氏统治天下，仰观天象，俯察地貌，观察鸟兽的纹理，以及天地万象的
内蕴，援取人身及自然物的象征，于是首创八卦，用以会通阴阳造化之性质，类别天
地万物之情态。编草为绳并制成罗网，用以捕兽网鱼，这可能就是取象于《离》卦
的象征吧。伏牺氏之后，神农氏兴起，削木制成起土工具的耜，曲木制成犁地工具
的耒，并把耒耜的用途教给天下之人，这可能就是取象于《益》卦的象征。在中午
时分开设集市，招致天下人民，会聚天下货物，交易后散去，各得其所需，这可能就
是取象于《噬嗑》卦。神农氏之后，黄帝、尧、舜氏兴起，对前人的创造加以融通改

造,使百姓用之不穷,通过神奇的改造,使百姓使用便易,这即是《周易》所反映的事物发展到尽头就要发生变化,只有变化才能亨通,亨通就能长久发展下去的道理,所以能得到上天的佑助,吉祥无比、无所不利。黄帝、尧、舜通过裁量衣服制度而使天下得到治理,这可能就是取于《乾》《坤》二卦的象征。挖空树木制成舟船,削治木材制成船桨,船桨的用途是涉渡不通车马的水路,这可能就是取于《涣》卦的象征。驾乘牛马拉运重物以行远路,便利天下之人,这大概就是取象于《随》卦。层层城门敲梆巡夜以防强盗,这可能就是取象于《豫》卦。截木制杵,挖地成白,杵白的用途在于助民日常之用,这可能就是取象于《小过》卦。弯木设弦制成弓弩,削尖木棍制成箭矢,弓箭的用途在于威慑天下,这可能就是取象于《睽》卦。上古时人居住在穴洞或野外,后代圣人建构屋室以改变以往的居住形式,上置屋栋下设墙宇,用来防御风雨,这可能是取象于《大壮》卦。上古时的丧葬方式是把死者厚裹柴草葬埋在野地里,不堆坟植树以作标记,没有确定的守丧期限,后代圣人用棺椁葬殓改变以往的丧葬方式,这可能就是取象于《大过》卦。上古时人用打绳结的方法来处理日常事物,后代圣人用契刻文字改变以往的理事方法,百官因之治理公务,万民因之明察私事,这可能就是取象于《夬》卦。

【解读】

包牺氏就是伏羲,伏羲发明了八卦,发明了琴瑟,发明了结绳记事、发明了罔罟,还有弓箭,由于这些发明,所以影响了当时的社会。那么,这个"天下"的含意不仅仅是空间(当时起码是从渭河流域到黄河流域这么一个范围),另外还有一个时间的问题——整整一个时代向后推移。伏羲的发明,我们不仅仅看作是他个人的发明,是一个以前多少代积累下来的东西。

再说包牺,这个"包"也叫"疱",指厨房,指烹饪、厨师。当然一开始不可能像现在有这么一个烹饪技术,当时主要是指把打猎得来的猎物,如何做成食品就是说,他能把那个猎物的皮剥掉、削掉,还能把肉片出来……! 这些也是一门技术,所以在这一方面可能也是比较有他的特长的。

另外,伏羲被后人称为"三皇五帝"的三皇之一。"三皇"有许多说法(有六种),有的把女娲列入,有的把炎帝列入,有的把黄帝列入,无论是哪一种列法,伏羲都在其中,所以伏羲是"三皇五帝"的"三皇"之一,他是大家一致公认的人文始祖。当然,黄帝也被称为人文始祖,他是中华民族的人文始祖。

另外,这个伏羲的记载,在很多书里面,如《易经》《左传》《列子》《荀子》《山海经》《战国策》《淮南子》《吕氏春秋》《史记》《水经注》等,这些里面都有零星记载。这里边主要讲他是如何作八卦的,如何演绎易的。因为《易经》这一本书的主要作者有三位,首先是伏羲,第二位是文王,第三位就是孔子,也就是称为三古、三圣、三易。三古就是上古伏羲、炎帝、黄帝,他们三位所处的时代被称为上古;中古就是夏、商、周这三代,夏、商、周一般有人简称为三代,就是三个朝代,这是我们国家最早的三个朝代,称为三代,称为中古;从春秋以后一直到现在,就比较近了,称为近古。那么,三圣呢? 就是伏羲、文王和孔子。就是说,上古的圣人是伏羲,中古的圣人是周文王,近古的圣人就是孔子,称为三圣。那么,三易是哪三易呢? 第一个是《连山易》,《连山易》是《艮》卦为首卦,据传说是伏羲和炎帝演绎的,重起来就是六十四卦,这个是被夏代所应用的;第二个是《归藏易》,《归藏易》是以《坤》卦为首

卦,因为坤为地、为藏(宝藏嘛),相传为商代所应用;第三个就是《周易》。《周易》是周文王在羑里演绎的,当然它的应用是在周代以后一直到现在,我们所读的《易经》就是《周易》了,是以《乾》卦为首卦的。

"仰则观象于天"。观天象当然要仰首望天,这就是观察天文。

"俯则观法于地",那就是地理。天文、地理,是一个很大的范围了,这个内容很广泛。翻开世界文明史,无论是哪一个国家的专家著书,只要提到世界文明,都要提到中国古代的数学和天文。中国古代的这二项(天文学和数学),是得到世界认可的,是有它的地位的。这个与伏羲"仰则观象于天,俯则观法于地"是分不开的。他把天文、地理连起来了,它不是孤立的。研究天文,离开了地理它还是一种孤立的东西。现在研究天文,有些东西它与地球的一些东西也要联起来,所以说,我们古代人——伏羲时代的人,他确确实实是有科学启蒙的思想。

"观鸟兽之文","文"就是纹彩、花纹。这个"文"首先是自然实物、自然现象里面的一个纹理、纹彩。石头有纹理,天上的云彩它也有纹彩,水有波纹,人模仿它,用线条描绘出来,它就成了彩陶的图案,这就是文化了,由文化慢慢地演变成文明。

"与地之宜",这个"宜"必须与四季联起来。地理、地貌,一年四季不一样。冬天它显得荒凉啦,秋冬的时候是黄色的,到春天是绿色的了,而且山花烂漫,所以,它都是有变化的。"地之宜",这个"宜"就是说四季相宜,所以,必须扣住这个"宜"字,他观察出四季的变化。

"近取诸身,远取诸物",这个一近一远,我们不要把这近和远看得太绝对,实际上它只是相对而言的。"诸身",例如这个《乾》卦象征人的首,《坤》卦象征人的腹部,《兑》卦象征人的口,这就是"近取诸身",人身上的部位是一种象征性的东西。"远取诸物",例如《艮》卦象征山,《兑》卦象征泽——就是山川、河流、湖沼,《坎》象征着水,《离》卦象征火,《震》卦象征雷,《巽》卦象征风。这也是诸物,自然现象也是物。

"于是始作八卦"——于是开始作八卦了。这是一个过程,这个过程讲得比较抽象。

"以通神明之德,以类万物之情","神明之德"实际上就是天德。"德"应该讲的是一种作为、一种行为。例如:这个太阳,你不了解它的时候,认为它也是神明,有太阳神,这个神明的本体就是一个太阳。但是它能送给人类温暖,你感觉到它的暖和,感觉到太阳出来有一种光明,那么,它所发出来的这种功能就是它的德了!

"以通神明之德"——卦有卦德。《乾》卦是象征天的。那么,它的卦德是健。"天行健",自强不息,运行不止。今天太阳朝起暮落,明天太阳还是朝起暮落。月圆月亏,就是这样。这就感觉到,这个天地它是运行不息的。这是一德:健。

《坤》卦表示地,地表现一种顺。顺是一种柔顺、顺从。就像大地,它承载万物,什么东西它都能够承载。它是跟着天转的,似乎就是顺从天的。这是它的德。

《震》卦它象征的是雷,它的卦德是动,就是说,雷声的震动,把地都震动了惊天动地,这就是它的德。

《巽》是风,卦德是人。特别是那时候人,住在那个茅棚呀、洞穴里面呀,只要有一点风,它都能透进来,人就感觉到一种人——无孔不入——到处都能进风。

《离》卦象征火。火就是附,它的德——附着。没有灯芯,没有柴草去引,没有

炭,这个火必须附着在某一个物体上,它有依附的这种功能。

《坎》卦是象征水,它的卦德是陷。因为水呀,能够使这个地陷下去,本身它那个地方是低陷的地方——陷下去,水就能流进去。同时,它也会使某一地的土陷下去,陷下去当然就有危险,这个危险的"险"是由"陷"引申过来的,它的第一义还是陷。

《艮》卦象征的是山,山是止。它的卦德就是止。你这个山挡住了路,水流不过去,风吹不过去,它就是一种止。

《兑》卦象征的是泽,就是河流。它的卦德是悦,正因为有水,那一户人家、一个村庄有一口水塘,那就挺好呀! 山清水秀,这多好。因为水能滋润,也能灌溉。水井、池水、河水,这都给人家带来喜悦,给植物也带来喜悦,就是这个"神明之德"。

"以类万物之情",当然刚才讲的实际上它包括了种种的常情。

"作结绳而为罔罟,以畋以渔。盖取诸《离》。"这里不是讲结绳记事,而是指把这个绳结好以后为罔罟。这个罔罟是做什么用呢? 当时做罔罟有两种用途,现在一讲到网就是打渔,但是那个时候搢打猎的为多。这个"畋"字,如果是"佃",就是指耕种,这个"畋"是指打猎。可以说"畋"和"佃"是同时存在的,是同时并用的,这里"畋"还是指打猎用的。应该说,作八卦的人,演绎六十四卦的人,以及卦辞和爻辞,都是模仿、效仿自然中事物的。这个《离》卦,实际上它就是这样……像网花。因为这个《离》卦,是火苗形状。这个具体怎么模仿,我们只能是推测,很难想象当时是怎么模仿来的。

"包羲氏没",这个"没",人死了就叫没。"神农氏作",就是神农氏继承了。

"斫木为耜,揉木为耒,耒耨之利,以教天下,盖取诸《益》。""斫木为耜",这个"斫"当然是砍斫。这个耜可能与现在的锹有一些相似。

"揉木为耒",这个"耒"是指犁,犁上有一个把手,这个把手是弯的。这个时候呢,必须要揉。"揉木"就是把这个木用火烘软,慢慢让它软了,然后使它带一点弧圆型,就叫作揉木。揉木就是火烤使它有些弯曲。"揉木为耒",这就叫"耒",犁的把手就叫耒。那么,"耒耨之利"这个"耨"实际上是指除草用的那个东西。有的地方除草专门有一种工具。

"噬嗑",就像我们现在人做买卖一样,生意生意,生意是谈出来的,双方讨价还价。"噬嗑"的意思实际上就是"咬合"。举一个简单的例子,就是这么一个东西,是一个整体的,你把它放到嘴边,把它咬破了,咬破而后嘴唇合起来了。这是引申为两个人谈生意,两个人谈拢了,这个买卖做成了,交易成了,所以是一种交易。当时是"日中为市",一般就是上午。古代一般卯时开始交易,古代有这么一个规矩。但这是日中,就说明那时候就有商贸了。

"致天下之民","致天下"就是说它不分你这个部落、他那个部落,一般都是部落与部落之间进行交易。"聚天下之货",他是用货易货,那时候没有钱币。"交易而退",大家都交易完了,当然集市就散了。"各得其所",每个人都有所得了。这个"噬嗑"就是模仿、效仿交易来的。

"神农氏没,黄帝、尧、舜氏作",这又是一代一代地往下传递了。到了黄帝以后,有尧,有舜,还有颛顼、帝喾,以后到禹。

"通其变,使民不倦",就是说,用八卦演绎六十四卦,不断地去演绎。我们现

在来看六十四卦是很成熟了,而且有了卦名卦序,还排出顺序了,还有卦辞和爻辞了。但当时是零乱的,不是完整的,甚至于六十四卦都不全。你重一卦,我重一卦,他又重一卦,以后就"通其变",大家共同创作,互相交流融通。

"不倦",就是把这六十四卦继承下来,流传下来,流传没有间断。

"神而化之,使民宜之"。就是说,大家对这个六十四卦,对这个《易》,有一种崇拜,一种敬畏,起码是一种重视。把它当作一个神奇的东西,认为它里面有许多神秘的东西,认为它很神秘,所以就不断地去研究,在继承和流传中不断地去成熟,所以化成天下了。使大家都能从中得到启发,得到教化。

"易,穷则变,变则通,通则久。"易就是变易,不断地去变易它,不断地去变化它,演绎它。在演绎中穷尽它的变化。你穷尽了它,把这个演绎、演绎……演绎到这种过程,按照这种思维,按照这种构想去演绎。现在它还没有变化,你演绎到一定程度,它变化就出来了,一变化它就通了。这个通就是一种感悟,有新的感悟了,就有新的心得了,它又在开始进步了,慢慢成熟了。由于能成立,就能流传久远,所以源远流长。

"是以自天祐之,吉无不利。""是以"就是所以。它就能够"自天祐之",是谁在保佑?当然它是自己保佑了自己。第二,它确实得到了自然的法则了——"观象于天""观法于地",是不是?"吉无不利",这当然是大吉大利,那有什么不利的?大家运用起来 都有利,这是一种赞叹。就是因为"穷则变,变则通,通则久",一代一代传下来,几千年一直传承下来,这是孔子讲的话,那个时候也是传了几千年。从伏羲、神农氏、黄帝、尧、舜,然后一直传到周文王,一直传到春秋孔子时代,可想而知了,至此唯有一个赞叹了。成就这么一本《易经》,那是多难得啊!所以,这是一种赞叹。

"垂衣裳",到黄帝、尧、舜的时候,他们又有新的发明。能一块一块地缝起来。以前,就是布片围在身上,披在身上,以前那就谈不上是衣裳了,而现在称为衣裳。

"而天下治",这个"治"是指文明,"天下治"就是指天下文明。大家的衣着文明,那么这个社会也就显得文明了。

"盖取诸《乾》《坤》",《乾》《坤》,是根据什么来的。我们这样设想:《乾》卦☰,为后衣片,《坤》卦☷,为前衣片,前衣片开扣。

能把树挖空了,做成木舟。现在还有,好像少数民族、非洲都有,很大的一棵树,把中间挖空了,然后放在河里去,一个人去驾驶,还有这个现象。"剞木"也好,"剡木"也好,都是指砍树、挖空的工序。"舟楫之利",一个是舟,一个是桨,这当然有它的功能,"济"就是渡。《既济》《未济》的济就是渡。有河当然就有水的阻隔。隔山容易隔水难——这就是说,不通了。因为有舟楫了,那当然就通了。"致远以

利天下"，当然就能够到更远的地方去交易了，那么这个《涣》卦，上边是风，下边是水，风吹在水面上，把这个水面吹得波澜起伏。上面是风吹，下边是水。水上有木舟，"涣"卦的上封为"巽"卦，是属木的，舟在水上。

牛拉车也好，马拉车也好，这不仅仅是指骑在马上。实际上，有骑马的，有牛拉的。"引重"嘛，它能载重。"任重而道远"这个词也是从这里面来的。"以利天下"。《随》卦上面是泽，下面是雷——泽雷随：上面是喜悦，下面是车轮滚动。就是说，车轮滚滚像雷声隆隆那样，因为载得重，车子一多轰轰隆隆的，而车轮声像打鼓那样。人骑在马上，当然是一种喜悦了，马拉的车上载重，车轮隆隆。上文讲到舟，这里讲到车，真是水陆交通。

"重门"就是一重一重的门。过去住的是深院，有一重门，有二重门……；有大门，还有耳门。耳门是指两侧的门。第二，击柝就是敲梆呀，打更呀，这是指晚上。《大宅门》里面也有，到了晚上，白景琦巡夜吆喝："防止灯火！"实际上就是"以待暴客"。"暴客"就是指盗窃了。这个"豫"就是指预警。预警是一种警戒，提高警惕。

"杵"就是"咚咚咚"捣纸浆的木器。过去油坊也有这个东西，过去杵米也用这个东西。石锅掘地为臼，就是挖地为臼。而那个石锅模样的东西就是石臼，石锤为杵。

"万民以济"，"济"当然就是救济了。"盖取诸《小过》"，从卦形上来看了。这个《小过》卦☳，中间两个阳爻，上下各有两个阴爻，中间像杵，两边像臼里面杵出来的稻谷和米呀！只能是这么去推测。这就是一种小过。另外，小过，就是说，你只能把这个稻壳锤开，而不是要你把这个米锤碎了，要是锤成了浆的话，那就是大过了。

《睽》卦，睽的意思是乖，乖就是拐。就是说，这个人他并不害人，但他又有很多的计谋，有许多鬼点子，所以说他是一拐点子一多，虽不存心害人，但也会闹事，往往事情就多。所以，乖就有事，多少有一些不利的东西。"弦木为弧"。"弦木"是指把这个木，通过火烤制成一个弓。

"矢"就是箭。用这个弓，当然就要有箭。这个弓箭"威天下"。"威天下"是指什么？当然不仅仅是指捕猎的武器，还有部落与部落之间、氏族与氏族之间的战争。就是用兵，用武力来征服你！那对方点子再多也没用。

古代人开始是穴居，后来是半地下。"易之以宫室"，"易之"有迁移的意思——易地，有这个意思。你们也认为这个迁徙有启发，或者是易地、易处，乃至迁徙。再者就是易型，草棚改为宫室了。

"上栋下宇"，"上栋"即"大壮"卦的上卦，有人描绘成△；"下宇"即下卦☷，竖起来像三根柱子☰，这就是"上栋下宇"。

古代人几乎所有文化遗址都有墓葬。"厚衣之以薪"，是把什么东西裹起来。"以薪"，薪是柴草，就是说，古代人死了以后，是用柴草裹尸，就像穿衣服一样，葬到野外。为什么叫中野？当然，不是说不近也不远，一般安葬在居所中间。"不封"，不掩土。"不树"，是说也不栽树。这里的"不树"是说，既不埋葬，也不在坟墓前栽树。当时有没有这个东西？"丧期无数"，没有期限。因为没有埋葬，可以经常去看一看，经常去祭拜，去吊唁。

　　"易之以棺椁",这个"易"如果是易地,也还是对——又迁移到另一个地方,也有换了一种安葬方式。那么,这个"易"还是变的意思吧。换了一个地方,又变了一种方式:用棺椁而不是薪裹了。这个棺椁古代有两种:棺是里层,椁是外层。这是指大过。那么,大过是怎么去模仿这个东西的呢?人死了,当然是一种过。因为《大过》☰,你看,这个中间都是刚硬的(四个阳爻),两边是柔的(两个阴爻)。这又是什么意思呢?《大过》卦又是怎么来模仿这种墓葬?模仿这种棺椁无论是从卦形上,还是从卦义上,都是一种效仿。

结绳记事

　　开始是"结绳记事",后来变了一种方法,叫书契。书契是刻在木头上,刻在竹简上的文书。"百官以治,万民以察",留下来了。号令,发布一个什么公文,或者有什么大事了,都记下来,刻写下来,这就是书。当时的书籍就是一种文书,或是一块木板刻上了文字,或者是一块竹片刻了字,刻了符号,作为一种标志。老百姓根据这个来"察",不仅仅是指观察,而是察觉。

　　"盖取诸《夬》","夬"是指断事、决断。那就是说,书契出现之前是以口口相传传递信息,有书契了,就以书为依据了,就凭着这个依据来断事、判断,来决断。

【经典实例】

纪昌学射

　　古时候,有一个叫甘蝇的人,箭术高超,只要他一射箭,就会百发百中。他教了个徒弟,名叫飞卫。飞卫得了老师的真传,后来以至于箭术比老师还要厉害了。

　　后来,有一个年轻的射手,名叫纪昌。他年轻气盛,加上自己本身学箭有了一点小进步,就觉得自己非常了不起了。于是,他便找到飞卫,要求比试一下。

　　飞卫见了纪昌,也不多说话,就走到院子中央,把弓拉开,对准天空中飞过的大雁,"嗖,嗖,嗖"连射了三箭,只见三只大雁从空中落了下来。周围的人发出一阵阵的赞叹声,只见飞卫又把弓对准了城头上挂的灯笼。一箭射过去,挂灯笼的红丝线断了,灯笼"啪"的一声落在了地上。

　　而这一切,只是发生在很短的时间内。纪昌一时竟看呆了,他这才知道了什么叫高手。他顿觉得惭愧,"扑通"一声跪倒在飞卫面前,恳求飞卫收他做徒弟。飞卫见他一心想学,就笑着答应了。

　　第一天,纪昌就早早地起来,穿戴整齐,等待师傅传授绝招。飞卫摇了摇头,说:"我哪有什么绝招啊?射箭看似简单,其实并不简单,关键要看基本功怎么样。第一条就是要学会盯住目标不眨眼。你回家去练吧,什么时候学会不眨眼了再来找我。"说完,飞卫踱步走进了屋子,关上门,再不搭理纪昌。

　　纪昌心里很纳闷,但又不敢多问,垂头丧气地回到了家。

　　回到家,妻子问明了情况,连声称赞飞卫教的方法好。该怎样帮助丈夫呢?她想了一会儿,就有了个好主意。她让丈夫坐在织布机旁,用手指了指梭子,然后开

始织起布来。看着不断转动的梭子，纪昌明白了妻子的意思。他决定开始练习了。

一开始，看着那快速运动的梭子，纪昌感觉自己的眼睛都要花了。后来，一看梭子，眼就不自觉地发酸，发疼，掉眼泪。不管怎样，纪昌还是努力坚持着。再后来，看着梭子时，眼睛似乎不那么疼了，也不掉眼泪了。就这样，每天睡觉醒来，妻子便织布，纪昌就看梭子。日子久了，感觉看梭子和看摆在地上一动不动的桌子一样不费力气，眼睛也不眨了。两年的时间很快就过去了。一天，妻子手拿一把锋利的锥子在纪昌眼前晃来晃去，他的眼睛竟然一眨也不眨。纪昌很高兴，就兴冲冲地去见师傅飞卫，大声喊道："师傅，我已经学会不眨眼了，无论在什么情况下都能做得到。"

飞卫听了，心里也很高兴，但他仍不动声色，说道："学会不眨眼睛只是第一步的工作。要想真正学会射箭，还需练出好眼力。"

"那该怎么练呢？"纪昌很困惑。飞卫笑着说："很简单，你只要练到看小东西如同看大东西一样清晰就行了。"

纪昌吐了吐舌头，心想："我的妈哟，这可能练出来吗？"不过，他还是听了师傅的话，回到了家。

一连几天，纪昌都没有想出好的办法，一时愁眉不展。这下，妻子也没有什么好办法可想，只好陪他一起唉声叹气。一天，纪昌想得心烦，就走出家门到田野中透透气，舒展一下心情。忽然，他看到一头牛正在用尾巴上下左右地来回驱赶围在身上的苍蝇。"有了！"纪昌心中一亮，他急忙跑过去，从牛尾巴上拔下一根很细的毛，又在牛身上捉了一只虱子，然后便急忙跑回家。

妻子买菜回来，看到纪昌正坐在窗前，两眼呆呆地看着那只用牛尾毛拴着的虱子，会心地笑了。

一开始，纪昌看到的只是一只虱子。他不灰心，每天一有时间就盯着虱子看。后来，他觉得那只虱子好像大了那么一点点，就认为师父说的没错，便潜心练了下去。

三年后的一天清晨，纪昌从睡梦中醒来。他习惯地向虱子望去，发现那小小的虱子已经有车轮那样大了。哇，真是很奇怪！他凝神看一下自己周围的东西，天哪，屋里原先那些摆设都赶上小山那样大小了。妻子知道了很高兴，忙把这一消息告诉了邻居，让邻居去把飞卫请来。飞卫闻讯赶来，交给纪昌一张用燕国牛角特制的小弓，又让他搭上楚国产的短箭，鼓励纪昌说："射一下试试看！"

纪昌接过箭来，不慌不忙，张弓搭箭，"嗖"的一声，只见这箭正中虱子身体的中央。纪昌很是高兴，对师傅说："师傅，我成功了！我成功了！"

飞卫赞赏地说："你这样不怕苦，当然会成功了！你很聪明，善于从困境中找出路，所以功夫就学到家了。做什么事情都要这样，既要刻苦，又要掌握好方法。不能用蛮力，要用巧劲儿，这样就会学到真本领，就能一通百通啊！你看，我并没有教给你怎样去射箭，你不也一样射得很好吗？功到自然成嘛！"

纪昌对师傅飞卫很感激，经过一番练习，他终于成为和甘蝇、飞卫一样有名的神射手了。

第三章

【传文】

是故《易》者,象也。象也者,像也。彖者,材也①。爻也者,效天下之动者也。是故吉凶生而悔吝著也②。

【注释】

①彖者,材也:"彖"指卦辞,音近"断",所以断一卦之意。"材"通"裁",裁断、判断。帛书作"制"。前文"化而裁之存乎变",帛本作"化而制之存乎变"。或以卦才、卦德释之,殊谬。

②吉凶生而悔吝著:吉凶出于彖辞而悔吝显现于其内。

【译文】

《周易》的实质就是象。所谓象就是对客观事物的取象。卦辞是裁断一卦之意,卦爻是效法天下事物的运动变化。吉凶悔吝皆出于其中并得以显现。

【解读】

"《易》者,象也。""《易》者"是指这个象,王树人教授提出"象思维"。王树人教授在《"易之象"及其现代意义论纲》一文中说:"易之道,始于象,源于象。没有象,就没有易。"又说:"'象思维'乃是人类共有的始源性的思维方式,也即是最根本的思维方式。世界各民族,在其作为初民之时,都处于这种思维方式之中。"论文在具体分析伏羲始作八卦的思维过程后说:"可见,'易之象'作为'先天之象',就是'本来如此'之象,亦可简称为'本象'。又可称为'万物之'始源',成万象之'根本'。这种'易之象'就是'太极'或'道'。"如此精辟的论述,简明独到的总结,给我们的启示不仅仅是一种引导,确切些说,是一种震撼,由于震振而拓展了思维的想象空间。这个象思维就是说,作易者的思维就是一种象思维,是效法自然之象。

第二个"象也者,像也"。意思是说,这个像是不是一种全同? 是不是百分之百的一种模仿? 就是现在的照像技术、摄影技术,对物体、对一个情景的拍照,也不可能做到全同。绘画、模仿、写生,它也不是一种全同。这个意思就是说,无论《大壮》卦是效仿那个"上栋下字",如何观天、察地,只是一种像。也就是说,它只能是有一个大概,不是全同。它是模仿其中的某一个特征、某一点,而不是全部模仿。

"彖者,材也"。这个"材"应该是裁判的裁,而不是材料的材。"彖者","彖"就判断,判断就是裁判。所以,在《系辞传·上》最后就说了:"化而裁之谓之变""化而裁之存乎变"。"化而裁之","裁"就是判断、裁断。所以,现在公司有总裁,体育比赛有裁判。

"爻也者,效天下之动者也",爻是基本单位,卦是由阴爻和阳爻两种基本符号组合的,《易》的创作过程中,是先有爻而后有卦,离开了爻就没卦。所以,爻是很重要的。"爻"是效法天下各种情景、事物、行为。"动"不是一般的行动、活动,包括了天地万物之动、社会之动、人为之动。可以看出,爻尽管只有一个阴爻、一个 阳爻,只有两种符号,但它变化来变化去,能够在六十四卦里变化出三百八十四爻,它所代表的、所效仿的是广泛的,它无所不包。

我们不能绝对地说这是万能。它无所不包，但它又不是万能。就是说，不要迷信，要科学、客观地看问题。因为，如果你把一个东西当作万能的话，就会有一种侥幸的心理，就会有一种依托，甚至会把它凌驾于其他文化之上（而不是融合）。这个是不对的，因为它有客观存在的一面，要尊重客观。但它的代表性是广泛的。

代表性是广泛的。因为在天地万物之中，它有简易的特征。例如：蚂蚁里面的种类有几百种，但实际上它还是叫蚂蚁。在植物里面分科，分了门、科、目，所以它能够分类，能够这样细分下去，分科、分目。天下人有两个，一个男人、一个女人。它的代表性是无所不包。因为，它所代表的不是某一种物，而是代表这些事事物物的基本规律和基本特征。阳爻代表天，代表光明，代表刚健，代表男。动物里面的雄雌，植物里面也是雄雌。这个里面它都代表了。它具有这种代表性。

但是，在运用中，不能把它当作万能的，把它当作万能的就是一种迷信了。所以，这个东西可以用。但必须掌握它的规律，不能拿起来就用。这是一把菜刀，就什么东西都能切？这个不对，这个要搞清楚。所以，现在有很多人，认为《易经》是万能的。《易经》是无所不包，但和万能是有区别的，是两回事，这个一定要搞清楚。如果这个问题混淆了，就是对《易经》的误解。

所以，下面就讲了"是故吉凶生，而悔吝著也"。为什么会生吉凶呢？为什么悔、吝、咎这些都显现出来了呢？因为它在动，在动态中间，在动态中才会出现刚柔相摩、刚柔相推。动静相生，刚柔相摩，八卦相荡，生生不息，当然就会生出很多的变化，在变化中当然显现出种种结果，这些结果往往是相对立的东西。吉和凶它是对立的，因为事物变化就是两种：刚与柔在摩擦，动与静在对立，阴与阳在向背。所以说，它得出的结果当然也就是相对立的。

第四章

【传文】

阳卦多阴，阴卦多阳[①]。其何故也。阳卦奇，阴卦耦[②]。其德行何也。阳一君而二民，君子之道也；阴二君而一民，小人之道也[③]。

【注释】

①阳卦多阴，阴卦多阳：八经卦除《乾》《坤》为纯阳纯阴，其余六卦都是阳中有阴、阴中有阳。《震》(☳)《坎》(☵)《艮》(☶)三阳卦皆阳少阴多；《巽》(☴)《离》(☲)《兑》(☱)三阴卦皆阴少阳多。

②阳卦奇，阴卦耦："耦"即"偶"。三个阳卦都是一个阳爻，为单数。三个阴卦都是两个阳爻，是偶数。阳卦一阳奇、二阴偶即下文的"一君二民"，阴卦二阳偶、

一阴奇即下文的"二君一民"。

③阳一君而二民,君子之道也;阴二君而一民,小人之道也:阳卦一阳爻二阴爻,象征百姓事奉一主,政出一门,此为君子治国之道。阴卦二阳爻一阴爻,象征百姓事奉二主,政出多门,此为小人乱国之道。

【译文】

阳卦中多阴爻,阴卦中多阳爻。这是什么原因呢?因为阳卦中阳爻为单数一,阴卦中阳爻为偶数二。它们的各自性质怎样呢?阳卦是一主统治二民,这是符合君子之道的;阴卦则是一民事奉二主,这是属于小人之道。

【解读】

阳卦中阴爻多,阴卦中阳爻多。例如:震为阳卦,震仰盂,卦画为☳,包括两个阴爻一个阳爻,这就是"阳卦多阴。"巽为阴卦,巽下断,卦画为☴,包括两个阳爻一个阴爻,这就是"阴卦多阳。"即阳卦是奇,阴卦是偶。就是奇与偶合。然后是二与三合,就是奇与偶合,这样才能合起来,这就是它的德行。

"阳一君而二民,君子之道也;阴二君而一民,小人之道也。"有一个测试题:大写的壹、贰、叁、肆、伍、陆、柒、捌、玖、拾里面,哪一个字表示反叛,有反叛的行为?哪一个字表示忠贞不贰呀?表示忠心耿耿呢?当然,表示忠心的就是"壹",表示反叛的就是"贰"——有贰心,生出贰心了。

"阳一君而二民",《震》卦、《坎》卦、《艮》卦——一君二民,因为在《易经》思维里面,一般都是阳爻比作君子,阴爻比作小人。这种比喻,从汉代以后都是这么沿用的。这中间到底说明了什么问题?按照我们今天来看,当然我们不能接受这个东西。那么,现在我们应该怎样去看这个问题呢?"君"应该起一个主导作用,而"民"它是一个顺从的关系,这是二者之间的关系。

"一君而二民"是君子之道。一个人做主,两个人顺从。当然这是君子之道,做事比较规范。那么,"阴二君而一民","阴"就是两个君只有一个民——小人之道,这当然不规范了,就不正常了。两个人做主,到底谁做主呀?最后,谁都不做主。那么,这一个人听谁的呢?夹在中间了。在我们现实生活中经常会有这种现象。这里面很明显地有一个"阳"字、一个"阴"字在这个地方。"阳一君而二民,君子之道也",这个好理解。"阴二君而一民,小人之道也",这个也好理解。

"阳卦多阴,阴卦多阳,其故何也?"凡是卦象,都是反映一种静止的状态,这是比较而言。在静止的状态中,它所显示出来的象只有两种:一种是阳,一种是阴。那么就是说,光明正大,有信心的,有透明度的,刚健的,一种积极的,一种向上的,都是阳卦之象。

但是,往往越是一种积极的,越是一种蓬勃的,越是一种向上的,所隐藏的东西、负面的东西也不可忽略。那么,阴卦就多阳,这也是一样的道理。在现实生活

中,它也是这样的。凡是一些暗箱操作的东西,比较被动的、消极的东西,它的背面又会因为它这种消极、被动、不透明、灰暗,会压抑另外一种积极的东西。在社会发展规律中,往往是积极向上的是主流,所以后面就讲到"君子之道""小人之道"。

第五章

【传文】

　　《易》曰:"憧憧往来,朋从尔思①。"子曰:"天下何思何虑②?天下同归而殊涂,一致而百虑,天下何思何虑?"日往则月来,月往则日来,日月相推而明生焉。寒往则暑来,暑往则寒来,寒暑相推而岁成焉③。往者屈也,来者信也,屈信相感而利生焉。尺蠖之屈,以求信也;龙蛇之蛰,以存身也④。精义入神,以致用也;利用安身,以崇德也。过此以往,未之或知也;穷神知化,德之盛也⑤。

　　《易》曰:"困于石,据于蒺藜。入于其宫,不见其妻,凶⑥。"子曰:"非所困而困焉,名必辱;非所据而据焉,身必危⑦。既辱且危,死期将至,妻其可得见邪!"

　　《易》曰:"公用射隼于高墉之上,获之无不利⑧。"子曰:"隼者禽也,弓矢者器也,射之者人也。君子藏器于身,待时而动,何不利之有⑨?动而不括,是以出而有获,语成器而动者也⑩。"

　　子曰:"小人不耻不仁,不畏不义⑪,不见利不劝,不威不惩。小惩而大诫,此小人之福也。《易》曰:'屦校灭趾,无咎⑫。'此之谓也。"

　　"善不积不足以成名,恶不积不足以灭身⑬。小人以小善为无益而弗为也,以小恶为无伤而弗去也。故恶积而不可掩,罪大而不可解。《易》曰:'何校灭耳,凶⑭。'"

　　子曰:"危者,安其位者也;亡者,保其存者也;乱者,有其治者也⑮。是故君子安而不忘危,存而不忘亡,治而不忘乱,是以身安而国家可保也。《易》曰:'其亡其亡,系于苞桑⑯。'"

　　子曰:"德薄而位尊,知小而谋大,力小而任重,鲜不及矣⑰。《易》曰:'鼎折足,覆公𫗧,其形渥,凶⑱。'言不胜其任也。"

　　子曰:"知几其神乎?君子上交不谄,下交不渎,其知几乎?几者动之微,吉凶之先见者也。君子见几而作,不俟终日⑲。《易》曰:'介于石,不终日,贞吉⑳。'介如石焉,宁用终日?断可识矣;君子知微知彰,知柔知刚,万夫之望㉑。"

　　子曰:"颜氏之子,其殆庶几乎㉒?有不善未尝不知,知之未尝复行也。《易》曰:'不远复,无祇悔,元吉㉓。'"

　　"天地絪缊,万物化醇;男女构精,万物化生㉔。《易》曰:'三人行,则损一人,一人行,则得其友㉕。'言致一也㉖。"

　　子曰:"君子安其身而后动,易其心而后语,定其交而后求。君子修此三者,故全也㉗。危以动则民不与也,惧以悟则民不应也,无交而求则民不与也㉘,莫之与则伤之者至矣。《易》曰:'莫益之,或击之,立心勿恒,凶㉙。'"

【注释】

　　①《易》曰:"憧憧往来,朋从尔思。":此引《咸》卦九四爻辞,见该卦注。后面的

"子曰"是从自然感应的角度对此卦做发挥。《咸》卦(☷)九四与初六阴阳爻相感,而"子曰"中的日月、寒暑、屈伸等亦是讲阴阳、进退的自然相感。按:本章论爻辞皆为《易》曰……子曰"或"子曰……《易》曰"的形式。与《系上》直引爻辞而后说明"子曰"的议论形式不同(《系上》只有最后一条为"《易》曰……子曰"或"子曰……《易》曰")。是《系上》删去了"《易》曰"还是《系下》增出了"《易》曰",或者《系辞》本无确定体例,或者《系上》与《系下》非一人一时之作,这些问题留待讨论。

②天下何思何虑:天下万事一出于阴阳自然相感而无须人为思虑。《论语·阳货》"子曰:天何言哉?四时行焉,百物生焉。天何言哉"与此同。《系上》十章也说"《易》无思也,无为也,寂然不动,感而遂通天下之故",与此同。

③日往则月来,月往则日来,日月相推而明生焉。寒往则暑来,暑往则寒来,寒暑相推而岁成焉:此论天道之何思何虑。月寒日暑阴阳相感而明与岁自然生成。

④往者屈也,来者信也,屈信相感而利生焉;尺蠖之屈,以求信也;龙蛇之蛰,以存身也:此论人道之何思何虑。"信"同"伸"。"尺蠖",以身体屈伸蠕动的毛虫。"蛰",潜伏。日月之往犹事物之屈退,日月之来犹事物之进伸,屈蛰之与伸存,乃自然相感之理;若人为于屈蛰或人为于伸存,则非也。此正《文子》《韩非》所谓"欲在于虚而不能虚"之谓。

⑤精义入神,以致用也;利用安身,以崇德也。过此以往,未之或知也;穷神知化,德之盛也:"精义入神"承上文之天道、人道而说。"精义",精研人道之内蕴。"入",深入,深究。"入神",深究天道之神妙。"以致用",以此来指导实践。"利用安身,以崇德也"谓通过安静修养以增广道德。《系上》七章"夫《易》,圣人所以崇德而广业也","致用"即此"广业"。"过此以往,未之或知",谓除致用崇德之外,不知还有什么可说的。"穷神知化"与"精义入神"同,谓探究天道之神妙以了解人道之变动。按:疑"穷神之化,德之盛也"二句当在"过此以往,未之或知也"之上,抑或为衍文。

⑥《易》曰:"困于石,据于蒺藜。入于其宫,不见其妻,凶。"此引《困》卦六三爻辞,见该卦注。

⑦非所困而困焉,名必辱;非所据而据焉,身必危:"困",困守,执守。"非"谓不宜。出于自然,则所执守依据者为"宜";出于人为,则所执守依据者为"非"。

⑧《易》曰:"公用射隼于高墉之上,获之无不利。"此引《解》卦上六爻辞,详该卦注。

⑨君子藏器于身,待时而动,何不利之有:"器"喻修养德能。已有德能,尚需逢时。《孟子》所谓"虽有镃錤,不如待时"即此。

⑩动而不括,是以出而有获,语成器而动者也:"括"谓闭结滞碍。《庄子·养生主》技经肯綮无碍于进刀,因其固然也;此则动而无碍,顺其时宜也。"出",动出。"语"义犹"这是说"。"成器",善器(《礼记·少仪》"毋訾衣服成器",注:"成犹善也")。所谓"工欲善其事,必先利其器"。

⑪子曰:小人不耻不仁,不畏不义:此下先言"子曰"而后言"《易》曰",体例有变。小人不羞耻于行不仁之事,不畏惧于行不义之事,其所惧者刑罚之祸,此即"君子不犯非礼,小人不犯不祥"。

⑫《易》曰:屦校灭趾,无咎:此引《噬嗑》卦初九爻辞,按:变例后,则下言"此之谓也",示引《易》属上读。

⑬善不积不足以成名,恶不积不足以灭身:此即《黄帝四经》"观其所积,乃知祸福之乡"。按:此仍论《噬嗑》卦而承前文说,故此处省"子曰"。

⑭何校灭耳,凶:此引《噬嗑》卦上九爻辞,初九小惩知戒,上九恶积灭身。

⑮危者,安其位者也;亡者,保其存者也;乱者,有其治者也:这可以有两种译法:一种译法是:今日之危难是由于昔日安逸其位而放松警惕,今日之败亡是由于昔日苟安现状而忘记忧惧,今日之祸乱是由于昔日自恃整治而不知戒惕。此强调转化之理。另一种译法是:常虑其危则能安其位,常虑其亡则能保其存,常虑其乱则能有其治。此强调知几之理。又按:自此以下文字多不见于帛书《系传》而见于帛书《要》,文字亦有出入,最明显的是"子曰"作"夫子曰"。

⑯《易》曰:其亡其亡,系于苞桑:此引《否》卦九五爻辞,此论君子知几而能预防转化。

⑰德薄而位尊,知小而谋大,力小而任重,鲜不及矣:此说力不胜任之事而《鼎》卦九四象之。"鲜",少。"不及",不及于祸。

⑱《易》曰:鼎折足,覆公𫗧,其形渥,凶:此引《鼎》卦九四爻辞,按:此处文字不见于帛书《系传》而分别见于《二三子问》和《要》。《二三子问》《易》曰:鼎折足,覆公𫗧,其形渥,凶。孔子曰:此言下不胜任也。非其任而任之,能毋折乎",《要》"夫子曰:德薄而位尊,……鲜不及。《易》曰:鼎折足,覆公𫗧,言不胜任也"。《二三子问》先言"《易》曰"而后言"子曰",与前半章体例同,而作"孔子曰";《要》则先言"子曰"而后言"《易》曰",与后半章体例同,而作"夫子曰"。

⑲知几其神乎?君子上交不谄,下交不渎,其知几乎?几者动之微,吉凶之先见者也。君子见几而作,不俟终日:"谄"与"渎",败事之几。又按:《汉书·楚元王传》引穆生说:"《易》称知几其神乎。几者动之微,吉凶之先见者也。君子见几而作,不俟终日"。"吉"下有"凶"字是。"君子上交不谄,下交不渎,其知几乎"当是衍文或错简("其知几乎"当为"知几其神乎"之误重)。谄与渎与"几"无关,所以《汉书》、帛书《系辞》无此三句。下文论《益》时有"定其交""无交"等语,此处的"上交""下交"可能为彼处文字或彼处之注文而错出于此。

⑳《易》曰:介于石,不终日,贞吉:此引《豫》卦六二爻辞。

㉑介如石焉,宁用终日?断可识矣;君子知微知彰,知柔知刚,万夫之望:"宁",岂。"识",谓察知安危转化的几先之兆。"微"谓事先之兆,"彰"指事后之果。知微便可推及于彰,知柔便可推及于刚,皆知几之妙。

㉒子曰:颜氏之子,其殆庶几乎:"颜氏",颜回,字子渊,孔子弟子,于《史记·仲尼弟子列传》中人"德行"类。"之子",这个人。"殆",大概。"庶几",近于完备、很不错。按:此下至章末,均不见于帛书《系传》而见于《要》。

㉓《易》曰:不远复,无祇悔,元吉:此引《复》卦初九爻辞。

㉔天地絪缊,万物化醇;男女构精,万物化生:"天地",指天地阴阳二气。"絪缊"也作"氤氲",指阴阳二气感通交融,犹老子的"惚兮恍兮,恍兮惚兮"。"醇",均匀(焦循说"醇与淳同,不偏化一物也。《史记》言淳化鸟兽虫蚁,亦此义")。《咸·象》"天地感而万物化生"、《吕览·贵公》"阴阳之和,不长一类;甘露时雨,不私一物"并是此义。"男女"谓雌雄牝牡。"构精",精气构合。

㉕《易》曰:三人行,则损一人;一人行,则得其友:此引《损》卦六三爻辞。

㉖言致一也：专一合作。六三与上九阴阳相应，所以说"致一"。按：章首引《咸》卦以证日月相推、屈伸相感之理，此处又引《损》卦以明天地氤氲、男女构精之事，因为这两卦阴阳六爻皆有应。

㉗君子安其身而后动，易其心而后语，定其交而后求。君子修此三者，故全也："易"，平和。"全"，安全、万无一失。"定其交而后求"，是说上与下结成交谊而后求助有应，此即《黄帝四经·称》所谓"不受禄者天子弗臣也，禄薄者弗与犯难"（亦见《慎子·因循》）。后引《益》卦以证此理，而《益·彖》说"损上益下，民说无疆，自上下下，其道大光"，也是讲上下交谊之事。帛书《要》作"定其位而后求"（下文作"无立而求"），《益》卦上九无位，所以作"定位""无位"似可讲通；但本段文字是讲上下相交相应之理，似与"位"无涉，"位"作"立"，"立"为"交"字之形讹。

㉘危以动则民不与也，惧以悟则民不应也，无交而求则民不与也："与""应""与"及下文"莫之与"之"与"，四字意思无别，皆是回应、响应之义。

㉙《易》曰："莫益之，或击之，立心勿恒，凶。"此引《益》卦上九爻辞。

【译文】

《周易》的《咸》卦九四爻辞说，往来交际，朋友乐于随从。这是什么意思？孔子说天下万事何须思考谋虑？路径有别而归宿相同，谋虑各异而目的一致。天下事又何必思虑呢？这就如同太阳西沉而月亮东升，月亮西沉则太阳东升，日月升沉交替而光明自然产生；也如同寒季过去则暑季到来，暑季过去则寒季到来，寒暑往来更迭而一年四季自然形成。往就是屈缩，来就是伸展，屈伸自然相应便产生好结果。尺蠖之虫通过屈伸而达到伸展，龙蛇通过蛰伏而得以保身。精研社会规律的内蕴并深究自然规律的神奇来指导实践，通过安静修养自身来增广道德；除此而外，还不知道还能讲些什么；总之，探究自然规律的神奇以了解社会变动的规律，这是最大的德行。《周易》的《困》卦六三爻辞说，困于险境，依于是非之地，结果就如同进入家中而不见了妻子，有凶险。这是什么意思？孔子说穷守于不应穷守的地方，声名必受侵辱；依据于不当依据的地方，生命必有危险。遇到侵辱和危险，离死不远，哪里还能见到妻子呢？《周易》的《解》卦上六爻辞说，王公射获了高城之上的猛禽，非常有利。这是什么意思？孔子说隼鸟是禽类，弓箭为器具，执弓箭射隼的是射手。君子能够怀藏器具，待时而动，怎么会有不利呢？时至则动而无滞塞，因此一旦动出则有收获，这说的就是先修治好优良的器具然后待机而动的道理。孔子说小人不因为不仁而感到羞耻，不因为不义而感到畏惧，不见到利益就不知勉力，不受到刑罚威慑就不知戒惧。所以说受到小的惩罚从而能防范大的过失，这对小人来说是好事。《周易》的《噬嗑》卦初九爻辞说，脚上戴着刑具，被割掉了脚趾，但没有大的灾祸，讲的就是这个意思。此外，善行积累到一定程度就能成就美名，恶行积累到一定程度就会亡身。小人认为小善无益于己而不愿去做，又认为小恶无伤于己而不愿去除，所以最终导致恶德积满而无法掩去，罪行重大而不能解脱。《噬嗑》卦上九爻辞说，肩披刑具，被割掉耳朵，遇到凶祸，讲的就是这个意思。孔子说：危难是由于安逸其位而放松警惕，灭亡是由于保守现状而忘记忧惧，祸乱是由于自恃整治而不知戒惕。所以君子安而思危，存而忧亡，治而虑乱，就能够使自身安全并且保有国家。《周易》的《否》卦九五爻辞说，时时忧虑良好的局势会失去，这样的话好的局面就能像系缚在密聚的桑树中那样牢固，说的就是这个意思。

孔子说:德能浅薄却居位尊显,智慧不足却图谋过分,能力有限却担负重任,这很难避免祸难。《周易》的《鼎》卦九四爻辞说,鼎足折断,打翻了肉羹,浑身被玷污,有凶险。这说的就是力不胜任的意思。孔子说,能够体察事物的几先之兆大概也就是把握了宇宙的神妙底蕴。君子与上交往不谄媚,与下交往不轻渎,这个大概就是能够体察几先之兆的表现。所谓几先之兆是指事物变动的细微表现,是事先呈露出的吉凶征候。君子察见几先之兆而立即行动,不过久拖延。《周易》的《豫》卦六二爻辞说,身处安逸而如置身于险境中,意识到安逸不会长久存在,占问吉利。能够视居安如履险,那么哪里需要很长时间,很快就会察觉安危转化的几微之兆的。君子察见细微之兆便能明确推知其结果,晓悟阴柔的一面便可推知阳刚的一面,这样的君子为万民所仰望。孔子说:颜回这个人在道德修养方面大概是做得不错的了。行有过失便能察觉,察觉了便不再重犯。《周易》的《复》卦初九爻辞说,出行不远就往回返,这样就不至于有什么不好,非常吉利。讲的也就是这个意思。天地阴阳流通交融,使万物化育匀和;雌雄牝牡精气构合,使万物化育长养。《周易》的《损》卦六三爻辞说,三人同行,则损失一人而败事;一人独往,则得到友助而事成。这讲的就是专一合作的意义。孔子说君子处境安稳然后有所行动,心平气和而后言语,结成友谊而后求助,君子能做到这三点,其言语行事才万无一失。反之,如果处境危险却要有所行动,则不会得到人民的援助,心怀震惧却发出指令,则不会得到人民的响应。没有交谊却有所求助则不会得到人民的回应;其言行期盼得不到反应,那么就会受到人的伤害了。《周易》的《益》卦上九爻辞说,没有人来帮助,反有人来攻击,因为不能恒久确立为善之心,导致了凶祸,这讲的就是这个意思。

【解读】

　　"《易》曰:'憧憧往来,朋从尔思。'""《易》曰"是《咸》卦里面的一句话,"憧憧"是指反反复复地往来中。"朋"是指类比,同类;"思"是思考。即是在反反复复的、来来往往的类比中间演绎出来的,在类比中,通过这些观察、实践,再来思考。

　　《易经》的创作是集体智慧。何思何虑? 大家都在想些什么呢? 都在忧虑些什么事呢? "天下同归而殊涂。"就是殊途同归。这里举一个例子,讲二十八宿。

　　现在的二十八宿,它的起源在哪儿? 现在还没定论。在世界文明史中,不仅仅中国有二十八宿,印度也有二十八宿,埃及也有二十八宿,巴比伦也有二十八宿。那么,为什么现在无法证明谁在先谁在后? 谁模仿了谁? 谁在向谁学习的? 谁是教师,谁是学生? 谁都拿不出有力的证据。但是,如果从这个来看我们应该说,同归而殊涂。为什么说你在巴比伦,你在埃及,你在印度,我们在中国,我们同时都想到了,都观察到了,我们都是同样观察了这个天,观察了这个恒星圈,观察了这个日月的运行。

　　地球在旋转的时候,假如这是一个地球,它在旋转,转到这个速度非常快的时候我们看到,超越这个球体的外围有一层圈,特别是这个球的直径大的这个部分有一个圈。这个圈叫赤道,它有一个轴心,那么,月亮围绕地球转的轨道叫白道,太阳绕地球转的轨道叫黄道。月亮一个来回,也就是朔望盈亏,正好是二十七天多,可以叫二十七天,也可以叫二十八天,一般古代是叫二十八天。一

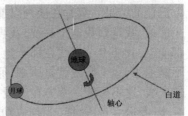

月转二十八宿,宿就是说要停一站,意思是说,我要住一宿了,一宿就像一个旅店。这正好是二十八天,它住了二十八宿,它走过了二十八个驿站——二十八宿(二十八个星位)。

"殊涂",也许巴比伦人是用一种方法观察的,印度人从别的方位观察的,中国人是这种方法推测的……这就是"殊涂",又是同归,得出同样一个结论——二十八宿。二十八宿都是一样的,这就是同归了——结论是一样的。那么,这样回到《易经》上,阴爻和阳爻,可能一个部落,表示阴爻和阳爻,或是用一个黑子、一个白子。他那里呢? 可能是另外一种形式,我这里又是这种形式,各种不同的符号、各种不同的实物来代表。但是集中起来还是两种:一种是阴爻,一种是阳爻。两种思维、两种概念所代表的,都是阳爻代表太阳,阴爻代表月亮;阳爻代表白天,阴爻代表黑夜;阳爻代表男人,阴爻代表女人。都是这两个东西,能代表很多很多,这就是殊途同归。

"一致而百虑",也就是说,结论是一致的。但是呢,你考虑这个问题时,使用的方法可能简单一些,你在思考这个问题,研究、分析、观察中,可能比我这个简单,我可能比你那个复杂一些,但是结论是一致的,但方法有多种。

"天下何思何虑?"前面讲的那么多,怎么效仿……《易经》怎么来,大家现在明白了吧? 远祖先民是怎么发明出来的? 怎么去思考来的? 怎么样分析来的? 讲得非常清楚。所以多问一句,就是说,你还要问吗? 你还没搞清楚吗? 如果按照现在有些人问一句话,你还认为《易经》是迷信吗? 你还把《易经》当作迷信去搞预测,去占卜吗? "何思何虑"?

下面又进一步说明这个问题:"日往则月来",太阳下山了,月亮起山了;"月往则日来",月亮下山了,太阳起山了。"日月相推而明生矣",这个"明生矣","明"是明四季,四季也明白了;明昼夜;明历法,历法明了,这些东西都明白了:四季是怎么回事? 历法是怎么回事? 二十四节气是怎么回事? 卦为什么有卦象? 还有十二卦代表十二消息,还有十二卦气,这是什么原因? 明白了。

"寒往则暑来,暑往则寒来,寒暑相推而岁生焉。"一年分四季八节、十二个月、二十四气、七十二候、三百六十日,是这样推来的。春夏秋冬正好成为一岁。你看,现代人是冬天过年,以前是夏天过年,属于夏小正。夏至这一天日影最短,而冬至这一天日影最长。这个东西都是观察来的。

"往者屈也,来者信也,屈信相感而利生焉。""信",即伸。这里讲"屈伸",这个屈伸是什么? 为人就要能屈能伸。就是说,拳头打出去,还要收回来,这就是屈伸。还有一句话:"大丈夫能屈能伸。"为什么叫大丈夫能屈能伸呢? 屈就是为了伸,在屈伸中互相得到感应。"利生焉",这个利益是从哪儿来的? 在屈伸中来的。

吴建民讲过这么一句话,他讲,谈判桌上,要达到谈判的某种协议,实际上是双方退让的结果。双方在谈判以前,心里要有一个底线,就是说,我退让,心里要有一个底线,我退到我这个底线,我再也不能退了。只要我还没退到我的这个底线,我都能退,我还有个底线在那个地方。但是,真正退到我的这个底线的时候,我再也不能退了,这个底线就是原则,原定的底线。没办法,谈不下去了。你让我不守我的底线,这不可能。双方在底线以内,双方都能退让。再慢慢一步一步退让,你退一步,我退一步,这样,谈判成功了。这就是屈伸,这就是"利生焉",这就叫双赢。你没有退过你的底线,我也没有退过我的底线,我们双方当然都是双赢了。

"尺蠖之屈，以求信也。龙蛇之蛰，以存身也。"尺蠖是一种小毛虫，这一种虫我们见得多了，起码在电视上见过。它的行走就是一屈一伸、一屈一伸，它这个屈就是为了求伸的，这是一个比喻，这是很形象的。它如果不屈，就不能前进，半步都不能前进，大屈才能大伸，大屈大伸才大进，从电视上看，豹子是跑得最快的，狮子也跑得快，它在跑动的时候，空中一跃的动作，先是屈，然后，前爪往前一伸，然后再屈，又往前一伸，它的动作就是这样。昆虫是这样，猛兽也是这样。

"龙蛇之蛰"，清明、谷雨、惊蛰都是一个节令。龙和蛇以及许多昆虫，到了冬天就冬眠，就潜伏下去——蛰伏，蛰伏到土里去。它这个蛰伏是为了"以存身也"，是为保存自己的生命。因为到冬天，它在外面无法生存，它不耐天寒地冻，所以它必须在土里面去求得生存。到了春天，大地回春，一声春雷惊动那些蛰伏的龙蛇虫蚁，它们醒过来了，所以叫惊蛰。

"精义入神，以致用也；利用安身，以崇德也。过此以往，未之或知也。穷神知化，德之盛也。""精义入神"是这些作易者——这些创造《易经》的人。"精义"就是研究事物的奥义、奥妙，精心地去研究这个奥妙。研究到出神入化的程度。目的是为了致用——学易以致用。

"利用安身，以崇德也"，这个"利"是用来安身立命的。崇德就是立命，钱能安身，但钱不能立命；只有道德才能立命，知识才能立命。所以，人要先立命而后安身，而不是先安身后立命。你先安身后立命的话，你这个安身是安不住的。

《大学》里面讲"大学之道"时也讲了，那它这个次序是什么？"格物""致知"，然后到"诚其意""正其心""修其身"，然后才是"齐其家""治其国""平天下"。这个次序摆得清清楚楚。齐家、治国、平天下是为了安身，不仅是个人的安身，而且是大众的安身。那么，崇德应该就是诚意、正心、修身了，这个才是叫崇德，德崇而命立。但都离不开这个格物、致知，因为这些不是凭空的东西。你诚意、正心，这个是空的，你必须是从格物、致知来的，你在实践中间来的，人不是在真空里面生活。

"过此以往，未之或知也"，就是说，你想超过这一种境界，超过这一种安身和崇德，超过这种致用，你再往前走，你找得到它的真知吗？那就未可知也，那就可能得不到真知了，就不是那么回事了。所以这个东西呢，它是从这个角度来说明问题。就是说，这个《易经》是这么来的，应该说它就是一种必然的、一种规律性的东西。

"穷神知化，德之盛也"，穷尽了这种自然的神秘，这种穷尽也就是格物，获得了知识，并达到了一种出神入化的境界，达到了一种化成天下的境界，知识化成天下了。"德之盛也"，这个德太盛大了。这个德就是《易》之德，当然也是创造《易经》作者的

德——德行，达到一种很高的境界了。

两千五百多年以前孔子讲到"德之盛"，到现在，经过两千五百多年时间的考验。我们今天科学已经达到一定的高度，过去的两千五百多年，合起来都达不到这近一百年的科技高度，但实际上，回头再看《易经》"德之盛"，仍然不夸张，仍然是一句实实在在的话。时间考验了，现实生活考验了，我们仍能看到这个《易经》的盛大。

那么，再看看我们现实生活，再看看近一百年，工业革命以后，几个世纪以来，这些发明、这些创造、这些科技的腾飞。它们这些过程，与前面讲的这个过程，都是"象者，像也"——也是有相似的地方，科技在腾飞的时候，现在是科学与哲学两条腿走路，科学离不开哲学，哲学离不开科学。仅仅只有科学没有哲学的话，那这个科学的命题、科学的思维、科学的灵感、科学实验的思路和理念、你的观点从哪儿来？从哲学里面来。两个都是致用。有人认为，哲学是束之高阁的，它不能致用。实际上，它同样是致用的。在今天——两千五百年以后，回头再看两千五百年以前、八九千年以前我们老祖宗的东西，到今天仍然是与时偕行，依然是常释常新，从空间和时间都能说明"德之盛"。

《困》卦里面讲："困于石，据于蒺藜。"这个"据"，应是"拘"，只有这个"困"和这个"拘"并列才对。"困于石"，被石所困，又被蒺藜、荆棘、藤蔓所拘，这个"据"是拘禁在里面。

"入于其宫"，为什么会"困于石，据于蒺藜"呢？实际上，这也是对某种事业、某种事物的探索、追求，在追求中有所期待。当追求进入一个阶段以后，达到某种目标时，"不见其妻"。这个"妻"只是一种象征性的，实际上是一种期待、一种期望。见不到自己所追求的目标、所期待的东西，见不着呀，落空了，相反的是"困于石，据于蒺藜了"，当然是一种凶象。

这个时候，孔子又对这个作一番解释，他怎么说呢？"非所困而困焉，名必辱。"本来不该被困的被困在那儿了，被困住了，当然名誉就会受到污辱，就会受到损害。本来不会被拘的，而被拘禁在那个里面，当然身心就会受到危险了。既有名誉上的污辱，又有身体的危险，"死期将至"。这个"死期"是什么呢？是一种绝望，不是我们想象的那种生死的死，这是一种绝望，这种绝望临头了。

"妻其可得见邪"？哪儿能看得到这种期望呢？这个期待的东西怎么能看得见呢？孔子为什么以这一段爻辞为例，并且发了这么一番感慨？这个问题出在哪个地方呢？为什么会被困呢？怎么又会被拘呢？自己所期待的东西落空了，问题出在哪个地方呢？我们看，顺着孔子所说的那个语气来体会，问题出在他的期待

上：他所设计的目标、他本来的那个愿望。他讲了，本来不该困，被困了；本来不该被拘，结果被拘了；不该受侮辱，不该受危害，结果呢？这些都来了。难道是问题出在这个困上吗？为什么会被困？就是因为你这个期待，你的期待超越了现实，超越了你的实际情况。

所以说，我们无论干什么事，设定的目标、寄予的期待一定要合乎社会发展的规律，合乎你自身的实际。超越了这些东西，脱离了这些东西，就会被困，被困住了，还找不出原因。因为，《困》卦本身不困大人，是困小人的。

《易》曰："公用射隼于高墉之上，获之，无不利"。这是《解》卦里面的一句话、一个爻辞。"公用射隼于高墉"，这个隼是一种凶猛的鸟，这个鸟飞翔在高墙之上，把它射下来了，于是获得了这种猛禽。这个好像没有什么不利的，这谈得上利与不利？但是回头一句话："无不利"，后面又来一句"何不利之有？"，还有什么不利呢？利又在哪个地方呢？这两句呀，给我们另一种启发。所以，子曰："隼者，禽也。"它只是一个猛禽

而已。"弓矢者，器也。"它也只一个器物而已。"射之者，人也。"关键是人。是谁射的？是人射的。这三者中，主体是人。

"君子藏器于身，待时而动，何不利之有？"经常把武器藏在身上，等待时机而使用这个武器，当然没有不利的。这里提出了一个问题："动而不括，是以出而有获。语成器而动者也。"似乎是自问自答。这里一个"括"是什么意思呢？是阻塞的意思。从字面上、字形来看——舌头、口舌，这个手把口舌挡住了。就像一个人，叫你别说话，马上用手把嘴捂住，这就是语塞了。"不括"就是不塞。行动起来没有阻塞，那当然是通畅了。一通畅，当然就是有所获了。

"语成器而动者也"，"动"是行动，"语"是语言。"成器而动者也"，这个成器，实际上在现实生活中，它有一个成的过程。但是，这个过程的主体是人，是人在行动。表达的是这么一个过程。

孔子说："小人不耻不仁"，意思是小人不知廉耻。有一位高中校长，有人来送礼，他对送礼者说："我不收礼"。因为他有一种信念：不以为荣，反以为耻。而有的人呢？不以为耻，反以为荣。这就是君子和小人的区别了。所以，小人不知道耻，也就不知道仁了。

"不畏不义"，"畏"是敬畏。有人爱讲："我天不怕、地不怕。"这个社会上最怕的就是这种天不怕、地不怕的人。举一个例子，这种人开着车子在大街上，前面来了车子，他天不怕、地不怕，他就可以跟你撞，跟你冲。前面有行人，他照样向前开。他心里只有一个，怕什么？就是这种"不怕"太可怕了。他没有敬畏心理，法律他不敬畏，天理他不敬畏，道德他不敬畏，自然规律他不敬畏，连父母他都无所敬畏。没有敬畏，就没有了理性。没有敬畏意识的人，谈得上什么义呢？这个敬畏很重要。

我们现在这个社会就是少了很多敬畏。一讲因果，那是迷信，那是宿命论，那是唯心的，那是卦建糟粕。把这一层敬畏撤除了，所以，对父母可以打骂，他不知道这个里面有因果报应，对动物可以残害，他不知道这个里面有因果报应。对大自然任意去污染，任意去破坏，他也不知道这个里面有因果报应。因为他缺少了这样一层防守意识。人要是没有敬畏那就麻烦了，社会没有敬畏也就麻烦了，仅仅靠国家的法律，那是有限的。

"不见利不劝"，这个"劝"是劝勉、勉励。小人他不见到实实在在的利益，不把这个钱送到他手里，只是勉励，只是劝说，什么也没用。他道德观念什么都没有，他只见到钱。举个例子，有人的观念是一种什么意识？送他一本书，他无所谓，甚至随手放到一边，走的时候甚至都忘了拿，他认为这个不是利。递他一支烟，他双手恭恭敬敬地接着，而且点头哈腰——认为这就是利，所以，这个东西怎么去区别？怎么去理解？

"不威不惩"，这个"惩"是惩戒。没有法律的威严，威严没有临头时，他坦然处之，认为这不是惩罚。所以说："小惩而大诚，此小人之福也。"如果通过小的惩罚得到了大的警戒，一下子醒悟过来了，这真是小人之福呀！

"屦校灭趾，无咎。""屦校"，屦是一种鞋，校是一种刑具，这种鞋就是刑具。鞋穿上，脚指头就被锁住了，夹住了，行动就不自由了，就不方便了。但是，为什么讲无咎呢？没有大的妨碍。对大脑，对思维，对心灵没有伤害，只是让他行动不方便，跑得不快：你别跑，跑不动。就是这个意思，这个就是无咎。也就是说，这是小的惩罚，达到一种大的警戒，那么，这就是小人之福了。

积善之家必有余庆，厚德才载物。那么，这个善是从哪儿来的？是积来的，是积累的。这个善不积累，怎么能成名呢？怎么能使很多人高山仰止呢？这都是慢慢积累的。

但是，与此相对应的恶也是这样，恶也是积累的。古人云："人为善，福虽未至，祸已远矣。人为恶，祸虽未至，福已远矣。"许多高官被判刑了，他们的非法所得全部被没收了，他们这个是怎么来的？冰冻三尺，非一日之寒，是慢慢积累的，现在到了灭身的这个程度，大贪都是小贪积聚而成的。

"小人以小善为无益，而弗为也。"小人以为这个善小而不为之，以为这个没意思。地上有一节废电池，把它捡起来，收集起来，然后按照正规的渠道去处理，这是一个小善。这点小事，哎，不做，认为没有作用。但是，了凡先生在《了凡四训》里怎么讲？他做善事天天记：一天必须做十件善事，十件小善积累起来就是一件大善！他就是这么积累。

"小人以小恶为无伤，而弗去也。"随地吐一口痰，随便扔一个垃圾，这也是一小恶呀。这也无所谓，谁也不会来处罚他，没有伤害。哎，认为这个是小恶，渐渐养成一种不良的习惯。实际上，正是这些不良的习惯，影响一个人的形象，影响一个人的基本素质，影响一个人的成功，影响一个人的人生。

所以说："恶积而不可掩。"这个恶积累起来呀，是掩盖不住的。"罪大而不可解"，罪大恶极，罪不可赦，就是说，你怎么样给他辩解都不行，谁都救不了他。"罪大而不可解"，到这个程度了。

这个时候，《易》又曰："何校灭耳，凶。""何"是承荷，"校"就是一种刑具，这个

"何"就是荷担,荷担就是把枷扛在肩膀上,枷在脖子上,甚至把耳朵都枷(夹)住了。难道真的是夹住了耳朵吗?这个耳是聪呀,它不是指耳,不是说这个枷把耳朵夹住了,而是指这个人的智力、智商,他的聪明和理智都被夹住了。他聪明都没有了,糊涂了,利令智昏了,聪明都被灭掉了。

"危者,安其位者也"。"危者"当然指危险了。有危险的时候,你要安守其位呀。有危险不怕呀,时时处处都会有危害的。"人在家中坐,祸从天上落"。就是说,危险无处不在,但求生的希望也无时不在。

"亡者,保其存者也"。这个"亡"当然不仅仅是指死亡了,是指存亡。南唐已经亡了,这个国家没有了,南唐后主李煜还要作词:"无言独上高楼,剪不断,理还乱。"到了灭亡的时候就要选择了。首先是人要生存下来。据报道,说阿根廷有一个超市失火了,发生火灾了。可是那个超市的老总首先考虑的是还有些人没有付货款呀,赶紧把门关上。他想到的不是人的生存,而是想到了他的利,那还得了?结果,不该死的人死了,不该有的损失损失了。在这个时候应该保什么?人命关天哪。

"乱者,有其治者也。"天下大乱,肯定有英雄豪杰出来治理。中国近代社会已经积贫积弱了,很多东西落后了,而西方有坚船利炮,他们不仅仅是用坚船利炮轰开我们的国门,同时用他们的鸦片来腐蚀我们人民的精神,侵蚀人民的身心健康。中国人只有刀和矛,没有坚船利炮,这还很不足已,还要使你成为东亚病夫。你看,成为东亚病夫了,成了半殖民地了。这是大乱呀,还有军阀混战,在这种情况下,中国共产党诞生了,尽管有日本铁蹄践踏我们的国土,屠杀我们的人民。但是,谁笑到了最后?是正义、是人民。

"是故君子安而不忘危,存而不忘亡,治而不忘乱,是以身安而国家可保也。"这是居安思危的思想。盛唐时期的魏征丞相给李世民上了一个《十思疏》,他就讲了居安思危这番道理。做君子的,在安定的时候不要忘记危险。在天下大治时,不要忘记天下大乱。只有这样,才能得到真正的安定、安乐,国家才能确保疆土的安定。

"其亡其亡,系于苞桑。"我们中华民族积贫积弱时,成了东亚病夫时,世界列强都来瓜分时,日本铁蹄残酷地来践踏时,我们的国家并没有亡。中华民族到了最危险的时候,哎,竟然没有亡,因为是我们"系于苞桑"!我们这个"苞"是什么?是我们的传统文化呀!我们中国传统文化就是我们的本,就是我们的苞桑,我们以这个为系——"系于苞桑"。

"德薄而位尊"古人讲厚德才能载物,但这里讲的不是厚德,而是薄德。这个德很薄,他的位呢?又很尊贵。现在有些被查出来的那些贪官很明显,他的地位、官位是很尊贵,做到省长一级、副省长一级了,官位不能说不高,但是他们的德薄。

"知小而谋大","知"是智慧。智慧浅,而谋略很高明。计谋和智慧是两回事。有些人没有智慧,但是他很会用一些智巧,用一些心机。许多商场为了促销,使出了种种奖售方式,一到购物高峰期或者假日期间就搞这些东西,这就是用一种计谋,但是大多吃亏了。那不是叫促销,相反是在那儿给它促亏损、惹事,所以这个东西是不行的。有些人就是这样,大的智慧没有,而谋略不少。

"力小而任重",肩上的担子倒是很重,但是他的力气并不大。"鲜不及矣",这

个"鲜"就是显然，显然是力所难及的、力不从心的，这是个显而易见的事。下面又用《鼎》里面的爻辞来说。

《易》曰："鼎折足，覆公𫠆，其形渥，凶。"鼎有三只足，当然也有四足鼎，一般是三足鼎。其中一只足被折断了，当然就要倾覆，倾覆以后"公𫠆"，是什么？以前的鼎不是摆着看的，鼎是指大锅。凡是在大祭祀、集会或是军事活动时，大家都集体在一起聚餐。聚餐时，用一般的锅不行了，就用这个大鼎来烹饪，煮食物。这足折断了，美味的佳肴、美餐（公𫠆）全部泼出来了。"渥"是龌龊呀，这个情形太龌龊啦。它当然是凶了。

"知几其神乎"，"几"是很神的，很神秘的，很神妙的，是很神奇的，你能捕捉到这个"几"，你能洞察"几先"吗？"知"就是一个感叹了。所以，"君子上交不谄，下交不渎"。所谓君子，与上面相交，与顶头上司相交，他不会阿谀奉承，不善于谄媚；对下呢？他也不亵渎，不轻佻，不轻慢，不轻狂，而是不卑不亢。那么，这种人就是知"几"的人了，他就知道这里的微妙之处呀，他懂得这个"几"。

"几者，动之微"。在行动中，在事物发展变化过程中，这种动向是非常微妙的，它是瞬息万变的。能在瞬息万变中抓住这个机会，那就是知"几"了，就能得到吉。这吉是哪儿来的？"吉之先见者也"，就提前看到它的吉象了。有人讲未卜先知，这就是未卜先知了，所以，这个"几"是相当微妙的。

胡雪岩他能成为江南第一大财神，就因为他能捕捉到很多微妙的商机。无论是何时何地与人交谈，与人交往，人家不经意的一句话，他认为商机来了，他抓住商机了。

有个典型的例子。某一条商业街突然失火了，整个商业街都在大火中。其他的商家都在组织自己的员工抢救商品，唯独一位珠宝商的老板组织员工疏散，赶紧逃离火灾现场。他是珠宝商呀，那么多珠宝他不救，出来以后马上组织他的员工到全市的建材市场去订货。其他人，我的商品烧了，怎么办呀？在想那些眼前的损失时，而他看到商机了：这个商品一条街马上要重建了，建筑材料要涨价了，他把建材全部预订下来。结果，他发的这笔财比他丢失的珠宝还多。在一瞬之间他一下子抓住商机了，他那个吉是先前就现出来了，他该发财，该他发，是不是呀？如果再慢一点？不行，这个"几"就是在微妙之间，既是在空间的微妙之间，又是在时间的微妙之间，其他人看不到，一千个人里只有一个人才能看得到。这就是微妙之几。

"君子见几而作，不俟终日"。"俟"就是等待。"君子见几"，见到了这个机会，马上去行动，不等待。我还再等一天？明天再来吧？等你明天再来已经机不再来了。

所以，下面又引用《易经》的话，这是《豫》卦里的几句话。"《易》曰：'介于石，不终日，贞吉。'介如石焉，宁用终日？"《豫》卦里面讲"介于石"，"介"是刻写，刻到石碑上。不仅仅是记住，而且刻到石碑上。"不终日"，不等待这一天太阳下山。今天的事等到明天再办吧？不是，不等待。"贞吉"，这是《豫》卦里面的爻辞。为什么用《豫》呢？豫就是预计、预谋这是未卜先知！未卜先知不就是豫吗？

"介如石焉"，把它刻在石头上。"宁用终日"，"终日"，按照我们现在的说法是指一天，有始有终。"宁用终日"？这个"用"是指用在一瞬，用在一刻——刻于石。刻在哪里？刻在石头上是不错，但实际上它真正的用，是祖宗留下来的，是前辈留

下来的经验和教训,很多东西都在口口相传中记住了,或口碑,或石碑,警诫后人,现在写在书上,有那么多警诫! 那么多法律条文、格言、警语、家训,可还有人知法犯法。

"宁用终日",真正用起来,可不是在一天中慢慢地用,实际上是在一念之间,在一瞬之间,是吉是凶,在一瞬之间,平时记住这个教训了,记住这个经验了,但由于意不诚,心不正,所以就容易走火入魔,容易思想开小差,容易忘记自我,某一念头突然松懈时,下地狱了。

"断可识矣。"这个判断中,能判断清楚吗? 在一瞬之间,事出现了,你能判断清楚吗? 突发事件出现了,你能判断:我该怎么做? 是进还是退? 是用刚还是用柔? 你能判断清楚吗? 等我慢慢研究、研究,我明天回答你,明天再处理吧——不等你! 不是人不等你,是事不等你。

"君子知微知彰"。"彰"是彰显,明显地表现出来了,显现出来了。"微"是不显明,非常微妙。君子既知彰又知微,既知刚又知柔。"知柔知刚,万夫之望",众望所归,万民所仰呀! 你能为万民所拥戴,凭的是什么? 就是凭你这个知微知彰、知柔知刚。这个微和彰是指事物的"几"。你这个无论是在微妙之中,还是显现出来的,都抓住了机会。

非典时期,竟然有官员在关键时刻不知微不知彰,不知道是用柔还是用刚,结果被就地免职,关键时刻不能当机立断。这个道理很明显的。在我们现实生活中,有很多这类事,我们自己也有很多教训,也有经验,每个人都有。

"颜氏之子"不是颜回的儿子,他是指颜回。孔子是叫孔丘、孔夫子、孔子,这里他也称他的学生为老师了。他是最器重颜回的,在《论语》里他对颜回的称赞有很多处,他讲颜回"殆庶几"。"殆"就是大概,"庶"就是近——将近、接近。就是说,颜回大概接近"几"了吧,颜回他大概知道这个"几"吧,他与这个"几"接近了,很近了。

因为,在不善的时候,看到不利的情况,他未尝不知,他是知道的,知道以后"未尝复行"。"未尝复行"是指积累经验,接受教训,有错他不会犯第二次,有经验能继续积累下去。所以用了《复》卦里面的一句爻辞:"不远复,无祗悔,元吉。""不远复",走了不远又回来。为什么要回来,又返回来呢? 因为,知"几"了,看出苗头了,看出趋势了——回来。"祗悔"是大悔。"无祗悔",没有大的后悔。如果再往前走,那就有大悔了。那个错路再走下去,不就是大悔了吗? 因为走得不远,所以没有大悔,因为及时悔过来了。

"元吉"就是大吉。这个大吉为什么放在这个里面呢? 本身这里有悔,为什么往回走? 有悔还元吉? 现实生活中,人非圣贤,孰能无过? 哪能不做错事呢?,哪能没有过错呢? 有过错是常事,正常的。有过错没问题,你马上能回头,马上就改,当然是大吉了。怕的就是不知道回头,不知道悔改,那就麻烦了。所以,这个就是大

吉！这个大吉放在"有悔"之后。本来走了错路，不管走错了几步，走错了总是叫错，是不是？总是一个过，虽然走得不远，总是一个错。虽然你这个悔不是大悔，总是一个悔，但是元吉。这就是我们的老祖先把问题看得非常客观，有一种非常大的宽容心，是不是？什么事都没有一个百分之百，不要把什么事都看得那么绝对，是吧？金无足赤，人无完人，是不是这个意思？有小过，有小悔，有小错，这是正常的，不怕。你只要悔改，你只要见"几"、知"几"就行了，就是君子了，就是元吉了。这个话、这个深刻的道理，太有意思了——不绝对。现实生活中，有时知悔，改过了，但他人印象中仍然是一个坏印象，你改，他人的印象不改。这种苦头我们都尝过，特别是"文化大革命"中，一句错话会置人于死地。

"絪缊"，这是一种阴气和阳气，二者融合起来形成一种弥漫的状态。天是阳气，地是阴气，阳气和阴气汇合起来，弥漫起来了。正是因为阴阳二气汇合起来了，才能使"万物化醇"。"醇"是什么？酿酒。这个酒酿到什么程度？发酵、已经到了成熟的阶段，一种浓烈的酒香扑鼻而来，这个酒酿成功了，这个时候叫醇。那么"成物化醇"？万物的生长到了一个很好的状态。

"男女构精"，"构"是"交媾"，"精"是受精。"万物化生"是这样化生的。美国易经老教授汪忠长先生说："人类谓宇宙为中心，天地之精华，国家之命脉，社会之主体，无不由夫妇之和谐而衍生。"他是这样来解释的，其中强调了"和谐"。所以，这里就应用了"损卦"里面的一段爻辞：

"三人行，则损一人；一人行，则得其友"。这个"三人行"好理解，举个例子，如下棋，无论是下围棋也好，中国象棋也好，或是国际象棋，只能两个人对弈，叫对弈。如果有三个人，那肯定有一个人要靠边站了，那就损一人了。所以现在某些体制，成立一个组织，起码要三个人，为什么？在处事决定时要少数服从多数，如果两个人意见相悖就麻烦了。再加一个人，少数服从多数，一个人要服从两个人。实际上事物发展规律中，就是两种：阴阳、刚柔、动静、得失、吉凶等。

"一人行，则得其友。"一个人也不行，要得其友。一阴得一阳，一阳就得一阴，男要配上女，女要配上男，所以有种对夫妻的称谓是"配偶"，而不是"配奇"。这是很有道理的，在"损卦"里面讲的这个。所以，下面孔子又进一步讲："言致一也"。是回到现实社会中间。这个"致一"就是"一致"，就是讲理是"一致"的。是"三人行，则损一人"也好，是"一人行，则得其友"也好，这两种情况都是讲一个意思，都是讲"配偶"，而不是"配奇"。

子曰："君子安其身而后动，易其心而后语，定其交而后求。""安其身"就是安身。居贞以便建侯，你定位了，安其身、定其位了，你才能够行动。"易其心而后语"，这个"易其心"的"易"字，实际上就是"正其心"，由杂乱向正转移。《易经》讲"中正"。

就是说，在变易中间得到调整，调整以后得到一个正念。得到正念、正信，心里就有数。我到底是以什么为目标？以什么为定位？以什么为准则？以哪个为正确的判断？心里总要有一个主张，有一个定位。当然，人是时时在"易"中，在变易和转换中寻找定位、调整自我定位。你的心正了以后再说，再发表意见，发表评论，是赞扬还是反对。

"定其交而后求"，两个人必须建立了稳定的交际关系、朋友关系，并且交情很深的情况下才互相有所求，不要乱求人，乱求人会上当吃亏的。"君子修此三者，故

全也。"把这三者修行到位也就完备了。

"危以动,则民不与也;惧以语,则民不应也;无交而求,则民不与也。"这个行动,一行动起来就会有危险,谁跟你合作呀?出语不逊,出语猖狂,一说话就很吓人的,不是话说得很大,就是说得很猖狂,说得不着边际,说得不实际,那谁响应呀?谁相信呀?跟人家还没有交往,就要向他乞求,要求这个、要求那个……谁听你的?

所以下面讲:"莫之与,伤之者至矣。"没有人交往,没有人合作,没有人来响应,没有人相信,这种伤害太大了。这是最大的伤害呀!受了这种伤害就会寸步难行、无法作为。

所以,《易》曰:"莫益之,或击之,立心勿恒,凶"。用了《易经》里面《益》卦里的一句话。不去利益他,甚至还要去伤害他,是什么原因呢?是"存心不恒",也就是"存心不诚"。"恒"是一个"诚"字。至诚才能恒,只有诚才能持久,不能持久当然是不诚。不能"诚其意",当然也谈不上益,甚至于有一种伤害,当然是有凶。这一段里面,把社会人生的现象说得很透彻,而且是与《易经》里面的爻辞联系起来说的。

【经典实例】

神医华佗

三国时期,有位名医叫华佗,他医术高明,医德高尚,名满天下。

华佗是谯郡(今安徽亳县)华家庄人。华佗小的时候,母亲常患病,华佗就和弟弟背着母亲四处求医。时值汉朝末年,兵荒马乱,田地荒芜,百姓少吃没穿,过着穷苦的日子。那时,患病的人很多,名医却不多。而且官府常把医生请去诊病,穷人得了病,往往会贻误病情,也得不到很好的根治。这样的情形,华佗看得多了,便萌生了学医的念头。

一个偶然的机会,华佗到药铺当伙计,负责采药、购药、配药,对药材渐渐熟悉了。他天资聪慧,虚心学习医道,天长日久,倒也有了几分体会。一年之后,他受药铺老板指点,去普陀寺找广济大师学习医道。广济大师从不传授徒弟,但他念经时也不介意华佗在场。他念完佛经后,就念《黄帝内经》。华佗听后就铭记在心,回家后就凭着记忆再默写出来。大半年下来,华佗记了一厚沓纸的笔记。后来,广济大师见华佗已学有所成,就悄悄留给华佗一部《黄帝内经》。待到华佗发觉并要感谢他时,广济大师已云游四海去了。华佗潜心学习《黄帝内经》,大有长进。他开始行医,立志广济众生,为天下病人祛除疾病,带来幸福安康。

华佗之所以名扬四方,一是在于他医术高明,更重要的则在于他有一颗善良的心,医德高尚。他对病人一视同仁,认为行医最重要的就是要治病救人。

华佗用针灸的方法治病时,他常怕有时因为自己找不准穴位而给别人制造无

谓的痛苦,就练习在自己的身上扎针。有一次,有一位朋友远道而来拜访华佗,华佗的徒弟暂行接待他。朋友感到诧异,就自行来到华佗的卧室,却发现华佗正在往自己身上扎针。他身上的银针闪闪发光,然是吓人。于是,朋友问华佗:"先生,您这是干什么呀?"华佗见状,把身上的银针拔了出来,穿戴整齐,说道:"我在试着针灸呢。"朋友关心地问他:"不知先生得了什么病啊?"华佗微微一笑,答道:"我并没有得病。我只是在试着找准穴位,这样银针扎下去才能又快又准,减少病人的痛苦。虽然一开始扎得不准,会有痛苦,但是熟能生巧,常练就能扎得准了。行医事关病人的安危,马虎不得啊!"一席话说的朋友频频点头,对华佗敬佩不已。

当时由于没有麻醉剂,在开刀做手术时,病人常常疼痛难忍。为了解除病人在手术时的痛苦,华佗潜心研制出了一种药剂——"麻沸散"。这是一种麻醉剂,手术前让病人用水服下,能减轻许多痛苦。华佗行医的名声越来越大,达官贵人家有人得了病,都来找华佗医治。华佗救人心切,并不推辞,但是他从来不收任何赏赐。华佗最关注的还是平民百姓。因此,他常常走街串巷,寻访病人。有时看到有的病人家境贫寒,他就分文不取,无偿地为病人看病抓药。

有一年,丞相曹操在许昌(今河南许昌东)得了头疼病,看了许多医生,吃了许多药,病不但不见一点儿起色,而且是越治越疼,最后竟然卧病在床,呻吟不止。一天,曹操手下有一个叫张辽的将领来拜见曹操,他看到曹操头疼得厉害,就对曹操说:"丞相,您为什么不试着让华佗看一下呢?大家都说他是天下神医呀!"曹操听罢,立刻派人去请华佗。

华佗用针灸疗法暂时解除了曹操的痛苦。但是,针灸只能解一时之痛,不能除去病根儿。因此,他对曹操建议说:"丞相的病不是一次就能治好的,针灸只能解除暂时的疼痛,要想根治,必须动手术。"但此时曹操的病情已经大有好转,就不想动手术了。因此,他对华佗说:"希望神医能暂住相府,等把我的病治好了,再搬出去。"曹操就这样把华佗留了下来。每次曹操头疼病犯了,就让华佗给他针灸。

华佗天天惦念着那些在等待他的病人们,住在相府的几天里,一直愁眉不展。有一天晚上,他趁人不注意,从相府里逃了出来,回到了家中。百姓们知道华佗回来了,都很高兴。华佗又开始精心为人治病。曹操知道华佗逃走了,但由于这几天里头不再疼了,对这件事也就未加追究。

但是,几天之后,曹操的头疼病又犯了,而且疼得更加厉害,使他夜不能寐。他就派人把华佗又请了来。华佗在仔细为曹操作了诊断之后,认为曹操的病要想根治,必须破开头颅,去掉脑髓里的黏液。他还说:"请丞相尽管放心,华佗确保手术安全。前些日子,我在襄阳替关公刮骨疗毒,他现在已经痊愈了。"

曹操生性多疑,听华佗这样说,便断定华佗是蜀国派来暗杀自己的奸细,就下令把华佗抓起来斩了。华佗临危不惧,依然坚持说:"丞相,华佗意在治病救人,绝不是什么奸细。您即使要杀华佗,华佗还是要说一句,您的病只能这样治疗,而且耽误不得呀!"曹操的手下也为华佗求情,曹操无奈,只得将华佗关了起来。

华佗身陷囹圄,深知获救无望,就抓紧时间整理书稿。原来,华佗平时行医时遇到一些疑难病症,碰到一些祖传秘方,就随手记下来,放在背上的青囊里,日积月累,总结出了许多非常有效的治疗方法。他想把自己这几十年里的行医经验和心得体会记录下来,传给后世。华佗知道自己所剩的时日已经不多了,于是,他在狱

中通宵达旦不停地写呀，写呀。最后，他把这本书命名为《青囊经》。

但是，书稿虽然写成了，华佗却无法把它送出狱去。想到此处，华佗不禁仰天长叹，老泪横流。曹操把华佗杀了之后，把《青囊经》也毁了。可惜华佗的一身绝技竟然没有流传下来！

华佗行医几十年，医治过的病人不计其数。他不但医术高明，而且医德高尚，被后人尊奉为"神医"。他的事迹在后世被广泛传诵，对后代产生了很大的影响。

唐太宗居安思危

唐太宗李世民即位近十年里，勤于政事，谨慎治国，注意百姓的休养生息，因而天下太平，百姓安居乐业。

贞观初年，百废待兴。一天晚上，大臣裴寂有事求见太宗。待他见到太宗，却看到太宗正站在挂满奏章的屏风前仔细观看着，就感到很奇怪，问道："陛下为什么要把奏章挂在这里？"太宗答道："奏章太多了，大臣们有的意见提得很好，要仔细琢磨才行。"裴寂拱手赞叹说："陛下如此辛苦，国家必定兴盛。"太宗又说："治理国家并不是一件容易的事，只靠朕是不行的，还得有你们这些忠臣和良将啊！"

是的，在贞观年间，正是有许多大臣在太宗面前敢于直言，经常提醒太宗注意打理国政，太宗才能居安思危，时刻谨慎，天下才安定太平。

太宗处理朝政时，孜孜不倦，呕心沥血。贞观初年，各方面的工作都很琐碎，太宗常常感到身心疲惫。一天，太宗问大臣们说："众位爱卿，你们说一下，作为帝王，创业难，还是守业难啊？"

房玄龄回答说："依臣看是创业难。大家出生入死，转战沙场，能有今天的宏伟大业是多么的不容易，创业难啊！"

魏征摇摇头，说："自古以来，打天下做帝王都是历尽千辛万苦才行的。可是当创业成功之后，帝王又容易身享安逸而亡国。所以说，守业要难得多了。"

李世民听了，认为说得都有道理。他说："玄龄跟随朕转战沙场，浴血奋战，当然知晓创业的艰难。魏征帮助朕治国安民，常常告诫朕要居安思危，防止滋生祸患，所以认为守业难。现在，天下已定，正是应当好好地守业的时期。众位爱卿要助朕一臂之力治理好国家，以求百姓安乐，天下太平。"众臣听了，都高呼"万岁"，赞叹太宗的圣明。

贞观六年（632年），太宗对众臣说："自古以来，做帝王的常常不能善始善终地坚守帝业。汉高祖刘邦起初任用贤能成就大业，不过，十几年后便放纵自己，穷奢极侈，滥杀功臣，因而导致四方叛乱，国家危急。所以，朕以史为鉴，知道居安思危的道理，以保国家长久。"

太宗不仅如此说，而且也是这么做了。他勤于朝政，毫不懈怠，每日批阅奏章到深夜。几年下来，国家政治清明，国力逐渐强盛。

可是又过了几年，太宗看到天下大治，一派歌舞升平的景象，以为可以不用那么辛苦操劳了，于是放松了对自己的要求，每日喜好吃喝玩乐。每年，太宗都要派人整修宫殿，兴建新的宫室。工程浩大，需要很多劳工。于是，好多老百姓不得不应召服役，耽误了农业生产，造成田地荒芜，百姓有了怨声。魏征看到这种情况，劝

太宗应节制修建，不要让百姓负担过重。太宗并不在意，反而说："百姓无事则易骄，劳役则易使。"

太宗命人在皇城北门即玄武门附近大兴土木。有一天，大臣房玄龄、高士廉在路上遇到少府少监窦德素，房玄龄随口问了一句："北门那里又兴建了什么工程？"而窦德素立即把这一情况报告了太宗。太宗一听，勃然大怒，马上召见了房玄龄、高士廉，大声斥责说："管好你们自己的政事就行了，北门的小事，何须你们多问？"吓得二位大臣马上跪倒谢罪。站在一旁的魏征见此情景，心中很是不平。他直言道："玄龄身为宰相，是陛下的重要助手，对内外事务都应知晓。关于工程，如果建设合理，他应该帮助陛下去完成；如果不合理，应当劝诫陛下停止工程的兴建。这件事他问得合情合理，不知陛下为何要予以怪罪呢？"太宗被驳得哑口无言，感觉很没面子，便拂袖离去。众位大臣都看到了太宗的变化。他们很是担忧，不断上书太宗，力陈治国的重要性。

贞观十一年(637年)五月，魏征在一次上疏没有成功的情况下，又上疏劝谏，他写道："陛下从善之心不如往昔，闻过必改更不像贞观之初，近年来威怒有加，而积怨日多。由此可知贵不期骄，富不期侈，非虚言也。……诚望能以隋亡为鉴，去奢从俭，亲贤良，远奸佞，虽今日太平无事，更应恭勤节俭，居安思危。"太宗并不以为然，他以为天下大业不至于如此就被颠覆了，所以依然我行我素。

魏征见状十分着急，在贞观十三年(639年)，他又写了《渐不克终十条》的疏，共二千余字，义正词严，针砭时弊。其中有一段是这样写的："臣闻祸福无门，唯人所招。陛下应戒而惧，择善而从，思过能改，则普天幸甚。"魏征说得有情有理，真切动人，终于敲醒了麻木已久的太宗。太宗接受了魏征的劝谏，收敛了自己的行为，改正了以往的过错。所以，在太宗在位的二十三年间，政治清明，民风淳朴，经济繁荣，军力强盛，成为历史上少有的盛世之一。

太宗本人最初能意识到居安思危的道理，实在可贵。虽然在位有一段时间对此有所遗忘，但他的众位贤臣却丝毫没有忘记这一点。正是他们不断地努力，帮助太宗最终认识到这一道理，而且自始至终都在努力工作，防患于未然，从而在太宗懈怠朝政时，才使国家没有出现大的祸乱。居安思危的道理是多么的有意义啊！

贤德之人颜回

孔子率领他的学生到列国周游，在陈蔡边界被困，一连七天都没有吃上一口饭，把孔子和弟子们都饿坏了。

孔子的大弟子颜回见老师饿得一天一天地瘦下去，十分伤心。他想：年轻的师弟们或许还能挨上一些时间，老师上了年纪，怎能经得起这种折磨啊？万一在路上有个三长两短，那怎么办？我得去设法弄点吃的来。

颜回也没有什么好办法，他心地善良，又做不得偷盗的事情，只好去乞讨。也真是巧，居然碰上一个好心肠的老婆婆，给了他一些白米。

颜回高高兴兴地把米拿回来，倒在锅里，放上水，砍柴生火，煮了起来。不一会儿，饭也就熟了。

孔子一觉醒来，突然闻到了一阵扑鼻的饭香。他很奇怪，便出来探看。刚一跨

出房门，就看见颜回正从锅里抓了一把米饭往嘴里送。孔子又高兴又生气，高兴的是有饭吃了；生气的是，颜回竟然如此无礼，老师还未吃，他就一个人抢先吃了起来。

过了一会儿，颜回恭恭敬敬地端了一大碗香喷喷、热腾腾的白米饭送到孔子跟前，说道："老师，今天有幸遇到好心肠的人，送给我们一些大米。现在做好了，先请老师进食。"孔子一下站了起来，说道："刚才我在睡梦中见到去世的父亲，让我先用这碗米饭来祭奠他老人家。"颜回一听，忙把那碗饭夺了回去，说道："不行！这米饭不干净，不能用来祭奠！"孔子故作不解地问道："为什么说它不干净呢？"颜回答道："刚才煮饭时，不小心把一块炭灰掉到上面，我感到很为难。倒掉吧，太可惜了，但又不能把弄脏的饭给老师吃呀！后来，我把上面沾了炭灰的米饭抓起来吃了。这掉过炭灰的饭是不能用来祭奠的。"

孔子听了颜回的这番话，恍然大悟，他激动地拉着颜回的手说："回呀，你真是贤德的人啊！"

想到企业破产

一家效益火爆的酒店为进一步拓展业务，进行总经理竞选，三位竞选者先后登台发表演说。第一位雄心勃勃地说："如果我当选，一定把员工拧成一股绳，奋发努力，使酒店效益再翻一番。"第二位志在必得："如果大家信任我，投我一票，我一定使酒店效益和员工收入都再翻一番。"第三位一上台语出惊人："从我当上总经理那天起，我想到的是企业的破产……"

结果，第三位登上了老总的宝座。他之所以获得成功，是因为在酒店兴旺的时候，不沾沾自喜、盲目乐观，激烈竞争所表现出的紧迫感，辉煌中孕育着危机的焦虑感，使他具备了决策者的才干。他深知只有居安思危，企业才能立于不败之地。

阳极生阴，阴极出阳。小企业在它抵达事业辉煌的顶点时，往往就潜藏着失败的危机。中国有句古话叫"富不过三代"。中国台湾大富豪王永庆认为，创业者脚踏实地，吃苦耐劳，克服一切困难，最后成功了。成功后，自然而然地松懈下来，养尊处优，无危机感和风险意识，久而久之，一种自满情绪弥漫在公司内部，在奋斗、挣扎时的那种紧迫感逐渐消退，许多人会认为自己应该有享受成功的权利，企业失去了初创时的活力。这是对"富不过三代"的一种注脚。

有的企业老板，创业时谨小慎微，成功后刚愎自用，为所欲为。居安而不思危，成也萧何、败也萧何。挫折、失败并不可怕，可怕的是企业老板不知道成功的背后有挫折、有失败。小企业最终要强大，要保持旺盛、持久的竞争力和生命力，必须居安思危，力争富过三代。

有些小企业，在创业初期，因规模不大，往往采取"家长制"的管理方法，企业老板一竿子插到底，这样的管理风格随着企业的发展很容易得到强化。企业老板把过去的成功等同于现在，把昨天的智慧等同于今天，把昔日的威望强行于眼下。企业决策缺乏制约，再大的风险、再多的投资也是一个人说了算，没有形成有效的管理机制和集体决策机制，企业越发展就越容易埋下危机和衰落的种子。譬如在巨人风波中，史玉柱拒不纳谏、执意推行的两件：巨人健康大行动（损失1亿元）和

修建巨人大厦(积压资金 1.7 亿元),则是成为巨人集团元气大伤的根源。

成功的企业家都有深刻的危机意识,比尔·盖茨曾说:"微软距离破产永远只有 18 个月。"张瑞敏说:"战战兢兢,如履薄冰。"这对于一个企业、一个公司,乃至于一个地区,一个民族,一个国家照样适用。一个人、一个地区、一个民族、一个国家,如果从上到下时刻都有一种危机感,那么这个人、这个地区、这个民族、这个国家就不会被时代所抛弃,就会永远处于发展的前列。

范蠡辞官归隐

范蠡侍奉越王勾践,辛勤劳苦,尽心尽力,为勾践深谋远虑二十多年,最终灭了吴国,洗刷了会稽耻辱,率兵向北渡过淮水,兵临齐国、晋国,号令中原各国,勾践因此而称霸,范蠡号称上将军。

返回越国后,范蠡认为盛名之下,难以长居久安,而且勾践的为人是可以跟他同患难,很难跟他同安乐,于是写信告别勾践说:"我听说君主有忧,臣子就应劳苦分忧,君主受辱,臣子就应死难。从前君王在会稽山遭受耻辱,我之所以不死,是为了复仇的大业。现在已经洗刷了耻辱,我请求惩罚我在会稽山使君王受辱,判我死罪。"

勾践说:"我将和你分享并拥有越国。要不然,我就要惩罚你。"范蠡说:"君王根据法令行事,臣子依从志趣行事。"就装上他的轻便珍宝珠玉,私自和他的家仆随从乘船漂海而去,最终也没有返回越国。

范蠡泛海来到齐国,改名换姓,在海边耕作,辛勤劳苦,努力生产,父子治理产业,住了没多久,财产达到几千万。齐国人听说他很贤能,请他做丞相。范蠡慨叹道:"做平民百姓就积聚千金,当官就达到卿相的地位,这是平民百姓所能达到的顶点了。长久地享受尊名,不吉祥。"于是归还相印,散发所有的家财给朋友和乡亲,携带贵重的珍宝悄悄离去,到陶地定居。

范蠡认为这里是天下的中心,贸易交换的道路畅通,做生意可以致富。于是就约定父子耕种、畜牧、贱买贵卖,等待时机转卖货物,追求十分之一的利润。住了没多久,就积聚财产累计达到万万。天下人都称他为陶朱公。

范蠡离开越国后,从齐国给大夫文种送去书信说:"飞鸟尽,良弓藏;狡兔死,走狗烹。越王的长相脖子很长,嘴尖得像鸟喙一样,可以跟他共患难,但不可以共欢乐。你为什么不离去呢?"

文种看了书信,托病不再上朝。有人进谗言说文种将要作乱,越王于是赐给文种宝剑,说:"你教给我七种讨伐吴国的计谋,我用了其中三样就打败了吴国,还有四种在你那里,你为我到先王那里试用这些计谋吧。"文种被迫自杀。

郭子仪的忧患意识

唐朝郭子仪平定安史之乱的事迹已为人所熟知,但很少有人知道,他这位功极一时的大将为人处世却极为小心谨慎,与他在千军万马中叱咤风云、指挥若定的风格全然不同。

　　唐肃宗上元二年(761年)，郭子仪进封汾阳郡王，住进了位于长安亲仁里的金碧辉煌的王府。令人不解的是，堂堂汾阳王府每天总是门户大开，任人出入，不闻不问，与别处官宅门禁森严的情况判然有别。客人来访，郭子仪无所忌讳地请他们进入内室，并且命姬妾侍候。

　　有一次，某将军离京赴职，前来王府辞行，看见他的夫人和爱女正在梳妆，差使郭子仪递这拿那，竟同使唤仆人没有两样。儿子们觉得身为王爷，这样子总是不太好，一齐来劝谏父亲以后分个内外，以免让人耻笑。

　　郭子仪笑着说："你们根本不知道我的用意，我的马吃公家草料的有500匹，我的部属、仆人吃公家粮食的有1000人。现在我可以说是位极人臣，受尽恩宠了。但是，谁能保证没人正在暗中算计我们呢？如果我一向修筑高墙，关闭门户，和朝廷内外不相往来，假如有人与我结下怨仇，诬陷我怀有二心，我就百口莫辩了。现在我大开府门，无所隐私，不使流言蜚语有滋生的余地，就是有人想用谗言诋毁我，也找不到什么借口了。"

　　几个儿子听了这一席话，都拜倒在地，对父亲的深谋远虑深感佩服。

　　郭子仪历经玄宗、肃宗、代宗、德宗数朝，身居要职60年，虽然在宦海也几经沉浮，但总算保全了自己和子孙，以80多岁的高龄寿终正寝，给几十年戎马生涯画上了一个完美句号。这不能不归之于他的深谋远虑。

　　高明的人总是承认事物总有看不透、不可料的一面。事实上，世事诡谲，风波乍起，非人所尽能预料，所以主张立身唯谨，避嫌疑，远祸端，凡事预留退路，居安思危。这样你才能在人生海洋中自由遨游。

王旦没有远见带来了近忧

　　宋真宗时，李沆做宰相，王旦任参知政事。当时正值西北边境战事吃紧，往往到了很晚才能吃饭。王旦长叹："唉！我们这些人，怎样才能遇到天下太平、优游无事的时候啊！"李沆说："稍有忧虑辛苦，才可让人警惕。假使哪天四方无事，则朝廷里未必不会生出事来。"

　　后来，宋与契丹讲和了，王旦问李沆："何如？"李沆说："议和当然是好事。但一旦边疆无事，恐怕皇上又会渐渐生出奢侈之心。"王旦不以为然，李沆则每天收集一些水旱灾害、强盗、乱贼以及忤逆不孝的事禀奏皇上，皇上听了，抑郁不乐。

　　王旦认为不值得拿这些琐碎的小事去烦扰皇上。李沆则说："皇上年少，应让他知道各方面的艰难，具有忧患意识。不然，他血气方刚，不是成天迷恋美女娱乐、斗狗跑马，就是大兴土木，征召军队，建祠立庙。我老了，看不到这一天了，而这些正是你参政之后的忧虑啊！"

　　李沆死后，宋真宗看到与契丹讲和了，西夏也对宋称臣了，果然在泰山封岱祠，在汾水建宗庙，大肆营造宫殿，搜集研究已废弃了的典籍，没有闲暇之日。

　　王旦亲眼看见王钦若、丁谓等奸臣的所作所为，想进言劝谏，而自己却已经陷进去了；想离开朝廷，而念及皇上对他的厚爱，不便辞官。此时，王旦才认识到李沆的先见之明，感叹道："李文靖真是一位圣人啊！"

　　履霜，坚冰至，一个是前因，一个是后果。所以，人生要时刻警醒，在做每一件

事之前,要有一种警惕、戒惧的心理,要重视事物的结果。如果有好的结果,就努力去做;如果明知没有什么好结局,就应该慎重或者推延。这样就会减少许多不必要的牺牲和浪费。

朱棣居安思危励精图治

朱棣当上皇帝后,简直是个事无巨细一概过问的人,事情管得过多,总显得有些应接不暇。他认为,皇位得来不易,应居安思危,防微杜渐,事事都应过问,唯恐有所失误。

一天,朱棣在右顺门看四方奏牍,精神过度集中,御案上一个镇纸金狮被碰到案边,险些掉到地上,站在一旁的给事中耿通连忙上前将金狮往里边移了移。朱棣这时候才发觉,立刻同刚阅读奏疏上的国家大事联系了起来:"一个小小的东西,放在不稳定的地方就危险,放在稳妥的地方就安全。"他指着那尊镇纸金狮感慨道:"天下是最重要的'大器',更应放在安全的地方。怎么可以放在危险的地方呢?即使天下太平,也不可忘了危险。所以在小事上必须谨慎,小事上如果不谨慎,长此以往,就可能招致大的祸患。"

为了天下这一"大器",朱棣不敢有丝毫的懈怠。他处处克己,以求天下之治。他把大臣送上的《大学正心章讲义》反复读了多遍,特别欣赏其中静心寡欲的道理,认为做皇帝的尤其不能有所好乐,应该尽量做到心静而虚。

由于上朝时忙于政事,往往来不及静思,退朝后则容易放松自己,朱棣便经常默坐冥想,以管束自己的欲心。于是,他将欲心与天下联系在一起:"为人君,但于宫室、车马、服食、玩好无所增加,则天下自然无事。"一想到天下,他顿时警觉起来,克己之心便占了上风。

一次,朱棣派宦官去山西办差,但事后很快感到后悔,立即下令停办了。外国使臣朝贡玉碗,他拒而不受,让礼部赐钞遣还。对于这类平日不用、府库中又已有的东西,尽量限制,免得人们察其所好,争相进献,于国事无益。

朱棣的生活很俭朴,有时候上朝穿的内衣都破旧了,甚至衣袖外露,补补还穿,侍臣看到后常赞颂其"圣德"。他这样做,当然主要是给臣属们看的,他主要还是怕宫中奢侈,百姓生怨而致使天下不稳。朱棣每年只有正月十一日至正月二十日这短短的十天休息日,其他时间几乎没有假日。

朱棣居安思危,励精图治,使他在位时期的经济有所发展,给他子孙时期的"仁宣之治"打下坚实的基础。人生在世,唯有善于居安思危的人,才能够做得更好。

高瞻远瞩,居安思危,这是智者的态度,也是用变化的观点分析态势。俗话说:生于忧患,死于安乐。忧患对一个人的成长、成熟起决定性的作用,忧患使人很快成熟起来,使人很快聪明起来,使人很快的取得经验,忧患对人有好处,没有什么坏处。

常言道:"未雨绸缪贵在早。"古语说:"愚者谙于成事,智者察于未萌。"在日常行为中,我们要见微知著,深谋远虑,顺应事物的发展规律,早做打算,把不好的结果消灭在萌芽状态,或者把它引向好的方向发展,这样才不致陷入不安的突然状态。

　　在夏天就为冬天做准备,这是聪明的做法,而且也比较容易去做。走运时要做好倒霉的准备,饱带干粮,晴带雨伞。人生有高潮就有低谷,有得意就有失意,当我们处于顺境时不要过于张狂。

　　所有事情都是由正反两个方面组成的,既没有绝对的好,也没有绝对的坏。阳极生阴,阴极出阳,在一定条件下事物都会向自己的反面转化。因此,在安逸的时候要想到将会带来的危险,成功时要想到失败。

　　一个人、一个地区、一个民族,一个国家,如果从上到下时刻都有一种危机感,那么这个人、这个地区、这个民族、这个国家就不会被时代所抛弃,就会永远处于发展的前列。

　　生活最重要的原则是懂得如何忍耐。智慧的一半真谛即藏在其中,智者能洞穿这世间的一切,也有逃身的巧智。忍耐是一种力量,帮助我们战胜自我。还有哪一种力量能强大过心灵的智慧之力呢?能忍辱负重者,方可受天之大任,成天之大业。忍耐能带来无可估量的内心平静,而内心平静是智慧的源头,也是这世间的福祉。

第六章

【传文】

　　子曰:“乾坤,其《易》之门邪①?”乾,阳物也;坤,阴物也。阴阳合德而刚柔有体。以体天地之撰,以通神明之德②。其称名也,杂而不越。于稽其类,其衰世之意邪③?

　　夫《易》彰往而察来,而微显阐幽④。开而当名辨物,正言断辞,则备矣⑤。

　　其称名也小,其取类也大⑥。其旨远,其辞文,其言曲而中,其事肆而隐⑦。因贰以济民行,以明失得之报⑧。

【注释】

　　①子曰:“乾坤,其《易》之门邪?”:此即《系上》“乾坤,其《易》之经与?”按:本章及七、八、九、十、十一章基本上不见于帛书《系传》而大都见于《易之义》。

　　②阴阳合德而刚柔有体,以体天地之撰,以通神明之德:“阴阳合德”,谓阴阳爻性相配合。“刚柔有体”,谓于是有刚柔卦体之变化。此与前文“阳卦多阴,阴卦多阳”相呼应。“撰”字,古人或训为“数”,或训为“事”。按:帛书《易之义》作“化”,《系上》“范围天地之化”与此宜同。盖“化”与“作”形近而初讹为“作”(《系上》“坤作成物”,《释文》“作,本作化”),汉人又以为“撰作”之义而易为“撰”。

　　③其称名也,杂而不越。于稽其类,其衰世之意邪:“杂”谓其所指称之事物繁杂。《系上》“极天下之赜者存乎卦”即此。“越”,散漫、散乱(《左传·昭公四年》注:“越,散也。”),言其理不散乱而能会通。“于”,发语辞。“稽”,考察。“类”,事(《孟子·告子》注:“类,事也。”)。“衰世”,末世、殷之末季。按:“稽”与“指”古音近相通,帛书《易之义》即作“指”。先秦“名”与“指”常对举(《庄子·知北游》:“异名同实,其指一也。”),此似可读为“其称名也杂而不越于指,其类(下衍‘其’字)衰世之意邪”,此与下文“其称名也小,其取类

也大"相照。

④彰往而察来，而微显阐幽：朱熹认为下句当作"微显而阐幽"以与上句句法相对，高亨以为"微显"当作"显微"，即使微者显、便幽者明（"阐"，明）。按：帛书《易之义》亦作"微显"。"微显"，是说能从浅显的事物表象中提升出精微的义理。"阐幽"，是说能使幽隐之事得以显明。此为《易》之两大功能。

⑤开而当名辨物，正言断辞，则备矣："开"，《韩注》训为"开释卦爻"，高亨训为"开《易经》而读之"（汉《孔雀东南飞》"视历复开书"，则"开"可训为"开视"）。按："开而"可有两解：其一，"开"训为"陈述"（《汉书·邹阳传》注："开，谓陈说也。"），谓卦爻辞所陈述的都能"当名辨物"（"而"犹"能"）。其二，准《系上》"开物成务"帛书作"古物"（"古"同"故"，下文《易》之兴也，其于中古乎"，《易之义》"古"即作"故"）之讹例，此"开而"似当作"故而"（盖本作"故"，形近而讹为"啟"，因同训又作"开"）。"当名辨物"，用恰当的概念（"名"指概念）来辨析事物。"正言断辞"，用准确的言辞来判断事理。《管子·心术上》"物固有形，形固有名。名当谓之圣人……督言正名，故曰圣人"即此。

⑥其称名也小，其取类也大："小"谓有限，"大"谓无限。言其指称事物之概念有限而取喻之事类则无限。

⑦其旨远，其辞文，其言曲而中，其事肆而隐："其旨远，其辞文"谓其意旨深远，其辞语讲究。《论语》"言而不文，行之不远"，《孟子》"言近而指远者，善言也"即此。又按：此"辞""旨"盖即前文之"名""指"（"稽"）。"言曲而中"，语言委曲而合于事理。"肆"，虞注训为"直"，即直白、直露，言所述之事看似直露而义蕴深奥。"肆而隐"帛书《易之义》作"隐而单"（当读为"阐"，明白），与通行本的意思正相反，可译为其述事虽隐晦而道理昭彰，此正与"曲而中"相对。

⑧因贰以济民行，以明失得之报："贰"字虞翻解为乾坤，朱熹释为"疑"。按："因贰以济民行"，《易之义》作"因赍人行"，当从之（今本之"贰"为"赍"字之讹，又衍"以济"二字）。"因"，以。"赍"通"济"，助。"行"，用（《国语·吴语》注："行犹用也。"）。此以助民用即《系上》"以前（读为'赞'，助）民用""万民以济"。"报"，应验。

【译文】

孔子说：《乾》《坤》两卦，是把握《易》理的门径。《乾》为阳物的象征，《坤》为阴物的象征。阴阳爻的相互配合便有了刚柔卦体的变化，以此来体现天地化育之功，并会通宇宙的神妙规律。《周易》所指称之事物繁杂而其理不散漫，考察其所述之事则有殷末之迹象。《周易》能够彰明往事而察知来事，它既能从显明的事象中抽象出精微之理，又能使幽隐之事得到阐明；其卦爻辞所陈述的都能做到用恰当的概念来辨析事物，用准确的言辞来判断事理，这些在《周易》中都已完备了。其指称事物所用之概念虽有限，而其所取喻之事类却无限，其旨意深远，辞语讲究，语言委曲而合于事理，所述之事看似直白而义蕴深奥。《周易》便是以此来助民之用，并使人们在实际应用中不断明了得失应验之理。

【解读】

孔子讲到《乾》《坤》两卦，他把《乾》《坤》两卦比作"易之门"。也就是说，

《乾》《坤》就是《易经》六十四卦的开门卦。《周易参同契》开篇云："乾坤者，易之门户，众卦之父母。"大家都知道，以前的《连山易》是以《艮》卦为首，《归藏易》是以《坤》卦为首，《周易》则是以《乾》《坤》两卦为首，孔子认为它是开门卦。

"乾"卦也是一种象，所有属阳性质的物类的象，有阳的特性，如光明、刚健、广大、积极，有这一方面的性质，这是一种物类的象。那么，"坤"与"乾"是相对应的，具有阴的特性的这一物类的象。阴一类的特性有：晦暗、柔顺、静止、消极，具有这些特点。那么，阴阳两种特性的物类，虽然是相反的、截然不同，但是它们又是统一的，一旦二者融合、统一时，就能"合其德"，它们的特性和功能得到互补了。这样，刚与柔也就得体了。

阳性词	阴性词
白天	黑夜
光明	晦暗
刚健	柔顺
广大	静止
积极	消极
明亮	阴暗
温暖	寒冷
刚	柔
动	静
男	女

在运用中，以此来体察"天地之撰"。"撰"就是具——具备了。也就是说，一阴一阳这两种特性、两种功能在相辅相成、互补相融时，具备了天地之德了，阴、阳之德合起来就是整个的天地之德，天地之德都具备。所以说，这样才能"通神明之德"。这个"神明"也是"阴阳不测之谓神"。虽然在自然现象中，有很多自然现象还没有破译，人们还不太了解，还是处于一种神秘的状态，但是我们古代的先民——我们的祖先，他们能够用一阴一阳两种符号去仿效，在错综复杂的自然现象中，能够捕捉住天地之道、天地之德，就是两种———一阴一阳，这就不容易了。

《易经》是实实在在的东西，也是人类原始的科学启蒙，也就是说，是一种朴素的科学思维。

而"其称名也杂而不越"，"称名"，在卦辞、爻辞里面，对很多物、事、现象，都给它起了一个名字，像龙、牝马、狐、鹰、车……名字很多。在四大名著里面，一本《红楼梦》人物就很多，人物关系也很复杂，里面那些道具也不得了。但是《易经》里面所描述的东西，简直也像一部小说。"不越"就是说，不像文学著作。四大名著里面讲的东西是虚构的，《易经》不是虚构，它反映的是客观现实的东西，它没有超越本质的东西。它不是臆想、杜撰，而是客观上的东西，没有超越客观现实。

"于稽其类"，"稽"就是考查、稽考。纷繁复杂的称名、纷繁复杂的事事物物，如果分类的话，无非是前面几章讲的，这里又要考查分类。

"其衰世之意邪？"即作易者，也就是写这个卦辞的，演绎周易的人所处的时代是衰世。或许是流露作者处在衰危之世的思想理念吧。周文王所处的时代是殷纣王的时代，那当然是衰世了。正因为是衰世，所以他在卦辞、爻辞中流露出的忧患意识特别强烈，他不断地提出警戒。刚刚提出一个吉，马上又提出一个有咎，就是不断地在警戒人，这就是忧患意识，也就是前面讲的那个"危者，安其位者也；亡者，保其存者也；乱者，有其治者也。是故君子安而不忘危，存而不忘亡，治而不忘乱"，就是这种"其亡其亡，系于苞桑"。

如果周文王所处的是盛世，他当然想不到这些问题，不可能老是强调这些东

西。他正是因为生长在衰世，而且被昏君幽禁在羑里，他当然有很大的压抑，有很大的忧伤，忧国忧民，所以他所阐明的东西，所接触的社会现象，他作卦辞的立意、主题所表现的是衰世的思想，而不是盛世的。实际上呢，这种衰世所总结出来东西，对后世更有作用，更有启发。

　　"夫《易》，彰往而察来，而微显阐幽。""夫"是语气助词，古代人说话不像现在人，一开口：呀、啊、这个、那个……那时候可能是夫、之、乎、者、也……这些东西。

　　"彰"就是"洞察"。"往"就是以往的、过去的。"来"就是未来。按今天的话来说，经常有一句话，叫"前车之鉴"。还有一句话说："毋忘历史，面向未来。""察往"，就是根据以往的经验、以往的教训做一个借鉴，以此来观察、体察以后的事，预测以后的事。

　　"微显阐幽"，"阐"就是明——阐明。"幽"就是"暗"，幽暗。明与暗换个说法就是阐与幽，这就是汉字的丰富性。阐与幽、微和显都是对应的。无论是明也好，幽也好，它都是很明显的，又是很微妙的，就看你的观察力。没有观察力，就分不清它的明和暗。

　　这个观察力是从哪儿来的呢？还是"彰往而察来"，根据以前的经验和教训。没有以往的经验和教训，你这个观察力从哪儿来呢？最关键的，古人的书不像现在的，一句话要说一大堆，一个意思用一大段反反复复来说，似乎说得很清楚，古人呢？就这么几个字，既精炼又深邃，必须联起来看。这里面隐含着很多话，必须不断地去解读，解读出它这个"微"字——"微显"嘛。它并不是非常明显地显示出它的明和暗、刚和柔、动和静。

　　在我们现实生活中间，为什么有时候处理问题那么难？有时候问题处理过后得罪了人？或者是那件事错了，回过头来，错在哪个地方呢？想不清楚。有时候回头一看，噢，是这么回事。但是当局者迷，此情此景，"身在此山中"。在那个时候，事态发展并不明显，谁是谁非，并不明显，这就要靠自己来观察，这就要靠自己以往的经验和教训的总结，这是很关键的了。这就要靠自己的洞察力、自己的分辨力、自己的判断力，不然这个"微"怎么联系到我们的现实生活中间？

　　"开而当名，辨物正言，断辞则备矣。""开"实际上是前面那个"彰""察""微""显"。开而显，在微妙中显示以辨"阐幽"。没有这个洞察力，没有这个经验，怎么去"开"呢？这个"开"就是显示出事物的本来面目。

　　"当名"，名副其实、恰当，这就是事物的本质。没有看到事物的本质，没有抓住事物的本质，很多问题就表达不准确了。

　　"辨物正言"，是说通过辨别正确地表达。"言"就是表达，正确地表达，准确地表达。

　　"断辞则备矣"，判断这些辞，无论是卦辞也好，爻辞也好，它都是判断出来的，但是它是很完备的。

　　"其称名也小，其取类也大。""小"就是具体，"大"就是抽象。这个"称名"具体到一件事，它讲的这一件事是很具体的。

　　在我们现实社会中，几千年来这种现象还是存在的。太有普通性了，太广泛了，它象征的意义、比喻的意义是很抽象的东西，也就是说它具有代表性。

　　"其旨远，其辞文，其言曲而中，其事肆而隐。""旨远"，就是它的含义是深远

的，意义是深远的。"辞文"，就是说它的卦辞、爻辞很有文采。《论语·雍也》中，孔子说："质胜文则野，文胜质则史。文质彬彬，然后君子。"意思是说，质朴超过了文采就会流于粗野，文采超过了质朴就会流于虚幻。只有文采和质朴相宜，才能具备君子的风度和修养。"其言曲而中"，是说它的表达有时候转个弯，弯弯曲曲的，用一种比喻，用其他的方式来描述，委婉，又表达得非常中肯、中的。

"其事肆而隐"，这个"肆"是指直——直露、坦露。有人讲：放肆！放肆不就是很坦露吗？很直爽的吗？里面表达的事情有两种：有的很直白地说出来了，而有的隐晦地说出来了，是不是呀？有两种，有的很直爽、很直白，有的很隐晦。哎！这就有意思了。就是说，这一种很直白里面也有隐晦的东西，隐晦里面也有很直白的东西，就看你怎么样去透视，去分析。它告诉我们是什么现象？它绝对不是一个表象的东西。

"因贰以济民行，以明失得之报。"这个"贰"在《尔雅》里面是指疑。如尊与卑、动与静、刚与柔、得与失、吉与凶、张与弛等，都是二者对立，有对立就有疑。再如二人之间，在那里互相猜疑：是此呢，还是彼呢？是甲呢，还是乙呢？老是二者之间在那里怀疑，所以，《尔雅》里的"贰"本义就是"疑"。这就可以看出，古代的字啊，要真正知道它的本义，是很有意思的，它是有来历的。

"因贰而济民行"，这个"济"，有的人解释为成。当然，"济"也就是成了。"既济"就是渡过去了，不就是成了吗？"未济"就是没有渡过去，就是没有成。这个解释是对的，但是这个地方是不是这么回事呢？这里"贰"又是什么呢？怀疑，在阴阳二者之间、在乾坤二者之间怀疑，因为有疑才有悟，要考虑这一点，是不是？因为有疑才有悟，才有选择的余地。

所以，"以济民行"，这个"济"应该理解为教化、启迪。正因为在二者之间，对很多事物抓住了一个阴和阳、刚和柔、动和静这二者的辩证关系，得到了悟，所以运用这个东西去启迪百姓，去教化百姓，去指导他们的行为。

"以明失得之报"，"失得"就是指吉凶，因为这种启示和教化，所以使得民众就知道了失得和吉凶的规律——报应。报应是一种规律，它并不是一种迷信的报应。有人把吉凶当作一种报应，失得也是一种报应，失得和吉凶是一种报应，但是，这个报应是一种自然现象，是一种自然规律，也是一种社会规律，也是事物发展的规律，

是很正常的。

第七章

【传文】

《易》之兴也，其于中古乎①？作《易》者其有忧患乎②？是故《履》，德之基也③。《谦》，德之柄也④。《复》，德之本也⑤。《恒》，德之固也⑥。《损》，德之修也⑦。《益》，德之裕也⑧。《困》，德之辨也⑨。《井》，德之地也⑩。《巽》，德之制也⑪。

《履》，和而至⑫。《谦》，尊而光⑬。《复》，小而辨于物⑭。《恒》，杂而不厌⑮。《损》，先难而后易⑯。《益》，长裕而不设⑰。《困》，穷而通⑱。《井》，居其所而迁⑲。《巽》，称而隐⑳。

《履》以和行㉑。《谦》以制礼㉒。《复》，以自知㉓。《恒》，以一德㉔。《损》，以远害25。《益》，以兴利㉖。《困》以寡怨㉗。《井》，以辨义㉘。《巽》，以行权㉙。

【注释】

①《易》之兴也，其于中古乎：《易》指《易》的卦爻辞。"兴"，创作。"中古"，旧释为即上章的"衰世"及十一章的殷周之际。按：《系上》论六十四卦的创作为三阶段，此则论六十四卦卦爻辞的创作时代次序。既是揣测之词，则把衰世、中古、殷末周兴理解为夏《连山》、殷《归藏》及《周易》也不是绝对不可以的。

②作《易》者其有忧患乎：按：上章言"衰世"而不言"忧患"，则"衰世"与"中古"看来所指不同。下面列举的九卦与忧患意识也并无内在联系，因此这句话放在这里很可疑。有可能是秦汉人杜撰"文王囚而演周易"的十一章文字错入此章中。

③是故《履》，德之基也：此读"履"为"礼"（与《象传》《文子》同）。遵礼而行，是修德之根基。按：以下便是所谓的"三陈九德"。然而《易之义》在此句之上有"上卦九者，赞以德而占以义者也"两句文字。"上"同"尚"，义犹重要。言《易》中重要的卦有九个，以下的"一陈"是"赞以德"，二陈、三陈则是"占以义"。

④《谦》，德之柄也：人能谦虚，则犹执道德之柄把（《说卦》"艮为手"，《谦》卦上《坤》下《艮》，故此以"柄"喻）。

⑤《复》，德之本也：意识到行为有过而及时复返于正道，此为修德之根本。此与《复》卦初九"不远复，无祗悔"及五章释《复》卦初九的"有不善未尝不知，知之未尝复行"相一致。此与《象传》的"七日来复，天行也""复，其见天地之心乎"及道家的"观复""既雕既琢，还复于朴"的天道、人道之"复"可能也有联系。

⑥《恒》，德之固也："恒"，久也（《恒·象》）。"德之固"及下文"恒以一德"都是"君子以立不易方"（《恒·象》）的意思。

⑦《损》，德之修也："修"，美善。损己以予人、损己之不善以向善（《损·象》："君子以惩忿窒欲。"），都是德行修美的体现。

⑧《益》，德之裕也："益"，以己之物增益别人，此"益"之一义；施物于人而自己在道德上获得充实，此"益"之二义。老子说"既以与人己愈多"（《老子·八十一章》），"多"即"裕"，谓道德充裕也。帛书《易之义》"裕"字作"誉"，与《象传》"中正有庆"（即有庆誉）、九五《小象》"惠我德，大得志也"有合。

⑨《困》,德之辨也:"辨"即"君子小人之辨"的"辨",分辨、检验。君子处困而不失所守,小人则否(《论语》所谓"君子固穷,小人穷斯滥矣")。此即《象传》的"困而不失其所,亨,其唯君子乎"?

⑩《井》,德之地也:井水养人无终已之时(《井·象》:"井养而不穷。"),此正犹"坤厚载物,德合无疆"(《坤·象》),所以说"《井》,德之地也"。

⑪《巽》,德之制也:巽谓逊让柔顺,以柔逊培养自制力。《易之义》"巽"讹为"涣",盖由卦画相近。

⑫《履》,和而至:按:以上为"一陈",即"赞以德";自此至章末之"二陈""三陈"为"占以义",因此《易之义》在此句上有"是故占曰"四字。赞德是言其性,占义是论其理。"和",和悦、柔和。"至",达到修养道德的目的。《履》卦下《兑》上《乾》,兑谓和悦,即《象传》"柔履刚也,悦而应乎乾"。

⑬《谦》,尊而光:虽处尊贵而仍能光大谦德;与此相反的,则是"富贵而骄"。

⑭《复》,小而辨于物:"小"谓初始几微。"物",物理、事理。《复》卦于初九过之微小时即能及时察知而复返于正道,即是"小而辨于物"的意思。

⑮《恒》,杂而不厌:"杂"与"匝"通,周遍持久(王引之亦读"杂"为"匝")。"厌"可训为倦怠,亦可训为终止。《象传》"恒久而不已"即此"匝而不厌"。按:帛书"杂"作"久",更切原义。"久而不厌"即"久而不已"。此言《恒》卦是讲长守美德而无穷已之时。"久"与"德之固"的"固"相照(《汉书·礼乐志》集注:"久,固也。")。

⑯《损》,先难而后易:愤欲之情人所固有,故初损之为难;修损之道既成习性,故其后为易。此君子之道也。反之,有初无终、始易终难,则小人之道也(《二三子问》"卦曰:小狐涉川几济,濡其尾,无攸利。孔子曰:此言始易而终难也,小人之贞也")。

⑰《益》,长裕而不设:"长裕",谓美德长久充裕。"不设",是说此令德美誉非预设机心求取来的。预置机心以求名利为"设"(《管子·心术上》"无藏则奚设矣。无求无设则无虑"、《文子·符言》"无思虑也,无设储也"并为此"不设"之义)。"而不设",《易之义》作"而与"。

⑱《困》,穷而通:"通",不穷。身穷而志不穷、守志修德则终必亨通。

⑲《井》,居其所而迁:按:"而"下当脱"不"字。"而"与"不"形近而抄漏。"居其所而不迁"即《井·象》"改邑不改井,乃以刚中也"("迁",改变)。世俗改易而井道养人之德不迁。

⑳《巽》,称而隐:"称",称量、权衡。"隐",退藏。《巽》卦柔在刚下(☴),当知称量时势而退藏于密。初六"进退,利武人之贞"即是斯义。《易之义》说"涣《巽》之象辞,武而知安"也是这个意思。"隐"字,《易之义》作"救",《说文》"救,止也"。谓有所权衡,知时而止。

㉑《履》,以和行:"和",调和、调制使和。

㉒《谦》,以制礼:"制礼",谓控制人在各种情形下都能守礼。具体说,人处尊贵时而仍能光大谦德,人处卑贱时而他人不可凌辱,此即《谦·象》所说的"谦,尊而光,卑而不可逾也"。

㉓《复》,以自知:"自知",培养自我省知的能力。

㉔《恒》，以一德："一德"，守持美德始终如一，即《恒·象》"君子以立不易方"。

㉕《损》，以远害：祸害由不善所致。不善之德既损，则祸害亦远离。

㉖《益》，以兴利：道德充裕之利由益人而起，即老子"既以与人己愈多"。此"利"非《系上》"斫木为耜，揉木为耒，耒耜之利，以教天下，盖取诸《益》"的物质利益。

㉗《困》，以寡怨："寡怨"谓虽处困境，而能乐天知命、不怨天尤人。《彖传》的"险以悦"、《象传》的"致命"即此。

㉘《井》，以辨义：施养而无已，不随俗而移志，是《井》之道义所在。

㉙《巽》，以行权："权"与《巽》称而隐"的"称"义同，权宜制变。柔在刚下，能以退制进，是善权宜也（初六"进退，利武人之贞"）。

【译文】

《周易》卦爻辞的创作大概是始于中古时候，创作者大概是怀有某种忧患意识罢。所以《履》卦是建立修德的根基。《谦》卦是决定修德的柄把。《复》卦是体现修德的根本。《恒》卦表现修德的牢固程度。《损》卦是德行美好的体现。《益》卦反映美德充裕。《困》卦是道德修养的检验。《井》卦是美好德行的大本营。《巽》卦是体现自制力的道德修养。《履》卦是通过和悦来实现道德修养的。《谦》卦是说虽身处尊贵而仍能光大谦虚的美德。《复》卦是说能察知几微而分辨物理。《恒》卦是说能长守美德而无穷已。《损》卦是说明自我减损的过程先难而后易。《益》卦是讲美德长久充裕而非预设机心求取。《困》卦是讲处穷守德而终必亨通的道理。《井》卦是讲坚守道德之地而不随俗移志。《巽》卦是讲权衡时势而韬光养晦。《履》卦可以调和人的行为。《谦》卦可以控制人如何守礼。《复》卦可以促进人自我省知的能力。《恒》卦可以培养人慎终如始的美德。《损》卦可以使人远离祸害。《益》卦可以使人获得道德充裕的利益。《困》卦可以培养人身处逆境而不怨天尤人的品德。《井》卦可以用来检验人对道德遵守的情况。《巽》卦可以培养人权宜制变的能力。

【解读】

"《易》之兴"，从什么时候开始兴起的呢？前面是它的草创阶段。它的草创阶段经历了多长时间呢？这无法来推测的，但是可以想象是几千年，在伏羲以前不能说它没有一点基础，没有一点影子。然后由伏羲把它进一步研究成熟成为八卦，以后相重成为六十四卦。并不是一次性完成的六十四卦，而是慢慢演绎，不断地从伏羲、炎帝、黄帝，到尧、舜，一代一代地创作，不断地成熟，到了周文王的时候，才有了文字。

由符号到图形，再到文字，有两个条件，第一个条件是甲骨文，甲骨文以前的暂时还没有找到，考古还没有发现。但是有一点可以肯定，在这以前，除了用符号以外，口口相传的语言还是有的。这个"称名"是不是周文王给它起的名字？应该说以前就有，《连山易》《归藏易》的时候就已经有名了。也许那个时候也有书籍（刻写），也有象形文字，但是最主要的还是口口相传。

"作《易》者，其有忧患乎"，那么以前的八卦，从《连山易》到《归藏易》，已经有思维啦！那时已经给每一卦起了名字，当然有它的含义，有它的内容，有它的语言去表达，这是肯定的。但是这里强调了忧患意识，而且对忧患意识这样的突出，

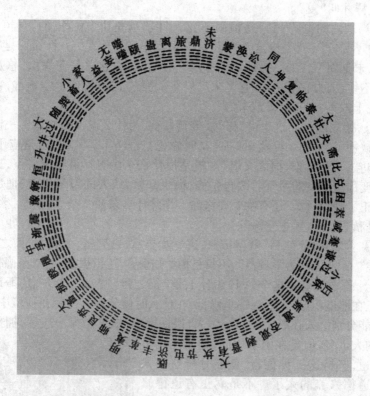

那就是周文王的功劳了。周文王在总结、归纳前人口口相传的每一卦的内容的时候，就把这个忧患意识进一步强调、充实到里面去了。

例如：《家人》卦的卦名，在《归藏易》里叫《散家人》。这就说明，以前的家人不像现在有房子住，父父子子、夫夫妻妻、兄兄弟弟，这个人伦次序都很分明，大家都有一个安居乐业的稳定生活。新石器时期以前不是这样，一家人可能生活分散。那时的孩子只知其母不知其父，所以叫"散家人"。而到了周文王的时候，时代已经变了，已经进步了，把"散"字去掉了。所以这有一个过程哪。

周文王讲这个忧患意识，实际上正是因为他被囚禁在羑里，在长期压抑中，长期思考对社会的认识，所以他的忧患意识就非常强烈。

"是故"，所以。这里举了九个卦，首先是《履》卦。"履者，礼也。"它就是讲礼的。"仁、义、礼、智、信"，"仁""义"是建立在礼的基础上。

"《谦》，德之柄也。""谦"分"外谦"和"内谦"。

有的人看他的外表，觉得他很谦虚；能看出他内心谦虚吗？是真正的谦虚吗？还有"鸣谦"。一个人谦虚还能自己去张扬自己吗？不要一讲谦虚就不能张扬自己，该要张扬的还要张扬，该要表现自己你还要表现自己。有的人一得到"谦虚"的好评，得到这个称誉以后，一下子就拘谨了，连话都不敢多说了。这个谦虚就成为假谦虚了，故意做作而已。

"《复》，德之本也。"《复》卦初爻不是"不远复，元吉"？为什么又是"德之本"呢？这个"复"就是归呀、返呀——返归呀。返归到哪个地方去？你无论叫"返"也好，"归"也好，它都回归到哪儿去？返归到本上，返回到源头上。只有这样才叫

返,只有这样才叫"复"。

"《恒》,德之固也。""固"是恒固不变。"恒"就是讲"恒固"的。《恒》卦里有"君子以立不易方",就是讲这个"恒"——恒固不变。但是,这个"固"是"固本",不是固末,末是固不住的。为什么西方的一些管理学,它总是在淘汰,总是在换教材?它固不住,因为它不是本,它是末。只有《易经》这本管理学才是本,它是亘古不变的,是千古不变的,是讲本来的。

"《损》,德之修也。"这里讲"修"。修德修德,为什么说损为修德?一讲损——那个人太缺德了,太损。可这里"损"又叫修德?奇怪了。其实,这是应用《老子》的"为学日益,为道日损,损之又损"。损是损什么东西呢?讲简单一点,这个损是指人要改变那些不良的习气。改也是修,悔也是修,从人的习气修起,把那些不良的习气修正了,就是德。还有呢?要涤除。涤除什么东西?杂念、欲念、欲望,通俗一点,就是私心杂念,要把它涤除掉。

"《益》,德之裕也。""裕"就是扩充,进一步丰富,去完善,成熟。"德之裕"就是"为学日益"了。这个"为学日益",不只是指学知识了,还指积德——"厚德载物"。

"《困》,德之辨也。"这个《困》为什么是"德之辨"呢?一个人,是不是真正有德行,真正在那里积德,真正在那里修行,在什么时候分辨?只有在逆境中间,在困境中间才能分别。人在顺境中间好做人,说话也响,做事也得心应手,拥护的人也多,帮助的人也多,但是在困境中间,如果还能坚持安贫乐道,坚持这一种德行,就能分辨这个人是真正有道德修养的人了。不是真正有道德修养的人,在困境中就会破罐子破摔了,就会随波逐流了,就会消沉下去了,什么德?我饭都没的吃,我还去积德?所以这个"德之辨"在"困卦"中。

"《井》,德之地也。""井"有三个德,一是,暴风雨引起山洪暴发,江、河、湖、池塘这些都会溢洪,都会有洪涝灾害,唯独大海它不怕,大海没有洪涝这一说。而井呢?瓢泼大雨下三天三夜,它也不会有横溢的现象,它也没有洪涝的现象。因这水井的水位与地下水的水位相通的,它不会自满,这是一德。二德呢?无论什么人去取水,它公平相待、公平相对,谁来了我都给水。第三个德呢?清澈见底——纯净,因为它与地下水相通。池塘里水、河里水、江里水、湖里水,都没有井水那样清醇。

"《巽》,德之制也。""制"是指制衡,"巽"是指退让,谦逊。但是,它为什么叫"德之制"呢?德也是讲原则的,无原则的退让是不行的。温、良、恭、谦、让,这五个字都是有原则的,是以德为准绳的。所以这个退让要有一种制衡,没有一种制衡是不行的。当退让的时候我退让,当坚持的还要坚持,这就是一种制衡、一种制约。《黄帝内经》中解释五行相克的"克",就是制约的意思。

"《履》和而至","礼之用,和为贵",礼就是"和"。大家一见面,一个合十——合适不合适,大家心平气和,相互说话很文明、很和气,这就是一种礼貌。所以说

"履"是"和而至",就是说:礼到了,和也到了。

"《谦》尊而光",这个"尊"是双向的,尊是双向的。现在有些名人,有很多崇拜者、追星族去追捧他。他认为自己很高了,要他签名,他很随意。我们这么尊重你,你为什么不尊重我们呢?尊重是双向的,要互相尊重,那么这个"光"也是双向的。这个光实际上就是人的尊严,这不仅仅是光彩、光荣、光环!这个光环是什么?人的尊严是第一层光环。有人认为,名誉是光环。真正的光环是人的尊严,你尊严都没有了,谈什么荣誉呀?抗日战争的时候有一些汉奸,不也有官衔,不也有一些名誉吗?但那是叫光环吗?

"《复》小而辨于物",这个"小"应该是微。微妙、微细。在微妙中分辨事物。也就是《老子》说的:"天下大事必做于细。""不远复",为什么走得不远,马上又复回来?发现了什么东西?实际上是从微妙中发现了过错。

"《恒》杂而不厌","杂"是纷繁、杂乱,但是不厌其烦,只有这样才能做到恒——恒久、永固。

"《损》先难而后易",损,是开头难:这也舍不得扔,那也舍不得丢;这也舍不得改,那也舍不得改。真正痛下决心放下了,这个放下了,那个也放下了,什么都改了。就像一个人戒烟,开头难,开头戒掉了,后面就容易了。

"《益》长裕而不设",这个"设"字,应该是阻塞的"塞","设"与"塞"谐音,古文常见这种现象。老子说"有容乃大"。它当然不会阻塞。怎样丰富它,充实它,它都不会堵塞在那里,始终都有回旋余地——有容乃大。这个"容"是什么?是德。没有德怎么有容呢?就是说,人要有心量,有宽容心,宽容心就是德。有宽容心就有平常心,所以平常,因为没有被烦恼和杂念堵塞。

"《困》穷而通",这个"穷而通",前面讲过"穷则变,变则通,通则久",这里实际上是说,穷尽了变化当然就会通畅,通畅就能感悟。

"《井》居其所而迁","居其所",这个"居"不仅仅讲"井"的居。它这个井是跟着居民走的,一个居民点就有一口井,而且《井》卦里面讲"改邑不改井"。

"《巽》称而隐",这个"巽"是指退让。这个"称",它也要托辞,托辞是指理由,"称"就是它有理由。

"《履》以和行",人的行为举止,都要有礼貌,要讲礼体,讲礼仪。讲礼的目的是什么?就是为了和。

"《谦》以制礼",谦虚,是制衡礼度的。礼也要有个度,礼太多了、太繁杂了也不好,那就以谦来制衡。谦就是真正的谦虚了,那就是谦德了,假谦虚是不能制衡的。

"《复》以自知",这个"自知"是指自觉、自省。你知道返璞归真,就是说你觉悟了,你通过自省,明白了。这个知就是觉了。

"《恒》以一德",这个"一"就是专一了。专一也是德,因为"一"是由"道"而生的,"一"又可以生"二",生"三",生万物。

"《损》以远害",这个"远"就是避开——趋利避害。孔子讲,对鬼神要敬而远之。为什么要敬而远之?太近了就会受到伤害,受到迷惑。

"《益》以兴利","兴利"是很好理解的,人都是为了利益两个字。

"《困》以寡怨",人在困境中间,有德就不会怨天尤人。有的人呢?碰到一点点困难,碰到一点点挫折,就怨天尤人、骂大街,就像前几年的现象:"端起碗吃肉,放下

筷子骂娘"，就是这个意思。"寡怨"就是少，不要怨天尤人。在困境中不怨天尤人，积极奋进，这就是一德，这也是"易"的内涵。

"《井》以辩义"，这个"辩"应该是"辨"。井德，前面讲到，它对什么人都不分，都是平等的。什么人来打水，它都是公平的。但是，它还能分别义或不义：有仁义之人，还有不仁义之人。它还是能够从中分别，它看得很清楚。为什么呢？水井它瞪着一只眼睛。每个人到水井去打水时，面目全映到水井里面，它就给照个相，就给曝光了。它看得很清楚，你的心灵它也看得很清楚。

"《巽》以行权"，这个"权"是权宜之计。《巽》卦是讲退让的。它的退让是在某种场合、某种条件下，暂时让一步，这是权宜之计，是一计，不是畏缩，不是逃避。

第八章

【传文】

《易》之为书也不可远，为道也屡迁①。变动不居，周流六虚；上下无常，刚柔相易；不可为典要，唯变所适②。其出入以度，外内使知惧③。又明于忧患与故，无有师保，如临父母④。

初率其辞，而揆其方，既有典常⑤。苟非其人，道不虚行⑥。

【注释】

①《易》之为书也不可远，为道也屡迁："不可"义犹不能、很难。"远"，究极、探究（《淮南子·说山训》注："远，极也"）。"不可远"《易之义》作"难前"，"前"读为"赞"，探明（《说卦》王弼注："赞，明也"）。"道"即阴阳变化之道。《易之义》开篇说"《易》之义唯阴与阳，六画而成章"，与此先言阴阳之道而继言六爻之次序同。

②变动不居，周流六虚；上下无常，刚柔相易；不可为典要，唯变所适：此论六爻之变动，就其现象而言，其无定则。"不居"，不止。"六虚"，指六爻之位。六爻所成之卦象宇宙太虚，故言"六虚"。"上下"，爻之往返。"典要"，犹言固定模式。"适"，从、随往。"唯变所适"，犹言跟着变化走。

③其出入以度，外内使知惧：朱熹说"此句未详，疑有脱误"。按："以"犹"有"。《易之义》作"出入有度，外内皆瞿"。"出入"，六爻的往返（《楚辞·国殇》"出不入兮往不返"，"出入"与"往返"换文同义）。"外内"，外内卦的组合。"惧"与"度"对举，疑"惧"当为"矱"，与"度"同义（"惧"《易之义》作"瞿"，当为"蒦"字之讹，读作"矱"。《周礼·甸师》《释文》"擭，或作攫"。《周礼·乡大夫》《释文》"矍，又作瞿"），《诗·小雅·楚茨》"礼仪卒度，笑语卒获"（"获"即"矩矱"之"矱"），正是"度""矱"对举，与此同。此论六爻及外内卦变动，是就其理而言，其有法度规矩。

④又明于忧患与故，无有师保，如临父母："故"，事。《易之义》作"又明于患故"。"师保"，家庭教师（《礼记·文王世子》："人则有保，出则有师，是以教喻而德成也。"）。"如临父母"，《易之义》作"亲如父母"。言《易》之所告之事令人警醒，虽无师保之诲，而如亲聆父母之教。

⑤初率其辞，而揆其方，既有典常："率"，遵循。"方"，旨归。"既"同"即"，则。此言初学者但遵其辞占行事，继而不断揆度其旨归，则可发现其皆有规律可循。

"既"，尽、皆。《易之义》"既有典常"作"无有典常"。"无"当是"既"字之缺讹。

⑥苟非其人，道不虚行："苟"，如果。"虚"，虚妄、随便。"行"，用。此言苟非知《易》之人，则《易》道不妄为其所用。按：《易之义》此下尚有"□（按：当为'苟'字）无德而占，则《易》亦不当"两句。此承上而说，言苟非有德之人，则即便占用《易》卦亦不准确。

【译文】

《周易》一书很难探究清楚，它所体现的阴阳之道处于不断变化中。卦爻运动不止，循环运行于各爻爻位之间；上下往来没有定规，阴阳刚柔相互变化；不要视为固定模式，而要跟着变化走。然而六爻往返都有内在法度制约，内外卦组合皆有内在规矩支配。它能使人明了忧患之事，虽无师保教诲，却如亲聆父母之教。初时仅遵其辞占，继而更揆度其旨归，则会发现它们都有规律可循。但若非贤明之人，则《易》道不妄为其所用。

【解读】

我们现在所看到的《易经》，似乎忽略了那个符号图像而重在文字。因为重在文字，就容易偏离它本来的象，偏离了它当初那个"象者，像也"。它是如何效法自然的？如何去反映社会变化的？这个偏离了。《中庸》里面有一句话："道也者，不可须臾离也。"须臾就是很短的时间，就是说"道"在生活中，一分一秒都不能偏离。它是百姓日用。所以这个"远"就是指偏离。

"为道也屡迁"，"道"是指事物的本体、本来的，是事物的本质。为道就是人为的东西。人在为道的时候，也就是说，道在人的活动中不一样了。道是不变的。道是规律，规律是不变的。日起日落、寒暑往来、月缺月圆，它就是规律呀，这是不变的。但是，当这些规律一旦进入人为的活动，那么就不一样了，它就会变化莫测、扑朔迷离、屡屡迁流。

"变动不居，周流六虚。""变动不居"这与那个"屡迁"是一样的意思，那就是变化莫测了。"居"就是停住。这个变化是停不住的，就像人的念头一样的，时时刻刻都在变化。

"不可为典要，唯变所适"。"不可为典要"，也就是说，不要拘泥于文字。你拘泥于文字也不行，不要拘泥。这个里面有很微妙的东西。"唯变所适"，就是顺其自然。怎样合适呢？怎样相宜呢？顺其自然、顺其规律，只有这样才是合适的。这个"适"，不是客观事物来适应你主观，而是主观要适应客观，这个要搞清楚。这个

主和次，这个上和下，这个变化的主次关系一定要搞清楚，不能颠倒了。一搞颠倒了，那就是外部世界必须适应我主观想象的，这是适应不了的。

有的人求职，今天到这个单位，这个单位怎么这样，我看不惯；那个单位我不合适，不好。他不安心。这个不安心的原因是什么？他总是想这个企业、这个单位的方方面面都要适合他的主观愿望、主观期待。他有一个标准——一个先入为主的标准：这个单位的老总应该是怎么样，效益应该怎么样，环境应该怎么样，名气又怎么样，给我们的各种待遇应该怎么样，他的想象非常美，这就是主观想象的东西。他希望他的工作环境、他的工作单位要适应他，只要不适应，他就认为这个单位不行，所以换了一个单位又换了一个，不断地去跳槽，跳来跳去，什么东西都没有学到，最后把自己搞得无所适从。最后，人家工作一年干得非常有起色，他这一年的工作总是在那里适应，总是在这里磨合，他适应不了，总是找不到一个适应的地方，原因就是他总是要外部的客观来适应他的主观，而不是他的主观去适应客观。

什么度？"度"是说，做什么事都有一个度。我们要考虑"度"，不能把这个"度"放在一边。"度"就好像是一堵墙、一座山，你不能去超越——"度"就是不能超越。但是我们一定要考虑到，度是一条线，它有两边。就是说，要把握这个度，不能超越这个度，有一个底线，但有时候又要超越它，你不超越——又错了，有时超越是为了创新。

"外内使知惧"，对内对外，也就是说，无论内也好外也好，是出也好是入也好，要知道一种警诫，有一种敬畏的心理。这个敬畏是敬畏什么？是敬畏这个度。但是这个度不是一般地敬畏，而是一种警戒，要"明于忧患与故"。

一个顺境中的人，你要让他有忧患意识，要居安思危，但是，要是在逆境中的人，过于强调忧患的话，就把他吓怕了，他就一点勇气也没有了，他本来就在那里患得患失、忧心忡忡，他本身包袱就很沉了，觉得抬不起头，做这件事不顺利，做那件事也不顺利——在逆境中嘛。逆境中的人就是这样——什么事都不顺，什么事都遇到打岔，眼看着要成功，结果都失败了。这个时候给他讲忧、讲患，那不就是给他雪上加霜吗？叫他抬不起头，使他一点勇气都没有，一点自信都没有。

如果一个在顺境中的人，你不讲忧患，总是讲：哎呀，你这是大吉大利呀，你这个人运气太好了，大胆去做吧。结果害了他，有人讲了这样一件事，有人给他占了一卦：你今年要放大财，你今年财气很好，结果呢？他真的大胆去上项目，一个项目一上，结果全亏了。为什么全亏了？如果他不去占这一卦，如果他没有听人说他今年要发大财的话，他上这个项目的时候，会不会慎重一点，是不是按照客观去分析、去评估，好好地去把握？他不就是被这句顺耳的话蒙蔽了吗？大吉大利——你今年发财，就是说，你随便怎么做都会发大财，是这么回事吗？所以这就害了他。这是顺境和逆境的区别。当然，讲到忧患，讲到惧，但是这个要把握，一定要把握好度。

"无有师保，如临父母。"虽然没有师长的保驾护航，但是也如同常听到像父母那样的教诲。古人说"叨庭哩对"，就是常在父母跟前听教诲。这两句话的意思是，自己要把握自己。也就是说，这个度怎么把握？关键还是靠自己，更不能靠每一件事都要去占一卦，就更靠不住了，靠得住的还是自己。当然，不是说不听老师的话，不听父母的话，不是那个意思。就是说，老师与父母都是引个路，指个方向，

父母给你指一个方向,要好好做人,这是一个方向。老师给你引个路,也是叫你好好做人。但是怎么做? 还是在自己,还是要靠自己呀。就像进了考场,进了赛场,老师也帮不上,父母也帮不上,都在场外干着急,是答题也好,比赛也好,全靠你自己去把握,《易经》中说的道理就在这个地方。

"初率其辞而揆其方","初"当然是指事物的开端。"率"是率性。一般在表达的时候,要用言语表达的时候,想怎么说就怎么说,慷慨陈词,率性坦诚,但是真正做事的时候又要"揆其方。""揆"是揆度,揆度就是把握这个度。这个"方"就包括圆了——方圆——可方可圆。什么时候要圆,什么时候要方,这个方和圆、屈和伸、刚和柔,进和退,就要靠你自己去把握了。也就是说,做比说难了。开始说豪言壮语,一旦做起来又要审时度势。

"既有典常,"是有常规。做得要得体,就是有理有节。做得有礼有节,但又不拘泥于典章,这个度就要靠自己去把握了。这个方和圆、屈和伸、刚和柔,进和退,就全凭自己去把握了。

"苟非其人,道不虚行。""苟非"就是假设、如果。如果不是这种人呢? 如果不是很好地"揆度",不能很好地按典章办事,办事不能做到有理有节,那么,他做不到这一点怎么办呢? 又有一句话,道是不虚行的。你不这样做,但是道(规律)是不跟着你走的。就是说,客观的不会跟着你主观走。你主观是那么一种愿望,你主观是不能理解的,或者是你不愿意这么做,这是你主观上的东西。客观上的东西它不虚行,它是实实在在的东西。

第九章

【传文】

《易》之为书也,原始要终,以为质也。六爻相杂,唯其时物也①。其初难知,其上易知,本末也②。初辞拟之,卒成之终③。

若夫杂物撰德,辨是与非,则非其中爻不备④。噫亦要存亡吉凶,则居可知矣⑤。知者观其彖辞,则思过半矣⑥。

二与四同功而异位,其善不同,二多誉,四多惧,近也⑦。柔之为道,不利远者,其要无咎,其用柔中也⑧。三与五同功而异位,三多凶,五多功,贵贱之等也⑨。其柔危,其刚胜邪⑩?

【注释】

①《易》之为书也,原始要终,以为质也。六爻相杂,唯其时物也:"原",溯原、推原。"要",约、预测。"质",实质、本质。"时物",随其时位不同而分辨其不同事理(《周易浅述》释为"随其时而辨其物")。按:"《易》之为书也"五字《易之义》作"《易》之义"。此上尚有"(苟)无德而占,则《易》亦不当"两句。前文有"赞以德而占以义",此处又是以"义""占"相应。"义",大义、要义。以下对六爻功能概要性的介绍,相当于《易》的部分义例。

②其初难知,其上易知,本末也:"初",初爻。初爻象事物几微之时,故难知。"上",上爻。上爻象事物彰显之时,故易知。"本末",始末。一件事情处于起始

时，难以对全过程进行分析。按：此三句《易之义》作"其初难知而上易知也，本难知而末易知也"。又按：此与帛书《系传》第五章在意思上相承接（五章章末"君子知微知彰"即此"难知易知"）。

③初辞拟之，卒成之终："初"即上文之"初"。"初辞"，初爻爻辞。"拟"，拟测一卦所象事物之全过程。"卒"犹上文之"上"，指上爻爻辞。《易之义》作"初如拟之，敬以成之，终而无咎"。按："辞""如"似皆当作"始"。此二句疑本作"初始拟之，卒终成之"，言初爻开始对全卦做拟测，上爻最终完成对全卦的判定。

④若夫杂物撰德，辨是与非，则非其中爻不备："若夫"犹言"至于"。"物"指爻画（物以爻象，故爻曰物，下章"爻有等，故曰物"）。"杂物"，错综爻画（或以为即指爻画互体，张政烺曾以出土的四画数字卦证明古确有互体一说）。"撰德"，确定卦德（《广雅·释诂》四"撰，定也"）。"中爻"，一卦中间的二、三、四、五爻。"则非"之"非"，帛书《系传》作"下"。按："下"当作"不"，与"匪"通（《易·损》上九王弼注"不制于柔"，《释文》"不制，一本作下制"。《离》卦"获匪其槐"，帛书"匪"作"不"），"匪"即"非"。初爻与上爻均不能错综互体，所以说"若夫杂物非中爻不备"。

⑤噫亦要存亡吉凶，则居可知矣："噫"王引之说读为"抑"（《诗·十月之交》笺："抑之言噫"）。此处当有讹字，帛书作"初大要，存亡吉凶，则将可知矣"，当从帛书。"亦"字为"大"字之讹。今本《系辞》八章"初率其辞"，《易之义》"初"讹作"印"，与此处帛书作"初"而今本讹作"噫"正相同。"印"即"抑"字之讹。盖"初"字"刀"旁左置则与"依"形相近，"依"与"噫""抑"为一声之转。"初大要"，是说初爻非常重要。此正紧承上章（帛书五章）"见几""知微"而说。作者之意，初上两爻侧重于"知吉凶"，中间四爻侧重于"辨是非"。

⑥知者观其象辞，则思过半矣："象辞"，卦爻辞（郑玄注引师说谓指"爻卦之辞"。《易之义》"涣《巽》之象辞，武而知安"，这是就《巽》卦初六爻辞"进退利武人之贞"而说。可见秦汉之际亦称爻辞为"象辞"）。"思"，指对《周易》所陈说之内容的思考领悟。《易之义》作"说过半矣"。

⑦二与四同功而异位，其善不同，二多誉，四多惧，近也：二与四同为柔位，阴柔功能相同，所以说"同功"。二处下卦中位，四处上卦初位，所以说"异位"。"善"，好。在这里兼好坏而言。二居下卦中位，多有美誉；四处上卦初位，多有戒惧。"近也"，高亨疑当作"远近也"，可从。此与下文"贵贱"相照。下文不单言"贵也"，则可知此处亦不当单举"近也"。此"远近"即十二章"远近相取"之"远近"。二之所以多誉，因远应于五；四之所以多惧，因近逼于五。按：自此至章末，疑皆当在"非其中爻不备"之下，为经师对"中爻"的解说。

⑧柔之为道，不利远者，其要无咎，其用柔中也："远"疑当作"近"（《大戴礼记·曾子立事》注："远，当字误为近"），承上文"远近"之"近"而说，谓近逼于尊位五，指四。"要"，求（《孟子·告子》注："要，求也。"）。"柔中"，柔位居中，指二。

⑨三与五同功而异位，三多凶，五多功，贵贱之等也：三与五同为刚位，阳刚功能相同，所以说"同功"。三处下卦之上位，五处上卦之中位，所以说"异位"。按：《易之义》在"异位"下有"其过□□"四字，当从之。此与上文"其善不同"相对。此当作"其遇不同"。"过"为"遇"字之讹（"过"与"遇"在今本及帛书《易传》中常

常互讹),遭遇、境遇。三居下卦之极,故多凶;五居一卦尊贵之中位,故多功。五之多功、三之多凶,是贵贱等差不同的缘故。

⑩其柔危,其刚胜邪:"柔"指阴爻,"刚"指阳爻。阴爻居三、五刚位则因才不胜任而有危险,阳爻居三、五刚位则因才能胜任而无咎害(或可释为:阴爻居三位则危,阳爻居五位则胜任)。

【译文】

《周易》一书是以推原事物起始而预测其终局为本质的,六爻相互错杂也都是顺其时宜而辨别事理。初爻象征之事隐微而难知,上爻象征之事彰显而易知,这就如同了解一件事情的开头和结尾。初爻的爻辞对全卦做出拟测,到了上爻就可以成就全卦的终极含义。至于错综爻画以确定卦德,辨别是非与否,则非中间四爻不能完备。初爻是最重要的,掌握了它,那么存亡吉凶之事就将把握住了。聪明的人具体考察一下卦辞和爻辞,那么对《周易》所陈说的思想就可以领会多半了。二爻与四爻同具阴柔功能但处位不同,因此好坏也就不一样,二爻多美誉,四爻多戒惧,这是由于与五爻或远应或近逼的缘故;就阴柔道理而言,近逼于尊位是不利的,若欲求无咎,当以柔位居中。三爻与五爻同具阳刚功能但处位不同,因此遭遇也就不一样,三爻多凶险,五爻多事功,这是由于贵贱等差不同的缘故;一般说来阴爻居刚位有危险,阳爻居刚位则可胜任。

【解读】

"《易》之为书也"。就是讲《易经》你不要把它看作一本书,还是要把它放在客观里面,它不是主观上虚构的东西,每一个辞都不是虚构的。"原始要终",又讲到始和终。就是说,事物的本和末,首先要抓住一个本。

"以为质也","质"就是事物的本了,反映事物的本质、本体。《大学》中说:"物有本末,事有终始,知所先后,则近道矣。"

"六爻相杂,唯其时物也",这个"杂"是错综复杂。错综复杂这个词是从《杂卦传》里面来的,《易传》最后一篇是《杂卦传》。是杂而有序。为什么讲错综复杂?这里举《屯》卦——水雷屯,上面是一个《坎》卦,下边是一个《震》卦;然后到《蒙》卦呢? 就是山水蒙,下面的《震》卦搬到上面去,然后还要覆过来。《震》卦是一个阳爻在下面,到上卦,一个阳爻在上面,就是《艮》卦了。然后《坎》卦下来了。当然,《坎》卦覆过来覆过去,它还是一个《坎》卦。这就把它既是错开了,又覆过来了——错综复杂、杂然有序、错综有序。例如,美术图案相错,相错是什么? 是美感。钩心斗角也是一种美,它就是讲错综复杂。卦与卦之间,都是两两相错,上下相复。这些是很有规律的,有序的。

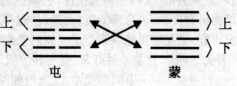

上　〈　　　　　　〉上
下　〈　　　　　　〉下

屯　　　　　　蒙

"唯其时物也",它代表的是特定的事、特定的物。它不是随意性,它是代表特定的东西,特定时间、特定的空间,但是这些特定都是相宜的。

"其初难知,其上是易知。""初"是指初爻,"上"就是上爻。初爻当然是指事物的开始,上爻是指事物的结果,这就是本和末,也就是指始和终,也是指苞

和柔。

所以，"初辞拟之，卒成之终。"初爻的爻辞它是模拟，像一份计划书、一份策划方案，只是模拟而已。那么上爻是确定结果。"成"就是确定呀——确定这个结果。这就把上爻和初爻讲了，也就是讲了事物的开始与结果。

"若夫杂物撰德"。"若夫"是语气词，"杂物撰德"，"杂物"，《易经》里面表现的事事物物很多，但是无论多少事、多少物，它所表现的都具备了德。《乾》卦有"健德"，《坤》卦有"顺德"，《震》卦有"动德"，《巽》卦有"入德"，《坎》卦有陷德，《离》卦有"附德"，《艮》卦有"止德"，《兑》卦有"悦德"——它都有其德。

"辩是与非"，"辩"不是辩论的"辩"，应该是分辨的"辨"——分辨是非。那么，这个分辨是与非又靠什么呢？还是靠中爻。靠哪一爻呢？靠中间四爻。除了初爻和上爻，还有"中爻"——中间四爻。例如互卦。互卦要把上爻和初爻拿开，只在中间四爻里面互相交错？为什么？因为用互卦来辨是非的，只有

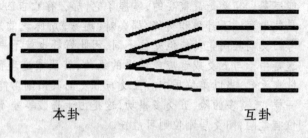

本卦　　　　　　　互卦

中间四爻才能辨是非。它是过程。以屯卦为例，看它的"互卦"。"噫"是一种好奇的心态。

"亦要存亡吉凶"，是存是亡？是吉是凶？他要去追究，要进一步去探讨——"则居可知矣"。什么是"居可知矣"呢？"居"就是"不出门户"。古人讲："秀才不出门，能知天下事。"诸葛亮在卧龙岗，他没有出户庭，没有走天下，但是他知天下事，能够预测到以后三国鼎立，其实他在家里参透了《易经》。

"知者观其象辞"，这个"象"不仅仅是指象辞，也就是指卦辞和爻辞了。"知者"能从卦辞、爻辞里面去揣度、去研究，通过独立的思考，已经知道一大半了。这里面讲有度，不讲全部知道，而是讲"过半"。这个"过半"就很了不起，因为他没有出户庭，坐在家里他就知道了。我们想象到这个东西，想象到其中的意思吗？所以"若夫""噫"，就是一种好奇，是一种惊叹。

"中爻"——中间四爻。二爻和四爻"同功"。什么叫同功？都是阴爻，功能相同。"而异位"，一个在第二爻位，一个在四爻位，这两个都是偶数。一个在外卦，一个在内卦，这个位不同，相差很大，但是它的功能是一样的，都是阴爻，都表示柔。

"其善不同"。就是"誉"和"惧"，有所不同。"二多誉，四多惧。""二多誉"是什么意思呢？二爻是下卦的中位，所以往往有赞誉之辞。四爻为上卦的初爻，又接近第五爻，所以有惧怕、警戒。四爻是警戒，它接近谁？它接近了五爻。五爻是君位！在君主身边——伴君如伴虎呀！古人的东西传来传去，它都是相通的，这个民间的俗话它都是相通的。

再从卦上看，《乾》卦的九二是"见龙在田，利见大人"。"利见大人"，这个好。这个是"二"，就多誉。什么誉？赞誉。"利见大人"就是赞誉，"利见大人"，这是一

句好辞。但是到了九四？"或跃在渊，无咎。""或"是迷惑、困惑。在困惑面前他有一个选择：如果跃上去，就是"飞龙在天"了；但是跃不上去怎么办呢？因为上跃难度是很大的。这个地方是上还是下？要么"飞龙在天"；如果不能上，就退到群龙中间去。

上九　━━━━━

九五　━━━━━

九四　━━━━━　或跃在渊，无咎

九三　━━━━━

九二　━━━━━　见龙在田，利见大人

初九　━━━━━

　　它就与九二不同。就是说，"二多誉"，"利见大人"一句话就是誉。"四多惧"，"或"就是有惧怕的心理，有警戒呀。是进呢还是退？一进又有点惧怕。在总经理身边的人，不是非常谨慎吗？要退，退不好也很可怕，这也是一种警戒。所以，这个二爻和四爻讲得很清楚了，二者有区别。

　　"柔之为道，不利远者。"二爻和四爻都是柔，它的功能、它的表现是柔的，表示柔道。不利于远，就是说，你柔不要柔得太过了，你柔得太过了也不行。这就是前边讲的度，有度的问题。

　　"其要无咎，其用柔中也。"这个"要"是真正的要领，你要抓住这个要领，你把这个要害抓住了，就无咎。在运用中间用柔，运用柔时要中行。六十四卦里面讲到许多"中行"，也就是以后四书五经里面讲的"中庸"。中庸就是要把握一个度。

　　"三与五同功而异位，三多凶，五多功，贵贱之等也。"前面讲到四爻和二爻，在这里讲三爻和五爻。二爻和四爻都是阴爻，它的功能都是柔。那么，三爻和五爻都是阳爻，阳爻的功能是刚，"用刚"这一点是相同的。但是，爻位不相同，一个在上卦，一个在下卦。这个位区别很大。三爻在下卦的上爻，上爻本身是阳，刚得有些过头了。马上要进入下一卦了，到这里已经是终极之位了，再来一阳爻就盛了，盛极必衰了。

　　所以，"三多凶"，凶是从哪个地方来呢？

上九　━━━━━

九玉　━━━━━　飞龙在天，利见大人

九四　━━━━━

九三　━━━━━　君子终日乾乾，夕惕若厉

九二　━━━━━

初九　━━━━━

是从位上来区别的，它是下卦之上爻，下一卦的上爻因为是阳爻，阳是表示盛，盛就是盛极必衰，是这么一个趋势了，它所以多凶。"五多功"，五爻是上卦的中位，二爻多誉，因为它是中。所以五爻多功，因为它也是居中。在《易经》里面讲究一

上卦　❮━━━ ━━━　中

下卦　❮━━━ ━━━　中

个中和正。居于中的，只有两个爻居中，一个是第二爻，是下卦之中。那么，五爻呢？正好是上卦之中。这两爻因为是居中，两边都有保护——不偏不倚，居中就好。所以《易经》讲中正，讲中行，儒家讲"中庸"，道家讲"中和"，墨家讲"中用"，都有个"中"。

　　"五多功"，因为它是居中的。它不但居中，而且还正。？五位上它是阳位，是奇数，正好又是阳爻，当然是正。如果五爻上是一个阴爻，它就不正。《乾》卦里面九二爻它是阳爻，它是居在阴位上、柔位上，但是它还能"利见大人"，原因就是它

居中,所以到了三爻——九三的时候,它同样是阳爻,但是它要"君子终日乾乾,夕惕若厉,无咎。"它就不同了。所以,这个五爻——"九五之尊",是尊位。居"九五之尊",是帝王之位。如果在事物发展的过程中,这一爻就表示全盛阶段,就是顶峰——成功的态势。

"其柔危,其刚胜邪?"二爻和四爻,也同样有它的贵贱之分。二爻是下卦的中位,下卦是以它为主,上下是保护的。这个位置如果是一个阳爻,那么这个刚位是主事的,要做主的,要负主要责任的。四爻在上卦的下爻,它负不了责,它是辅佐的,是辅佐五爻的。这个区别在这个地方。那么三爻和五爻它的区别也在这个地方。三爻在下卦的上爻,它表示下卦的结果。虽然它是表示结果,但它的结果不是它自己做主的,它还是由初爻和二爻做主的,它的结果是由初爻和二爻决定的,不是它自己决定的,它不是起决定作用的一爻。它这个位置不是决定问题的,它不起决定作用。它与五爻不同,五爻是上卦的中位,而且是整个六爻的主体。六十四卦大部分都是五爻在做主,但也不是绝对,也有少数情况下主爻不在五爻,而在二爻。它不仅仅管上卦,全卦它都要管。它这一爻是君王之位,居高临下。

"其刚胜邪?"是指刚柔之间有变,要因时因位、因人而异,要好好把握住这个度。

第十章

【传文】

《易》之为书也,广大悉备。有天道焉,有人道焉,有地道焉,兼三才而两之,故六。六者非它也,三才之道也①。

道有变动,故曰爻②。爻有等,故曰物③。物相杂,故曰文④。文不当,故吉凶生焉⑤。

【注释】

①有天道焉,有人道焉,有地道焉,兼三才而两之,故六。六者非它也,三才之道也:单卦三画,由上至下,上画象天道,中画象人道,初画象地道,此三画即天、人、地"三才"的象征。三画重叠,则成为组合重卦的六画。这六画仍然是象征天、人、地三才,即上、五象天道,四、三象人道,二、初象地道。按:这里有两个问题应该指出:一个是先秦提到"三道"均为天、地、人的次序,如《老子》《黄帝四经》,还包括《易之义》("立天之道"、"立地之道""立人之道",《说卦》《要》("故《易》有天道焉""有地道焉""有人道焉")等,汉以后才有了天、人、地或地、人、天这样的次序(如今本《系辞》及《京氏易》)。另一个是"三才"的问题("才"后来也写成"材""财")。"才"在这里很不好解释。《系上》"三极之道"的"三极"我们可以解释为三个至大至极,这可以从老子的"三大"(天大地大人亦大)中找到依据。这里为什么又出来个"三才"? 我们怀疑这可能也如"三道"的次序一样是受了汉人的影响。汉人习惯释"极"为"中",如《尚书·洪范》"建用皇极",孔传"皇,大。极,中"。又如郑玄注"太极"时说"极中之道,淳和未分之气也"。再如《汉书·律历志》说"太极元气,函三为一,极,中也。元,始也""太极,中央元气",等等。汉人既习惯释"极"为"中",则可能就把"三极之道"理解为三个中正之道。"三才"可能本写作"三中",是"三极"的另一种说法而已。

《淮南子·主术训》"人有其才,物有其形",在帛书《黄帝四经·十大经·果童》中"才"即形讹为"中"。

②道有变动,故曰爻:"道"即"三才之道"的"道",指天地法则和人类规律。天地人的道理在运动变化中,而《易》卦的六画即是仿效这种变化的,所以这六画就称为"爻";"爻"与"效"读音相近。

③爻有等,故曰物:"等",等差。爻由初至上,有贵贱等差的不同;而这种等差正是效仿万物之等差。由于这个共性,所以爻也称为物。"物"在《系辞》中的确兼有事物及爻画双重含义。

④物相杂,故曰文:"物"即爻。物象错杂而成天文人文(《贲·彖》"观乎天文以察时变,观乎人文以化成天下"),而卦爻错杂即象天地之道(《系上》十章"参伍以变,错综其数,通其变,遂成天地之文"),又有如文画(《说文》"文,错画也"),所以爻不但可称物,亦可称为画。《易之义》及《说卦》说"六画而成卦"即六爻而成卦。本章之"文"即"六画"之"画"。

⑤文不当,故吉凶生焉:"文"即爻。"文不当"即"文有当有不当"的省文(高亨以为当作"文当不","不"犹"否")。"当"谓当位得时。当位得时则吉,否则不吉。《象传》释"吉"时多言"当也""时也",言"凶"则言"不当也""失时也"。

【译文】

《周易》所包含的道理,广大周备。它包含有天地法则和人类规律,把象征天地人的三道儿重叠起来就成了组合《易》卦的六道儿,这六道儿不是别的,仍然是象征天地人的道理。天地人的道理都在变化运动,所以仿效这种变动规律的六道儿就称为卦爻。卦爻与千差万别的事物一样也有等差,所以也称为物。卦爻错杂交互,所以也称为爻画。爻画所处时位的得当与否,便产生了或吉或凶不同的结果。

【解读】

"《易》之为书也,广大悉备"。就是前面讲的,讲得非常周到、非常完备、非常周详、细致入微。生活中,与我们为人处事对号的话,那简直是淋漓尽致,似乎就是三千年前的老祖宗与我们面对面地指导我们。他说的这些东西,似乎就是老祖先把我们今天的人际关系,社会现象和人的心态,看得清清楚楚。这个就像《金刚经》里面的一句话:"尔所国土中,所有众生,若干种心,如来悉知。何以故?如来说诸心,皆为非心,是名为心。所以者何?须菩提,过去心不可得,现在心不可得,未来心不可得。"就是这个意思,就像全部都知道。还是荀子那句话:"天下无二道,圣人无两心。"讲得清清楚楚。所以能讲得那么完备,他们都是圣人,是悟道,大彻大悟的。

天道 ——
人道 ——
地道 ——

伏羲、周文王、孔子、老子他们都是成佛的。他们起码是菩萨,他们是开悟之人,大彻大悟之人。"佛者,觉也",就是说他们觉悟了人生,大彻大悟了,不是佛就是菩萨,只不过是我们的称谓不一样,"悉备",就是讲到天道、人道、地道,就是这天、地、人三才,也就是"六爻之动,三极之道"。但实际上,你只要讲到天、地、人,

就无所不包,就非常地完备。

"兼三才而两之,故六。""兼三才",八卦就是三爻,下爻表示地才,中爻表示人才,上爻表示天才。然后"两之",就是重之——两两相重,两卦一重为六。那么,下面两爻就是表示"地道",初爻就是表示地底下,二爻表示地面。三爻和四爻表示人道,那就是说表示人的始终、前后、开头与结尾。五爻和六爻表示天道。它两两相重,一样,还是这三道。"六者,非它也,三材之道也。"这个六爻没有其他的含义,它没有变化。三爻是表示天、地、人,六爻还是表示天、地、人三才之道。

"道有变动",为什么有变动?天道、人道、地道,所以用爻来表示。爻有阴爻和阳爻。你变来变去,无非是阴与阳、刚与柔、动与静,无非是这样。"爻有等"——有等位。爻有爻位,有初爻与上爻之分、二爻与四爻之分、三爻与五爻之分。"故曰物",所以能表示事物,能象征事物,能说明事物。"物相杂,故曰文",事事物物、林林总总,是纷繁复杂的,所以有这么多文字、这么多文辞来表达,说得没完没了。

我们的圣人、古代的祖先有那么多经典:儒家有四书、五经,道家有《老子》《庄子》《列子》,墨家有《墨子》,《墨经》,佛教经典有三藏十二部,经典太多了。这么多经典没有谁能够一本一本地通读、通览,但是无论是读孔子的书也好,读老子的书也好,还是读释迦牟尼佛的经典也好,我总有这样一个感觉:就像我们的父母在谆谆地教诲,就像我们的老师在谆谆地教诲,千叮咛万嘱咐,语重心长,苦口婆心。但是讲来讲去一句话,教你好好做人、好好做事。

"文不当,故吉凶生焉。"吉凶是从哪儿来的? 文不当呀! 是文辞不当吗? 是理解不当,理解有错,老是在文字里面兜圈子,老是看这个谋略、那个谋略,老是想走一些捷径,这吉凶就生了,生出吉凶了,区别就在这个地方。

所以,我们理解《易经》,要把很多东西展开,特别要与我们生活中联系起来。学《易经》还是在于应用,你不会运用,就只能是夸夸其谈啦。

第十一章

【传文】

《易》之兴也,其当殷之末世,周之盛德邪? 当文王与纣之事邪①? 是故其辞危②。

危者使平,易者使倾③。其道甚大,百物不废④。

惧以终始⑤,其要无咎。此之谓《易》之道也。

【注释】

①《易》之兴也,其当殷之末世,周之盛德邪? 当文王与纣之事邪:《系辞》作者见卦爻辞多危惧之义,故揣测其制作之时当殷末周初,所反映之事为文王与纣。文王危惧,故周道坦坦;殷纣慢易,故殷道倾颓。

②危:危惧戒惕。

③危者使平,易者使倾:危惧者可使最终平安,慢易者可使最终倾覆。

④废:废坏、倾覆。

⑤惧以终始：危惧在于终始如一，先惧后易，不能"使平"而难免于倾废。

【译文】

《周易》卦爻辞大概创作于殷朝末年，也就是周族盛大德业正在兴建之时，反映周文王与殷纣王之间的事情。所以卦爻辞多危惧之意。危惧戒慎使人平安，慢易骄倨使人倾覆。这个道理具有普遍意义，万物皆可赖以长兴不废。自始至终保持惕惧，乃可求得无咎，这即是《周易》所要阐述的道理。

【解读】

讲"《易》之兴"我们要想到，在《易经》未成书以前，它有一个很漫长的、几千年的草创历程：从阴爻、阳爻的符号到八卦，然后到六十四卦；从《连山易》到《归藏易》，再到《周易》。那就是说，《周易》一直流传至今，那是比较完备的。所以这个"兴"，一个就是讲它是比较成熟的文字易了，所以真正是图文并存的一本图书。当然，这个"兴"还有另外一层意思，在于朝堂之上、民野之间都在运用《易经》、运用八卦、运用六十四卦。

《周易》之兴的历史背景，从年代来说，就是公元前一千年以前，距今已经三千多年了，当时正是殷商的末世。商是成汤灭了夏桀以后，建立的我国历史上第二个王朝——商。汤以后，有太丁、太甲、太庚……商都迁到殷地以后，就称为殷商了。殷地就是河南的安阳，现在那个地方通过考古，特别是甲骨文大量出土，所以又称为殷墟。

商代先后有二十九个国王，总共是四百九十六年。这里所指的"末世"，实际上是指商的最后三位国君——文丁、帝乙、帝兴。帝兴就是纣王，帝兴是他的王号，纣是他的名字，他另外还有一个名字叫寿。为什么要从文丁时候算起呢？因为后面又讲到"周之盛德"，那要讲到周。周的开始，它的始祖叫作弃。根据《左传》和《史记》记载，据说这位周族的始祖弃，跟着大禹一起治过水，那就很早了。以后，特别是到了殷商的时候，周族几代人都是大将，为殷商立下了汗马功劳，所以文王的父亲季历就得到了封赏，封为侯伯，封地就在岐山。也就是说，周王朝的发祥地是在岐山，就是现在陕西宝鸡那一带，宝鸡的北边那个岐山。

殷纣王

那么，周族不仅是历代有功臣，而且有盛德。历代祖训：礼贤下士，泽及百姓。所以为四方诸侯所拥戴。也正是因为这样，这个伯侯，从文丁的时期就兴盛起来了。文丁害怕他壮大，捕杀了季历，所以要从文丁时候说起。

那么，周文王这个名字，实际上是他的儿子周武王推翻了殷纣王，建立了西周以后追封他的。他姓姬名昌，叫姬昌。根据《史记》记载，姬昌幼小的时候是非常聪慧，成人以后是龙须虎眉，身材高大，也深得他父亲的喜爱。他父亲被文丁杀害以后，他就继承了侯伯，称为西北侯，他在位五十年。这个西北侯与两位诸侯非常好，一位是九侯，一位是鄂侯。但是，有一件事使他们三人都遭难了，这个事发生在

殷纣王身上。

　　殷纣王本身也是有天分、有魄力、有才干,特别是气力过人,手格猛兽。他能赤手空拳和猛兽格斗。纣王的前期有很多功劳,国家各个方面都治理得很好,但是后来他骄傲了,荒淫奢侈,不理朝政。他有一个妃子是九侯的女儿,对他荒淫无度的宫廷生活非常不满,这一下子就激怒了殷纣王。殷纣王一怒之下不但杀了这个妃子,而且把她的父亲九侯剁成肉酱。纣王是如此的残暴。鄂侯听说以后,为这个事抱不平,去跟纣王争辩,认为九侯没有错,你这样做,天下人不服。纣王不但不听他的,相反把鄂侯烤成了肉干。这个消息传西北侯那里,因为周离殷都稍远一点。西伯侯也只有仰天长叹,表示不满。

　　这个事被成侯知道了。这个成侯正好借这个机会报复西北侯,到纣王那里进谗言,添油加醋。但是这个西北侯世世代代功劳很大,而且这个人非常谦虚。这一件事他也没有当面对他(纣王)怎么样,只是听成侯这么说,所以纣王对他也就没有起杀心,而是把他召到都城,然后把他囚禁在离都城二十里外的羑里,一囚禁就是七年。这七年中间,整个羑里是重兵把守,层层设卡,周文王几乎是见不到白天、见不到太阳的,连他的儿子想见他都得不到允许。

　　在这种情况下,作为这一位德高望重的伯侯,如何渡过这一个难关呢?这不仅仅是一般的囚禁,失去自由以后的孤独、寂寞是常人难以忍受的,但是他承受下来了。为什么呢?他正好借这个机会演绎六十四卦。因为在这之前,他对八卦、《连山易》《归藏易》都是比较熟悉了,那个时候"易"已经盛行在朝廷之上,诸侯决定大事都要去问卜的。问卜就有卜辞,这个对他们来说是非常熟练的。那个时候,他们有大事都是问卜,从甲骨文里面能够看出那一段历史。

　　正是因为有这个基础,周文王就借这个来充实自己的精神,在前人的基础上重新研究、总结,重新归纳、演绎六十四卦。《连山卦》以《艮》卦为首,《归藏卦》以《坤》卦为首,他就来一个以《乾》《坤》为开门卦,以《既济》《未济》为关门卦,这样演绎出一套新的卦序,并且把前人口口相传和一些图形、符号,甲骨文记载的、流传下来的卦辞、爻辞这些内容,根据他个人的经历、理解和当时社会现实,重新写了卦辞。这个里面就有他的盛德,他没有这个盛德,就不会演绎六十四卦。

　　"天将降大任于斯人也",天为什么降这个大任在他的身上呢?因为他有盛德,这个是基础。他在做西伯侯的时候,就继承了祖训,以德厚待天下,以德泽济百姓,以德招贤纳士。当时连纣王身边的贤臣(对纣王不满的)都投奔到他那里去了,他委以重任,以礼相待。同时,他每年在岐山祭天,很多诸侯都踊跃参加。所以这就是他的盛德。那么,现在他又重新演绎了六十四卦,并且使这个《易经》更完备、更成熟了,真正成为一本图书了,这又是一个盛德。

　　他以后之所以能被释放,因为他身边的大臣买了美女、骏马、珍宝去贿赂纣王和纣王身边的重臣,最后纣王也就放松警惕了,最后为他做了保证。在那种情况下,西伯侯也做了保证——不背叛,然后他就回到了岐山。以后,他遇到了姜太公。姜太公辅佐他以及他的儿子周武王,辅佐他们推翻了殷商,灭了纣王,建立了西周。这就是一段历史。

　　"是故,其辞危。""是故"就是接着上面那一段历史了。正是因为有这么一个历史背景,所以,周文王所写的卦辞,和以后周公写的爻辞,都偏重于居安思危。这种"居安思危"的观念也影响了后代。在当时可能是比较普遍，因为《诗经》里面有这种记载，《诗经》的《小雅》里面有这些句子："战战兢兢，如临深渊，如覆薄冰"，还有"揣揣小心，如因如果"，还有"采薇采薇！薇亦柔止；曰归曰归！心亦忧止。忧心烈烈，载饥载渴。""采薇采薇！薇亦刚止；曰归曰归！岁亦阳止。"这都有一种忧国忧民的伤感。

为什么说这种"居安思危"是当时的一种社会观象、一种比较普遍观念呢？"危者使平，易者使倾。"这个"平"当然是指太平。能有一种居安思危的忧患意识，才能真正使天下太平。"易者使倾"，这个"易"与"危"是相对了，这个"易"实际上它就是一种平常、大义，因为这个"易"不是指变化，不是指事物规律性的变化。正因为它不是有规律的，所以说它是一种大义，所以有人就认为这个"易"是指义。当然我们不用去揣测。这个"易"还是要与"危"相对。"倾"是倾覆——这个国家被颠覆了，就再也没有太平了，没有安定了。

"其道甚大，百物不废"，这个道理当然是大道理了。天下是太平还是被颠覆？这是国家的安危问题，这当然是大道理了。正因为是大道理，所以"百物不度"。这个"物"呀，它所包含的不仅仅是事物，应该包括社会变迁。无论社会怎样变迁，这个大道、这个大道理始终是执政者的一个座右铭，一直到现在还不能废。所以到了唐代，魏征丞相把这个大道理又跟唐太宗讲述一番。所以，在中华人民共和国成立以前，中国共产党马上要胜利了，三大战役已经结束了，在西柏坡会议上，毛主席向全党提出了两个"务必"："务必保持艰苦奋斗的作风，务必保持谦虚谨慎的作风。"当南京解放以后，他又提出"宜将剩勇追穷寇，不可沽名学霸王。"这些东西都是有传承的，一直传到现在，它还是"不废"。

"具以终始，其要无咎。"为什么说是"具以终始"呢？就是说，无论是国家也好，家庭也好，还是个人办事也好，每一件事从开始到结束，都要贯穿这种忧患意识——都需要。并不是说，你开始要以后不要，或者是开始不需要以后需要——这个不是。"具以"就是具备、贯穿。你抓住这个要领，当然就"无咎"了。这就是"易之道也"。

第十二章

【传文】

夫《乾》，天下之至健也，德行恒易以知险；夫《坤》，天下之至顺也，德行恒简以知阻①。能说诸心，能研诸侯之虑②，定天下之吉凶，成天下之亹亹者③。是故变化云为，吉事有祥④。象事知器，占事知来⑤。天地设位，圣人成能；人谋鬼谋，百姓与能⑥。八卦以象告，爻象以情言⑦，刚柔杂居而吉凶可见矣⑧。变动以利言，吉凶以情迁⑨。是故爱恶相攻而吉凶生，远近相取而悔吝生，情伪相感而利害生⑩。凡《易》之情，近而不相得则凶，或害之，悔且吝⑪。将叛者其辞惭，中心疑者其辞枝⑫，吉人之辞寡，躁人之辞多⑬，诬善之人其辞游，失其守者其辞屈⑭。

【注释】

①夫《乾》，天下之至健也，德行恒易以知险；夫《坤》，天下之至顺也，德行恒简以知阻：此申说《系上》一章"乾以易知，坤以简能"及《系下》一章"夫乾，确然示人

易矣;夫坤,隤然示人简矣"之意。"知险",兼有告知险难和告知处险之道这样的双重含义。"知阻"亦同。"呈象""效法",乾坤易简也;"极数""通变",知险知阻也(《系上》五章"成象之谓乾,效法之谓坤,极数知来之谓占,通变之谓事")。乾坤之道有恒,易简也;阴阳变化莫测,险阻也。易简而能知险阻,能知险阻而易简常存。

②能说诸心,能研诸侯之虑:"诸心"帛书作"之心","研"帛书作"数"。当从帛书。"说"同"悦"。"之心"之上蒙后文而省"诸侯"二字。"数",筮决、决疑。易简故能悦心,知险阻故能决疑。旧说"侯之"二字为衍文,似不当。前后文四举"天下",则此"之心""之虑"指诸侯可知。"诸侯"当指战国之诸侯而非汉代之侯王。《易》学家以《易》游说诸侯,由此可见一斑。

③定天下之吉凶,成天下之亹亹者:此重出《系上》十一章文。"亹亹"读为"芬芬"或"芸芸"(《汉书·礼乐志》注"芬亦谓众多"。《鹖冠子·能天》"芬芬份份",即况物之众多),详见《系上》十一章注。

④是故变化云为,吉事有祥:"云",帛本作"具"。盖本作"员",形近而帛书讹为"具",音近而今本又作"云"(《诗·烈祖》笺:"员,古文作云。")。"员",有(《广雅·释诂》)。"有为",指阴阳变化之道有所运作。"祥",显现征兆。"有祥",吉祥之事有所呈现。又按:"云为"盖本作"有为",形近而帛书讹为"具为"(前文"有以见天下之情",帛书"有"即作"具"),训同而今本作"云为"(《经传释词》:"云,有也。")。

⑤象事知器,占事知来:"象事"与"知器"是《周易》的两个功能。《易》卦既可以模象事物,又可以使人通过《易》卦之所模象而知晓如何制作器物。《易》卦既可以占断眼前之事,又可以预测未来之事,此即"占事知来"。"象事"是旧经验之积累,"知器"是新事物之创造。"占事知来"同此。

⑥天地设位,圣人成能;人谋鬼谋,百姓与能:"天地",指《乾》《坤》两祖宗卦。"设位",确立。"能",功(下"能"字同)。"圣人成能",言圣人借此成就事功。"人谋",圣人的智慧筹划。"鬼谋",卜筮的占断谋虑。"与能",参与事功的建立。圣人创《易》以赞民用,若无百姓之日用,则亦不能成其事功。

⑦八卦以象告,爻彖以情言:"象"指卦象的组合变动,下文"变动"承此而说。"告",告人以利害之事,下文"变动以利言"的"利"承此而说。"爻彖",卦爻辞。"情",理、事理,指事理的变化转移。"言"同"告",告人如何趋吉避凶,下文"吉凶以情迁"承此而说。

⑧刚柔杂居而吉凶可见矣:"刚柔杂居",阴阳爻错杂交互。按:此句疑为下文"爱恶相攻而吉凶生"的注解而误入正文,割断了前后文气。

⑨变动以利言,吉凶以情迁:"变动",卦象爻象的变化运动;同时也兼指人的行动趋就。"利",兼指利害。"言",论定、判定。此言卦爻之象及人之动静的变化是否得当,应以利与不利来论定。"情",是否合于道理,此亦兼指卦爻之搭配及人之行动。"迁",推移、转移。

⑩是故爱恶相攻而吉凶生,远近相取而悔吝生,情伪相感而利害生:"爱恶""远近""情伪"均兼指卦爻和人事而言。"相攻",是说是否相冲突、相矛盾。就人事而言,此爱彼而彼亦爱此,则吉生;此爱彼而彼恶此,则凶生。就卦爻而说,阴阳

异性相应为爱,则吉生,如《家人》卦(☲)阴爻六二与阳爻九五相应,所以九五《小象》说"王假有家,交相爱也";而《睽》卦(☲)阳爻初九与阳爻九四敌应,所以爻辞说"见恶人"。"相取",是说是否相得(《公羊传·成公三年》注:"得曰取。")。"悔吝",是指悔吝与否。就人事而言,疏亲相得则无悔,疏亲不相得则有悔;就卦爻而说,阴与阳远应为相得,无悔吝;若近逼为不相得,有悔吝。"情",情实、真实。就人事而言,情实感动虚伪则利,虚伪感动情实则害;就卦爻而言,"情"谓实,指阳爻,"伪"谓虚,指阴爻,阳爻乘感阴爻为利,阴爻乘感阳爻为害。

⑪凡《易》之情,近而不相得则凶,或害之,悔且吝:按:"近而不相得则凶,或害之,悔且吝"疑为上文"远近相取而悔吝生"的注文。"近"谓近逼之,"害"谓凌乘之,"相得"释"相取"。"将叛者其辞惭"等正与"凡《易》之情"相接,中间插入"近而不相得则凶"三句已然割断文气。"凡《易》之情"可译为用《易》来占筮可发现如下情形,比如"将叛者"……;或可译为用《易》占可窥知问著者的内在情绪,比如"将叛者"……。

⑫将叛者其辞惭,中心疑者其辞枝:"辞"及下文诸"辞"字皆兼指问卦者的问著之辞及所筮得的卦爻辞。"惭",帛本作"乱",当从帛本。《左传》说"《易》不可以占险",问卦者包藏反心而未敢明言,故问著之辞必紊乱。"枝"谓支离散漫。内心疑惑者,问著之辞必散漫无主,此《荀子·解蔽》所谓"心枝则无知"。《文子·道德》"仁绝义灭,诸侯背叛",而此章"将叛者"似非指诸侯,因上文已说《易》可服务于诸侯(即悦心数虑),故此处的"将叛者"当指诸侯之属臣藏有贰心,与敌国沟通,《黄帝四经》中屡言其事。又按:"枝"亦可训为"枝梧"或"歧",谓问著之辞前后牴牾,有分歧和矛盾。就筮得之卦爻辞而言,谓乱而支离,一时难以疏通,据此可窥知问著者之心态。

⑬吉人之辞寡,躁人之辞多:吉人天相,辞不必多;安静无为,有如浑沌,惠而不费,岂必多辞?浮躁之人,其欲逐逐,数数然若倏忽,其辞必大费。辞寡者吉,多者反凶。《韩非子·解老》"众人之用神也躁,躁则多费……圣人之用神也静,静则少费"、《汉书·天文志》"静吉躁凶"皆此之谓。就筮得之卦爻辞而言,吉人所得者易简,躁人所得者繁复。

⑭诬善之人其辞游,失其守者其辞屈:"诬",诋毁、诬陷。帛书"诬"作"无",亦通。陷害善人者,心必虚,问著之辞则虚浮游移;丧失操守者情必惭,问著之辞则屈曲梗塞。就所筮得的卦爻辞而言,诬善之人所得者虚而难断,失其守者所得屈曲难占。

【译文】

乾道是天下至为刚健的,它的特性常常是让人在平易中意识到险难;坤道是天下至为柔顺的,它的特性往往是使人在简约中意识到阻难。以乾坤为代表的《易》道可以愉悦诸侯的心思,也能够筮决诸侯的疑虑,判定天下的吉凶,成就天下芸芸众物。所以阴阳变化之道有所运作,吉祥之事便有所显现。《周易》通过模拟事物可以使人晓悟器物如何制作,人们通过占卦可以懂得未来怎样发展。《乾》《坤》两卦的确立,可以帮助圣人成就事功;无论是圣人的智慧筹划还是卜筮的占断谋虑,事功的创建还需要百姓的参与。八卦通过卦象爻象的组合变动告人利害之事,卦辞爻辞通过事理的变化转移告人如何趋吉避凶。阴阳爻错杂交互,吉凶的道理便

可以显现出来。变化运动是否得当是以利不利而论定,结局是吉是凶是以合不合道理而推移。爱与恶的是否冲突,便有了吉凶与否的产生;远与近的是否相得,便有了悔吝与否的出现;情实与虚伪如何相感,便有了利害与否的产生。根据《周易》可以窥知问著者的内在情绪,比如包藏反叛之心的则词句紊乱混杂,内心疑惑的则词句支吾不清,吉善之人则词句简约,焦躁之人则词句繁复,诋毁善人者则词句虚浮游移,丧失操守的则词句屈曲梗塞。

【解读】

《乾》卦它所象征的,是天下最大的刚健。因为刚健是它的德,这种德行对它来说,就是一种很平常的了。也正因为这种平常、这种德,它就能"以知险"。"知险","知"字要从这个德上,从刚健这个德行上来看。刚显示一种强,健显示一种勇。正因为刚强、健勇,所以它就有一种好胜、好斗、好争。但"至健"一过反成了好胜、争胜,那当然就会惹风险、惹事、惹麻烦了,这个"知",就是知道这个东西,因为只有知道才不会过,不知道就容易过。刚健是天德。但是这个天德也不能过,这个度要把握准,这个"知"就是把握这个度。

乾

"夫坤,天下之至顺也。""顺"是《坤》卦的卦德。"至顺"就是至柔了——柔顺。至柔一过就是弱,顺从一过就是被动、不作为,那就成为一种惰性了。就是说,什么事都随声附和,这就过了。那么,这种德行"简以知阻",它就会造成阻碍。为什么阻碍?那个事就行不通了,太柔弱了,那个事的阻力当然就大了。你这里一示弱,事事物物都有阻力;你一刚健,它的阻力就软下来了;你一柔弱,阻力就来了,阻力就显得大了。这东西都是相应的。你要知道不能过,柔不能过,顺不能过,一过你办事的阻力就大。

"能说诸心,能研诸侯之虑,定天下之吉凶,成天下之亹亹者。""说",解释是"悦",这里应该是"阅",因为古代这几个字与"说"字都是通用的。"能说诸心",其实就是他通过"阅",就是观察、了解。三百八十四爻,有的一爻讲一件事,有的一爻讲两件事,实际上这个事都扣紧了人的心态。真正讲它是讲人的心态。

坤

《既济》卦里面"九五",它讲:"东邻杀牛,不如西邻之禴祭。"就是这个村子的东头用杀牛来祭祀,但是村子西头却是非常简单、非常朴实的祭祀。真正实受其福的,是西邻而不是东邻。它这里面看起来是讲一件事,其实是讲人的心态。佛教讲"一切唯心造",是指心态作用于客观而产生主观意识。这个"能研",当然是研究、研判。"能研诸侯之虑",是"候"而不是"侯"。就是说,种种的忧虑它都有一种象征,都有一种征候,这个征候就是事物。它所真正反映的是"虑",而不是事物。事物只是"虑"的一种征候。《大学》说:"知止而后有定,定而后能静,静而后能安,安而后能虑,虑而后能得。"这里也有一个"虑"字。

"定天下之吉凶",有人会误解,认为问卜就是定天下之吉凶。这个不是。就是说,它这个里面所揭示的东西,揭示的内容,揭示的道理,是什么道理?居安思

危——一种忧患意识。就是说，《乾》卦的卦德是健。健是好，但到了"至健"的时候，就不要让它过，健不要让它变成了好斗、好胜——争强好胜。如果争强好胜，就会带来凶，带来风险。真正本义上的一种"至健"，它是吉。你办事就是要有一种自强不息的精神，一种积极向上的精神，锐意进取，这个当然是吉，这是好的精神。现在讲"女排精神"，"女排精神"就是锐意进取，"顽强拼搏"。这是一种至健，对不对？但是在足球场上，有的球员踢来踢去——打起来了，这就是争强好胜，这个"至健"就过了。

"定吉凶"是谁定的？是把这个龟板放到火上烤，烤一烤就定了吉凶？像现在人把几个铜钱占卜一下，或者拿张纸算一下，这个能定吉凶？这个是大错特错，不是本义，本义就是刚才讲的。在我们国家，邓小平先生以前说的韬光养晦，这就是"至顺"了——"至顺"精神。韬光养晦——我们不打头，我们好好地发展自己。

但是这个"至顺"不能过，一过、一柔就是弱了。什么都让步，不坚持原则，一让再让，胆小怕事，在国际事务中随声附和，人云亦云，这就不好了，这样国家的威望就一点都没有了，经济再强大也不行了。这个"定吉凶"是谁来定的？就是靠自己运用《易经》，靠自己去把握自然规律，去把握社会发展规律，通过这个你理解了，然后运用这个规律来处世。

"成天下之亹亹者"，"亹亹"就是勤奋，锐意进取。锐意进取当然能成就了。天下真正的成就者就是有勤奋，还有一个自勉。勤奋就是健的一面，自勉就是自己勉励自己，这就有顺的一面。也就是说，"君子终日乾乾"还要"夕惕若厉"，就是这两个东西。所以说，"是故变化云为，吉事有祥。"这个"云"应该是"纭"，之所以说变化纷纭，又能万事顺遂、吉祥如意，正是因为能遵循变化的规律。

"象事知器，占事知来。""象"是象征，象征一种事。根据这种事，要知道这个器物——知道物，也就是前边《系辞传·上》讲的"形而上者谓之道，形而下者谓之器。""占事知来"——知道未来。

"天地设位，圣人成能；人谋鬼谋，百姓与能。"这里讲了"天地设位"，实际上也是"乾坤设位"了。"天尊地卑，乾坤定矣；卑高以陈，贵贱位矣。"这又回到《系辞传·上》开头的几句了。这个"位"如果从卦象上来看是六位：初位和上位、二位与四位、三位与五位。实际上呢？它这个区别还是一个阴阳、一个尊卑、一个刚柔，还是这两种对立的东西。"圣人成能"，圣人能够成就大事。前面讲"圣人之大宝曰位"，这个里面又讲到这个问题了。

"人谋鬼谋"，这个"鬼"要搞清楚，这与我们想象的那种"鬼怪"不一样。这里是讲"人谋"与"鬼谋"，它是相通的。这里实际上讲了一个意思，退一万步来说，人为的东西，即使是鬼蜮的所为，它也不能违背自然的规律。所以《聊斋》里面写鬼，写来写去还是人之常情。它与这个世俗里的人事是一样的，男女之情、卿卿我我，它与这个世俗间一模一样。

所以呢，在古代许多文学著作里面，无论是写鬼也好，是写神仙也好，还是写妖怪也好，它都是人化、人性化、人格化，写来写去都是人。就是天上的玉皇大帝，还有王母娘娘，还有七仙女，都是和人间一模一样的吃喝拉撒睡，没有区别，只是把它夸张了一下，甚至连官的等级、生儿育女都是一样的，都离不开这个"人谋"。"人谋""鬼谋"都是相通的，它离不开这个宇宙空间，它脱不开这个宇宙空间的自然规律。所以呢，"百姓与能"，百姓也能做得到。"与能"，也能与圣人一样。

所以，毛泽东有一句诗词："六亿神州尽舜尧"，就是六亿人民都是舜尧。这句话一下子就把《易经》是什么书，讲的是什么道理，给定位了。圣人能做到的，百姓也能做得到。

"八卦以象告，爻象以情言；刚柔杂居，而吉凶可见矣。""八卦"是卦象。卦象是一种象征，象征天、地、雷、风、水、火、山、泽。爻辞和卦辞描写了一种情境，描写了人的心态。前面讲的"虑"就是心态——忧虑，忧虑是最普遍的心态。"刚柔杂居"，"杂"就是错综复杂。当然，《乾》卦是纯阳爻，《坤》卦是纯阴爻。但是，像这种纯阴、纯阳，仅此两卦而已，其

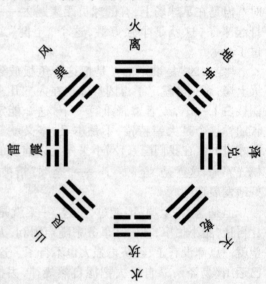

它六十二卦都是阴爻和阳爻参差不齐的。正是因为这种参差不齐、错综复杂，所以它就显示出吉凶了。

"变动以利言，吉凶以情迁。"在变化运动中间，它就讲利与不利，如："不利有攸往""不利东北，利西南""利涉大川""利于寇"等等，都讲这些"利"与"不利"。"利见大人"，有"利见"就有不"利见"了。在"潜龙勿用"的时候就是不"利见"，就是不"利见大人"！这是肯定的，"潜龙勿用"。"勿用"时他能利见大人吗？它只是没有说，它这个里面就有个不利。"或跃在渊"的时候，它也有个不"利见大人"，"亢龙有悔"更不利。所以这里有两个"利见大人"，就有两个不利见大人的因素。"吉凶以情迁"，这里又讲了吉凶。这个"情"不仅仅是情境，真正还是人的心态变化。

所以这个"情迁"后面就是"是故爱恶相攻，而吉凶生；远近相取，而悔吝生；情伪相感，而利害生。"所以！爱和恶是相对立的，正因为这么一对立，所以就会出现吉凶了。人讲"爱憎分明"，有爱就有憎——疾恶如仇。"远近相取"，"远"和"近"是讲亲与疏。用人有一句话：是任人唯亲，还是任人唯贤，亲疏，疏就是疏远。你跟我无亲无故，那我就另眼看待；你与我沾亲带故，那就是"一人得道，鸡犬升天"。这个亲与疏之间有一个互取与勿取，也就有"悔吝生"。当然这个谈不上吉凶，只

是悔吝。

"情伪相感",这个"情"就是真。真与伪互相感应、观照,利害就生了。是利是害? 那就看你是真还是伪了。这里面就一个"诚"字。

"凡《易》之情,近而不相得则凶。"这句话又联系到前面了,这要联系到前面来讲。"凡《易》之情",凡是《易经》里面所描述的情境,所揭示的那些道理,实际上是我们身边的事。"近"就是在我们身边。但是你"不相得"——不是"不可得",而是"不相得",这个"相"字就不同了。如果是"不可得",就是说你不能得,这里不是这个意思,这个"不相得"就是说不相应。明明是你身边的东西,与你不相应,不相感(不相感应),排斥它,不能接受。这就容易得凶。说明《易》是发生在你身边的事,但你事事都违背了"易",违背自然规律。《中庸》说:"道也者,不可须臾离也",《感应篇》中说:"头上三尺有神明。"讲的都是一个意思。但是你"不相得",你与它一点都不相应。那就是说,不是你不能得,而是你不愿意去得到它,你不认可它,这当然是凶,那就是违背规律了。这个凶,凶到什么程度?"或害之",害了谁? 害社会,害众人,到头来是害了自己,轻一点的就是悔吝。

"将叛者其辞惭",这个"惭"应该是"渐"。他不仅仅是惭愧,这个是"渐"。有反叛心的人,心怀鬼胎的人,他说话"渐",就是吞吞吐吐、支支吾吾,这就是一种"渐"。

"中心疑者其辞枝。"这个"枝"就是"歧"。当然"枝"也行呀,分歧和分枝差不多,可能以前这个"歧"和"枝"是通用的。心中有疑虑的人,他说话就有点前后矛盾,甚至于自相矛盾。

"吉人之辞寡,躁人之辞多。"这个"吉人"应该是有道德修养的人。他的言语很精炼,没有废话,没有空话。因为自然规律"无实无虚。"这个"躁人"指缺乏修养、缺少涵养的人,遇事容易急躁,话很多,而且说的废话多,空话多,假话多。

"诬善之人其辞游","诬"是诬陷、诬告、谗言。那种心术不正的人往往对有修养的善人用谗言相诬。这种人说话是游移不定的。这个"游"就是虚——游移嘛,不实在,不实之词,都是一种谗言。也就是说,"欲加之罪何患无辞?"要诬陷一个好人,他何愁没有言词来加害他吗?

"失其守者其辞屈","失其守者",就是不能守本分的人、守不住本分的人。如果讲得具体一点,是不能敬业的人。这些人说话随声附和。"屈"就是随声附和,人云亦云,没有自己的主见。

说卦传

《说卦传》即陈说八卦之卦序及卦象。

所陈说的八卦卦序概括起来有两大类：一类是先天卦序，它的特点是分阴、分阳、阴阳对待；而其六子卦序又分为由少至长顺数的序次和由长至少逆数的序次；另一类则为后天卦序，它的特点是八卦与四时八节相匹配。

其所罗列的卦序有与帛书本相合的卦序，可能也包含通行本及《归藏》《连山》和当时所存在的多种卦序，这在"帝出乎震"等章节文字中可以窥见这一消息。

所陈说的八卦卦象可分为连类取象、从属取象、卦爻辞及《易传》取象等几种形式，它们多数都与经义相合。值得注意的是，有些意象似乎是文字的错出，如《乾》与《离》《坤》与《坎》；然而这可能恰恰反映了由于卦图的变化，《乾》《离》《坤》《坎》位置的错位，因而导致了意象的交错和分流。同时，可能也因此说明《说卦传》保存了很多较为原始的材料。

《晋书·束皙传》记载《汲冢竹书》中有《卦下易经》一篇，说它"似《说卦》而异"，这反映了两个问题：一个是陈说八卦卦序及卦象的类似于《说卦》的《易传》古已有之，战国中晚期业已存在；另一个是其在流传中，尤其是经汉初的"正《易传》"，它发生了很大的变异，比如有些文字与《易之义》《要》相重合。

《说卦》陈说八卦序列及卦象，盖本于《系下》一章"八卦成列，象在其中。"

第一章

【传文】

昔者圣人之作《易》也，幽赞于神明而生蓍[1]。参天两地而倚数[2]，观变于阴阳而立卦，发挥于刚柔而生爻[3]。

和顺于道德而理于义，穷理尽性以至于命[4]。

【注释】

①幽赞于神明而生蓍："幽"，深。"赞"通"阐"（《系下》"微显阐幽"，"阐"《易之义》作"赞"），明（《要》"幽赞而达乎数，明数而达乎德"，"赞"与"明"对举，正用为"阐"）。"神明"，宇宙神奇作用和现象。"生蓍"，创立用蓍草占筮之法。《易之义》作"生占"，义同。又"赞"可训助。"幽赞于神明"谓暗得神明之助。

②参天两地而倚数："参两"犹言考察度量。"天地"，指天奇数，地偶数。古人认为天圆地方，圆周上找不到对称点，所以其数皆奇；方形上任何一点中分后都有对称点，所以其数皆偶（如天空日做圆周运动而在大地上形成的春分秋分、夏至冬至的分至点等）。"倚"，立（虞翻说）。《易之义》作"义"，即"议"，论定。两通。"议数"，论定奇偶之数。

③观变于阴阳而立卦，发挥于刚柔而生爻："变"与"辨"通。"观辨"即观察辨别。自然现象有阴有阳，天阳地阴，天之阳，雷、雨、山（山之高可与天接），地之阴，

风、火、泽。由阴阳现象而确立乾震坎艮与坤巽离兑两类卦象。客观物性有刚有柔，通过对客观事物刚柔之性的理解和发挥而创造了组成卦象的刚柔爻画。

④和顺于道德而理于义，穷理尽性以至于命："道"，宇宙规律。"德"，宇宙现象，即宇宙规律的具体体现。"理"，统理、统一。"义"，宜，合宜。这是说圣人顺和于宇宙规律和现象而创造了《易》，并使《周易》与宇宙规律及现象统一于合宜的状态中。"理"，事理。"性"，物性。"命"，自然与人类的终极命运，"和顺于道德而理于义"讲《易》之生，"穷理尽性以至于命"讲《易》之用。

【译文】

往昔圣人创作《周易》，深明于宇宙神奇现象而创造出著占之法。通过度量天地现象而论定奇偶之数，考察阴阳现象而确立两类卦象，通过对刚柔现象的理解和发挥而制造出组成卦象的刚柔爻画，顺和于宇宙的规律和现象，并使二者统一于合宜的关系中，又以此来探究事理，究极物性并最终通晓自然和人类的终极命运。

【解读】

所谓"说卦"，当然是解释卦的。

"昔者圣人之作《易》也"，开头是直接点出这个《易经》的作者，是指伏羲、文王。这主要是指《易经》部分，当然是指上古与中古的伏羲与文王共同创作了《易经》。应该说，还包括了黄帝、炎帝等。

"幽赞于神明而生蓍"，"神"在古代有个区别：天上为神，地下为祇，所以叫神祇。这个"幽赞"应该说是神明"幽赞"，主语应该是"神明"（天神地祇）。幽赞应该是暗中赞助。以什么样的形式来赞助呢？就是说，伏羲、文王作《易》，是得到了神明暗中赞助的。

"参天两地而倚数"。"参"的本意是参拜、参见。凡是参见、参拜，它往往是向上，眼睛向上望着。也就是说，"参"是以头顶着天，"参天"就是头顶着天。那么，"两地"是什么意思呢？"立地"正好两条腿立地。头顶是奇数，一个头顶天，两条腿立地为偶数。在三维世界里，三足才能鼎立，用两只脚能够立稳的——人，当然也有鸟，所以说，鸡的遗传基因与人相接近，是最接近的。

"观变于阴阳而立卦。"观察这个变化："仰则观象于天，俯则观法于地"，这就是观；"观鸟兽之纹与地之宜"，这也是观。观察这些变化，在这些变化中发现，无非就是一阴一阳两种现象，不是阴就是阳，不是阳就是阴。无论你千变万化，纷繁复杂，但是综合起来，总结起来，分析起来，它无非就是一阴一阳，就根据这一阴一阳来立卦的，所以"太极生两仪，两仪生四象，四象生八卦"。

"发挥于刚柔而生爻。""爻"字，就是刚与柔，阳爻就是刚，阴爻就是柔。就是说，逢阳爻就是"用九"，也就是用刚；逢阴爻就是"用六"，也就是用柔。

"和顺于道德而理于义。""和"很重要，要"和顺"。《庄子·天下篇》有一句话："育万物，和天下，泽及百姓。""和天下"在整个《易经》六十四卦的卦辞、爻辞里面，只出现了一个"和"字，就是在《兑》卦里面。兑卦的初爻，也就是初九，叫"和

兑"。兑为悦——喜悦,在和气中得到一种喜悦,得到愉悦,在和睦中、和谐中得到愉悦;在《兑》卦里还讲到"商兑",通过协商得到喜悦;还有"来兑",通过互相往来得到愉悦;"孚兑"就是通过诚信才能得到喜悦;反之则"引兑",通过引诱,通过一种不正常的手段来取悦人,这个是不对的,这是"上六"。

《易》理是和谐第一,首先在和谐中取得愉悦。所以这里面讲"和顺",有"和"当然就"顺"了。"顺"有柔顺之意;顺从是以"和"为基础,以"和"为前提的。这样再来谈道德,谈礼义,就有基础了,那就不是空谈了。去培植自己的道德,修养自己的道德。办事有理有节,那都有下手处了。

所以说这个里面最关键的是"和顺",特别是以"和"为基础。

"穷理尽性以至于命。"是"格物"。穷尽客观事物的规律,就是"格物";理义就是"致知",有知识就懂道理了嘛。"致知",得到了知识,当然也就懂得了道理,这是"格物致知"。那么"尽性"呢?正好就是"诚意""正心"。性,就是修身养性。不管是性也好,是理也好,都是一个:"尽性"。

"尽"就是"诚意""正心",怎么做到最佳呢?怎样做到最大化呢?全靠一个修行。什么时候能修到成正果呢?每个人都要追求这个最佳、最高的境界,那么这个成功的标准在哪个地方?有没有标准?"尽"到什么时候才叫"尽"?我们要把这个东西搞清楚。实际上我们要读古人的书,字字都要落实在一个实处,不要泛泛而谈。一句话讲:"道理我讲清楚了,你现在明白了吗?"道理我是明白了,可我怎么做呀?还是找不到下手处,这个不行。就是说,在参究的时候,我都要找到实处。我找不到实处,不跟你们说。我打算开课,我就要找到实处。实处在哪里?用禅者的话说,"在当下"。用净慧老和尚的话说:"在生活中。"在生活中参禅,在参禅中生活。他还有一句名言:在生活中实现"觉悟人生,奉献人生。"

借用古人一句诗:"山重水复疑无路,柳暗花明又一村。"这里面就是实处。你修行,修你的诚意,修你的正心——修身养性,你的功夫下到什么程度?似乎山尽了,水也到头了,现在连路都没有了。已经"尽"到尽头了。山也尽了,水也尽了,连路也尽了,到了这个程度。实际上这个时候,你已经是"疑无路"的时候,正在这个乾卦九四爻"或跃在渊",在"或"的时候,在迷惑的时候,"飞龙在天"就要现前了。

也就是说这时候,你这山也尽了,水也尽了,路也尽了的时候,你再往前坚持一步,再"尽"一步,离成功也就近一步了。坚持一步就是胜利,再往前坚持一步就是"又一村",就是"柳暗花明",到了"或跃在渊"的时候,你再坚持,再努力,就是"飞龙在天"。这个看得见、摸得着。这就是实处,落到实处了。往往好多事情难做到,就是落不到实处,道理上空泛而谈,大家讲来讲去都讲一样的话。许多人一说,虽然各执己见,其实都差不多。实处是关键的,"山重水复疑无路"到"柳暗花明又一村",与乾卦的"九四"和"九五"两爻连起来了。再与这里的"尽性"连起来,再与我们的生活、工作联系起来,我们讲,实处找到了。

下面是"以至于命"。"命"在甲骨文的卜辞里面,"命"和"令"是同一个字。这是甲骨文的写法,上面好像一个屋顶或一个伞盖,下面就是一个人跪着。上边像 A 字,但多一横。木铎。木铎就是一个"铃"。那下边多一短横就是铃舌。古人是以震铎来发号施令的。亦以跪的人形,表示受命之意。《说文》:"令,发号也。"

本义:"发号令使有所为也。"

你要真正地掌握自己的命运,必须是"认命",认命又有两种,一种是说,我的命就是这么不好,或者说我的命就是这么好。还有一种"认命":个人的命要服从社会的命,要服从众人的命;这个社会的命要服从自然的命。

所以,"至于命"联系到前面讲的"格物致知""诚其意,正其心",就是说,"正其命,修其身,齐其家,治其国,平天下",命就非常的宏大了,命就非常的辉煌了,大命就是《弥陀经》中说的"共命"。但是,假如前面做不到,没有前面地做前提,你把自己的命边缘化了,融不进大众之中,融不进社会,融不进这个时代的潮流,融不进这个大自然,一旦被边缘化了,那这个命就是孤零零、孤苦伶仃的一个命,还谈什么治国、平天下? 你连"齐家"都难! 一个家里两三个人、几个人都搞不好,生活搞得很凄惨,这是什么命? 它不仅仅是经济条件,许多都是一种人为的东西,都是他自己造成的。

第二章

【传文】

昔者圣人之作《易》也,将以顺性命之理①。是以立天之道曰阴与阳,立地之道曰柔与刚,立人之道曰仁与义②。兼三才而两之,故《易》六画而成卦;分阴分阳,迭用柔刚,故《易》六位而成章③。

【注释】

①顺性命之理:"性",先天之本性。"命",发展之命运。人类及天地的飞潜动植皆有其性有其命,因此"性命"在这里统指宇宙万物。"理",规则、规律性。

②是以立天之道曰阴与阳,立地之道曰柔与刚,立人之道曰仁与义:宇宙万物之性不外乎两类,析而言之,天道有阴与阳,如月与日;地道有柔与刚,如木与金;人道有仁与义,如赏与罚。

③兼三才而两之,故《易》六画而成卦;分阴分阳,迭用柔刚,故《易》六位而成章:宇宙有三道(天地人),每道分两类(阴阳、柔刚、仁义),《易》取象之,故"兼三才而两之"。组成六十四别卦的六画具备了,再分别把不同的阴阳爻性交错施之于不同的柔位刚位上,这样六个不同的爻位就可形成各卦以表现天文、地文、人文(即宇宙现象和规律)。"章",文理,即天地人的道理、规律。

【译文】

往昔圣人制造《周易》,就是要顺合宇宙万物的规律性。所以用阴阳来论定天道,用柔刚论定地道,用仁义论定人道。把象征天地人三道的三画重叠起来,这样《周易》就由六画而组合成各卦,再分别爻性的阴阳、交错于柔位刚位上,这样《周易》就由六个不同的爻位而形成各卦的文理。

【解读】

"昔者圣人之作《易》也",和第一章一样,就不重复。"将以顺性命之理",第一章讲到"命",讲到"性",讲到"顺",讲到"理",也就不重复了。"尽性命",以什么为基础? 人的命要以"诚意""正心"为基础。

"是以立天之道"，天道分阴分阳。这里的地道应指是社会、人际。这里面应该是这样看的，"柔与刚"就是指事物分"刚"分"柔"。"立人之道"？"曰仁与义"。

"兼三才而两之"，这个前面也讲过，"三才"就是天、地、人三才，"而两之"就是两卦一重。"故《易》六画而成卦"，这个也好懂，六爻组成一个卦。这六个爻里面是"分阴分阳，迭用柔刚"，它是迭起来用，相互交错，所以《易》是六位而成章。整个六十四卦、三百八十四爻，成为一个大的篇章，但是它都是用六个爻位来组成的。

第三章

【传文】

天地定位，山泽通气，雷风相薄，水火《不》相射①。八卦相错②，数往者顺，知来者逆，是故《易》逆数也③。

【注释】

①天地定位，山泽通气，雷风相薄，水火［不］相射：按：这四句文字次序有误，文字有衍。当从《易之义》作"天地定位，山泽通气，水火相射（原讹为"火水"），雷风相薄"。"天地"即《乾》《坤》。天地确定了高下的位置，此即老子"高下相呈"（"盈"、"倾"均读为"呈现"之"呈"）。"山泽"即《艮》《兑》。山气泽气相互沟通，亦"高下相呈"之意。"雷风"即《震》《巽》，"薄"，迫，义犹接触。雷声与风声相互应和接触，即老子"音声相和"之意。"水火"即《坎》《离》。"射"，激射、往来。水与火相消相长，即《庄子·则阳》"阴阳相照，相治相害"之意。

②八卦相错："八卦"，指八经卦所象征之天地、山泽、水火、雷风八种物象。"相错"，相互交错联系。八种物象构成四对范畴，象征宇宙万物皆存在着对立统一的关系。

③数往者顺，知来者逆，是故《易》逆数也：关于这三句文字，古今人有各种各样的说法，纷繁复杂，盖由前四句文字次序有误使然，今皆不取。"数"，筮、筮知。"顺"，是指六子卦序由少至长顺数下去；"逆"，是指六子卦序由长至少逆推上来。"数往者顺"即本章山泽（艮兑）、水火（坎离）、雷风（震巽）的卦序，此与帛书《易经》卦序一致。"知来者逆"，即下章雷风（震巽）、雨日（坎离）、艮兑的卦序。

【译文】

天与地确定高下位置，山与泽彼此互通气息，雷与风相互应和接触，水与火冲激往来。八卦所象征的八种物象是两两交错彼此联系的。筮知往事则将卦序由少至长顺数下去，占知来事则六子卦序由长至少逆推上来，所以《周易》通常是由长至少逆推的卦序。

【解读】

"天地定位"，也就是前面开头讲的"天尊地卑，乾坤定矣"。定尊卑之位，定刚柔之位。

"山泽通气"，前面"天地"是指"乾坤"。"山泽"，山就是《艮》卦，泽就是《兑》卦。从风水学上来说，山有山脉，水有水系，水道湾湾，它的湾是根据山脉的地形、地势来的。山是怎样的蜿蜒，水也是怎样的蜿蜒。山脉和水系是通气的。

再看"雷风相薄"，雷是《震》卦，风是《巽》卦。"相薄"，"薄"是搏斗的搏。不

完全讲"搏斗"，但相互就像那个波浪、气浪呀。雷一震动，就会产生气流，气流与气流互相冲击，互相搏击。

"水火不相射"，"射"好像是射击。水和火，也就是《坎》卦和《离》卦。水和火从表面看，好像是"火水不相容"，但是这里是"水火不相射"，实际上它既有不相容的地方，也有相生相克的地方，也有互相利用的地方。它的功能互相利用，水离不开火，火离不开水，不会互相排斥，这是从大的方面来说。从总体上来说，从广义上来说，它们有互相利用、互相融通的地方。"八卦相错"，"相错"是错综复杂，它不是单一的，水是克火的，它不是单一的。就个别来说它是这样，但从总体来说它不是这样，又是错综复杂的。

"数往者顺，知来者逆"。"数"，它不是指"数"（shù），是数（shǔ）。怎么去"数"（shǔ）？"往"是以往的事，你要去数这个以往的事，要顺着数。那么，对未来的事，你要知道未来的事，你要逆着去数。

"故《易》，逆数也。"《易经》不是主观臆想的。你要办个公司，先想那个结果。《易经》不是这样的。《易经》所表达的、所反映的，都是已经发生过的事。通过发生的事，是逆着去数的，从它的结果，首先从这个事情的结果入手，然后推测它的过程有没有教育意义，是不是普遍规律，有没有它的代表性、典型意义，没有典型意义不行。一件事一万年才碰到一次，一千年才碰到一次，一百年才碰到一次，这种事它不讲。所以《易经》举的例子，都是已经发生过了的，是曾经有过的，它都是有典型意义的，都在我们身边经常发生的。所以，《易经》是哪儿来的？不是主观的，而是客观的、已经发生的事情。首先从它的结果往前推，推它的过程，然来再把它安排在这个爻上，安排在这个卦上。它是从经验产生结果，从经验出发，从客观出发来推的。这个结果给我们什么教训，给我们提供了什么经验？这是从结果来看的，先从这里面逆着数的。

第四章

【传文】

雷以动之，风以散之，雨以润之，日以烜之，艮以止之，兑以说之，乾以君之，坤以藏之[1]。

【注释】

[1]雷以动之，风以散之，雨以润之，日以烜之，艮以止之，兑以说之，乾以君之，坤以藏之：前四卦（震、巽、坎、离）举其象而不言其名，后四卦（山、泽、天、地）举其名而不言其象，此互文足义的写法；并为三、五章之衔接（三章仅举八卦之象而五章仅举八卦之名）。"动之"，鼓动万物、兴起万物。"散"，播散物种、花粉。"烜"，照射使干燥。"止"，终、成，终止，完成。"说"，指果实饱满愉悦。"君"，主宰。"藏"，藏养、孕育。《系上》一章"鼓之以雷霆，润之以风雨，日月运行，一寒一暑，乾道成男，坤道成女"与此有联系又有区别，《系上》与四时寒暑相联系（《文子·精诚》："天设日月……张四时……日以暴之，夜以息之，风以干之，雨露以濡之"，《淮南子·泰族训》《新语·道基》与此文近），而本章则否。

【译文】

《震》雷可以兴起万物，《巽》风可以播散万物，《坎》雨可以滋润万物，《离》日

可以干燥万物,《艮》山可以静止万物,《兑》泽可以愉悦万物,《乾》天可以主宰万物,《坤》地可以藏养万物。

【解读】

这一章是讲卦德了。"雷以动之","雷",震卦的卦德是动,雷就是震动。"风以散之",吹散了。风一吹,它就散了。"雨以润之",是滋润。"雨露滋润禾苗壮",以前有这么一句歌词。"日以煊之",煊就是晒干了,烤干了。"艮以止之",山,它的卦德是止,止住了。兑是悦,即喜悦、和悦、愉悦。"乾以君之",乾卦为君,天尊地卑。乾代表天,以天为君。地道要服从天道,人道也要服从于天道,遵循天的规律。"坤以藏之",坤是大地,大地是管收藏、承载的。这是从卦德上来说的。

第五章

【传文】

帝出乎《震》,齐乎《巽》,相见乎《离》,致役乎《坤》,说言乎兑,战乎《乾》,劳乎《坎》,成言乎《艮》①。万物出乎《震》,《震》东方也②。齐乎《巽》,《巽》东南也;齐也者,言万物之絜齐也③。《离》也者,明也,万物皆相见,南方之卦也;圣人南面而听天下,向明而治,盖取诸此也④。《坤》也者,地也,万物皆致养焉,故曰致役乎《坤》⑤。《兑》,正秋也,万物之所说也,故曰说言乎《兑》也⑥。战乎《乾》,《乾》,西北之卦也;言阴阳相薄也⑦。《坎》者,水也,正北方之卦也;劳卦也,万物之所归也,故曰劳乎《坎》⑧。《艮》,东北之卦也,万物之所成终而所成始也,故曰成言乎《艮》⑨。

【注释】

①帝出乎《震》,齐乎《巽》,相见乎《离》,致役乎《坤》,说言乎《兑》,战乎《乾》,劳乎《坎》,成言乎《艮》:"帝",造物主,天地万物的主宰者。造物者出于东方《震》,万物随之而生;造物者历经四时八方,万物亦随之生、长、成、藏。此"帝"犹《庄子·徐无鬼》"时为帝者也"(主宰)之"帝",即所谓"五行依次转用事",《集解》引崔憬以八卦之"王"说之,近之。《吕氏春秋·孟冬纪》高诱注"天宗"说"天宗之神。凡天地四时皆为天宗。万物非天不生,非地不载,非春不动,非夏不长,非秋不成,非冬不藏",此亦"时为帝""依次转用事"之义。《吕览》四时八节均以"其帝"说之,亦近于此。"役",助(《广雅·释诂》二)。"致役"犹言得助。"言"同"焉",语辞。"战",战栗(《尔雅·释诂》:"战,栗惧也。")。说详注⑦。"劳",劳倦。"成"即"成终成始",犹言终始。日月运行而构成天圆地方、天动地静、四时八节,由上述文字而制成卦图,即宋人所谓文王后天图。

②万物出乎《震》,《震》东方也:造物者摧动万物萌出于东方,东方为《震》,代表春季春分节气;此是就一年四时而论。若就一日而论,则太阳亦由《震》方升起,一天之生机萌动于此。《吕氏春秋·仲春纪》也说:"仲春之月……其帝太皞,……是月也,日夜分(按:即春分)。雷乃发声始电,蛰虫咸动,开户始出",下章也说"动万物者莫疾乎雷"。《震》为动,故万物动出。

③齐乎《巽》,《巽》东南也;齐也者言万物之絜齐也:"齐",齐备。东南方为《巽》,代表夏季的立夏节气。"絜齐",周备(《文选·过秦论》注引《庄子》司马注:

"絜,匝也",《说文》:"匝,周也。")。"巽"本有具备之义(《说文》:"巽,具也。"),故万物于巽方而齐备。

④《离》也者,明也,万物皆相见,南方之卦也;圣人南面而听天下,向明而治,盖取诸此也:"离"为日,故曰明。南方为《离》,代表夏季的夏至节气。万物花实先后呈现于此时,犹葵之向日。圣人坐北朝南听天下之政,面向光明治理天下,大概即取象于此。按:"圣人南面而听天下,向明而治,盖取诸此也"当为后人仿《系上》之文而做的注解,误人正文。

⑤《坤》也者,地也,万物皆致养焉,故曰致役乎《坤》:《坤》为地,故万物得其养护。西南方为《坤》,代表秋季的立秋节气。八卦独《坤》不言四时方位,因《坤》地属土,土王于四时之故(《正义》引郑注:"坤不言方者,所言地之养物不专一也。");此亦可见释"帝"为"五行依次转用事"的"时为帝"之"帝"是有根据的。

⑥《兑》,正秋也,万物之所说也,故曰说言乎《兑》:《兑》代表正西方秋分节气,万物至此成熟欣悦。

⑦战乎《乾》,《乾》,西北之卦也;言阴阳相薄也:《乾》代表西北方立冬节气。此处之"战"字及"阴阳相薄"均费解。如训"战"为"龙战于野"的"战",释为交争、交合,则与"阴阳相薄"一致(《太玄·中》注"阴阳争为战",《小尔雅·广言》"战,交也")。但是,古人认为夏至(离卦)、冬至(坎卦)才是"阴阳争"(如《吕氏春秋·仲夏纪》"是月也,日长至,阴阳争,死生分",《仲冬纪》"是月也,日短至,阴阳争,诸生荡"),而立冬之时,无阴阳相战之说。"乾"字有敬慎惕惧之义(《乾·文言》"乾乾因其时而惕",《文选·东京赋》注"乾乾,敬也"),《乾》卦又为寒凝栗冽之方(《说卦》十一章"乾为寒,为冰"),万物于此战栗,故"战"字当训为战栗(《尔雅·释诂》"战,栗惧也")。"薄"字不训为迫近接触,而当训为轻薄之薄,谓嫌弃而不合(《汉书·张安世传》集注"薄,嫌也")。《吕氏春秋·孟冬纪》"孟冬之月,水始冰,地始冻,雉入大水为蜃,虹藏不见……是月也,以立冬……天气上腾,地气下降,天地不通,闭而成冬"。雉入虹藏,犹万物之栗惧;阳气上而阴气下,犹言两相嫌弃而不交通。又按:"言阴阳相薄也"有可能是后人对"战"字的错误注解而衍入正文。

⑧《坎》者,水也,正北方之卦也;劳卦也,万物之所归也,故曰劳乎《坎》:《坎》代表正北方冬至节气。"劳"可如字解释为劳倦,万物至此劳倦而归藏休息。以五行说之,则水属智,智者劳。然而"劳"又与"莘""牢"相通(《归藏》"坎"作"莘",《说文》"莘,从牛劳省声",李过亦说"莘者劳也";《后汉书·应劭传》注"牢,或作劳"),陷牲为坎,关牲为牢(《周礼·充人》注"牢,闲也"),因此"劳乎坎"盖即"牢乎坎",言万物闭藏于《坎》;"劳卦也,万物之所归也",谓《坎》卦象征闭阖,万物至此而归藏。《吕览·仲冬纪》也说"无发盖藏,以固而闭"《音律》篇说"仲冬日短至,则生黄钟。黄钟之月,慎无发盖,以固天闭地"。又按:《归藏》卦名之"坎"既然写作"莘"(牢、劳),又有闭阖归藏之义,则其卦序很可能是首《坤》《乾》而终于《坎》(莘、牢、劳)。

⑨《艮》,东北之卦也,万物之所成终而所成始也,故曰成言乎《艮》:《艮》代表东北方立春节气,万物至此而成就其终亦成就其始。《艮》山为阴阳之界、终始之限(山之北、西为阴,山之南、东为阳;《坎》在《艮》之西北,《震》在《艮》之东南。"艮"音同"垠",《后汉书·班彪传》注"垠,界也"《汉书叙传》音义引韦昭注"垠,

国学经典文库

限也,谓桥也"),连接《坎》终之藏物与《震》始之出物,则本章盖即《连山》之卦序(即首《艮》,历经震、巽、离、坤、兑、乾而终于《坎》。《易之义》"岁之义,始于东北,成于西南","始于东北"即谓始于《艮》,盖即《连山》之遗说。

【译文】

　　造物主使万物萌出于《震》方,齐备于《巽》方,呈现于《离》方,得助于《坤》方,欣悦于《兑》方,战栗于《乾》方,劳倦于《坎》方,终始于《艮》方。万物萌生于《震》方,震代表东方春分时节。齐备于《巽》方,《巽》代表东南方立夏时节,所谓的"齐"是指万物周备整齐。《离》象征光明,万物纷纷呈现,代表南方夏至时节,圣人面南向明而上朝听政、治理天下,大概即取象于此。《坤》象征地,万物得到养护,所以说得助于《坤》方。《兑》代表西方秋分时节,万物盛壮欣悦,所以说欣悦于《兑》方。战栗于《乾》方,《乾》代表西北方立冬时节;此时阴阳相弃而不交通。《坎》象征水,代表北方冬至时节;此卦象征劳倦,万物至此而休息归藏,所以说劳倦于《坎》方。《艮》代表东北方立春时节,万物至此终结而又重新开始,所以说终始于《艮》方。

【解读】

　　首先讲一个"帝"字。这个"帝"字的甲骨文像架着的木头或一束木燔,有点像祭天的形式,所以它是一种祭名。春祭,是开始之祭。那个祭出乎震的原因,我们以"后天八卦图"为例。

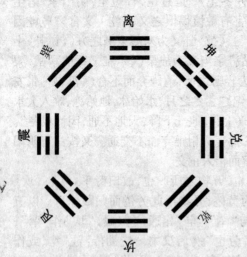

后天八卦图

从东开始,东边为《震》卦,在季节上它又指春分。但是那个时候,夏代的历(夏历),特别是殷商朝的历,它是一年三百六十天除以八,就是除以八个季节,每个季节正好四十五天,四十五天为一个季节。那么,震卦正好是表示春分的,表示万物开始发芽了。在万物开始发芽的时候,就开始春祭——祭天,祈求今年五谷丰登、人畜兴旺、风调雨顺。这个祈求就是这样,所以天坛公园里面有祈年殿,就是祈祷这个,就是每一年的春天开始春祭。"帝出乎震",就是说"帝"是产生在东方。

　　"齐乎巽",齐是整齐,是怎么整齐?我们看《巽》卦,《巽》卦的方位正好是东南方(东南角)。又是一个四十五天,这四十五天是春末夏初,春天要过去了,夏天开始了。这个时候禾苗长得比较整齐了。开始是先先后后地发芽,先先后后地长出来,现在呢?似乎都长得很齐了。在远处一望,那个油菜金黄一片,那个麦苗绿油油的一片,这就是齐。我们再看下面一卦《离》卦。

　　《离》卦的方位是正南方。按夏历四十五天,季节正好是正夏,是夏天,也就是夏至这一天,是这个季节了,这个时候草木非常旺盛了。不但草木旺盛,而且其他动物也是非常活跃的。很多动物经过冬眠,春天慢慢地苏醒后出来活动,到这个时

候是非常活跃的了。像人到了夏天，往往是在外面乘凉，在外面时间多，在家时间少；到了冬天呢？在家里时间多，在外面时间少。后面讲到"相见乎离"，也就是说，见面互相接触、互相交往多了。所以南面好像是"火"，表示火。火就是光明，过去的君王面南而坐，你看故宫里面那个金銮殿，皇帝就是背对正北，面向正南，南面而坐。南面明亮，那么他看到那些文武大臣在明处，他看得很清楚。再一个，他迎着光明的一面，他也在光明的一面，别人看他也看得很清楚。

再看下面一卦《坤》卦。《坤》卦是在西南方位，它这个四十五天是夏末秋初，夏天快要过去了，秋天已经来了。在这个时候，花已经谢了，开始结果实了。如果拿稻子来说，稻子有"灌浆"这个名词，"灌浆"就是自养自益，是最忙的时候。这个时候，它的下部叫自益，庄稼下部的叶片慢慢地枯萎了，营养上输，它的上部忙着灌浆了。

我们再往下看《兑》卦。《兑》卦的方位是在正西方，它的四十五天正好是秋天。秋天正是万物成熟的季节，万物都成熟了，当然是喜悦了——丰收的喜悦。

再看下面《乾》卦。《乾》卦的方位是西北方，它这个四十五天，在季节上是秋末冬初，秋天要过去了，冬天已经来临了。在这个时候，阴气开始上升了，阳气就开始收敛了，收敛到地下去了，冬藏了，慢慢地沉入地下。这个时候它要到地下去养育那些已经疲惫的根。根已经忙了一年了，这个时候，它要去吸收营养，阳气要去养育它。这时候，阴气为什么要上升呢？它要升上来，地上万物结果的已经结果了，忙了半年也忙得差不多了，也要吹吹气、散散热。为什么说"战乎乾"？这个时候阴气和阳气就开始交错了。而且这个"战乎乾"还有一个说法，粮食收起来了，分配的时候，多多少少都有一些分配不均。什么时候发生战争？这个时候很容易发生战争（内部的战争、外部的战争），这时候互相就有纷争了。

再看《坎》卦。《坎》卦的方位是正北方，它的季节是冬天。到了冬天大家就要休息，人忙了一年，也很疲劳了；一年下来，万物也疲劳了，叶子也掉了，树有的也枯了，该收的也已经收起来了。有些动物如蛇，有些昆虫，就开始冬眠了。这个冬眠就是归，"曰归，曰归"，《诗经·采薇》里面有"曰归，曰归"，纷纷吵嚷（曰）着回到洞穴里面去躲起来，藏起来，所以它是"劳归"，"劳乎坎"。

再看《艮》卦。《艮》卦的方位是东北，它的季节正好是冬末春初，冬天过

去了，春天要来了。《艮》卦是一座山，好像是一座山分成两面，正好一是阴面一是阳面，一面是终，是过去一年的终；一面又是新的一年的开始。

这是以"后天八卦图"为根据，把八卦分为八个季节，每个季节四十五天，讲每一个季节中万物的状况，讲人的活动情况。现在有个名词叫"愿景"。这就是一年的愿景。既有愿望，也有景象。这个愿望能不能实现？这个景象是不是好的景象？但是无论怎样，它的规律是不变的，寒暑往来，春夏秋冬，这个季节是四季分明。

第六章

【传文】

神也者，妙万物而为言者也①。动万物者莫疾乎雷，桡万物者莫疾乎风，燥万物者莫熯乎火，说万物者莫说乎泽，润万物者莫润乎水，终万物始万物者莫盛乎艮②。故水火相逮，雷风不相悖，山泽通气，然后能变化，既成万物也③。

【注释】

①神也者，妙万物而为言者也："神"即"神明"，宇宙的神奇作用，下文之雷动、风桡、火燥、泽悦、水润及艮之终始等即是宇宙神奇作用的具体体现。"妙"，妙化、奇妙化育。或说此"神"即上章之"帝"，帝为体、神为用。

②动万物者莫疾乎雷，桡万物者莫疾乎风，燥万物者莫熯乎火，说万物者莫说乎泽，润万物者莫润乎水，终万物始万物者莫盛乎艮：此继续申说卦序，"桡"同"挠"，犹言吹拂。"熯"同"暵"，热。

③故水火相逮，雷风不相悖，山泽通气，然后能变化，既成万物也："逮"，及，犹言接触。水火相及则为《既济》（☲），则能"成万物"。或本作"水火不相逮"。可能因"逮""迨"同训音近而有作"相迨"者；"迨"与"殆"通，因此传者恐人误解为水火相害，故又增"不"字。"悖"，乖违。"既"，尽。"既成万物"即"曲成万物而不遗"之意。

【译文】

所谓宇宙的神奇作用，是就妙化万物而说的。鼓动万物没有比《震》雷更猛烈的，吹拂万物没有比《巽》风更迅疾的，干燥万物没有比《离》火更炎热的，愉悦万物没有能超过《兑》泽的，滋润万物没有能超过《坎》水的，终始万物没有能超过《艮》山的。水与火相互接触，雷与风不相乖违，山与泽气息交通，这样就能变生化育而成就万物。

【解读】

"神也者"，这个"神"是什么神？是不是人们现在拜的那个神？求的那个神？好像是把他人格化了、神化了的东西。这里面不是，实际上有赞叹的意思。前面根据后天八卦讲的八个季节中万物的愿景，大自然太神奇了，万物生长太妙了。"妙"又是赞叹《易经》之妙。《易经》的妙也是妙不可言啊！它把这个自然现象、社会现象、物与人的愿景，描述得这样的淋漓尽致、栩栩如生。

下面讲"动万物者"，万物之"动"，当然最大的"动"是雷。"桡万物"，就是吹拂万物，那当然是风了，这是指自然风。还有夏天刮西风、下暴雨的时候，刮西风时是叫西风暴，这个西风暴能灭虫。东风暴一来，虫就多了；西风暴雨一来，虫就少

了。这就是自然风,什么风都比不
了它。"燥万物者",干燥万物,晒
粮食,当然是靠太阳了。

什么能滋润万物?当然是
"泽"。凡是有田的地方,它就必须
有河,还有河堰,有水坝,有水库,
有水塘,它要灌溉,要浇灌,没有这
些禾苗就得不到喜悦。它没有得
到灌溉嘛,得不到灌溉它就没有
喜悦。

"润万物者,莫润乎水。"水能
滋润万物,其他东西能滋润吗?
"终万物、始万物者,莫盛乎艮",它

是讲终始,所以说水火不相逮,不相及,它互相没有融合的地方。实际上它都是互
相融合的,雷风它不是互相对立的,不是互相排斥的,实际上它是互相借鉴的。山
泽是通气的,然后能变化生成万物。这个万物它是在物物相动、物物相融,物物相
生,在相克中相生,在相生中相克,这样才是万物。人也是这样,人与人之间也是
这样。

第七章

【传文】

《乾》,健也;《坤》,顺也;《震》,动也;《巽》,入也;《坎》,陷也;《离》,丽也;
《艮》,止也;《兑》,说也①。

【注释】

①《乾》,健也;《坤》,顺也;《震》,动也;《巽》,入也;《坎》,陷也;《离》,丽
也;《艮》,止也;《兑》,说也:三章"天地定位,山泽通气"等已言八卦之体(即基
本意象),本章则言八卦之性。《乾》《坤》《震》《巽》《坎》《离》《艮》《兑》八卦的
基本意象究竟是何时确定为《乾》天、《坤》地、《震》雷、《巽》风、《坎》水、《离》
火、《艮》山、《兑》泽,已不可考;但这也许并不是最初的原始意象。乾本象上出
之日或日气(日可燥干万物),阳气积聚而为天,又因日之周行于天而有天圆、天
动之说,天体健行不已,故有"《乾》,健也"之说。"《坤》"于帛书中作"川",本象
下注之川流,川水居下又顺物而行;同时阴气积聚而为地,地亦居下又顺物之性,
所以这里说"《坤》(川),顺也",谓逊顺也("顺"字从"川",亦可见其朔义与川水
相关)。震雷奋动,又可鼓动万物,所以说"《震》,动也"。《巽》风之性,无孔不
入,所以说"《巽》,入也"。"《坎》"字初文作"凵",象阱陷,用以陷人陷兽,所以
《坎》有险陷之义;又坎坎为水所积注,所以坎水有险陷之义。"《离》"字帛书
作"罗",象罗捕禽兽之网,为禽兽之所附着,所以说"罗,丽也"("丽",附丽、附
着);"离"又有火之意象,火性附着于物,所以说"《离》,丽也"。艮山有静止、阻
止、蓄止之义,所以说"《艮》,止也"。兑泽可给养、愉悦万物,所以说"《兑》,说

也"（"说"同悦）。

【译文】

《乾》之性强健，《坤》之性逊顺，《震》为振动，《巽》为渐入，《坎》为险陷，《离》为附着，《艮》为静止，《兑》为乐悦。

【解读】

这一段是讲八卦的卦德。"德"必须讲清楚，"德"是有所为，"道"是无所为。道为体，德为用。

《乾》卦的卦德是"健"，也就是刚健。"天行健，君子以自强不息"，就是指天体是运行不息的。天天日出日落，每月月圆月缺，每年寒暑往来，这就是运行不息的自然表现。

《坤》卦的卦德是"顺"，顺从、柔顺。因为《坤》卦代表地，地要围绕天转，所以它是一种顺。

《震》的卦德是"动"，因为震卦代表的是雷，雷当然是惊天动地的了。

《巽》卦的卦德是"入"。《巽》卦是代表风，风是无孔不入的。

《坎》卦的卦德是陷，有的书上写成"险"，"险"是由"陷"引申来的。有水的地方就会陷下去，因为水是向低处流，而且是向下渗入。因为有"陷"，所以也会引申到一种"险"。

《离》卦的卦德是"丽"，但有的是讲附——附着。丽是亮丽、明丽。

《艮》卦的卦德是"止"，因为山是静止的。

《兑》卦的卦德是"悦"。兑是泽，泽就是江河湖海，水能够滋润万物，所以也就能够使万物愉悦，愉悦万物。

第八章

【传文】

《乾》为马，《坤》为牛，《震》为龙，《巽》为鸡，《坎》为豕，《离》为雉，《艮》为狗，《兑》为羊[①]。

【注释】

①《乾》为马，《坤》为牛，《震》为龙，《巽》为鸡，《坎》为豕，《离》为雉，《艮》为狗，《兑》为羊：《乾》性为健，骡马驾车健行，所以说"《乾》为马"；先天图中，《乾》在午位，午属马；又马与龙连类（《黄帝四经·称》"雷以为车，隆以为马"，"隆"即"龙"），《乾》卦以六龙说之即其证。《坤》性为顺，牛之性亦逊顺，所以说《坤》为牛；五行中《坤》属中央土，《贾子·胎教》说"牛者，中央之牲也"。古人认为雷之出入与龙之现藏在时间上一致，所以以龙为雷震之化身，因此这里说"《震》为龙"；在后天图中《震》居东方春分之位，与古代四象"东方苍龙"一致；"《震》"字从辰，帛书《震》即作"辰"，十二支中辰为龙。《巽》为风，古之风神皆鸟形；而"鸡"字本从"鸟"（鸡），与鸟是一回事（《山海经》"有鸟焉，其状如鸡，五采而文，名曰凤凰"）；风为号令，鸡之守时似之；《巽》又为木，鸡为木畜（《礼记·月令》注）；所以这里说"《巽》为鸡"。坎为低湿陷溺，豕喜湿溺，故"《坎》为豕"；《坎》为水，豕属亥

水;后天图中坎居正北,《贾子·胎教》说"彘者,北方之牲也"。离为火、为文明,雉鸟五彩而文;《离》为南方之卦,四象中"南方朱雀",雉亦雀属;古亦有雉鸣则预兆火灾的说法;所以说"《离》为雉"。《艮》为阻止,狗之守户止人似之(《隋书·五行志》引《洪范五行传》"犬,守御者也");先天图中,《艮》在戌位,戌为狗;所以说"《艮》为狗"。《兑》为泽,羊牧于大泽中;《兑》为西方之卦,羊亦为"西方之牲"(《贾子·胎教》);所以说"《兑》为羊"(按:旧说《兑》为悦,羊性柔顺悦人。然羊在《周易》中皆刚狠之象,《史记·项羽本纪》亦说"羊狠狼贪")。

【译文】

《乾》象马,《坤》象牛,《震》象龙,《巽》象鸡,《坎》象猪,《离》象雉,《艮》象狗,《兑》象羊。

【解读】

这个卦象是指动物之象。

"《乾》为马",马是一种奔腾之象、刚健之象。

"《坤》为牛",牛有一种顺德之象。

"《震》为龙",龙能够呼风唤雨,所以它也是惊天动地。当然,这里说明一下,至今,根据考古、古生物学家考证,对这个龙现在还没有一个定论。是不是真正有这么一种动物? 现在讲恐龙,还有其它的什么龙,真正现在想象中的龙,画的那个龙,似乎是一种综合性的象征。

"《巽》为鸡",为什么巽是为鸡呢? 因为鸡是乘风飞的,它是代表鸟类。

"《坎》为豕",豕是猪。猪最喜欢从低洼的泥坑中陷下去了,哪里有水,它就在那个低洼的地方睡觉,打滚。古代养猪可能是最普遍的。因为家人的"家"字上面是个"宀","宀"是指房屋,房屋下面是一个豕,就是猪。就是说,一个人家没有个猪,就好像不是一个人家。东巴文里的"家"字画的是一个房子,房子里面是两个人,一个男人

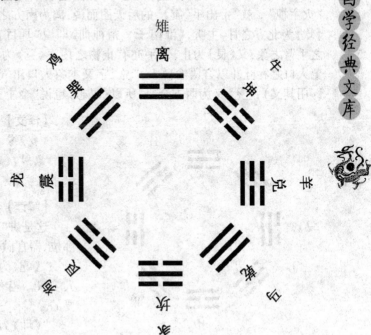

一个女人。它就是非常形象,有男人有女人这就是家。从汉字的这个"家"就能够看出来,说明我们古代,在农耕社会(农业就包括畜牧业、家禽、家畜),在家畜里面,可能猪是最普通的了,豕就是一个人家的象征、一种财富。

"《离》为雉"，雉是野鸡，也就是说比较好看，因为毛色比较好看，美丽、亮丽嘛。

"《艮》为狗"，狗是守大门的，无论来了什么人，看到狗他必须止步。

"《兑》为羊"，它代表一种喜悦，因为古代用羊做祭祀品。

第九章

【传文】

《乾》为首，《坤》为腹，《震》为足，《巽》为股，《坎》为耳，《离》为目，《艮》为手，《兑》为口①。

【注释】

①《乾》为首，《坤》为腹，《震》为足，《巽》为股，《坎》为耳，《离》为目，《艮》为手，《兑》为口：《乾》在上，高而圆，象人首。《坤》在下，包藏万物，象人腹（此"天地定位"之先天图）。雷之动地以起物，足之动地以行身，所以说"《震》为足"。《巽》风善行，象人股（"股"字古有腿、脚二义，在此兼腿脚而言，《山海经·海外西经》"长股之国，一日长脚"即其证）。坎陷之能积水，象耳窝之能聚声。五行中肾亦属水，耳为肾之窍（或谓肾之候），所以《汉志》也说"水主听"。离日明照，象目之明察（又"离"即"罗"，罗之网眼象人之目）。离之明察为南方火卦，所以《汉志》也说"火主视"。就"帝出乎《震》"的后天图而说，离为南方之日，主视，则与之相对的是《坎》为北方之月，主听，《淮南子·精神训》即说"耳目者，日月也"。《艮》山有人之手臂之象，又《艮》为止，人手亦有止物之用。《兑》为泽，可吞吐百物以愉悦之，象人口之吞吐并以言语愉悦人；"兑"字又本象人口出气言语之形（老子"闭其兑"即用其义）；《兑》又为西方金卦，所以《汉志》也说"金主言"。

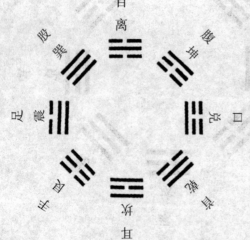

【译文】

《乾》象首，《坤》象腹，《震》象足，《巽》象股，《坎》象耳，《离》象目，《艮》象手，《兑》象口。

【解读】

这是讲"近取诸身"，是以人身上的部位、器官做代表，为象征。

"《乾》为首"，《乾》为天，为父；在人身上，当然为首，为头脑，这是主要的。

"《坤》为腹"，《坤》是代表地的，地是承载万物、含藏万物、滋养万物的。人的肚子大腹便便，腹就是收藏食物。

"《震》为足"，一跺足，一声吼，都会引起震动。

"《巽》为股"，从卦形上来看，上面是两个阳爻，下面是一个阴爻。这个阴爻中间分开。再一个，《巽》是指谦逊。逊就是逊下、谦卑，股为下。

"《坎》为耳",坎为陷,耳朵是陷得最深的。

"《离》为目",当然目是明亮、光明。

"《艮》为手",你看看山势,特别是画的那个山,就像手指一样。

"《兑》为口",有喜悦,有言语表达。

第十章

【传文】

《乾》,天也,故称乎父;《坤》,地也,故称乎母;《震》一索而得男,故谓之长男;《巽》一索而得女,故谓之长女①;《坎》再索而得男,故谓之中男;《离》再索而得女,故谓之中女;《艮》三索而得男,故谓之少男;《兑》三索而得女,故谓之少女。

【注释】

①《乾》,天也,故称乎父;《坤》,地也,故称乎母;《震》一索而得男,故谓之长男;《巽》一索而得女,故谓之长女:《乾》为天,纯阳(☰)之卦,其尊如父;《坤》为地,纯阴(☷)之卦,其尊如母。《黄帝四经·经法·君正》"父母之行备则天地之德也",是先秦以天地比父母之例。父母相合而生六子,三男为《震》(☳)、坎(☵)、艮(☶),三女为巽(☴)、离(☲)、兑(☱)。"索",求,求合。《屯》卦(☷)六四"求婚媾,往吉",《小象》"求而往,明也",此"求"是指阴四求合于阳五。据此,三阳卦之震、坎、艮是指乾阳求合于坤阴而依次所得,三阴卦之巽、离、兑是指坤阴求合于乾阳而依次所得。

【译文】

《乾》象征天,所以称为父;《坤》象征地,所以称为母;《震》是《乾》阳首次求合于《坤》阴所得之男,所以称为长男;《巽》是《坤》阴首次求合于《乾》阳所得之女,所以称为长女;《坎》是《乾》阳第二次求合于《坤》阴所得之男,所以称为中男;《离》是《坤》阴第二次求合于《乾》阳所得之女,所以称为中女;《艮》是《乾》阳第三次求合于《坤》阴所得之男,所以称为少男;《兑》是《坤》阴第三次求合于《乾》阳所得之女,所以称为少女。

【解读】

"《乾》,天也,故称乎父;《坤》,地也,故称乎母。"这是很好理解的。《乾》卦代表天,称为父;《坤》卦代表地,称为母。父有刚健之象,自强不息;母有柔顺之象,能承载,能滋养。过去称父为"严父"。严父就是一种威严,威严当然也是一种刚健的象征。那么称母为慈母。慈母有一种柔顺、滋养的含意。

"《震》一索",这里"一索"是一个阳爻了。它是一个初阳,名初九,在下位,上面两爻都是阴爻。因为在下,在初爻,初为长。就如一家人,无论是兄弟几人,姊妹几人,第一胎都为长,为长男或长女。"《巽》一索而得女",这里的"一索"是初索,是阴爻,所以为长女。"《坎》再索",再往上中间就是第二爻了,第二爻是阳爻,那就是叫中男。"《离》再索",就是指阴爻在中间,所以就称为中女。"《艮》三索"就是上爻,这个上爻是阳爻了,所以就是少男。从下往上,他是老三,当然是老小了,

所以叫少男。"《兑》三索",也是上爻,为阴爻,为老三,所以是少女。这是一个人伦次序。

在自然现象里它是一个整体:有天,有地,有雷,有风,有水,有火,有山,有泽。就是,有山有河,有山有水。我们讲祖国大地,讲大地就是讲山河,是吧?"国破山河在",它是一个整体、一个系列。这个正好是一个整体,是一个大的系列,甚至是一个人伦秩序,就是一家子人,父母、三男、三女,八口之家,这就是一个系列,这就是人道了。

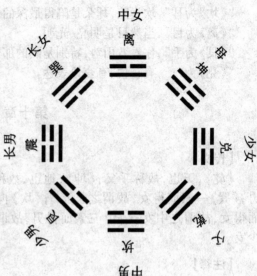

第十一章

【传文】

《乾》为天,为圆,为君,为父,为玉,为金,为寒,为冰,为大赤,为良马,为老马,为瘠马,为驳马,为木果①。

《坤》为地,为母,为布,为釜,为吝啬,为均,为子母牛,为大舆,为文,为众,为柄,其于地也为黑②。

《震》为雷,为龙,为玄黄,为旉,为大涂,为长子,为决躁,为苍筤竹,为萑苇。其于马也,为善鸣,为馵足,为作足,为的颡。其于稼也,为反生。其究为健,为蕃鲜③。

《巽》为木,为风,为长女,为绳直,为工,为白,为长,为高,为进退,为不果,为臭。其为人也,为寡发,为广颡,为多白眼,为近利市三倍。其究为躁卦④。

《坎》为水,为沟渎,为隐伏,为矫輮,为弓轮。其于人也,为加忧,为心病,为耳痛,为血卦,为赤。其于马也为美脊,为亟心,为下首,为薄蹄,为曳,其于舆也,为多眚,为通,为月,为盗。其于木也为坚多心⑤。

《离》为火,为日,为电,为中女,为甲胄,为戈兵。其于人也,为大腹,为乾卦,为鳖,为蟹,为蠃,为蚌,为龟。其于木也,为科上槁⑥。

《艮》为山,为径路,为小石,为门阙,为果蓏,为阍寺,为指,为狗,为鼠,为黔喙之属,其于木也,为坚多节⑦。

《兑》为泽,为少女,为巫,为口舌,为毁折。为附决。其于地也,为刚卤,为妾,为羊⑧。

【注释】

①《乾》为天,为圆,为君,为父,为玉,为金,为寒,为冰,为大赤,为良马、为老马、为瘠马、为驳马、为木果:"圆",古人有"天圆地方"之说(《管子》《文子》等书就有"戴大圜而履大方"之说,即所谓顶天立地),《文言》有"坤至静而德方"与此相

对;又下文说"《坤》为舆","《舆》"是指方形车箱,则此"《乾》为圆"是指圆形车盖。玉、金之质坚刚,其色泽清明,有乾天刚健清明之象(《礼记·乐记》"清明象天,广大象地"),乾在后天图中居西北,亦属金。后天图中,乾为西北立冬,《吕览·孟冬纪》"孟冬之月,水始冰,地始冻",所以说"《乾》为寒,为冰"。按:"为天,为圜,为君,为父"是先天图之序列。"为寒,为冰"则是后天图之序列。乾字本义是日之光气上出,其色红,所以说"《乾》为大赤"。《集解》引虞翻亦说"太阳为赤",《正义》说"为大赤,取其盛阳之色也";尚秉和说"乾舍于离,南方火,故为大赤"(《尚氏学》)。事实正相反,在后天图中离取代先天图中乾卦所在之位置,才有了日、火、赤之意象。《乾》性健,为老阳,故说"为良马,为老马"。"脊马"即瘦马,亦健行。"驳"喻强猛壮健(《尔雅·释畜》"驳如马,倨牙食虎豹");又"驳马"即花马("驳"谓毛色多花纹,此高亨说),盖先天图乾在南方,取南方明灿之象。果形亦圆,所以说"《乾》为木果"。荀爽《九家集解》在此下尚有"为龙,为直,为衣,为言"四象。乾义为日之光气上出,日之光气、云气本有龙象,《乾》卦又以六龙说之,所以说"《乾》为龙"。《系辞》"乾,其动也直",所以说"《乾》为直"。《系辞》"垂衣裳而天下治,盖取诸乾坤",所以说"《乾》为衣"。"言"谓言辞教令,政令颁布于君,乾既为君,故亦为言。

②《坤》为地,为母,为布,为釜,为吝啬,为均,为子母牛,为大舆,为文,为众,为柄,其于地也为黑:"坤"本作"川",为水泉流通遍布(《汉书·地理志》"川,水之通流者也"),货币之流通似此,所以"布"在此训为货币(《周礼·外府》注"布,泉也,其藏曰泉,其行曰布,取名于水泉,其流行无不遍")。地容万物,成熟万物,锅釜象之,所以说"坤为釜"。又疑"为釜"本作"为斧",是"为布"之注(谓"布"读为"资斧"之"斧",训为货币),"釜"(斧)"布"古同音。《系辞》说"坤,其静也翕",地性收敛,所以说"坤为吝啬",《坤》卦所谓"括囊"即此;地滋生万物又收敛万物,亦有吝啬之义,即《文子·上德》所谓"地载万物而长之,与而取之,故骨骸归焉;与而取者,下德也,下德不失德,是以无德"。地之于物,"不长一类",平均对待,"定宁无不载,广厚无不容"(《文子·上德》),故有平均之象。"子"读为"牸",《广雅·释诂》"牸,雌也",牸母牛即牝牛之俗称(此采高亨说)。又"子"可释为幼、小,"子母牛"即小母牛。又疑"子"读为"牸",训为"雌","母"为注文。又"子"通"慈",顺也,慈顺之母牛与坤之性相合。或释"子母牛"为子牛(即童牛)、母牛,然《易经》"童牛"为刚猛之象,与"坤顺"不合。地之载物犹大车之载物,所以说"为大舆"。天圆地方、天圜地舆,乾就形言,坤就质言,圜为车盖,舆指车箱。《剥》卦()下坤上艮,上九"君子得舆",即取象于此。《归藏》《坤》卦作"典","典"字盖与"舆"字相关。地有山川草木之文理,所以说"坤为文"。又古以父母比天地、文武、严慈(《黄帝四经·经法·君正》即以"父母之行"与"天地之德"、文武之道对举),《周书·谥法》"慈惠爱民曰文"。"文"谓文德(亦有文静义)。"地广厚,万物聚"(《文子·上德》),地载众物,故"坤为众"。"柄",本、根本(《系辞》"谦,德之柄也",虞注"柄,本也",《礼记·杂记》"刊其柄与末",《仪礼·特牲馈食》作"刊其本与末")。万物之生,皆以土地为根本,所以说"坤为柄"。《谦》卦(上坤下艮)、《复》卦(上坤下震)皆含《坤》,所以《系辞》分别说"谦,德之柄也","复,德之本也"。土地色黑,象阴暗、静默,所以说"坤于地也为黑"。天开地阖,开为亮,为明,为言;阖

为黑暗,为默,《黄帝四经·称》"天阳地阴,言阳默阴"(上文"乾为言",与天为辟、言为阳有关),老子"知雄守雌,知白守黑"皆此之谓。又先天图乾南坤北,五行中南赤北黑、四象中南朱北玄,与此"乾为大赤,坤为黑"合。荀爽《九家集解》本此下尚有"为牝,为迷,为方,为囊,为裳,为黄,为帛,为浆",前六项分别与《坤》卦经文、《系辞》及《坤》卦《文言》相合。"坤"即"川",为水,所以说"为浆"。帛有黼文,"地有黑有白"(《黄帝四经·观》),有文理;又地有币布之象,所以这里又说"坤为帛"。又按:《文言》及《九家易》之"地黄"当属后天土王于四时之序列。

③《震》为雷,为龙,为玄黄,为旉,为大涂,为长子,为决躁,为苍筤竹,为萑苇。其于马也,为善鸣,为馵足,为作足,为的颡。其于稼也,为反生。其究为健,为蕃鲜:"玄黄",《集解》引虞翻说"天玄地黄,震,天地之杂物,故为玄黄",这是以"震"为天地玄黄之混杂颜色。我们前面说过,疑《归藏》卦图为始《坤》次《震》之序次;震雷出地升天,则正介于地黄天青(玄)之间,所以说"震为玄黄"。"旉"谓植物开花。《正义》说"为旉,取其春时气至,草木皆吐旉布而生也"。震为东方春分之卦,照《吕览·十二纪》的说法,此时正是雷乃发声、蛰虫开户、品物开坼之际(《文子·上德》也说"雷之动也万物启"。"启"即开坼)。《解》卦(下坎上震)的《象传》说"天地解而雷雨作,雷雨作而百果草木皆甲坼";《震》卦在《归藏》中作《厘》,"厘"从"斄"声,即用为"斄"。《说文》"斄,坼也,果熟有味亦坼"。此并与"震为斄"相合。"大涂"即"大徒",指大车。《随》卦(下震上兑)在《归藏》中作《马徒》。"涂""徒"同为定母鱼部字,古通用。《诗·车攻》毛传"徒,辇也",《国语·晋语》注"辇,辇车也"。震雷为动、有轰响,大车之响动似之,所以震有大车之象。"决"同"跌"。"跌""躁"皆疾速之义,"决躁"义犹"决骤"(《庄子·齐物论》"麋鹿见之决骤")。《史记·张仪列传》索引"跌,谓后足抉地,言马之走势疾也"。此与六章"莫疾乎雷"说同。又按:"跌躁"当就马而说(《史记》索引之释"跌"可证),故疑此句当在"其于马也为善鸣"之下。"苍筤"为青色(《集解》引《九家易》),震为东方苍色,所以说"震为苍筤竹"。"萑苇"亦称"蒹葭""荻""蒴""葭""苇",皆取东方青色之象。《丰》卦(下离上震)"丰其蔀""丰其沛"与此相关,详见彼注。震为龙,与马连类,其行动之疾亦与马同,故又以马取象。马之善鸣如雷之鸣,故"为善鸣"。"馵足"谓马后左足白色,"的颡"亦曰"的颅",谓马额白色。毛色有此种特征之马,盖行走皆迅疾(辛弃疾《破阵子》词"马作的颅飞快"即是)。"作",振。"作足"谓前足踢空振起。此亦喻马行迅疾。"稼",农作物,包括禾稼,蔬菜等。"反生",谓果实茎叶倒长,即茎叶在地上而果实反在地下,如土豆、山药、大蒜等。盖此类作物收获时皆须振动而使泥土脱落方能取食之,所以说"震为反生"。"其究为健"当在"为蕃鲜"之下,是震象之总结,犹如下节言巽象而以"其究为躁卦"作归结。同时,"为蕃鲜"是承"其于稼也"而说,谓农作物长势鲜盛("蕃",长育茂盛)。"鲜"谓鲜洁、鲜亮,与"的"(即"旳",白亮)、"白"义近,日出于东方震则东方既白(苏子《赤壁赋》"不知东方之既白")。综《震》之意象,终以刚健为主,所以说"其究为健"。又"健"下似当有"卦"字,"卦"谓"象"(《说卦》韩注"卦,象也"),言其究为刚健之象征。荀爽《九家集解》下有"为玉,为鹄,为鼓"三项,玉色苍,鹄羽亦苍(所谓苍鹄),与震为东方苍色合。鼓声如雷,《管子》所谓"疾如雷鼓"。

④《巽》为木,为风,为长女,为绳直,为工,为白,为长,为高,为进退,为不果,

为臭。其于人也，为寡发，为广颡，为多白眼，为近利市三倍。其究为躁卦："绳"为工匠取直取齐之具，五章言"齐乎巽"，风又象号令法度，所谓"引得失以绳而明曲直者也"（《黄帝四经·经法·道法》），所以这里又说"为绳直"。"工"，似指乐工（《左传·襄公四年》注"工，乐人也"）。风之挠物，"钐钐铮铮，金铁皆鸣"（欧阳修《秋声赋》）、"前者唱于而后者唱喁"（《庄子·齐物论》），风可为天籁地籁，所以这里说巽为乐工。又《说文》"工，巧饰也，象人有规矩"，所以《正义》解释说"为工，亦正取绳直之类"，亦通。"白"，清洁，明亮（《汉书·王莽传》注"黑白，谓清浊"，《汉书·陈余传》注"白，明也"）。《吕览·有始》"东南曰熏风"，高诱注"巽气所生。一曰清明风"。白有清明之义，所以说"巽为白"。"正义"谓"取其风吹去尘，故洁白也"，则是读五章"万物之絜齐"之"絜"为"洁白"。巽为木，木之生必长，必高；又风之播长远，旋风曲戾高扬，所以说"巽为长，为高"。风之上下往来，遇物应变，进退两能，所以说"巽为进退"。《观》卦（下坤上巽）六三说"观我生进退"，《巽》卦初六"进退利武人之贞"，并取此象。进退两可，亦常失之优柔寡断，所以又说"为不果"。"臭"，气味。万物之气味，皆待风以播散，所以说"巽为臭"，非风有气味也。"为寡发、为广颡，为多白眼"似皆形容丑陋之象（"广颡"犹今语之大脑门），疑特指女子而言。如《新序·杂事二》"齐有妇人，极丑无双，号曰无盐女。其为人也，白头深目，少发"，《今古奇观》谓苏小妹"额颅凸起，双目微抠"、《乾野金载》"妇人目有四白，五夫守宅"。此种女子盖为"壮女"之象，而《巽》为长女亦为壮女，如《姤》卦（下巽上乾）卦辞说"女壮，勿用取女"，《韩诗外传》说"丧妇之长女不娶"。"近利"，追求、贪图利益。"市"，购。"市三倍"，谓购物必少出资而多入利。盖风之吹物，唯孔隙是趋，有近利之象。"躁"，浮躁。风之性清浮而急疾，所以说"究为躁卦"。荀爽《九家集解》本尚有"为杨，为鹳"。

⑤《坎》为水，为沟渎，为隐伏，为矫輮，为弓轮。其于人也，为加忧，为心病，为耳痛，为血卦，为赤。其于马也为美脊，为亟心，为下首，为薄蹄，为曳，其于舆也，为多眚，为通，为月，为盗。其于木也为坚多心："坎"字本义为陷阱、陷坑，后又有了水的意象，这可能与八卦同四时八节相配后，坎取代了坤的位置有关；坤、坎错位之后，坎便继承了坤的部分意象。"坤"本作"川"，《坎·象》虞注"坎，川也"，《广雅·释水》"川，坑也"，此即可见"坎""坤"（川）之关系。"沟渎"，水沟，水坑，此合"坎"（欿）、"坤"（川）而言之。坎为坑陷，阴设伏而取兽，所以说为"隐伏"。使曲者直为矫，使直者曲为輮（《正义》）。水随地势而行，可直可曲；又五行中水属智，智者亦可曲可直，所以说为"矫輮"。弓为曲、弦为直，轮为曲、辐为直；水即可曲可直，故亦"为弓轮"。阱陷对人来说为忧患之事，"加"为重、重重；"坎"卦为二坎相重，故《坎》卦有重重忧患之象。五章说坎为劳卦，《归藏》作"荦"，通"劳"，"劳"亦有"忧"义。阱陷为心腹之患，故又"为心病"。坎有耳象，又有病患之象，所以又说"为耳痛"。坎为水，血亦类水；坎为忧患，血亦忧患之象（《汉书·武五子传》"血者，阴忧之象"），所以说"为血卦"（"卦"，象）。又"坤"本作"川"，有"血"象（"坤"卦上六"其血玄黄"），此意象后转至"坎"中。血色赤，故又"为赤"。又"赤"与"斥"通（《史记·晋世家》索隐"赤即斥"），《广雅·释诂》"斥，池也"，这是说坎有池塘之象。水之动焕然有文采，坤（川）又"为文"，所以这里说"为美脊"。"亟"谓忧急，似就马入坎陷而说，所以说"为亟心"。坎有忧愁之象，而"水下流"，马之行

止低头垂首似之，所以说"为下首"。"薄"同"迫"，谓后蹄踢地匆蹶（与震之"作足"相反），喻前有险陷焦急不进。"曳"谓向后拖曳不进，亦与险陷有关，《未济》（下坎上离）九二"曳其轮"即此。"眚"指事故。车舆遇逢坑坎故多事故，所以说"多为眚"。多眚为困，然而"困穷而通"（《系辞下》），《困》卦（下坎上兑）卦辞说"困，亨"（终能亨通），《序卦》说"困乎上者必反下，故受之以井"，《杂卦》说"井，通"，所以这里继"其于舆也为多眚"之后又说"为通"。坎为坑陷，故云多眚，流通为水之性，故又说为通。"水气之精为月"（《淮南子·天文训》），乾本为南方日，与之相对的则为北方之坤月（先天图），离、坎取代乾、坤位置，则离为南方日，坎则为北方月。苏轼《赤壁赋》亦以水月之性连类而为文曰"客亦知夫水与月乎？逝者如斯而未尝往也，盈虚者如彼而卒莫消长也"。坎为隐伏、为陷阱，故又有寇盗之象。《易》中包含《坎》卦（或互体为《坎》者）多有寇盗之象，如《需》卦（下乾上坎）九三"需于泥，致寇至"，《解》卦（下坎上震）六三"负且乘，致寇至"等。"心"有纤细、尖刺之义（《释名·释形体》"心，纤也"），尖刺与忧痛连类，所以说"其于木也为坚多心"。荀爽《九家集解》本坎后有八象，即"为宫，为律，为可，为栋，为丛棘，为狐，为蒺藜，为桎梏"。宫属中央土，"可"读为"夥"，众。此二象当由《坤》移植而来。"为丛棘"等四象皆源于含《坎》卦的卦爻辞，《坎》卦上六"置于丛棘"，《未济》卦卦辞"小狐汔济"，《困》卦六三"据于蒺藜"，《蒙》卦初六"用脱桎梏"。"为律""为栋"未明，疑是巽之意象而错入此中。巽风为号令、为绳直，所以又说为律令、法律（"律"若释为音律，则与为乐工相合）。巽为木，木可为屋栋，故《大过》卦（下巽上兑）卦辞及九三说"栋桡"。

⑥《离》为火，为日，为电，为中女，为甲胄，为戈兵。其于人也，为大腹，为乾卦，为鳖，为蟹，为蠃，为蚌，为龟。其于木也，为科上槁："离为火，为日，为电"盖皆由乾为日出之意象而来，所谓"为乾卦"即说明这一点；日出可干燥万物。"离"卦二阳刚在外，一阴柔在内，刚可护身卫体，故有"为甲胄（"胄"谓盔）、为戈兵，为鳖，为蟹，为蠃（即"螺"），为蚌，为龟"之象；鳖、蟹等五种软体动物皆硬壳在外，柔肉在内，《离》卦（☲）似之。又鳖、蟹等皆水族动物，盖亦与罗网（《离》又作《罗》）之"以佃以渔"有关。《离》卦外实中虚（☲），有罗致容物之象，故又说"为大腹"。"科"，空（《广雅·释诂》三），此谓蛀空。树木蛀空，则上端先枯槁，"离"卦中爻虚空，所以说"为科上槁"。《九家集解》下有"为牝牛"，此出于《离》卦卦辞"畜牝牛吉"。

⑦《艮》为山，为径路，为小石，为门阙，为果蓏，为阍寺，为指，为狗，为鼠，为黔喙之属，其于木也，为坚多节：山中必多小路、小石，故艮又为径路、为小石。"阙"，门两旁之台观。守护门、巷者称阍人、寺人。山之峙立，如门户台观，所以止人出入，又有似阍寺，所以说为门阙，为阍寺。"果蓏"，植物果实（树生为果，地长为蓏），皆出于山谷，所以说"艮为果蓏"。山峰有手指之象，与艮为山相合；指画发号施令所以禁止人，与艮为止相含；又指谓指归，与止处相含。"狗"，虞翻以为当作"拘止"之"拘"。鼠性犹疑，合于山之险阻之义；山有径路、小石、门阙之象，盖亦有岩穴之象，为鼠之所栖止；鼠止于人家，亦合于山为止之象。《晋》卦（☶）九四"晋如鼫鼠"，二、三、四互体为艮。"黔喙"，黑嘴禽兽，鹰隼豺狼之类。此类禽兽集栖于山林，所以艮又为黔喙之属。"节"，节目，枝干相连接的突起处，即树疙瘩。《礼记·学记》"善问者如攻坚木，先其易者，后其节目"，节目为树木艰阻不易之处，与艮之险阻意象相合。荀爽《九家集

解》本下有三项,即"为鼻,为虎,为狐"。"鼻",始也。艮为东北立春之位,四季之始。虎为山君(《说文》),狐称山魅(《搜神记》),皆栖止于山。

⑧《兑》为泽,为少女,为巫,为口舌,为毁折,为附决,其于地也为刚卤,为妾,为羊;兑字象人口出气息以讲论,故为口舌、为巫(巫师口讲指画占论吉凶,故"占"字亦从"口")。《夬》卦下乾上兑,故卦辞说巫师决断吉凶于王庭("扬于王庭")。"附",益、增益(《广雅·释诂》"附,益也")。"决",冲决。泽水增益泛滥,必冲决堤岸而毁折房屋、禾稼、树木等,故为毁折、为附决。"刚卤",谓坚硬而多盐碱的土质。泽水泛溢则为毁折、为附决,泽水干枯则为坚硬盐碱之地,所以又说为刚卤。兑为阴之最末,为少女,泽处低洼卑贱之地,与妾之处境同,所以说为妾。《九家集解》本下有"为常,为辅颊"。"常"与"祥"通(《仪礼·士虞礼》郑注"古文常为祥")。"祥",顺从(《淮南子》高诱注)。《随》卦(下震上兑)即取兑悦顺随之义。"辅颊"与"舌"连类,又取于《咸》卦(下艮上兑)上六"咸其辅颊舌"。

【译文】

《乾》有天象,有圆形车盖之象,有君象,有父象,有玉象,有金象,有寒象,有冰象,有大红色之象,有良马之象、有老马之象、有瘦马之象、有驳马之象,有植物果实之象。

《坤》有地象,有母象,有泉币之象,有锅釜之象,有吝啬之象,有平均之象,有子母牛之象,有方形车箱之象,有文采之象,有众民之象,有根本之象,就土地而言有黑色之象。

《震》有雷象,有龙象,有玄黄混合颜色之象,有植物绽开吐布之象,有大车之象,有长子之象,有迅疾之象,有青竹象,有绿苇象;就马而言,有马匹善鸣之象、有马足白色之象、有前足振蹄之象、有马额白色之象;就农作物而言,有果实茎叶倒长之象,有长势鲜盛之象,其终究为刚健的象征。

《巽》有木象,有风象,有长女之象,有准绳取直之象,有乐工之象,有清明之象,有物长之象,有物高之象,有进退两可之象,有优柔寡断之象,有气味之象;就人而言,有头发稀疏之象、有大脑门之象、有眼露四白之象,有贪图利益而购物必少出多入之象,其终究为浮躁的象征。

《坎》有水象,有沟渎之象,有隐伏之象,有可直可曲之象,有曲弓转轮之象;就人而言,有重重忧患之象、有内心病痛之象、有耳痛之象,有血象,有赤色象;就马而言,有脊背美好之象、有内心忧急之象、有行止习惯低头垂首之象、有后蹄踢地狍躈之象、有向后拖曳不进之象;就车而言,有事故频繁之象、有终能通行之象,有月亮之象,有寇盗之象;就树木而言,有硬而多刺之象。

《离》有火象,有日象,有闪电之象,有中女之象,有盔甲之象,有戈矛兵器之象;就人而言,有大腹之象,有干燥之象,有鳖象,有蟹象,有螺象,有蚌象,有龟象;就树木而言,有中间蛀空而上部枯槁之象。

《艮》有山象,有小路之象,有小石之象,有门户台观之象,有植物果实之象,有守护门巷的阍人寺人之象,有手指之象,有狗象,有鼠象,有黑嘴禽兽之象;就树木而言,有硬而多节之象。

《兑》有池泽之象,有少女象,有巫师之象,有口舌之象,有毁败之象,有溢出冲决之象;就地而言,有土质坚硬而多盐碱之象,有妾室之象,有羊象。

【解读】

"乾为天",这个就不用多讲了。"为圆",这个圆就是天圆地方。"为君""为父",前面都讲了。

"为玉""为金",玉和金实际上是属于地的。四大生态圈,有大气圈、水圈,第三个是岩石土壤圈,第四个是生物圈,当然生物圈包括动物、植物和微生物。岩石土壤圈它实际上为地,玉也好,金也好,实际上都是岩石、土壤一类的,它是在岩石、土壤里面慢慢进化来的。这里为什么要把它作为乾的象征?因为在古代,特别是到了夏、商、周的时候,往往在祭天的时候用玉器、玉币。

那么"为寒""为冰"呢?这是从前面讲的那个方位图上、从季节上来说的。《乾》卦已经是秋末冬初了,已经到"大寒"了,已经结冰了,是从这个角度来说的。

"为大赤",《乾》卦为天,为日,当然是赤日炎炎。

"为良马,为老马,为瘠马,为驳马。""良马"是很好理解。"为老马",它是指年龄的问题,老马为"长(zhǎng)"。"瘠马"就是瘦马,这个瘦不是一种贬义的瘦,例如在内蒙有一种马,就是属于瘠马一类的。这个马的形体又矮又小,但是它最适合于山地作战,其它马不行,其它马只能走平地有优势。这种马个体小,但是它奔驰起来特别迅速,特别是在山地奔跑。"驳马"就是指杂色马,有颜色,有纹彩。

"为木果",这个木果是指已经老熟了的。就像葫芦一样,里面的种子全老了,外面的皮也老了,可以锯开成为瓢了,大的甚至可以放到水里面作为舟。"老熟"了和"熟"了是有区别的。因为它的季节是秋末,收获的季节已经过了,其它的都收起来了,它完全是已经老熟了,就是没有收获,把它留下来了。

"坤为地,为母",前面都讲了。那为什么"为布"呢?因为布像地一样能够展开,能够承载,能够包容,而且它也有纹彩。

"为釜",这个釜是指锅。煮食物的,食物是用于滋养的,所以与地、与母有相似的地方。

"为吝啬",这个要与天比较而言。天上的太阳,它给大地万物以阳光(光线)和温暖等种种,它非常慷慨大方。

"为均",这个"均"是说,你所有的东西(包括垃圾)"我"都承载,都收藏。它有这样的一个特性,这就是大地。

"为子母牛",是指已经带犊的母牛,或是受孕但还没有生下来,或者是已经生下来但还在哺乳期的母牛。初生牛犊嘛,带犊的母牛。

"为大舆",舆是指车,大舆是指大车,《大有》卦里面有"大车以载"。

"为文",指纹彩的纹。

"为众",这个众是指多。万物当然是指多。

"为柄(bǐng)",它不是"柄(bìng)",甲、乙、丙,甲是指种子开始发芽时候,夹壳已经破裂。就像我们吃的那个松籽一样,用火一炒,它就破裂、开口了。这个"甲"就是指这个种子的外壳,它已经裂开,开始发芽了。"乙"是芽已经长出来了,长出的一种形状,弯弯的一种形状。那么"丙"是生长旺盛的状态,而且开花了,开花就会好看。丙其实就是有一个火字旁的"炳",那个花开起来像一团火,像火苗这么一个形象。

"其于地也为黑",这个"黑"是指玄黄。"天玄地黄",玄就是指黑色的,黑色就

是玄。天玄地黄，那么天是指高深莫测。黑土地、黄土地,这地为黑,实际上这里面有一个地底和地表的区别,真正地的颜色是近乎黑色的。但地表如果没有植被,就是黄色的。这是指《坤》卦。

"震为雷,为龙",这个前面已经讲了。"为玄黄",这里面讲到了玄黄,既是黑色又是黄色。

"为旉","旉"表面上敷展,敷是展开了,但实际上又是指春雷震动以后,百草发芽了,百花齐放了。

"大涂","大涂"实际是前途的途、路途的途(古代"涂"与"途"是通用的),就是大路、大道。

"为长子",前面已经讲了。

"为决躁",决躁就是迅速,躁就是快、迅速、闪电、霹雳,"迅雷不及掩耳"就是形容快。

"为苍筤竹",这种竹子是青色的。"为萑苇",一种青色的竹子。

下面接着讲了四种马。"其于马也",有四种马,一种"为善鸣",当然是指声音洪亮;"为馵足","馵"是指一种白马,这一种马的膝盖以下又是其他的颜色。马是白色的,但是四只脚是其他的颜色。从这个字形上可以看出这种马。

"为作足","作足"是指马的足胫长,也是指这种马跑得快。

"为的颡",这个"颡"是指马的额头,是脑门。"的"是指靶心,就是这个马的脑门上就好像靶心一样,有一点白色的毛发。这种马也是跑得快的。

"其于稼也为反生","稼"当然是指庄稼,也是指植物。正常情况是长起来后,在它上面采摘它的果实。但是"反生"取的是根茎,如大豆、花生、薯类、山药,这一类果实都是在地下,好像它是倒着生下去的,上面的茎叶等作用不大,真正的作用是下面部分,把它采挖出来。

"其究为健,为蕃鲜。""究"就是极过,极就是到了一个极点。不但是到了极点,甚至有一点过。它是讲"健过",像雷能够惊动天和地,天为健,它还能惊动天和地,这个健是太过了一点。

"为蕃鲜",蕃是指茂盛,草木茂盛。草木茂盛也好,鲜嫩也好,它都是正在呈生长的趋势。如果它呈生长的趋势,就有动感了。它在不断地生长,但是它的这个生长用肉眼是观察不到的。真正观察得到,它的动就不得了了。一棵树,一年就长那么高,是通过智慧观照它的长,感知它是在动态中间。

"巽为木,为风,为长女。"这里又多了一个木。在五行里面巽是指代表木的。"为风",这是自然之象了。"为长女",这是人伦之象了。

"为绳直",绳就是指木工用墨斗来划线,根据这个把木头裁直、打制工具。它是根据木头来说的。

"为工",也是从这个方面来说的。在古代石器时期,以后到青铜时期、铁器时期,以后又用到玉器、金银器、瓷器等,但没有讲到这个木器,从古到今从来没有讲到过木器,但这里讲到木器了,而且很重视。实际上,开始把石头砸开以后,看到石头很锋利,就用石头绑在木棒上做武器,那个时候就借重这个木了。

"为白",这个"白"也还是指木,这个木把皮去掉以后就是白色的了。

"为长,为高",这是从空间上来说的。长风浩荡,长风破浪,不叫乘风破浪,叫

长风破浪，"为高"，即叫"风高"（夜黑风高）。

"为进退"，风无孔不入，所以它进退自如。不管是东风还是西风，是南风还是北风，它是很自由的，进退自如。

"为不果"，这个"果"不是果实的"果"，是指不果断、不丰满，它是柔软的，所以它是为阴爻，为阴卦。"为臭"，风吹过来带的味道，并非臭味。

"其于人也为寡发，为广颡，为多白眼，为近利市三倍。"这是指人。这个人"为寡发"，从字的表面看是指人的头发少（稀稀的），已经秃顶了。这实际上是一个比喻，似乎是被风吹掉的。经常看到过一种情景，只要被风吹过以后，就会显得光秃秃的，光秃秃的不就是寡发？"为广颡"，"颡"就是额，指天庭很宽广。"为多白眼"，"白眼"是指眼白比较多，是指这种人做人做事非常会跟风，会随风使舵，会看风向。

"为近利市三倍"，这里面有二种解释。有人从木上来解释，认为木的利用价值比较大，它的根也有价值，木本身有价值，它的果、花、枝叶都有价值，甚至于它的皮也有价值，有的树皮可以做药用，所以这是从它的实用价值来说的。但是这里面不是讲木的，前面有"其于人也"，还是讲人的。拿我们现在的经商来说，它也是看风，风就是指看商机，从市场上讲叫看行市。行市就像风一样，一阵风一阵风的。有时候一种商品突然涨价了，一阵风来了；有时候某种商品突然贬值了，又是一阵风来了。炒股也是，它就是一阵风，你把握得好就能获利，把握不好就是赔钱了。

"其究为躁卦"，雷为躁，所以震为躁卦。这个躁与《震》卦的躁是有区别的，但是也有相同的地方。雷动它就会有气流，气流也就是风。这里"究"就是讲极——过了。风一旦刮得过了，那就是台风。台风过来就和震卦的躁相合了。它所引起的灾难性东西也是不得了，甚至比雷的影响还大，比雷、闪电还要迅速，还要躁。这个风力有十二级，就是软、清、微、和、轻、强、疾、大、烈、狂、暴、飓这样的十二级风。

"坎为水，为沟渎，为隐伏。""为水"已经讲了。"为沟渎"，"沟"和"渎"都是指沟一类的东西。沟、坑、洼，都有陷的意思。"隐伏"，陷下去就有风险，它当然是"隐伏"的了。"为娇媆"，水流的形状当然是。娇媆的，既有力量，但它也是娇媆的。"为弓轮"，这弓轮就是水势，它能够转弯，能够像弓和轮那样旋转，旋转就是漩涡、回旋。这是从它的本体来说。

"其于人也"，那么引申到人的身上呢？"为加忧，为心病"，因为有风险，所以有忧虑，有心病。"心病"当然也是一种忧虑，比忧虑还严重。

"为耳痛"，因为《坎》卦为耳，它不仅仅是心里忧虑，而从心里忧虑联系到耳了。

"为血卦，为赤"。血实际上也是水，但在人体上所表现的就是血，讲人热血沸腾、血气方刚。

"为赤"，这个赤与《乾》卦的赤不一样，水是透明的。那么这个赤在本体上引申到人呢？"上善若水"、君子之交淡如水，是指人的品质，人的道德品质是一种透明、明亮。

那么引申到马呢？"其于马也，为美脊，为亟心，为下首，为薄蹄，为曳。"这里又有五种马："美脊"，当然是指那种良马，或者是指有斑纹的马。

"为亟心"，这个"亟"是指什么呢？它不用性急的急，而是这个亟。这个亟是

懒惰。

"为下首",有这种马,它老是低着头,昂不起来。

"为薄蹄",这种马它本身有一种缺陷,它的蹄比较薄,就是说它锻炼得少。

"为曳"是指这种马即使拉车,也拉得比较慢。

下边又引申到车子,"其于舆也,为多眚,为通,为月,为盗"。"多眚"是什么意思呢?这个车子为什么叫多眚呢?坎为陷,陷下去了,坑坑洼洼的,当然容易倾覆了。倾覆是灾,但这不是大灾,只是过错(眚)。

"为通",它又能流通,这个车子还是能通的。

"为月",这个似乎又不是讲车的,它是讲水的本身,月光如水。这个与车有什么联系呢?月如轮。

"为盗",这里有隐伏的意思,高亨先生的书上解释"隐伏"为盗。

"其于木也,为坚多心",如果引申到木来说,好像这是从卦形上来说的。木外表是皮,皮是柔的,中间这个木是坚实的,从卦形上看,两边是阴爻,中间是阳爻,与卦形似乎有些像。

"离为火,为日,为电",当然是指火光、电光、日光、光明,因为光明它就亮丽。

"为中女",前面已经讲过了。

"为甲胄",这个甲是指盔甲。当然盔甲也闪光了。另外盔甲是用来保护身体的。这就是《离》卦的卦形,离卦是上下为阳爻,中间是阴爻。人的身体是柔软的,盔甲当然是坚硬的,是保护身体的,裹在身体上。

"为戈兵",戈兵是保卫的,被保卫的在中间,当然是柔。正因为柔,当然要保护,保护为刚强,在周围。

"其于人也",那么引申到人呢?

"为大腹"。这个大腹还是从《离》卦的卦形上来说的,是吧?它中间是虚的,虚的是包藏的。"大腹"还有一个比喻。火苗、火焰,中间是空的。凡是火苗,它的边上温度最高,中间温度最低,而且中间是空的。

"为乾卦",离为什么又到乾呢?因为乾为天,为日,为光。

下面呢?"为鳖,为蟹,为蠃,为蚌,为龟。"这几个东西它都是带甲的,柔的在中间,甲壳在外,起保护作用的。

那么引申到木呢?"其于木也,为科上槁"。"科"当然是指一棵树。"槁"是枯槁。这棵树已经枯槁了,外表看这还是一棵树,但中间已经空虚了,腐烂了,是空心树,就像《离》卦的卦形一样。

"艮为山,为径路,为小石。"这些都是围绕山的。"径路"就是山路。"小石"也是山上的石头。

"为门阙",这个是从《艮》卦的卦形上来说的:一个阳爻,下面两个阴爻,就像开着一个门,似乎就是一个门阙。

"为果蓏"，树上结的果为果，草上长的果（像草莓这样的）为蓏。无论是果还是蓏，它都是叫实，即果实，这是取实来说的，实实在在的。

"为阍寺"，"阍"是指门口把门的人。凡是寺院，它都有把门的。过去讲"大理寺"，真正的寺是宋代的称谓，现在叫部委啦，那时候叫寺，寺是从那里来的。它有把门的，当然是止。

"为指"，因为山为手，象征手，当然有手指的指，前面讲过。"为狗"，当然是止了，前边进过。"为鼠"，为山鼠、松鼠。

"为黔喙之属"，"黔喙"是指专门肉食性的动物。"之属"就是那一类的动物。食肉性的动物当然在山林里面。"其于木也"，又引申到木了。

"为坚多节"。为什么说这个坚实又多节呢？像竹子，树啦都有节。其实从山势来看，山也是有节的。山形起伏、跌宕、蜿蜒峰峦，都是有节的，就像树上的节一样，树上也是弯弯曲曲。这是从山势象形来说的。

"兑为泽，为少女"，这前面都讲了。"为巫"，过去巫和医是两个关联的行业，巫是诊断，医是医治、治疗，它们是不同的分工。先是为巫的人诊断，到底是属于哪一类的病，然后行医的人治疗，根据巫的诊断来治疗。但是巫在以后有一个演变，变成另外一种形式。那时候，凡是给人诊断、诊病的，女人为巫，男人为觋，所以有一个说法。

"为口舌"，因为它为口，所以容易引起口舌。

"为毁折"，因为江河湖海容易被毁。

"为附决"，"附"它是附在岸上，必须有岸、有堤。因为岸很容易决堤，容易决口。

"其于地也"，引申到地上来说呢？"为刚卤"。"卤"是池塘和湖，它底上的土带盐，带碱。这种土跟其他土不一样，比其他的土要结实一些。

"为妾"。这从《归妹》卦可以看出来。因为她是少女，只能做妾，往往是做妾的多，在古代，在周代以前有这个习俗。"为羊"，这前面讲过，这也是一种喜悦。

【经典实例】

李泌审时度势侍四君

李泌是唐朝一名官员。他出身于官宦世家，少年早成，能文善辩。唐朝开元年间，被唐玄宗称为奇童。后来，玄宗命他为待诏翰林，掌表疏批答，应和文章等事。唐玄宗还命李泌充任皇太子的讲官，李泌得以成为太子李亨的师友。后来，因为他不满杨国忠、安禄山等人的不法行为而作诗发泄，被杨国忠知道了。杨国忠对李泌怀恨在心，便在玄宗面前对李泌大加攻击。唐玄宗听信了杨国忠的谗言，将李泌斥逐到蕲春郡。

安史之乱发生了，玄宗逃往四川。太子李亨即位为唐肃宗，宦官李辅国不离其左右，成为他的心腹。但是，李辅国是一个小人。而唐肃宗在政事上又听从宠妃张良娣的话，所以在当时唐肃宗没有能力处理好政务，无法恢复战乱后的困难局面。唐王朝进入了生死存亡的关键时刻，李泌不禁忧心如焚。肃宗急着招贤纳士，便想到了曾经与自己朝夕相处的李泌。或许是心有灵犀，就在这个时候，李泌也费尽周折找到肃宗。肃宗见到李泌，十分高兴。他和李泌彻夜长谈，十分投机。李泌见肃

宗态度诚恳，便向他讲述了天下事成败的历史教训，令肃宗很是佩服。肃宗打算授予李泌官职，被李泌坚决地推辞掉了。他知道自己没有战功，若此时居以高官，必招来祸害，就决定以宾客的身份帮助肃宗安定天下。虽然这样，肃宗还是下令让李泌追随左右，二人形影不离。李泌与郭子仪一同为肃宗效忠，一文一武，为肃宗分担了不少负担，政绩十分突出。

肃宗的次子建宁王李俶不仅骁勇善战，而且心地善良，对肃宗很孝敬。肃宗很喜欢李俶，决定任命李俶为兵马大元帅，全面负责平叛大事。当时，广平王是长子，而且还没有被立为太子。李泌怕这样会引起兄弟之间的争斗，便私下对肃宗说："建宁王诚然很贤能，但广平王毕竟是长子，并且有君主的胸怀。皇上难道想让广平王又当吴太伯吗？"历史上的吴太伯是周文王的大伯父，他看到父亲想传位给他的四弟季历，自己便主动让位，逃至吴地，史称吴太伯。李泌又进一步说道："皇上试想，假如建宁王任大元帅以后立了大功，将领们都听他的指挥，您就是想不立他为太子恐怕也做不到了。"接着，李泌便说起唐太宗和唐玄宗都是先掌兵权而后夺皇位的事情。肃宗仔细考虑，决定接受李泌的建议，任命广平王为兵马大元帅，避免了以后他们兄弟争权局面的产生。

张良娣和李辅国狼狈为奸，密谋赶走李泌。于是，他们向肃宗进言建宁王想当元帅，力图谋害广平王。肃宗不问究竟，也不与李泌商议，就杀了建宁王，而建宁王正是由于揭露了张、李二人的罪恶行径而得罪了二人的。李泌知道了此事后，处事更加小心谨慎。平日里，他依然用心地处理政务，工作一丝不苟，没有什么过错。

由于李泌受到肃宗的格外器重，招致李辅国等人的嫉妒，他们对李泌百般诋毁。为了躲避灾祸，唐军入驻西安后，李泌便请求到南岳衡山隐居。肃宗不解其意，但最后还是同意了他的请求。李泌于是在衡山过起了隐居生活。他知道在朝廷为官虽然很好，但是由于时机不好，奸臣当道，肃宗又不是很英明。所以，如果自己坚持正道，以求施展自己的抱负，必遭杀身之祸。这样离开朝廷，退隐山林，与大自然同乐，反而能落个逍遥自在。

肃宗死后，其子李豫登位，为唐代宗。代宗下诏让李泌回到长安，让他娶妻做宰相，命他做世俗之人。李泌见君意难违只得娶了妻子，但是死活也不愿意做宰相。而当时京中也有不少人排挤李泌，力图把他驱逐出京城，代宗也就不再坚持。

李泌先后在澧州（今湖南澧县）、杭州任职为官，为当地百姓办了不少好事，深得百姓的爱戴。那些想谋害他的人竟也找不到陷害他的把柄，于是，李泌日子倒也过得安稳。

代宗死后，唐德宗李适即位，由于他不善于处理政务，好猜忌别人，结果弄得内外大乱，唐王朝岌岌可危。在这关键的时刻，德宗不得不请李泌出山，任命李泌为宰相，以挽救危急的局势。

李泌做了宰相，以谦卑的口气向唐德宗提出了许多有效的治国建议，如要嘉奖功臣，大胆起用人才等。德宗欣然接受。此后，局面才有所改善。

李泌先后为唐朝四代皇帝做事，在天下大乱时出来辅佐君主，功成时则身退，实在是由于他能审时度势，因应不同的时机采取不同的做法，既不失尊严，又使自己得以保全。

周公旦治国有方

　　武王灭掉商朝之后,有一个重要的问题摆在他面前,这就是如何处理商朝遗民。武王想把这帮人都杀掉,却又觉得不妥当。因为当时去讨伐纣王时,各诸侯国军队是因为受武王的仁德感召才来共同战斗的。若此时大肆杀戮,势必会造成人心不稳的局面。于是,武王就向弟弟周公旦讨教。周公旦身受其父姬昌的影响,始终对百姓怀有一颗仁爱之心。他对武王说:"就让商朝遗民在他们原来居住的地方住下去吧。要鼓励他们耕种,同时也可选拔其中有德性的人为大周效力,这样子岂不更好? 要以德服人啊!"武王听了,感触很深,就下令施行。同时,他释放了箕子和商朝其他贵族,并开仓放粮,救济商地的饥民。这一系列措施赢得了人心,商朝遗民暂时稳定下来了,同时周朝也得到了其他部落的支持。

　　但武王却并不就此放心。他虽然封给纣王之子武庚以土地,但仍然准备派人监视他们的行动。于是,他分封给弟弟管叔、蔡叔土地,并让他们监视武庚的举动。同时,他又把土地分给周朝的功臣。他认为这样一来,同天下都是周朝,若天子有难,四方诸侯必然能来救援,周朝必然会长期稳定。不久,武王就因病去世了。太子姬诵继承了王位,就是周成王。成王当时年纪尚轻,没有治国的经验和本领。而那时周王朝面临着非常严峻的局面,各诸侯国虽然协助武王一举灭纣,但成功以后都有自己的打算,并掌握着很强的兵力。国内矛盾重重,人心不定,局面貌似稳定,实则危机四伏,而小小的成王根本无力解决这些问题。

　　在这群龙无首的关键时刻,周公旦甘当重任,替成王处理国政,各诸侯百官都要听命于他。而管叔、蔡叔对此十分不满。他们到处制造谣言。于是,周公旦想做国君的谣言很快传遍朝野四方,局势变得不稳定起来。

　　周公旦很冷静,他以一种博大宽厚的胸怀来面对这种状况。他对谣言置之不理,一心扑在朝政上,可谓呕心沥血。他积极关心百姓疾苦,帮助百姓恢复生产,使百姓安居乐业,周王朝的局势得到了较好的控制,局面有所好转。

　　但不久之后,武庚率领军队勾结管叔、蔡叔发动叛乱,力图推翻西周王朝,局势十分危急。如果不采取必要的措施,西周的大业有可能会毁于一旦。在这紧急关头,周公旦沉着冷静。他调集大军,亲自征讨。经过几场血战,用了两年的时间,终于镇压了叛乱,武庚、管叔被杀,蔡叔被流放。

　　周公旦又乘胜向东进发,平定了反叛的五十多个小国。这样,周朝疆域又扩大到了海边。经过这场大变,周朝人对周公旦心服口服。

　　周公旦认识到,随着疆域的开拓,都城镐京(今陕西长安西北)显得过于偏西,不利于国家管理,因此决定在东方的洛水之滨营建新的都城。三月初,周公旦准备新都的建立。他遵循天子遗训,依据节俭的原则建造新都。在他的号召下,四方民众都来参与新都的营建。

　　周公旦很注意以德服人。在平息叛乱后,周公旦把弟弟康叔分封到商朝遗民居住的地方,并对他讲了如何治理好封地的方法。周公旦说:"先帝施行仁德教化,许多人都愿意受他指挥,你要继续先帝的大业,要按照先帝的遗训和德教来治理国家。你到达封地后,要广泛地搜集殷商贤明的先生们的言论,尽量用他们的方法治

理，你应该修身积德，施行德教，心中宁静，时刻反省检查自己的品德行为，深谋远虑，才能使民众信服。只要你的德政能弘扬于天下，国家就可以治理了。"

新都建立以后，各诸侯国安心生产，整个周朝出现了一片欣欣向荣的大好形势。后来，周公旦又制礼作乐，建立名物典章制度，确立了嫡长子继承制，为周王朝的长治久安打下了很好的基础。

周公旦治国七年，不仅政治稳定，而且还把成王培养成贤明的君王。七年之后，周成王正式执掌朝政，而周公旦仍然一心一意地辅佐成王。可以说，周朝后来的兴盛，在很大程度上得益于周公旦的功劳。

辅政大臣霍光

汉武帝是西汉时期一位很有作为的皇帝。晚年时，他体弱多病，就想让儿子继承大业。武帝有三个儿子，唯独小儿子既聪明又懂事。于是，深谋远虑的武帝就打破常规，立小儿子为太子。可当时小儿子只有八岁，还不能打理国家大事，需要有一位忠心耿耿、德高望重的大臣来扶持他。武帝思来想去，决定让霍光为辅政大臣。汉武帝召见霍光，说明了自己的心意。霍光受宠若惊，跪倒在地，说："臣才疏学浅，蒙陛下隆恩，决不辜负陛下厚爱。"武帝很欣慰，临终前，他任命霍光为大司马大将军。

武帝过世后，霍光就像周公辅佐成王一样辅佐汉昭帝。他推行善政，为老百姓做了许多好事。

汉昭帝即位以后，汉朝国政大事都由霍光掌管。霍光深感责任很大，不敢急慢，小心谨慎地处理各方事务。那一年，到了春天耕种的季节，有些地方的老百姓没有种子可以播种，也没有粮食吃。秋天到了，好多地区受灾严重，收成不好，霍光就下令免除百姓的田租。霍光又深入调查百姓疾苦，减免了许多苛捐杂税，减轻了百姓负担。霍光爱惜民力，他对外和匈奴实行和亲政策，停止了战争，减轻服兵役给百姓带来的负担。这样一来，百姓得以休养生息，农业生产得到了很大发展，百姓安居乐业，天下一片大好的形势。

霍光管理朝政，取得了如此大的政绩，文武百官都很佩服，也愿意听从他的指挥。闲下来的时候，霍光就教汉昭帝为人处世的道理。他教导汉昭帝熟读《诗》《书》《礼》《易》《乐》和《春秋》，给他讲古代圣贤的故事。他让汉昭帝学习古代君王的美德和治国的方法。霍光常告诉昭帝要厉行节约，提倡节俭，爱护百姓；同时，应任用有才华、为人诚实、正直的大臣，虚心听取臣下的意见。霍光自己也提拔了一些有功劳、忠贞的大臣，委以重任。在辅佐昭帝的十三年里，农业生产得到了恢复和发展，出现了经济繁荣的景象。

汉昭帝二十一岁时病逝。国一日不能无君，霍光便和众位大臣商议，立汉武帝的孙子刘贺为皇帝。可刘贺不务正事，整日只是吃喝玩乐，霍光对他失去了信心。霍光想：为了国家的安危，必须废掉刘贺。他召集大臣们一起商讨，大家都认为刘贺如果继续当皇帝，势必会影响国家的安危，便让霍光做出决定。霍光诚恳地说："现在朝廷搞成这样，责任在我。我一定和大家一起努力来改变这样的局面。"于是，霍光和大臣们上奏太后，请求废掉刘贺。太后同意了。霍光和大臣们又一起商

量，决定立汉武帝的曾孙刘询为帝，他就是汉宣帝。

霍光依然没有忘记自己的辅政大任，他教导十八岁的宣帝要爱民、要勤奋，教给他治国的方法和道理，希望他成为一个贤明的君主。汉宣帝在霍光的帮助下，兢兢业业、励精图治，把国家治理得很好。霍光功劳很大，但他丝毫不夸耀自己的功劳，他常对家人和其他官员说："先帝让我辅佐昭帝，我只能努力去做，而这远远不够啊！我个人能力浅薄，尚且需要各位大臣的努力啊。好在先帝培养了一大批忠臣，大家一起努力，汉室天下必定会更加巩固。"

霍光虽是一位大臣，可是在当时的情况下，他俨然是一国之君的风范，起到了很大的作用。所以，可以说霍光也是具有"君德"的人。他功名显赫，在辅佐了汉宣帝七八年后，于汉宣帝地节二年（前68年）病逝。汉宣帝、皇太后为霍光举行了隆重的葬礼，把他葬在汉武帝的陵墓旁边，可见他的功德的伟大。汉宣帝派人在霍光墓前立了一块大石碑，记载了他一生的功德，以昭示后人。

一代清官陶侃

陶侃是晋朝鄱阳（在今江西）人，幼年丧父，家境贫寒。他从小便勤奋好学，做事情仔细认真。起初，他在郡里做监察官。后来，他考取孝廉，来到了洛阳。豫章（在今江西北部）王的郎中令杨晫听说陶侃人品、才学出众，就把他推荐给中书侍郎顾荣。

太熙元年（290年），晋武帝司马炎去世后，东晋出现了司马氏集团内部争夺帝位的"八王之乱"。八王自相残杀，从而导致战祸不断，百姓叫苦连天。与此同时，各地又发生了兵变和农民起义，因而晋王朝根基不稳，摇摇欲坠。

为了改变这种状况，拯救国家，陶侃自告奋勇，转战沙场，立下了汗马功劳，凯旋后被任命为荆州刺史。陶侃官场得意，一帆风顺，引起了一些人的忌妒和不满。其中有个叫钱凤的人是他的顶头上司镇东大将军王敦的心腹，经常在王敦面前诋毁他，令陶侃十分气愤。一次，他得知钱凤又一次诽谤自己后，就去拜见王敦，想澄清是非，但为时已晚。王敦听信了钱凤的话，结果陶侃被贬了职，派往广州做刺史。当时的广州，远离繁华，地处偏远，一般官员都不愿在那里做官。陶侃无可奈何，忍气吞声离开江陵，转赴广州。

到了广州，陶侃勤于政事，兢兢业业。由于事务不多，所以他每事必问。空闲下来的时候，他就去附近的村庄察访民情，了解百姓疾苦。

在广州，陶侃养成了一个独特的习惯。每天清晨他在后花园舞完剑，总要把花园的一堆砖头，一块一块地搬到花园外的一块空地，傍晚时再搬回原地。一段时间后，大家都知道了这件事，但谁也不敢询问原因。终于，有一天，有一个人大胆地问陶侃："大人每天公务繁忙，够辛苦的了，为什么还要去搬弄那些无用的砖头呢？"陶侃听了，微微一笑，长叹一口气，说道："现如今山河破碎，有志之士应该为恢复中原尽一份力。生活太安逸了，就容易消磨人的意志，将来怎能担当重任呢？搬砖头既能强身健体，又能锻炼意志，好处太多了。"那人听了，对他肃然起敬，说："大人胸怀大志，实在令人钦佩。"

陶侃为官清廉，政绩斐然，深得老百姓的爱戴。后来，朝廷考查官员的政务时知道了这一切。一些官员十分佩服他的品德和才能，极力向皇帝推荐他。晋明帝

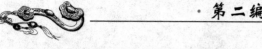
太宁三年(325年)五月,陶侃被委以重任——征西大将军,管理荆州(今属湖南)、湘州(今属湖南)、雍州(今陕西中南部)、梁州(今陕西南部和湖北西北部)四州的军务,同时任荆州刺史。当他到荆州赴任时,荆州大小官员及老百姓都赶来欢迎他,场面热烈,令人感动。

陶侃有了较高的职位,名气就更大了,但他并没有因此而骄傲自满,反而更加勤奋。每天清早,他按时来到官府,坐在案前批示公文。他手握毛笔,批批点点,常常是一气儿忙完。凡大小事情,他必亲自过目,及时安排。遇到事务特别多的情况,他更是毫不懈怠,夜以继日地工作。部下看他实在太辛劳,就劝他要注意休息,他总是说:"一会儿就忙完了。"陶侃总是等到把手头的公务全部处理完了才回房休息。有的部下对他的行为很不理解,就问道:"大人何必如此操劳呢?"陶侃笑着说:"我实在是舍不得让时间白白地流走啊!你知道吗,大禹是一个圣人,还要珍惜每一寸光阴。我们这些普通人,也应该爱惜每一份光阴才对。人生如梦,太短暂了,要珍惜时间,才能有所作为。活着如果不能对所处的时代有所贡献,死后也不能留名后世,一辈子只是吃喝玩乐,活着又有什么意义,岂不是虚度一生!"

日常,陶侃在饱读诗书的同时,时刻注意自己的道德修养,从各方面严格要求自己。

一天,陶侃正忙着批改公文,管家前来报告:"老爷,门外有一官老爷要求拜见大人。"陶侃听了,说道:"有请。"来人提着礼品,是想巴结陶侃,获得升职。陶侃搞清楚他的来意后,十分气愤,当面训斥了他一顿,并让他把礼品带走,下令不许为这件事再来找他。

这件事过去后,大家都知道陶侃不收礼,一些本来想通过送礼达到不正当目的的人也就不敢上门了。过了一段时间,有一位农夫来到官府要求拜见陶侃,管家看到他带着一些土特产,就想把他打发走。正在这时,陶侃从厅堂走出来。他看到农夫,就上前和他打招呼。一番交谈之后,便吩咐管家收下礼物,并准备厚礼答谢。农夫走后,管家百思不得其解,问陶侃:"大人不是不收礼吗,今天这是为什么?"陶侃笑答:"和人交往,经常要互赠礼物,如果是自己劳动所得,即使很少,也要收下,并要用厚礼答谢别人的好意。这就是'来而无往非礼也'。如果送礼之人别有用心,就应该坚决谢绝。"一番话说得管家口服心服。

陶侃身为要官,极为关心百姓疾苦,尊重百姓的劳动果实。在繁忙的公务之余,陶侃喜欢到郊外散步,一边浏览田园风光,一边察访民情。有一天,陶侃走到一片绿油油的稻田旁,看着这些农作物,他的心情格外舒畅。这时,有一个小伙子,跑到田里拔了几根稻穗,朝他走过来。陶侃上前问他:"小伙子,你拔人家田里的稻穗干什么呢?"那人笑嘻嘻地说:"不干什么,玩玩而已。"陶侃听了大为恼火,大声斥责道:"你为何无缘无故地毁坏别人的庄稼?"年轻人不以为然,丝毫没有悔悟之意。陶侃命令手下人把他抓起来,鞭打了一顿,直到他低头认错并且赔偿损失,才把他放了。

陶侃虽身居要位,生活却极为节俭,而且又很会打算。有一次,陶侃命令手下人把府里一些木柴、竹头过秤、记录后,放入库房。这些东西在库房里放了好长时间,管家几次提出要清库,陶侃都没有应允。这一年元旦,官府门前张灯结彩,煞是热闹。正逢雪后天晴,积雪融化了,道路变得泥泞。车辆行过,泥水飞溅,行人很不

方便。陶侃便让人把库房里的木屑拿出来，铺在路上。这样，路就好走多了。同时，那些保存下来的竹头也派上了用场。那年，大将桓温要讨伐西蜀，需要造船只，急需竹钉。桓温正准备派人到很远的地方去伐竹时，陶侃得知了这一情况，忙命人将库存的竹头送了去，解了燃眉之急。

陶侃地位越高，自己越发谦虚谨慎。他不贪图权势，晚年身体多病，自知不能胜任其职。他几次上书请求告老还乡，但都被朝廷和部下挽留下来，直到病情加重，才获准许。陶侃一生跌宕起伏，仍辛勤为国效力四十一年，劳苦功高，政绩斐然，可谓功在当代，利在千秋。在他管辖过的地方，百姓安居乐业，丰衣足食。老百姓不曾忘记陶侃这一代清官，他的故事被到处传诵。

伯牙摔琴

春秋时期，楚国有个名叫伯牙的人，他从小就喜欢音乐。待他到了二十岁，便跟随当地声望很高的琴师成连学习弹奏"七弦琴"。伯牙专心学琴，刻苦学习了整整三年。他练琴之余，也尝试作曲，但水平很一般。他自己也感觉没有灵感的冲动。三年下来，弹琴的技艺也没有得到很大的提高。

一天，伯牙突发奇想，想创作一首关于海的曲子。他整日冥思苦想，依然没有写出一个音符。他心情很郁闷，百思不得其解。老师成连看到学生这个样子，便启发他说："你想创作关于海的曲子，只有亲眼看到大海，才会引发你的创作灵感。让我带你去蓬莱仙岛上瞧一瞧吧！"于是，师徒二人来到了蓬莱仙岛。过了几天，成连便离开伯牙，去见老师方子春去了。在岛上，伯牙每天观看大海，面对宽阔的大海，迎风抚琴，好不惬意！

这一天，伯牙在海滩散步，突然间狂风大作，电闪雷鸣，暴雨倾盆而下，风声、雨声、雷声、波涛声合在一起，很是壮观。这一情景给伯牙带来了灵感。他赶快跑回居住的地方，拿出七弦琴弹起来。真是奇怪，伯牙竟然把自己一直想创作的曲子流畅地弹了出来。伯牙自己很高兴，他抚琴大喊："我终于做出了我的曲子！"后来，他把这首曲子命名为《高山流水》。

此后，伯牙又做了许多曲子。但他自己最满意的还是这首《高山流水》，他经常弹给别人听，但很少有人能听得懂。

有一次，伯牙听人说有一个叫钟子期的人技艺很高，能听懂乐曲，便慕名拜访。伯牙找到钟子期，钟子期恭敬地把伯牙请到他家里。伯牙把琴放好，便弹起来。琴声响起来了，伯牙脑子里都是高山的形象。钟子期闭上眼睛，屏气凝神，细细品味。伯牙弹完了一段，钟子期高声赞叹道："真是太美妙了，琴声气势磅礴，就像挺拔雄伟的泰山！"

伯牙听后心里一喜，但他没言语，继续弹下一段。这时，他想到了哗哗的流水声。只听琴声一会儿高远，一会儿又低沉，犹如瀑布从天而降，气势逼人，又似山间溪水缓缓而流，清澈透亮。钟子期听得着了迷，待伯牙弹完了好大一会儿，他才回过神来。他敬佩地看了看伯牙，深情地说："您的曲子太高妙了，我仿佛见到了烟波萦绕、深而宽广的流水啊！"伯牙听了，很是激动，他用手拍了拍钟子期的背说："您真是我的知音啊！"

于是,伯牙留在钟子期那里大谈音乐之美,几天几夜不休息仍不觉得劳累。通过交谈,伯牙已把钟子期当作自己的知音了,并虚心向钟子期学习音乐。钟子期也很欣赏伯牙的才华,二人静下心来,互相切磋,彼此增益不少。

伯牙要离开钟子期了,他和钟子期约好,一年后再相会。一年过去了,伯牙弹琴的技艺有了很大的进步。那天,伯牙又来找钟子期,才得知不久前钟子期已经去世了。伯牙跑到钟子期的墓前,号啕大哭。他痛惜失去了这样一位好朋友。伯牙忍着悲痛,为钟子期又弹奏了一遍《高山流水》。他仿佛看到了钟子期的笑容,听到了钟子期对自己的表扬。弹完曲子,伯牙想:"在这个世界上,只有子期能听懂我的曲子。现在子期已经不在了,我再弹琴作曲又有什么意义呢?又有谁来听呢?罢!罢!罢!"想到这里,伤心欲绝的伯牙将琴高高举起,朝地上狠狠摔去。琴虽然摔坏了,但是与钟子期的友情依然存在于伯牙的心中,永远难忘。

英勇善战的良将吕蒙

吕蒙是三国时期吴国的大将。他曾经跟随孙权转战各地,官任横野中郎将;后来又同大将周瑜、程普等大破曹操于赤壁,素以英勇善战著称。

吕蒙小时候家境贫寒,没有机会学习,所以没有文化。正是因为这样,他常常被人瞧不起,甚至被人取笑。他自己也为年少时没有抓紧时间学习而感到后悔不已。一天,孙权见吕蒙闷闷不乐,便问他有什么心事。吕蒙便把自己的不快告诉了孙权。孙权很喜爱这员猛将,但也早就感到他缺少学识,美中不足。于是他真诚地劝吕蒙下决心,从现在起好好用功学习,特别希望他多读史书和兵书,以弥补自己的不足。听了孙权的劝告,吕蒙觉得有了信心,便开始发奋读书,几乎把所有空余时间都用在了读书上,有时到了废寝忘食的程度。

这时的吕蒙已经是三十多岁的人了。到了这个年龄再重新学习,自然有不少困难。但是,吕蒙拿出了战场上作战的勇猛精神,来对待学习中的困难,决不遇难而退。经过一番刻苦努力,吕蒙进步很快,懂得了不少的事情,说话办事也比以前强多了。

吴国有一位大将叫鲁肃,他一向瞧不起吕蒙这个大老粗,经常在各种场合奚落他,往往弄得吕蒙很狼狈。后来,鲁肃当了吴国的军事统帅,更是不可一世,对吕蒙还是以老眼光看待。一天,鲁肃突然心血来潮,又想借同吕蒙谈话的机会来取笑他,开开心。鲁肃向吕蒙提了几个问题后,便拈着胡须洋洋得意地期待着看吕蒙的笑话。可是没料到,他所提的问题被吕蒙一一对答出来。鲁肃顿时很觉尴尬,脸上一阵火辣辣的,半晌才说:"吕将军!我原以为你还是个勇猛的阿蒙,哪知道你已经很有学问了,已经不是当年的阿蒙了。"吕蒙说:"士别三日,就应刮目相看。我现在用功学习,已经比以前有很大进步了。"

吕蒙不仅好学,而且胸怀宽广,待人很宽厚。

汉献帝建安二十二年(217年),鲁肃死后,孙权任命吕蒙为左护军虎威将军,代鲁肃率军西屯陆口(今湖北蒲圻)。吕蒙在驻屯陆口期间,其部属常有一些不法行为。江夏(今湖北安陆北)太守蔡遗只要知道了,从不正面在吕蒙面前谈论这些事情,专打小报告,弄得吕蒙很难堪。但是,吕蒙对此事并不记恨,反而采取有效措施对部属严加约束,从而使部队违法乱纪的事情大大减少。

后来,豫章(今江西南昌)太守顾邵死了,孙权要吕蒙推荐一名官员充任此职。吕蒙根据他平时所掌握的情况,就提名蔡遗。孙权当然知道蔡遗平时对吕蒙的态度,但还是接纳了吕蒙的建议,任命蔡遗做了豫章太守。

吕蒙部下有一位将军,名叫甘宁,起初依附刘表,后来追随孙权。他"粗暴好杀",我行我素,经常违背吕蒙和孙权的命令。因此,孙权对他很有点恼火。但吕蒙却对孙权说:"现在天下尚未安定,像甘宁这样骁勇善战的将领很难得,应该谅解他、重用他。"

在以后的多次战役中,甘宁都英勇作战,屡建奇功,为东吴鼎足江东做出了贡献。孙权对他进行了嘉奖,拜他为西陵(属宜都郡,故治为今湖北宜昌)太守。后来,甘宁跟从孙权攻打安徽,立了大功,被拜为折冲将军。

对于吕蒙来说,蔡遗和甘宁这两个人,一个向上级打过自己的"小报告",一个有点不听招呼,但在对待他们两人的任用上,吕蒙却能秉公办事,不挟私怨,尽他们之所长。他这种胸怀宽广、对人不求全责备的处世态度,很值得我们学习。

荀巨伯重信重义

荀巨伯是东汉桓帝时的贤士。他心地善良,待人热情。尤其是对朋友,他更是重信重义。

荀巨伯饱读诗书,学识渊博。从经书中,他学到了人之为人之道。他特别喜爱孔子的"仁义"的学说,在实际生活中也以仁义为标准来严格要求自己。他喜欢和正直的人交朋友,也看重朋友之间的信义。他总是以一颗仁爱之心来对待朋友,因而和他交友的人越来越多。

一天,一位远在千里的朋友派人捎信给他说:"近日小弟很是思念兄长,只因重病在身,路途遥远,不能前去拜访,心中很是惭愧,望兄见谅。"荀巨伯见信后,很是焦急。他打点行装,把家里事务安排好,第二天一早就出发了,要去探望朋友。

荀巨伯日夜兼程,披星戴月,走了近一个月的路才来到朋友住的郡县。只见城门大开,街上许多店铺都已关门。宽阔的街道上冷冷清清,空无一人,荀巨伯觉得很奇怪。他不顾路途的颠簸和劳累,直奔朋友的家而去。

进了门,荀巨伯没有发现朋友的踪迹。他喊了几声朋友的名字,仍不见有回应。他的心凉了半截儿:怕是出了什么事了吧?他四下寻找,终于在卧室阴暗的床上发现了朋友。只见朋友紧闭双眼,呼吸似有似无,已处于昏迷状态。荀巨伯找到了水缸,用碗舀了点水,轻轻地灌进朋友的嘴里。有了水的滋润,朋友渐渐清醒过来。他看清了荀巨伯的模样,眼泪夺眶而出:"兄长怎么来了?眼下胡兵要来攻城,满城的人只要能走得动路的,都跑光了。小弟现在是不行了,兄长快快离开吧!"

荀巨伯这才明白过来,他微微一笑,说道:"怕他们胡兵干什么?我知道你病了,就跑来探望。现在你身边没有人侍候,就让愚兄代劳吧!"朋友很受感动,但依然坚持说:"兄长还是快走吧,胡兵杀人不眨眼,何苦为了小弟白搭上性命?兄长快走吧!"一时心急,差点又昏迷过去。

荀巨伯见状,语重心长地说:"我从千里之外赶到这里,就是为了看望你,照顾你。现在你病成这样,你让我一个人走,败坏朋友之间的信义以求活命,难道是我荀巨伯所能做出来的吗?"荀巨伯的话说得朋友心里一阵激动。朋友不再坚持,他握着荀巨伯的手,说不出话来,彼此深深地点了点头。

荀巨伯为朋友做了点吃的,朋友精神好了许多。两人又谈起话来,谈得正高兴时,胡兵开始攻城了。由于无人阻挠,胡兵不费吹灰之力就攻占了这座城市,开始四下搜查。一群胡兵来到了荀巨伯朋友的屋子,见到二人正在谈笑风生。其中,一个小头领,手握大刀,大声对荀巨伯喊道:"我们大军到了,整座城的人都逃走了,你们是什么人,竟敢留在这里?"

荀巨伯毫无惧意,义正词严地说:"我是荀巨伯,朋友卧病在床,实在不忍心丢下他不管。请不要伤害我的朋友,我宁愿以我的身体换取朋友的性命。"这位头领听了很是佩服。原来,在胡人之中,朋友之间是特别注重信义的。他没有想到汉人也是如此。他看到了这位文弱书生的凛凛正气,就对手下人说:"我等无义之人不应该侵入这等讲仁义道德的国家,撤兵!"于是,胡人军队为荀巨伯的精神所震撼,撤回他们的国家去了,整个城池也得以保全。

朋友紧紧拉住荀巨伯之手,颤声说道:"兄长待我如生身父母,愿和兄长结为生死之交。愿为兄长赴汤蹈火,在所不辞。"荀巨伯说:"不用说这么多了,先把身子养好再说!"于是荀巨伯便安下心来为朋友治病。接下来的日子,他冒死护友的事迹也传播了开来,成为美谈。

此后,有更多的人跑来和荀巨伯交朋友。荀巨伯和朋友们一起读书,谈天说地,生活变得更加有滋有味了。

序卦传

《序卦传》以今本《周易》上、下经的卦序为依据,论说六十四卦排列序次及前后相承的哲学内蕴。

今本《周易》的卦序本是揲蓍成卦的自然结果,卦与卦的承继,除两两一组存在着卦爻"非覆即变"的关系外,组与组之间并无必然联系(如一与二为一组,三与四为一组,五与六为一组。一与二,三与四,五与六,它们之间存在着卦爻的联系:而二与三,四与五则无内在联系)。因此,《序卦传》在释说其前后承继的必然性时,有些地方就不免牵强,甚至为后世《易》学家所讥。但是,为今本卦序寻找合理性也许并非是《序卦传》作者的核心动机,而是以此为依托而融入作者的哲学思考,从而建立自己的《易》学释说体系。

李光地《周易折中》引蔡清说:"《序卦》之义,有相因者,有相反者。相反者,极而变者也;相因者,其未至于极者也"。高亨也说:"《序卦》中含有古朴而简单之辩证法因素。认为客观事物总是运动变化,有时向正面发展,有时向反面转化"。《易》卦之间的相生递嬗与相胜制约(如"屯者物之始生也,物生必蒙故受之以《蒙》"、"震者动也,物不可以终动,止之,故受之以《艮》"),其所反映的即是事物"逝曰远,远曰反"的运动规律。

《序卦传》以今本《易经》为底本,但可能也受了帛本《易经》的影响。如帛本《履》作《礼》,《序卦》说"物畜然后有礼,故受之以《履》";《临》卦帛本作《林》("林",有君、众、大等义),《序卦》说"临者大也";帛本《睽》作《乖》,《序卦》说"睽者乖也"。这三个卦,《杂卦传》的解说与《序卦》明显不同,如"《履》,不处也""《临》《观》之义,或与或求""《睽》,外也",由此亦可见《序卦》与帛本《易经》有关系。

《淮南子》有征引《序卦》之文而标"《易》曰"。可见汉代中早期《序卦》已取得近乎经的地位。

《系辞》"君子居而安者,《易》之序也",此盖为《序卦》所本。但《序卦》所陈说之《易》序,却不一定是《系辞》作者所言之《易》序。

序卦传

【传文】

有天地然后万物生焉;盈天地之间者唯万物,故受之以《屯》;屯者盈也,屯者物之始生也[①]。物生必蒙,故受之以《蒙》;蒙者蒙也,物之稚也[②]。物稚不可不养也,故受之以《需》;需者饮食之道也[③]。饮食必有讼,故受之以《讼》[④]。讼必有众起,故受之以《师》;师者众也[⑤]。众必有所比,故受之以《比》;比者比也[⑥]。比必有所畜,故受之以《小畜》[⑦]。物畜然后有礼,故受之以《履》[⑧]。履而泰,然后安,故受之以《泰》;泰者通也[⑨]。物不可以终通,故受之以《否》。物不可以终否,故受之以《同人》[⑩]。与人同者,物必归焉,故受之以《大有》。有大者不可以盈,故受之以

《谦》⑪。有大而能谦必豫，故受之以《豫》。豫必有随，故受之以《随》。以喜随人者必有事，故受之以《蛊》；蛊者事也⑫。有事而后可大，故受之以《临》；临者大也⑬。物大然后可观，故受之以《观》。可观而后有所合，故受之以《噬嗑》；嗑者合也⑭。物不可以苟合而已，故受之以《贲》；贲者饰也⑮。致饰然后亨则尽矣，故受之以《剥》；剥者剥也⑯。物不可以终尽剥，穷上反下，故受之以《复》⑰。复则不妄矣，故受之以《无妄》⑱。有无妄然后可畜，故受之以《大畜》⑲。物畜然后可养，故受之以《颐》；颐者养也。不养则不可动，故受之以《大过》⑳。物不可以终过，故受之以《坎》；坎者陷也㉑。陷必有所丽，故受之以《离》；离者丽也㉒。

　　有天地然后有万物，有万物然后有男女，有男女然后有夫妇，有夫妇然后有父子，有父子然后有君臣，有君臣然后有上下，有上下然后礼义有所错㉓。夫妇之道不可以不久也，故受之以《恒》㉔；恒者久也。物不可以久居其所，故受之以《遁》；遁者退也。物不可以终遁，故受之以《大壮》。物不可以终壮，故受之以《晋》；晋者进也㉕。进必有所伤，故受之以《明夷》；夷者伤也。伤于外者必反其家，故受之以《家人》。家道穷必乖，故受之以《睽》；睽者乖也。乖必有难，故受之以《蹇》；蹇者难也。物不可以终难，故受之以《解》；解者缓也㉖。缓必有所失，故受之以《损》㉗。损而不已必益，故受之以《益》。益而不已必决，故受之以《夬》㉘，夬者决也。决必有所遇，故受之以《姤》；姤者遇也㉙。物相遇而后聚，故受之以《萃》；萃者聚也。聚而上者谓之升，故受之以《升》。升而不已必困，故受之以《困》。困乎上者必反下，故受之以《井》。井道不可不革，故受之以《革》㉚。革物者莫若鼎，故受之以《鼎》。主器者莫若长子，故受之以《震》㉛；震者动也。物不可以终动，止之，故受之以《艮》；艮者止也㉜。物不可以终止，故受之以《渐》；渐者进也。进必有所归，故受之以《归妹》。得其所归者必大，故受之以《丰》；丰者大也㉝。穷大者必失其居，故受之以《旅》。旅而无所容，故受之以《巽》；巽者入也。入而后说之，故受之以《兑》；兑者说也。说而后散之，故受之以《涣》；涣者离也㉞。物不可以终离，故受之以《节》。节而信之，故受之以《中孚》。有其信者必行之，故受之以《小过》㉟。有过物者必济㊱，故受之以《既济》。物不可穷也，故受之以《未济》终焉㊲。

【注释】

　　①有天地然后有万物生焉；盈天地之间者唯万物，故受之以《屯》；屯者盈也，屯者物之始生也："天地"亦兼指阴阳二气及《乾》《坤》二卦。"万物"亦兼指象征万物的六十二卦，《系辞》所谓"天地设位而《易》行于其中"。"盈"，充盈、充满、充塞。先秦道家讲"盈天地之间者唯气"，因此这里的"盈天地之间者唯万物"即指充盈于天地之间的是创生万物的浑沌一气。"受"，继（《广雅·释诂》）。是说继《乾》《坤》卦之后的便是《屯》卦。《彖传》在《乾》《坤》中说"乾元资始""坤元资生"，在《屯》卦中说"刚柔始交而难生"，又说"天造草昧"，所以《屯》卦继《乾》《坤》之后，在《彖传》《序卦》看来是有其合理性和必然性的；但自《屯》卦以后，今本《易经》卦序的内在逻辑性在《彖传》中是看不出来的，《序卦》的解说自不免牵强。"屯者盈也"的"盈"是指化育万物生机的气体充盈，因此《序卦》似读"屯"为"浑沌"之"沌"，也即《黄帝四经》的"困"，这源于《彖传》的"雷雨之动满盈"和"天造草昧"。"屯者物之始生也"，此出"屯"之二义，源于《彖传》的"刚柔始交而难生"；《说文》也说"屯，象草木之初生，屯然而难"。这几句文字与《系辞》"天地絪缊，万

物化醇"相类。又按:《屯》卦下《震》上《坎》,此"物之始生"与《说卦》"帝出乎震"可能也有些关系。

②物生必蒙,故受之以《蒙》;蒙者蒙也,物之稚也:"蒙"有鸿蒙、芽萌(《集解》引郑玄"蒙,幼小之貌,齐人谓蒙为萌也")、蒙稺(即"稚",《说文》"稚,幼禾也")等义。《序卦》认为屯是物之始生,蒙是始生之貌。《蒙》次《屯》后,是《蒙》卦为《屯》卦之卦爻翻覆,其在内在意义上可能本无必然联系,而《序卦》则力图找出内在联系以建立其释说体系。

③需者饮食之道也:"需"读为"濡",谓濡泽、浸润、滋养。上句说"养",此处说饮食之道,可见《序卦》读"需"为"濡",与经义及《象传》("君子以饮食宴乐")一致。

④饮食必有讼,故受之以《讼》:"饮食"指生活资料私有观念、生活资料分配等。《庄子·列御寇》"齐人之井,饮者相捽也"亦是此理。群体当中,没有剩余的生活资料,便没有私有及争讼之事;若生活资料极大丰富,则亦可避免争讼之事,即下文"物畜然后有礼"。

⑤讼必有众起,故受之以《师》;师者众也:"起"谓群起参预。《师》卦讲军队作战之事,国与国之间的战争也与生存资料的争讼有关。《师》卦下《坎》上《坤》,先秦古籍解《易》及《说卦》中,《坎》《坤》皆有"众"义,所以这里说"师者众也"。

⑥众必有所比,故受之以《比》;比者比也:"比",相亲比。人群众杂,不相亲比则一盘散沙。

⑦比必有所畜,故受之以《小畜》:此"比"指在下位者顺比在上位者,更接近《象传》。在上位者有所蓄积才能使在下位者顺比亲密于上,《系辞》所谓"何以聚人曰财"。

⑧物畜然后有礼,故受之以《履》:"物畜然后有礼"即《管子》"仓廪实然后知礼义"。《集解》本"故受之以《履》"下有"履者礼也"四字。按:有"履者礼也"的本子可能是从今本《易经》卦名而读"履"为礼;无"履者礼也"的本子可能是从帛本《易经》卦名,因为帛本作《礼》,故无须释义。

⑨履而泰,然后安,故受之以《泰》;泰者通也:疑本作"履而后泰","然后安"盖是后人所作之注,因为《序卦》释"泰"为"通",《彖》、《象》并无训"泰"为"安"者。"履"谓知守礼义,"履而后泰",是说知守礼义则万事万物通泰。"通",亨通。具体说是指阴阳相通、上下相通,《彖》《象》同。

⑩物不可以终否,故受之以《同人》:"否",不通。具体讲是指阴阳不通,上下不通。"同人"指人际关系的和同。《同人》卦的经文及《彖传》是讲在上位者如何会同聚集在下位者,《序卦》"与人同者物必归焉"则是讲在上位者如何与民和同亲近。《杂卦》"同人,亲也"与此相近。

⑪有大者不可以盈,故受之以《谦》:"有",拥有。"大",众多、众物。"盈",骄傲自满。

⑫以喜随人者必有事,故受之以《蛊》,蛊者事也:"喜"承谦、豫、随而说。"豫"是和乐之义。谦之于内必和乐于外,即《管子》"人能正静,皮肤裕宽";满能招损,谦能受益,受益则亦所以和乐。"谦"或作"嗛",《荀子·正名》注"嗛,足也,快也",亦可见"谦"与"豫"之关系。能谦而和乐者必为众人所依随,即《象传》所谓

《天下随之》。《随》卦下《震》上《兑》，《兑》谓悦，"随人"谓因顺人性。"以喜随人"谓恬然和乐，无巧故机心而顺随人性。《杂卦》"《随》，无故也"（《周易折中》"无故，犹《庄子》言去故"），此与《序卦》相发明。"有事"犹言有为，《系辞》所谓"不疾而速，不行而至"即此。"蛊者事也"之"事"谓治事有为，《杂卦》"《蛊》，则饬也"谓有为则一切整饬。

⑬有事而后可大，故受之以《临》；临者大也："有事"，有为，有所作为。"大"，德业盛大，即《象传》所谓"天下治也"。帛书《临》作《林》，"林"有君义、众义，"临"有监临、临治之义，谓君主临治众人，其德业事功盛大。

⑭可观而后有所合，故受之以《噬嗑》；嗑者合也："可观"谓有所观仰取法。"合"，合于正道。可观而合即《象传》的"下观而化"。"嗑"，帛书《系辞》作《盇》，《象传》说"雷电合"，《序卦》说"有所合"，皆读"嗑"为"合"。

⑮物不可以苟合而已，故受之以《贲》；贲者饰也：这里的"饰"近于《象传》的"文明"，是指文教礼仪等，即《东坡易传》所说的"礼以饰情"。通过文教礼仪使人合于正道，这是中国古代典型的乐感教育和规范教育。

⑯致饰然后亨则尽矣，故受之以《剥》；剥者剥也："致"，极。饰极则反，故《贲》卦上九说"白贲"，《杂卦》说"《贲》，无色也"；否则其亨必尽，亨尽则必剥落倾覆。"剥也"之"剥"兼剥落、倾覆二义（《归藏》作"仆"，《象传》说"山附于地"，其义皆兼"仆""踣"之义）。

⑰物不可以终尽剥，穷上反下，故受之以《复》：高亨疑"尽"涉上文"亨则尽"而衍（按：也可能"尽"是"终"字之注）。事物不可能一直剥落下去，穷极于上必还复于下。《剥》卦（䷖）阳爻上九复返于《复》卦（䷗）之初九，是穷上反下不可终剥之义。

⑱复则不妄矣，故受之以《无妄》：能复返于正道则无妄作乱动之凶。能复则不妄，则元吉（《复》"不远复，无祗悔，元吉"）；不能复则为迷复，则为妄，则凶（《复》上六"迷复，凶"）。老子说"静曰复命……妄作凶"即是这个意思。

⑲有无妄然后可畜，故受之以《大畜》：《集解》本"然后"之上涉下文而衍"物"字。"畜"谓蓄积，似兼《经文》《彖》《象》之蓄物、蓄贤、蓄德而言之。

⑳不养则不可动，故受之以《大过》："养"谓自我修养和养蓄贤人。《大过》谓君子独立不惧的大过常俗之壮举。《杂卦》释"颐"为"养正"，孟子讲养浩然之正气，能如此则可有为兴动，则可有大过常俗之举；不能如此则不可动，若妄动则大过之举必导致大过误。

㉑物不可以终过，故受之以《坎》；坎者陷也：大过常俗则必遭构陷，故《大过》之后继之以《坎》。

㉒陷必有所丽，故受之以《离》；离者丽也："丽"谓附丽依托，所以助人摆脱坎陷。又"离""丽"训为"罹难"，谓遭人构陷必有所罹难。屈原《离骚》之"离"（释为"遭忧"）同此。又捕兽者坎陷在下而罗（《离》）网在上，坎水润下而离火炎上，坎下离上（《杂卦》），陷溺于下者必待附丽依托于上方可出坎，故《坎》之后继之以《离》。

㉓有天地然后有万物，有万物然后有男女，有男女然后有夫妇，有夫妇然后有父子，有父子然后有君臣，有君臣然后有上下，有上下然后礼仪有所错："错"同"措"，措置。"夫妇"指《咸》而说，源于《象传》的"二气相感""男下女"，《荀子·

大略》也说"《易》之《咸》,见夫妇"。《要》篇说"有人道焉,不可以父子、君臣、夫妇、先后尽称也,故要之以上下"与此"夫妇、父子、君臣"之次序小异。《诗》以《关雎》为四始之一,与此以《咸》卦居下经之首用意略同。《序卦》所据《周易》亦分上下经。

　　㉔夫妇之道不可以不久也,故受之以《恒》:男女相悦,夫妇相感,是人类生息之正道,不可以不恒久保持。《黄帝四经·十大经·观》"不会不继,无与守地",《荀子·大略》"夫妇之道不可不正"即包含这个意思。

　　㉕物不可以终壮,故受之以《晋》,晋者进也:"终壮",终止于盛壮阶段。"进",向前发展,指由盛壮向衰老发展,也即老子"物壮则老"的意思。

　　㉖物不可以终难,故受之以《解》,解者缓也:《蹇》卦上六"往蹇来硕"即包含着"物不可以终难"之意,但蹇极而解的事物运动法则是要通过人的行为去落实,即《解·彖》所说的"动而免乎险,解"。

　　㉗缓必有所失,故受之以《损》:《象传》说"雷雨作,解;君子以赦过宥罪",《文子·上德》说"雷之动也万物启,雨之润也万物解,大人施行,有似于此,阴阳之动有常节,大人之动不极物",都认为处天地万物解缓之时,圣人遵循客观规律,行宽松之政,处简易之事。但是宽松过极,失其常节,则松解即沦为松懈,解缓转为懈怠;如此则必然带来损失。

　　㉘益而不已必决,故受之以《夬》:《损》卦上九"无咎,贞吉",《大象》说"君子以惩忿窒欲",这说的是经过自我省察而损极转益的道理;《益》卦上九"莫益之,或击之",这包含着增益不已必满溢冲决的道理(《淮南子·天文训》注"溢",决也)。《损·象》说"损益盈虚,与时偕行",《杂卦》说"《损》,盛衰之始也",都是损益转化的道理。《夬》卦(☱)五阳一阴,《夬·象》说"刚决柔也",言阴柔被阳刚冲决而去;《夬·象》说"利有攸往,刚长乃终也",阴柔被冲决的最终结果必是阳刚增长,并且前往必有遇合。

　　㉙决必有所遇,故受之以《姤》;姤者遇也:《姤》卦的《象传》说"柔遇刚""天地相遇""刚遇中正"并此"遇"字之义。

　　㉚井道不可不革,故受之以《革》:《升》卦上六"冥升"不返(《杂卦》"《升》,不来也",韩注"来,还也"),故困,困极("困乎上"之"上"谓极至)而变("反下"谓向相反方向转变),变则通(《系辞》"困穷而通",《说卦》"《井》,通"),井道之通,久则陈旧,陈旧则必革治之。

　　㉛主器者莫若长子,故受之以《震》:鼎之革物,多可变少、有可变无、固态变液态、生食变熟食等,其变化有形态的、内容的、量变的、质变的;而主持革故鼎新者唯有德之君主、贤人,继承君位以执掌鼎器权柄者为正嫡长子,《震》又象长子,所以《鼎》卦之后继之以象征动用权威的《震》卦。

　　㉜物不可以终动,止之,故受之以《艮》;艮者止也:"止之"疑涉下文"终止"而衍(岳本、古本、足利本"止之"上更衍"动必"二字)。事物不能总是一味地运动,而是"与时偕行""动静参于天地",所以《震》动之后继之以《艮》止。

　　㉝得其所归者必大,故受之以《丰》,丰者大也:"得其所归"谓得到适宜的归宿,如良臣遇明主之类。丰大谓大有可为,如家大业大之类。《丰》卦九四"遇其夷主,吉"即此。

㉞说而后散之，故受之以《涣》；涣者离也："说"同"悦"。"悦而后散之"可有多种解释。就《序卦》上下文看，谓相互愉悦、相互取悦久了必然要离散，即"天下没有不散的筵席""小人之交甘以绝"的意思。而从帛书《缪和》释《涣》卦"涣其群"为"散其群党"来看，谓群臣朋比取悦则君主必离散之。

㉟有其信者必行之，故受之以《小过》：有信诺必履行之，则德配天地（《管子·形势》"有无弃之言者，必参于天地也"）。践行信诺是大节，矫枉而过正为小节；主忠信者未免小有过误，故《中孚》之后继之以《小过》。《管子·形势》"大山之隈，奚有于深"，《淮南子·泛论训》"小恶不足以妨大美"，帛书《五行》"不以小道害大道，简也"等均可与此参读。

㊱有过物者必济："过"承上文"小过"而说，指有大为而小有过失。"物"字疑涉下文"物不可穷"而抄衍。"济"，成就事功。

㊲物不可穷也，故受之以《未济》终焉："物"，事，事物发展的进程。"故受之以《未济》终焉"一句，在修辞学上称为兼语式，其意为"故受之以《未济》，且以《未济》终焉"。遵循事物发展"始卒若环"的规律，故《周易》以《未济》卦继《既济》卦，并以此卦作为六十四卦之终结，以示事物进程之"终则有始"。一切未成，皆处大路椎轮之时，即《乾》《坤》《屯》《蒙》之类。

【译文】

有了天地万物才能够萌生，充盈于天地之间的是创生万物的混沌一气，所以《周易》继象征天地絪缊的《乾》《坤》两卦之后便是《屯》卦。屯是孕育生机的气体充盈的意思，又是指万物开始萌生。物初生时肯定是处于草创萌芽的状态，所以继《屯》卦之后便是《蒙》卦。蒙是鸿蒙草创的意思，象征事物的幼稚阶段。事物稚小有待于培养，所以继《蒙》卦之后便是《需》卦，濡泽浸润就如同人需要饮食滋养的道理。有了私有生活材料就必然会引起群体之间的争讼，所以继《需》卦之后便是《讼》卦。争讼必然有众人兴起参预，所以继《讼》卦之后便是《师》卦，师就是众人的意思。人群众杂就必然需要相互亲比，所以继《师》卦之后便是《比》卦，比就是相互亲比的意思。使民众亲密君主则君主必定要有财物的积蓄，所以继《比》卦之后便是《小畜》卦。有财物的积累然后民众就能知守礼义，因此继《小畜》卦之后的便是《履》卦（履即是遵守礼义的意思）。遵守礼义则万事万物通泰安和，所以继《履》卦之后的便是《泰》卦，泰是亨通的意思。事物不可能一直亨通下去，所以继《泰》卦之后的便是象征不通的《否》卦。人际关系不能永久阻隔不通，所以继《否》卦之后的便是象征人际和同的《同人》卦。能与民和同则众物归附，所以继《同人》卦之后的便是《大有》卦。拥有众物则不可以骄傲自满，所以继《大有》卦之后的便是《谦》卦。拥有众物又能谦虚则必然和乐，所以继《谦》卦之后的便是象征和乐的《豫》卦。恬然和乐为众物所依，所以继《豫》卦之后的便是象征依从的《随》卦。以和乐恬然之心顺随人性的人，必有所为，所以继《随》卦之后的便是《蛊》卦，蛊是有所作为的意思。有所作为就能建立盛德大业，所以继《蛊》卦之后的便是《临》卦，临是德业盛大的意思。德业盛大而后可为人所观仰，所以继《临》卦之后的便是《观》卦。有所观仰取法而后就能合于正道，所以继《观》卦之后的便是《噬嗑》卦，嗑就是相吻合的意思。使事物相吻合不能苟且随便，所以继《噬嗑》卦之后的便是《贲》卦，贲是文饰的意思。文饰过分则亨通也就发展到了尽头，所以继《贲》卦之

后的便是《剥》卦,剥就是剥落倾覆的意思。事物不可能永远剥落下去,走到头还会返回来,所以继《剥》卦之后的便是《复》卦。能够回复于正道的就不会妄行乱动,所以继《复》卦之后的便是《无妄》卦。不妄行乱动就能够有所蓄聚,所以继《无妄》卦之后的便是《大畜》卦。财物积累之后就能养蓄贤人,所以继《大畜》卦之后的便是《颐》卦,颐便是养蓄的意思。不养蓄群贤便不可有为兴动,所以继《颐》卦之后的便是象征大过常俗的《大过》卦。大过常俗之举也是难以持久的,所以继《大过》卦之后的便是《坎》卦,坎就是沟坎险陷的意思。遭遇险陷必须有所附丽依托,所以继《坎》卦之后的便是《离》卦,离是附丽依托的意思。

有了天地之后才能有万物的产生,有了万物之后才能出现人类的男性女性,有了男女之后才能结合成夫妇,有了夫妇之后才能有父子关系,有了父子关系之后才能有君臣之分,有了君臣之分之后才能有上下尊卑之别,有了上下尊卑之别后才能使礼义纲常制度有所措置。夫妇相互感通的道理不可以不恒久延续,所以继象征夫妻之道的《咸》卦之后的便是《恒》卦,恒就是持久保持的意思。客观事物不可能永远停留在一个地方,所以继《恒》卦之后的便是《遁》卦,遁就是退避离去的意思。事物不可能永远处于退避敛缩的状态,所以继《遁》卦之后的便是象征伸展盛壮的《大壮》卦。事物不可能永久停留在盛壮阶段,所以继《大壮》卦之后的便是《晋》卦,晋是向前发展的意思。向前发展必然遇到损伤,所以继《晋》卦之后的便是《明夷》卦,夷即是伤损的意思。在外面受到伤损必然要返还于家,所以继《明夷》卦之后的便是《家人》卦。家庭伦常之道衰败就必然出现乖违之事,所以继《家人》卦之后的便是《睽》卦,睽是乖违的意思。有乖违必有艰难,所以继《睽》卦之后的便是《蹇》卦,蹇是困难的意思。但事物不可能永久艰难,所以继《蹇》卦之后的便是《解》卦,解是缓解松弛的意思。有所松懈也会带来损失,所以继《解》卦之后的便是《损》卦。不断受到损失也会因为自我省察而转为增益,所以继《损》卦之后的便是《益》卦。增益过分便会满溢冲决,所以继《益》卦之后的便是《夬》卦,夬是冲决的意思。阴柔被冲决必会带来美善的遇合,所以继《夬》卦之后的便是《姤》卦,姤是遇合的意思。事物遇合方能汇聚,所以继《姤》卦之后的便是《萃》卦,萃是汇聚的意思。积累汇聚就能逐渐升进,所以继《萃》卦之后的便是《升》卦。升进不止必然困穷,所以继《升》卦之后的便是《困》卦。困穷不通发展到至极必然走向反面,所以继《困》卦之后的便是象征通畅的《井》卦。水井的道理是时间久了不能不变革治理,所以继《井》卦之后的便是《革》卦。变革事物最明显的便是鼎器了,所以继《革》卦之后的便是《鼎》卦。执掌鼎器权柄的最适当人选便是长子,因此继《鼎》卦之后的便是象征长子动用权威的《震》卦,震是霹雳震动的意思。事物不能只是一味地运动,所以继《震》卦之后的便是《艮》卦,艮是静止的意思。事物不能停留在静止状态,所以继《艮》卦之后的便是《渐》卦,渐是逐渐前进发展的意思。前进就必然有所趋附依归,所以继《渐》卦之后便是象征女子有所归附的《归妹》卦。得到适宜的归宿就必然会有大发展,所以继《归妹》卦之后的便是《丰》卦,丰是大的意思。穷奢极大者必将失去立足之地,所以继《丰》卦之后的便是象征漂泊羁旅的《旅》卦。旅居于外不能永远无所容身,所以继《旅》卦之后的便是《巽》卦,巽是凭借逊顺而进入容身之所的意思。进入安身之所后而欣悦,所以继《巽》卦之后的便是《兑》卦,兑是欣悦的意思。相互愉悦久了必然要离散,所以继《兑》卦之后的便是《涣》卦,涣是离散的意思。但事物不能永久处于游离分散的状态,所以继《涣》卦之后的便是象征抑止节制的《节》卦。有节度必然要讲究诚信,所以继《节》卦之后的便是象征中心诚信的《中孚》卦。讲究信义的人必然要履行承诺,所以继《中孚》卦之后的便是象征有大为而小有过失的《小过》卦。有大为而小有过失的人做事必然成功,所以继《小过》卦之后的便是象征一切都已然成功的《既济》卦。事物的发展是没有穷尽的,所以继《既济》卦之后的便是象征尚未成功的《未济》卦,并以此作为六十四卦的终结。

【解读】

1. 乾卦 ䷀ 　　上乾
　　　　　　下乾

乾卦六爻为纯阳,象征天,天外有天。

天运行不息,所以显示刚与健。

天体的运行不舍昼夜,不误分秒,从来没有停止过。这种意志是最大的刚,这种体质便是最大的健,所以经中说:"天行健"。

2. 坤卦 ䷁ 　　上坤
　　　　　　下坤

坤卦六爻为纯阴,象征地,地中有地。

地必须顺应天的运行规律,并承载万物,所以显示柔与顺。

乾、坤二卦是六十四卦的根本,包括了六十四卦和三百八十四爻的变化法则。所以说,天地初开,然后产生万物。万物始生,充盈于天地之间,所以接下来是"屯卦"。

3. 屯卦 ䷂ 　　上坎
　　　　　　下震

屯卦由坎卦(水)和震卦(雷),重合而成,名水雷屯。

屯,音 zhūn,表示万物始生时的艰难。象征天地初开,万物始生时的状况:

天的刚健之力和地的柔顺之力二力作用,产生了雷鸣般的震动,由震动产生了强大的气流,气化合为水,有了水,万物才能萌发、滋生,充盈于天地之间。

但是万物创生的开始,各方面条件并未成熟,呈现出一种艰难、蒙昧的状态,所以,接下来是"蒙卦"。

4. 蒙卦 ䷃ 　　上艮
　　　　　　下坎

蒙卦由艮(山)和坎卦(水)重合而成,名山水蒙。

蒙的本义是蒙盖、包裹的意思,这里指蒙昧和幼稚,也有启蒙的意思。

从卦形上看,像是水要流动,又受到山的阻隔和限制(艮卦为山,为止)。

又好比有人在山中迷路时不知所措的样子,此时如果没有人指引和帮助,就会陷入饥渴的困惑之中。

万物始生时也是这样,所以接下来是"需卦"。

5. 需卦 ䷄ 　　上坎
　　　　　　下乾

需卦由坎卦(水)和乾卦(天)重合而成,名水天需。

需是需要饮食供给、需要启蒙的意思。

阳光(乾)和雨露(坎)是万物生长的第一需要,万物生长靠太阳,雨露滋润禾苗壮。阳光和雨露是万物生存的第一需要。

在物资还不丰足的时候,就会出现分配上的问题,所以接下来是"讼卦"。

　　6. 讼卦䷅　　上乾
　　　　　　　　　下坎

讼卦由乾卦(天)和坎卦(水)重合而成,名天水讼。

讼是争执、争讼的意思(这里不一定是专指诉讼)。

上为乾,下为坎,坎为陷,象征天下万物陷入到争执的讼斗之中。

由于物资不丰富,很难满足每个人的需求,加上少数人的贪婪,野蛮抢夺,势必引起多数人的不满,所以接下来是"师卦"。

　　7. 师卦䷆　　上坤
　　　　　　　　　下坎

师卦由坤卦(地)和坎卦(水)重合而成,名地水师。

师是众、军队,意思是兴师动众。

小的争讼引起大的纷争,乃至战争,众多的柔弱者也会团结起来为保护自身的利益而战斗。这时,有勇敢刚强者(卦中第二爻是唯一的阳爻)振臂一呼,于是群起而攻之,平息了争讼。

争讼平息,新的局面出现了,所以接下来是"比卦"。

　　8. 比卦䷇　　上坎
　　　　　　　　　下坤

比卦由坎卦(水)、坤卦(地)重合而成,名水地比。

比是紧靠、靠近,引申为比附、辅助、竞相亲近、攀比的意思。

战争结束了,众人一致推举那位勇敢善战者登上首领的位置(注意:师卦中第二爻阳爻上升到本卦的第五位,名九五之尊)。首领产生了,众人纷纷前来表示亲近。于是首领做出新的分配规定,鼓励大家公平竞争。

有了竞争,就会使一部分人先富起来,所以接下来是"小畜卦"。

　　9. 小畜卦䷈　　上巽
　　　　　　　　　　下乾

小畜卦由巽卦(风)、乾卦(天)重合而成,名风天小畜。

畜是积蓄的意思。由于有了新的分配制度,可以公平竞争,一部分勤劳、刚健者(乾为刚健),便有了多余的收入(巽为入),率先富裕起来。由于生产力还比较落后,竞争尚处在初级阶段,所以也只能是"小康"水平。

随着生产力的发展和社会的进步,竞争会越来越激烈,需要用道德礼仪来规范和制约,所以接下来是"履卦"。

　　10. 履卦䷉　　上乾
　　　　　　　　　　下兑

履卦由乾卦(天)和兑卦(泽)重合而成,名天泽履。

履与"礼"同音、同义。古人常指履行礼仪。

刚健、勤奋者(乾为刚健)有了积蓄,自然喜悦(兑为悦),由于喜悦,便有了礼节和礼仪。

明礼之人自然心情舒畅,所以接下来是"泰卦"。

11. 泰卦䷊　　　上坤
　　　　　　　下乾

泰卦由坤卦(地)和乾卦(天)重合而成,名地天泰。

泰是安泰、通畅的意思。

卦中内卦为刚健的乾卦(下卦亦称为内卦),外卦为柔顺的坤卦(上卦又称外卦)。由于礼仪的节制,人人都把刚强的一面含蓄于内(乾为内卦),而把柔顺的一面表现于外(坤为外卦),强争硬夺的少了,柔和顺应的多了,万事自然通畅顺利。

然而,事物不会始终通畅,所以接下来是"否卦"。

12. 否卦䷋　　　上乾
　　　　　　　下坤

否卦由乾卦(天)和坤卦(地)重合而成,名天地否。

否,音 PǏ,是恶、不,阻塞的意思。

本卦与泰卦颠倒过来了,刚健的乾卦变为外卦,而柔顺的坤卦变为内卦。显示社会风气变坏了,争强好夺的招摇于外,而柔顺安分的压抑于内。

然而,这种理不畅,礼不通,物不流,气不顺的局面也不会长期下去,所以接着是"同人卦"。

13. 同人卦䷌　　上乾
　　　　　　　下离

同人卦由乾卦(天)和离卦(火)重合而成,名天火同人。

同人是人与人之间和睦相处的意思。

离卦为火,有蒸蒸日上之象。与上卦乾卦相重合,象征天底下热心向上的人还是大多数(卦中阳爻居多)。

大多数人能和睦相处,四方万物必然归顺,所以接着是"大有卦"。

14. 大有卦䷍　　上离
　　　　　　　下乾

大有卦由离卦(火)和乾卦(天)重合而成,名火天大有。

大有是大的收获。卦中第五爻为国君之位,应为阳爻,本卦是阴爻,象征国君以天下为公,顺应民意,与民同处,使人民都能富裕。

少数人富裕为"小畜",天下人富裕为大有,所以接下来是"谦卦"。

15. 谦卦䷎　　　上坤
　　　　　　　下艮

谦卦由坤卦(地)、艮卦(山)重合而成,名地山谦。

谦是谦卑的意思。

内卦是艮卦,象征内心有山的安静,知行知止;外卦是坤卦,象征外表有地的平实,可尊可卑。

谦而后能使人愉悦,所以,接下来是"豫卦"。

16. 豫卦䷏　　　上震
　　　　　　　下坤

豫卦由震卦(雷)和坤卦(地)重合而成,名雷地豫。

豫有愉悦和预见、预备两重意思。

有了大的功业而又能谦恭的国君(单位领导、地方长官乃至个人同理),并没有沉溺于安逸之中,而是以欢庆的鼓乐(雷象征鼓乐)祭拜上帝和祖先(今解为归功于人民,回报于社会),不贪天之功,因为他有更长远的预见和计划。

这样才更得人心,所以接着是"随卦"。

17. 随卦䷐　　上兑
　　　　　　　　下震

随卦由兑卦(泽)和震卦(雷)重合而成,名泽雷随。

随是顺应,随顺的意思。

本卦阳卦在阴卦之下,阳爻也在阴爻之下,六十四卦中这两种情况同卦出现的,只有这一卦,这就是本卦"随"的特定含义:高贵者不耻下问是一种"随和"的谦恭;领导虚心听取下级的意见,是一种"随顺"的作风;刚强者按照柔弱者的意见办事,是一种"随缘"的大度。本卦下震上兑,象征随动而悦,随悦而动的协作景观。

然而,随和也要讲原则,没有原则的"随"会惹出麻烦的,所以接下来是"蛊卦"。

18. 蛊卦䷑　　上艮
　　　　　　　　下巽

蛊卦由艮卦(山)、巽卦(风)重合而成,名山风蛊。

蛊是蛊惑,迷惑的意思,这里是腐败、惑乱、多事的意思。

卦象为山下之风,山风多为山谷风,所以名山风谷(蛊)。山谷风常使人毛骨悚然,引发出一些惑乱的事端来。

惑乱发生了,需要有人出来收拾局面,所以接下来是"临卦"。

19. 临卦䷒　　上坤
　　　　　　　　下兑

临卦由坤卦(地)、兑卦(泽)重合而成,名地泽临。

临是君临天下,大的意思。

泽上是地,地为岸,临岸而俯视泽中,自然有一种伟岸的感觉,有震慑全局的气象。

站得高者,就有了观摩的条件,所以接下来是"观卦"。

20. 观卦䷓　　上巽
　　　　　　　　下坤

观卦由巽卦(风)、坤卦(地)重合而成,名风地观。

观是观摩和观望两重意思。

巽居上,坤居下,象征风行大地,观览万物民情;坤又有"众"的意思,象征众人仰观风向,众望所归。

众望所归说明上下意志相合,所以,接下来是"噬嗑卦"。

21. 噬嗑卦䷔　　上离
　　　　　　　　　下震

噬嗑卦由离卦(火)、震卦(雷)重合而成,名火雷噬嗑。

噬嗑是咬合、吻合的意思,口中有物梗塞,咬破才能合上,这就是有噬(咬)而后嗑(合)的原义。

本卦上、下两爻为阳爻，中间二、三、五爻为阴爻，阴为虚，极像一个张开的口；第四爻为阳爻，阳为实，很像口中有一物梗塞。若要合上口，必须将此物咬破才行，这就是本卦卦象与卦名相配的原义。其义为合，但万物不可苟合，所以接下来是"贲卦"。

22. 贲卦 ䷔　上艮
　　　　　　下离

贲卦由艮卦（山）、离卦（火）重合而成，名山火贲。

贲是文饰、修饰的意思。

俗话说，山有脉、石有纹，有纹理的石头便有了欣赏性。离卦的物象是雉，雉是一种羽毛美丽的山鸡，山（艮）中有美丽的山鸡，当然是对山的一种装饰。也可以理解为，在火光的映照下，远山更显得明亮、秀丽。

然而，过分的装饰，又会失去真实，好得过头了，就是一种弊端。所以，接下来是"剥卦"。

23. 剥卦 ䷖　上艮
　　　　　　下坤

剥卦由艮卦（山）、坤卦（地）重合而成，名"山地剥"。

剥是剥落、脱落的意思。

上卦贲是修饰，修饰后便有了文彩，本卦为剥，显示装饰的彩绘开始剥落。卦中唯有一阳居上，以下五爻全为阴，是阴剥阳，剥到了极点，只剩上爻一阳尚在，有种君子正义难伸之象。

然而，剥到极点便是终点，所以接下来是"复卦"。

24. 复卦 ䷗　上坤
　　　　　　下震

复卦由坤卦（地）、震卦（雷）重合而成，名"地雷复"。

复是返本、复苏的意思。

从卦上看，初爻一阳，在五阴之下，是阴极而阳返；上坤下震，又象征雷动于地中，阳气开始回复。重新回复到原本的现实，就没有虚假了。

所以，接下来是"无妄卦"。

25. 无妄卦 ䷘　上乾
　　　　　　　下震

无妄卦由乾卦（天）、震卦（雷）重合而成，名天雷无妄。

无妄是真实没有虚妄的意思。

天在外，雷在内，象征天上打雷，肯定会下雨，真实无妄；天上打雷，要存正念，不可有妄想。

没有虚妄的念头，真实地去干，定会有所收获。所以，接下来是"大畜卦"。

26. 大畜卦 ䷙　上艮
　　　　　　　下乾

大畜卦由艮卦（山）、乾卦（天）重合而成，名"山天大畜"。

大畜是积蓄丰满的意思。

卦形是天藏于山中之象，形容储藏、积蓄之极大，大得只有用"天"来做比。

有了丰富的储备，就可以用于养育。所以接下来是"颐卦"。

27. 颐卦 　　上艮
　　　　　　下震

颐卦由艮卦(山)、震卦(雷)重合而成,名"山雷颐"。

颐是营养、养育的意思,如成语"颐养天年"。

卦的上下两爻为阳(实),中间四爻为阴(虚),上下实,中间虚,象张开的口:震卦为动,比作咀嚼、张口吃饭,接受营养的动作。

没有饮食营养,就不能行动,所以接下来是"大过卦"。

28. 大过卦 　　上兑
　　　　　　　下巽

大过卦由兑卦(泽)、巽卦(风)重合而成,名泽风大过。

大过是大大地超过的意思。

下卦"巽"为风,上卦"兑"为泽。风不从水面吹拂,而是从泽水下面吹过,可见不同寻常,敢于超越常理。

但风总会吹回水面的,不会始终大过,所以接下来是"坎卦"。

29. 坎卦 　　上坎
　　　　　　下坎

坎卦由两个坎卦重合而成,坎为水,水中有水。

坎是陷、险的意思。

因为上卦大过,过则盛极必衰,衰则陷落。

而陷落也有一种亮丽的景象出现,所以接下来是"离卦"。

30. 离卦 　　上离
　　　　　　下离

离卦由两个离卦组成本卦,离为火,火中有火。

离是火附于物燃烧而上炎,放出光明,显示明丽的灿烂景象。

以上三十卦为上经部分。接下来是下经三十四卦,首先是"咸卦"。

31. 咸卦 　　上兑
　　　　　　下艮

咸卦由兑卦(泽)、艮卦(山)重合而成,名泽山咸。咸是感应的意思。

卦形很有意思,外卦是兑卦,为悦,为少女,内卦是艮卦,为静,为少男。就像一诚实文静的少男,在家迎候新娘;为男方诚情所感,一和悦的少女姗姗来嫁。

男女结婚后都希望白头偕老,因为这是一种新的家庭生活的开始,所以接下来是"恒卦"。

32. 恒卦 　　上震
　　　　　　下巽

恒卦由震卦(雷)、巽卦(风)重合而成,名雷风恒。

恒是长久、恒常的意思。

本卦一为长女(内卦巽),一为长男(外卦震),说明当年的少男、少女已是多年的夫妇了。卦中之象,好比主妇在家恭顺(巽即逊)地操持家务,丈夫在外勤奋(震为动)地创办事业。

每个家庭都不可能维持现状不变，所以接下来是"遁卦"。

33. 遁卦 ䷠　上乾　下艮

遁卦由乾卦（天）、艮卦（山）重合而成，名天山遁。

遁是退避、退让的意思。

上为乾卦，象征天，下为艮卦，象征山。无论山有多高，都不会顶破天，因为天知道退让。夫妻间也是这样，互相谦让，才能保持和睦，夫妇和睦，家道才能兴旺。

所以接下来是"大壮卦"。

34. 大壮卦 ䷡　上震　下乾

大壮卦由震卦（雷）、乾卦（天）重合而成，名雷天大壮。

大壮是伟大、兴盛的意思。

下卦乾象征刚健的丈夫，自强不息的君子；上卦震象征轰轰烈烈的事业。事业伟大，家道必然兴旺。

夫贵必然妇贤，所以接下来是"晋卦"。

35. 晋卦 ䷢　上离　下坤

晋卦由离卦（火）、坤卦（地）重合而成，名火地晋。

晋本义为进，是前进、晋升的意思。

上卦离指太阳，太阳从地平线上冉冉升起，人们开始了一天的劳作，行人也和太阳一样赶着自己的路。

然而，行进的路并不是平坦的，所以接下来是"明夷卦"。

36. 明夷卦 ䷣　上坤　下离

明夷卦由坤卦（地）、离卦（火）重合而成，名地火明夷。

明夷是光明受到伤害的意思。伤害，是指太阳消失在地平线之下，黑夜降临了。

"日出而作，日没而息"，此时人们也要回家了，所以接下来是"家人卦"。

37. 家人卦 ䷤　上巽　下离

家人卦由巽卦（风）、离卦（火）重合而成，名风火家人。

家人是指把家庭治好的意思。

有了一个温馨的家，在外受到什么委屈和伤害，也能在家里得到一种安慰和安全感。本卦上为长女（巽），下为中女（离），象征女人持家理财。九五阳爻为男在外卦，说明男人常年在外。

如果家庭成员乱了人伦，其行为可能难守正道了，所以接下来是"睽卦"。

38. 睽卦 ䷥　上离　下兑

睽卦由离卦（火）、兑卦（泽）重合而成，名火泽睽。

睽是违背、背离的意思。

与家人卦中的和睦、温馨相反。再看自然卦象,上离为火,下兑为泽。火向上炎,水向下润,水火相违。居家处事互相违逆,必然引起家道维艰了。

所以,接下来是"蹇卦"。

39. 蹇卦 　上坎
　　　　　下艮

蹇卦由坎卦(水)、艮卦(山)重合而成,名水山蹇。

蹇的原义是跛足的跛,行走不方便,引申为困难的意思。

本卦下卦"艮"为止,前进不得;上卦"坎"为险,不敢冒进,于是,陷入左右两难的境地。坚持正道,意志坚定的人,每到难中都会遇到"贵人"的。

所以,接下来是"解卦"。

40. 解卦 　上震
　　　　　下坎

解卦由震卦(雷)、坎卦(水)重合而成,名雷水解。

解是缓解、排忧解难的意思。

解与难是相反相成、矛盾互动的。本卦内卦"坎"为险,而外卦"震"为动,由于行动,终于从困境中走了出来,正如俗话所说:树挪死,人挪活,在挪动中得到了缓解。

但是,排除困难也像谈判一样,要想真正解决问题,必须做出一些让步。

所以,接下来是"损卦"。

41. 损卦 　上艮
　　　　　下兑

损卦由艮卦(山)、兑卦(泽)重合而成,名山泽损。

损是减损、损失的意思。

上卦"艮"象征山,下卦"兑"象征泽。山在泽中,山脚岩壁四时遭遇波浪的撞击和水的浸蚀,势必有所损失。年年月月不停地损失,也许有一天,山被夷为泽底不能再损失了。

所以,接下来是"益卦"。

42. 益卦 　上巽
　　　　　下震

益卦由巽卦(风)、震卦(雷)重合而成,名风雷益。

益是增益、增加的意思。这里也有"溢"的含义。

与上卦完全相反。当山被夷为泽底不能再损失时,而泽的面积增加了,这就是大自然不增不减的奥妙所在。本卦上为"巽",巽为风,风是气流。下为"震",不断地震动便会不断地增加气流。气流凝结为雨云,大雨又造成洪水泛滥(溢)。如此横溢,会是什么结果呢?

所以接下来是"夬卦"。

43. 夬卦 　上兑
　　　　　下乾

夬卦由兑卦(泽)、乾卦(天)重合而成,名泽天夬。

夬是决断、溃决的意思。这里主要有疏通、引导的意思。

"夬"组成的"决""快""缺""诀"都有"离"和"断"的意思。从卦上看,乾下兑上,一阴爻居上,五阳爻居于下。如果再长上去,就要把一阴爻开除出本卦。因上兑为悦,阴为小人之道,象征一势利小人占据高位,一副得意的样子,众人为伸张正义,群起而攻之,将他赶下去。

做出这种决断后会将如何呢?所以接下来是"姤卦"。

44. 姤卦
上乾
下巽

姤卦由乾卦(天)、巽卦(风)重合而成,名天风姤。

姤是遇,不期而遇的意思。

本卦与夬卦相反,夬卦中的势利小人被赶下去了,"五男"也爬升到了高位。谁知,此时又遇一艳色女子悄然而至,令"五男"不知所措。对付一个居上位的势利小人时,五人协力同心,但面对一女子却各怀心思了。

物以类聚,人以群分,所以接下来是"萃卦"。

45. 萃卦
上兑
下坤

萃卦由兑卦(泽)、坤卦(地)重合而成,名泽地萃。

萃是丛生、聚集、荟萃的意思。

上卦是相遇,本卦是聚合。上卦"兑"为泽,下卦"坤"为地,象征地上细流汇聚成泽,泽水滋润万物,又使地上草木丛生。同时,"坤"为顺,"兑"为悦,喜悦相投,柔顺相从,志同道合者聚集一起。

所以,接下来是"升卦"。

46. 升卦
上坤
下巽

升卦由坤卦(地)、巽卦(风)重合而成,名地风升。

升是上升、升迁的意思。

因为人才荟萃,事业就顺利,顺是坤卦之德,由于下面有风(巽)不断地鼓气,自然会不断飙升。

然而事物的发展,不是上升者永远上升,所以接下来是"困卦"。

47. 困卦
上兑
下坎

困卦由兑卦(泽)、坎卦(水)重合而成,名泽水困。

困是艰难、困乏的意思。

本卦上兑(泽)、下坎(水),水沉到以泽底,说明天旱干涸,万物生长遭遇缺水的困惑。

有困难就要寻找办法,所以接下来是"井卦"。

48. 井卦
上坎
下巽

井卦由坎卦(水)、巽卦(风)重合而成,名水风井。

井是凿地引泉,汲取地下水以养人群的传统办法。

"井"字是一个井架的模型,古代"井"中间有一点,表示一只小桶。小桶吊入

井下,就能汲上水来,这个汲水的过程与卦形以及古代"井"的字形基本吻合。

凿井汲水也许不是唯一的办法,所以又有了"革卦"。

49. 革卦☲ 　　上兑
　　　　　　　下离

革卦由兑卦(泽)、离卦(火)重合而成,名泽火革。

革是改革、革新的意思。

《序卦传》说:"井道不可不革。"这里的"井道",并非指井本身的结构,而是指用井汲水这种办法。井水是地下水,地下水也是有限的,而且供应量和范围也有限,所以,必须革新,寻找更多更好的给水方法。本卦外为兑卦,兑为泽,内为离卦,离为火,这是古代人加工皮革的工艺流程:将野兽皮先放在外面的泽水里浸泡,然后取来架在炉火上烤。上好的皮革最后还要煮,而煮制器具最好用鼎了。

所以,接下来是"鼎卦"。

50. 鼎卦☲ 　　上离
　　　　　　　下巽

鼎卦由离卦(火)、巽卦(风)重合而成,名火风鼎。

鼎是古代调和五味的烹饪容器,三足、两耳、一盖。

本卦下爻像鼎足,二、三爻像两耳,而上二阳夹一阴,极像一周围实中间虚的容器。再看上、下卦象,上为火(离),下为风(巽),风吹火旺,便是煮的景象了。

鼎是一种古代的祭器,祭祀祖先是长子的责任,所以接下来是"震卦"。

51. 震卦☳ 　　上震　震为雷,为动,为长男。
　　　　　　　下震

震卦初爻为阳,象征长子,长子主持祭祀天经地义。

震卦卦德是动的意思。两震卦相重,便是下动上也动,内动外也动。

但事物不可以始终在动,所以接着是"艮卦"。

52. 艮卦☶ 　　上艮　艮为山,为止,为少男。
　　　　　　　下艮

艮卦是止的意思,停止运动,便是静,能静也就能止。

最难静下来的是心思,最难止住的也是心思。事到紧要关头就必须冷静,只有冷静下来后,才能从容地思考对策。

所以,接下来是"渐卦"。

53. 渐卦☴ 　　上巽
　　　　　　　下艮

渐卦由巽卦(风)、艮卦(山)重合而成,名风山渐。

渐是渐次、渐进的意思。

上卦是巽卦,巽为风,象征空中的气流回旋;下卦是艮卦,艮为山,象征风遇到山后风变慢,呼呼直叫的大风一下子变为习习山风了。

山风在林间渐行、渐进,所以接下来是"归妹卦"。

54. 归妹卦☳ 　　上震
　　　　　　　　下兑

归妹卦由震卦(雷)、兑卦(泽)重合而成,名雷泽归妹。

归妹是少女出嫁的意思。

出嫁才是女人的归宿，所以卦名为"归妹"。渐卦中渐行、渐进的习习山风便象征少女出嫁时的情形。本卦上卦为震，震又为长男，下卦为兑，兑又为少女。

少女嫁给长男，自然有依靠了，所以，接下来是"丰卦"。

55. 丰卦䷶　上震
下离

丰卦由震卦(雷)、离卦(火)重合而成，名雷火丰。

丰是丰盛广大的意思。

因为有了好的归宿，就会有丰盛广大的前景。卦中上卦是震卦，象征雷；下卦是离卦，象征火。天上电闪雷鸣，地上火光冲天，可谓蔚为壮观。

盛况过后又会怎样呢？所以，接下来是"旅卦"。

56. 旅卦䷷　上离
下艮

旅卦由离卦(火)、艮卦(山)重合而成，名火山旅。

旅是旅行、羁旅的意思。

盛况过后，是一种冷落和寂寞。就像黑夜举着火把在山道上踽踽而行(下卦为山，上卦为火)，身心疲惫，也该找个人住的地方了。

所以接下来是"巽卦"。

57. 巽卦䷸　上震
下巽　巽为风，为入，为长女。

巽的原义是卑顺、谦让的意思，与"逊"音谐，义近。

具有巽的德性的人，就能被接纳，很容易进入他人的生活空间和人际圈，处处都能得到愉悦。

所以接下来是"兑卦"。

58. 兑卦䷹　上兑
下兑　兑为泽，为悦，为少女。

兑是悦的意思，与《论语》中"学而时习之，不亦说乎"的"说"同义。

和颜悦色会使人心悦诚服；以愉悦的心态为人处世，能散解烦闷和忧愁。

所以，接下来是"涣卦"。

59. 涣卦䷺　上巽
下坎

涣卦由巽卦(风)、坎卦(水)重合而成，名风水涣。

涣是涣散、离散的意思。

卦形上巽下坎，巽为风，坎为水，风行水上，波光涣散；坎又为险，清风吹来，又将险象吹散，化险为夷。

然而，现实中，也并非事事涣散，所以，接下来是"节卦"。

60. 节卦䷻　上坎
下兑

节卦由坎卦(水)、兑卦(泽)重合而成，名水泽节。

节是节制、节约的意思。

卦形是上有水,下有泽,如果让水无节制地往泽中流,泽水势必溢出来,造成浪费。什么事都要有个度,节制就是把握这个"度"。处理事物都得有个"度",都得把握分寸,这样才能取信于人。

所以,接下来是"中孚卦"。

61. 中孚卦　上巽
　　　　　　下兑

中孚卦由巽卦(风)、兑卦(泽)重合而成,名风泽中孚。

中孚是信用、诚实的意思。

因为孚与孵同,孵化从不误期,准确可信。卦形上下各有两个阳爻,象征实,中间两个阴爻,象征虚,是船的形象。船在泽中,顺风满帆,使人心里有踏实可靠的感觉。

所以,接下来是"小过卦"。

62. 小过卦　上震
　　　　　　下艮

小过卦由震卦(雷)、艮卦(山)重合而成,名雷山小过。

小过是稍有超过的意思。

顺水行船,虽然给人以自信,但自信不能过度,过度自信只能办小事,不能办大事。本卦上卦是震卦,震为动;下卦是艮卦,艮为止。象征行动不能过度,一个"止"字就是提醒不要超过。

然而,有时又要鼓励超越,所以接下来是"既济卦"。

63. 既济卦　上坎
　　　　　　下离

既济卦由坎卦(水)、离卦(火)重合而成,名水风既济。

既济是已经渡过河,到达彼岸的意思。《尔雅》曰:"济,渡也。"

卦形中六爻两爻为一组,下阳上阴,象征三只船顺利靠岸的景象。世事无有穷尽,前事的成功,也许又是后事的开始。

所以接下来是"未济卦"。

64. 未济卦　上离
　　　　　　下坎

未济卦由离卦(火)、坎卦(水)重合而成,名火水未济。

未济是尚未渡过,没有完结的意思。

卦形与既济卦完全相反,既济卦的卦形象三只船已经顺利靠岸,而未卦卦形却反过来了,像三只船又驶回来了,标志渡运的任务尚未完成,还须继续渡下去。

《周易》以乾、坤二卦开始,象征天地初开,万物始生;以既济、未济卦结尾,象征万事周而复始,循环不已。

【经典实例】

姬昌忍辱负重

商朝的最后一个国君是纣王。纣王刚做国君之时,国泰民安,天下无事。在这样的情况下,纣王只想着恣意享乐。他宠幸美女妲己,做尽了坏事。

纣王有三公，分别是鬼侯、鄂侯和西伯侯。西伯侯即姬昌，就是后来的周文王。鬼侯为了显示对纣王的忠诚，把自己的女儿献给了纣王。他的女儿端庄美丽，不会像妲己那样讨纣王的欢心，所以不久就被害死了。纣王又迁怒于鬼侯，把鬼侯也杀了。鄂侯知道了，向纣王大呼鬼侯冤枉，惹怒了纣王，纣王命人把鄂侯也杀死了，还把他的肉晒成了肉干。西伯侯姬昌知道了这些事情，又亲眼目睹纣王继续荒淫无道，心急如焚，但又不敢直言，害怕招来杀身之祸。

一天，姬昌心情烦闷，不禁多喝了几杯。醉酒以后，他发了顿牢骚，来发泄对纣王的不满。不料隔墙有耳，奸臣崇侯虎将这件事报告给了纣王。他说："大王要防着西伯一点，他平时好收买人心，好多诸侯都向往着他。大王这次杀了鬼侯和鄂侯，他却在那里发牢骚，将来怕是对大王不利呢！"纣王听了，非常生气，马上派人将姬昌抓起来，拘禁在羑里（今河南汤阴北）这个地方。羑里是殷朝最大的监狱。牢房很潮湿，只在屋顶开了个小窗，平常人插翅也难飞。姬昌的几位臣子知道了消息，很是着急，赶紧去羑里看望姬昌。因为守卫森严，姬昌和臣子们只能说些无关紧要的话。眼看分别的时间快到了，姬昌想出了个好主意。他向臣子们眨了眨右眼，意思是说，纣王很好色，要找些美女献给他。他又拿了一只弓把儿来敲了敲自己的肚皮，意思是说纣王还想要自己的金银财宝，一定要献给他。他又在地上急促地来回踩脚，意思是说，要快啊，晚了性命就难保了。臣子们知道了姬昌的意思，就高高兴兴地回去了。

为了救父亲，姬昌的长子伯邑考前往都城朝歌（今河南洪县），向纣王献了几件宝物。但在妲己的指使下，纣王竟将伯邑考活活煮死。纣王听人说姬昌是个先知先觉的圣人，有着特殊智慧，能预知事情，就命人用伯邑考的肉做成肉包子送给姬昌，逼他吃下去，以此来检验一下传言是否可信。若姬昌不吃，就说明他的确能预知未来，一定要把他杀掉，以绝后患。纣王的侍从们给姬昌送来了肉包，姬昌知道这是自己亲生儿子的肉做成的包子，他痛彻心肺。可他知道，如果不吃，纣王必会为难自己。为了有朝一日能脱离牢笼，姬昌强压悲愤，在心中默念："伯邑考，伯邑考，为父的好儿子，为了西岐百姓，原谅父亲吧。"他不动声色地把包子吃了下去。侍从们回去禀报了纣王，纣王对姬昌的戒备之心便少了几分。等侍从们一离开，姬昌的两行热泪便忍不住流了下来，痛哭失声。突然，他感到胃里一阵难受，"哇"地一声把刚吃下去的包子全吐了出来。面对儿子的血肉，他暗暗发誓要忍辱负重，直到等到被释放的那一天。在羑里的日子里，姬昌一刻也没有忘记自己的臣民，面对纣王的暴虐，他希望自己能够得救，然后拯救百姓于水火之中。不久，姬昌的臣子买通纣王的宠臣，向纣王献上了许多奇珍异宝。这下纣王可高兴了，加上气也消了，就同意释放姬昌。

姬昌获得了自由，很快回到了家乡西岐。姬昌是个仁慈的人，他广泛推行仁政，把自己的领地治理得很好。

后来，纣王囚禁了叔父箕子，杀了比干，他的暴行更激起了朝野上下的愤慨。许多人怕纣王的屠刀波及自身，纷纷背井离乡，来到西岐，投奔姬昌。

姬昌得到许多人的拥护，国力一天天强大。后来，他请了贤能的姜子牙辅佐自己治理国家，国势蒸蒸日上。

但是遗憾的是，灭商的大计还没有实施，姬昌就去世了。但正是因为他的努力、他的贡献，为儿子武王讨伐纣王打下了一个坚实的基础。

杂卦传

　　"杂"字有错杂、归总之义,《杂卦传》即是错杂众卦而总论其义。《系辞》习用"杂"字,此盖出于《系辞》"杂物撰德""杂而不越"。

　　各卦皆按照卦爻"非覆即变"的原则两两排列(《大过》以下的后八卦除外)而错杂打散今本《易经》原有卦序,并从矛盾对立的角度释说卦义。文字简约,通篇协韵,易于记忆。

　　今本《易经》以卦爻"非覆即变"为原则分为两两相对的三十二组卦,在这一点上《杂卦传》与之正相同;今本《易经》上经首卦为《乾》《坤》,下经首卦为《咸》《恒》(第三十一、三十二),《杂卦传》也是《咸》三十一、《恒》三十二,亦与今本《易经》相合。因此,《杂卦传》当属今本《易经》的系统。

　　末尾八卦,"卦不反对,或疑其错简,今以韵协之,又似非误,未详何义"(朱熹《本义》),今从朱子之意而暂存疑。

　　《杂卦传》既以今本《易经》为读本,为何要错杂打散原有卦序? 盖《杂卦传》作于《序卦传》之后,作者见其有牵强附会之病,特有意打散原卦序,以见六十四卦每组的两卦之间有内在联系,而组与组之间本无必然关系,使习《易》之人不必为《序卦》所拘而画地为牢。其次,与严格的协韵形式可能也有关系。至于是否有另外一种卦序的《易经》为其读本,则无从得知。其以《夬》卦作结,与《系下》二章论"作结绳而为网罟"的八卦取象之终于《夬》卦相同,不知二者是否有一定联系。

杂卦传

【经文】

　　《乾》刚《坤》柔①。《比》乐《师》忧②。《临》《观》之义,或与或求③。《屯》见而不失其居④,《蒙》杂而著⑤。《震》,起也;《艮》止也⑥。《损》《益》,盛、衰之始也⑦。《大畜》时也⑧;《无妄》,灾也⑨。《萃》聚而《升》不来也⑩。《谦》轻而《豫》怠也⑪。《噬嗑》,食也⑫;《贲》,无色也⑬。《兑》见而《巽》伏也⑭。《随》,无故也⑮;《蛊》则饬也⑯。《剥》,烂也;《复》,反也⑰;《晋》,昼也;《明夷》,诛也⑱。《井》通而《困》相遇也⑲。《咸》,速也;《恒》,久也⑳。《涣》,离也;《节》,止也㉑。《解》,缓也;《蹇》,难也。《睽》,外也;《家人》,内也㉒。《否》《泰》,反其类也㉓。《大壮》则止,《遁》则退也㉔。《大有》,众也;《同人》,亲也。《革》,去故也;《鼎》,取新也㉕。《小过》,过也;《中孚》,信也㉖。《丰》多故也;亲寡《旅》也㉗。《离》上而《坎》下也㉘。《小畜》,寡也㉙;《履》,不处也㉚。《需》,不进也㉛;《讼》,不亲也。《大过》,颠也㉜。《姤》,遇也,柔遇刚也。《渐》,女归待男行也㉝。《颐》,养正也。《既济》,定也。《归妹》,女之终也;《未济》,男之穷也㉞。《夬》,决也,刚决柔也,君子道长,小人道忧也㉟。

【注释】

①《乾》刚《坤》柔："刚"谓阳道刚健，"柔"谓阴道柔顺。《乾》与《坤》卦爻反对。"柔"与"忧""求"协幽部韵。

②《比》乐《师》忧：君臣、君民相互亲比自然和乐。师旅征战必有凶忧，所谓"师之所处，荆棘生焉；大军之后，必有凶年"（《老子》三十二章）。《比》卦与《师》卦为卦爻翻覆与上下卦颠倒关系。

③《临》《观》之义，或与或求："与"，施与，指施政、施教。卦象为君临民，《大象》说"教思无穷"，即施政、施教之义。《观》卦"大观在上""下观而化"（《象传》），有求民督察之象，所以这里说《观》之义为"求"。又《大象》说"观民设教"，欲设教必先求民情，亦有求义。《临》与《观》为卦爻翻覆关系。

宋刊本《周易》书影

④《屯》见而不失其居："见"同"现"。"屯"象物之初生，生机显现，所以说"《屯》见"；又"屯"训"聚"，聚则有形象显现。屯象物之初生，内卦为动，外卦坎险，动不犯险，不离所宜之处（《礼记·王制》注"居，当也"）。所谓"《屯》见"即"帝出乎震"之义。

⑤《蒙》杂而著："杂"谓物之初萌，错杂不齐。又疑"杂"为"稚"字之讹（《序卦》所谓："蒙者蒙也，物之稚也"）。"著"谓显大（《礼记·中庸》注"著，形之大者也"）。《蒙》能"育德"（大象），故虽初时蒙稚，终必显大。《屯》与《蒙》为卦爻翻覆关系。"居"与"著"协鱼部韵。

⑥《震》，起也；《艮》，止也：后天图中，《震》为起始（"万物出乎震"），《艮》为终止（"万物之所成终"）。"起"又有动义，雷之性动；"止"有静义，山之性静。《震》与《艮》为卦爻翻覆关系。起、止、始、时、灾、来、怠，之部协韵。

⑦《损》《益》，盛衰之始也：《损》至极为盛之始，即《损》卦上九"无咎贞吉"，《序卦》"损而不已必益"；《益》至极为衰之始，即《益》卦上九"莫益之，或击之"，《序卦》"益而不已必决"。《损》与《益》为卦爻翻覆关系。

⑧《大畜》，时也：韩康伯注："因时而畜，故能大也"。《彖传》讲君主蓄贤要"应乎天"，《象传》讲臣子蓄德以备时用。

⑨《无妄》，灾也："灾"，患。此谓《无妄》卦是讲谨慎行止，不妄作为，以求防患于未然。《大畜》与《无妄》为卦爻翻覆关系。

⑩《萃》聚而《升》不来也：《萃·彖》"顺以说""聚以正"，能顺时以聚、聚而民悦，是聚蓄之正道，可知《萃》卦是讲蓄聚之道的。韩康伯注"来，还也。方在上升，故不还也"。《升》卦上六冥升不已，不知来返，所以说《升》，不来也。"来"谓自上返下，往谓由下升上。《萃》与《升》为卦爻翻覆关系。

⑪《谦》轻而《豫》怠也："轻"谓不自重大（韩注）。《文子·道原》也说："俭薄

无名,无名者贱轻也"。人能轻己则己愈重,所谓"有名尊崇也……有名产于无名"(《文子·道原》)。"豫"谓逸乐,然乐极则易懈怠,《象传》所谓"冥豫在上,何可长也"。《集解》引虞翻"怠"作"怡"。《谦》与《豫》为卦爻翻覆关系。

⑫《噬嗑》,食也:《象传》说"颐中有物曰噬嗑",所以这里说"《噬嗑》,食也"。食、色为人之欲,上九说"灭耳",《象传》说"明罚敕法",则《噬嗑》之义谓人之欲盛则必伤身。

⑬《贲》,无色也:"贲"是装饰、雕琢之义,然《贲》卦上九说"白贲",是饰极无色、雕琢返朴之谓。《噬嗑》与《贲》为卦爻翻覆关系。食、色、伏、饬,职部协韵("故"为鱼部字,与职部合韵)。

⑭《兑》见而《巽》伏也:"见"同"现"。"伏"谓敛。《兑》为喜悦见诸外,谓显扬,即庄子之"龙现";《巽》为忧惧伏于内,谓敛抑,即庄子之"尸居"或"伏于大山嵁岩之下"。韩注说《兑》贵显说,《巽》贵卑退"即此。《兑》与《巽》为卦爻翻覆关系。

⑮《随》,无故也:"故",事,为。《随》卦之义,因随物情,无事无为。"故"为鱼部字,与伏、饬等职部字隔韵,所以疑"故"可能本作"事",为职部阴声字。

⑯《蛊》则饬也:《随》为无事,《蛊》则有事(《序卦》"蛊者,事也"),"饬"谓治事。《随》《蛊》之义,老子"无为而治""无为而无不为"之谓。《随》与《蛊》为卦爻翻覆与卦爻反对关系。

⑰《剥》,烂也;《复》,反也:韩注谓"物熟则剥落",训"烂"为熟。又疑"烂"用为"阑",尽也(《文选·谢灵运永初三年诗》注)。言物至极则剥落,即《序卦》所谓"饬极然后亨则尽矣,故受之以《剥》"。"反"谓终则返始,即《序卦》"穷上反下"。老子所"观"之"复",即"道之动"的"反"。《剥》与《复》为卦爻翻覆关系。烂、反,元部协韵。

⑱《晋》,昼也;《明夷》,诛也:"诛",灭没、衰微(《释文》引荀注"诛,灭也")。日出于地为白昼,为显盛;日入于地为灭没,为衰微。《晋》与《明夷》为卦爻翻覆或上下卦颠倒关系。

⑲《井》通而《困》相遇也:井以通畅为用,所以这里说"《井》通",帛书《易之义》说"《井》者,德之彻"(彻,通也)。又井道以清洁为用,陈旧则革之,故"通"又有变通之义,变革则通畅。"遇"犹言受阻。通畅既源于变革,则困阻由于守旧。《井》与《困》为卦爻翻覆关系。遇与昼、诛协侯部韵。

⑳《咸》,速也;《恒》,久也:天地万物,相感在于速,相守在于久,所以说"咸速恒久"。又"速"可训为感召(《国语·楚语》注"速,召也")。又"速"盖"通"字之讹,谓感通。《咸》与《恒》为卦爻翻覆。久与止,协之部韵。

㉑《涣》,离也;《节》,止也:《涣》卦支离而披散,《节》卦则止之以制度。《涣》与《节》为卦爻翻覆关系。

㉒《睽》,外也;《家人》,内也:"外"谓疏远遗弃,"内"谓和睦相得。《睽》卦火泽不交,彼此疏弃(《象》"火动而上,泽动而下"),《家人》卦则反之。《礼记·大学》疏"外,疏也",《说文》"外,远也",《庄子·大宗师》注"外,遗也",《吕览·有度》注"外,弃也",是"外"有疏远遗弃之义。《礼记·大学》疏"内,亲也",谓和睦;"内"又训入,谓相得。《睽》与《家人》为卦爻翻覆关系。内与类、退,协物部韵。

㉓《否》《泰》，反其类也：否是不通，泰是通，其事类相反。《否》与《泰》为卦爻反对、卦爻翻覆及上下卦颠倒关系，此三者兼而有之者只《否》《泰》和《既济》《未济》。

㉔《大壮》则止，《遁》则退也：大壮之时，"君子用罔"（九三爻辞），"大者正也"（《象传》），"非礼弗履"（《象传》），所以说《大壮》卦之义为君子知时而止。处遁之时，君子"好遁""以远小人"，从而获吉（九四爻辞及《象传》）。《大壮》与《遁》为卦爻翻覆关系。

㉕《革》，去故也；《鼎》，取新也：《革》卦除去陈旧（九四说"改命"），《鼎》卦迎取新生（初六说"得妾以其子"）。《革》与《鼎》为卦爻翻覆关系。新与亲、信协真部韵。按：《彖》《象》《序》之于《鼎》卦无"取新"之说，《杂卦》独具慧眼。

㉖《小过》，过也；《中孚》，信也：就《序卦》看，此"过"谓小节有过失，"信"谓大节讲信诺。《小过》与《中孚》为卦爻翻覆关系。

㉗《丰》多故也；亲寡《旅》也：《丰》卦有动人狱网之象，《象传》说"折狱致刑"，《序卦》说"穷大者必失其居"，所以"多故"当从韩注释为"多忧故"，谓《丰》卦多忧患之事。又《丰》卦有"遇夷主""遇配主"之辞，故或解"多故"为多旧故。仅供参考。《旅》卦说人旅居于外，故少亲近之人。旅与故、下、寡、处协鱼部韵。又或疑"亲寡《旅》"当作"《旅》寡亲"与"《丰》多故"相对，"亲"与信、新等协真部韵。《丰》与《旅》为卦爻翻覆关系。

㉘《离》上而《坎》下也：离火上炎，坎水下流（《文子·上德》"火上炎，水下流"）。后天图中《离》在上而《坎》在下。离为罗网，设于地上；坎为陷阱，设于地下。《离》与《坎》为卦爻反对关系。

㉙《小畜》，寡也：《小畜》之象，蓄积不多，所以说"寡也"。既说"《大畜》时也"，则《杂卦》之义，《小畜》非时也。《小畜》与《履》为卦爻翻覆关系。

㉚《履》，不处也："处"，止。"履"训"行"，所以说"不处"。《履》卦卦辞说"履虎尾"，《象传》说"柔履刚"，皆处境危险之义，当行去而莫留止。

㉛《需》，不进也：此从《象传》读"需"为"须待"之"须"。险在前，故须待不进。《序卦》从《象传》读"需"为"濡"，与此异。《需》与《讼》为卦爻翻覆及上下卦颠倒关系。进与亲、颠协真部韵。

㉜《大过》，颠也：《大过》上六"过涉灭顶，凶"。"颠"，顶也，言《大过》卦有灭顶之象。《大过》卦上卦《兑》为巫，下卦《巽》为绳直（《说卦》），卑泽而居高木之上、巫邪小人而居正直君子之上，是世道颠倒。泽之灭木（《象传》），毁折屋栋（《说卦》"兑为毁折"，九三"栋挠"），是《大过》卦有颠陨之象。按：自此以下八卦，其排列无卦爻反对、卦爻翻覆或上下卦颠倒之关系。宋、元、明人或有改订此后八卦之序列者，今暂存疑。

㉝《渐》，女归待男行也："渐"谓渐进，即叶适所说"进之序也"。"归"，女嫁。"行"可释为女子出嫁而行往男家，或释"行"为"成"，谓女子与男子成婚，两通。女子婚嫁，当待男方行就聘礼，循序而渐成婚配。《归妹》九四"迟归有时"，《小象》"有待而行"，即《杂卦》所从出。行、刚协阳部韵。

㉞《归妹》，女之终也；《未济》，男之穷也："女之终"有二义：其一，女子谓嫁为归（《说文》），所以《归妹》谓女子有终极归依，此亦《大象》之"永终"。其二，《归

妹》上六"女承筐无实"，是女之穷也（"终"，穷也），此亦《大象》之"知敝"。《未济》上九"饮酒濡首"而不知节，是男之穷也。《归妹》与《未济》，其上爻为一阴一阳，故谓女终、男穷。终、穷协冬部韵。

㉟《夬》，决也，刚决柔也，君子道长，小人道忧也："忧"，困厄（《吕览·开春》注"忧，厄也"）。忧、柔协幽部韵。《集解》本涉《泰·象》而改"忧"为"消"。虽然《归妹》《未济》为阴、阳之穷，然既以《夬》卦终结，则刚决柔、阳决阴之理不变。按：《系下》二章论"作结绳而为网罟"之八卦取象时，亦以《夬》卦作结，似与《杂卦》相关。

【译文】

《乾》卦表示阳道刚健，而《坤》卦表示阴道柔顺。《比》卦表示相互亲比之和乐，而《师》卦表示师旅征战之忧愁。《临》卦之义为垂教施政，而《观》卦之义为求民督察。《屯》卦生机呈现而不离失所宜之处，《蒙》卦表示事物蒙稚而终必显大。《震》为起始而《艮》为终止。《损》卦之极为茂盛之始，而《益》卦之终为衰败之初。《大畜》卦是讲大蓄美德以备时用。《无妄》卦是讲谨慎行止以防患于未然。《萃》卦讲蓄聚之道，而《升》卦则论不返必困之理。《谦》卦轻己则己必重，而《豫》卦乐极则必懈怠。《噬嗑》卦讲欲盛伤身。《贲》卦讲饰极返朴。《兑》卦喜悦见诸外，而《巽》卦忧惧伏于内。《随》卦无为，《蛊》卦治事。《剥》卦至极剥落，《复》卦穷终返始。《晋》卦显盛，《明夷》衰微。《井》卦通畅而《困》卦受阻。《咸》卦相互感召，《恒》卦保持长久。《涣》卦离散，《节》卦制止。《解》卦舒缓，《蹇》卦艰难。《睽》卦乖违于外，《家人》卦和睦于内。《否》卦与《泰》卦，事类正相反。《大壮》知时而止，《遁》卦见机而退。《大有》拥有众多，《同人》相互亲近。《革》卦除去陈旧，《鼎》卦迎取新鲜。《小过》是小节有过失，《中孚》大节讲信诺。《丰》卦多忧患之事，《旅》少亲近之人。《离》火上炎而《坎》水下流。《小畜》卦积蓄不多。《履》卦行进而不留止。《需》卦待机而后进。《讼》卦相争而不和。《大过》有灭顶之灾。《姤》卦有所遇合，阴柔遇合阳刚。《渐》卦女嫁待男行聘而成婚。《颐》卦以正道养己养人。《既济》卦象事物已然成功。《归妹》卦象女子有终极归依。《未济》卦象男子遇穷途末路。《夬》为冲决，阳刚冲决阴柔，君子之道盛长，小人之道困厄。

【解读】

"《乾》刚《坤》柔。"《乾》《坤》二卦，卦形相反，互为错卦（☰—☷）。《乾》卦纯为阳爻，代表天，是刚健的意思；《坤》卦纯为阴爻，代表地，是柔顺的意思。

"《比》乐，《师》忧。"《比》《师》二卦，卦形上下相反，互为综卦（☵—☶）。《比》卦上坎下坤，名"水地比"，是比较的意思，因比较而各得其乐；《师》卦上坤下坎，名"地水师，"是军队的意思，因战争而有安危之忧。

"《临》《观》之义，或与或求。"《临》《观》二卦，卦形上下相反，互为综卦（☷—☶）。《临》卦上坤下兑，名"地泽临"，是居上对下给予的意思；《观》卦上巽下坤，名"风地观"，是居下对上仰求的意思。

"《屯》见而不失其居，《蒙》杂而著。"《屯》《蒙》二卦，卦形上下相反，互为综卦（☵—☶）。《屯》卦上坎下震，名"水雷屯"，象征万物刚刚萌芽，虽已显现，仍有艰难，不能失去自己的居处；《蒙》卦上艮下坎，名"山水蒙"，表示蒙昧无知，需要许多方法予以教化，才能收到显著的功效。

"《震》，起也；《艮》，止也。"《震》《艮》二卦，互为综卦（☳—☶）。《震》卦初爻

为阳,为行动的起始。《艮》卦上爻为阳,为行动的终止。孔子曰:"时行则行(震),时止则止(艮),动静不失其时,其道光明。"

"《损》《益》,盛衰之始也。"《损》《益》二卦,互为综卦(▤—▤)。《损》卦上艮下兑,名"山泽损",因损失太大而开始衰弱;《益》卦上巽下雷,名"风雷益",因增益颇多而开始兴盛。

"《大畜》,时也;《无妄》,灾也。"《大畜》《无妄》二卦,互为综卦(▤—▤)。《大畜》卦上艮下乾,名"山天大畜",虽然积蓄丰盛,但仍需适时调节,以免功亏一篑;《无妄》卦上乾下震,名"天雷无妄",虽诚信而有福德,但须知祸福本是一体,切不可得意忘形而自惹祸灾。

"《萃》聚,而《升》不来也。"《萃》《升》二卦,互为综卦(▤—▤)。《萃》卦上兑下坤,名"泽地萃",是聚合、荟萃的意思;《升》卦上坤下巽,名"地风升",是上升后不再下来的意思。

"《谦》轻而《豫》怠也。"《谦》《豫》二卦,互为综卦(▤—▤)。《谦》卦上坤下艮,名"地山谦",意思是把自己看轻些才能去尊重他人;《豫》卦上震下坤,名"雷地豫",意思是因有预备而致成功,因成功而致安逸,因安逸而生懈怠。

"《噬嗑》,食也;《贲》,无色也。"《噬嗑》《贲》二卦,互为综卦(▤—▤)。《噬嗑》卦上离下震,名"火雷噬嗑",噬是食,嗑为合,形容食的过程;《贲》卦上艮下离,名"山火贲",说明修饰应以朴质无华为基本。

"《兑》见,而《巽》伏也。"《兑》《巽》二卦,互为综卦(▤—▤)。《兑》卦中阴爻在外,而阳爻在内,显现出外柔内刚的喜悦;《巽》卦中阴爻又藏于内,表现出谦卑顺从的意愿。

"《随》,无故也;《蛊》则饬也。"《随》《蛊》二卦,既是综卦,又是错卦(▤—▤)。《随》卦上兑下震,名"泽雷随",阴卦居上而阳卦居下,阴爻居上而阳爻居下,这在六十四卦中唯一,好比学问大的人不耻下问于学问少的人,这种随和自然令人喜悦,不会引出是非;《蛊》卦上艮下巽,名"山风蛊",阳卦居上阴卦居下,阳爻居上阴爻居下,这在六十四卦中唯一,好比刚柔不济,上下不通,久之则需整顿。

"《剥》,烂也;《复》,反也。"《剥》《复》二卦,互为综卦(▤—▤)。《剥》卦上艮下坤,名"山地剥",比喻阴自山下生起,使阳气剥落,如林中各种果实剥落而腐烂;《复》卦上坤下震,名"地雷复",一阳返回地下,如重新萌芽、生长的意思。

"《晋》,昼也;《明夷》,诛也。"《晋》《明夷》二卦,互为综卦(▤—▤)。《晋》卦上离下坤,名"火地晋",火光照耀大地,如同白昼;《明夷》卦上坤下离,名"地火明夷",如火光在地下熄灭,有被伤害的危险。

"《井》通,而《困》相遇也。"《井》《困》二卦,互为综卦(▤—▤)。《井》卦上坎下巽,名"水风井",如井水取之不尽,使人与万物得以滋润而人事顺畅;《困》卦上兑下坎,名"泽水困",从卦象上看上下都是水,但水多反而被水所困。

"《咸》,速也;《恒》,久也。"《咸》《恒》二卦,互为综卦(▤—▤)。《咸》卦上兑下艮,名"泽山咸",意为山水灵气相互感应而事能速成;《恒》卦上震下巽,名"雷风恒",意为雷风激荡而气流不息。

"《涣》,离也;《节》,止也。"《涣》《节》二卦,互为综卦(▤—▤)。《涣》卦上巽下坎,名"风水涣",风从水面吹,水波离散的样子;《节》卦上坎下兑,名"水泽节",

泽中已有水,水上又添水,必须有所节制,否则会造成浪费。

"《解》,缓也;《蹇》,难也。"《解》《蹇》二卦,互为综卦(☳☵—☵☶)。《解》卦上震下坎,为"雷水解",意为雷从水面滚过,其震动和气流已经缓解;《蹇》卦上坎下艮,为"水山蹇",山被水淹而万物受困。

"《睽》外也,《家人》内也。"《睽》《家人》二卦,互为综卦(☲☱—☴☲)。《睽》卦上离下兑,名"火泽睽",火在泽上无燃料所附,有违事物的规律,被排斥在外;《家人》卦上巽下离,名"风火家人",风在外,火在内,风助火威,自然内外相应。

"《否》《泰》,反其类也。"《否》《泰》二卦,既是综卦,又是错卦(☰☷—☷☰)。《否》卦上乾下坤,名"天地否",柔顺的阴卦(象征有修养的君子)被压抑于内,而刚健的阳卦(象征争强好胜的小人)显示于外,自然会使人际关系受阻,内部管理不畅;《泰》卦上坤下乾,名"地天泰",正好与"否卦"相反,所以通达、和顺。

"《大壮》则止,《遁》则退之。"《大壮》《遁》二卦,互为综卦(☳☰—☰☶)。《大壮》卦上震下乾,名"雷天大壮",雷在天上,声势壮大,但应适可而止,否则盛极至衰;《遁》卦上乾下艮,名"天山遁",再高的山也顶不着天,因为天知道退避的法则。

"《大有》,众也;《同人》,亲也。"《大有》《同人》二卦,互为综卦(☲☰—☰☲)。《大有》卦上离下乾,名"火天大有",阴爻得第五爻的至尊之位,其余五个阳爻都归这一爻所有,因为执政阴柔,温顺(阴爻),而众人归心;《同人》卦上乾下离,名"天火同人",一阴爻独得其中位(下卦的中位),又得其正位(二爻本来就是阴爻位),故与其它各爻配合和谐,相处亲密。

"《革》,去故也;《鼎》,取新也。"《革》《鼎》二卦,互为综卦(☱☲—☲☴)。《革》卦上兑下离,名"泽火革",是改革故旧,推陈出新的意思;《鼎》卦上离下巽,名"火风鼎",风吹火旺,鼎器内才能烹饪出新鲜的食肴。

"《小过》,过也;《中孚》,信也。"《小过》《中孚》二卦,互为错卦(☳☶—☴☱)。《小过》卦上震下艮,名"雷山小过",卦中阴多阳少,阳爻处于阴爻夹挤之中,因阴柔和顺,虽小事可为,但不可冒进,只能小心翼翼地渡过,稍有急躁便可能越规犯禁;《中孚》卦上巽下兑,名"风泽中孚",阳爻涵藏阴爻,说明刚中有柔,中心虚而外表实,表示存诚于心,而取信于外。

"《丰》,多故也;亲寡,《旅》也。"《丰》《旅》二卦,互为综卦(☳☲—☲☶)。《丰》卦上震下离,名"雷火丰",天上闪电雷鸣,地上火光冲天,其景象之壮观可谓盛况空前,千万注意,越是热闹的场面越容易发生意外事故;《旅》卦上离下艮,名"火山旅",尽管外面是火热的场面,但里面却只有游子一人,静静地思念着远方的亲人。

"《离》上,而《坎》下也。"《离》《坎》二卦,互为错卦(☲☲—☵☵)。《离》卦象征火热和光明,表示蒸蒸日上的意思;《坎》卦象征水,水向低处流,向下就是向前,所以老子说:"上善若水"。

"《小畜》,寡也;《履》,不处也。"《小畜》《履》二卦,互为综卦(☴☰—☰☱)。《小畜》卦上巽下乾,名"风天小畜",因为自强不息(乾),自然收入(巽为入)颇多,有收入便有积蓄;《履》卦上乾下兑,名"天泽履",喜悦的(兑)虽然跟在刚强的(乾)后面,但二者毕竟是很难相处在一起的。

"《需》,不进也;《讼》,不亲也。"《需》《讼》二卦,互为综卦(☵☰—☰☵)。《需》卦上坎下乾,名"水天需",虽然刚健,但前面有险阻,不可冒然前进;《讼》卦上乾下

坎，名"天水讼"，一方阴险，一方刚强，必然争执，因争执便无法亲近。

"《大过》，颠也。《姤》，遇也，柔遇刚也；《渐》女归待男行也。《颐》，养正也。《既济》，定也。《归妹》，女之终也；《未济》，男之穷也。《夬》，决也，刚决柔也，君子道长，小人道忧也。"这一大段文字有些紊乱，可能是错简的缘故。有中国台湾学者认为应改正过来，改正的文字应是：

"《大过》，颠也。《颐》，养正也。《既济》，定也。《未济》，男之穷也。《归妹》，女之终也。《渐》女归，待男行也。《姤》，遇也，柔遇刚也。《夬》，决也，刚决柔也。君子道长，小人道忧也。"

《大过》《颐》二卦互为错卦(☱☴—☶☳)。《大过》卦上兑下巽，名"泽风大过"，上下是柔爻，中间刚爻太过，象征栋梁的两端太柔软，房屋将倾倒；颐卦上艮下震，名"山雷颐"，卦形象口，象征进食补养。

《既济》，《未济》二卦，互为综卦、错卦(☵☲—☲☵)。《既济》卦上坎下离，名"水火既济"，六爻阴阳在位，所以安定；《未济》卦上离下坎，名"火水未济"，三个阳爻都居阴位，象征男人不正而穷途末路。

《归妹》《渐》二卦，互为综卦(☳☱—☴☶)。《归妹》卦上震下兑，名"雷泽归妹"，天上雷雨归于泽，象征女人出嫁有了归宿；《渐》卦上巽下艮，名"风山渐"，风遇山，只能徐徐吹过，象征女人婚嫁，必须等待男方"纳采、问名、纳吉、纳征、请期、亲迎"六礼具备后方可行嫁。

《姤》《夬》二卦，互为综卦(☰☴—☱☰)。《姤》卦上乾下巽，名"天风姤"，一阴爻遇五阳爻，象征小人遇上了君子，弱者遇上了强者；《夬》卦上兑下乾，名"泽天夬"，五阳决断，将一阴推至末端的上爻，象征君子的处世之道得到伸张，小人的为人之道趋向衰微。

【经典实例】

塞翁失马

古时候，西北边境上住着一位老人，人们称他塞翁。

塞翁家里有一匹马，他对马非常爱惜，细心地喂养它。有一天，他去喂马时发现马丢了，便四处寻找。同村有的人告诉他，看见马向塞外跑去了，拦也拦不住它。邻居们知道了这件事，都来安慰他。可是塞翁很平静，一点也不着急。他笑着对邻居们说："丢失了一匹马没有关系，怎能知道这不会成为一件好事呢？"邻居们见他这样说，也就放了心，各自回家了。

日子一天天地过去，丢了马的塞翁依然日出而作，日落而息，平静的生活一如往昔。可是有一天，那匹马自己跑了回来，而且还带回来一匹匈奴的骏马。邻居们知道了这件事，都赶来向他祝贺。可塞翁仍是一脸的平静，他拍了拍那匹骏马的马背，若有所思地说："虽然白白得到一匹好马，又怎能知道这不会变成一件坏事呢？大家都回去吧，这件事本来就没有什么可以值得庆贺的。"邻居们听了，觉得塞翁怪怪的，但又不知道该说些什么，便一同离开了。

塞翁有个儿子很喜欢骑马。以前出门时，他常骑自家的那匹马。现在，他看到有了这样一匹好马，每次出门必定要骑上它。有一天，他又骑马出去游玩，途中不

小心从马上摔下来,把腿摔断了。邻居们发现了他,就把他抬回家,并不断地安慰塞翁。可是,塞翁一点都不难过。他一面请人医治儿子的伤,一面对邻居们说:"感谢大伙儿救了我儿子一命。没有关系,孩子的腿虽然摔断了,怎知道这不会成为一件好事呢?"邻居们更感到奇怪了,他们认为可能发生的事情太多,所以塞翁变得糊涂了。他们对这一家人充满了同情,叹了叹气,各自回了家。

日子一天天地过去了,生活看来是比较平稳的。塞翁儿子的腿终究没有治好,他成了个瘸子。塞翁依然是一副没有忧愁的模样,每天下地干活,回家后悉心照料儿子。不久以后,匈奴兵大举入侵,边塞上的青壮年都被征去当兵了,因为塞翁的儿子伤了腿,所以没有去当兵。战争太残酷了,这批从军的青壮年绝大多数死在战场上,而塞翁的儿子很幸运地保住了性命,得以和老父亲相依为命,继续过着与世无争的生活。

第三编

周易典籍图释

马松源 主编

图文珍藏版

线装书局

宋·刘牧《易数钩隐图》

（一）太极图

疏解：

右图"○"表太极的混沌未分状态，混沌原不可言说。今以黑白点居"○"上表阴阳二气的混沌未分者，强言之而已：五黑五白者，示天地之全数（《系辞》曰："天数五，地数五。"）皆自太极来也。

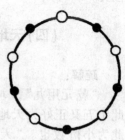

解说：

太极无数与象。今以二仪之气混而为一以画之，盖欲明二仪所从而生也。

（二）太极生两仪图

疏解：

右图为二气始分、天地形象斯著，而天地阴阳二气上下未交之时，故天一居上，地二居下。一俟阴阳二气相交，则天一、地二移位而五行随之而生，万物随之而成矣。

解说：

《经》曰："易有太极，是生两仪。"太极者，一气也。天地未分之前，元气混而为一，一气所判，是曰"两仪"。易不云乎天地，而云两仪者，何也？盖以两仪则二气始分，天地则形象斯著，以其始分两体之仪，故谓之"两仪"也。何以明其然？略试论之：夫气之上者轻清，气之下者重浊。轻清而圆者，天之象也；重浊而方者，地之象也。兹乃上下未交之时，但分其仪象耳。若二气交，则天一下而生水，地二上而生火，此则形之始也。五行既备，而生动植物焉，所谓"在天成象，在地成形"也。则知两仪乃天地之象，天地乃两仪之体尔。今画天左旋者，取天一、天三之位也；画地右动者，取地二、地四之位也。分而各其处者，盖明上下未交之象也。

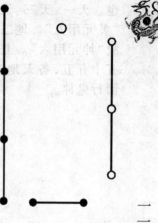

(三)天五图

解说：

天一、地二、天三、地四，此四象生数也。至于天五，则居中而主乎变化，不知何物也，强名曰"中和之气"，不知所以然而然也。交接乎天地之气，成就乎五行之质，弥纶错综，无所不周，三才之道既备，退藏于密，寂然无事，兹所谓"阴阳不测之谓神"者也。《经》虽云"四象生八卦"，然须三、五之变易，备七、八、九、六之成数，而后能生八卦而定位矣。

(四)天地之数十有五图

疏解：

"乾元用九"，"坤元用六"，乾坤之用合为十五，即天地之用数为十五也。此十五又正好为天地生数天一、地二、天三、地四、天五之和数，故亦有人以为此为小衍数也。"天一、天三、天五成九"者，天数一、三、五相加为九数，正为"乾元用九"也；"地二、地四成六"者，地数二、四相加为六数，正为"坤元用六"也。

解说：

或问曰：天地之数，何以由天五而生变化？答曰：天地之生数足，所以生变化也。天地之数十有五，自天一至天五，凡十五数也。天一、天三、天五成九，此阳之数也，故"乾元用九"。地二、地四成六，此阴之数也，故"坤元用六"。兼五行之成数四十，合而为五十有五，备天地之极数也，所以能成变化而行鬼神。

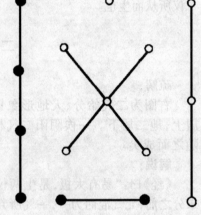

（五）天一下生地六图

（六）地二上生天七图

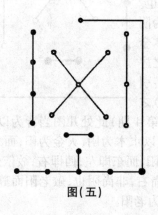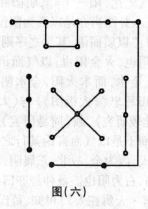

图（五）　　　　　　　　图（六）

（七）天三左生地八图

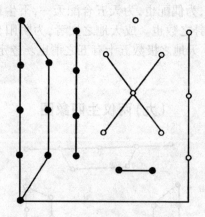
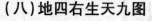

（八）地四右生天九图

疏解：

此四图明六、七、八、九四成数或四象数生成之法则也。五为中数，有居中统领四方、居中主宰变化之义，刘牧之称其为"偶配"之数，故可与生数一、二、三、四相参合而得四成数也。"天一下生地六"者，天一为阳，阳本位居上，其性则为下交，所谓天气下降也，故"下生"，下生地六者，天一与偶配之数五参合则为地六也。"地二上生天七"者，地二为阴，阴本位居下，其性则为上交，所谓地气上升也，故"上生"，"上生天七"者，地二与偶配之数五参合则为天七也。"天三左生地八"者，当与"天一下生地六"者同；"地四右生天九"者，亦当与"地二下生天七"者同。刘牧当是以左为阴，右为阳，故"左生"与"下生"同，"右生"与"上生"同。左阴右阳

者,当与"天倾西北,地下满东南"有关。"天倾西北",故由南至西皆为天,为阳也;"地不满东南",故由北至东则皆为地也,后天文王八卦图由东南巽卦至西方兑卦皆为阴卦,由西北乾卦至东方震卦则皆为阳卦,则是阳位布阴卦,阴位布阳卦,以显阴气上达,阳气下降,阴阳和合之义也。故后天文王八卦图当亦是以西为阳位,以东为阴位。朱熹曰:"以质而语,其生之序则曰水火木金土,而水木阴也,火金阳也;以气而语,其行之序则曰木火土金水,而木火阳,金水阴也。"(转引自曹树明、田智忠《〈太极图〉》与〈太极图说〉之

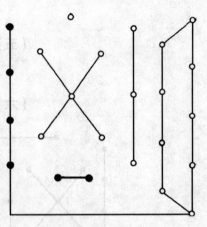

"五行说"比较研究》,载《周易研究》2003 年第 4 期)此处几图当皆为以质而言论其生之序,而不是以气而言论其行之序,故应以水木为阴,火金为阳,而北为水,东为木,南为火,西为金,故北、东属阴,南、西属阳,而东即左,西即右,故依朱熹之言,亦是左为阴,右为阳也。董仲舒亦曰:"礼之尚右,非尚阴也,敬老阳而尊成功也。"(《春秋繁露·天辨在人》)可知,董氏亦以右为老阳。

　　解说(五至八诸图并说):

　　《经》曰:"参伍以变,错综其数。通其变,遂成天地之文;极其数,遂定天下之象。"义曰:参,合也。伍,为偶配也,为天五合配天一,下生地六之类是也。以通其变化,交错而成四象、八卦之数也。成天地之文者,为阴阳交而著其文理也。极其数者,为极天地之数也。天地之极数五十有五之谓也。遂定天地之象者,天地之数既设,则象从而定也。

(九)两仪生四象图

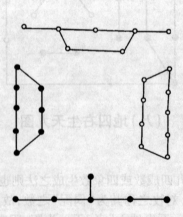

　　疏解:

　　刘牧此段论易之四象有二义也。谓"两仪生四象"之"四象"与"易有四象,所以示也"之"四象",是两个不同的"四象",是二义,非为一义也。其所谓"河图四十有五之数"者,刘牧以"四十五数"为河图数,以"五十五数"为洛书数也。

　　解说:

　　《经》曰:"两仪生四象。"孔氏疏谓"金、木、水、火禀天地而有,故云'两仪生四

象'。土则分王四季，又地中之别，(故)惟云四象也。"且金、木、水、火有形之物，安得为象哉？孔氏失之远矣。又云："易有四象，所以示者，庄氏云四象谓六十四卦之中有实象，有假象，有义象，有用象也。今于释卦之处已破之矣。何氏谓：天生神物，圣人则之，一也；天地变化，圣人效之，二也；天垂象，见吉凶，三也；河出图，洛出书，圣人则之，四也。今谓此四事，圣人易外别有其功，非专易内之物称易有四象。且又云："易有四象，所以示也；系辞焉，所以告也。"然则象与辞，相对之物。辞既爻卦之下辞，象谓爻卦之象也。上两仪生四象，七、八、九、六之谓也。诸儒有谓七、八、九、六，今则从以为义也。且疏家以七、八、九、六之四象。为所以示之四象，则驳杂之甚也。何哉？夫七、八、九、六乃少阴、少阳、老阴、老阳之位，生八卦之四象，非易之所以示四象也。略试论之：且夫四象者，其义有二：一者谓两仪所生之四象，二者谓易有四象，所以示之四象。若天一、地二、天三、地四所以兼天五之变化，上下交易，四象备其成数，而后能生八卦矣。于是乎坎、离、震、兑，居四象之正位。不云"五象"者，以五无定位，举其四，则五可知矣。夫五上驾天一，而下生地六；下驾地二，而上生天七；右驾天三，而左生地八；左驾地四，而右生天九，此河图四十有五之数耳。斯则二仪所生之四象。所谓易有四象，所以示者，若《系辞》云，"吉凶者，失得之象"一也；"悔吝者，忧虞之象二也；变化者，进退之象三也；刚柔者，昼夜之象"，四也。且孔氏疏云：象之与辞，相对之物。辞既爻卦之下辞，象谓爻卦之象也。又上句云："易有四象，所以示也。"下句云："系辞焉，所以告也。"详其吉凶、悔吝、变化、刚柔四者之象，既系辞所陈，则与爻卦正协其义也。而又孔氏复引二仪所生之四象，举七、八、九、六之数，则其义非也，不亦失之甚乎？

（十）四象生八卦图

疏解：

"水居坎而生乾"者，水数六，三数不用，则可用者为三数，三数当三爻，则各爻皆为一数，一数为奇，故为阳，三爻皆阳，故为乾。此为"水居坎而生乾"也。"金居兑而生坤"者，金数九，三数不用，则可用者六数，六数当三爻，则各爻皆为二数，二数为偶，故为阴，三爻皆阴，故为坤。此为"金居兑而生坤"也。"火居离而生巽"者，火数七，三数不用，则可用者四数，四数当三爻，则两爻为一数，一爻为二数，两奇一偶，则是二阳一阴，两阳居上，一阴居下，则为巽卦。故"火居离而生巽"也。"木居震而生艮"者，木数八，三数不用，则可用者五数，五数当三爻，则一爻为一数，两爻二数，一奇两偶，则是一阳二阴，一阳居上，两阴居下，则为艮卦。故"木居震而生艮"也。各有三数不用者，"盖得太极涵三之圆，不动正"（参见本书佚名辑《周易图·郑氏太极贯一图》解说）之谓乎？抑明三生万物之义乎？又，太阴、少阳所生之卦为阴卦，太阴、少阴所生之卦为阳卦，此明阴阳相生之义乎？且各数所生之卦所居之位紧邻其数之逆时针方向之位，亦是一巧也。此图虽巧，然亦有可诘之处。第一，四隅之卦由数而生，则四正之卦如何由数而生呢？"两仪生四象"，所生出者，只是六、七、八、九数，如

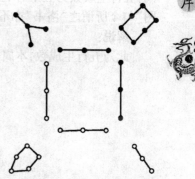

何将此四数转换成四正之卦呢？第二，火数七所生之数四，分成两个一数（奇数）一个二数（偶数），为何一定是一个偶数居下？木数八所生之数五，分成两个二数（偶数）一个一数（奇数），又为何一定是一个奇数居上？

解说：

五行成数者，水数六，金数九，火数七，木数八也。水居坎而生乾，金居兑而生坤，火居离而生巽，木居震而生艮。已居四正而生乾、坤、艮、巽，共成八卦也。

（十一）二仪得十成变化图

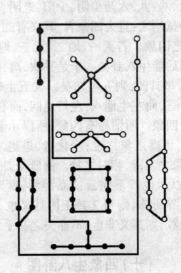

疏解：

自此图与（九）图（两仪生四象图）比较可知，刘牧以为五行生成数与四象数不同：五行生成数为五十有五，属"洛书"，而四象数则属"河图"，故刘牧所谓之"河图"与今所谓之"洛书"亦不全同也。

解说：

此乃五行生成数，本属"洛书"。此画之者，欲备天地五十五数也。

（十二）天数图

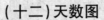

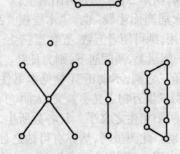

（十三）地数图

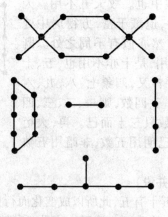

（十四）天地之数图

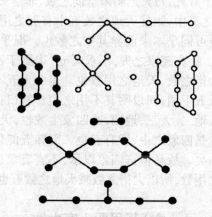

疏解：

　　"内十五"者，一、二、三、四、五也。"兼五行之数四十"者，六、七、八、九、十也。"内十五天地之用，九、六之数也"者，可与图（四）天地之数十有五图互参。

解说：

　　内十五天地之用，九、六之数也。兼五行之数四十，合而为五十有五，备天地之数也。

（十五）大衍之数图

疏解：

　　此段明大衍之数与天地之数的关系。刘牧认为，大衍之数与天地之数不能无关；理由有二：第一，大衍之数所述揲著之数本身即用天地之数，故大衍数不能与天地数无关；第二，揲著之数以象天地，不能舍天地之数而求天地之象。那么大衍数又何以比天地数少五呢？刘牧说：五十有五乃是天地之极数，大衍数五十乃是天地之用数。用数比极数少五，是因为天五不用也。又说，天五非真不用也，而是易主

用四象,天一、地二、天三、地四、四象生数也,而天五乃四象生数转换为四象成数七、八、九、六之中枢也。是四象七、八、九、六之中皆含五也。故用四象,五即在中也。故天五不用。天五不用,岂非示人以易洗心,退藏于密,方得居中处正之妙乎!刘牧此论虽巧,然亦似有不周之处。既然易主用四象,则非独五不用,是十亦不用也,五、十皆不用,则大衍数用四十乎?又,四象七、八、九、六已含五数,则其亦含一、二、三、四数,则一、二、三、四数亦不用乎?如此则大衍数只三十而已。再,大衍筮法明言,"五岁再闰",是已明用五数,非暗用五数也。故刘牧之论仍可商榷。

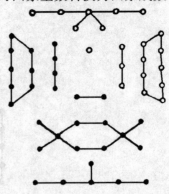

解说（十二至十五诸图并说）：

《经》曰："凡天地之数五十有五,此所以成变化而行鬼神也。"又曰："大衍之数五十。"则减天地之数五也。韩氏曰："演天地之数,所赖者五十也。"则不言减五之数。所以孔氏疏以为五十有五,乃天地阴阳奇偶之数,非是文演天地之策也。且诸儒分大衍之数分而为二之义中,则述天地之数五十有五之用,末则陈四营成易、十有八变而成卦之理,此岂可同乎本末而异其中之数也。况乎揲著之数,以象天地,岂可舍其数而求其象乎?斯亦疏家之失,不求天五"退藏于密"之义也。且夫五十有五,天地之极数也。大衍之数,天地之用数也。盖由天五不用,所以大衍之数少天地之数五也。或曰：天五不用,何以明其不用之由?答曰：天五不用,非不用也,是用四象者也。且天一、地二、天三、地四,此四象生数也,天五所以斡四象生数而成七、九、六、八之四象。是四象之中,皆有五也。则知五能包四象,四象皆五之用也。举其四,则五在其中矣。故易但言四象以示,不言五象也。今揲著之义,以筮而尚占者也,以象天地之用数,所以大衍之数减天地之数五也。

（十六）其用四十有九图

解说：

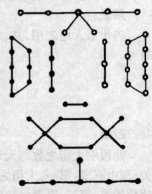

大衍之数五十,其用四十有九。韩氏注曰："衍天地之数,所赖者五十。其用四十有九,则其一不用也。不用而用以之通,非数而数以之成,斯易之太极也。四十有九,数之极也。夫无不可以无明,必因于有,固尝于有物之极,而必明其所由之宗也。"孔氏疏：京房云：五十者,谓十日、十二辰、二十八宿也。凡五十其一不用者,天之生气将欲以虚求实,故用四十九焉。马季长云：易有太极,谓北辰。北辰生两仪,两仪生日月,日月生四时,四时生五行,五行生十二月,十二月生二十四气。北辰居位不动,其余四十九运而用之也。荀爽云：卦各有六爻,六八四十八,加乾、坤二用,凡五十。初九"潜龙勿用",故用四十九也。郑康成云："天地之数,五十有五者,以五行气通于万物,故减五,大衍又减一,故用四十九。姚信董遇云：天地之数五十有五者，其六以象六画之数，故减而用四十九也。顾欢云：立此五十数以数神，神虽非数，因数而显，故虚其一数，以明不可言之义也。今详诸家所释，义有多端，虽各执其说，而理则未允。敢试论之：韩氏注以虚一为太极，则未详其所出之宗也。何者？夫太极生两仪，两仪既分，天始生一，肇其有数也。而后生四象、五行之数，合而为五十有五，此乃天地之极数也。今若以太极为虚一之数，则是大衍当用五十有四也。不然，则余五之数，无所设耳。况乎大衍衍天地之数也，则明乎后天地之数矣。大衍既后天地之数，则太极不可配虚其一之位也明矣。又无不可以无明，必因于有，是则以太极为无之称。且太极者，元气混而为一之时也。其气已兆，非无之谓，则韩氏之注，义亦迂矣。或曰：韩氏之注，承辅嗣之旨。且辅嗣之注，独冠古今，斐然议之，无乃不可乎？答曰：此必韩氏之寓言，非辅嗣之意也。且若愚以胸臆论之，是谓狂简。今质以圣人之辞，且易有太极，是生两仪，易既言有，则非无之谓也。不其然乎？至于京、荀、马、郑众贤之论，皆采撷天地名数，强配其义。（编者按：此处有缺文）且若以天地之名数强加配偶，则靡所不可。（编者按：此处有缺文）然而天地之数，生成相因，理如贯珠，不可骈赘而设也。虽能强立其义，推而究之，则于所由之宗不会矣。试论于末篇。

天地之数十有五，居其内而外斡五行之数四十也，今止用其四十九者，何也？盖由天五为变化之始，散在五行之位，故中无定象。又天一居尊而不动，以用天德也（天德九也）。天一者，象之始也，有生之宗也，为造化之主，故居尊而不动也。惟天三、地二、地四之数，合而成九阳之数也。天三则乾之三画，地二、地四则坤之六画也。地道无成而代有终，阳得兼阴之义也。故乾之三兼坤之六，成阳之九，斡运五行成数而通变化也，所以揲蓍之义，以象其数也。或问曰：易云"坤元用六"，今则乾三兼之是坤之六，无用乎？答曰：非也，在其中矣。此盖易举其多数而言之也。数六是少数，举其多则少可知矣。是知阳进而"乾元用九"，阳退则"坤元用六"也。亦由当期之日，惟合老阴、老阳之数，其少阴、少阳之数，则在其中。举多兼少，易义皆然矣。

（十七）少阳图　　　　　　（十八）少阴图

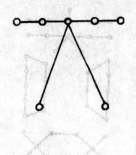
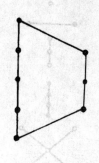

国学经典文库

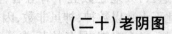

（十九）老阳图　　　　　　（二十）老阴图

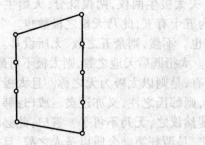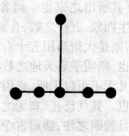

（二十一）七八九六合数图

解说：（十七至二十一图并说）

　　且夫七、八、九、六之数，以四位合而数之，故老阳四九则三十六也，少阳四七则二十八也，老阴四六则二十四也，少阴四八则三十二也。

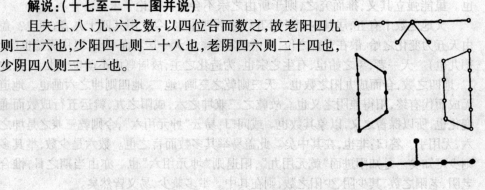

（二十二）乾画三位图　　　　（二十三）坤画三位图

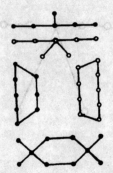

疏解：

　　此二图解说文字已缺，故其义已不可尽晓。大致谓：一、二、三、四、五五数中，三奇两偶，奇数为主，故主阳，又有三奇数，象乾三位也；六、七、八、九、十五数中，三偶两奇，偶数为主，故主阴，又有三偶数，象坤三位也。又前者为生数，后者为成数，

乾生坤成,则生数为乾,成数为坤。且成数法生数而得,"成象之谓乾,效法之谓坤",亦是生数主乾,成数主坤也。

解说(二十二、二十三两图并说):

此二图解说文字已缺,故其义已不可尽晓。大致谓:一、二、三、四、五五数中,三偶两奇,偶数为主,故主阴,又有三偶数,象坤三位也;六、七、八、九、十五数中,三偶两奇,偶数为主,故主阴,又有三偶数,象坤三位也。又前者为生数,后者为成数,乾生坤成,则生数为乾,成数为坤。且成数法生数而得,"成象之谓乾,效法之谓坤",亦是生数主乾,成数主坤也。

乾画奇也,坤画偶也,且乾、坤之位分则奇偶之列(编者按:此处有缺文)则阴阳之位序矣。

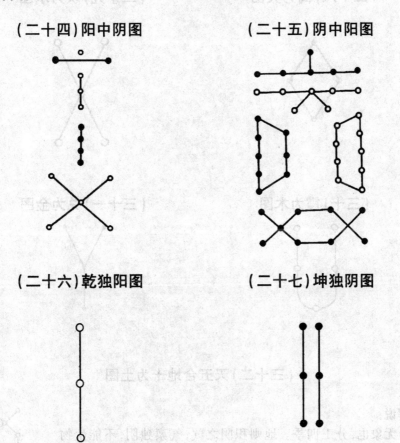

(二十四)阳中阴图　　　**(二十五)阴中阳图**

(二十六)乾独阳图　　　**(二十七)坤独阴图**

解说(十九至二十七诸图并说):

《经》曰:一阴一阳之谓道。韩氏注云:道者,无之称,无不通也,无不由也,况之曰道,寂然无体,不可为象,必有之用极,而无之功显,故至于"神无方而易无体",而道可见矣。故穷变以尽神,因神而明道,阴阳虽殊,无一以待之。在阴为无阴,阴以之生;在阳为无阳,阳以之成,故曰"一阴一阳"也。又孔氏云:一谓无阴无阳,乃谓之道也。观其注疏之家祖述以无为义,不失其道之妙用也。且道无形,亦必陈乎宗旨。易称一阴一阳之谓道,必垂一阴一阳之义耳。

略试论之:且夫一阴一阳者,独阴、独阳之谓也。独阴、独阳且不能生物,必俟一阴一阳合,然后运其妙用,而成变化;四象因之而有,万物由之而生,故曰:无不由之谓道也。若夫独阴、独阳者,天地所禀(天独阳、地独阴)。至于五行之物,则各含一阴一阳之气而生也。所以天一与地六合而生水,地二与天七合而生火,天三与地八合而生木,地四与天九合而生金,天五与地十合而生土,此则五行之质,各禀一阴一阳之气耳。至于动物植物,又合五行之气而生也。今欲明其义,故先布天地独阴、独阳之体,次列五行含二气之象,末陈人禀五行之质也。

(二十八)离为火图

(二十九)坎为水图

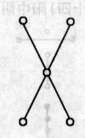

(三十)震为木图

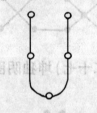

(三十一)兑为金图

(三十二)天五合地十为土图

解说:

土无象也,分王四季。地则积阴之气,气禀独阴,不能生物也。暨天五与地十合而生土,成其形质,附地而载,是为五行之一也。故疏云:土者,是地中之别耳。所以地则称乎独阴,土则禀乎二气也。

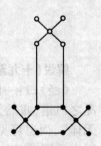

（三十三）人禀五行图

解说：

"《易》之为书也，广大悉备，有天道焉，有人道焉，有地道焉，兼三才而两之，故六。六者非他也，三才之道也。"然则三才之道上中下之位，三才之用舍五行，则斯须无以济矣。至于人之生也，外济五行之利，内具五行之性。五行者，木、火、土、金、水也。木性仁，火性礼，土性信，金性义，水性智，是故圆首方足，最灵于天地之间者，蕴是性也。人虽至愚，其于外也，日知由五行之用；其于内也，或蒙其性而不循五常之教者，可不哀哉！

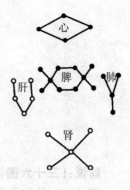

（三十四）乾坤生六子图

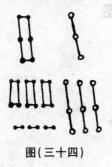

图（三十四）

（三十五）乾下交坤图

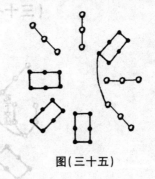

图（三十五）

疏解：

乾坤未交之时，四个三奇当居右上之位，而四个三偶当居右下之位也，以右上为阳，左下为阴之故也。此理前（五）至（八）图（即"天一下生地六图"至"地四右生天九图"）疏解已述之，可参见。乾坤一交，则天道下济，地道上行，而成乾居下、坤居上之势矣。乾居下，坤居上者，非乾坤（天地）之体之移位也，乃乾坤（天地）之用、之气流行也。《乾凿度》曰："变易也者，其气也。""不易也者，其位也。天在上，地在下。""乾下交坤""坤上交乾"为二图者，乾为主，故居主，坤为从，故居后。乾与坤交，不仅体现为乾下济、坤上行，还体现为乾坤相入，即乾入坤、坤入乾，从而生六子也。以下（三十六）至（四十二）图明之。兹不赘。

解说：（三十五图）

乾，天也，故称乎父，下济而光明焉。

（三十六）坤上交乾图

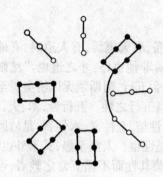

解说：(三十六图)

坤，地也，故称乎母，卑而上行焉。

（三十七）震为长男图

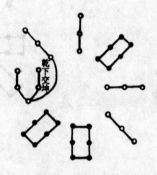

解说：

震一索而得男，故谓之长男。

（三十八）巽为长女图

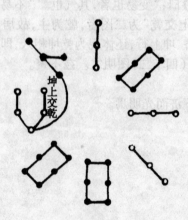

解说：

巽一索而得女,故谓之长女。

(三十九)坎为中男图

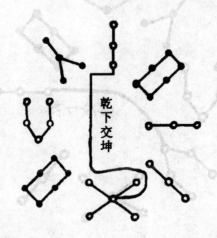

解说：

坎再索而得男,故谓之中男。

(四十)离为中女图

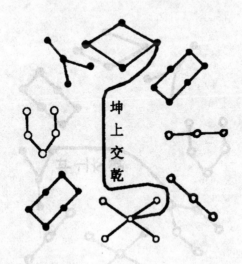

解说：

离再索而得女,故谓之中女。

（四十一）艮为少男图

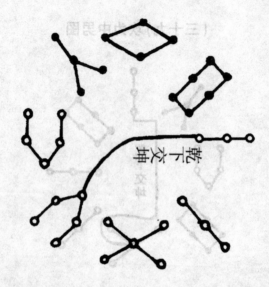

解说：

艮三索而得男，故谓之少男。

（四十二）兑为少女图

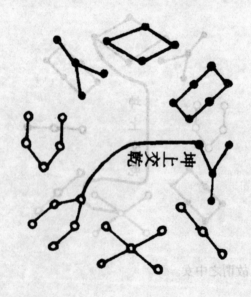

解说：

兑三索而得女，故谓之少女。

已上（编者按：指三十四至四十二诸图）更布自然之象者，盖欲明上下自然交易相生之理，成八卦变化之义也。

（四十三）坎生复卦图

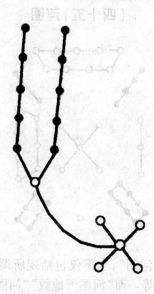

（四十四）离生姤卦图

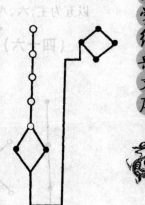

解说（三十四至四十四诸图并说）：

夫"易有太极，是生两仪，两仪生四象，四象生八卦"。"八卦成列，象在其中矣"。因而重之，爻在其中矣，则知太极乃两仪之始，八卦则重卦之始也。重卦之首以复卦，何谓也？阳气之始也。略试论之：且夫四正之卦，所以分四时十二月之位，兼乾、坤、艮、巽者，所以通其变化；因而重之，所以效其变化之用也。观其变化之道，义有所宗，故其复卦生于坎中，动于震上，交于坤，变二震、二兑、二乾而终。自复至乾之六月，斯则阳爻上生之义也。姤卦生于离中，消于巽下，交于乾，变二巽、二艮、二坤而终。自姤至于坤之六月，斯则阴爻下生之义也。自复至坤，凡十二卦，主十二月。卦主十二月，中分二十四气，爻分七十二候，以周其日月之数。是故坎离分天地子午以东为阳，子午以西为阴。若夫更错以他卦之象，则总三百八十四爻，所以极三才之道。或问曰：合数图以正之，卦之与爻分四时十二月之位，又兼乾、坤、艮、巽之卦通其变。且复卦生坎中，动于震，交于坤，易曰地中有雷，复，正协其义也。若姤卦则生于离之中，消于巽，交于乾，易曰天下有风，姤，且巽非四正之卦也，则与复卦不同其义。今卦体则是巽承于乾，而变易其位从兑者何谓也？答曰：斯则取归妹之象。《易》曰："归妹，天地之大义也。天地不交，则万物不兴。归妹者，人之终始也。"所以资长男交少女之义。交少女而长女主其卦者，明其妹系于姊嫁，而妹非正也，所谓侄娣之义也。若以长男交长女，虽曰夫妇常久之道，然未尽广延之理也。则知能终其始者，必归妹也，故易称天地之大义。是以卦之变易，必从归妹，妹非正室，必以姊主其卦也。是以其体

则取兑合震,其名则以巽承乾也,变易之义其在兹乎。

(四十五)河图

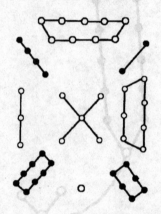

疏解:

自此四图看,刘牧所谓"河图",当不仅包括现所谓"洛书",还包括"河图天地数""河图四象""河图八卦"等。而"河图天地数""河图四象"既与现"河图"有关,又与其不全相同也。

解说:

以五为主,六、八为足,二、四为肩,左三右七,戴九履一。

(四十六)河图天地数   (四十七)河图四象

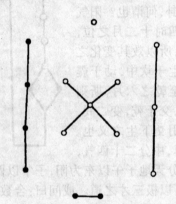

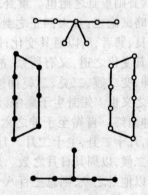

（四十八）河图八卦

（四十九）洛书五行生数

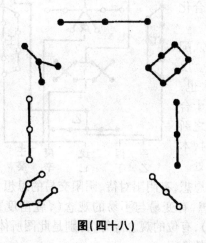

图（四十八）

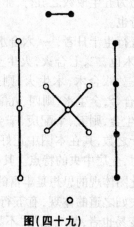

图（四十九）

（五十）洛书五行成数

疏解：

此二图合，则为现"河图"也。刘牧所谓"洛书五行生数"，与其"所谓五行天地数"不同者，在于前者为天地已交之数，而后者为天地未交之数，即一为后天，一为先天。而刘牧所谓"洛书五行成数"，与其所谓"河图四象"不同者，则在于前者含六、七、八、九、十，共五个数，乃五行成数，而后者则只含六、七、八、九，共四个数，乃四象之数。

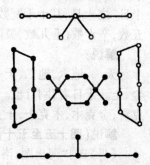

解说（四十九、五十两图并说）：

或问曰："洛书"云一曰水，二曰火，三曰木，四曰金，五曰土，则与"龙图"五行之数之位不偶者，何也？答曰：此谓陈其生数也。且虽则陈其生数，乃是已交之数也。下篇分土王四季，则备其成数矣。且夫"洛书""九畴"惟出于五行之数，故先陈其已交之生数，然后以土数足之，乃可见其成数也。

（五十一）十日生五行并相生图

疏解：

"十日生五行"者，阳日甲木为一，克阴日己土为六，一、六合而生水；阳日丙火三，克阴日辛金为八，三、八合而为木；阳日戊土为五，克阴日癸水为十，五、十合而为土；阳日庚金为七，克阴日乙木为二，二、七合而为火；阳日壬水为九，克阴日丁火为四，四、九合而为金。此"克"者，乃据有之义也。阳日克阴日而据有阴，即四柱中男妻女义也。以被克者为妻，即克者与被克者合也。故此处之"克"即"合"也。

《左传昭公八年》曰："妃以五成。""妃"即配也，此处一、六之合，二、七之合，三、八之合，四、九之合，五、十之合，皆因五而成合，故有阴阳合配。夫妻合配之义。"十日者，阳日也"者，乃曰阳日克阴日为合也。合则生水、火、木、金、土也。此十日所生之五行乃为五生成数之五行，非为四柱中十天干合化之五行也。

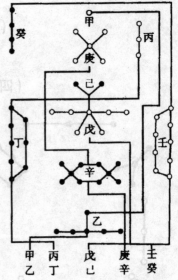

五行生十日者，一、六合水、水生木，则一、六配甲、乙木也，二、七合火，火生土，则二、七配己。戊土也；三、八合木，木生火，则三、八配丙、丁火也；四、九合金，金生水，则四、九配癸、壬水也；五、十合土，土生金，则五、十配庚、辛金也。如此所配之新的十干之数，其在本图中正好体现出水火相对，木金相对，土居中央的特点。其构思确有巧妙之处。

此图体现的思想是丰富的，有河图洛书的思想，有阴阳对待、阴阳交易的思想，有对夫妇之道的体现，有五行的生克变化思想，有变易与不易的观念（《乾凿度》曰："变易也者，其气也"；"不易也者，其位也"），有位的观念等等，特别是此图所体现出的整体观念和整体思想，值得认真琢磨与体会。

理解此图还须注意："十日生五行"之十日，其十干配数为通常的甲一数、乙二数、丙三数、丁四数。戊五数、己六数、庚七数、辛八数、壬九数、癸十数；而"五行生十日"之十日，其十干配数则为甲一数、乙六数、丙三数、丁八数、戊七数、己二数，庚五数、辛十数、壬九数、癸四数。

解说：

天一、地六、地二、天七、天三、地八、地四、天九、天五、地十，合而生水、火、木、金、土。十日者，刚日也。相生者，金生水，水生木，木生火，火生土，土生金也。相克者，金克木，木克土，土克水，水克火，火克金也。

解说（四十五至五十诸图并说）：

《易》曰："河出图，洛出书，圣人则之。"《春秋纬》云："河以通乾出天苞；洛以流坤吐地符。河龙图发，洛龟书感。""河图"有九篇，"洛书"有六篇。《书·正义》曰："洛书"九类，各有文字，即是书也。而云："天乃锡禹"，如此天与禹者，即是"洛书"也。《汉·五行志》：刘歆以为伏羲系天而王，河出图，则而画八卦是也。禹治洪水，锡"洛书"，法而陈《洪范》是也。颖达共为此说，龟负洛书，经无其事。《中候》及诸纬多说黄帝、尧、舜、禹、汤、文、武受图书之事，皆云龙负图，龟负书。纬候之书，不知谁著，通人讨核，以为伪起哀、平者也。前汉之末，始有此书，不知起谁氏也。以前学者必相传此说，故孔氏以《九类》是神龟负文而出，列于背，有数从一而至于九，见其文，遂因而第之以《九类》也。陈而行之，所以常道得其次叙也。言禹第之者，以天神言语必当简要，不应曲有次第，丁宁若此，故以禹次而第之也。然大禹既得《九类》，常道始有次叙，未有"洛书"之前，常道所以不乱者，世有浇、淳，教有疏、密，三皇以前无文亦治，何止无"洛书"也。但既得"九类"以后，（编者按：此处有缺文）法而行之则治，违之则乱也。且不知"洛书"本文计天言简要，必无次第之数。上传云：禹因而次之。则孔氏以第，是禹之所为。初一曰等二十八字（编者按：当为"二十七字"），必是禹加之也。其敬用农用等三十八字，（编者按：一本作"一十八字"，与实际字数不符，当有误）大刘及顾氏以为龟负也。小刘以为敬用等亦禹所第叙。其龟文惟有二十字，并无明据，未知孰是，故两存焉耳。详夫众贤之论，多背经书之旨。观其大法，凡九类，盖是禹叙"洛书"，因而第之，遂著成法，则非是神龟负书出于大禹之时也。何以明其然？略试论之：箕子曰：在昔鲧湮洪水，汩陈其五行，帝乃震怒，不畀"洪范九畴"，彝伦攸斁。鲧则殛死，禹乃嗣兴，天乃锡禹"洪范九畴"，彝伦攸叙。则不载神龟负图之事。惟孔氏注称天锡禹"洛书"，神龟负文而出，列于背有数至九也。诸儒更演载天书言语字数之说，后乃迹相祖述，遂以禹亲受"洛书"而陈"九类"。且经无载图书之事，惟《易·系辞》云："河出图，洛出书，圣人则之。"此盖仲尼以作《易》而云也。则知"河图""洛书"出于羲皇之世矣。乃是古者河出龙图，洛出龟书，羲皇（编者按：此下原缺）画八卦，因而重之，为六十四卦（编者按：此下原缺）文王作《卦辞》，周公作《爻辞》，仲尼辅之《十翼》，易道始明。观今"龙图"，其位有九，四象八卦皆所包韫。且其图纵横皆合天地自然之数，则非后人能假伪而设之也。夫"龙图"呈卦，非圣人不能画之，卦含万象，非圣人不能明之，以此而观，则洛出书，非出大禹之时也。《书》云：天锡禹"九畴"者，盖是天生圣德于禹，诚明"洛书"之义，因第而次之，垂范后世也。今"河图"相传于前代，其数自一至九包四象八卦之义，而兼五行之数，"洛书"则惟五行生成之数也。然羲皇但画卦以垂教，则五行之数未显，故禹更陈五行而显"九类"也。今诸儒以禹受"洛书"，"书"载天神言语，陈列字数，实非通论。天何言哉，圣人则之必不然也。或曰：未可，敢质于《经》。且尧任九子，各主其一。"九畴"之数，九子之职也。至农用八政，司空、司徒之官，唐虞世设之矣。协用五纪，羲氏、和氏已正之矣。斯则非俟禹受"洛书"之后，设其官也。且夫天垂象，见吉凶，圣人象之；河出图，洛出书，圣人则之。天象则（编者按：此下原缺）虽韫其义，非至圣不能明之。（编者按：此下原缺）"河图""洛书"，非羲皇不能画之。卦合其象，非文王不能伸之。爻象之兴，非周公不能著之。故仲尼曰："文王既没，文不在兹乎？"又曰："天生德于予。"则知天生睿哲于圣人，默究乎幽赜，是谓锡之也。故仲虺之诰曰："天乃锡王勇智。"表正万邦之谓也。且孔氏以箕子称天乃锡禹"九畴"，便谓之洛出龟书，则不思圣人云"河出图，洛出书"在作《易》之前也。又唐法"九畴"，唐虞之前已行之矣，而云禹受洛书之后，始有常道，次叙不曰诬之者乎？

　　《春秋纬》曰："洛书"六篇。孔氏云："洛书"神龟负文而出，列于背，有数一至九。今代之所传"龟书"，惟总五行生成之数，未知孰是。略试论之：《春秋纬》言"洛书"六篇，则与五行"九畴"之数不偶，亦未明其义。孔氏云"洛书"有数一至九，谓《书》之"九畴"自一五行至五福、六极之数也。且《书》之"九畴"惟五行是包天地自然之数，余八法皆是禹参酌天时、人事类之耳。则非龟所负之文也。今详《洪范·五行传》凡言灾异，必推五行为之宗。又若鲧无圣德，汩陈五行，是以彝伦攸斁。则知五行是天垂自然之数，其文负于神龟，余八法皆大禹引而伸之，犹"龙图"止负四象八纯之卦，余重卦六十四皆伏羲仰观俯察，象其物宜，伸之以爻象也。况乎五行包自然之性，八卦韫自然之象，圣人更为之变易，各以类分，而观吉凶矣。若今世之所传者"龟书"不为妄也。尚或疑焉者，试精之于问答，或问曰：且云"图"

"书"皆出于羲皇之世，则"九畴"亦陈于羲皇之代，不当言禹第而次之也。答曰："河图"八卦，垂其象也，故可以尽陈其位。"洛书"五行，含其性也，必以文字分其类。伏羲之世，世质民淳，文字未作，故"九畴"莫得而传也，但申其数耳。至大禹圣人，遂演成"九类"，垂为世范。"九畴"自禹而始也。或问曰：既云"龙图"兼五行，则五行已具于"龙图"矣。不应更用"龟书"也。答曰：虽兼五行，有中位而无土数，唯四十有五，是有其象，而未著其形也。唯四象、八卦之义耳。"龟书"乃其五行生成之数五十有五矣。易者包象与器，故圣人资"图""书"而作之也。或问曰：《书》云：天乃锡禹《洪范》九畴，必"洛书"，今臆说破之，无乃（编者按：此下原缺）答曰：仲尼称河出图，洛出书于伏羲画易之前，不当云出夏禹之世也。如曰不然，是"洛书"复出于夏禹之时矣。诚如是，禹之前无"九畴"也，又何以尧之典九法，坦然明白乎哉？问曰：今书世之传者"龙图""龟书"，"经"所不载，纬候之书，蔑闻其义，诚诞说也。答曰："龙图""龟书"虽不载之于《经》，亦前贤迭相传授也。然而数与象合位，将卦偶不盈不缩符于自然，非人智所能设之也。况乎古今阴阳之书，靡不宗之。至于通神明之德，与天地之理，应如影响，岂曰妄乎？

宋·朱震《汉上易传·卦图》

（一）河图

解说：

"河图"刘牧传于范谔昌，谔昌传于许坚，坚传于李溉，溉传于种放，放传于希夷陈抟。其图戴九履一，左三右七，二四为肩，六八为足，纵横十有五，总四十有五。列御寇曰：易者一也，一变而为七，七变而为九，九复变而为一。李泰伯曰：伏羲观"河图"而画卦，御寇所谓变者，论此图也。一者太极不动之数，七者大衍数，九者玄数也。泰伯谓画卦亦未尽其实，大衍五十之数寓于四十五之中。《黄帝书》土生数五，成数五。《太玄》以五五为土，五即十也。其在周官天府，"凡国之玉镇大宝器藏焉"。大宝器，《书》所谓"天球，河图在东序"是也。其在易则见于《系辞》。王洙曰：《山海经》云：伏羲氏得"河图"，夏后因之曰《连山》，黄帝氏得"河图"，商人因之曰《归藏》，列山氏得"河图"，周人因之曰《周易》。斯乃杜子春之所凭，抑知姚信之言非口自出，但所从传者异耳。梁武攻之涉于率肆，《易》曰：河出图，洛出书，圣人则之。仲尼曰：凤鸟不至，河不出图，吾已矣夫。盖圣人受命，必有符瑞。若图出，不再无劳叹，奚谓河伯不智，尤为妄矣。

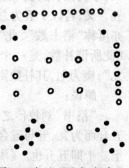

（二）洛书

疏解：

此"洛书"亦即现今所谓"河图"也。"五即十也，故'河图'之数四十有五，而五十之数具"者，扬雄《太玄》口："五与五相守"，即"五即十也"，一至九数相加，得四十五，再加十，即加五也，得五十，故"河图"之数四十有五，而五十之数具焉。"洛即十"的原则，将"洛书"数的十换成五，亦得五十也。

"甲己九，乙庚八，丙辛七，丁壬六，戊癸工"者，不知何由。今试解之如下：

刘牧"四象生八卦图"有六生乾，七生巽，八生艮，九生坤，此或为"甲己九，乙庚八，丙辛七，丁壬六，戊癸五"之所

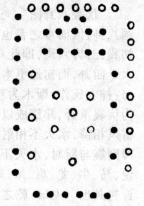

由也。生数（一生成数六，六数又生乾），即一六生乾也，乾为太阳，太阳即九，而一六即甲己也，故"甲己九"；生数二生成数七，七数又生巽也，即二七生巽也，巽为少阴，少阴即八，而二七即乙庚也，故"乙庚八"；生数三生成数八，八数又生艮，即三八生艮也，艮为少阳，少阳即七，而三八即丙辛也，故"丙辛七"；生数四生成数九，九数又生坤，即四九生坤也，坤为太阴，太阴即六，而四九即丁壬也，故"丁壬六"；生数五生成数十，五十即戊癸也，"戊癸五"者，十乃"盈数"，故"不数十"而数五，以五为居中主宰变化之数之故也，以象斗枢、辰极或象帝居中央统领四方，故"戊癸五"。

　　又"甲己九，乙庚八，丙辛七，丁壬六，戊癸五"者，甲己为一（甲为一，己为一加五），其补数为九（此所谓补数，即与一个数的和为十的那个数）；乙庚为二（乙为二，庚为二加五），其补数为八；丙辛为三，丙为三，辛为三加五，其补数为七；丁壬为四（丁为四，壬为四加五），其补数为六；戊癸为五（戊为五，十为五加五），其补数为五。又，若以十五为总数（"洛书"每个纵向、横向或斜向上的三数和皆为十五；此亦可称"洛书数"，此"洛书"，刘牧、朱震等称"河图"），则己为六，其补数则为九（此所谓补数，是一个特殊的补数，即与一个数的和为十五的那个数），故"甲己九"；庚为七，其补数则为八，故"乙庚八"。余类推。

　　解说：

　　"洛书"刘牧传之，一与五合而为六，二与五合而为七，三与五合而为八，四与五合而为九，五与五合而为十。一六为水，二七为火，三八为木，四九为金，五十为土。十即五五也。《洪范》曰：一，五行。《太玄》曰：一与六共宗，二与七共朋，三与八成友，四与九同道，五与五相守。范望曰：重言五者，十可知也。一、三、五、七、九奇数，二十有五，所谓天数；二、四、六、八、十偶数，所谓地数。故曰：天地之数五十有五数。五即十也，故"河图"之数四十有五，而五十之数具。"洛书"之数五十有五，而五十之数在焉。惟十即五也，故甲己九，乙庚八，丙辛七，丁壬六，戊癸五，而不数十，十盈数也。

（三）伏羲八卦图（原题此名，它书皆题"伏羲六十四卦方圆图"）

　　解说：

　　"伏羲八卦图"。王豫传于邵康节，而郑史得之。《归藏》初经者，伏羲初画八卦，因而重之者也。其经初乾、初奭坤、初艮、初兑、初荦坎、初离、初厘震、初巽，卦皆六画，即此八卦也。八卦既重，爻在其中。薛氏曰：昔神农氏既重为六十四卦，而初经更本包牺八卦成列，而六十四具焉，神农氏因之也。《系辞》曰：神农氏作，斲木为耜，揉木为耒，耒耨之利以教天下，盖取诸益。王辅嗣以为伏羲重卦、郑康成以为神农重卦，其说源于此。子曰：天地定位，山泽通气，雷风相薄，水火不相射。天地定位即乾与坤对，山泽通气则艮与兑对，风雷相薄则震与巽对，水火不相射则离与兑对。而《说卦》健、顺、动、入、陷、丽、止、说、马、牛、龙、鸡、豕、雉、狗、羊、首、腹、足、股、耳、目、手、口，与夫别象次序，皆初卦也。夬曰：乾之初，交于坤之初得震，故为长男；坤之初，交于乾之初得

巽,故为长女;乾之二,交于坤之二得坎,故为中男;坤之二,交于乾之二得离,故为中女;乾之上,交于坤之上得艮,故为少男;坤之上,交于乾之上得兑,故为少女。乾、坤大父母也,故能生八卦;复、姤小父母也,故能生六十四卦。复之初九,交于姤之初六得一阳;姤之初六,交于复之初九得一阴;复之二,交于姤

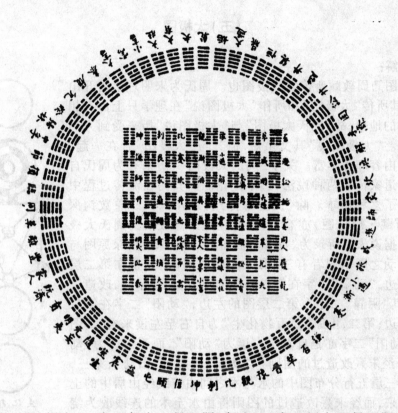

之二得二阳;姤之二,交于复之二得二阴;复之三,交于姤之三得四阳。姤之三,交于复之三得四阴;复之四,交于姤之四得八阳。姤之四,交于复之四得八阴;复之五,交于姤之五得十六阳;姤之五,交于复之五得十六阴;复之上,交于姤之上得三十二阳;姤之上,交于复之上得三十二阴。阴阳男女皆顺行,所以生六十四卦也。

（四）文王八卦图

解说:

"文王八卦(图)"。《说卦》:帝出乎震,齐乎巽,相见乎离,致役乎坤,说言乎兑,战乎乾,劳乎坎,成言乎艮。又曰:震,东方也,巽,东南也。离也者,明也,万物皆相见,南方之卦也。坤也者,地也。兑,正秋也。乾,西北之卦也。坎者,水也,正北方之卦也。艮,东北之卦也。又曰:动万物者,莫疾乎雷,桡万物者,莫疾乎风,燥万物者,莫 乎火,

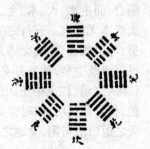

说万物者,莫说乎泽,润万物者,莫润乎水,终万物、始万物者,莫盛乎艮。此说《周易》也。故管辂曰:圣人何以处乾位于西北,坤位于西南?邵康节曰:置乾于西北,退坤于西南,乾统三男而长子用事,坤统三女而长女代母,坎、离得位而兑、震为偶,以应地之方也。王者之法,尽于是矣。

(五)太极图

疏解:

此图乃周敦颐所传之太极图也。周氏为宋明理学的开山祖师,其所传"太极图"和所作"太极图说"在理学只上占有相当重要的地位,故"周氏太极图"与"太极图说"历来受到人们的重视。"太极图说"其文虽短,但其与"太极图"合在一起,蕴含的内容却很丰富。关于"周氏太极图",历来有为周氏自作和由道家传授两种说法,迄不定论。而其图在流传过程中又形成了多种版本。除《汉上易传》所录外,《大易象数钩深图》《道藏·周易图》亦有录,还有经过朱熹改动的周氏太极图等。据说朱震所录为"周子太极图"原图。朱震所录原图与朱熹改动之图不同者有三,第一,原图"阴静"二字在第二层图的右边,"动阳"二字在第二层图的下方,而经朱熹,改造过的图,其"阴静"二字在第二层图的左边,"动阳"二字在第二层图左边;第二,由原图"万物化生"为自右至左读来看,其图中的"动阳"二字亦是自右至左读为"动阳",而不是读为"动阳",而经朱熹改造过的图则将"动阳"改成了"阳动";第三,原图第三层五行分布图中的水与木之间由连线经由居中的土连接起来,而经未熹改造过的图则将由水至木的连线改为绕

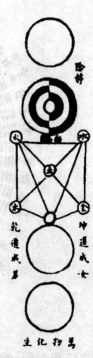

土而过。《道藏·周易图》所录"周氏太极图",与朱震所录原图相比,亦有所动,即将原图中的"动阳"改成了"阳动",而且此二字在原图中本处于第二层图的下方,而在《周易图》中却改放在了第三层图的水与火的连线之间。这些不同,既给我们探讨"周氏太极图"的本义带来了麻烦,同时也为我们弄清其蕴含的意义提供了线索。

解说:

"太极图"。周敦实茂叔传二程先生。茂叔曰:无极而太极,太极动而生阳,动极而静,静极而生阴,静极复动。一动一静,互为其根。分阴分阳,两仪立焉。阳变阴合,而生水、火、木、金、土,五气顺布,四时行焉。五行,一阴阳也;阴阳一太极也,太极本无极也。五行之生也,各一其性。无极之真,二五之精,妙合而凝。乾道成男,坤道成女,二气交感,化生万物,万物生生,而变化无穷焉。唯人也,得其秀而最灵。形既生矣,神发知矣。五性感动而善恶分,万事出矣。圣人定之以中正仁义(圣人之道,仁义中正而已矣),而主静(无欲则静)立人极焉。故圣人与天地合其德,日月合其明,四时合其序,鬼神合其吉凶。君子修之吉,小人悖之凶。故曰:立天之道曰阴与阳,立地之道曰柔与刚,立人之道曰仁与义。又曰:原始反终,故知死

生之说。大哉！易也，斯其至矣。

（六）六十四卦相生图

乾坤者易卦之祖。

姤　乾一交而为姤。

复　坤一交而为复。

凡卦五阴一阳者皆自复卦而来复一爻五变而成五卦

师
谦
豫
比
剥

凡卦五阳一阴者皆自姤卦而来姤一爻五变而成五卦

同人
履
大有
小畜
夬

凡卦四阴二阳者皆自临卦而来临五复五变而成十四卦

临
遁
大有

第一四变：

凡卦四阳二阴者皆自遁卦而来遁五复五变而成十四卦

遁
艮

第一四变：

明夷

屯

第二复四变：

升

小过

第三复三变：

蒙

第四复二变：

讼

第五复一变：

第六復四變：

萃

大过

无妄　家人　革

第三復三變：

睽　中孚　大畜

第四復二變：

兑　否　豫　泰

第五復一變：

需　恒　益　否

第一三變：

凡卦三阴三阳者皆自泰卦而来，泰三復三變而成九卦

第二復三變：

噬嗑　节　随

第三復三變：

贲　井

第二復三變：

既济

渐　咸　旅　未济

第一三變：

咸　渐　涣　困

凡卦三阳三阴者皆自否卦而来，否三復三變而成九卦

上"李挺之六十四卦相生图"一篇，通"变卦反对图"为九篇。康节之子伯温，传之于河阳陈四丈（忌其名），陈传之于挺之。始虞氏卦变，乾、坤生坎、离，乾息而生复、临、泰、大壮、夬，坤消而生姤、遁、否、观、剥。自复来者一卦（豫），自临来者

四卦(明夷、解、升、震),自泰来者九卦(蛊、贲、恒、损、升、归妹、丰、节、既济),自大壮来者六卦(需、大畜、大过、睽、鼎、兑),自夬来者一卦(同人),自遁来者五卦(讼、无妄、家人、革、巽),自否来者八卦(随、噬、咸、益、困、渐、涣、未济),自观来者五卦(晋、蹇、颐、萃、艮),自剥来者一卦(谦)。而屯生于坎,蒙生于艮,比生于师,颐、小过生于晋,睽生于大壮,咸生于无妄,旅生于贲,咸生于噬嗑,中孚生于讼。小畜变需上,履变讼初。姤无生卦。师、同人、大有、兑四卦阙。李鼎祚取蜀才虞氏之书,补其三卦(大有阙)。而颐卦虞以为生于晋侯,果以为生于观。今以此图考之,其合于图者,三十有六卦,又时有所不合者,二十有八卦。夫自下而上谓之升,自上而下谓之降。升者上也,息也;降者消也。阴生阳,阳生阴,阴复生阳,阳复生阴,升降消息循环无穷。然不离于乾坤一生二,二生三,至于三极矣。故凡卦五阴一阳者,皆自复来,复一爻五变而成五卦(师、谦、豫、比、剥)。凡卦五阳一阴者,皆自姤来,一爻五变而成五卦(同人、履、小畜、大有、夬)。凡卦四阴二阳者,皆自临来,临五复五变而成十四卦(明夷、震、屯、颐、升、解、坎、蒙、小过、革、观、蹇、晋、艮)。凡卦四阳二阴者,皆自遁来,遁五复五变而成十四卦(讼、巽、鼎、大过、无妄、家人、离、革、中孚、大畜、大壮、睽、需、兑)。凡卦三阴三阳者,皆自泰来,泰三复三变而成九卦(归妹、节、损、丰、既济、贲、恒、升、蛊)。凡卦三阳三阴者,皆自否来,否三复三变而成九卦(归妹、节、损、丰、既济、贲、恒、井、蛊)。乾、坤大父母也,复、姤小父母也。坎、离得乾、坤之用者也。颐、大过、小过、中孚得坎、离者也。故六卦不反对而临生坎、遁生离;临生颐、小过,遁生大过、中孚。或曰:先儒谓贲本泰卦,岂乾、坤重为泰,又由泰而变乎?曰:此论之卦也,所谓之卦者,皆变而之他卦也。《周易》以变为占,七卦变而为六十三卦,六十四卦变而为四千九十六卦。而卜筮者尚之,此焦延寿之《易林》所以与兴也。圣人因其刚柔相变,系之以辞焉,以明往来、屈信、利害、吉凶之无常也。故君子居则观其象而玩其辞,动则观其变而玩其占。占兴辞一也,故乾坤重而为泰者,八卦变而为六十四卦也。由泰而为贲者,一卦变而为六十三卦也。或曰:刚柔相易,皆本诸乾、坤也,凡三子之卦,言刚来者,明此本坤也,而乾来化之;凡三女之卦,言柔来者,明此本乾也,而坤来化之。故凡言是者,皆三子三女相值之卦也。非是卦,则无是言。谓泰变为贲,此大感也。曰:不然也。往来者以内外言也,以消息言也,自内而之外,谓之往;自外而之内,谓之来。请复借贲卦言之。柔来而文刚者,坤之柔,自外卦下,而来文乎乾之刚也。分刚上而文柔者,乾之刚,自内卦上,而往文乎坤之柔也。于柔言来,则知分刚上而文柔者,往也;于刚言上,则知柔来而文刚者,下也。上者出也,下者入也。此所谓其出入以度内外,此所谓上下无常也。若言柔来者,明此本乾也,则不当言分刚上而文柔,当曰:"刚来而文柔矣。"无妄之象曰:"刚自外来,而为主于内",外卦乾已三画矣。谓之自外来,则当自卦外来乎。故乾施一阳于坤,以化其一阴而生三子;坤施一阴于乾,以化其一阳而生三女也;乾坤相易以生六子,成八卦也。上下往来,周流无穷者,刚柔相易,以尽其爻之变也。爻之言往来,言上下内外者,岂唯三子三女相值之卦而已哉?故曰:刚柔相推,变其中矣。又曰:往来不穷谓之通。又曰:变动不居,周流六虚。谓之周流六虚,同其往

其来，非谓三画之卦也。近世杨杰、鲍极论卦变之义。杨曰：泰者，通而治者也，故圣人变于节、贲、损、蛊、恒、归妹、大畜之《象》，以为御治之术焉。否者，闭而乱者也，故圣人变于咸、益、随、涣、噬嗑、无妄、讼之《象》以为救乱之术焉。鲍曰：遁，阴长之卦，邪道并兴。圣人易一爻而成无妄，欲以正道止其邪也。杨谓否变无妄，讼亦误矣。然触类而长，六十四卦之相变，其义可推矣。

（七）太玄准易图

解说：

律历之元，始于冬至，卦气起于中孚，其书本于夏后氏之《连山》。而《连山》则首艮，所以首艮者，八风始于不周，实居西北之方，七宿之次是为东壁、营室。东壁者，辟生气而来之。营室者，营阳气而产之。于辰为亥，于律为应钟，于时为立冬。此颛顼之历，所以首十月也。汉巴郡落下闳运算转历推步晷刻，以太初元年十一月甲子夜半，朔冬至而名节会，察寒暑，定清浊，起五部，违气初分数，然后阴阳离合之道行焉。然落下闳能知历法而止，扬子云通敏贤达，极阴阳之数，不唯知其法，而又知其意。故《太玄》之作，与太初相应，而兼该乎颛顼之历，发明《连山》之旨，以准《周易》，为八十一卦，凡九分共二卦，一五隔一四。细分之，则四分半当一日。准六十卦，一日卦六日七分也。中，中孚也；周，复也；礥闲，屯也；少，谦也；戾，睽也；上于，升也；狩羡，临也。此冬至以至大寒之气也。差，小过也；童，蒙也；增，益也；

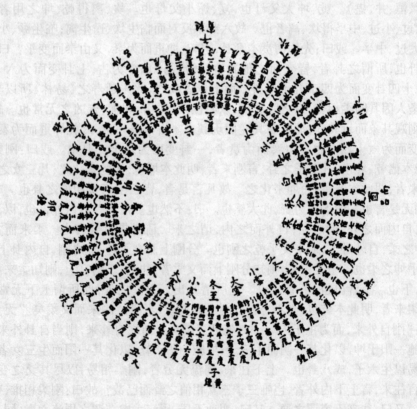

锐,渐也;达,交泰也;奰僕,需也;从进,随也;释,解也;格、夷、大壮也;乐、豫也;争,讼也;务事,蛊也;更,革也;断毅,夬也。此立春以至谷雨之气也。装,旅也;众,师也;密亲,比也;敛,小畜也;疆晬,乾也;盛,大有也;居,家人也;法,井也;应,离也;迎,咸也;遇,姤也;电,灶鼎也;大廓,丰也;文,涣也;礼,履也;逃唐,循也;常,恒也。此立夏以至大暑之气也。永,恒也;度,节也;昆,同人也;减,损也;唅守,否也;禽,巽也;聚,萃也;积,大畜也;饰,贲也;疑,震也;视,观也;沈,兑也;内,归妹也;去,无妄也;晦蔀,明夷也;穷,困也;割,剥也。此立秋以至霜降之气也。止坚,艮也;成,既济也;阙,噬嗑也;失剧,大过也;驯,坤也;将,未济也;难,蹇也;勤养,坎也。此立冬以至大雪之气也。日月之行,有离合、阴阳之数,有盈虚。踦盈二赞有其辞,而无其卦,而附之于养者,以闰为虚也。踦,火也,日也。赢,水也,月也。日月起于天元之初,归其余也。盖定四时成岁者,以其闰月再而后卦者,由于归奇六日七分,必加算焉。以三百六十五日四分之,不齐也。坎、离、震、兑,四正之卦也。二十四爻周流四时,《玄》则准之。日右斗左,东巡六甲,东西南北,经纬交错,以成八十一首也。一月五卦也,侯也,大夫也,卿也,公也,辟也。辟居于五,谓之君。卦四者,离卦也,《玄》则准之。故一玄象辟,三方象三公,九州象九卿,二十七部象大夫,八十一首象元士,其大要则历数也,律在其中也,体有所循而文不虚生也。陆绩谓自甲子至甲辰,自甲辰至甲申,自甲申至甲子,凡四千六百一十七岁,为一元。元有三统,统有三会,会有二十七章。九会二百四十三章,皆无余分。其钩深致远,与神合符,有如此也。善乎,邵康节之言曰:《太玄》其见天地之心乎？天地之心者,坤极生乾,始于冬至之时也。此之谓律历之元。

(八)乾坤交错成六十四卦图

荀爽曰:乾始于坎,终于离,坤始于离,终于坎。
乾生三男:震、坎、艮,故四卦所生为阳卦。
坤生三女:巽、离、兑,故四卦所生为阴卦。

解说:

乾阳也,坤阴也,并如而交错行。乾贞于十一月子,左行阳时六。(贞,正也,初爻以此为正,次爻左右者各从次数之)。坤贞于六月未,(乾、坤阴阳之主也,阴退一辰,故贞于未),右行阴时六,以顺成其岁。岁终,次从于屯、蒙。(岁终则从其次,屯、蒙、需、讼也)。屯为阳,贞十二月丑,其爻左行,以间时而治六辰。蒙为阴,贞正月寅,其爻右行,亦间时而治六辰。岁终则从其次卦。阳卦以次其辰,以丑为贞,左行间辰而治六辰。(阴卦与阳卦其位同,谓与日若在冲也。阴则退一辰,谓左右交错相避)。否泰之卦,独各贞其辰。(言不用卦次,泰当贞于戌,否当贞于亥。戌,乾体所在,亥,又乾消息之月。泰、否、乾、坤体气相乱,故避而各贞其辰。谓泰贞正月,否贞七月。六爻者,泰得否之乾,否得泰之坤。否贞申右行,则三阴在西,三阳在北。泰贞寅左行则三阳在东,三阴在南,是则阴阳相比,共复乾坤之体也)。其共北辰,左行相随也。(北辰左行,谓泰从正月至六月,此月阳爻。否从七月至十二月,此月阴爻。否、泰各自相随)。中孚为阳,贞于十一月子。小过为阴,贞于六月末,法于乾、坤。(中孚于十一月子,小过正月之卦也,宜贞于寅二月卯,而贞于六

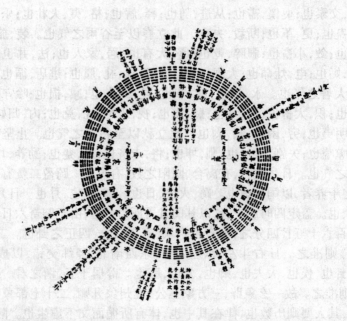

月，非其次，故言象法乾、坤。其余卦则各贞于其辰，同位乃相避）。三十二岁期而周六十四卦，三百八十四爻，一千五百二十复贞，此乾坤交错成六十四卦，陈纯臣所谓六十四卦推荡诀是也。其说见于《乾凿度》，而郑康成及先儒发明之。京房论推荡曰：以阴荡阳，以阳荡阴，阴阳二气荡而成象。又曰：荡阴入阳，荡阳入阴，阳交互内外，适变八卦，回巡至极则反。此正解《系辞》八卦相荡之义。如六十卦图，本于乾坤，并如阴阳交错而行。故传图者，亦谓之推荡。易，天下之至变者也。六位递迁，四时运动，五行相推，不可执一者也。

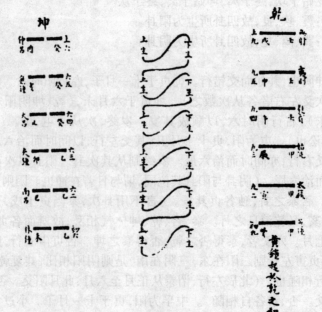

（九）津吕起于冬至之气图

解说：

上图郑康成注《周礼·太师》云：黄钟，初九也。下生林钟之初六，林钟又上生太簇之九二，太簇又下生南吕之六二，南吕又上生姑洗之九三，姑洗又下生夹钟之六三，平钟又上生蕤宾之九四，蕤宾又下生大吕之六四，大吕又上生夷则之九五，夷则又下生应钟之六五，应钟上生无射之上九，无射下生仲吕之上六。臣谓不取诸卦，而取乾、坤者，万物之父母。

（十）十二辰数图

疏解：

"郭璞以卯爻变未，为未之月"者，其"卯"字当为"初"字之误，即指坤初爻纳未也。

解说：

十二辰数者，十二卦消息数也。阳生于子，阴生于午。子十一月，午五月。郭璞以卯爻变未，为未之月，此论十二辰也。十二辰即月数，月数即消息数。或用之为日数，则京房之积算也。

宋·朱熹《周易本义》

（一）河图　　　　（二）洛书

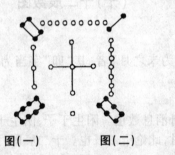

图（一）　　　图（二）

解说：（一、二两图并说）：

《系辞传》曰：河出图，洛出书，圣人则之。又曰：天一、地二，天三、地四，天五、地六，天七、地八，天九、地十。天数五，地数五，五位相得而各有合。天数二十有五，地数三十，凡天地之数五十有五。此所以成变化，而行鬼神也。此"河图"之数也。"洛书"盖取龟象，故其数戴九履一，左三右七，二四为肩，六八为足。

蔡元定曰：图书之象，自汉孔安国、刘歆，魏关子明，有宋康节先生邵雍尧夫，皆谓如此。至刘牧始两易其名，而诸家因之，故今复之，悉从其旧。

（三）伏羲八卦次序

解说：

《系辞传》曰：易有太极，是生两仪，两仪生四象，四象生八卦。邵子曰：一分为二，二分为四，四分为八也。《说卦传》曰：易，逆数也。邵子曰：乾一、兑二、离三、震四、巽五、坎六、艮七、坤八，自乾至坤，皆得未生之卦，若逆推四时之比也。后六十四卦次序仿此。

（四）伏羲八卦方位

解说：

《说卦传》曰：天地定位，山泽通气，雷风相薄，水火不相射。八卦相错，数往者顺，知来者逆。邵子曰：乾南，坤北，离东，坎西，震东北，兑东南，巽西南，艮西北，自震至乾为顺，自巽至坤为逆。后六十四卦方位仿此。

（五）伏羲六十四卦次序

解说：

前"八卦次序图"即《系辞传》所谓"八卦成列"者。此图即其所谓"因而重之"者也。故下三画即前图之八卦,上三画则各以其序重之,而下卦因亦各衍而为八也。若逐爻渐生,则邵子所谓八分为十六,十六分为三十二,三十二分为六十四者,尤见法象自然之妙也。

(六)伏羲六十四卦方位

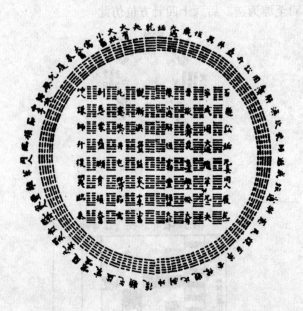

解说:

伏羲四图,其说皆出邵氏。盖邵氏得之李之才挺之,挺之得之穆修伯长,伯长得之华山希夷先生陈抟图南者。所谓先天之学也。此图圆布者,乾尽午中,坤尽子中,离尽卯中,坎尽酉中。阳生于子中,极于午中,阴生于午中,极于子中。其阳在南,其阴在北。方布者,乾始于西北,坤尽于东南,其阳在北,其阴在南,此二者,阴阳对待之数。圆于外者为阳,方于中者为阴,圆者动而为天,方者静而为地者也。

(七)文王八卦次序

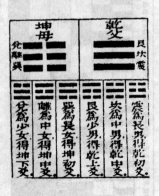

（八）文王八卦方位

解说：（图八）

见《说卦》。邵子曰：此文王八卦，乃入用之位，后天之学也。

（九）卦变图

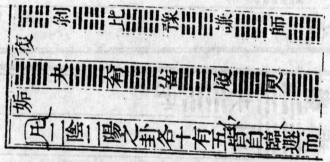

凡三陰三陽之卦各二十皆自泰否而來

遯　鼎　巽　訟　遯　萃　晉　觀　艮　過　坎　蒙

解　升　豫　屯　頤　震　臨

凡五陰五陽之卦各六皆自夬剝而來（一陰……）

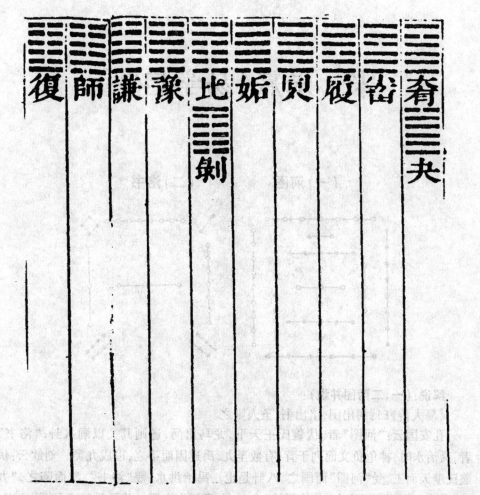

解说：

《彖传》或以卦变为说，今作此图以明之。盖易中之一义，非画卦作易之本旨也。

解说：（一至九图并说）

易之图九，有天地自然之易，有伏羲之易，有文王、周公之易，有孔子之易。自伏羲以上，皆无文字，只有图画，最宜深玩，可见作易本原精微之意。文王以下，方有文字，即今之《周易》。然读者亦宜各就本文消息，不可便以孔子之说，为文王之说也。

宋·朱熹《易学启蒙》

（一）河图　　　（二）洛书

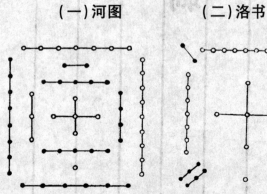

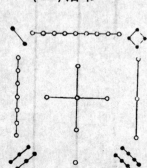

解说：（一、二两图并说）：

《易大传》曰：河出图，洛出书，圣人则之。

孔安国云："河图"者，伏羲氏王天下，龙马出河，遂则其文以画八卦；"洛书"者，禹治水时，神龟负文而列于背，有数至九，禹遂因而第之，以成九类。刘歆云：伏羲氏继天而王，受"河图"而画之，八卦是也。禹治洪水，赐"洛书"，法而陈之，"九畴"是也。"河图""洛书"相为经纬，八卦、九章相为表里。关子明云："河图"之文，七前六后，八左九右。"洛书"之文，九前一后，三左七右，四前左，二前右，八后左，六后右。

邵子曰：圆者星也，历纪之数，其肇于此乎？（历法合二始以定刚柔，二中以定律历，二终以纪闰余，是所谓历纪也）。方者土也，画州井地之法，其仿于此乎？（州有九井九百亩，是所谓画州井地也）。盖圆者，"河图"之数；方者，"洛书"之文，故羲文因之而造《易》，禹箕叙之而作《范》也。（蔡元定曰：古今传记自孔安国、刘向父子、班固皆以为"河图"授羲，"洛书"锡禹。关子明、邵康节皆以十为"河图"，九为"洛书"。盖《大传》既陈天地五十有五之数，《洪范》又明言天乃锡禹《洪范九畴》，而九宫之数，载九履一，左三右七，二、四为肩，六、八为足，正龟背之象也。惟刘牧意见以九为"河图"，十为"洛书"，托言出于希夷。既与诸儒旧说不合，又引《大传》以为二者皆出于伏羲之世。其易置"图""书"，并无明验，但谓伏羲兼取"图""书"，则《易》《范》之数诚相表里，为可疑耳。其实天地之理一而已矣，虽时有古今先后之不同，而其理则不容于有二也。故伏羲但据"河图"以作《易》，则不

必预见"洛书",而已逆与之合矣。大禹但据"洛书"以作《范》,则亦不必追考"河图",而已暗与之符矣。其所以然者何哉?诚以此理之外,无复他理故也。然不特此耳,律吕有五声十二律,而其相乘之数究于六十;日名有十干、十二支,而其相乘之数亦究于六十。二者皆出于《易》之后,其起数又各不同,然与《易》之阴阳策数多少自相配合,皆为六十者,无不若合符契也。下至运气参与太一之属,虽不足道,然亦无不相通,盖自然之理也。假令今世复有图书者出,其数亦必相符,可谓伏羲有取于今日而作《易》乎?《大传》所谓"河出图,洛出书,圣人则之"者,亦泛言圣人作《易》、作《范》,其言皆出于天之意。如言以卜筮者尚其占,与莫大乎蓍龟之类,易之书,岂有龟与卜之法乎?亦言其理无二而已尔)。

　　天一地二,天三地四,天五地六,天七地八,天九地十,天数五,地数五,五位相得而各有合。天数二十有五,地数三十,凡天地之数五十有五,此所以成变化,而行鬼神也。

　　此一节夫子所以发明"河图"之数也。天地之间,一气而已,分而为二,则为阴阳,而五行造化万物始终无不管于是焉。故"河图"之位,一与六其宗,而居乎北;二与七为朋,而居乎南;三与八同道,而居乎东;四与九为友,而居乎西;五与十相守,而居乎中。盖其所以为数者,不过一阴一阳,一奇一偶,以两其五行而已。所谓天者,阳之轻清而位乎上者也;所谓地者,阴之重浊而位乎下者也。阳数奇,故一、三、五、七、九皆属乎天,所谓天数五也;阴数偶,故二、四、六、八、十皆属乎地,所谓地数五也。天数、地数各以类相求,所谓五位之相得者然也。天以一生水,而地以六成之;地以二生火,而天以七成之;天以三生木,而地以八成之;地以四生金,而天以九成之;天以五生土,而地以十成之,此又其所谓各有合焉者也。积五奇而为二十五,积五偶而为三十,合是二者而为五十有五,此"河图"之全数,皆夫子之意而诸儒之说也。至于"洛书"则虽夫子之所未言,然其象其说已具于前,有以通之,则刘歆所谓经纬表里者,可见矣。或曰:"河图""洛书"之位与数,其所以不同何也?曰:"河图"以五生数统五成数,而同处其方。盖揭其全以示人,而道其常数之体也。"洛书"以五奇数统四偶数,而各居其所,盖主于阳以统阴,而肇其变数之用也。曰:其皆以五居中者,何也?曰:凡数之始,一阴一阳而已矣。阳之象,圆圆者径一而围三;阴之象,方方者径一而围四。围三者,以一为一,故参其一阳而为三;围四者,以二为一,故两其一阴而为二,是所谓"参天两地"者也。三二之合,则为五矣,此"河图""洛书"之数所以皆以五为中也。然"河图"以生数为主,故其中之所以为五者,亦具五生数之象焉。其下一点,天一之象也;其上一点,地二之象也;其左一点,天三之象也;其右一点,地四之象也;其中一点,天五之象也。"洛书"以奇数为主,故其中之所以为五者,亦具五奇数之象焉。其下一点,亦天一之象也;其左一点,亦天三之象也;其中一点,亦天五之象也;其右一点,则天七之象也;其上一点,则天九之象也,其数与位,皆三同而二异。盖阳不可易,而阴可易,成数虽阳,固亦生之阴也。曰:中央之五,既为五数之象矣,然其为数也,奈何?曰:以数言之,通乎一图,由内及外,固各有积实可纪之数矣。然"河图"之一、二、三、四各居其五象本方之外,而六、七、八、九、十者,又各因五而得数,以附于其生数之外。"洛书"之

一、三、七、九亦各居其五象本方之外,而二、四、六、八者,又各因其类以附于奇数之侧。盖中者为主,而外者为客;正者为君,而侧者为臣,亦各有条而不紊也。曰:其多寡之不同,何也?曰:"河图"主全,故极于十,而奇偶之位均,论其积实,然后见其偶赢而奇乏也。"洛书"主变,故极于九,而其位与实皆奇赢而偶乏也。必皆虚其中也,然后阴阳之数均于二十而无偏耳。曰:其序之不同,何也?曰:"河图"以生出之次言之,则始下次上,次左次右,以复于中,而又始于下也。以运行之次言之,则始东,次南,次中,次西,次北,左旋一周,而又始于东也。其生数之在内者,则阳居下左,而阴居上右也。其成数之在外者,则阴居下左,而阳居上右也。"洛书"之次,其阳数则首北,次东,次中,次西,次南;其阴数则首西南,次东南,次西北,次东北也。合而言之,则首北,次西南,次东,次东南,次中,次西北,次西,次东北,而究于南也。其运行,则水克火,火克金,金克木,木克土,右旋一周,而土复克水也。是亦各有说矣。曰:其七、八、九、六之数不同,何也?曰:"河图"六、七、八、九既附于生数之外矣,此阴阳、老少、进退、饶乏之正也。其九者,生数一、三、五之积也,故自北而东,自东而西,以成于四之外。其六者,生数二、四之积也,故自南而西,自西而北,以成于一之外。七则九之自西而南者也,八则六之自北而东者也,此又阴阳、老少互藏其宅之变也。"洛书"之纵横十五,而七、八、九、六迭为消长,虚五分十,而一含九,二含八,三含七,四含六,则参五错综,无适而不遇其合焉,此变化无穷之所以为妙也。曰:然则圣人之则之也,奈何?曰:则"河图"者,虚其中;则"洛书"者,总其实也。"河图"之虚五与十者,太极也。奇数二十,偶数二十者,两仪也。以一、二、三、四为六、七、八、九者,四象也。析四方之合,以为乾、坤、离、坎,补四隅之空,以为兑、震、巽、艮者,八卦也。"洛书"之实,其一为五行,其二为五事,其三为八政,其四为五纪,其五为皇极,其六为三德,其七为稽疑,其八为庶徵,其九为福极,其位与数尤晓然矣。曰:"洛书"而虚其中,则亦太极也。奇偶各居二十,则亦两仪也。一、二、三、四而含九、八、七、六,纵横十五而互为七、八、九、六,则亦四象也。四方之正,以为乾、坤、离、坎,四隅之偏,以为兑、震、巽、艮,则亦八卦也。"河图"之一、六为水,二、七为火,三、八为木,四、九为金,五、十为土,则固《洪范》之五行,而五十有五者,又"九畴"之子目也。是则"洛书"固可以为《易》,而"河图"亦可以为《范》矣。且又安知图之不为书,书之不为图也耶?曰:是其时虽有先后,数虽有多寡,然其为理则一而已。但《易》乃伏羲之所先得乎?图而初无所待于书。《范》则大禹之所独得乎?书而未必追考于图耳。且以"河图"而虚十,则"洛书"四十有五之数也。虚五,则大衍五十之数也。积五与十,则"洛书"纵横十五之数也。以五乘十,以十乘五,则又皆大衍之数也。"洛书"之五又自含五而得十,而通为大衍之数矣。积五与十则得十五,而通为"河图"之数矣。苟明乎此,则横斜曲直无所不通,而"河图""洛书"又岂有先后彼此之间哉!

(三)太极图

解说:

　　太极者象数未形,而其理已具之称,形器已具,而其理无朕之目。在"河图""洛书",皆虚中之象也。周子曰:无极而太极。邵子曰:道为太极。又曰:心为太极。此之谓也。

(四)两仪图

陰儀　　　　陽儀

▬▬　▬▬　　　▬▬▬▬▬

解说:

　　太极之判,始生一奇一偶而为一画者二,是为两仪,其数则阳一而阴二,在"河图""洛书",则奇偶是也。周子所谓太极动而生阳,动极而静,静而生阴,静极复动。一动一静,互为其根,分阴分阳,两仪立焉;邵子所谓一分为二者,皆谓此也。

(五)四象图

解说:

少陰二　　　　太陽一

▬▬▬▬　　　▬▬▬▬▬
▬▬▬▬　　　▬▬▬▬▬

太陰四　　　　少陽三

▬▬　▬▬　　　▬▬▬▬▬
▬▬　▬▬　　　▬▬　▬▬

两仪之上,各生一奇一偶而为二画者四,是谓四象。其位则太阳一,少阴二,少阳三,太阴四。其数则太阳九,少阴八,少阳七,太阴六。以"河图"言之,则六者,一而得于五者也;七者,二而得于五者也;八者,三而得于五者也;九者,四而得于五者也。以"洛书"言之,则九者,十分一之余也,八者,十分二之余也;七者,十分三之余也;六者,十分四之余也。周子所谓水、火、木、金,邵子所谓二分为四者,皆谓此也。

(六)八卦图

震四　離三　兌二　乾一

坤八　艮七　坎六　巽五

解说:

四象之上,各生一奇一偶,而为三画者八,于是三才略具,而有八卦之名矣。其位则乾一、兑二、离三、震四、巽五、坎六、艮七、坤八。在"河图"则乾、坤、离、坎分居四实,兑、震、巽、艮分居四虚,在"洛书"则乾、坤、离、坎分居四方,兑、震、巽、艮分居四隅。《周礼》所谓"三易"经卦皆八,《大传》所谓八卦成列,邵子所谓四分为八者,皆指此而言也。

(七)八卦之上各生一奇一偶图

解说:

八卦之上各生一奇一偶,而为四画者十六,于经无见,邵子所谓八分为十六者是也。又为两仪之上各加八卦,又为八卦之上各加两仪也。

（八）四画之上各生一奇一偶图

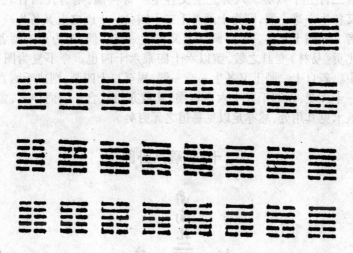

解说：

四画之上各生一奇一偶，而为五画者三十二，邵子所谓十六分为三十二者是也。又为四象之上各加八卦，又为八卦之上各加四象也。

（九）五画之上各生一奇一偶图

解说：

五画之上，各生一奇一偶而为六画者六十四，则兼三才而两之，而八卦之乘八卦亦周，于是六十四卦之名立而易道大成矣。《周礼》所谓"三易"之别，皆六十有

四;《大传》所谓因而重之，爻在其中矣；邵子所谓三十二分为六十四者，是也。若于其上各卦又各生一奇一偶，则为七画者百二十八矣。七画之上又各生一奇一偶，则为八画者二百五十六矣。八卦之上又各生一奇一偶，则为九画者五百十二矣。九画之上又各生一奇一偶，则为十画者千二十四矣。十画之上又各生一奇一偶，则为十一画者二千四十八矣。十一画之上又各生一奇一偶，则为十二画者四千九十六矣。此焦贡《易林》变卦之数，盖以六十四乘六十四也。今不复为图于此，而略见第四篇中。若自十二画上又各生一奇一偶，累至二十四画，则成千六百七十七万七千二百一十六变，以四千九十六自相乘，其数亦与此合。引而伸之，盖未知其所终极也。虽术见其用处，然亦足以见易道之无穷矣。

（十）伏羲八卦图

（十一）伏羲六十四卦图

解说：（十、十一两图并说）：

天地定位，山泽通气，雷风相薄，水火不相射。八卦相错，数往者顺，知来者逆，是故易逆数也。

雷以动之，风以散之，雨以润之，日以暄之，艮以止之，兑以说之，乾以君之，坤以藏之。

邵子曰：此一节明伏羲八卦也。八卦相错者，明交相错而成六十四也。数往者顺，若顺天而行，是左旋也，皆已生之卦也，故云，"数往"也。知来者逆，若逆天而行，是右行也，皆未生之卦也，故云"知来"也。夫易之数，由逆而成矣。此一节直解图意，若逆知四时之谓也。（以"横图"观之，有乾一而后有兑二，有兑二而后有离三，有离三而后有震四，有震四而巽五、坎六、艮七、坤八亦以次而生焉，此易之所以成也。而"圆图"之左方，自震之初为冬至，至离、兑之中有春分，以至于乾之末而交夏至焉。皆进而得其已生之卦，犹自今日而追数昨日也，故曰：数往者顺。其右方自巽之初为夏至，坎、艮之中为秋分，以至于坤之末而交冬至焉。皆进而得其未生之卦，犹自今日而逆计来日也，故曰：知来者逆。然本易之所以成，则其先后始终如"横图"及"圆图"右方之序而已，故曰：易逆数也）。

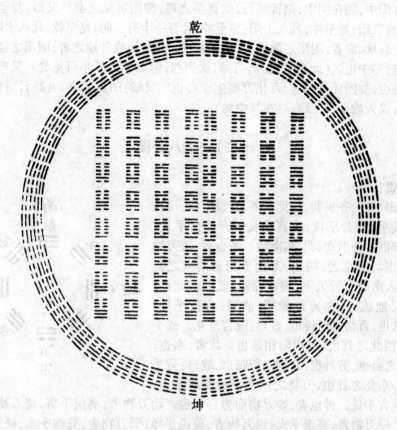

乾

坤

又曰：太极既分，两仪立矣。阳上交于阴，阴下交于阳，而四象生矣。阳交于阴，阴交于阳而生天之四象，刚交于柔，柔交于刚而生地之四象，八卦相错，而后万物生焉。故一分为二，二分为四，四分为八，八分为十六，十六分为三十二，三十二分为六十四。犹根之有干，干之有枝，愈大则愈小，愈细则愈繁。是故乾以分之，坤以翕之，震以长之，巽以消之，长则分，分则消，消则翕也。乾、坤定位也。震、巽一交也，兑、离、坎、艮再交也，故震阳少而阴尚多也，巽阴少而阳尚多也，兑、离阳浸多也，坎、艮阴浸多也。

又曰：无极之前，阴含阳也；有象之后，阳分阴也。阴为阳之母，阳为阴之父，故母孕长男而为复，父生长女而为姤，是以阳起于复，而阴起于姤也。

又曰：震始交阴而阳生，巽始消阳而阴生。兑阳长也，艮阴长也，震、兑在天之阴也，巽、艮在地之阳也，故震、兑上阴而下阳，巽、艮上阳而下阴。天以始生言之，故阴上而阳下，交泰之义也。地以既成言之，故阳上而阴下，尊卑之位也。乾、坤定上下之位，坎、离列左右之门，天地之所阖辟，日月之所出入，春夏秋冬，晦朔弦望，昼夜长短，行度盈缩，莫不由乎此矣。

又曰：乾四十八而四分之一分，为阴所克也；坤四十八而四分之一分，为所克之阳也，故乾得三十六，而坤得十二也。（兑、离以下更思之。今按：兑、离二十八阳、二十阴，震二十阳、二十八阴，艮、坎二十八阴、二十阳，巽二十阴、二十八阳）。

又曰：乾坤纵而六子横，易之本也。又曰：阳在阴中，阳逆行；阴在阳中，阴逆

行；阳在阳中，阴在阴中，则皆顺行，此真至之理，按图可见之矣。又曰：复至乾，凡百一十有二阳；姤至坤，凡八十阳；姤至坤，凡百一十有二阴；复至乾，凡八十阴。

又曰：坎、离者，阴阳之限也，故离当寅，坎当申，而数常踰之者，阴阳之溢也，然用数不过乎中也。（此更宜思，离当卯，坎当酉，但以坤为子半可见矣。又曰：先天学，心法也，故图皆自中起，万化万事生于心也。又曰：图虽无文，吾终日言而未尝离乎是，盖天地万物之理，尽在其中矣）。

（十二）文王八卦图

解说：

帝出乎震，齐乎巽，相见乎离，致役乎坤，说言乎兑，战乎乾，劳乎坎，成言乎艮。万物出乎震，震，东方也。齐乎巽，巽，东南也。齐也者，言万物之洁齐也。离也者，明也，万物皆相见南方之卦也。圣人南面而听天下，响明而治，盖取诸此也。坤也者，地也，万物皆致养焉，故曰：致役乎坤。兑，正秋也，万物之所说也，故曰：说言乎兑。战乎乾，乾，西北之卦也，言阴阳相薄也。坎者，水也，正北方之卦也，劳卦也，万物之所归也，故曰：劳乎坎。艮，东北之卦也，万物之所成终而所成始也，

故曰：成言乎艮。神也者，妙万物而为言者也。动万物者，莫疾乎雷，桡万物者，莫疾乎雷，燥万物者，莫熯乎火；说万物者，莫说乎泽；润万物者，莫润乎水；终万物始万物者，莫盛乎艮，故水火相逮，雷风不相悖，山泽通气，然后能变化，既成万物也。

今按：坤求于乾，得其初九而为震，故曰，一索而得男。乾求于坤，得其初六而为巽，故曰，一索而得女。坤再求而得乾之九二以为坎，故曰‘再索而得男’。乾再求而得坤之六二以为离，故曰‘再索而得女’。坤三求而得乾之九三以为艮，故曰‘三索而得男’。乾三求而得坤之六三以为兑，故曰‘三索而得女’。

凡此数节，皆文王观于已成之卦，而推其未明之象以为说，邵子所谓后天之学，入用之位者也。

宋·林至《易裨传》

（一）易有太极图

解说：

太极者，万化之本也。阴阳动静之理，虽具于其中，而其肇未形焉，故曰"易有太极"。

（二）太极生两仪图

解说：

太极动而生阳，静而生阴，分阴分阳，两仪立焉，则奇偶之画所自形也，故曰"太极生两仪"，此太极一变而得之者也。

（三）两仪生四象图

解说：

阳分而为阴阳，曰阳中之阳，阳中之阴；阴分而为阴阳，曰阴中之阴，阴中之阳。阳中之阳，阴中之阴，是为老阳、老阴。阳中之阴，阴中之阳，是为少阳、少阴。此四象之画所自成也，故曰"两仪生四象"，此太极再变而得之也。

（四）四象生八卦图

解说：

四象之阴阳复分，而八卦成列，则三才之画具矣。乾与坤对，离与坎对，兑与艮对，震与巽对，故曰"四象生八卦"，此太极三变而得之者也。

（五）八卦重而为六十四卦图

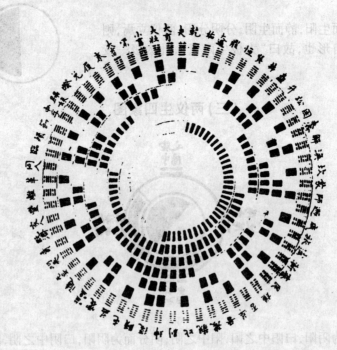

解说：

《大传》曰：八卦成列，象在其中矣。因而重之，爻在其中矣。《说卦》曰：分阴分阳，迭用柔刚，故易六位而成章。此八卦重而为六十四卦，太极六变而得之者也。

解说（一至五诸图并说）：

易者，阴阳动静之总名也。体用一原，类微无间，以其浑然全体，肇朕未形。则

曰太极;次第相生,自本而末,则有两仪、四象、八卦之分。极而六十四卦、三百八十四爻,其实皆一易也。方其为太极也,封画之理未尝不具。及其为卦画也,太极之体无乎不在,初非二物也。《大传》曰:易有太极,是生两仪,两仪生四象,四象生八卦。已得乾一兑二,离三震四,巽五坎六,艮七坤八,此八卦之小成也。又曰:因而重之,爻在其中矣。此八卦之生六十四卦也。太极六变而得之者也。六画既具,则八八还相重复。本卦为内,重卦为外,亦不外乎乾一兑二,离三震四,巽五坎六,艮七坤八之序也。邵康节曰:太极既分,两仪立矣。阳上交于阴,阴下交于阳,而四象生矣。阳交于阴,阴交于阳,而生天之四象。刚交于柔,柔交于刚,而生地之四象。八卦相错,而万物生焉。是故一分为二,二分为四,四分为八,八分为十六,十六分为三十二,三十二分为六十四,犹根之有干,干之有枝,愈大则愈小,愈细则愈繁。故自太极之一变,则始于一阴一阳之相交,再变则二阴二阳,三变则四阴四阳,四变则八阴八阳,五变则十六阴十六阳,六变则三十二阴三十二阳,而六十四卦备矣。此《大传》所谓"分阴分阳,迭用柔刚,故易六位而成章"者也。儒者论易,人奋其私智,往往巧为推排,而圣人画易之本原,益昧而不明。观此图之统体,则可以见自然之序,非私智之所能及也。康节曰:易有三百八十四爻,真天文也。又曰:图虽无文,吾终日言,而未尝离乎是,天地万物之理,尽在其中矣。

(六)伏羲氏先天八卦图

(七)文王后天八卦图

解说(六、七两图并说):

《大传》曰:天地定位,山泽通气,雷风相薄,水火不相射。此包牺氏先天八卦也。帝出乎震,齐乎巽,相见乎离,致役乎坤,说言乎兑,战乎乾,劳乎坎,成言乎艮。此文王后天八卦也。是以康节曰:"天地定位"一节,明包牺八卦也。"起震终艮"一节,明文王八卦也。八卦相错,明交错而成六十四卦也。以造化之序论之,先天所以立体也。后天所以致用也。先天乾、坤定上下之位,而天尊地卑之体立矣。

坎、离居左右之门，而日生乎东、月生乎西之象著矣。震、巽对峙，而雷始于东北，风起于西南矣。兑、艮角立，西北多山，东南多水之所钟矣。后天震居东方，万物出生之地。巽居东南，万物洁齐之地。坤西南，万物致养之地。兑正西，物之所说。乾西北，阴阳之相薄。坎正北，物之所归。艮东北，所以成终成始者也。以阴阳之体论之，巽、离、兑，本阳体也，而阴来交之。震、坎、艮，本阴体也，而阳来交之。包牺之卦，得阳多者属乎阳，得阴多者属乎阴。后天之卦，得一阴者为三女，得一阳者为三男。先天之位，三女附乎乾，三男附乎坤，阴附阳，阳附阴也。后天之位，三男附乎乾，三女附乎坤者，阴附阴，阳附阳也。

康节曰：至哉，文王之作易也！其得天地之用乎？故乾、坤交而为泰，坎、离交而为既济也。乾生于子，坤生于午，坎终于寅，离终于申，以应天之时也。置乾于西北，退坤于西南，长子用事，而长女代母，坎、离得位，兑、震为偶，应地之方。王者之法，其尽于是矣。

宋·税与权《易学启蒙小传》

（一）河图

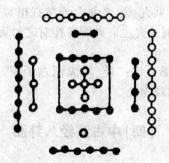

解说：

　　"河图"之文，按扬子云所述，具天地五十有五，生成之数，中虚五与十而为九位焉。关子明则云，七前六后，八左九右。其意谓伏羲当太古洪荒之初，肇见"河图"四象，仰观俯察，订乾、坤奇偶之九画，以作先天之易卦。故经卦分左右而为画者，皆自九始。今见于邵子"先天初经图"，谓乾、坤纵而六子横者是也。

（二）洛书

解说：（注：此图原缺）

　　"洛书"之文按箕子所陈，备天地五十有五，隐显之数，中虚五而六极附九五福为九位焉。关子明云，九前一后，三左七右，四前左，二前右，八后左，六后右。意谓文王当中古忧患之余，谛玩"洛书"之八象，反覆参稽，取乾、坤奇偶之九画，而作后天之《周易》。故经卦分上下而为画者，亦自九始。今见于邵子"后天演经图"，谓震、兑横而六卦纵者是也。

国学经典文库

（三）上古初经八卦图

疏解：

"乾坤两卦，上下相对为九"者，乾三画（乾每爻为一奇，为一画），坤六画（坤每爻为一偶，为两画），故乾坤共九画。"余六子左右相对为九"者，当是兑艮相对为九，坎离相对为九，震巽相对为九也。此图各相对之卦皆互为错卦。

解说：

此伏羲先天八卦位。邵子曰："乾、坤纵而六子横，易之体也。"乾、坤两卦，上下相对为九，余六子左右相对为九。

（四）中古演经八卦图

疏解：

震兑两卦，左右相对为九"者，震五画，兑四画，故震兑共九画也。"余六卦皆上下相对为九"者，乃是乾坤上下相对为九也，坎离相对为九也，艮巽相对为九也。一横三纵者，当是天圆地方观念之体现也，又，此图各相对之卦，皆互为错综之卦。即震之错为巽，巽之综为兑，故震兑互为错综；乾之错为坤，坤之综仍为坤，故乾坤互为错综，坎之错为离，离之综仍为离，故坎离互为错综；艮之错为兑，兑之综为巽，故艮巽互为错综。故后天八卦图当是以错综卦的方式，依天圆地方的观念排列出来的。再，此图自东南顺时针至西方原本为阳方，现皆由阴卦所居，而自西北顺时针至东方原本为阴方，现皆由阳卦来居，故有阳气下降，阴气上升，天地交泰之象。

解说：

此文王后天八卦位。邵子曰："震、兑横而六卦纵，易之用也。"震、兑两卦，左右相对为九，余六卦皆上下对易为九。后天易以震、兑为用，故孔子谓归妹，天地之大义也。其实二老经于西北，二少从于东南而已。

（五）先天图

解说：

伏羲六十四卦，乾、坤定上下之位，坎、离立左右之门，两卦相对，合为二、九之

数,以八经卦各统重卦八,是二十六,而数为六十四也。

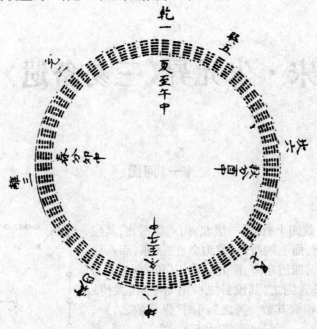

(六)后天反对八卦实六卦图

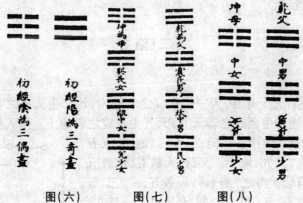

图(六)　　　　图(七)　　　　图(八)

解说:图(八)

　　按:乾、坤、坎、离四卦,反覆视之,一卦各成一卦。震、巽两卦,反覆视之,一卦互成两八卦。虽曰八卦,其实止六卦。虽曰六卦,其实为乾之奇画者九;为坤之偶画者亦九,共成十八。

宋·朱元昇《三易备遗》

（一）河图

解说：

"河图"之数四十有五，一居北，而六居西北，其位为水；二居西南，而七居西，其位为金；三居东，而八居东北，其位为木；四居东南，而九居南，其位为火；五居中，其为土。圣人则之，其设卦之所由始乎？《大传》曰：参伍以变，错综其数。考之"河图"纵而数之，一、五、九，是为十五；八、三、四，亦十五也；六、七、二，亦十五也。衡而数之，八、一、六，是为十五；三、五、七，亦十五也；四、九、二，亦十五也。交互数之，四、五、六，是为十五；二、五、八，亦十五也，此所谓"参伍以变，错综其数"者也。

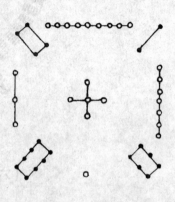

（二）洛书

解说：

"洛书"之数，五十有五，天一生水成之者地六，地二生火成之者天七，天三生木成之者地八，地四生金成之者天九，天五生土成之者地十。圣人则之，其设卦之所由备乎？《大传》曰：天一、地二，天三、地四，天五、地六，天七、地八，天九、地十。又曰：天数五，地数五，五位相得而各有合。考之"洛书"，天数五，一、三、五、七、九是也；地数五，二、四、六、八、十是也。一与六合于北，二与七合于南，三与八合于东，四与九合于西，五与十合于中，五位相得而各有合也。此所以成变化而行鬼神也。

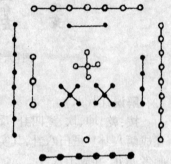

（三）河图交九数之图

解说：

　　易，变易也。《大传》曰：刚柔相推，变在其中矣。"河图"之交，其变之始乎？今以"河图"奇偶之数案之"先天之图"，盖可见矣。其为数也，奇数自一左旋，至三、至五、至七，复右旋，以至于九；偶数自二右旋，至四、至六，复左旋，以至于八。其为卦也，左位之卦自乾一右旋，至兑二、离三、震四；右位之卦自巽五左旋，至坎六、艮七、坤八。大抵数以逆来，则卦以顺往；数以顺往，则卦以逆来。以数之交错，为卦之逆顺。刚柔相摩，八卦相荡，变化无穷矣。斯易之所以神欤？

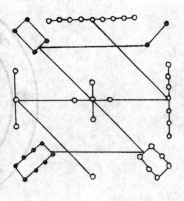

（四）洛书联十数之图

解说：

　　十数者，天地之全数也，"河图"中虚十数，四方四维皆具十数。"洛书"中实十数，四方亦具十数。自今观之，"河图"一对九为十也，而"洛书"生数之一，联成数之九，交于西北，非十而何？"河图"三对七为十也，而"洛书"生数之三，联成数之七，交于东南，非十而何？"河图"四对六为十，二对八为十也。而"洛书"生数之四，联成数之六，交于西北；生数之二，联成数之八，交于东南，非十而何？交于东南者，不混于西北；交于西北者，不混于东南，岂无其故，盖一与

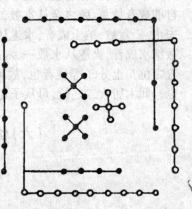

四，生数也，合而为五位于西北，金水相生也。二与三，生数也，合而为五位于东南，木火相生也。一与四合五，数处于内；而六与九合十五，数周于外；二与三合五，数处于内；而七与八合十五，数周于外，并乎其不相混也，不特此也。中宫之土，寄位于艮、坤，分位于东北、西南，东之木、南之火，遇坤土而成也。西之金、北之水，遇艮土而成也。会而归之，则中宫之土，实管摄焉。故以东南之数二十，涵中宫之五数，则与天数之二十五合；涵中宫之十数，则与地数之三十合。以西北数二十，涵中宫之五数，则与天数之二十五合，涵中宫之十数，则与地数之三十合。此数至十而成，所以为自造化之全功也。

（五）伏羲则河图之数定卦位图

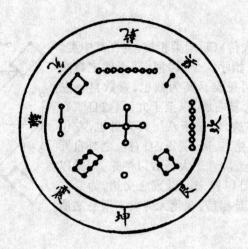

解说：

案"河图"乾居九数，兑居四数，厥数惟金，厥卦惟金；震居八数，厥数惟木，厥卦惟木，数与卦相合也。至于他数与卦若不相似焉者，何也？此当于纳音求之。金自能成音故兑，乾之金从本数，居四与九；木自能成音，故震之木从本数，居八。若夫水一、六数，纳土成音，水遂从土数五，故坤土、艮土，往居水之一、六位。火二、七数纳水成音，火遂从水数一、六，故坎水往居火之七位。土纳火成音，曷为火不居土五之位？土分旺寄位者也，故离火遂与巽木交互其位。离火居木三之位，子依母也。巽木居火二之位，母从子也。此八卦之象，合"河图"之数然也。

（六）伏羲则洛书之数定卦位图

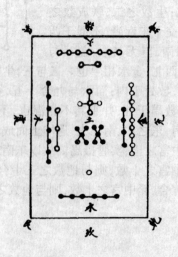

解说：

案；"洛书"一、六水数，厥卦惟坎，厥方惟北。二、七火数，厥卦惟离，厥方

惟南。三、八木数，居东，卦则震、巽隶之。四、九金数，居西，卦则乾、兑隶之。五与十居中，土数也，卦则坤、艮隶之。寄位东北与西南，数与卦相合，卦与方相应，五行以之而序，八卦以之而定，四方以之而奠，此八卦之象合"洛书"之数然也。

（七）河图交八卦之图

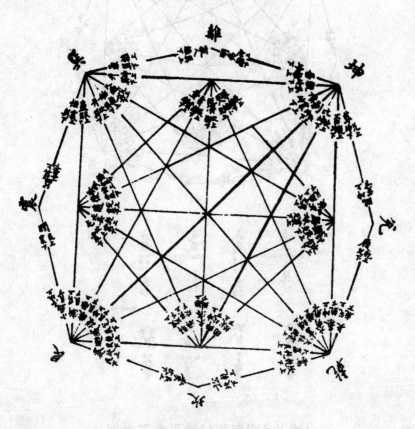

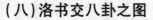

（八）洛书交八卦之图

解说（七、八二图并说）：

　　夫子言易有圣人之道，曰：非天下之至精，其孰能与于此；曰：非天下之至变，其孰能与于此；曰：非天下之至神，其孰能与于此。观此二图，交以"河图"，则六十四卦之序皆乾一、兑二、离三、震四、巽五、坎六、艮七、坤八，往者顺，来者逆也；交以"洛书"，则六十四卦之序，皆出震齐巽，见离役坤，说兑战乾，劳坎成艮也。呜呼！天出图、书，以示圣人，圣人画卦以法天，非至精、至变、至神，其孰能与于此？九为"河图"，十为"洛书"端可证矣。

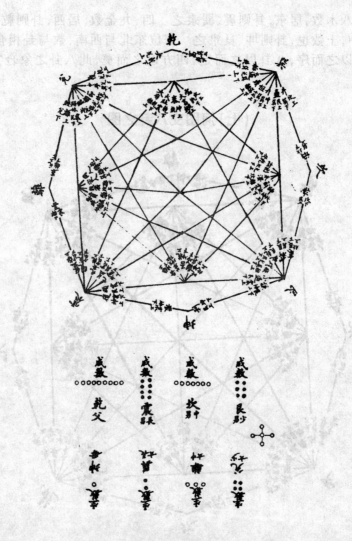

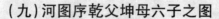

（九）河图序乾父坤母六子之图

解说：

　　图之数有九，卦之位有八，乾称父，位成数之九；坤称母，位生数之一，一涵九也。震为长男，位成数之八；巽为长女，位生数之二，二涵八也。坎为中男，位成数之七；离为中女，位生数之三，三涵七也。艮为少男，位成数之六；兑为少女，位生数之四，四涵六也。五数居中，又所以总诸数也。是故乾统三男居成数之位；坤统三女，居生数之位。独阳不成，独阴不生，所以配道也。长幼有序，男女有别，所以明伦也。男女正而家道正，正家而天下定，所以致用也。噫！易岂虚玄云乎哉！

国学经典文库

(十)洛书序乾父坤母六子之图

解说：

"河图"置坤母、巽、离、兑三女于生数之一、二、三、四，置乾父、震、坎、艮三男于成数之九、八、七、六，是以数之生成别男女者也。"洛书"乾统三男，居东北；坤统三女，居西南，是以位之左右别男女者也。即"洛书"而方之"河图"，金、木、土之隶乾兑、震巽、坤艮也；象分生成之数为二，水火之隶坎离也；象合生成之数为一，数同而位不同者，乾、兑也。数与位俱不同者，坤艮、震巽、坎离也。然则图书象数果不同欤？圣人设象以配数，因数以定象，其别男女之序同一旨耳。

(十一)伏羲始画六十四卦之图

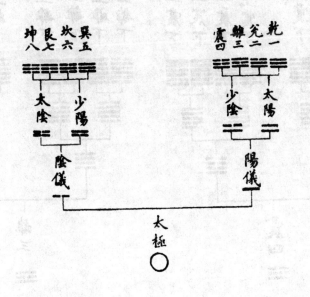

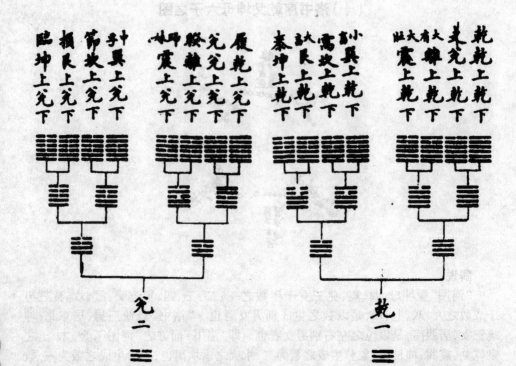

临坤上兑下
损艮上兑下
节坎上兑下
中孚巽上兑下

归妹震上兑下
睽离上兑下
兑兑上兑下
履乾上兑下

小畜巽上乾下
需坎上乾下
大有离上乾下
大壮震上乾下

泰坤上乾下
比坤上乾下
大畜艮上乾下
乾乾上乾下

兑二

乾一

益巽上震下
屯坎上震下
颐艮上震下
复坤上震下

噬嗑离上震下
随兑上震下
震震上震下
无妄乾上震下

家人巽上离下
既济坎上离下
贲艮上离下
明夷坤上离下

同人乾上离下
革兑上离下
离离上离下
丰震上离下

震四

离三

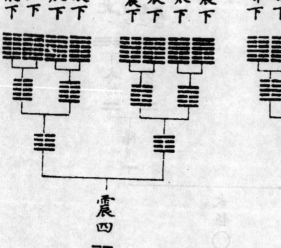

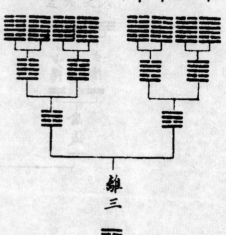

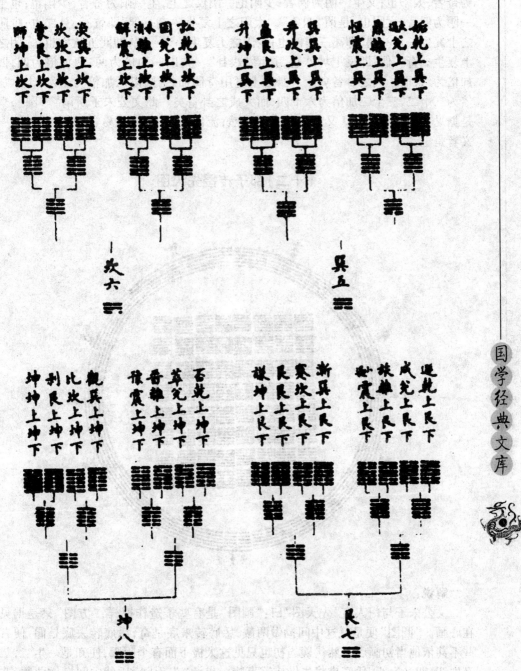

解说：

《系辞》曰：易有太极，是生两仪，两仪生四象，四象生八卦。

此一章夫子所以明伏羲画卦之例，此一图所以写夫子此一章之旨。夫太极是此易本有底道理仪象，八卦是此极自然生出底道理，非别有太极在易之外生仪象、八卦，故太极既判，奇偶始生。一者，是为阳仪；一者，是为阴仪。阳仪之上，生一阳

为奇者,太阳也;又生一阴为偶者,少阴也。阴仪之上,生一阳为奇者,少阳也;也生一阴为偶者,太阴也,是谓"四象"。太阳之上复生一奇一偶,即乾一、兑二也;少阴之上复生一奇一偶,即离三震四也;少阳之上复生一奇一偶,即巽五坎六也;太阴之上复生一奇一偶,即艮七坤八也,是谓"八卦"。夫以一加倍为两,两加倍为四,四加倍为八,而小成之卦备矣。八卦之上复用奇偶加之,则以八加倍为十六,十六加倍为三十二,三十二加倍为六十四,而大成之卦备矣。此文公朱子所谓"方圆",只是据见在底画者是也。又谓此图本于自然,流出不假安排,乃易学纲领,开卷第一义者是也。

(十二)邵子传授先天图

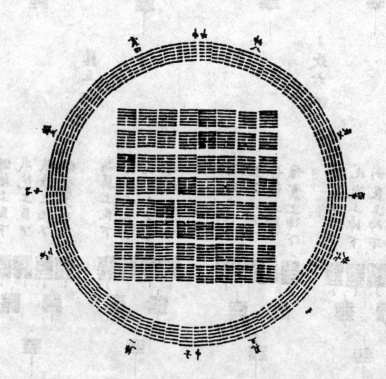

解说:

　　文公朱子与门人言"先天图"曰:"圆图"是有些子造作模样,"方图"只是据见在底画。"圆图"便是就这中间拗做两截,怎底转来底是奇,怎底转去底是偶,便有些不甚依他当初画底。然伏羲当初也只见这太极下面有个阴阳,便知是一生二,二又生四,四又生八,怎底推将去做成这事物。愚谓"先天圆图"就中间拗做两截,非是伏羲出己意见拗做两截。是天出"河图"如此,伏羲则之耳。"河图"九居南,四居东南,三居东,八居东北,伏羲因"河图"如此置数于南于东也,故以乾配九,以兑配四,以离配三,以震配八。自乾一、兑二、离三、震四,怎底转来底自然是奇。又"河图"一居北,六居西北,七居西,二居西南,伏羲因"河图"如此置数于北于西也,故以巽配二,以坎配七,以艮配六,以坤配一,自巽五、坎六、艮七、坤八怎的转去的

自然是偶。是故夫子于《系辞下》述"太极生两仪,两仪生四象"一章,明伏羲画卦之序:于《说卦》"述数往者顺,知来者逆"一章,明伏羲设卦之方。倘二图不传,则夫子二章之词不几于空言乎?噫!邵子所以有功于作易之圣人。虽然,微朱子,孰明其蕴,是亦有功于作易之圣人也欤!

(十三)河图用九各拱太极之图

(十四)洛书用十各拱太极之图

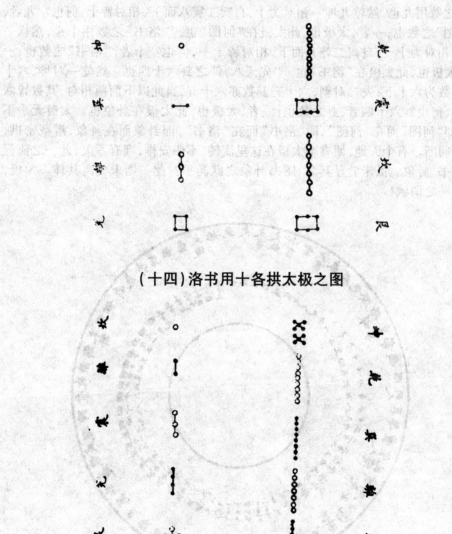

（十五）六十四卦各拱太极之图

解说（十三、十四、十五三图并说）：

"易有太极"，是"易"之中元有此极，实为造化根本，非"易"之外别更有一个太极也。太极之理具于"河图""洛书"，而显于两仪、四象、八卦。由今观之，"河图"之数用九也，然乾九坤一相对为十，自巽二震八而下，相对皆十，何也？九者，"河图"之数也；一者，太极也，此太极在"河图"也。"洛书"之数用十也，然坎一坤十相对为十一，自离二乾九而下，相对皆十一，何也？十者，"洛书"之数也；一者，太极也，此太极在"洛书"也。"先天八宫"之卦六十四也。然乾一对坤，六十四其数为六十五；夬二对剥，六十三其数亦六十五，自此以下两两相对，其数皆六十五，何也？六十四者，卦之数也；一者，太极也，此太极在卦象也。太极无乎不在，即"河图"而在"河图"，即"洛书"而在"洛书"，即卦象而在卦象，潜藏密拱，未尝间断。有个天地，便有个太极在这里流转，不假安排，靡有亏欠，此一之流行于图书、卦象。虽未尝显其名，图书卦象之默涵乎？此一则未尝离其体。太极，其此一之谓欤！

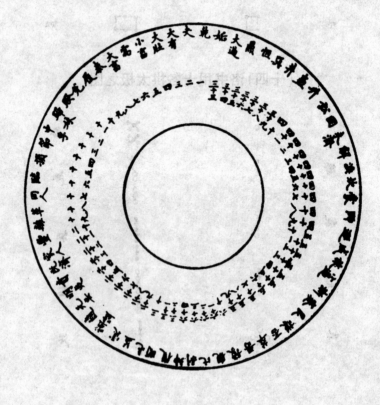

（十六）连山易卦位合河图

解说：

《说卦》曰：天地定位，山泽通气，雷风相薄，水火不相射。八卦相错，数往者顺，知来者逆，是故易逆数也。

此伏羲则"河图"以定八卦之位然也。先儒以此一节明伏羲八卦，是矣。然自其指十为"河图"，九为"洛书"，则是《说卦》此章先述伏羲则"洛书"以定八卦之位，而后章始及则"河图"以定八卦之位，与《系辞上》曰"河出图，洛出书，圣人则之"之辞先后为不同矣。况先儒又指《说卦》后章"出震齐巽，见离役坤，说兑战乾，

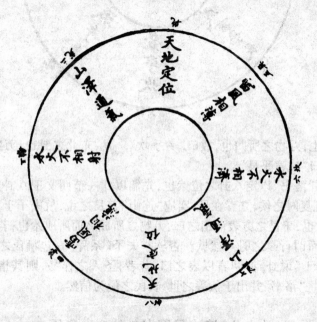

劳坎成艮"一节为明文王八卦，若然，伏羲八卦，取则"洛书"者也；文王八卦，取则"河图"者也。似不其然。刘长民谓"河图""洛书"俱出于伏羲之世，九为"河图"，十为"洛书"，而蔡季通疑其非是，援关子明之说，指十为"河图"，九为"洛书"，未免数自数，象自象矣。惟即夫子《说卦》二章之辞，循八卦之象，契"图"九"书"十之数，然后数与象合，象与数合，而《说卦》二章之辞悉与象数合。信长民之说，为不诬云。

（十七）连山易卦位合洛书

解说：

《说卦》曰：万物出乎震，震，东方也；齐乎巽，巽，东南也；齐也者，言万物之洁齐；离也者，明也，万物皆相见南方之卦也。圣人南面而听，天下向明而治，盖取诸此也。坤也者，地也，万物皆致养焉，故曰"致役乎坤"。兑，正秋也，万物之所说也，故曰"说言乎兑"。战乎乾，乾西北之卦也，言阴阳相薄也。坎者，水也，正北方

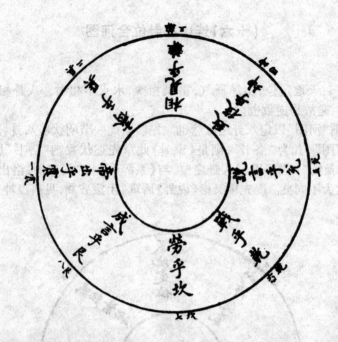

之卦也,劳卦也,万物之所归也,故曰"劳乎坎"。艮,东北之卦也,万物之所成终而所成始也,故曰"成言乎艮"。

此伏羲则"洛书"以定八卦之位然也,先儒以此一节明文王八卦然也。即夫子《说卦》之辞证夏时之候,立春在艮,实应"连山"首艮之说,故夫子于兑之方表而出之曰:兑,正秋也,于艮之方表而出之曰:万物之所成终而所成始也,若夫文王作《周易》,建子正,而谓行夏之时。然欤?否欤?夫子《系辞》言包牺氏之王天下,必冠以古者之词。于《说卦》亦两言以表之曰:昔者,圣人之作易,则其指包牺氏明矣。故愚谓"河图"、"洛书"并出于伏羲之世,长民之说为信然。

(十八)连山易图书卦位合一之图

解说:

《说卦》曰:神也者,妙万物而为言者也。动万物者,莫疾乎雷;桡万物者,莫疾乎风;燥万物者,莫熯乎火;说万物者,莫说乎泽;润万物者,莫润乎水;终万物、始万物者,莫盛乎艮,故水火相逮,雷风不相悖,山泽通气,然后能变化,既成万物也。

连山易之作,昔者圣人既则之"河图",又则之"洛书",《说卦》上章别而言之深切著明矣。于此一章复总而言之,其述"洛书"卦位,止曰雷风火泽水艮,不曰乾坤;其述"河图"卦位,止曰水火雷风山泽,不曰乾坤。此图探夫子此章之辞,合"图"与"书"总而一之。"书"所以应乎地,"图"所以应乎天,天包地也。内卦循"洛书"震、巽、离、兑、坎、艮之序以为之经,外卦循"河图"兑、离、震、巽、坎、艮之序以为之纬,外卦所以纬内卦者也。自内卦秩而言之动万物,桡万物,燥万物,说万物,润万物,终始万物,此图与此章之词实相吻合。自外卦对而观之,水必与火相逮,雷必与风不相悖,山必与泽通气,此图与此章之辞无一象不相似然者。夫子不

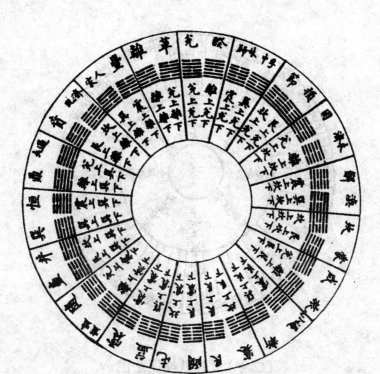

言乾坤,而曰神也者,妙万物而为言者也。乾坤其神矣乎?噫!非此一章,无以明乾坤神六子之用;非此一图,无以明此一章例连山之义。然则谓昔者圣人之作连山易也,兼取则于"图""书",讵不信然。虽然,所以神乾坤于不用者,何谓也?今夫制律历者之言数也,必究夫数之始,数之中,数之终,故然后能通律历之妙,有如乾在"河图",其数九;坤在"河图"其数一,此乾坤占夫"河图"之数之始终者也。乾在八卦,位居一;坤在八卦,位居八,此又乾坤占夫八卦之数之始终者也。《汉律历志》曰:并终数为十九,易穷则变,此又指乾坤在"洛书",占夫"洛书"之数之始终者也。由是言之,《说卦》此章述昔者圣人作易之意,不言乾坤,是殆神夫数之始终,以妙其用也。夫道可受而不可传,此章之旨微矣,其可以言言乎哉?

(十九)乾坤司八节之图

解说:

一岁之内,二至、二分、四立,是之谓八节,乃一岁之纲领也。然纲领一岁者,八节也;而所以纲领八节者,乾坤也。纯坤与复上之坤,隶冬至也;无妄上之乾,与明夷上之坤,隶立春也;同人上之乾,与临上之坤,隶春分也;履上之乾,与泰上之坤,隶立夏也;纯乾与姤上之乾,隶夏至也;升上之坤与讼上之乾,隶立秋也;师上之坤与遁上之乾,隶秋分也;谦上之坤与否上之乾,隶立冬也。此非人为安排之巧,皆出于象数自然而然。夫子《说卦》以妙万物之神为言,而不言乾坤,此图与出乾坤不离于八节之交,正以分八节育万物、成岁功,固六子迭运之力,实乾父坤母纲领之造,然则乾坤不其神乎?

（二十）夏时首纯艮之图

解说：

案：《周礼疏》贾公彦释"连山"之义曰：此连山易，其卦以纯艮为首。艮为山，山上山下，是名"连山"。即贾氏之疏，稽之《说卦》之辞，夏时之候，夏建寅正，纯

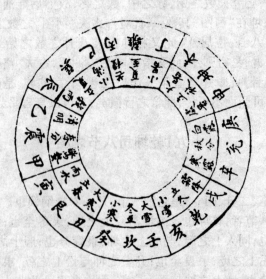

艮，实元立春。春为时之首，艮所以为连山易之首乎？考之《汉律历志》述三统，谓人统寅木也，太簇律长八寸，象八卦，伏羲氏之所以顺天地，通神明，类万物也。以是知伏羲氏已用寅正，夏后氏因之而已。故贾公彦谓连山作于伏羲，因于夏后氏，

此之谓也。连山易亡已久矣,因《周礼》得存其名,因《说卦》得存其义,因夏时得存其用。自汉太初改正朔,复行夏之时,民到于今受其赐,其夫子之杞之功欤?

(二十一)连山应中星之图

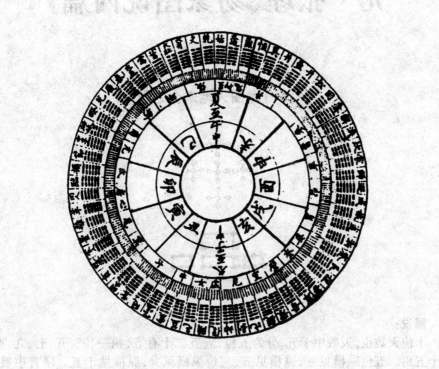

解说:

"连山易",夏时之取则也,而《尧典》一书,分命羲和,亦夏时之取则也。以书考易,其义一也。书曰:日中星鸟,以殷仲春;日永星火,以正仲夏;宵中星虚,以殷仲秋;日短星昴,以正仲冬,盖取中星,以定四时者也。今即"连山易"而布以二十八宿:冬至,其卦也复,其宿也虚;夏至,其卦也姤,其宿也星;春分,其卦也临,其宿也氐、房;秋分,其卦也遁,其宿也昴。四时之二至、二分,以卦准宿,即《尧典》之"中星"。不特此也,自汉太初元年改正朔,行夏时,至今千三百七十余年,历法之沿革虽不同,而大概则可考。立春之候日躔虚,立夏之候日躔昴,立秋之候日躔星,立冬之候日躔氐,四时之四立,以历准宿,即"连山"之"中星"。呜呼!自夏时之革而为丑正、子正也,夫子居春秋之世而欲行夏之时,虽书其事于经,不得行其志于时,自太初之革亥正而为寅正也,愚也居今之世得述其志,得见其事,岂不为"连山易"之幸欤!

元·张理《易象图说内篇》

（一）龙图天地未合之数

解说：

　　上位天数也，天数中于五，分为五位，五五二十有五，积一、三、五、七、九，亦得二十五焉。五位纵横见三，纵横见五，三位纵横见九，纵横见十五。序言中贯三、五、九，外包之十五者，此也。下位地数也，地数中于六，亦分为五位，五六凡三十，积二、四、六、八、十，亦得三十焉。序言十分而为六，形地之象者，此也。

（二）龙图天地已合之位

解说：

　　上位象也，合一、三、五为"参天"，偶二、四为"两地"，积之凡十五，五行之生数也。即前象上五位上五去四得一，下五去三得二，右五去二得三，左五去一得四，惟中×不动。序言天一居上，为道之宗者，此也。按《律历志》云：合二始以定刚柔。一者，阳之始；二者，阴之始。今则此图，其上天○者，一之象也；其下地··者，--之象也；其中天○○○者，四象五行也；右上一○，太阳为火之象；右上一○，少阴为金之象；左下一○，少阳为木之象；右下一○，太阴为水之象。土者，冲气居中，以运四方，畅始施生，亦阴亦阳。右旁三○○○，三才之象，卦之所以画三；左旁四····，四时之象，蓍之所以揲四，是故上象一、二、三、四者，蓍数卦爻之体也，下位形也。九、八、七、六、金、木、火、水之成数，中见地十，土之成数也。即前象下五位以中央六分开，置一在上，六而成七；置二在左，六而成八；置三在右，六而成九；惟下六不配而自为六。序言六分而成四象，地六不配者，此也。

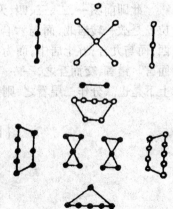

按：七者，蓍之圆，七七而四十有九；八者，卦之方，八八而六十有四；九者，阳之用，阳爻百九十二；六者阴之用，阴爻亦百九十二；十者，大衍之数，以五乘十，以十乘五，而亦皆得五十焉。是故下形六、七、八、九者，蓍数卦爻之用也。上体而下用，上象而下形，象动形静，体立用行，而造化不可胜既矣。

　　按：一、二、三、四，天之象，象变于上；六、七、八、九，地之形，形成于下。上下相重，而为五行，则左右、前后，生成之位是也；上下相交，而为八卦，则四正、四隅，九宫之位是也。今以前后图参考，当如"太乙遁甲阴阳二局图"。一、二、三、四，犹"遁甲"天盘在上，随时运转；六、七、八、九，犹"遁甲"地盘在下，布定不易，法明天地动静之义，而前此诸儒未有能发其旨，是故一在南，起法天象，动而右转，初交一居东南，二居西北，三居西南，四居东北，四阳班布，居上右；四阴班布，居下左，分阴分阳，而天地设位。再交一居东北，二居西南，三居东南，四居西北，则牝牡相御，而六子卦生，合是二变而成先天八卦自然之象也。然后重为生成之位，则一六、二七、三八、四九，阴阳各相配合，即邵子、朱子所述之图也。三交一居西北，二居东南，三居东北，四居西南，则刚柔相错，而为坎、离、震、兑。四交一居西南，二居东北，三居西北，四居东南，则右阳左阴，而乾坤成列，合是二变，而成后天八卦裁成之位也。再转则一复于南矣。《大传》所谓"参伍以变，错综其数"，刘歆云："河图""洛书"相为经纬，八卦、九章，相为表里，此其义也。

　　鹤田蒋师文曰：谓"河图"成数在下象地而不动，生数象天运行而成卦，以先天八卦为自然之象，后天八卦为财成之位。观其初交而两仪立，再交而六子生，三交震、兑相望，而坎、离互宅，四交乾、坤成列，而艮、巽居隅，圣人升、离于南，降、坎于北，而四方之位正。置乾于西北，退坤于西南，而长女代母之义彰。则先天见自然之象，后天见财成之位者，至明著矣。虽其说不本先儒，然象数既陈，而义理昭著，不害自为一家之言也。朱子尝曰：无事时好看"河图""洛书"数，且得自家流转得动。今观仲纯此说而尤信。

（三）龙图天地生成之数

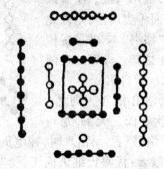

解说：

此即前图一、二、三、四,天之象也,动而右旋;六、七、八、九,地之形也,静而正位。是故一转居北,而与六合;二转居南,而与七合;三转居东,而与八合;四转居西,而与九合;五十居中,而为天地运行之枢纽。《大传》言"错综其数"者,盖指此而言。错者,交而互之,一左一右、三四往来是也。综者,综而挈之,一低一昂、一二上下是也。分作二层看之,则天动地静,上下之义昭然矣。

(四)洛书天地交午之数

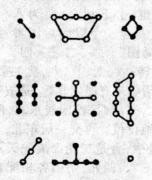

解说:

杨子云曰:一与六共宗,二与七为朋,三与八为友,四与九同道,×与×相守,正指此图而言。朱子谓析六、七、八、九之合以为乾、坤、坎、离,而居四正之位;依一、二、三、四之次以为艮、兑、震、巽,而补四隅之空者,与此数合。稽之生成之象,察其分、合、进、退、交、重、动、静灼然,信其为交午之象。而所谓大衍之数五十,其用四十有九,著策分卦揲归四象,七、八、九、六,皆仿于此矣。

(五)洛书纵横十五之象

解说(一至五诸图并说):

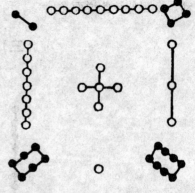

《洪范》初一曰五行,次二曰敬用五事,次三曰农用八政,次四曰协用五纪,次五曰建用皇极,次六曰义用三德,次七曰明用稽疑,次八曰念用庶徵,次九曰向用五福,威用六极。汉儒以此六十五字为"洛书"本文,而希夷所传,则以此为"龙图"三变,以生成图为"洛书"本文,盖疑传写之误。而启"图"九"书"十之辨。今以二象两易其名,则龙图龟书不烦拟议,而自明矣。

《易·大传》曰:河出图,洛出书,圣人则之。

孔安国云:"河图"者,伏羲氏王天下,龙马出河,遂则其文以画八卦。"洛书"者,禹治水时,神龟负文而列于背,有数至九,禹遂因而第之,以成九类。刘歆云:伏羲氏继天而王,受"河图"而画之,八卦是也。禹治洪水,赐"洛书",法而陈之,九畴是也。"河图""洛书"相为经纬,八卦、九章,

相为表里。

关子明云:"河图"之文,七前六后,八左九右;"洛书"之文,九前一后,三左七右,四前左二,前右八后,左六后右。

邵子曰:圆者,星也。历纪之数,其肇于此乎?(历法合二始以定刚柔,二中以定律历,二终以纪闰余,是所谓历纪也)。方者,土也,画州井地之法,其仿于此乎?(州有九井九百亩,是所谓州井地也)。盖圆者,"河图"之数;方者,"洛书"之文,故羲文因之而造易,禹箕叙之而作范也。

天一地二,天三地四,天五地六,天七地八,天九地十。天数五,地数五,五位相得而各有合。天数二十有五,地数三十,凡天地之数五十有五,此所以成变化,而行鬼神也。

此一节盖以发明"图""书"之数,凡奇为阳,阳者,天之数;凡偶为阴,阴者,地之数。天数一、三、五、七、九,积之为二十五;地数二、四、六、八、十,积之为三十。合是二者,为五十有五,而天地变化,阴阳屈伸,举不出乎此数。是数也,两之为二仪,参之为三才,伍之为五行,分之为八卦,究之为九宫,此其大要也。朱子曰:天地之间,一气而已,分而为二,则为阴阳,而五行造化万物终始无不管于是焉。《内经》曰:阴阳者,数之可十,推之可百,数之可千,推之可万,万之大,不可胜数,范之以易,则不过不遗而无不通矣。

参伍以变,错综其数,通其变,遂成天地之文,极其数,遂定天下之象。非天下之至变,其孰能与于此?

此一节又以发明图书之变。参谓参于两间,如《记》云离坐离立,毋往参焉之参。考之图变,如一、二、三、四,参居六、七、八、九之间者是也。伍谓伍于五位,如什伍部伍之伍,考之图变,如一、二、三、四,伍于六、七、八、九之土者是也。错者,交而互之,一左一右之谓。考之图变,则三四左右互居是也。综者,综而契之,一低一昂之谓。考之图变,则一二上下低昂是也。既参以变,又伍以变,错而互之,综而交之,而天地之文成,天下之象定,然则"河图""洛书",其肇天下之至变者欤?

昔者,圣人之作易也,幽赞于神明而生蓍,参天两地而倚数,观变于阴阳而立卦,发挥于刚柔而生爻,和顺于道德而理于义,穷理尽性以至于命。

此章乃圣人作易之大旨,而蓍数卦爻之本原也。幽赞于神明,言圣人斋戒洗心,退藏于密,而神明阴相默佑。四十九蓍用以分褂揲归而生阴阳刚柔之策,天数地数参两相倚,以明九、八、七、六之象,故观变于天之阴阳而卦象立;发挥于地之刚柔而爻义生;和顺于道德,而条理各适其宜;穷天地阴阳刚柔之理,尽己之性,以尽人物之性,则可以赞天地之化育,而与造化之流行者无间,此则圣人至诚之极功也。

昔者,圣人之作易也,将以顺性命之理,是以立天之道曰阴与阳,立地之道曰柔与刚,立人之道曰仁与义,兼三才而两之,故易六画而成卦,分阴分阳,迭用柔刚,故易六位而成章。

圣人作易,将以顺性命之理,大抵为斯人而作也。故观于阴阳,而立天之道。天之道,寒、暑、昼、夜而已矣。察于刚柔,而立地之道。地之道,流峙生植而已矣。本于仁义,而立人之道。人之道,孝、悌、忠、信而已矣。盖人禀阴阳

之气,以有生赋刚柔之质,以有形具仁义之理,以成性气形,质具性成,而三才之道备矣。故以八卦言,则初为地,中为人,上为天,而有奇偶之异。兼三才而两之。以重卦言,则初二为地,三、四为人,五、上为天。分而言之,初、三、五为位之阳,二、四、上为位之阴。阳为刚,阴为柔,迭用于一卦六爻之间,相错而成文章也。

易之为书也,广大悉备,有天道焉,有人道焉,有地道焉,兼三才而两之,故六六者非他也,三才之道也。道有变动,故曰爻;爻有等,故曰物;物相杂,故曰文;文不当,故吉凶生焉。

道者,天、地、人之道,天之一阴一阳交,而成×;地之一柔一刚交,而成+;×、+重而成爻,变动之谓也。爻也者,效此者也;爻也者,效天下之动者也,等差等也。(等字从竹,算筹也。从+从-,数之终始也。以不持而算之,指事义也。旧说等从等,于义无取,今正之)。爻之动静,有初、二、三、四、五、上之等,七、八、九、六之差,故曰物物时物也。七、九为奇,而凡物之阳者,质之刚者,皆为乾之物;六、八为偶,而凡物之阴者,质之柔者,为坤之物。(分而言之,九阳而六阴,七刚而八柔,阴阳象也,刚柔形也,故九六变而七八不变。爻用九、六,主变而言也。又曰:蓍数七,卦数八,刚柔之体,所以立乾爻用九坤,爻用六,阴阳之用所以行)。阴阳合德,刚柔有体,相错杂而成文,文,文章也。(文字从×,阴阳相交之象)。文而当则吉,居得其正。动而适中,则合乎物宜,而吉生矣。(吉字从+,阴变阳者也。从口,阳变阴者也。一字谐声,居变动中,变而克正,故为吉,会意。《书》曰:德惟一,动罔不吉。《传》曰:天下之动,贞夫一者也。金华王鲁斋,以吉字为老阳出土之象)。文不当,则凶。居夫其中,动而匪正,则入于坎陷而凶生矣。(凶字从㐅,变动者也。动而陷于凶中,则失其中正而凶之。凵,陷坑也,会意。金华王鲁斋,以凶字为老阴入地之象)。故曰:吉、凶、悔、吝生乎动。

(六)太极生两仪之象
(易本无乾坤,止有此一 --)

解说:

太极判,而气之轻清者,上浮为天;气之重浊者,下凝为地。圣人仰观俯察,受"河图",则而画卦,则天 o 以画—;则地 ·· 以画- -;名—曰奇,为阳;名- -曰偶,为阴。此上奇下偶者,天地之定位;中×者,天地气交四象、八卦、万物化生之本。《乐记》所谓一动一静者,天地之间也。周子曰:太极动而生阳,动极而静,静而生阴,静极复动。一动一静,互为其根,分阴分阳,两仪立焉。

（七）两仪生四象之象
（易本无八卦，止有此乾坤）

解说：

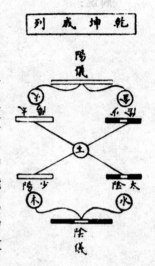

朱子曰：阴仪生奇，为太阳；生偶，为少阴。阴仪生奇，为少阳；生偶，为太阴。旧图四象平布，生生不息，今图阳仪下生一奇一偶，为阴阳；阴仪上生一奇一偶，为刚柔。四象圜转，循环不穷，刚交于阴，阴交于刚，阳交于柔，柔交于阳，上下左右相交，而万物生焉。周子曰：阳变阴合，而生水、火、木、金、土，五气顺布，四时行焉。《传》曰：立天之道曰阴与阳，立地之道曰柔与刚，此之谓也。

右两仪生四象，阴仪上生一奇，为少阳，少阳者，阴中之阳。东方阳气生物于时，为春。春，蠢也。物蠢生乃能运动，故中规。在天为风，在地为木，上为岁星，在德为元。元者，善之长也。在体为筋，在藏为肝，通于目。在志为怒，其声呼，其色苍，其味酸，其音角，其畜鸡，其谷麦，其数三。（木之生数）。

阳仪下生一奇，为太阳。太阳者，阳中之阳。南方阳气养物于时，为夏。夏，假也。物假大乃宣平，故中衡。在天为热，在地为火，上为荧惑星。在德为亨。亨者，嘉之会也。在体为脉，在藏为心，通于舌。在志为喜，其声笑，其色赤，其味苦，其音微，其畜羊，其谷黍，其数七。（火之成数）。

阳仪下生一偶，为少阴。少阴者，阳中之阴。西方阴气敛物于时，为秋。秋，就也。物愁（读擎敛）乃能成熟，故中矩。在天为燥，在地为金，上为太白星。在德为利，利者，义之和也。在体为皮毛，在藏为肺，通于鼻。在志为忧，其声哭，其色白，其味辛，其音商，其畜马，其谷稻，其数四。（金之生数）。

阴仪上生一偶，为太阴，太阴者，阴中之阴。北方阴气藏物于时，为冬。冬，终也。物终藏乃可称，故中权。在天为寒，在地为水，上为辰星。在德为贞，贞者，事之干也。在体为骨，在藏为肾，通于耳。在志为恐，其声呻，其色黑，其味咸，其音羽，其畜豕，其谷豆，其数六。（水之成数）。

中央者，阴阳之中，四方之内，经纬交通，乃能端直，故中绳。于时为四季。在天为湿，在地为土，上为镇星。在德为诚，（周子曰：元亨，诚之通；利贞，诚之复）。在体为肉，在藏为脾，通于口。在志为思，其声歌，其色黄，其味甘，其音宫，其畜牛，其谷稷，其数五。（土之生数）。

（八）四象生八卦之象
（易本无六十四卦，止有此八卦）

解说：

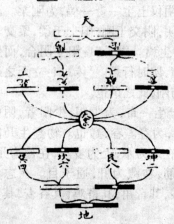

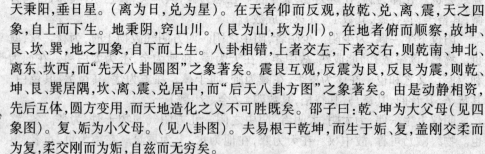

右四象阳下交于柔，柔上交于阳，而成乾坤、（天地定位）。艮兑。（山泽通气）。刚上交于阴，阴下交于刚，而成震巽、（雷风相薄）。坎离。（水火不相射）。天秉阳，垂日星。（离为日，兑为星）。在天者仰而反观，故乾、兑、离、震，天之四象，自上而下生。地秉阴，窍山川。（艮为山，坎为川）。在地者俯而顺察，故坤、艮、坎、巽，地之四象，自下而上生。八卦相错，上者交左，下者交右，则乾南、坤北、离东、坎西，而"先天八卦圆图"之象著矣。震艮互观，反震为艮，反艮为震，则乾、坤、艮、巽居隅，坎、离、震、兑居中，而"后天八卦方图"之象著矣。由是动静相资，先后互体，圆方变用，而天地造化之义不可胜既矣。邵子曰：乾、坤为大父母（见四象图）。复、姤为小父母。（见八卦图）。夫易根于乾坤，而生于姤、复，盖刚交柔而为复，柔交刚而为姤，自兹而无穷矣。

又曰：八卦之象，不易之四，（乾、坤、坎、离）反易者二，（震反为艮，兑反为巽）。以六变而成八也。

元·张理《大易象数钩深图》

（一）太极涵三自然奇偶之图

（二）德事相因皆本奇偶之图

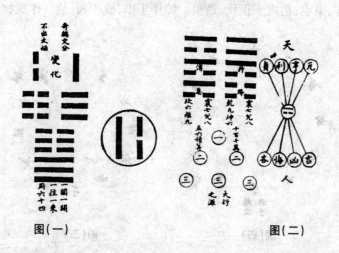

图（一）　　　　　　　　　图（二）

（三）说卦八方之图

解说（一至三图并说）：

　　乾三画而为天者,以一含三也;坤六画而为地者,偶三而为六也。天一地二之本数,天奇地偶之本画,不待较而可知。然妙理在乎一含三,二含六耳。乾一含三,故索为三男而皆奇;坤二含六,故索为三女而皆偶,此天地生成之理,岂不妙哉。震为雷,雷出于地下,故一阳在下。坎为水,水蓄于地中,故一阳在中。艮为山,山形于地上,故一阳在上。然阳动阴静,以动为基者,故动震是也,以静为基者,故止艮是也。动者在中,非内非外,故或流或止或动或静焉。此坎所以为水,巽为木。木发生于地下,故一阴亦在下。离为火,火出于木中,故一阴在中。兑为泽,泽钟于地上,故一阴在上。然阴柔而阳刚,故木也始弱而终强,阳在末也。阳明而阴晦,故火也外明而内晦,阳在外也。阳燥而阴润,故泽也外润而内燥,阳在内也。或问泽内燥何也? 愚曰:内燥则能生金,外润则能钟水。金所以能生水,土所以能生金者,即泽而知之也。圣人岂苟之哉!

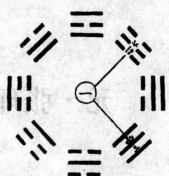

(四)乾知太始图

解说:(图四)

一阳生于子,二阳在丑,三阳在寅,四阳在卯,五阳在辰,六阳在巳,而乾位在西北,居子之前,故曰:乾知太始。言乾以父道始天地也。

(五)坤作成物图

解说:(图五)

一阴生于午,二阴在未,三阳在申,四阴在酉,五阳在戌,六阴在亥,而坤位在西南,盖西南方,申也;物成于正秋,酉也。坤作于申,成于酉,故曰作成物。

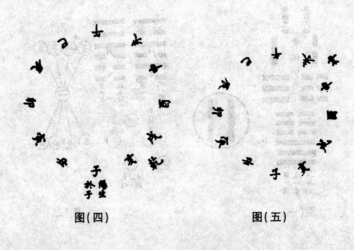

图(四)　　　　　　图(五)

(六)天尊地卑图

解说:

自一至十,天尊于上,地卑于下。尊者乾之位,故乾为君,为父,为夫;卑者坤之位,故坤为臣,为母,为妇,皆出于天尊地卑之义也。故曰:天尊地卑,乾坤定矣。

(七)参天两地图

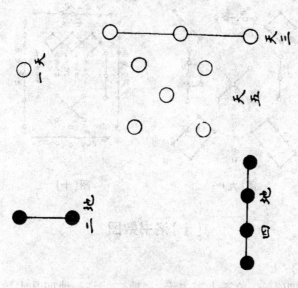

解说:

乾元用九,参天也;坤元用六,两地也,故曰参天两地而倚数。九、六者,止用生数也。

(八)日月为易图

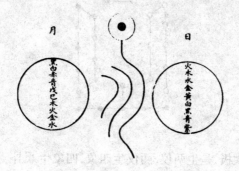

解说:

取日月二字交配而成,如篆文日下从月,是"日往月来"之义,故曰:阴阳之义配日月。

(九)河图数图

解说：（图九）

戴九履一，左三右七，二四为肩，六八为足，五为腹心；总四十五，纵横数之，皆十五也。天五居中央，圣人观之，遂定八卦之象。

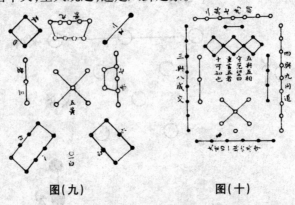

图（九）　　　　　　　　图（十）

(十)洛书数图

解说：（图十）

"河图"之数四十五，盖圣人损去天一、地二，天三、地四凡十数。独天五居中而主乎土，至"洛书"则有土十之成数，故水火金木成形矣。

(十一)河图四象之图

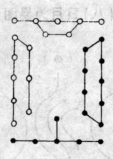

解说：

《系辞》曰：易有太极，是生两仪，两仪生四象，四象生八卦。其四象在乎天一、地二，天三、地四，天五。天一居北方坎位，为水；地二居南方离位，为火；天三居东方震位，为木；地四居西方兑位，为金，此在四正之位，而为生数也；天五居中央，则是五土数也。土无宅位，然后分王四正之方，能生万物，故北方水一得土五而成六，南方火二得土五而成七，东方木三得土五而成八，西方金四得土五而成九，此谓之四象也。

（十二）河图始数益洛书成数图

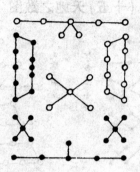

解说：

"河图"有天一、地二，天三、地四为象之始。至于天五，则居中而主乎土变化，但未能成形，谓之四象矣。至于"洛书"，有土十之成数，故水、火、金、木皆相奇偶而成形矣。故"河图"合四象之数，可以定八方之位；"洛书"有五行之数，可以备八卦之象也。是象生其卦，必俟天之变，而备于"洛书"土十之成数，而后成八卦矣。二者相胥，方能成卦。

（十三）河图八卦图

解说：

此八象者，始由四象所生也。伏羲氏先按"河图"有八方，将以八卦位焉。次取"洛书"土十之成数，将以八卦象焉。乃观阴阳而设奇偶二画，观天地人而设上中下三位，以三画纯阳则为乾，以六画纯阴则为坤。以一阳处二阴之下，不能屈于柔，以动出而为震；以一阴处二阳之下，不能犯于刚，乃复入为巽；以一阳处二阴之间，上下皆弱，罔能相济，以险难而为坎；以一阴处二阳之中，上下皆强，足以自记，乃丽而为离；以一阳处二阴之上，刚以驰下，则止为艮；以一阴处二阳之上，柔能抚下，则说而兑。

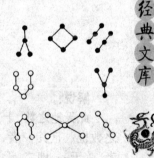

（十四）乾元用九坤元用六图

解说：

乾阳之位，共十二画，谓乾三爻，震、坎、艮各一爻，巽、离、兑各二爻，共十二画也。坤阴之位，共二十四画，谓坤六画，巽、离、兑各一画，震、坎、艮各二画，计二十四画也。阳爻，君道也，故得兼之，计有三十六画，所以四九三十六画，阳爻则称九也。坤，臣道也，不得僭上，故四六二十四画，所以阴爻则称六也。故乾三画兼坤之六画，成阳之九也。阳进而"乾元用九"矣，阴退而"坤元用六"矣。合此

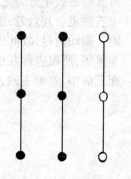

余九六者,盖天地刚柔之性也。

(十五)天地之数图

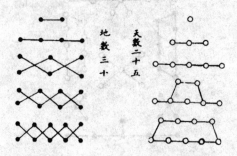

地数三十　天数二十五

(十六)乾坤之策图

坤策二十四　乾策三十六

(十七)河图天地十五数图

解说:

　　此天地之数,十有五也,或统而取之,其旨有六,盖合自然之数也。且其一者,始就"河图"纵横之,皆十五数也。其二者,盖天一、地二,天三、地四,天五,凡十五数也。其三者,以其太极分混而为一,即是一也。一气判而为仪,见三也;二仪分而为象,见七也;四象言而生八卦,见十五数也。其四者,谓五行之生数是一水、二火、三木、四金、五土,见十五数也。其五者,将五行之数中分为之以象阴阳,则七为少阳,八为少阴,亦见其十五数也。其六者,以少阴、少阳不动,则不能变,亦且入为少阴。阴动而退,故此少阴而为盛阴,所以称六也。七为少阳,阳动而进,故少阳动而为盛阳,所以进称九也。六与九合,亦见其十五也。斯盖一、三、五阳位,为二、四间而五居中,然配王四方也。如六、七、八、九合,而周以为四象也。

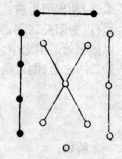

（十八）其用四十有九图

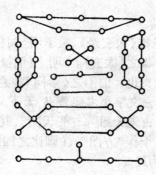

解说：

天一下降，与地六合而生水于北；地二上驾，与天七合而生火于南；天三左旋，与地八合生木于东；地四右转，与天九合而生金于西；天五冥运，与地十合而生土于中。以奇生者，成而偶；以偶生者，成而奇。天，阳也，故其数奇；地，阴也，故其数偶。奇偶相合，而五十有五之数备。大衍之数减其五者，五行之用也；虚其一者，元气之本也。盖天五为变化之始，散在五行之位，故中无定象。天始生一，肇其有数也，而后生四象、五行之数。今焉虚而不用，是明元气为造化之宗，居尊不动也。

（十九）伏羲先天图

解说：

后"伏羲八卦图"。王豫传于郡康节，而郑夫得之。归藏"初经者，伏羲初画八卦，因而重之者也。其经初乾初奭（坤），初艮初兑，初莘（坎）初离，初厘（震）初巽，卦皆六画，即此八卦也。八卦即重，爻在其中。

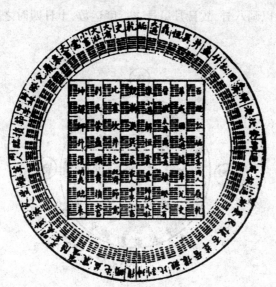

（二十）方圆相生图

解说：

郑氏云："古先天图"，扬雄《太玄经》、关子明《洞极》、魏伯阳《参同契》、邵尧夫《皇极经世》而已。惜乎！雄之《太玄》、子明之《洞极》仿易为书，泥于文字，后世忽之，以为屋上架屋，颈上安头也。伯阳之《参同契》意在于锻炼，而入于术，于圣人之道又为异端也。尧夫摆去文字小术而著书，天下又不愿之，但以为律历之用，难矣哉。四家之学，皆先于"古先天图"。"先天图"，其易之源乎？复无文字解注，而世亦以为无用之物也。今予作"方图"，注脚比之四家为最简易。而四家之意，不出于吾图之中，于易之学为最要。

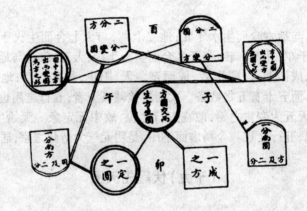

（二十一）方圆相生图

解说：

伏羲观天文，以画八卦，故日月星辰之行度运数，十日四时之属，凡丽于天之文者，八卦无不统之。

(二十二)俯察地理图

解说:

　　伏羲俯察地理,以画八卦,故四方九州鸟兽草木十二支之属,凡丽于地之理者,八卦无不统之。

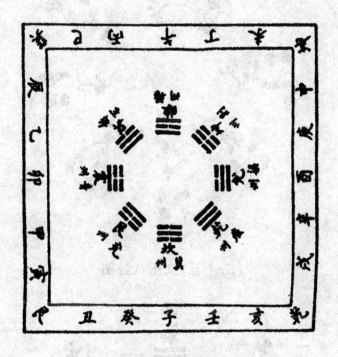

(二十三)伏羲八卦图

（二十四）八卦取象图

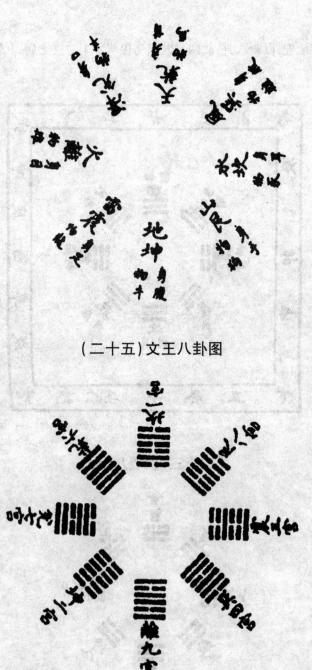

（二十五）文王八卦图

（二十六）八卦象数图

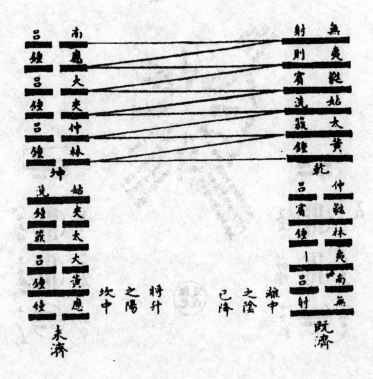

（二十七）八卦纳甲图

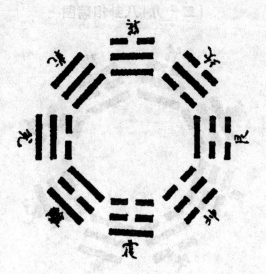

（二十八）刚柔相摩图

解说：

乾阳居上，坤阴居下，坤自震而左行，坤自巽而右行，天左地右，故曰刚柔相摩。

（二十九）八卦相荡图

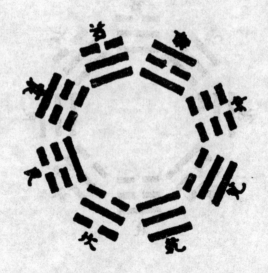

（三十）六爻三极图

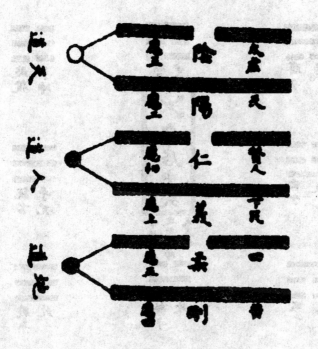

（三十一）五位相合图

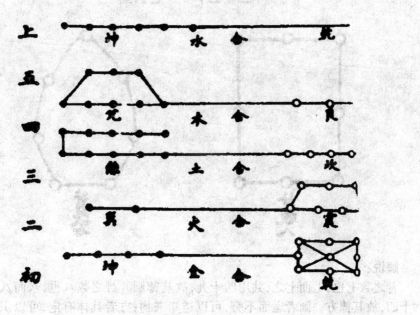

（三十二）帝出震图

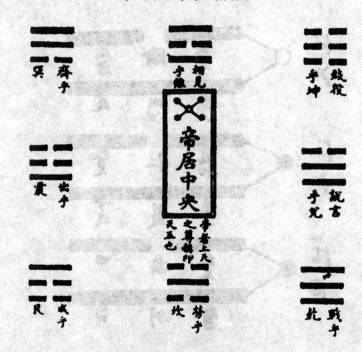

（三十三）蓍卦之德图

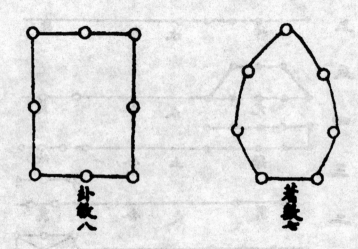

解说：

　　蓍之数七也，七而七之，共用四十九，故其德圆。卦之数八也，八而八之，为别六十四，故其德方。圆者运而不穷，可以逆知来物；方者其体有定，可以识乎既往，故圆象神，方象知。

（三十四）序上下经图

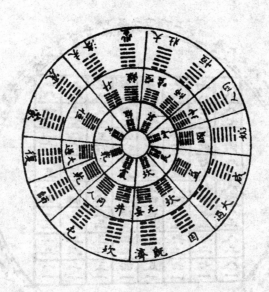

解说：

本乾九二爻变成同人,次变无妄,次变益,次变颐,终其变至离而止。本坤六二爻变成师,次变升,次变恒,次变大过,终其变至坎而止。故上经始于乾、坤,终于坎、离焉。本咸六二爻变成大过,次变困,次变坎,次变复,次变屯,而入既济。故下经始于咸、恒,终于既济焉。

（三十五）重易六爻图

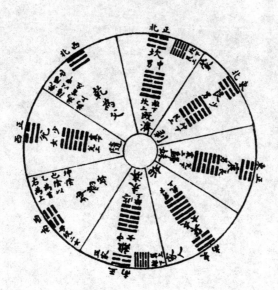

国学经典文库

（三十六）六十四卦天地数图

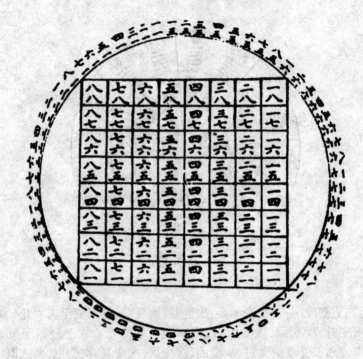

明·来知德《易经来注图解》

（一）来瞿唐先生圆图

解说：

　　此圣人作易之原也。理、气、象、数，阴、阳、老、少，往、来、进、退、常、变、吉、凶，皆寓乎中。孔子系《易》首章，至"易简而天下之理得"，及"一阴一阳之谓道"，"易有太极"，"形上形下"数篇，以至"幽赞于神明"一章，卒归于义命，皆不外此图神而明之。一部《易经》不在四圣，而在我矣。或曰：伏羲、文王有图矣，而复有此图何耶？德曰：不然。伏羲有图，而文王之图不同于伏羲，岂伏羲之图差耶？盖伏羲之图，易之对待；文王之图，易之流行；而德之图，不立文字，以天地间理、气、象、数不过如此，此则兼对待、流行、主宰之理而图之也，故图于伏羲、文王之前。

（二）伏羲六十四卦圆图

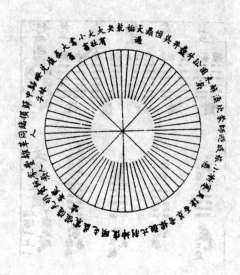

国学经典文库

(三)伏羲八卦方位之图

解说(二、三两图并说):

此伏羲之易也。易之数也,对待不移者也,故伏羲圆图皆相错,以其对待也。所以上经首乾、坤。乾、坤之两列者,对待也。孔子《系辞》天尊地卑一条,盖本诸此。

(四)文王八卦方位之图

解说:

此文王之易也。易之气也,流行不已者也。自震而离,而兑,而坎,春夏秋冬,一气而已。故文王序卦,一上一下相综者,以其流行而不已也。所以下经首咸、恒。咸、恒之交感者,流行也。孔子《系辞》"刚柔相摩"一条,盖本诸此。盖有对待,其气运必流行而不已;有流行,其象数必对待而不移,故男女相对待,其气必相摩荡。若不相摩荡,则男女皆死物矣。此处安得有先后,故不可分先天、后天。

(五)伏羲、文王错综图

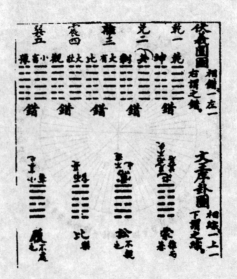

解说:(注:此图原缺)

凡性之序,先列十纯。十纯既浃,其次降一,其次降二,其次降三,其次降四,最后五配而性备矣。始于纯,终于配,天地之道也。

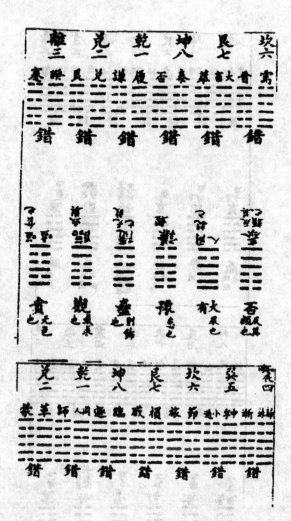

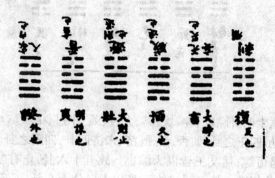

国学经典文库

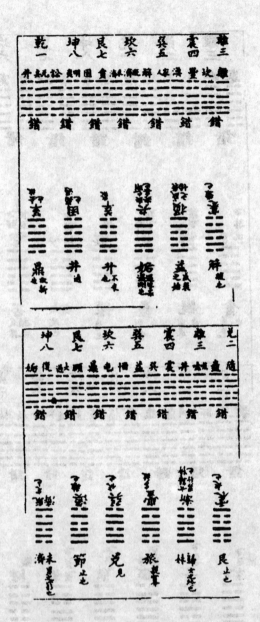

解说：

文王序卦，六十四卦除乾、坤、坎、离、大过、颐、小过、中孚。八个卦相错，其余五十六卦皆相综。虽四正之卦，如否、泰、既济、未济四卦，四隅之卦。如归妹、渐、随、蛊四卦，此八卦可错可综，然文王皆以为综也。故五十六卦，止有二十八卦，向上成一卦，向下成一卦，共相错之卦，三十六卦。所以上经分十八卦，下经分十八卦。其相综自然而然之妙，亦如伏羲圆图相错自然而然之妙，皆不假安排穿凿，所以孔子赞其为天下之至变者。以此汉儒至宋儒，止以为上下篇之次序，不知紧要与圆图同，诸象皆藏于二图错综之中。其中不知序卦紧要之妙，则易不得其门而入矣。因此将二图并列之。

（六）孔子太极生两仪、四象、八卦图

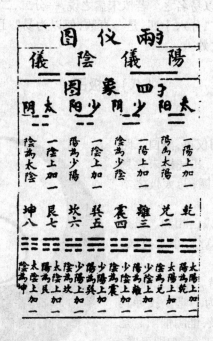

（七）来瞿唐先生八卦变六十四卦图

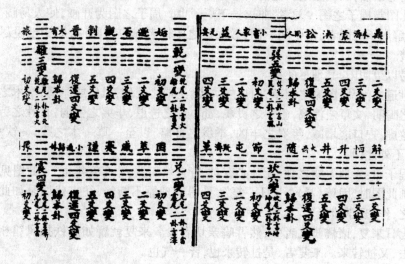

解说（六、七两图并说）：

　　卦皆自然之数，右八卦不过加太极、两仪、四象八卦是也。六十四卦，不过变节，《系辞》所谓八卦成列，象在其中矣。因而重之，爻在其中矣。刚柔相推，变在其中矣。变在其中者，如乾为阳刚，乾下变，一阴之巽，二阴之艮，三阴之坤；坤为阴柔，坤下变，一阳之震，二阳之兑，三阳之乾，是刚柔相推也。盖三画卦，若不重成六

画,则不能变六十四,惟六画则即变六十四矣。所以每一卦,六变即归本卦。下爻画变为七变,连本卦成八卦。以八加八,即成六十四卦。古之圣人,见天地阴阳变化之妙,原是如此,所以以易名之。若依宋儒之说,一分二,二分四,四分八,八分十六,十六分三十二,三十二分六十四,是一直数,何以为易?且通不成卦,惟以八加八,方见阴阳自然造化之妙。

（八）太极图

解说:

　　白者阳仪也,黑者阴仪也,黑白二路者,阳极生阴,阴极生阳,其气机未尝息也,即太极也,非中间一圈,乃太极之本体也。

　　弄圆歌:我有一丸,黑白相和。虽是两分,还是一个。大之莫载,小之莫破。无始无终,无右无左。

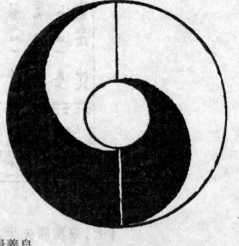

　　八卦九畴,纵横交错。今古无前,乾坤在坐。尧舜周孔,约为一堂。我弄其中,琴瑟铿锵。孔曰太极,惟阴惟阳。是定吉凶,大业斯张,形即五行,神即五常。惟其能圆,是以能方。孟曰如此,有事勿忘。名为浩然,至大至刚。充塞天地,长揖羲皇。

　　此图与周子之图少异者,非求异于周子也。周子之图为开画,使人易晓。此图总画,解周子之图者,以中间一图,散太极之本体者非也。图说,周子已说尽了,故不必赘。

　　易以道阴阳,其理尽此矣。

　　世道之治乱,国家之因革,山川之兴废,王伯之诚伪,风俗之厚薄,学术之邪正,理学之晦明,文章之淳漓,士子之贵贱,贤不肖之进退,华夷之强弱,百姓之劳逸,财赋之盈虚,户口之增减,年岁之丰凶,举辟之详略,以至一草一木之贱,一饮一食之微,皆不外此图。

　　程子曰:天地万物之理,无独必有对,皆自然而然,非有安排也,于此图见之矣。

　　画此图时,因读《易》“七日一复”,见得道理原不断绝,往来代谢是如此,因推而广之,作《理学辨疑》。

　　七日来复,诸儒辨之者多,然譬喻亲切者少。来复就譬如炼铁扯风箱相似,将手推去,又扯转来。来复者,是扯转来也,皆一气也。

（九）伏羲卦图

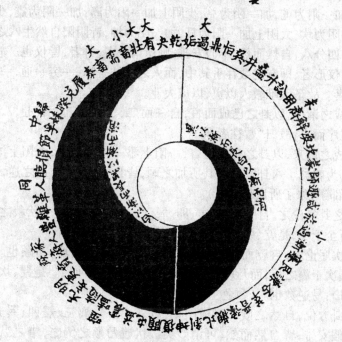

解说：

白路者，一阳复也。自复而临，而泰，而壮，而夬，即为乾之纯阳。

黑路者，一阴姤也。自姤而遁，而否，而观，而剥，即为坤之纯阴。

复者，天地之生子也，未几而成乾健之体，健极则必生女矣，是火中之一点水也。姤者，天地之生女也，未几而成坤顺之功，顺极则必生男矣，是水中之一点火也。故乾道成男，未必不成女；坤道成女，未必不成男。

坤而复焉，一念之醒也，而渐至于夬，故君子一篑之土，可以成山。

乾而姤焉，一念之差也，而渐至于剥，故小人一燿之火，可以燎原。

学者只将此图黑白消长玩味，就有长进，然非深于道者，不足以知之。观此图者，且莫言知造化性命之学，且将黑白消长，玩安、危、进、退四个字气象，亦已足矣。了得此手，便就知进知退，知存知亡，便即与天地合其德，日月合其明，四时合其序，鬼神合其吉凶。故修德凝道之君子，以居上不骄，为下不倍，国有道，其言足以兴；国无道，其默足以容。

（十）伏羲八卦方位

解说：

阳一阴二，天地自然之形，天地自然之数。伏羲只在一奇一偶上，生出六十四卦，又生出后圣许多爻象，如一阳上加一阳为太阳，阳自然老之象；加一阴为少阴，阴自然少之象；一阴上加一阳为少阳，阳自然少之象；加一阴为太阴，阴自然老之象。太阳上加一阳为乾，加一阴为兑，少阴上加一阳为离，加一阴为震，少阳上加一阳为巽，加一阴为坎，太阴上加一阳为艮，加一阴为坤，皆阴阳自然生八之卦。

二分四，四分八，自然而然，不假安排，则所谓象者，卦者，皆仪也。故天地间万事万物，但有仪形者，即有定数存乎其中，而人之一饮一啄，一穷一通，一夭一寿，皆毫厘不可逃者。故圣人唯教人以贞，以成大业。

八卦已成之谓往，以卦之已成而言，自一而二、三、四、五、六、七、八，因所加之画，顺先后之序而去，故曰"数往者顺"。

八卦未成之谓来，以卦之初生而言，一阳上添一画为太阳，太阳上添一画则为纯阳，必知其为乾矣。八卦皆然。其所加之画，皆自下而行上，谓之逆，故曰"知来者逆"。（与邵子、朱子所说略不同）。

以一年之卦气论之，自子而丑、寅、卯、辰、巳、午者，顺也。今伏羲之卦，将乾安于午位，逆行至于子，是乾、兑、离、震，其数逆也。

以卦之次序论之，自乾而兑，而离，而震，而巽、坎、艮、坤，乃顺也。今伏羲之卦，乃不以巽次于震之后，而乃以巽次于乾之左，渐至于坤焉。是巽、坎、艮、坤，其数逆也。故曰：易逆数也。（数色主反）。

伏羲八卦方位，自然之妙。以横图论，乾一、兑二、离三、震四、巽五、坎六、艮七、坤八，不假安排，皆自然而然，可谓妙矣。伏羲乃颠之倒之，错之纵之，安其方位，疑若涉于安排，然亦自然而然也。今以自然之妙，图画于后。以相对论：

☰　☷

此三阳对三阴也，故曰"天地定位。

☲　☵

此一阳对一阴于下，少阳对少阴于上也，故曰"水火不相射"。

☱　☶

此太阳对太阴于下，一阳对一阴于上也，故曰"山泽通气"。

一如标竿，故有专有直。一实故主乎施，一奇为阳之仪。

一偶为阴之仪。一虚故主乎承。一如门扇，故有翕有辟。

此一阳对一阴于下，太阳对太阴于上也，故曰"雷风相薄"。以乾、坤所居论：

乾位乎上，君也。左则二阳居乎巽之上焉，一阳居乎坎之中焉；右则二阳居乎兑之下焉，二阳居乎离之上下焉，宛然三公九卿、百官之侍列也。坤居于下，后也。左则二阴居乎震之上焉，一阴居乎离之中焉；右则二阴居乎艮之下焉，二阴居乎坎之上下焉，宛然三妃、九嫔、百媵之侍列也。以男女相配论：乾对坤者，父配乎母也。震对巽者，长男配长女也。坎对离者，中男配中女也。艮对兑者，少男配少女也。以乾、坤橐龠相交换论：乾取下一画，换于坤，则为震；坤取下一画，换于乾，则为巽，

此长男、长女橐龠之气相交换也,故彼此"相薄"。乾取中一画,换于坤,则为坎;坤取中一画,换于乾,则为离,此中男、中女橐龠之气相交换也,故彼此"不相射"。乾取上一画,换于坤,则为艮;取上一画,换于乾,则为兑,此少男、少女橐龠之气相交换也,故彼此"通气"。

(十一) 八卦通皆乾坤之数图

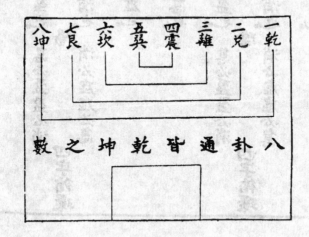

解说:

天一、地八,乃天地自然之数也。乾始于一,坤终于八,今兑二、艮七,亦一、八也;震四、巽五,亦一、八也。八卦皆本于乾、坤;于此可见,故曰:乾、坤其易之门耶?乾、坤毁则无见易,一部《易经》乾、坤二字尽之矣。

读《易》且莫看《爻辞》并《系辞》并《程传》《本义》,且将图玩,玩之既久,读易自有长进。

伏羲之卦起于画,故其前数条皆以画论之。若宋儒谓天位乎上,地位乎下,日生于东,月生于西,山镇西北,泽注东南,风起西南,雷动东北,则谓其合天地之造

化,不以数论也。

(十二)阳直图、阴直图

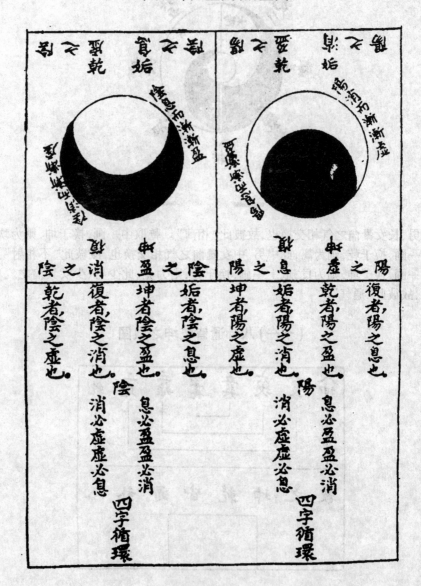

解说:

　　天地阴阳之理,不过消、息、盈、虚而已,故孔子有曰:君子尚消、息、盈、虚。

　　坤与复之时,阳气通是一样微,但坤者,虚之终而微也;复者,息之始而微也。乾与姤之时,阳气通是一样盛,但乾者,盈之终而盛也;姤者,消之始而盛也。乾与姤之时,阴气通是一样微,但乾者,虚之终而微也;姤者,息之始而微也。坤与复之时,阴气通是一样盛,但坤者,盈之终而盛也;复者,消之始而盛也。

　　息者,喘息也,呼吸之气也,生长也,故人之子谓之息,以其所生也。因气微,故谓之息。消者,减也,退也,盈者,中间充满也。虚者,中间空也。

（十三）天上月轮图

解说：

月缺于三十日半夜止，月盈于十五日半夜止。

初一日子时，息之始，息至十五日而盈。十六日子时，消之始，消至三十日而虚。初一日，与二十九日，月同是缺。但初一日之缺，乃息之始；二十九日之缺，乃消之终。十六日与十四日，月同是盈。但十四日之盈，乃息之终，十六日之盈，乃消之始。

天地阴阳之气，即如人呼吸之气，四时通是一样，但到冬月寒之极，气之内就生一点温厚起来，所谓息也。温厚渐渐至四月，发散充满，所谓盈也，盈又消了。到五月热之极，气之内就生一点严凝起来，所谓息也。严凝渐渐至十月，翕聚充满，所谓盈也。盈又消了。一阴阳之气，如一个环，动静无端，阴阳无始，未曾断绝，特有消息盈虚耳。朱子说阳无骤至之理，又说一阳分作三十分云云；双峰饶氏说，坤字介乎剥、复二卦之间云云，通说零碎了。似把阴阳之气，作断绝了又生起来，殊不知阴阳剥复，就是月一般，月原不会断绝，止有盈缺耳。

周公硕果不食，譬喻极亲切。果长不至硕，则尚有气，长养至于硕果，气候已完，将朽烂了，外面气尽，中间就生起核之仁来，可见气未曾绝。

（十四）文王八卦方位图

解说：

诸儒因邵子解文王之卦，皆依邵子之说，通说穿凿了。文王之方位本明，而解之者反晦也。殊不知文王之卦，孔子已解明矣，"帝出乎震"一节是也，又何必别解哉！朱子乃以文王八卦不可晓处甚多，不知何说也。盖文王以伏羲之卦，恐人难晓，难以致用，故就一年春、夏、秋、冬方位，卦所属木、火、土、金、水相生之序而列之。今以孔子《说卦》解之于后。

帝者，天也。一年之气始于春，故"出乎震"。震，动也，故以出言之。"齐乎巽"，巽者，入也，时

当入乎夏矣,故曰巽。巽,东南也,言万物之洁齐也。盖震、巽皆属木之卦也。离者,丽也,故"相见乎离"。坤者,地也,土也。南方之火生土方能生金,故坤、艮之土,界木、火于东南,界金、水于西北。土居乎中,寄旺于四季,万物之所以致养也,所以成终成始也。坤,顺也,安得"不致役"故言"致役乎坤"。兑,说也,万物于此而成,所以"说"也。乾,健也,刚健之物,必多争战,故阴阳相薄而战。坎,陷也。凡物升于上者必安逸,陷于下者必劳苦,故劳乎坎。艮,止也,一年之气于冬终止,而又交春矣。盖孔子释卦多从理上说,役字生于坤顺,战字生于乾刚,劳字生于坎陷,诸儒皆以辞害意,故愈辨愈穿凿矣。八卦所属:

坎　一者,水之生数也;六者,水之成数也.坎居于子,当水生成之数,故坎属水。(《月令》春,其数八;夏,其数七;秋,其数九;冬,其数六,皆以成数言)。

离　二者,火之生数也;七者,火之成数也。离居于午,当火生成之数,故离属火。

震巽　三者,木之生数也;八者,木之成数也。震居东,巽居东南之间,当天三地八之数,故震、巽属木。

兑乾　四者,金之生数也;九者,金之成数也。兑居西,乾居西北之间,当地四天九之数,故兑、乾属金。

艮坤　五者,土之生数也;十者,土之成数也。艮、坤居东北西南四方之间,当天地五十之中数,故艮、坤属土。

何以天一生水,地二生火,天三生木,地四生金,此皆从卦上来。天地二字,即阴阳二字。盖一阳一阴,皆生于子午坎离之中。阳则明,阴则浊。试以照物验之,阳明居坎之中,阴浊在外,故水能照物于内,而不能照物于外。阳明在离之外,阴浊在内,故火能照物于外,而不能照物于内。观此,则阴阳生于坎、离端的矣。坎卦一阳居其中,即一阳生于子也,故为天一生水。及水之盛,必生木矣,故天三又生木。离卦一阴居其中,即一阴生于午也,故为地二生火。及火之盛,必生土而生金矣,故地四又生金。从坎至艮,至震、巽,乃自北而东,子、丑、寅、卯、辰、巳也,属阳,皆天之生。至巳,则天之阳极矣,故至午而生阴。从离至坤,至兑、乾,乃自南而西,午、未、申、酉、戌、亥也,属阴,皆地之生。至亥,则地之阴极矣,故至子而生阳。艮居东北之间,故属天生;坤居西南之间,故属地生。

(十五)一年气象图

解说：

万古之人事，一年之气象也。春作夏长，秋收冬藏，一年不过如此。自盘古至尧舜，风俗人事，以渐而长，盖春作夏长也，自尧舜以后，风俗人事，以渐而消，盖秋收冬藏也，此之谓大混沌。然其中有小混沌，以人身血气譬之，盘古至尧舜如初生时到四十岁，自尧舜以后，如四十到百年。此已前乃总论也。若以消息论之，大消中，其中又有小息；大息中，其中又有小消；小息中又有小消；小消中，又有小息，故以大、小混沌言之。

何以大消中又有小息，且以生圣人论。尧舜以后，乃大消矣。至周末，又生孔子，乃小息也。所以禄位名寿，通不如尧舜。

（十六）一日气象图（大混沌）

解说：

万古之始终者，一日之气象也。一日有昼，有夜，有明，有暗。万古天地，即如昼夜。做大丈夫，把万古看做昼夜，此襟怀就海阔天空，只想做圣贤出世，而功名富贵，即以尘视之矣。

（十七）天地形象图

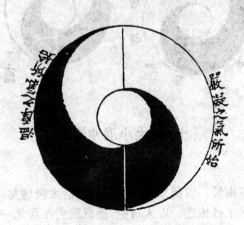

解说：

　　天地形象，虽非如此，然西北山高，东南多水，亦有此意。天地戌亥之交，其形体未曾败坏。在此图看出，以气机未尝息也。

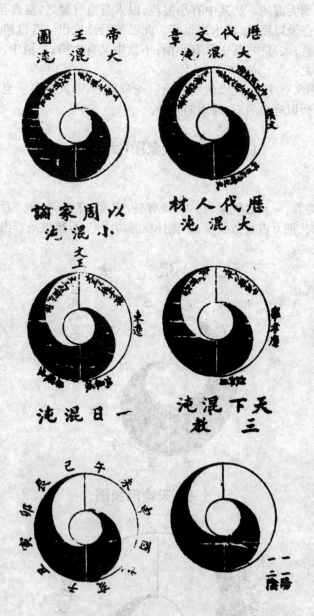

（十八）大小混沌诸图

解说：

　　天地唯西北高，东南低。以风水论，是右边白虎，太极盛矣。是以历代帝王，长子不传天下，通是二房子孙传之。以人材论，圣贤通生在西北一边，以山高耸秀，出

于天外故也。以财赋论,通在东南,以水聚湖海故也。以中原独论,泰山在中原独高,所以生孔子。旧时去游岱岳,一日路上,见一山耸秀,问路边人,答曰:此王府陵也。次日行到孟庙在其下,始知生孟子者,此山也。以炎凉论,天地严凝之气,始于西南,盛于西北;天地温厚之气,始于东北,而盛于东南。严凝之气,其气凉,故多生圣贤。温厚之气,其气炎,故多生富贵。以情性论,西北人多直实,多刚多蠢,下得死心,所以圣贤多也。东南人多尖秀,多柔多巧,下不得死心,所以圣贤少也。

人事与天地炎凉气候相同,冬寒之极者,春生必盛;夏热之极者,秋风必凄;雨之久者,必有久晴;晴之久者,必有久雨,故有大权者,必有大祸;多藏者,必有厚亡。知此,则就可以居易俟命,不怨天尤人。

(十九)马图、龟书图

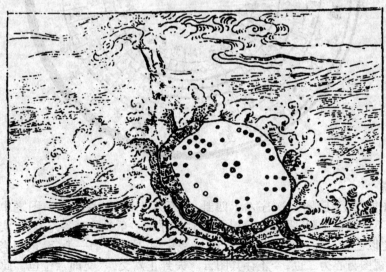

（二十）太极河图

解说：

虽曰一、六在下，二、七在上，其实皆阳上而阴下；虽曰三、八在左，四、九在右，其实皆阴左而阳右；虽曰以五生数统五成数，其实皆生数在内，而成数在外；虽曰阴阳皆自内达外，其实阳奇一、三、七、九，阴偶二、四、六、八，皆自微而渐盛，彼欲分裂某几点置之某处，而更乱之，盖即此"太极河图"观之哉！但阴阳左右，虽旋转无定在也。而拘拘执"河图"虚中，五、十无位之说，是又不知阴阳合于中心，而土本天地之中气也。

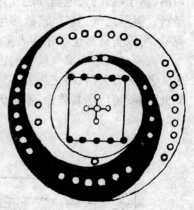

（二十一）太极六十四卦图

解说：

此图即"先天圆图"，次序六十四卦，三百八十四爻，秩然于一图之中。阳在左，而上下皆阳包乎阴；阴在右，而上下皆阴包乎阳。虽卦位稍参差不齐，实于卦爻未尝与之以己意。陈剩夫曾以此图上之。宪宗朝，原图下有一心字，以圈当中心一点，未免视图与心为二也，今止存其图云。夫卦止六爻，六爻即六位也。此图参差错综。虽曰连其虚位，不免七其数矣。似与旧图不合。然以"七日来复"之义揆之,亦与易道不相妨也。是故乾,纯阳也;坤,纯阴也,而阴阳皆以微至著,其机实始于姤、复之间。自一阳以渐至纯阳,自一阴以渐至纯阴,非一朝一夕之故也。试自阳仪观之,复本一阳在下,颐则二阳,而阳尚上,屯之二阳进而在五。盖虽三阳,五、上相连,震则阳进而在四矣。由此渐进为大壮,为夬,为纯阳之乾。而阴仪由姤渐进至坤,亦如之。是造化固不由积累而成,而详玩此图,谓其无渐次不可也。

(二十二)河图天地交图、洛书日月交图

解说:

　　天地交则泰矣,易即严"艰贞"于九三;日月交则既济矣,易即谨"衣袽"于六四。君子因图书而致慎于交也,深矣哉。若夫统观"河图"除中五十,则外数三十,径一围三故圆,谓图为天之象可也。统观"洛书",除中五数,则外数四十,径一围四故方,谓书为地之象亦可也。"图"之数五十有五,其数奇而盈也,非日之象乎?"书"之数四十有五,其数偶而乏也,非月之象乎?潜神"图""书"者,可无反身之功

哉! 盖天、地、日、月之交,即吾人性命之理,姤、复之机也。果能以此洗心退藏于密,天地交而一阳含于六阴之中,日月交而一贞完其纯阳之体,则天地合德,日月合明,化生克之神妙,不在"图""书"而在我矣。否则,"图""书"固不当互相牵扯,而"图"自"图","书"自"书",亦方圆奇偶之象数耳。于穷理尽性致命之学何与哉!

(二十三)河洛阴阳生成纯杂图

解说:

　　二太位于西北、东南生成金、水,故金、水之精华潜于内而生生无穷,纯阳纯阴故也。

　　二少位于东南而生成木、火,故木、火之精华露于外而有息,阴阳之杂故也。

二太位于西北而生成金、水,故金、水之精华潜于内而生生无穷,纯阳纯阴故也。

二少位于东北、西南生成木、火,故木、火之精华露于外而有息,阴阳之杂故也。

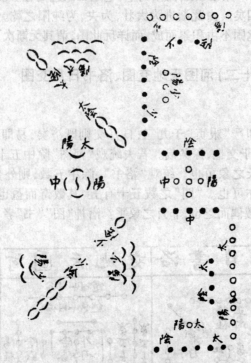

"河图"阴阳二太居西北,二少居东南,则潜于内,露于外;"洛书"阴阳二太居东南、西北、二少居东北、西南,则亦潜内露外不同。

(二十四)河图

解说:

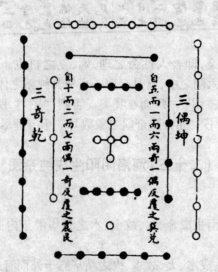

二、四入而为主,七、九环于外而从之;一、三入而为主,六、八环于外而从之。

七、九自前而生,来后为逆,阳中阴;六、八自后而生,往前为顺,阴中阳。

二在五与七之间,离;一在六与十之间,坎。

（二十五）洛书

解说:

　　纵横右斜左斜同"河图"之十,又同十五。水一火九,水始于一,火究于九。九退为七,八退为六。火金易位为相克。以南九分为二、七,以西二、七合为九。

　　一而三为进数,为发散,为木;九而七为退数,为收敛,为金。一得五成六而合九,四得五成九而合六,三得五成八而合七,二得五成七而合八。二四成六,而九居中;一八成九,而六在旁;二六成八,而七处内;三四成七,而八在下。三其九,为廿七;三其六,为十八,以成四十有五,而乾九、坤六本此。

（二十六）乾坤生六卦、六卦生六十四卦总图

坤　乾

否

三阴三阳卦。皆自否来。成十四卦。乾三为否。交而

坤　乾

遯

四阳二阴卦。皆自遯来。成五卦。乾再交而为遯。

坤　乾

姤

五阳一阴卦。皆自姤来。成九卦。乾一爻五变为姤。交而

坤　乾

复

五阴一阳卦。皆自复来。成五卦。坤一爻五变为复。交而

坤　乾

临

四阴二阳卦。皆自临来。成十四卦。坤再交而为临。

坤　乾

泰

三阳三阴卦。皆自泰来。成九卦。坤三为泰。交而

（二十七）体用一源卦图

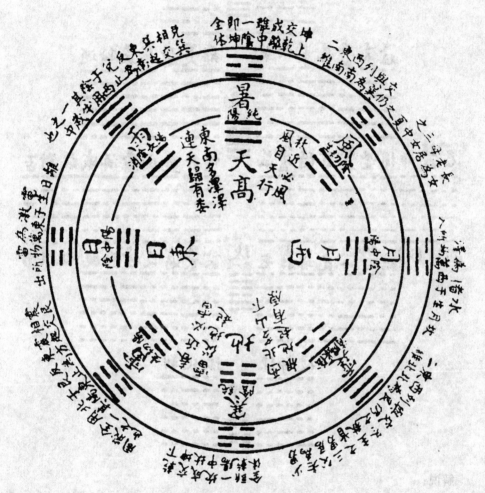

（二十八）阳生自下阴消自上全图

解说：

乾施即消，中虚为离，消尽成坤，而坎即息于坤中；坤受即息，中盈为坎，息极成乾，而离即消于坤中。

国学经典文库

（二十九）一中分造化伏羲圆图（共二图）

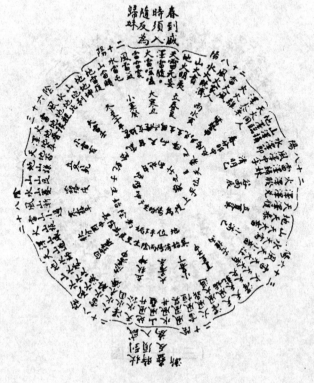

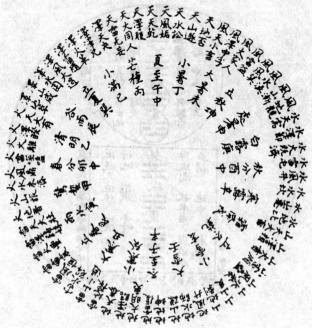

（三十）一中分造化文王圆图

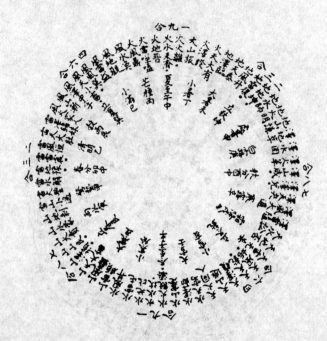

（三十一）竖图

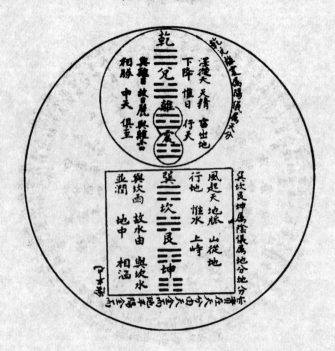

(三十二)方圆相生图

解说:

　　此古图,自陈抟时有之。方圆相生相变,本于天圆地方,在天成象,在地成形,变化见矣。变方为圆之形,方中之圆出而一分尚圆;变圆为方之形,圆中之方出,而一分尚方。

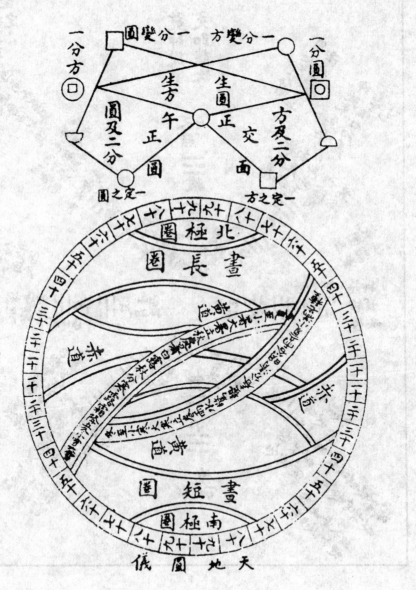

（三十三）羲文图

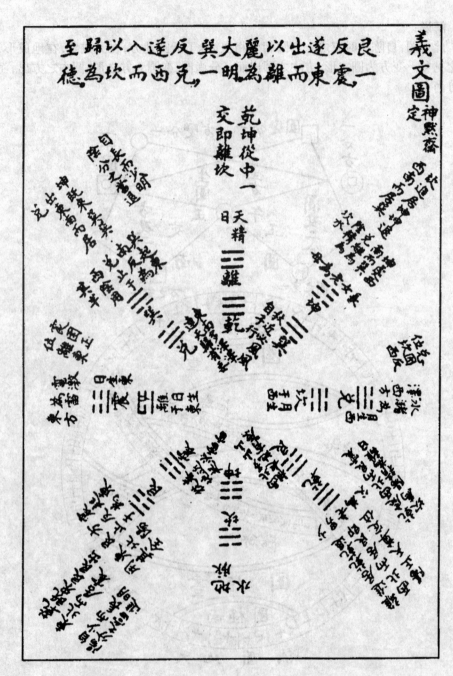

（三十四）文序先后一原图

解说：

外圆乾，内方坤。离、坎、乾、坤交之中，是为四正。震、艮、巽、兑、乾、坤交之偏，四偏皆以辅四正。就四正言，坎、离辅乾、坤者也，故乾为首正。离又辅坎者也，故坎无正中。文序六十四，以屯、蒙、需、讼、师、比始，以涣、节、中孚、小过、既济、未济终，粲然指掌矣。

（三十五）通知昼夜之图

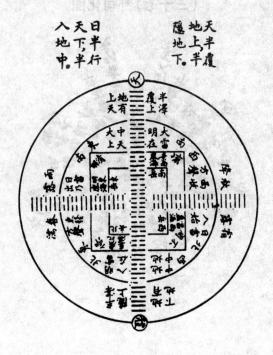

(三十六)八纯卦宫图

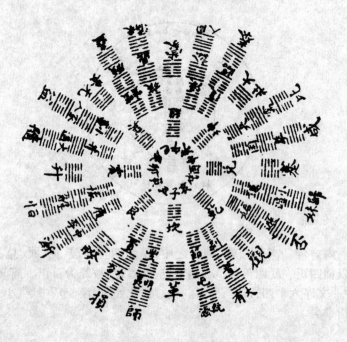

(三十七)卦司化图

（三十八）六十四卦方圆象数图

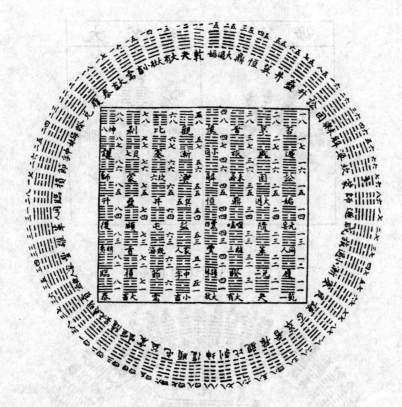

（三十九）十二卦气图

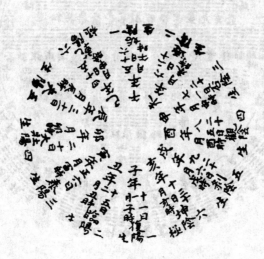

国学经典文库

（四十）大父母图、小父母图

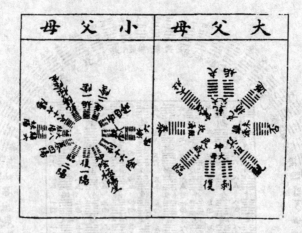

（四十一）循环内变通图

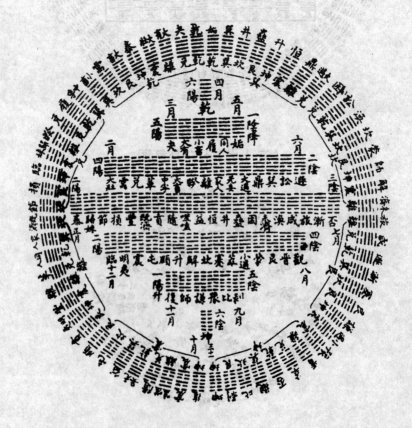

（四十二）十二卦运世图

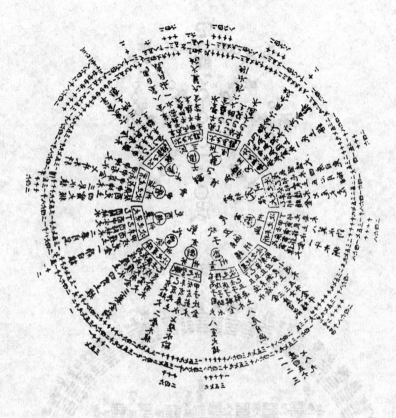

（四十三）卦配方图

（四十四）八卦分野图

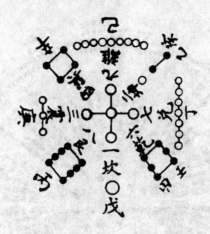

（四十五）圆倍乘方因重图

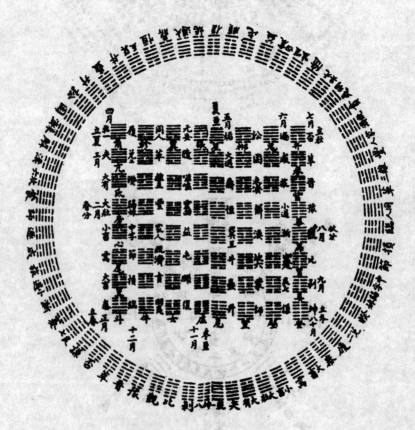

（四十六）卦纳甲图

（四十七）心易发微伏羲太极之图

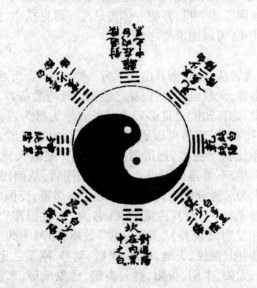

解说：

　　正南，纯阳方也，故画为乾。正北，纯阴方也，故画为坤。画离于东，象阳中有阴也。画坎于西，象阴中有阳也。东北阳生阴下，于是乎画震。西南阴生阳下，于是乎画巽。观阳长阴消，是以画兑于东南。观阴盛阳微，是以画艮于西北也。

　　此图乃伏羲氏所作也，世不显传。或谓希夷所作，虽周子亦未之见焉，乃自作"太极图"，观任道逊之诗可见矣。诗云：太极中分一气旋，两仪四象五行全。先天八卦浑沦具，万物何尝出此图。又云：造化根源文字祖，图成太极自天然。当时早见周夫子，不费钻研作正传。夫既谓八卦浑沦文字祖，则知此图为伏羲所作，而非希夷明矣。其外一圈者太极也，中外黑白者阴阳也，黑中含一点白者阴中阳也，白中含一点黑者阳中阴也。阴阳交互，动静相倚，周详活泼，妙趣自然。其圈外左方自震，一阳驯至乾之三阳，所谓起震而历离、兑，以至于乾是已。右方自巽，一阴驯至坤之三阴，所谓自巽而历坎、艮，以至于坤是已。其间四正、四隅、阴阳、纯杂，随

方布位，自有太极含阴阳，阴阳含八卦之妙，不假安排也。岂浅见近识者所能及哉！伏羲不过模写出来以示人耳。予尝究观此图，阴阳浑沦，盖有不外乎太极，而亦不附乎太极者，本先天之易也。观周子"太极图"，则阴阳显著，盖皆太极之所为，而非太极之所倚者，实后天之易也。然而先天所以包括后天之理，后天所以发明先天之妙，明乎道之浑沦，则先天天弗违，太极体立也；煌乎道之显著，则后天奉天时，太极用行矣。使徒玩诸画象，谈诸空玄，羲、周作图之意荒矣。故周子有诗云：兀坐书房万机休，日暖风和草色幽。谁道二十季远事，而今只在眼睛头。岂非以孔子所论太极者之旨，容有外于一举目之间哉！是可默识其妙，而见于性理，指要可考也。

天地间形上形下，道器攸分，非道自道，器自器也。器即道之显诸有，道即器之泯于无。虽欲二之，不可得也。是图也，将以为沦于无邪？两仪、四象、八卦，与夫万象森罗者已具在矣。抑以为滞于有邪？凡仪象卦画，与夫群分类聚，森然不可纪者，曾何形迹之可拘乎？是故天一也，无声无臭，何其隐也；成象成形，何其显也。然四时行，百物生，莫非其于穆之精神无方，易无体，不离乎象形之外。自一而万，自万而一，即此图是也。默识此图，而太极生生之妙，完具胸中，则天地之化机，圣神之治教，不事他求，而三才一贯，万物一体备是矣。可见执中，执此也；慎独，慎此也；千古之心传，传此也，可以图象忽之哉。

附：古太极图说

道必至善，而万善皆从此出，则其出为不穷。物本天然，而万物皆由此生，则其生为不测。包罗主宰者，天载也，泯然声臭之俱无。纤巧悉备者，化工也，浑乎雕刻之不作。赤子未尝学，虑言知能之良必归之。圣人绝无思为言，仁义之至必归之。盖凡有一毫人力，安排布置，皆不可以语至道，语至物也。况谓之太极，则盘天地，亘古今，瞬息微尘，悉统括于兹矣，何所庸其智力哉！是故天地之造化，其消、息、盈、虚本无方体，无穷尽，不可得而图也。不可得而图者，从而图之，将以形容造化生生之机耳。若以人为矫强分析于其间，则天地之自然者，反因之而晦矣。惟是图也，不知画于何人，起于何代，因其传流之久，名为"古太极图"焉。尝读《易·系辞》首章，若与此图相发明，《说卦》"天地定位"数章，即阐明此图者也。何也？总图即太极也，黑白即阴阳、两仪、天地、卑高、贵贱、动静、刚柔之定位也。黑白多寡，即阴阳之消长，太极、太阳、少阴、少阳，群分类聚，成象成形，寒暑往来，乾男坤女，悉于此乎见也。以卦象观之，乾、坤定位上下，坎、离并列东西，震、巽、艮、兑随阴阳之升降，而布于四隅，八卦不其毕具矣乎？然太极、两仪、四象、八卦吉凶大业，虽毕见于图中，其所以生生者，莫之见焉。其实阴阳由微至著，循环无端，即其生生之机也。太极不过阴阳之浑沦者耳。原非先有太极，而后两仪生，既有两仪而后四象、八卦生也。又岂两仪生而太极遁，四象生而两仪亡，八卦生而四象隐。两仪、四象、八卦各为一物，而别有太极宰其中，统其外哉！惟于此图潜神玩味，则造化之盈、虚、消、息、隐然成象，效法皆可意会，何必别立图以生之，又何必别立名象以分析之。此之谓至道而不可离，此之谓至物而物格知至也。若云孔子以前无"太极图"，而"先天图"画于伏羲，"后天图"改于文王，考之易皆无据。今尽阙之可矣。虽然，乾坤之易简，久大之德业，即于此乎在。而虞廷执中，孔门一贯，此外无余蕴也。但按图索骥，则又非古人画象垂训之意矣。故曰：神而明之，存乎其人。默而成之，不言而信，存乎德行。

　　"古太极图"，圣人发泄造化之秘，示人反身以完全，此太极也。是极也，在天地匪巨，人身匪细，古今匪遥，呼吸匪暂也。本无象形，本无声臭，圣人不得已而画之图焉。阴、阳、刚、柔、翕、辟、摩、荡，凡两仪、四象、八卦，皆于此乎具，而吉凶之大业生焉，即所谓一阴一阳之道，生生之易，阴阳不测之神也。惟于此图反求之身，而洞彻无疑焉。则知吾身即天地，而上下同流，万物一体，皆吾身所固有，而非由外铄我者。然而有根源焉，培其根则枝叶自茂，浚其源则流派自长。细玩图象，由微至著，浑然无穷，即易所谓"乾元资始，乃统天"是也。何也？分阴分阳，而阴即阳之翕也。纯阴纯阳，而纯阳即一阳之积也。一阳起于下者虽甚微，而天地生生变通莫测，悉由此以根源之耳。况以此观之"河""洛"则知"河图"一、六居下，"洛书"戴九履一，其位数生克不齐，而一之起于下者，盖有二哉！以此观之，易六十四卦始于乾。而乾初九"潜龙勿用"，谓阳在下也。"先天圆图"起于复者此也。"横图"复起于中者此也，"方图"震起于中者此也，"后天图"帝出乎震者亦此也。诸卦爻图象不同，莫非其变化，特其要，在反身以握乎统天之元于以完全造化，与天地同悠久也。是故天地之所以为天者此也，故曰"乾以易知"。地之所以为地者此也，故曰"坤以简能"。人之所为人者此也，故曰"易简理得"，而"成位乎其中"。否则天地几乎毁矣，况于人乎。信乎人一小天地，而天、地、人统同一太极也。以语其博，则尽乎造化之运；以语其约，则握乎造化之枢，惟"太极图"为然。故揭此以冠之图书编云。

清·李光地《周易折中》

(一) 河图阳动阴静图

(二) 河图阳静阴动图

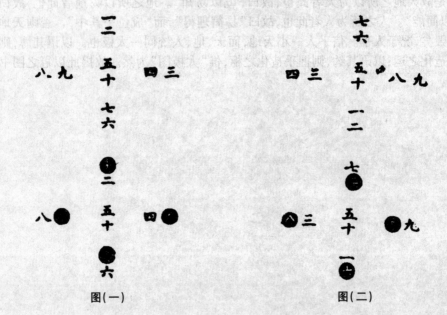

图(一)　　　　　图(二)

（三）洛书阳动阴静图

（四）洛书阳静阴动图

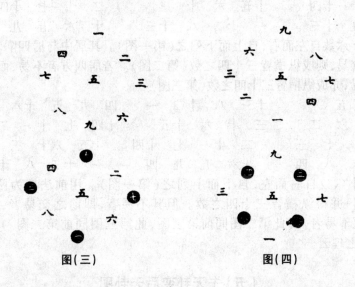

图（三）　　　　　　　　　　图（四）

解说（一至四诸图并说）：

《大传》言"河图"，曰一、二，曰三、四，曰五、六，曰七、八，曰九、十，则是以两相从也。《大戴礼》言"洛书"，曰二、九、四，曰七、五、三，曰六、一、八，则是以三相从也。是故原"河图"之初，则有一便有二，有三便有四，至五而居中；有六便有七，有八便有九，至十而又居中。顺而布之，以成五位者也。原"洛书"之初，则有一、二、三，便有四、五、六，有四、五、六，便有七、八、九，层而列之，以成四方者也。若以阳动阴静而论，则数起于上，故"河图"之一、二本在上也，三、四本在右也，六、七本在下也，八、九本在左也；"洛书"之一、二、三、四、五、六、七、八、九本自上而下也。于是阳数动而交易，阴数静而不迁，则成"河图""洛书"之位矣。如以阳静阴动而论，则数起于下，故"河图"之一、二本在下也，三、四本在左也，六、七本在上也，八、九本在右也；"洛书"之一、二、三、四、五、六、七、八、九本自下而上也。于是阳数静而不迁，阴数动而交易，则又成"河图""洛书"之位矣。盖其以两相从者，如有天，则有地也；有君，则有臣也；有夫，则有妇也。以三相从者，如有天地，则有人也；有君臣，则有民也；有父母，则有子也。阳动阴静者，如乾君而坤藏也，君令而臣从也，夫行而妇顺也。自上而下，以用而言者也。阳静阴动者，如乾主而坤役也，君逸而臣劳也，父安居而妻子勤职也。自内而外，以体而言者也。同本相从，以成合一之功；动静相资，以播生成之化，造化人事之妙，穷于此矣。先后天图象之精蕴，莫不于此乎出也。

自"洛书"以三三积数为数之原，而自四以下皆以为法焉。何则？三者，天数也，故其象圆，如前图居四方与居四隅者，或动或静，（居中者一定不易。）而各成纵横皆十五之数矣。四者，地数也，故其象方，如后图居中居四隅与居四方者，或动或静,亦各成纵横皆三十四之数矣。自五五以下,皆以三三图为根,自六六以下,皆以四四图为根,而四四图又实以三三图为根,故"洛书"为数之原,不易之论也。今附四四图如左,以相证明,其余具数学中,不悉载。

四	八	十二	十六		四	九	五	十六		十三	八	十二	
三	七	十一	十五		十	十四	七	十一		二	三	十	六	十五
二	六	十	十四		十五	六	十	三		二	十一	七	十四
一	五	九	十三		一	十二	八	十三		十	六	五	九	四

此以十六数自左而右,自上而下列之(第一图)。其居中与居四隅者不易,而居四方者交易,则成纵横皆三十四之数(第二图)。若居四方者不易,而居中与居四隅者交易,亦成纵横皆三十四之数(第三图)。

十三	九	五	一		十三	八	十二	一		四	九	五	十六
十四	十	六	二		三	十	六	十五		十四	七	十一	二
十五	十一	七	三		二	十一	七	十四		十五	六	十	三
十六	十二	八	四		十六	五	九	四		一	十二	八	十三

此以十六数自右而左,自下而上列之(第一图)。用前法变为两图(第二图,第三图)并得纵横皆三十四之数。但其不易者,即前之交易者,而其交易者,即前之不易者。(此第二图同前第三图,此第三图同前第二图。)盖亦阴阳互为动静之理云。

(五)先天卦变后天卦图

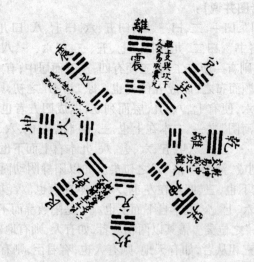

解说:

此图先天凡四变而为后天也。盖火之体阴也,其用则阳,而天用之,故乾中画与坤交,而变为离。水之体阳也,其用则阴,而地用之,故坤中画与乾交,而变为坎。火在地中,阴气自上压之而奋出,则雷之动也,故离上画与坎交,而变为震。水聚地上,阳气自下敷之而滋润,则泽之说也,故坎下画与离交,而变为兑。阳感于阴,则山出云,是山者,雷与泽之上下相感者也,故震以上下画与兑交,而变为艮。阴感于阳,而水生风,是风者,泽与雷之上下相感者也,故兑以上下画与震交,而变为巽。

风本天气也,因与山交而入其下,则下与地接,故巽以上二爻与艮下二爻交,而变为坤。山本地质也,因与风交而出其上,则上与天接,故艮以下二爻与巽上二爻交,而变为乾。或曰:此于经书有征乎? 曰:在易天与火同人,是天以火为用也。水与地比,是地以水为用也。离为火,亦为电,《易》曰"雷电合而章",又曰"雷电皆至",是雷与火一气也,泽有水则为节,泽无水则为困,是泽与水一物也。《周礼》云:日西则多阴。盖西方积山,故多云雷,今之近嶂者皆然也。又云:日东则多风。盖东方积泽,故多风飔,今之滨海者皆然也。庄周云:大块噫气,其名为风,是风与地气相接也。《礼》:登山以祭,升中于天,是山与天气相接也。夫天地水火者,一阴一阳而已。其情则交易而相通,其体则变易而无定,故先天交变以成后天,莫不各得其位,而妙其化,各从其类,而归其根也,岂偶然哉!

(六)先天卦配河图之象图

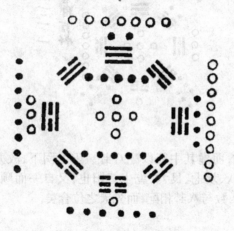

解说:

图之左方阳内阴外,即先天之震、离、兑、乾,阳长而阴消也。其右方阴内阳外,即先天之巽、坎、艮、坤,阴长而阳消也。盖所以象二气之交运也。

(七)后天卦配河图之象图

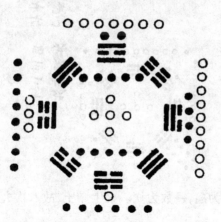

国学经典文库

解说：

图之一、六为水，居北，即后天之坎位也；三、八为木，居东，即后天震、巽之位也；二、七为火，居南，即后天之离位也；四、九为金，居西，即后天兑、乾之位也；五、十为土，居中，即后天之坤、艮。周流四季，而偏旺于丑、未之交也。盖所以象五行之顺布也。

（八）先天卦配洛书之数图

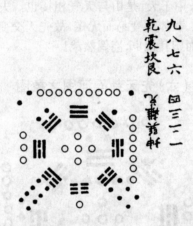

解说：

直列"洛书"九数，而虚其中五以配八卦。阳上阴下，故九数为乾，一数为坤，因自九而逆数之，震八、坎七、艮六，乾生三阳也；又自一而顺数之，巽二、离三、兑四，坤生三阴也。以八数与八卦相配，而先天之位合矣。

（九）后天卦配洛书之数图

解说：

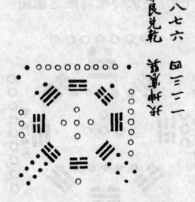

火上水下，故九数为离，一数为坎。火生燥土，故八次九而为艮；燥土生金，故

七、六次八而为兑,为乾;水生湿土,故二次一而为坤;湿土生木,故三、四次二而为震,为巽。以八数与八卦相配,而后天之位合矣。

"洛书"之左边,本一、二、三、四也;其右边本九、八、七、六也。然阴阳之道,丑未之位必交。"洛书"之二与八,正东北、西南之维,丑未之位,此其所以互易也。以此类之,则"先天图"之左方坤、巽、离、兑,其右方乾、震、坎、艮,以震、巽互而成先天也。"后天图"之左方坎、坤、震、巽,其右方离、艮、兑、乾,以艮、坤互而成后天也。

据先儒说,图、书出有先后,又或谓并出于伏羲之世,然皆不必深辨,先圣、后圣其揆一也。况天地之理虽更万年,岂不合契哉!"洛书"晚出,而其理不妨已具于"河图"之中,是故以易象推配,亦无往而不合也。

清·江永《河洛精蕴》

（一）河图　　　　　（二）洛书

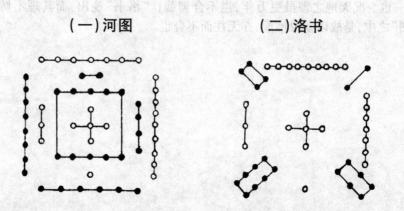

解说（一、二两图并说）：

按：刘歆云："河图""洛书"，相为经纬；八卦、九章，相为表里，此言似有见。以"河图"言之，火南水北，木东金西，合四方之正位，似为经，而"洛书"为纬。以"洛书"言之，奇数居四正，偶数居四隅，似为经，而"河图"为纬。以八卦言之，天地、水火、雷风、山泽，各居其方，似为表，而数为里。以"洛书"言之，生数成数，阴阳配偶，各得其位，似为表，而卦为里。然其所以相为经纬、表里者，恐歆亦未能明言。图书卦画，所以交关者，其交奥未发也。况以九章为"九畴"，八卦、"九畴"，有何交涉乎？

元魏太和时，关朗子明述其六代祖渊有《洞极真经》，其叙本论，云："河图"之文，七前六后，八左九右，是故全七之三以为离，奇以为巽，全八之三以为震，奇以为艮；全六之三以为坎，奇以为乾；全九之三以为兑，奇以为坤。正者全其位，隅者尽其画，四象生八卦，其是之谓乎？按昔人不知有先天八卦，故惟以后天八卦言之。其比附"河图"，牵强补凑，非自然之理也。

（三）圣人则河图画卦图

（四）圣人则洛书列卦图

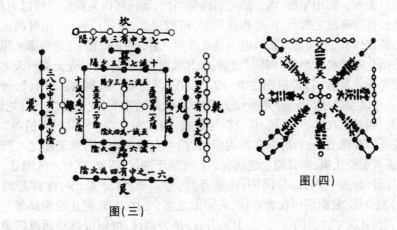

图（三）

图（四）

乾为父得九　　　坤为母得一
震长男得八　　　巽长女得二
坎中男得七　　　离中女得三
艮少男得六　　　兑少女得四

疏解：

此洛书配选天八卦图也。其所配为：乾九、震八、坎七、艮六、坤一、巽二、离三、兑四。则一、二、三、四位为阴卦，六、七、八、九位为阳卦。风水术"金锁玉关"（即过路阴阳）有一、二、三、四位为沙则吉，为水则凶，六、七、八、九位为水则吉，为沙则凶。此乃因先天为阴阳未交之时也，阴阳未交，故无生机而凶；阴阳一交，则阴卦位变阳为沙，阳卦位变阴为水，则生机现而吉生焉，又，对人而言，环境为影响人之吉凶的先天因素（先天成象也），故风水环境以先天卦配之，而人事则为风水环境影响之结果（后天成形也），故以后天卦断之。

解说：（图四）

《易》曰：河出图，洛出书，圣人则之。今幸有河洛二图传于世，朱子《易本义》取之以冠篇端，又作《启蒙》以发明之，可谓万世之幸矣。相传"河图"出于伏羲之世。则圣人之作《易》也，必于"河图"为最先。易卦之作，所谓"易有太极，是生两仪，两仪生四象，四象生八卦"者也。夫图以点，而卦以画，图数有十，而卦止八，二者甚不相侔，何以言则？既曰"则之"，则必有确然不易之理数，与之妙合无间，后然可谓则图作《易》。今以卦之方位，视图之方位，若方底而圆盖，圆凿而方柄，龃龉不能相入，若曰则之以意，不在形迹，则虚遁之辞也。若但以虚位比拟，可彼可此，牵强纽合，可东可西，则亦不见圣人之神智矣。扬子云作《太玄》拟《易》，朱子讥其零星凑合，曾谓圣人则图作易，亦同于比拟纽合者耶？《启蒙》之论则"河图"也，曰：析四方之合，以为乾、坤、离、坎，补四隅之空，以为兑、震、艮、巽。又曰：乾、坤、离、坎居四实，兑、震、艮、巽居四虚,后学思之,甚可疑焉。夫谓析四方之合,以为乾、坤、离、坎,而居四实也,未知其用内一层之生数,抑用外一层之成数乎？如用生数,则一似可为坤,而二何以为乾？三似可为离,而四何以为坎？如用成数,则六似可为坤,而七何以为乾？八何以为离？九何以为兑？其谓补四隅之空,以为兑、震、艮、巽,而居四虚也,未知其用成数补,抑用生数补乎？如用成数,则六似可居西北当艮,而七何以为兑？八似可居东北当震,而九何以为巽？如用生数,则二似可居西南当巽,而一何以为震？三何以为兑？四何以为艮？皆非确然之理数,正是虚位比拟,可彼可此,牵强纽合,可东可西,恐圣人会心于图象以作易,不如是其肤浅也。且八方当八卦,而中间五十,竟置诸无用之地,则亦不见造化之妙矣。愚谓"河图"之数,水北火南,木东金西,乃先天涵后天之位,而其所以成先天八卦者,乃是析图之九、四、三、八,以当乾、兑、离、震之阳仪,分图之二、七、六、一,以当巽、坎、艮、坤之阴仪。序列既定,然后中判,规而圆之,乾、兑、离、震居左,则九、四、三、八亦居左,巽、坎、艮、坤居右,则二、七、六、一亦居右,适与"洛书"八方相符焉。此图书卦画,所以有相为经纬、相为表里之妙。若欲于图之八数,求卦之方位,必有虚位比拟,牵强纽合之病矣。且先儒于两仪、四象,亦有未的确处。《本义》云:两仪者,始为一画,以分阴阳;四象者,次为二画,以分太、少,此言卦画则确矣。《启蒙》配合图书,则谓两仪者奇偶,夫阴阳之道,变化无方,岂止论奇偶哉？如聚一、三、五、七、九居左,二、四、六、八、十居右,以是为两仪,将何以自然而成四象,分八卦乎？以图、书观之,阴阳之类有三:一以奇偶分阴阳,天数五,地数五是也。一以生数成数分阴阳,一、二、三、四,其卦为坤、巽、离、兑,六、七、八、九,其卦为艮、坎、震、乾是也。一以纵横分阴阳,九、四、三、八,横列者为阳,其卦为乾、兑、离、震,二、七、六、一,纵列者为阴,其卦为巽、坎、艮、坤是也。圣人则图画卦,却是以纵横分阴阳为主,其为"横图",则横列者在前,纵列者在后;为"圆图",则横列者居左,纵列者居右,是谓两仪,即乾、兑、离、震之下一画为阳,巽、坎、艮、坤之下一画为阴是也。方其生八卦,则一仪分为四;方其生四象,则一仪分为二;方其生两仪,则止有二画,则乾、兑、离、震之下一画,岂不可连为一阳？巽、坎、艮、坤之下一画,岂不可连为一阴乎？不但八卦如此,六十四卦亦然。左边三十二卦之下一画,可连为一阳;右边三十二卦之下一画,可连为一阴也。然则以奇偶分两仪,当就卦画言之。虽成卦在后,而成卦之理在先,数亦在先。若图书数之奇偶,则与卦画奇偶大不同。乾、坤、离、坎居四正,当奇;兑、震、艮、巽居四隅,当偶,此又别是一理。四正卦不可反覆,四隅卦可反覆也。而坤、离以阴而居阳,震、艮以阳而居阴,若两仪之卦,兑、离阴也,而居阳;坎、艮阳也,而居阴,何其纷错如此？盖先儒未分析阴阳之类有不同,又未有言横列为阳,纵列为阴者,是以两仪无的确之论,而图书卦画不能相通,遂由此始也。至于四象,朱子谓其位则太阳一,少阴二,少阳三,太阴四,其数则太阳九,少阴八,少阳七,太阴六。分位与数为二。愚谓九、八、七、六者,由揲蓍得之,其实以一、二、三、四为根,其象则以两画相重,分奇偶者为正,先儒以九、八、七、六为数之实,而一、二、三、四第为次序之位,愚则谓九、八、七、六固为数之实,一、二、三、四亦是数之实。盖一、二、三、四,由中宫之五十而生,隐藏于西方八数之中,隐藏者其体,见出者其用,非即以图之一、二、三、四为四象之位也。太阳居一,藏于四方之九、四,九减十为一,四减五为一,九为太阳,而四亦为太阳。少阳居二,藏于东方之三、八,八减十为二,三减五为二,八为少阴,而三亦为少阴。少阳居三,藏于南方之二、七,七减十为三,二减五为三,七为少阳,而二亦为少阳。太阴居四,藏于北方之六、一,六减十为四,一减五为四,六为太阴。而一亦为太阴。伏羲画卦,变图之圆点以为横画,先画一奇以象阳,则西东九、四、三、八之横数在其中矣。次画一偶以象阴,则南北二、七、六、一之纵数在其中矣。奇上加奇以象太阳,则九、四在其中矣。奇上加偶以象少阴,则三、八在其中矣。偶上加奇以象少阳,则二、七在其中矣。偶上加偶以象太阴,则六、一在其中矣。又于太阳之上加一奇,纯阳也,九为成数之最多当之,命之曰乾。太阳之上加一偶,以偶为主,阴卦也,四为生数之最多当之,命之曰兑。少阴之上加一奇,以中画之偶为主,阴卦也,三为生数之次多当之,命之曰离。少阳之上加一偶,以下画之阳为主,阳卦也,八为成数之次多当之,命之曰震,是为阳仪之四卦,以其下画皆阳也。少阳之上加一奇,以下画之偶为主,阴卦也,二为生数之次少当之,命之曰巽。少阳之上加一偶,以中画之阳为主,阳卦也,七为成数之次少当之,命之曰坎。太阴之上加一奇,以奇为主,阳卦也,六为成数之最少当之,命之曰艮。太阴之上加一偶,纯阴也,一为生数之最少当之,命之曰坤。是为阴仪之四卦,以其下画皆阴也。八卦横列,一乾,二兑,三离,四震,五巽,六坎,七艮,八坤,其数之实,则为九乾,四兑,三离,八震,二巽,七坎,六艮,一坤。乾、坤首尾,以九、一对。其次兑、艮,以四、六对。其次离、坎,以三、七对。其中震、巽,以八、二对。圣人则"河图"画卦者本如此。在卦画则一分为二,二分为四,四分为八者,出于自然。在图数则九、四相合为太阳,三、八相合为少阴,二、七相合为少阳,六一相合为太阴,亦出于自然。是以天启其心,变点为画,自有若合符节之妙。及"横图"既成,中判为二,规而圆之,以象天地之奠定,气化之运行,则阳仪居左,为乾、兑、离、震;阴仪居右,为巽、坎、艮、坤。以八类象之,天地对于上下,水火对于西东,雷风对于东北、西南,山泽对于西北、东南,以成天地之体象。若以数观之,乾父、坤母当九、一,震长男、巽长女当八、二,坎中男、离中女当七、三,艮少男、兑少女当六、四,数与卦自相配。而"洛书"八方之位,正与先天八卦相符,故今分为两图。一为则"河图"以画卦,一为则"洛书"以列卦,而画卦之序,即附于"河图"之下,列卦之位。即见于"洛书"之中。昔也离之,今也合之;昔也图不能与书通,卦不能与数合,今则有绳贯丝联、操券符契之妙,是为河、洛之精义,先儒欲发明之,而未昭晰者,不可不为之补苴而张皇也。

"河图"四象,藏于四方,理未易明,变点为线以明之。

(五)线河图(借天干之字作记号,非有意义也)

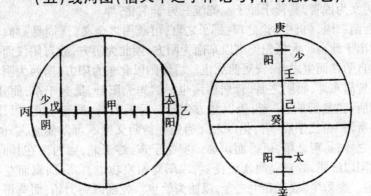

（图一　横列太阳少阴图）　　（图二　纵列少阳太阴图）

解说：

圈象太极，乙丙全径为十，乙甲半径为五。西方截出乙丁，为太阳一。丁丙为九，丁甲为四，九、四皆生于太阳。九为乾，四为兑，乾、兑下二画皆太阳。东方截出戊丙，为少阴二。戊甲为三，戊乙为八，三、八皆生于少阴。三为离，八为震，离、震下二画皆少阴。庚辛全径为十，庚己半径为五。南方截出庚壬，为少阳三。壬己为二，壬辛为七，二、七皆生于少阳。二为巽，七为坎，巽坎下二画皆少阳。北方截出癸辛，为太阴四，癸庚为六，癸己为一，六、一皆生于太阴。六为艮，一为坤，艮、坤下二画皆太阴。

伏羲则"河图"画卦，原是变点为线，今欲明四象藏于四方，惟平圆中作分线，则其理易明。以虚圈象太极，周子所谓无极而太极也。朱子《启蒙》亦如之。凡圆必有心，心必当圆之半，则全径岂不为十，半径岂不为五乎？《启蒙》云："河图"之虚五与十者，太极也。以今观之，五、十即太极之体。虚其中，即是实其中。盖四象由五、十而生，非能离五、十而别有四象。"河图"见出用数以示人，其体数之中藏者，人不觉耳。旧说一、二、三、四为四象之位，六、七、八、九为四象之数，二老位于西北，二少位于东南，其数则各以其类交错于外，判位与数为二途，则同类者不同方，推之卦画，必不能相符矣。此线"河图"所为作也。

（六）后天八卦图

解说：

《易》曰：帝出乎震，齐乎巽，相见乎离，致役乎兑，战乎乾，劳乎坎，成言乎艮。按：此似是古经之言，夫子述之，下文解说之也。古人圣人，心通造化，变易伏羲之八卦，别为方位，其理精深，其义广大，天道地道人道，无所不包。书不尽言，言不尽意，即古经之言，岂足以尽此图之义哉？夫子即其言解说之，或言方，或言时，或言德，或言象，互文见义，各举一隅，以待后人之引伸触长耳，岂谓此图之义，尽于所解说哉！故后儒不妨各随所见为说也。其以乾坤男女为说者，莫善于邵子。乾统三男于东北，坤

统三女于西南二语，《折中》论之曰：邵子之言，可蔽图之全义。《周易》坤、蹇、解诸卦象辞，皆出于此也。大抵先天则以东南为阳方，西北为阴方，故自阳仪而生之卦，皆居东南，自阴仪而生之卦，皆居西北也。后天则以北东为阳方，南西为阴方，故凡属阳之卦，皆居东北，属阴之卦，皆居西南也。然先天阳卦，虽起于东，而其重之以叙卦气，则所谓"复天地心"者，仍以北方为始。后天阳卦，虽起于北，而其播之以合岁序，则所谓"帝出乎震"者，仍以东北为先。盖两义原不可以偏废，必也参而互之，则造化之妙，易理之精，可得而识矣。岁始于东，终于北，而西南在其间。后天图意，主化阳以统阴，故自震而坎而艮者，以阳终始岁功也，自巽而离而兑者，以阴佐阳于中也。震阳生，故直春生之令，以始为始也。乾则以终为始，而莫得其端，乃《传》所谓"大始"者也，所谓"不可为首"者也。兑阴成，故毕西成之事，阴功之终

也。坤则致役以终事，而不居其成，乃《传》所谓"作成"者也，所谓"无成而代有终"者也。故阳居终始，而阴在中间，乃天地万物之至理。谨按：此一条发明图意，周详精密，先儒所未及。此言阳居终始，与《传》言艮终始万物若不合，何也？此通四阳卦言之，故以乾为终始，《传》谓冬之终，春之始，故以艮为终始也。又按：先儒以乾位西北，坤位西南，乾、坤任六子，自处无为不用之地。程子尝辩之曰：此说大故无义理。雷、风、山、泽之类，便是天地之用，如人身之有耳、目、手、足，便是人之用，岂可谓手、足、耳、目皆用，而身无为乎？《折中》亦曰：先儒有乾、坤不用之说，考以孔子之言，则坤曰"致役"，曰"致养"，其为用莫大于是。至于乾曰"战"，则又所以著刚健之体，有以克胜群阴，而主宰天命，八卦之用，皆其用也，夫岂不用也哉！谨按：先儒所以有乾、坤不用之说者，谓居四正之位为用事，四隅之位为不用，西北、西南阴方，尤为不用，如父母既老，退居不用之地也。此先儒立言，诚不能无病。夫方位之有正有隅，犹四时之有孟、仲、季也，岂必四仲之月始为用事耶？坤之居西南也，当夏秋之间，乾之居西北也，当秋冬之间，岂此时无所事事耶？阴阳五行更王更衰，当时者进，成功者退，则有之，非不用之谓也。不用则如人之手足，有不仁之病矣。即以一家言之，父母既老，男女任事者有之，然家事统于尊，仍以父母为主。非父母既老，即为休废之人也。且乾、坤无老时，亦不可以人之老为喻。又谓下章历举六子，不数乾、坤，以此为乾、坤不用亦非也。下章言神也者，妙万物而为言者也。所谓神者，正指乾、坤；妙万物者，言其主宰之功。神妙不测，六子之用，皆其用也，岂不用之谓哉！说此章者，夹谏郑氏之言为无病，郑氏曰：乾居西北，父道也，父道尊严，严凝之气，盛于西北。西北者，万物成就之方也。坤居西南，母道也，母道在养育万物，万物之生盛于西南。西南者，万物长养之方也。坎、艮、震方位次于乾者，乾统三男也。巽、离、兑方位夹乎坤者，坤统三女也。西北盛阴用事，而阴气盛矣。非至健莫能与争，故阴阳相薄，曰战乎乾，而乾位焉，战胜，则阳气起矣。

　　说易者，每谓易不言五行，以五行言易者，非易本旨。然人不知八象与五行相通之理耳，知其理，则言八象，即是言五行。且八象亦有时而变通，坎，水也，而亦言云，则知水与云一类也。离，火也，而亦言日言电，则知火与日与电一类也。坤之为地，艮之为山，其为土不待言也。巽本为风，而亦为木，是风与木同气，故医家曰：厥阴风木，然则震为雷，雷亦是木，雷化物之木也。雷动则龙随之，鳞虫属东方，苍龙为东方之宿。龙雷之火，又为相火，其本体则阳木也。惟兑泽属金，人不屑信，不知海水与天连，犹山与地连，兑实与天同气也。乾之为金，岂止金玉之金哉！纯刚之气，万古不变，故"河图"为九金也。先天固当论八象，后天卦言方言时，正当以五行解之，方有著落。兑为正秋，正秋岂非金乎？先儒有以五行说卦位者，项氏安世曰：后天之序，据太极既分之后，播五行于四时也。震、巽二木主春，故震在东方，巽东南次之，离火主夏，故为南方之卦。兑、乾二金主秋，故兑为正秋，乾西北次之。坎水主冬，故为北方之卦。土主四季，故坤土在夏秋之交，为西南方之卦。艮土在冬春之交，为东北方之卦。木、金、土各二者，以形生也；水、火各一者，以气王也。坤阴土，故在阴地，艮阳土，故在阳地。震阳木，故正东，巽阴木，故近南而接乎阴。兑阴金，故正西，乾阳金，故近北而接乎阳。其序甚明。徐氏几曰：坎、离，天地之大用也。得乾、坤之中气，故离火居南，坎水居北也。震，动也，物生之初也，故居东。兑，说也，物成之后也，故居西，此四者各居正位也。震阳木，巽阴木，故巽居东南，

已之位也。兑阴金,乾阳金,故乾居西北,亥之方也。坤阴土,艮阳土,坤居西南,艮居东北者,所以均王乎四时也,此四者分居四隅也。震、巽木生火,故离次之,火生土,故坤次之,坤土生金,故兑、乾次之,金生水,故坎次之。水非土,亦不能以生木,故艮火之水土又生木。循环无穷,此所以为造化流行之序也。龚氏焕曰:土无时不养,然于西南夏秋之交,土气正旺,致养之功,莫盛于此,故曰"致役乎坤",又曰"成言乎艮",艮亦土也。养者成之渐,成者养之终,又将于此而始,此土无不在,养物之功,成始而成终者也。水火阴阳之正,木、金、土阴阳之交,正者一而交者二也。胡氏焕文曰:夏而秋,火克金者也。火金之交,有坤土焉,则火生土,土生金。克者又顺以相生,冬而春,水生木者也。水木之交,有艮土焉,木克土,土克水。生者又逆以相克,相生所以为克,相克所以为生。生生克克,变化无穷,孰主宰之?曰帝是也。《折中》曰:诸儒之说亦详密,然所言艮、坤之理,亦有未尽者。盖《月令》以土独王未月而为中央,则土位惟一也。京房以土分王辰、戌、丑、未而直四季,则土位有四也。今惟坤、艮二土,位于丑、未,视《月令》则多其一,视京房则少其二,何也?盖木之生水,金之生水,无所藉于土。若火非土,必不能生金,水非土,必不能生木,则土之功于是为著。尚有先天、后天列象交变之妙,见《启蒙附论》中。谨按:《折中》之说,能发坤、艮二土所以然,兼诸儒说,无遗义矣。又按土惟一者,五行五方之理,以中央统四方也。土有二者,八卦水、火一而木、金、土各二之理,以坤、艮居"洛书"二、八之位,纲维乎诸方也。土有四者,十二支有四季之理,四方皆有土也。坤、艮与乾、巽为四维,艮中有丑,坤中有未,则乾中有戌,巽中有辰,金、木中之土,亦隐藏于其间矣。八卦五行,水、火一而木、金、土各二,此后天一大节目。六十四卦之分宫属五行定此,其源自一水,二火,三木,四金,五土,即已分清浊,分气质,亦是"河图"四象之变化。太阳九、四,定为乾兑金不变。太阴一、六本为水,变为坤、艮土。少阴三、八本为木;而三变为离火,八则仍为震木。少阳二、七本为火,而二变为巽木,七变为坎水。于是水、火各一,木、金、土各二矣。又归其五行之本数,则一为坎水,而六并之,二为离火,而七并之。六并则九为乾金而居西北,七并则八为巽木而居东南,仍有东北、西南之两隅,则中宫之五十居之,为艮、坤之二土。此"河图"之变体,别有图明之。然非圣人有意安排,自是不得不然之理。《外篇》又有两"勾股图",正是水火一、木金土各二之理也。先天变后天,又有自然之数。后天卦位,又有配入干支成罗经,皆见外篇。

项氏谓水、火以气王,木、金、土以形王,龚氏谓水、火为阴阳之正,木、金、土为阴阳之交,项氏胜于龚说。

(七)河图变后天八卦图

解说:

"河图"本先天八卦之本,而水北、火南、木东、金西,已含后天之位,则"河图"又为后天之本,但五行有变化耳。五行论其常,水、火、木、金本各二。论其变,则水、火各一,而木、金、土各二,何也?水、火以精气为用,故专于一,木、金、土以形质为用,故分为二。惟其然,故图有十,而卦有八也。"河图"以一、二、三、四为坎、离、震、兑,四方之正位,坎、离,专也。故一为坎,而六并之;二为离,而七并之。六、

七即并,则东方之八,进居东南隅,为巽阴木;西方为九,退居西北隅,为乾阳金。而东北、西南二隅为虚,于是中央之五、十入用。五随三阳,而位于东北,为艮之阳土;十随三阴,而位于西南,为坤之阴土。盖以二土为界,而二金、二木与水、火之对克,皆不得不然矣。

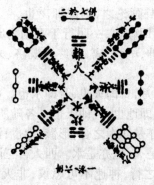

（八）后天卦配洛书之数图

一　坎　　　离　九
二　坤　　　艮　八
三　震　　　兑　七
四　巽　　　乾　六

解说：

《启蒙附论》曰:火上水下,故九数为离。一数为坎,火生燥土,故八次九而为艮,燥土生金,故七、六次八而为兑,为乾。水生湿土,故二次一而为坤。湿土生木,故三、四次二而为震、为巽。谨按;水生湿土,有至理,土从水化也。说详见后。又曰:"洛书"之左边,本一、二、三、四也;其右边,本九、八、七、六也。然阴阳之道,丑未之位必交。"洛书"之二与八,正东北、西南之维,丑未之位,此其所以互易也。以此类之,则"先天图"之左方,坤、巽、离、兑;其右方,乾、震、坎、艮,以震、巽互而成先天也。后天图之左方,坎、坤、震、巽;其右方,离、艮、兑、乾,以艮、坤互而成后天也。谨按:别有二八必交说,见后。

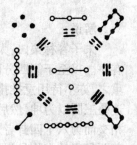

（九）后天卦以天地水火为体用图

解说：

《启蒙附论》曰:造化所以为造化者,天地、水火而已矣。易卦虽有八,而实惟四,何则？风即天气之吹嘘,而下交于地者也;山即地形之隆起,而上交于天者也;雷即火之郁于地中,而搏击奋发者也;泽即水之聚于地上,而布散滋润者也。道家言天、地、日、月,释氏言地、水、火、风,西人言水、火、土、气,可见造化之不离乎四物也。故先天以南北为经,而天地居之,体也;以东西为纬,而水火居之,用

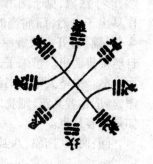

也。后天则以天地为体,而居四维;以水火为用,而居四正。雷者,火之方发,故动于春,及火播其气,则王于夏矣。泽者,水之未收,故散于秋,及水归其根,则王于冬矣。水火为天地之用,故居四正以司时令也。乾、巽相对而为天纲,坤、艮相对而为地纪,天地为水火之体,故居四维以运枢轴也。天、地、水、火,体用互根,以生成万物,此先后天之妙也。若以卦画论之,则震即离也,一阴闭之于上则为震;兑即坎也,一阳敷之于下则为兑;巽即乾也,一阴行于下则为巽;艮即坤也,一阳互于上则为艮。是以六十四卦始乾、坤,中坎、离,而终于既济、未济,则造化之道,天地水火尽之矣。

　　谨按:道家言天、地、日、月,日即火也,月即水也。释氏言地、水、火、风,风即天也。西人言水、火、土、气,土即地也,气即天也。各随所见言之,其实一也。释氏以地、水、火、风为四大。人身亦是四大之合,形骸,地也;津液,水也;温暖之氣,火也;鼻息呼吸,风也。要之天亦是火,地亦是水。西人言三际,近地为温际,温际之上为冷际,冷际之上为火际。天之行,神速不可思议,非火而何? 地虽是土,其初本是水,融结而成,故"河图"一、六水,成卦则为坤、艮土。先天乾、坤之位,后天离、坎居之。然则四物止两物而已,太极生两仪,原是一阴一阳也。

（十）先天六十四卦横图

解说:

　　朱子答林栗曰:太极、两仪、四象、八卦,生出次第位置行列,不待安排,而粲然有序。以至于第四分而为十六,第五分而为三十二,第六分而为六十四,则其因而重之,亦不待用意推排,而与前之三分焉者,未当不吻合也。比之并累三阳以为乾,连叠三阴以为坤,然后以意交错,而成六子。又先画八卦于内,复画八卦于外,以求相交而为六十四卦者,其出于天理之自然,与人为之造作,盖不同矣。又答袁枢曰:若要见得圣人作易根源,直截分明,不费辞说,于此看得,方见六十四卦,全是天理自然推排出来,圣人只是见得分明,便只依本画出,元不曾用一毫智力添助。盖本不烦智力之助,亦不容智力得以助于其间也。及至卦成之后,逆顺纵横,都成义理,千般万种,其妙无穷。却在人看得如何,而各因所见为说,虽欲各不相资,而实未尝相悖也。盖自初未有画时,说到六画满处者,邵子所谓先天之学也。卦成之后,各因一义推说,邵子所谓后天之学也。又《启蒙序》曰:圣人观象以画卦,揲蓍以命爻,其为卦也,自本而干,自干而枝,其势若有所迫而自不能已。其为蓍也,分合进退,纵横逆顺,亦无往而不相值焉。是岂圣人心思智虑之所得为也哉! 特气数之自然,形于法象,见于图书者,有以启于心,而假手焉尔。按此数条,皆朱子极言圣人作易出于自然,而病当时之言易者,牵强附会,以为出于圣人心思智虑之所也。今《外篇》有开方求廉率一法,与画卦绝不相侔,而亦与卦画阴阳多少适相肖,亦是自然推排而出。惜朱子未闻此说也,使其闻之,亦当叹其妙绝,愈信自然之理,不侔而合矣。夫圣人则图书而画卦,因大衍而揲蓍,岂全不用心思智虑哉? 但其心思智虑,与造化者冥符,则犹之不用焉尔。观者又不可以辞害意,而谓圣人之立卦生蓍,如是其容易也。

　　问:两仪、四象、八卦,节节推去,固容易见,就天地间著实处,如何验得? 朱子

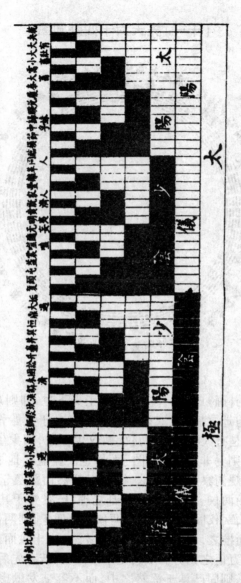

曰：一物上穴自各有阴阳，如人之男女，阴阳也。逐人身上，又各有血气，血阴而气阳也，如昼夜之间，昼阳而夜阴也。而昼自午后又属阴，夜自子后又属阳，便是阴阳各生阴阳之象。按：此说亦不可不知。就人身而言，背阳而腹阴，左阳而右阴，上阳而下阴，府阳而藏阴，其类不可胜穷。就一日而言，有干支之阴阳，有晴雨之阴阳，有寒温之阴阳，其类亦不可胜穷。

三画八卦，足以尽万物之理，六画六十四卦，所以备人事之用。使圣人作易，不必为人占筮之用，画止于三，卦止于八可也。惟其欲备人事之用，故须重为六爻，所谓兼三才而两之，故易六画而成卦。分阴分阳，迭用柔刚，故易六位而成章。数语尽之。其渐次生出，与开方、求廉法有符者，亦论其理耳，非真有四画、五画之卦也。其以四画、五画推互卦者，自是易中之一义，可谓之蕴，不可谓之精，故载之外篇。

（十一）先天六十四卦圆图

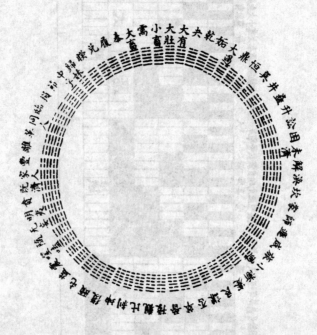

解说：

朱子《启蒙·原卦画》曰：古者包羲氏之王天下也，仰则观象于天，俯则观法于地，观鸟兽之文，与地之宜，近取诸身，远取诸物，于是始作八卦，以通神明之德，以类万物之情。是有太极，是生两仪，两仪生四象，四象生八卦，《大传》又言包羲画卦所取如此，则易非独以"河图"而作也。盖盈天地之间，莫非太极阴阳之妙。圣人于此，仰观俯察，远求近取，固有以超然而默契于心矣。故自两仪之未分也，浑然太极，而两仪、四象、六十四卦之理，已粲然于其中。自太极而分两仪，则太极固太极也，两仪固两仪也。自两仪而分四象，则两仪又为太极，而四象又为两仪矣。自是而推之，由四而八，由八而十六，由十六而三十二，由三十二而六十四，以至于百千万亿之无穷。虽其见于摹画者，若有先后，而出于人为，然其已定之形，已成之势，则固已具于浑然之中，而不容毫发思虑作为于其间也。程子所谓加一倍法者，可谓一言尽之。而邵子所谓画前有易者，又可见其真不妄矣。世儒于此，或不之察，往往以为圣人作易，盖极其心思探索之巧而得之。甚者至谓凡卦之画，必由蓍而后得，其误益以甚矣。又答虞大中曰：太极、两仪、四象、八卦，此乃易学纲领，开卷第一义。孔子发明伏羲画卦自然之形体，孔子而后，千载不传，惟康节、明道二先生知之。盖康节始传先天之学，而得其说，且以此为伏羲之易也。《说卦》"天地定位"一章，"先天图"乾一至坤八之序，皆本于此。然康节犹不肯大段说破，易之心髓全在此处，不敢容易轻说，其意非偶然也。明道以为加一倍法，其发明孔子之言，又可谓最切要矣。又《语类》云："先天图"直是精微，不起于康节，希夷以前元有，只是秘而不传，次第是方士辈所相传授。《参同契》中，亦有些意思相似。扬雄《太玄》全模仿《易》，他底用三数，《易》却

用四数,他本是模《易》,故就他模底句上看《易》也,可略见得《易》意思。又云:自有易以来,只有邵子说得此图如此齐整,如扬雄《太玄》便零补凑得可笑,若不补,又欠四分之一,补得来,又多四分之三,又问程《易传》云:圣人始画八卦,三才之道备矣,因而重之,以尽天下之变,故六画而成卦。或疑此说,却是圣人始画八卦,每卦便是三画,圣人因而重之为六画,似与邵子一分为二,而至六十四为六画,其说不同。曰:程子之意,只云三画上叠成六画,八卦叠成六十四卦耳,与邵子说诚异。盖康节此意,不曾说与程子,程子亦不曾问之,故一向只随他所见去。按易之第一义,朱子谓孔子而后,千载不传者。自汉以来,儒者惟知有"帝出乎震"一章之卦位,故郑康成注《乾凿度》太乙行九宫,言一坎二坤,以至八艮九离,是不知有先天也。元魏时关朗作《洞极经》,解"河图"数,亦以"帝出乎震"之卦位言之,是不知有先天也。唐孔颖达作《易疏》,解"天地定位"一节,谓就卦象明重卦之意,卦若不重,则天地不交,水火异处,庶类无生成之用,品物无变化之理,故圣人重卦,令八卦相错,乾、坤、震、巽、坎、离、艮、兑,莫不交互。初不知此章本言先天卦位,非明重卦之意也。惟魏伯阳《参同契》,谓乾、坤者,易之门户,众卦之父母,坎、离为匡郭,牝牡四卦为橐籥,是谓"先天图"。乾南坤北,离东坎西,而兑、震、巽、艮分居四隅,以为开阖呼吸也。故云有些意思相似,但方士辈秘为丹灶之术,不欲轻传耳。愚谓不必丹家,即地理家以乾、坤、离、坎居四正,纳甲、乙、壬、癸,艮、巽、震、兑居四隅,纳丙、丁、庚、辛,何尝不是先天八卦? 但儒家泥于旧闻,故令先天之学失传。邵子学易于李挺之,其后始知乾一至坤八之序,因"横图"以推"圆图",由八卦以推六十四卦,于是始知"天地定位"一章是说先天,而别文王之卦为后天;于是知"易有太极"一条,一分为二,至三十二分为六十四之说,于是始知易本自然之理,不假思虑造作。此邵子大有功于易,朱子所以力为表彰者也。然邵子与二程子同时同地,而二程子不甚契于邵学,盖程子言理,邵子言数,先天之学,虽时时道之,而程子亦姑听之,皆不甚措意也,邵子易数甚精,如遇一物,起数算之,便可知是物何时而始,何时而终。但必有动处,方能起算,如见一叶落,便从落叶之时起算。明道程子闻说甚熟,一日因作监试官,在试院无事。试用其说算廊柱多少,及数之而数果合,因出谓邵子曰:尧夫之数,只是加一倍法,以此知《太玄》都不济事。邵子因惊叹其恁地聪明。然程子终不屑留意,他日问其所为加一倍法者,则忘之矣。其意盖谓术数之学,终非儒家所尚也。邵子一日问伊川程子云:今年雷起于何处? 程子云:起于起处。亦谓雷自有起处,不必用数推算也。明道程子所谓加一倍法者,因算廊柱而偶中,遂以一语中其肯綮。然而邵子之数今不传,世所传先天演策,后天演轨,将卦交演为千百十零之数,随其有动而占之,以决事之休咎者,未必邵子之数也。二程子不欲深究先天之学,并其八卦横列之次序,圆列之方位,亦未尝一语及之。则"天地定位"一章,当亦不求甚解,数往何以为顺,知来何以为逆,易何以为逆数? 邵子虽有其说,未必信也。此则有赖于朱子之表彰者,其功复不细矣。后学思之,先天之学之精微全在"八卦横图"与"圆图",可以上推图书之所以合,可以下推后天之所以变,则义蕴之包含者无穷。若由三画而六画,由八卦而六十四卦,不过因其一阴一阳者迭加之耳。循环而观之,亦只见其阴阳之渐消长耳。然而此经常之体也,易道尚其变,经常者不变,不变则不可以致用。故自有易以来,虽有此图之

理，而文王之易，不以此为序也。夏《连山》首艮，商《归藏》首坤，当亦不以此为序也。后世卦气之学，地理文学，又别有其序，皆不用此卦之序也。邵子《经世书》于此图谆复言之，且云：图虽无文，吾终日言而未尝离乎是，盖天地万物之理，尽在其中；朱子谓易之心髓，全在此处。但后学以体、用之说言之，觉此图之意味有穷。邵子亦尝曰：乾、坤纵而六子横，易之本也。震、兑横而六卦纵，易之用也。则先天所以立体，而致用当从后天。后世善变古人之法者，无如掷钱之卦，其爻自下而变，由初至五，复由五至三，以归其本位，则与八卦在下不变者异矣。八卦分为五行，以八宫统之，而各有所属，与八宫之有统而无所属者异矣。故今以后天作图，与此图相配，而列之于外篇。

　　"圆图"内有"方图"，以象地在天中，而地究非方。八卦垒为八层，四角斜交，成十六事。乾居西北，似矣，坤居东南，义无所取。此图不用可也，故不载。

（十二）河洛未分未变方图

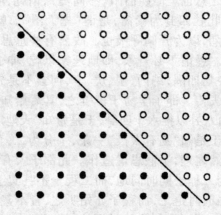

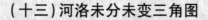

（十三）河洛未分未变三角图

解说：（十二、十三两图并说）：

《启蒙附论》曰："河图"之数，五十有五；"洛书"之数，四十有五，合为一百，此天地之全数也。以一百之全数为斜界而中分之，则自一至十者，积数五十有五；自一至九者，积数四十有五，二者相交，而成河、洛数之两三角形矣。凡积数自少而多，必以三角，而破百数之全方，以为三角，其形不离乎此。

　　又曰："河图"之数，自一至十；"洛书"之数，自一至九，象之已分者也。图则生数居内，成数居外，书

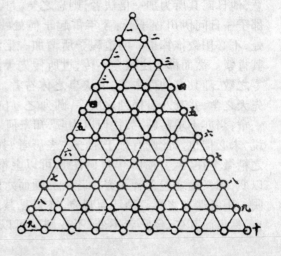

则奇数居正，偶数居偏，位之已变者也。如前图破全方之百数，以为河、洛二数，又就点数十位，中函幂形之九层，以为河洛合一之数，则虽其象未分，其位未变，而阴阳相包之理，三极互根之道，已粲然寓于其中矣。

又曰："河图""洛书"，出于两时，分为两象，今以一图括之可乎？曰：十中涵九，故数终于十而位止于九，此天地自然之纪，而图、书所以相经纬，而未尝相离也。非有十者以为之经，则九之体无以立；非有九者以为之纬，则十之用无以行，不知图、书之本为一者，则亦不知其所以二矣。或曰："河图""洛书"，有定位矣，今以为有未变者何与？曰：《易大传》之言"河图"也，曰：天一地二，天三地四，天五地六，天七地八，天九地十。顺而数之，此其未变者也。又曰：天数五，地数五，五位相得，而各有合。分而置之，此其定位者也。如易卦一每生二，以至六十有四，则其未变者也，乾南坤北，离东坎西，则其定位者也。不知未变之根，则亦不足以识定位之妙矣。

谨按："河图""洛书"，本同根源，因已分而推未分，因已变而推未变。天地人物，莫不皆然。如人之始胎，五官百骸之位置已先具，鸟之方卵，头足尾翼之形象已先生。一粒之粟，而根茎苗穗，含于布种之初；一核之仁，而本干枝叶，肇于方萌之始。由是而推，天之日、月、星、辰，地之岳、渎、湖、海，不有默定于冯冯翼翼之先者乎？此皆河、洛未分未变之理也。既分既变，而万事万物，又有无穷之变化，皆包括其中矣。先儒言易之蕴，未推及此，特录此二图，为《外篇》之首。又有点数应"河图"十位，幂数应"洛书"九位，各二图，今略之。

（十四）后天六十四卦方位图

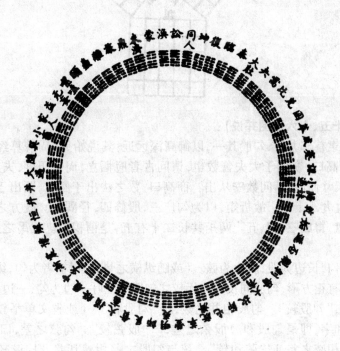

解说:

按:后天图六十四卦,虽本先天,其方位当归后天,故图之。既济、未济,下经之终也,位于北与南。咸、恒,下经之始也,位于西与东。泰、否,上经之第十一、十二卦也,位于西南与西北。损、益,下经之第十一、十二卦也,位于东北与东南。四正相维,皆有自然之位置矣。

(十五)勾三股四弦五图

(十六)勾股幂图

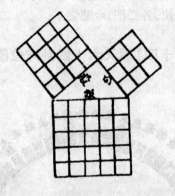

解说(十五、十六两图并说):

黄帝臣隶首作九数,勾股其一,以御高深远近,其说始见《周髀算经》,云:昔者周公问于商高曰:窃闻子大夫善数也,请问古者庖牺立,周天历度,夫天不可阶而升,地不可尺寸而度,请问数安从出?商高曰:数之法出于圆方,圆出于方,方出于矩,矩出于九九八十一。故折矩,以为勾广三,股修四,径隅五。既方之外,半其一矩,环而共盘,得成三、四、五。两矩共长二十有五,是谓积矩。故禹之所以治天下者,此也。

短边为勾,长边为股,斜边为弦。(或随纵横之势,恒以横者为勾,纵者为股,不论长短。又有正方形,勾股同长是为无较之勾股。任呼一边为勾,一边为股。)勾股相减之差,曰“勾股较”。勾股相并之数,曰“勾股和”。(或省文单举较字,即是勾股较,单举和字,即是勾股和。)股弦之差,曰“股弦较”。勾弦之差,曰“勾弦较”。并勾股与弦相减之差,曰“弦和较”。弦与勾股之差相减其差,曰“弦较较”。股弦

相并,曰"股弦和"。勾弦相并,曰"勾弦和"。勾股之差并弦,曰"弦较和"。勾股弦相并,曰"弦和和"。其名十有三,勾股弦自乘之方目曰幂,或曰实,其中容受曰积。勾股求弦,勾股各自乘,并为弦实,平方开之得弦。勾弦求股,勾弦各自乘,相减余为股实,平方开之得股。股弦求勾,股弦各自乘,相减余为勾实,平方开之得勾。以此三法为要,其余诸较诸和,皆有相求之法,犹可缓也。

　　勾股可以测地,亦可以窥天,其理至精,其用至博。凡方、圆、三角诸形,皆依勾股立算。虽浑圆弧曲,亦必以勾股直线算之。虚空中绝,无勾股之迹,亦可寻出勾股算之。日月生辰之高下,行度之迟疾,交食之浅深,御之以勾股,则分秒莫能遁。若数十里间,立表测望,而知高深远近,犹其用之小者耳。近世天学家讲论綦详,究其根源,亦与"河图""洛书"、八卦、五行相联贯,学易者何可不深究乎?

(十七)后天八卦应勾股图

解说:

　　后天八卦,乾与巽对,坎与离对,艮与坤对,震与兑对,水火两相对,阳土阴土自相对,阳金对阴木,阳木对阴金。此其理,算家弧矢勾股正象之。凡平圆中截出一

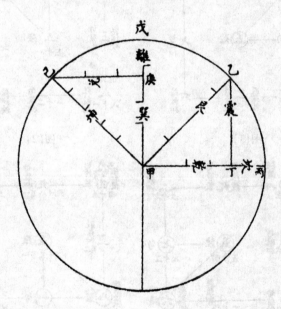

为矢,则余弦必四,正弦必三;截出二为矢,则余弦必三,正弦必四,而半径恒为五。(勾股法有二,一以短者为勾,长者为股;一以横者为勾,直者为股。此用横直之法,如图之甲至庚,亦作横论,已至庚,亦作直论。)余弦者勾也,正弦者股也,半径者斜弦也。矢者,余弦与半径之较也,是为"勾弦较"。全径十中,惟有矢一矢二者,正弦得整数,无奇零;若矢三矢四,则正弦必有奇零不尽,故此两勾股形为自然之数,即有自然之法象,而后天八卦,阴阳五行配偶,正与之相符矣。天一生水为坎,地二生火为离,故从一所成之勾股弦为阳卦,从二所成之勾股弦为阴卦。一坎为勾弦较,则勾四金为乾,

股三木为震,弦五土为艮。二离为勾弦较,则勾三木为巽,股四金为兑,弦五土为坤。较与较对,勾与勾对,股与股对,弦与弦对,其序为勾较弦股,则成乾、坎、艮、坤、巽、离、坤、兑矣。图之丁丙为一坎,甲丁为四乾,乙丁为三震,甲乙为五艮,庚戊为二离,甲庚为三巽,己庚为四兑,甲己为五坤。观两勾股之形,三、四必相对,则金必对木,而成乾、巽、震、兑之对;一、二相对,五自相对,则水必对火,土必对土,而成坎、离、艮、坤之对,皆有不得不然之势,先天所以变为后天也。

又以纳甲及地支三合之理推之,四勾乾纳甲,甲木生亥,一较坎纳癸,癸水生卯,同墓于未,为亥、卯、未三合。三勾巽纳辛,辛金生子,二较离纳壬,壬水生申,同墓于辰,为申、子、辰三合。五斜弦艮纳丙,丙火生寅,五斜弦坤纳乙,乙木生午,同墓于戌,为寅、午、戌三合。三股震纳庚,庚金生巳,四股兑纳丁,丁火生酉,同墓于丑,为巳、酉、丑三合。坎与乾相比为偶,离与巽相比为偶,艮与坤相对为偶,震与兑相对为偶也。然则后天八卦,水火一而金、木、土各二,即平圆中孤矢勾股之理也。

(十八)洛书四勾股图

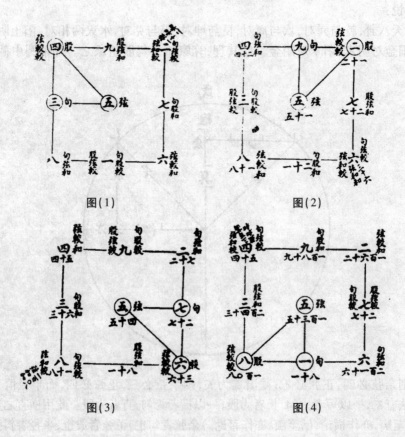

图(1)　　　　　　　　图(2)

图(3)　　　　　　　　图(4)

解说:

河图具五勾股,弦数藏于勾股二幂之间,至"洛书"则以中五为弦。幂二十五,而东之三,东南之四,二幂适得二十五并而开方,得弦五,是勾股弦得整数者。自勾

三股四弦五始，三者木也，四者金也，五者土也，是五行有形质之三物，合而成勾、股、弦也。图之三、四对于东西，书则连之，勾股之机括出于此矣。先儒论图书，未有及此者，度数之学未究心也。《启蒙附论》始作"洛书四勾股图"，皆以三倍迭加之。（三加为九，九加为二十七，二十七加为八十一。四加为十二，十二加为三十六，三十六加为一百零八。五加为十五，十五加为四十五，四十五加为一百三十五。）本合为一图，今更推之，不止三方合为一勾股，八位中五和五较皆具，每易一勾股，则其方位皆如第一图之次以推移，分为四图，详注之。

（十九）平圆两勾股得整数图

解说：

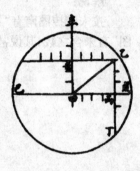

戊已全径十，甲戊半径五。截丙戊一，辛壬二，作乙丁、乙庚两线，又作乙甲斜线，则乙丙勾三，丙甲股四，乙甲弦五，乙丁通弦六，乙庚通弦八，皆得整数。

"洛书"之北三方六、一、八相连，一升为十，自乘百，六、八两自乘方亦合得百。六者三之倍，八者四之倍，十者五之倍也。故平圆以十为全径，五为半径，能作三、四勾股，六、八通弦。以四为勾，三为股者，截矢一；以三为勾，四为股者，截矢二，惟此两勾股得整数，此五行自然之数，应后天之八卦。（别有图见前。）若截三以为矢而勾二，截四以为矢而勾一，则以勾幂减半径幂，其余幂开方求半弧之正弦，必有奇零不尽者矣。他勾股弦，非无得整数者，如以七为勾，自乘四十九；二十四为股，自乘五百七十六，合之六百二十五，开方二十五，勾股弦不能相连，是为杂勾股，非本来自然之法象矣。

（二十）法洛书蓍策用三百六十整度之理图

解说：

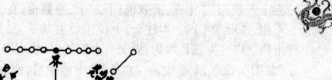

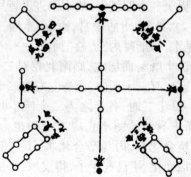

《易》曰：乾之策二百一十有六，坤之策百四十有四，凡三百有六十，当期之日。

夫一岁之日,三百六十五日有奇,而以三百六十策当之,何也? 举其成数言之也。古法以太阳一日行一度,故分周天为三百六十五度有奇,今法以奇零之法不便分析,悉用三百六十度为周天,谓之整度。四分之一九十度,谓之象限,取四象之义。此其理隐寓于"洛书"之中。盖"洛书"八方四十点,四方各取中一点虚之,以作十字界限,则四隅各得九点,以"河图"用十乘之,四九三百六十,正符周天之度矣。然则周天实止三百六十度,因太阳一日不满一度,而生五日有奇之零数。圣人言三百六十策当期之日者,犹云当期之度云尔。

(二十一)河图变体图

解说:

按宋陈抟图南有"易龙图"一卷。其序载于双湖胡氏一桂《易翼传》。谓"龙马图"有未合之数,其说甚支离不可晓,中间有数语颇分明,云:始"龙图之未合也,惟

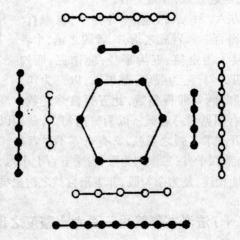

五十五数,上二十五,天数也;下三十,地数也,在上则一不用,形二十四;在下则六不用,亦形二十四。本注云:上位中心去其一,见二十四;下位中心去其六,亦见二十四。以一岁三百六旬,周于二十四气也,故阴阳进退皆用二十四。余因此思之此"龙图",盖水、土易位,一、六易五、十居中宫,而五、十居一、六之位也。水、土本同根,天地与人身,其初本是水,乃渐凝为土,故"河图"一、六水变为五、十坤艮土,此水土所以有易位之理。五、十既易而居北,则南北相对二十四点,东西相对亦二十四点,不止应二十四气也。地有二十四向,人身左右有二十四经脉,背吕二十一节,并项三节,为二十四节,一日十二时,各半之为二十四小时,皆是也。今依此作图,为"河图变体图",古今所未有。此图不止应二十四也,十干合化之理数,亦出于此。甲与己合化土,乙与庚合化金,丙与辛合化水,丁与壬合化木,戊与癸合化火。说者谓各以本于起子,从辰而化,甲己起甲子,得戊辰;乙庚起丙子,得庚辰;丙辛起戊子,得壬辰;丁壬起庚子,得甲辰;戊癸起壬子,得丙辰。故从辰至干而化,辰为龙,龙变化者也。此说固有理,犹非其所以然。以此图观之,乃是以变体之"河图",合正体之"河图",因有十十干合化之数者也。甲一己六居中,得中央五、十之土

气,故甲己化土。戊五癸十居北,得北方一、六合七之火气,故戊癸化火。丙三辛八居东,得东方三、八合十一之水气,故丙辛化水。丁四壬九居西,得西方四、九合十三之木气,故丁壬化木。乙二庚七居南,得南方二、七合九之金气,故乙庚化金。倘水、土不易位,则甲一己六在北,当化火,而何以化土?戊五癸十居中,当化土,而何以化火?以此知"河图"必有变体之数也。十干合化从变数故从辰,而化之数亦应之。辰不止象龙之变化,辰为东方土,又为北方水之墓地,是辰中兼有水、土,故水、土有变易之理也。十干合化之五行,为用者大,孰知造化之妙如此哉!其序录后,辩论之。

(二十二) 河图变体合十一数图

解说:

按《前汉·律历志》云:天之中数五,五为声,地之中数六,六为律。唐一行亦

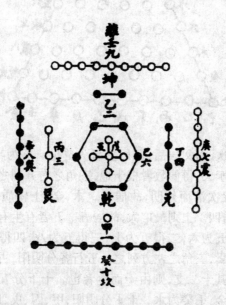

云:合二始以定刚柔,合二中以定律历,合二终以纪闰余。是古人皆言五、六为天地之中矣。故"河图"变体,又当有此图焉。一、二、三、四、五,生数不变,置六于中,退十于北,九、七互易,三、八不移,如是则中央合十一也,四方亦皆合十一也。"河图"之数五十有五,固有五其十一之理也。以十干配之,甲乙,二始也;戊己,二中也;壬癸,二终也;丙丁、庚辛,始、中、终之间也。戊己为枢,八干八卦纳之,则纳甲之理由此出焉。二中以位戊己,二始以定乾、坤,二终以定离、坎,始、中、终之间,以定艮、兑、震、巽。形家之理,则二始二终为关杀,二中为空亡,惟在始、中、终之间者可用也。

（二十三）河图含八卦五行天干图

解说：

"河图"十位，而卦止有八，四象成八卦，五、十居中，为不用之用也。四生数为阴卦，母居先；而长女、中女、少女之卦继之，阴以少者为尊也。四成数为阳卦，少

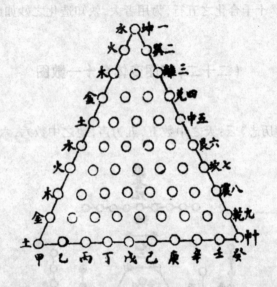

男、中男、长男之卦为次，而父居后，阳以多者为尊也。五为半而中隔之，十为全而中统之。得奇数者根于天，得偶数者根于地，三角之右方列之。水、火皆气也，水最清而内明，故居一。火次清而外明，故居二。木、金、土皆质也，木柔而体轻，故居三。金坚而体重，故居四。土则最广大，故居五。五者有生有成，生者在先，成者在后，故自五以后，一得五为六，二得五为七，三得五为八，四得五为九，五得五为十。后为水、火、木、金、土焉，三角之左方列之。五行各分阴阳，古人制十干以名之。干本为干，如木之有干，其十二支，则由干而生者也。十干分五行，甲乙为木，丙丁为火，戊己为土，庚辛为金，壬癸为水。十干分阴阳，甲、丙、戊、庚、壬为阳，乙、丁、己、辛、癸为阴。以数配之，甲三也，丙七也，戊五也，庚九也，壬一也，乙八也，丁二也，己十也，辛四也，癸六也。此数含于左方五行之中，而十干之次，顺五行相生之序，以东方甲木为先。盖五行有生出之序，一水为先；有流行之序，一甲为先。二者相为用，并行不相悖。此依其流行之序，则一甲、二乙、三丙、四丁、五戊、六己、七庚、八辛、九壬、十癸，列于三角之下方。积数浑然之中，森然粲然者已具存。

（二十四）人身督任脉手足经脉应洛书先天八卦图

解说：

人为三才之一，位居天地之中，本与天地相肖，则所谓"河图""洛书"、八卦，其理自与人身相通。《易》谓近取诸身，乾首坤腹，震足巽股，坎耳离目，艮手兑口，粗

举其大略耳,卦之所以应乎人身者,岂仅以形体粗迹比拟耶?人身有督脉,从下体二阴之间,过尾闾循背吕而上,至巅顶,下鼻抵人中止于唇之上;有任脉,从前阴循腹而上,至于口唇之下,此二脉即人身之乾、坤,亦九、一二数之相表里。督统一身之阳,任统一身之阴,不惟人有之,鸟兽虫鱼皆有之,即果实之类亦有之。人身内有藏府,则其肌肉之间,有十二经脉,行于手者六;行于足者六,即乾、坤之外,有六子之卦;九一之卦,有二八、三七、四六之数也。四六为兑金、艮土,非即太阴阳明之相表里乎?手太阴肺,从脏走手;手阳明大肠,从手走头,肺与大肠表里也。足阳明

胃,从头走足;足太阴脾,从足走腹,脾与胃表里也。三七为离火、坎水,非即少阴太阳之相表里乎?手少阴心,从脏走手;手太阳小肠,从手走头,心与小肠表里也。足太阳膀胱,从头走足;足少阴肾,从足走腹,肾与膀胱表里也。八二为震阳木、巽阴木,而阳木即为相火,非即厥阴少阳之相表里乎?手厥阴心包络,从脏走手;手少阳三焦,从手走头,心包络与三焦表里也。足少阳胆,从头走足;足厥阴肝,从足走腹,肝与胆表里也。由此观之,督、任二脉者,人身之天地定位;肺金脾土、大肠金胃土者,人身之山泽通气;心火肾水、小肠火膀胱水者,人身之水火不相射;心包络三焦之相火,肝胆之阴木,即人身之雷风相薄,人身与造化相符如此。而兑、离、震,阳仪之卦,其脉行于手,巽、坎、艮,阴仪之卦,其脉行于足,自然之理,千古未经人道也。

“河图”十数,正应天干,亦配脏腑,甲胆、乙肝、丙小肠、丁心、戊胃、己脾、庚大肠、辛肺、壬膀胱、癸肾。五脏五腑,不能益也,乃画为八卦,则乾坤之外,有六子焉。“河图”变为“洛书”,则九一之外,有四六、三七、二八之六位焉,则五脏有六腑,以三焦为孤腑也。六腑亦有六脏,以心包络为之配也。此阴阳五行之变化甚奇,而不知其无奇也。八卦“洛书”早呈其象,人自不察耳。五行宜各专其一,而火则有二,一为君火,一为相火。以卦配之,君火离也,相火震也。震是阳木,而何以为相火?火无体,以木为体也。心包络三焦,皆相火之脏腑,故属之震八之位。

以震为相火,从来儒家、医家皆未知。不观《说卦传》乎?震为雷,为龙,龙雷之火,岂不象人身之相火乎?医家亦知相火为雷龙之火,而不知相火即震卦,可谓惑之甚矣。不但心包络三焦是震卦,即右尺命门,亦正是震卦,人自不察耳。医家谓相火亦寄于肝胆,何也?八与二,本厥阴少阳之相通,心包络与肝皆厥阴,三焦与

胆皆少阳,且二本"河图"南方之火,故相火亦寄于肝胆。

　　十二经脉,起于手太阴肺,终于足厥阴肝,其序则兑于艮,离于坎,震于巽,符乎六子之序,循环周流,昼行阳二十五度,夜行阴二十五度,以应大衍之数。圣人作易,不必求合于人身,而人身自然相符如此。医家又有:子午流注经,谓人身血气所注,应十二时,今推之,正应"先天《八卦横图》"。